Diné Bizaad Bínáhoo'aah

Rediscovering the Navajo Language

An Introduction to the Navajo Language

Written by

Evangeline Parsons Yazzie, Ed.D.

Margaret Speas, Ph.D.

English Edited by
Jessie Ruffenach

Navajo Edited by
Berlyn Yazzie

Designed by
Bahe Whitethorne, Jr.

Salina Bookshelf, Inc.
A Navajo Language Publishing Company
Flagstaff, Arizona 86001
www.salinabookshelf.com

Library of Congress Cataloging-in-Publication Data
English Edited by Jessie Ruffenach
Navajo Edited by Berlyn Yazzie
Designed by Bahe Whitethorne, Jr.

Library of Congress Cataloging-in-Publication Data

Parsons-Yazzie, Evangeline.
Diné bizaad bináhoo'aah = Rediscovering the Navajo language : an introduction to the Navajo language / written by Evangeline Parsons Yazzie and Margaret Speas ; edited by Jessie Ruffenach ; Navajo edited by Berlyn Yazzie ; designed by Bahe Whitethorne, Jr. -- 1st ed.
p. cm.
In English and Navajo.
Includes index.
ISBN 978-1-893354-73-9 (hardcover : alk. paper)
1. Navajo language--Textbooks. 2. Navajo language--Study and teaching. I. Speas, Margaret, 1951- II. Ruffenach, Jessie. III. Title. IV. Title: Rediscovering the Navajo language.

PM2006.P37 2007
497'.2682421--dc22

2007028525

Printed in Canada

Second Printing. First Edition
13 12 11 10 09 08 10 9 8 7 6 5 4 3 2

The paper used in this publication meets the minimum requirements of the American National Standard for Information Sciences - Permanence of Paper for Printed Library Materials, ANSI Z39.48-1984.

Salina Bookshelf, Inc.
Flagstaff, Arizona 86001
www.salinabookshelf.com

Dedication

The writing of this textbook was a great undertaking. I thank the Lord for being my constant source of strength throughout the writing process.

Díí naaltsoos hadilnéehgi 'ayóó 'át'éego naanish nitsaaígíí 'ádaa dinisht'ą́, 'azhą́ 'ákót'ée nidi Diyin shik'ijidlíigo naanishígíí beenístsogo shá 'áyiilaa. ShiDiyin ayóó 'át'éego bich'į' ahééh nisin.

Shimá dóó shizhé'é 'ayóó 'át'éego bich'į' ahééh nisin, háálá Diné bizaad shizah yíílá. Diné bizaad bína'nishtingo binahjį' sha'áłchíní biza' astso' dóó sha'áłchíní baa 'áháshyą́.

I dedicate this textbook to my parents, the late Rev. Bruce Yazzie, Sr. and Etta Yazzie. They were my first teachers, the ones who placed the Navajo language in my mouth. It is by means of the Navajo language that I feed my children and take care of my children. Although my children never met their maternal grandfather, and my two youngest children never met both maternal grandparents, it is through the Navajo language that my mother and father have met their grandchildren and continue to bless them.

Also, to my four beautiful children with which the Lord has blessed me: Daniel, Melody, Naomi-April, and Bruce-Allen. Háshinee' sha'áłchíní. 'Ayóó 'ádanihíínísh'ní.

Finally I dedicate this book to all the Navajo elders. Every time I wrote, it seemed I had been visited by a gentle Navajo elder.

—Evangeline

This book is dedicated to the memory of Ken Hale.

—Margaret

About the Authors

Yá'át'ééh Shidine'é,
'Ádóone'é nishłínígíí 'éí Tó 'Aheedlíinii nishłíí dóó Ma'ii Deeshgiizhnii bá shíshchíín. Táchii'nii 'éí dashicheii náánáTó Dích'íi'nii 'éí dashinálí. 'Ákót'éego 'asdzání nishłį́.

Dr. Evangeline Parsons Yazzie is a Professor of Navajo at Northern Arizona University (NAU). She obtained an M.A. in Bilingual Multicultural Educational Leadership and a Doctorate in Educational Leadership from NAU. Evangeline teaches her native language, mostly to Navajo students wanting to learn the language of their grandparents, and also to native speakers whose goal is to become literate in their own language.

Evangeline is a Navajo woman, originally from the community of Hardrock on the Navajo Reservation. As a means of acknowledging and honoring her deceased parents for their gift of language, culture-knowledge, and Navajo teachings, Evangeline teaches and writes on the behalf of elders, and encourages others to honor their elders.

From the summer of 1997 to late spring of 1999, Evangeline served as the Director of the Navajo Treaty Project. In 1999, the original Navajo-U.S. Treaty of 1868 was brought to NAU for the Navajo to view and to learn about their past. The Navajo Treaty Project was designed to educate the general public about the Navajo people and their history. The bringing of the Treaty of 1868 back to the base of the San Francisco Peaks (the western sacred mountain of the Navajo) was memorable, in that it was the first time an Indian nation had asked for its own treaty to be placed on display.

Evangeline is also the author of *Dzání Yázhí Naazbaa': Little Woman Warrior Who Came Home.* This book has received multiple awards and honors, among them the 2007 Lacapa Spirit Prize for Narrative, the 2007 Storytelling World Award, the 2006 International Reading Association Children's Choices book, and being named a 2006 Notable Children's Social Studies Trade Book.

Dr. Margaret Speas is a Professor of Linguistics at the University of Massachusetts. She has an M.A. in Linguistics from the University of Arizona and a Ph.D. in Linguistics from the Massachusetts Institute of Technology.

Margaret was introduced to Navajo in the late 1970s, when she worked with Navajo students at Fort Lewis College in Durango, Colorado. As a graduate student, she studied Navajo Linguistics with Professor Ken Hale, and attended several workshops at Diné College. Her Doctoral Dissertation, *Adjunctions and Projections in Syntax*, examined how Navajo verbal and sentence structures compare and contrast with the structures of other languages around the world. She is also the author of numerous papers on the grammar of Navajo and other languages, such as 'Person and Point of View in Navajo' and 'Null Objects in Functional Projections.'

Over the years, Margaret has worked to help make linguistics accessible and useful to those whose languages are studied by linguists. She has worked with Navajo linguists, and has led numerous workshops for Navajo linguists and Navajo teachers interested in linguistics. Her paper 'From Rules to Principles in the Study of Navajo Syntax' explains some of the reasons that linguists have been interested in studying Navajo, and describes how linguistic theory has changed over the past 30 years, partly as a result of insights from the study of languages like Navajo. She is a founding member of the Board of Directors of the Navajo Language Academy, the mission of which is to promote scholarship on the Navajo language and support Navajo teachers in their efforts to ensure that the Navajo language will continue to live in future generations.

Acknowledgements

Dr. Evangeline Parsons Yazzie

An undertaking of this size would not have met completion without the valuable contribution of the following individuals:

Berlyn Yazzie, Sr.

Berlyn spent many hours editing the Navajo portions of this textbook while he listened to "fifties" music. His dedication, words of wisdom, insight, and attention to details is deeply appreciated. Berlyn's humor made the tedious but necessary editing process more enjoyable. In addition, his knowledge based upon his teaching and administrative experience has added invaluable pedagogical insight. Finally, it was Berlyn's kind words of encouragement that sustained me when they were needed the most.

Eric Lockard, President of Salina Bookshelf

Nitsaago 'ahéhee' for believing in this textbook and publishing it. Your dedication to the maintenance and preservation of the Navajo language is appreciated by Navajo language teachers/instructors and by Navajo people.

Jessie Ruffenach

Ms. Ruffenach spent hours sitting at my kitchen table editing the English portions of this textbook. It was her desire that our words were not lost in the editing process.

Joe Kee, Jr.

Joe Kee, a former Lecturer of Navajo at NAU, helped in the piloting of the textbook. Mr. Kee taught three levels of Navajo and used the textbook in his classes. His suggestions for refinement led to a successful text.

Inez Nez

During her first year of teaching, Ms. Nez piloted various sections of the textbook and provided valuable feedback.

Bahe Whitethorne, Jr.

Bahe has placed this textbook in a whole new dimension with his graphic design skills. He has added beauty to a beautiful language.

Ken Lockard

Ken traveled to many places to take photographs to add to the experience of studying the Navajo language.

Navajo Gospel Mission

Ameritribes (formerly Navajo Gospel Mission) gave me the rights to publish their rare, unique photographs. These photographs give the Navajo youth of today a glimpse of generations past.

Navajo People and Navajo Elders

I wish to acknowledge the help of the following people, who at different stages of the textbook made valuable contributions. It was touching to have an elder ask how the writing of our textbook was progressing, then offer advice or offer information I had asked of them at an earlier time. Numerous times, elders took the time to call to confirm information or to offer additional information.

A special expression of gratitude goes out to the following individuals:

Marilyn Nez for her help on the "Cooking and Food" chapter, as well as information on the Long Walk of the Navajo people. Her valuable cultural contribution is deeply appreciated.

Jane Horseson for her help on the chapters on months, food and cooking, weather, and for her information on the Long Walk of the Navajo people.

James Bilagody, former Council Delegate from Tuba City, for his help on the Navajo Nation Government chapter.

Rev. Scott Franklin for his contribution on Navajo teachings.

Rose Claw for her cultural knowledge and information regarding the Long Walk of the Navajo people.

Laverne Bahe for her information regarding Livestock Reduction.

Alfred Nez for his help regarding the names of traditional foods that are no longer consumed by most Navajo people.

Velia Yazzie for her insight into the traditional ways of the Navajo people.

Lena Yazzie, Helen Yazzie, and Maxine Yazzie for their contribution regarding Navajo traditions and Lena for her information on the months.

Walter Begay for his wisdom on Navajo economics.

Melody Parsons for the research she conducted for the early portion of Chapter 30 Treaties.

The Navajo Language students of NAU, classes of Fall 2005 through Spring 2007, who demonstrated that this textbook "works."

The following Navajo elders made valuable editorial contributions to the Navajo text:

Zonnie Johns, Hilda Chase, Albert Johnson, Dorothy Manybeads, Smibert Johnson, Alvin Gon, Vivian Gordy, Maxine Kescoli, Clarence and Mary Lou Blackrock, Thelma Johnson, and Rose Willie.

It is the faces of my children, nephews, and nieces that encouraged me to keep working on the text. They are the ones who will benefit from the writing of this textbook, and they are the generation that will keep the Navajo language alive.

Finally, I appreciate my older brothers, Ronald Bush, Sr., Bruce Yazzie, Jr., Laurin Yazzie, Sr., and the late Leonard Begay, Sr. 'Ahéhee' shínaaíké. 'Ayóó 'ádanihíínísh'ní.

Dr. Margaret Speas

I would like to begin by thanking my first Navajo teachers, Ellavina Tsosie Perkins and Roseann Willink. Their knowledge, patience and dedication to the Navajo language gives me hope that the language will still be spoken in generations to come. I have learned most of what I know about Navajo from the teachers and other scholars who have shared their knowledge with me. I'd like to thank in particular Lorene Legah, Irene Silentman, Paul Platero, Linda Platero, Mary Ann Willie, Clayton Long, Danny Blackgoat, Tony Goldtooth, Blackhorse Mitchell and the late Alyce Neundorf. I am also very grateful for the monumental contributions of the late Robert Young and William Morgan, without which I could never have begun to learn about Navajo. I would also like to thank all of the dedicated Navajo teachers who have shared their knowledge with me at the Navajo Language Academy workshops, especially Helen Antonio, John Harvey, Kellymay Kelly, Lena McCabe, Sally McCabe, Cheryl Singer, Andrea Singer, Cecilia Silentman Carr, Violet Tso, Irene Tsosie, Delphine Tsinajinnie and Irene Yazzie.

My Bilagáanaa colleagues in Athabaskan studies are a constant source of support and inspiration. Thank you especially to Ted Fernald, Keren Rice, Leslie Saxon, Leonard Faltz, David Samuels, Siri Tuttle, James Kari, and the late Carlota Smith.

My colleagues at the University of Massachusetts have made the Linguistics department the best work environment that I can imagine. Thanks especially to Barbara Hall Partee for her support of the NLA, and to Chisato Kitagawa for being a mentor and friend.

Many thanks to the National Science Foundation, for grant #HSD0527509, which supported some of the research for this book.

Thank you Andy for always being there for me, even when I was way out here. Thank you Charlie, just for being you.

Table of Contents

Preface

To the student:

We hope that you will find our book helpful as you journey toward a deeper understanding of the Navajo language and culture. The Navajo language is the heartbeat of the Navajo culture. Navajo Nation officials, Navajo language teachers, Navajo elders, and linguists have declared that the Navajo language is now becoming an endangered language. They say that a key to the revival of a language is to ensure that parents of the next generation transmit the language and culture to their children.

Some Navajo young people do not think that the Navajo language, traditions and beliefs are relevant to their lives today. Some have been conditioned to be ashamed of their heritage, and others think that the traditional culture is not compatible with their lives or beliefs. Some believe that the Navajo language is too difficult for them to master.

This book is inspired by our belief that traditional culture is very relevant to the lives of Navajo youth, and that there need not be a clash between the wisdom of Navajo elders and the beliefs of contemporary Navajo families. We know that you will succeed in mastering the Navajo language if you persist in your study and find as many ways as you can of practicing the language.

Small children learn the language of their parents by simply hearing the language and speaking with those around them. It is virtually impossible to learn a language by reading and memorizing material in a textbook. You must use the language to communicate! Practice with your classmates, but also seek out fluent speakers of Navajo and talk with them. Visit elders in senior centers and let them help you to learn. Listen to Navajo language radio. Attend Chapter meetings in your area. Ask your teacher if there is something you would like to say that you do not find in this book. We know that you will succeed if you persist.

To the parent:

This book is inspired by our belief that traditional Navajo culture is very relevant to the lives of Navajo youth, and that there need not be a clash between the wisdom of Navajo elders and the beliefs of contemporary Navajo families. A strong knowledge of Navajo language and culture has been shown to improve the school performance of Navajo youth. The cultural lessons in this book emphasize the importance of family ties, a respect for oneself, and pride in the strength that allowed the Navajo people to endure years of hardship. These values are important to all Navajo families, no matter what their religious beliefs or lifestyle. Some Navajo young people have been conditioned to be ashamed of their heritage. As your child begins the journey toward a deeper understanding of the Navajo language and culture, your encouragement can make all the difference.

The Navajo language is the heartbeat of the Navajo culture. Navajo Nation officials, Navajo language teachers, Navajo elders, and linguists have declared that the Navajo language is now becoming an endangered language. They say that a key to the revival of a language is to ensure that the next generation transmits the language and culture to their children. Some young people believe that the Navajo language is too difficult for them to master, but this is not true. For generations children learned Navajo by simply being surrounded by it in the home and community. Urge your child to get as much exposure to the language as possible. Encourage him or her to seek out others who speak Navajo. Support him or her in the earliest efforts to use the language. Do not laugh at mistakes - give gentle corrections, and urge your child to practice until the words come naturally.

The boarding school system and the encroachment of non-Navajo culture have severely damaged the chain of language that links generations of Navajo families, but the chain is not broken forever. By encouraging your child to work hard at learning Navajo, you can be the one to help make sure that the language does not die out.

To the teacher:

We hope that you will find our book useful as you help to keep the Navajo language and culture alive. In teaching the Navajo language, you touch the heart of the Navajo Nation. As a teacher, you understand that the language keeps the culture alive: the language describes the traditional lifestyle of the people while nurturing Navajo traditions. Many young people do not think that the Navajo language, traditions and beliefs are relevant to their lives today. Some have been conditioned to be ashamed of their heritage, and others think that the traditional culture is not compatible with their lives or beliefs. Some believe that the Navajo language is too difficult for them to master.

We believe that traditional culture is very relevant to the lives of Navajo youth, and we do not think there has to be a clash between the wisdom of Navajo elders and the beliefs of contemporary Navajo families. We know that young people can master the Navajo language because we have seen students who began with very little knowledge grow into fluent speakers. Our main goal in writing this book was to combine a clear presentation of the words and sentences of Navajo with the cultural information that can help you convey the importance of the wisdom of Navajo elders to the lives of today's Navajo youth.

This book was designed to provide teachers with materials that will help them teach students with a wide range of backgrounds and needs. You probably have some students who understand quite a bit of Navajo but want to learn Navajo literacy, some who have had no exposure to Navajo at all, some who can write Navajo but understand very little, and so on. We have tried to arrange the information in this book so that you will find what you need to:

a. guide Navajo students in their efforts to reconnect with their people and their heritage
b. facilitate the process as Navajo and non-Navajo students experience the beauty of the Navajo language, culture, traditions, and lifestyle
c. awaken within every student an interest to move past the early stages of learning the Navajo language
d. inspire the student to learn more by using the language in cultural, social, and traditional Navajo circles.

To achieve the above, we have applied D.A. Wilkins' Communicative Approach to the teaching of the lessons, which aims for: (a) communicative competence, (b) addressing all four language skills—listening, speaking, reading, and writing; and (c) integrating language and communication. This approach corresponds to the way Navajo elders transmit listening and speaking skills to the younger generation.

The Communicative Approach is learner centered, experience based, and the language produced is based upon trial and error, corrected through modeling from the instructor. This approach further advocates introducing language that is authentic to provide students with opportunities to use the language for communicative purposes. This is up to you. What is needed is for the teacher to create situations in which the students can practice what they are learning. If you are not sure how this can be done for Navajo, we suggest that you consult the materials on *Situational Navajo*, by Wayne Holm, Irene Silentman and Laura Wallace, available for download from [**http://www.swarthmore.edu/SocSci/ifernal1/nla/halearch/halearch.htm**]. Although these materials were developed for elementary or preschool age children, the techniques can be adapted to creating situations within a high school or college classroom. Creating situations for students to get extensive practice can help them to leave the Navajo language classroom feeling rejuvenated, motivated, and fortunate to have studied the Navajo language and to have learned more about the culture, history, traditions and lifestyles of the Navajo people.

We have not been able to include all vocabulary that you might think is useful. For one thing, we have not tried to provide comprehensive lists of nouns, such as lists of words for animals, items around the home, foods, etc. There are already many other sources for these words, and we believe it is important to emphasize the verbs and cultural information that are not found in other sources. We hope you will encourage your students to use other resources, such as the Oxford Picture Dictionary of Navajo or Alyse Neundorf's *Ałchíní bi Naaltsoostsoh*, published by University of New Mexico Press. Also, we cannot anticipate all situations in which students will want to use Navajo. Teachers should help students take the initiative to seek out the words they need for real-life situations, so they can discover that the Navajo language certainly is relevant to their lives today.

CHAPTER 1

The Navajo Alphabet and the Navajo Sound System

A Navajo family gathering.

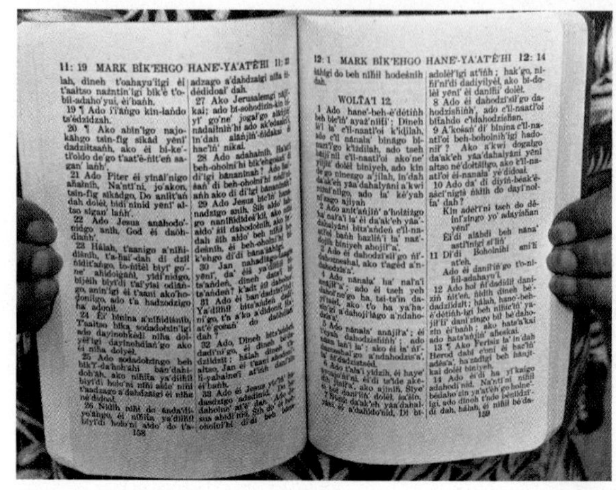

Different portions of the Bible were translated into Navajo. For years, this was the most extensive collection of written Navajo.

Historical Overview of Navajo Writing

Language is central to Navajo culture. Eloquence, storytelling, and the sacred words of oration have always been highly valued in traditional culture. Writing was not needed, as elders protected their language by memorizing and retelling all of the teachings and stories. Navajo culture did develop a complex system of visual symbols that are found in various kinds of art, but these were not meant to be used for permanent records.

In this book, we are using a writing system that has only recently become accepted among Navajo teachers and students. Methods for writing the Navajo language were first developed by non-Navajos. Beginning in the 19th and early 20th centuries, missionaries and linguists working with Navajos created various ways of writing down the Navajo language. This work may have been based on good intentions, but, the painful experience of Hwéeldi (the Long Walk), Navajos were reluctant to learn a writing system developed by outsiders. Indifference turned to anger when, in the 1930s, Commissioner of Indian Affairs John Collier printed up Navajo language brochures promoting the federal government's destructive livestock reduction policies and had them distributed across the reservation. Navajo people certainly did not want to learn Navajo writing in order to read about a policy that would undermine their culture and destroy their livelihood. For many years, the association between these policies and Navajo writing interfered with efforts toward Navajo literacy. Although some materials for teaching Navajo literacy were developed during the 1920s-1930s, much of that was destroyed after World War II. Code Talkers used the Navajo language during the war to transmit messages of strategic importance; therefore, the United States government declared parts of the Navajo language "classified information" in case the need arose to use the language again. In 1969, the language was declassified. It was not until the late 1960s-early 1970s, when a number of Navajo people became interested in literacy and found it useful such that textbooks and stories written in Navajo began to gain more widespread acceptance.

Presently, there are many Navajo people who can read and write their language. Navajo educators are finding that when Navajo people become literate in their language, they feel a new sense of identity and ownership of their language. Scholarly studies have found that Navajo young people with a deep knowledge of their language and culture do better academically than those who have lost their language and culture.[1]

The writing system we are using in this book was developed in recent times, based on a more than 50-year-long collaboration between Dr. Robert Young and William Morgan. Young and Morgan consulted with dozens, perhaps hundreds, of Navajo people, whose contributions you will find acknowledged by name in Young and Morgan's *The Navajo Language: A Grammar and Colloquial Dictionary.* The alphabet was designed to be practical for reading, writing, and typing. Each sound of Navajo is represented by a letter or pair of letters. For cases in which there are dialect differences in how words are pronounced, or in which a word might have a shortened pronunciation in casual speech, Young and Morgan have consulted with expert Navajo speakers and educators to come up with standardized spellings.

In order to learn to use the Navajo alphabet, you will need to learn how to hear the individual sounds within each word. You will also need to learn how to pronounce the sounds that are unique to Navajo, and blend them into smoothly pronounced words.

Each of you has something unique to contribute to this class. Listen and work together, and you will learn how to pronounce each sound, and how to use the letters to write the sounds.

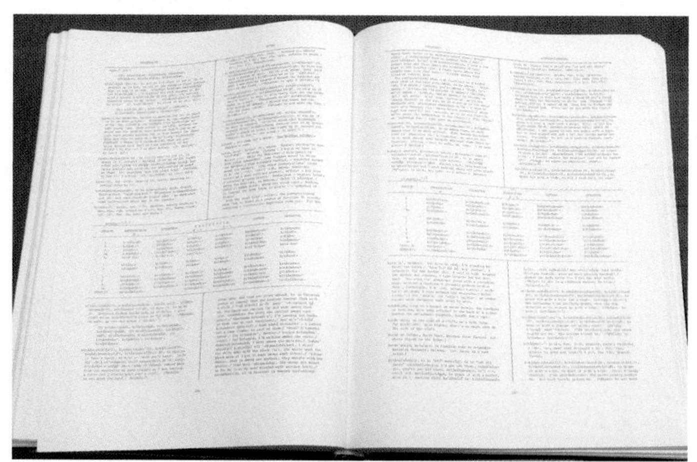

1 Cummins, Jim. "Empowering Minority Students: A Framework for Intervention." *Harvard Educational Review* 56 (1986): 18-36.
Vadas, R. "Assessing the Relationship between Academic Performance and Attachment to Navajo Culture." *Journal of Navajo Education* 12 (1995): 16-25.

The Navajo Alphabet

The following letters appear in the Navajo alphabet. You will notice that some letters found in the English alphabet will not appear in the Navajo alphabet, and two letters, ł and ', are found in the Navajo alphabet but do not appear in the English alphabet.

The Navajo alphabet includes the following letters:

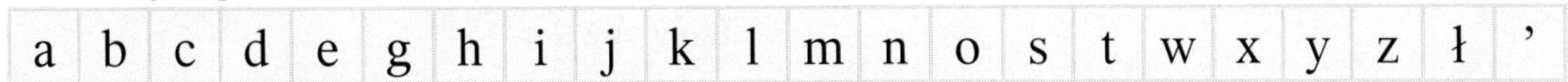

a	b	c	d	e	g	h	i	j	k	l	m	n	o	s	t	w	x	y	z	ł	'

The letter "c" never appears alone. It is always accompanied by the letter "h," as "ch". Together, these two letters stand for a single sound, just like "ch" in English. The letter "x" also never appears alone. It is used after certain consonants to indicate that the sound of the consonant is rougher than just the consonant alone. The rough sound is called **aspiration.** Aspiration means that the consonant is pronounced with the back of the throat tightened, which makes an extra puff of air. The letter "x" is used after a consonant to indicate that the consonant is aspirated.

You probably wonder why an apostrophe has been added to the list above. The letter that looks like an apostrophe is called a **glottal stop**. A glottal stop is a consonant. We will talk about the glottal stop in the section below on consonants.

Vowels for Navajo

Navajo has four basic vowels, but many more than four different vowel sounds, because each vowel may be short or long, high tone or low tone, and nasal or non-nasal.

The four vowels found in Navajo are

a e i o

vowel	
a	The vowel **a** is pronounced like the "a" in the English word "father."
e	The vowel **e** is pronounced like the "e" in the English word "let."
i	The vowel **i** is pronounced like the "i" in the English word "it."
o	The vowel **o** is pronounced like the "o" in the English word "hope."

Although we use the same letters as English to write these vowels, their pronunciation in Navajo is shorter than the English pronunciation. Allow your instructor to model the articulation of each sound. Listen to the instructor pronounce each syllable several times before you repeat the pronunciation.

Short Vowels

In Navajo, **short vowels** are not the same as what you learned when you began to learn to read in English. In Navajo, a short vowel is one that appears in a word by itself, with no adjacent vowel letters. For example, in the word *sidoh*, "it is hot," the "i" and the "o" are short vowels.

When a short vowel is pronounced, it is pronounced quickly. Listen carefully as your instructor reads the short vowels and the words containing short vowels.

Short Vowels:

a e i o

Short Vowel Words:					
Navajo	English	Navajo	English	Navajo	English
shimá	my mother	mósí	cat	kéyah	land
kin	square building	chidí	vehicle	tł'ízí	goat
łid	smoke	k'os	cloud	Ge'!	Pay attention! Listen!
tó	water	ná	for you	dził	mountain

Practice

Practice pronouncing each vowel separately several times. Refer to the key above to determine how each vowel is pronounced.

Long Vowels

As was the case with short vowels, **long vowels** in Navajo are not exactly like long vowels in English. In Navajo, a long vowel is a sequence of two identical vowels appearing side by side. When a long vowel is spoken, the sound is held for a longer time. The basic sound is not much different from the sound of a short vowel; what is important is the length of time over which the vowel is pronounced.

Long vowels:

aa ee ii oo

vowel	
aa	The vowels **aa** are pronounced like the "a" in the English name "Nora."
ee	The vowels **ee** are pronounced like the "e" in the English word "bend."
ii	The vowels **ii** are pronounced like the "i" in the name "Tina."
oo	The vowels **oo** are pronounced like the "o" in the English word "low."

Listen to your instructor read the words in the first column, and repeat them. As your instructor reads, listen to the pronunciation of the short vowel sounds in the first set of words compared to the long vowel sounds in the second set.

Short vowels		Long Vowels	
bá	for him/her/it	saad	word/words
'ak'ah	fat	k'aa'	arrow
dził	mountain	dziil	strength
kǫ'	fire	kǫ́ǫ́	here
łe'	jealousy	łeezh	dirt

Practice

Practice pronouncing each set of vowels separately several times. Refer to the key above to determine how each vowel is pronounced.

High Tones and Nasal Vowels

Maybe you already noticed that some vowels have accent marks above or below them. These symbols are called **diacritical marks**, and they mark the vowels as high tone or nasal. A vowel with an **intonation mark** above it is pronounced at a higher pitch. A **nasal** vowel is pronounced with air going through your nose. As a student of the Navajo language, you need to train your eyes and ears to notice not only the letters but also the **diacritical marks**.

Intonation mark	**á é í ó**
Nasal mark	**ą ę į ǫ**

Diacritical marks work very hard. Two words could be spelled the same, using the same consonants and vowels, but the inclusion of diacritical marks gives the two words a different sound and a different meaning. To illustrate this point, consider the words that appear below. **Notice how the diacritical marks have dramatically changed the meaning.**

bíká = for him, for her, for it

biką' = her male partner

Diphthongs

Diphthongs are made up of two different short vowels pronounced together. The combination of two different vowels makes them have a special pronunciation, so it is helpful to practice them.

Examples of diphthongs:			
ei	**oi**	**ai**	**ao**

Listen carefully as your instructor pronounces each diphthong, and then listen to the pronunciation of each word that contains a diphthong before you repeat the pronunciation.

ei	níléí	that one	beeldléí	blanket	séí	sand
oi	deesdoi	It is hot (weather).	hastóí	men	náshdóí	bobcat
ai	naakai	They (3 or more) are walking around.	hai	winter	doodai'	or
ao	siláo	police	taos'nii'	dough	adaoh'aash	You (2) get down from something.

Consonants for Navajo

Below are all the consonants in the Navajo alphabet:

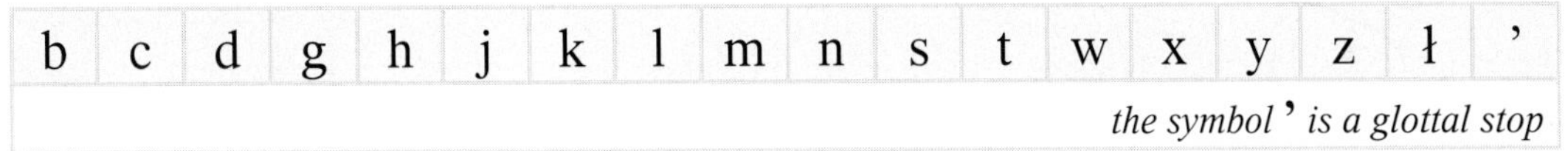

b	c	d	g	h	j	k	l	m	n	s	t	w	x	y	z	ł	'

the symbol ' *is a glottal stop*

Below are words that begin with each consonant. See if you can think of other examples.

consonant	Navajo with consonant	English	consonant	Navajo with consonant	English
b	**b**ááh	bread	**m**	**m**a'ii	coyote
d	**d**ibé	sheep	**n**	**n**i	you
g	**g**ah	rabbit	**s**	**s**in	song
h	**h**astiin	man	**t**	**t**ó	water
j	**j**ooł	ball	**w**	**W**ah!	Oops!
k	**k**é	shoes	**y**	**y**éego	try hard
l	**l**ájish	glove(s)	**z**	**z**ábąąh	lips
ł	**ł**id	smoke	**'**	**'**awéé'	baby

Note: No Navajo words begin with the letter "x," so no example is given. Also, the letter "c" always appears with "h", so no example is given here.

Remember, the glottal stop is a consonant. The glottal stop is made by closing off the passage from the lungs to the mouth. You can change the meaning of a word just by adding a glottal stop. The words below illustrate how a glottal stop, diacritical marks, and the short vowel versus the long vowel can change the meaning of a word.

bíká	for him/her/it	bik'a'	its ammunition, its bullet, its arrow
shizhéé'	my saliva	shizhé'é	my father
łeetso	uranium	łé'étsoh	rat
naalkid	moving at intervals	na'alkid	movie

Digraphs

Some of the consonant sounds are written with **digraphs,** that is, two consonant letters which represent **one sound**. The digraphs are ch, dl, dz, gh, hw, kw, sh, ts, tł, and zh. The digraphs "ch" and "sh" represent the same sounds as they do in English. The other digraphs represent sounds that do not appear in English or are spelled in some other way.

Since there are not any words with just consonants, we will practice the consonants in **syllables.** A syllable is a consonant followed by a vowel. (Sometimes another consonant comes at the end of a syllable, but our practice will use only consonant + vowel syllables.) Listen to your teacher pronounce the list of digraph + short vowel syllables to learn the sounds that these digraphs represent.

cha	che	chi	cho
dla	dle	dli	dlo
dza	dze	dzi	dzo
gha	ghe	ghi	gho
hwa	hwe	hwi	hwo
kwa	kwe	kwi	kwo
sha	she	shi	sho
tsa	tse	tsi	tso
tła	tłe	tłi	tło
zha	zhe	zhi	zho

Glottalized Consonants

Finally, there are five glottalized consonants, which are written by adding the glottal stop symbol (') after the consonant letter or digraph. The glottalized consonants are k', t', ch', ts', and tł'. Listen to your instructor pronounce the glottalized consonant + short vowel or digraph + short vowel syllables to the right.

k'a	k'e	k'i	k'o
t'a	t'e	t'i	t'o
ch'a	ch'e	ch'i	ch'o
ts'a	ts'e	ts'i	ts'o
tł'a	tł'e	tł'i	tł'o

Syllables

As we already discussed, a syllable is a consonant plus a vowel; and sometimes another consonant appears at the end of the syllable. You have already been practicing with single syllables. Many words have more than one syllable.

one syllable	two syllables	three syllables	four syllables
Txį'.	dibé	Nanilnish.	naanáalwołgo
Let's go.	sheep	You are working.	while he/she is running around

The Navajo Sound System: Summary

Listen to your istructor read the syllables in the Navajo Sound System. Learn the sounds, and begin to train your eyes to read the digraphs and glottalized consonants, diacritical marks and glottal stops, as well as the long and short vowels.

Vowels Only

Short Vowels				Long Vowels			
a	e	i	o	aa	ee	ii	oo
á	é	í	ó	áá	éé	íí	óó
ą	ę	į	ǫ	ąą	ęę	įį	ǫǫ
a'	e'	i'	o'	aa'	ee'	ii'	oo'

Consonant-Vowel Syllables

Short Vowels				Long Vowels			
ba	be	bi	bo	baa	bee	bii	boo
bá	bé	bí	bó	báá	béé	bíí	bóó
bą	bę	bį	bǫ	bąą	bęę	bįį	bǫǫ
ba'	be'	bi'	bo'	baa'	bee'	bii'	boo'

Words for practice:

bee	by means of it	bii'	within it
bí	him/her/it	bá	for him/her/it
bááh	bread	bąąh	on the side of it

Short Vowels				Long Vowels			
da	de	di	do	daa	dee	dii	doo
dá	dé	dí	dó	dáá	déé	díí	dóó
dą	dę	dį	dǫ	dąą	dęę	dįį	dǫǫ
da'	de'	di'	do'	daa'	dee'	dii'	doo'

Words for practice:

dąą	spring (season)	díí	this one
dééh	tea	doo	will
dįį'	four	dóó	and

Short Vowels				Long Vowels			
ga	ge	gi	go	gaa	gee	gii	goo
gá	gé	gí	gó	gáá	géé	gíí	góó
gą	gę	gį	gǫ	gąą	gęę	gįį	gǫǫ
ga'	ge'	gi'	go'	gaa'	gee'	gii'	goo'

Words for practice:

Ge'!	Pay attention!	gáagii	crow

Short Vowels				Long Vowels			
ha	he	hi	ho	haa	hee	hii	hoo
há	hé	hí	hó	háá	héé	híí	hóó
hą	hę	hį	hǫ	hąą	hęę	hįį	hǫǫ
ha'	he'	hi'	ho'	haa'	hee'	hii'	hoo'

Words for practice:

Haah!	Give it to me.	ahxéhee'	thank you

Short Vowels			
ja	je	ji	jo
já	jé	jí	jó
ją	ję	jį	jǫ
ja’	je’	ji’	jo’

Long Vowels			
jaa	jee	jii	joo
jáá	jéé	jíí	jóó
jąą	jęę	jįį	jǫǫ
jaa’	jee’	jii’	joo’

Words for practice:

jį	day
jó	you know
’ajaa’	ear/ears

jeeh	chewing gum
jooł	ball
’aají	over there

Short Vowels			
ka	ke	ki	ko
ká	ké	kí	kó
ką	kę	kį	kǫ
ka’	ke’	ki’	ko’

Long Vowels			
kaa	kee	kii	koo
káá	kéé	kíí	kóó
kąą	kęę	kįį	kǫǫ
kaa’	kee’	kii’	koo’

Words for practice:

ké	shoes
kǫ’	fire

kǫ́ǫ́	right here
’akee’	tire

Short Vowels			
k’a	k’e	k’i	k’o
k’á	k’é	k’í	k’ó
k’ą	k’ę	k’į	k’ǫ
k’a’	k’e’	k’i’	k’o’

Long Vowels			
k’aa	k’ee	k’ii	k’oo
k’áá	k’éé	k’íí	k’óó
k’ąą	k’ęę	k’įį	k’ǫǫ
k’aa’	k’ee’	k’ii’	k’oo’

Words for practice:

k’ad	right now
k’é	clan relationship
k’os	cloud

ak’ǫ́ǫ́’	seed
k’aa’	arrow
bik’ee	as a result of it

Short Vowels			
la	le	li	lo
lá	lé	lí	ló
lą	lę	lį	lǫ
la’	le’	li’	lo’

Long Vowels			
laa	lee	lii	loo
láá	léé	líí	lóó
ląą	lęę	lįį	lǫǫ
laa’	lee’	lii’	loo’

Words for practice:

le’	wish
lá	observation

lą’í	many
’alįį’	livestock

Notice that there is no "mą mę mį mǫ." The reason is that the "m" nasalizes the vowel; therefore, the nasal mark is not needed.

Short Vowels				Long Vowels			
ma	me	mi	mo	maa	mee	mii	moo
má	mé	mí	mó	máá	méé	míí	móó
ma'	me'	mi'	mo'	maa'	mee'	mii'	moo'

Words for practice:

mee'	sound a sheep makes	bimá	his/her/its mother

Notice that there is no "ną nę nį nǫ." The reason is that the "n" nasalizes the vowel; therefore, the nasal mark is not needed.

Short Vowels				Long Vowels			
na	ne	ni	no	naa	nee	nii	noo
ná	né	ní	nó	náá	néé	níí	nóó
na'	ne'	ni'	no'	naa'	nee'	nii'	noo'

Words for practice:

na'	here *(as in giving an object to someone)*	'anáá'	eye
ni	you	naa	about you
ne'	remembrance	ní	he/she said

Short Vowels				Long Vowels			
sa	se	si	so	saa	see	sii	soo
sá	sé	sí	só	sáá	séé	síí	sóó
są	sę	sį	sǫ	sąą	sęę	sįį	sǫǫ
sa'	se'	si'	so'	saa'	see'	sii'	soo'

Words for practice:

sǫ'	star	siil	steam
są́	old age	saad	word/words

Short Vowels				Long Vowels			
ta	te	ti	to	taa	tee	tii	too
tá	té	tí	tó	táá	téé	tíí	tóó
tą	tę	tį	tǫ	tąą	tęę	tįį	tǫǫ
ta'	te'	ti'	to'	taa'	tee'	tii'	too'

Words for practice:

tó	water	'atiin	road
Txį'.	Let's go.	táá'	three

Short Vowels			
t'a	t'e	t'i	t'o
t'á	t'é	t'í	t'ó
t'ą	t'ę	t'į	t'ǫ
t'a'	t'e'	t'i'	t'o'

Long Vowels			
t'aa	t'ee	t'ii	t'oo
t'áá	t'éé	t'íí	t'óó
t'ąą	t'ęę	t'įį	t'ǫǫ
t'aa'	t'ee'	t'ii'	t'oo'

Words for practice:

at'ééd	girl	t'óó	just

Short Vowels			
wa	we	wi	wo
wá	wé	wí	wó
wą	wę	wį	wǫ
wa'	we'	wi'	wo'

Long Vowels			
waa	wee	wii	woo
wáá	wéé	wíí	wóó
wąą	węę	wįį	wǫǫ
waa'	wee'	wii'	woo'

Words for practice:

We'!	Yuck!	waa'	wild spinach/spinach
Wah!	Oops!	awéé'	baby

Short Vowels			
ya	ye	yi	yo
yá	yé	yí	yó
yą	yę	yį	yǫ
ya'	ye'	yi'	yo'

Long Vowels			
yaa	yee	yii	yoo
yáá	yéé	yíí	yóó
yąą	yęę	yįį	yǫǫ
yaa'	yee'	yii'	yoo'

Words for practice:

ya'?	right?	yáa	interesting observation
Yááh?	What did you say?	yoo'	necklace

Short Vowels			
za	ze	zi	zo
zá	zé	zí	zó
zą	zę	zį	zǫ
za'	ze'	zi'	zo'

Long Vowels			
zaa	zee	zii	zoo
záá	zéé	zíí	zóó
ząą	zęę	zįį	zǫǫ
zaa'	zee'	zii'	zoo'

Words for practice:

azéé'	mouth	azee'	medicine

Short Vowels			
ła	łe	łi	ło
łá	łé	łí	łó
łą	łę	łį	łǫ
ła’	łe’	łi’	ło’

Long Vowels			
łaa	łee	łii	łoo
łáá	łéé	łíí	łóó
łąą	łęę	łįį	łǫǫ
łaa’	łee’	łii’	łoo’

Words for practice:

ła’	some/give me some	łį́į́’	horse
łe’	jealousy	łóó’	fish
łid	smoke	łeh	usually

Digraphs

Remember, digraphs are two consonant letters placed together which represent one sound.

Short Vowels			
cha	che	chi	cho
chá	ché	chí	chó
chą	chę	chį	chǫ
cha’	che’	chi’	cho’

Long Vowels			
chaa	chee	chii	choo
cháá	chéé	chíí	chóó
chąą	chęę	chįį	chǫǫ
chaa’	chee’	chii’	choo’

Words for practice:

chaa’	beaver	chííh	natural sunscreen from red earth

Short Vowels			
ch’a	ch’e	ch’i	ch’o
ch’á	ch’é	ch’í	ch’ó
ch’ą	ch’ę	ch’į	ch’ǫ
ch’a’	ch’e’	ch’i’	ch’o’

Long Vowels			
ch’aa	ch’ee	ch’ii	ch’oo
ch’áá	ch’éé	ch’íí	ch’óó
ch’ąą	ch’ęę	ch’įį	ch’ǫǫ
ch’aa’	ch’ee’	ch’ii’	ch’oo’

Words for practice:

ch’il	plant	dích’íí’	bitter/spicy
ch’ah	hat	ních’aad	don’t cry
ach’íí’	intestines	ch’ał	frog

Short Vowels			
dla	dle	dli	dlo
dlá	dlé	dlí	dló
dlą	dlę	dlį	dlǫ
dla’	dle’	dli’	dlo’

Long Vowels			
dlaa	dlee	dlii	dloo
dláá	dléé	dlíí	dlóó
dląą	dlęę	dlįį	dlǫǫ
dlaa’	dlee’	dlii’	dloo’

Words for practice:

nidlą́	drink it	dlǫ́ǫ́’	prairie dog

Short Vowels				Long Vowels			
dza	dze	dzi	dzo	dzaa	dzee	dzii	dzoo
dzá	dzé	dzí	dzó	dzáá	dzéé	dzíí	dzóó
dzą	dzę	dzį	dzǫ	dząą	dzęę	dzįį	dzǫǫ
dza’	dze’	dzi’	dzo’	dzaa’	dzee’	dzii’	dzoo’

Words for practice:

dzidze’	juniper berries	asdzą́ą́	woman
adziil	strength	dząądi	over here

Short Vowels				Long Vowels			
gha	ghe	ghi	gho	ghaa	ghee	ghii	ghoo
ghá	ghé	ghí	ghó	gháá	ghéé	ghíí	ghóó
ghą	ghę	ghį	ghǫ	ghąą	ghęę	ghįį	ghǫǫ
gha’	ghe’	ghi’	gho’	ghaa’	ghee’	ghii’	ghoo’

Words for practice:

dághaa’	mustache/beard	aghaa’	wool
hooghan	home	Ghąąjį’	October

Short Vowels				Long Vowels			
hwa	hwe	hwi	hwo	hwaa	hwee	hwii	hwoo
hwá	hwé	hwí	hwó	hwáá	hwéé	hwíí	hwóó
hwą	hwę	hwį	hwǫ	hwąą	hwęę	hwįį	hwǫǫ
hwa’	hwe’	hwi’	hwo’	hwaa’	hwee’	hwii’	hwoo’

Words for practice:

Hwáah!	Whew!	ahwééh	coffee

Short Vowels				Long Vowels			
kwa	kwe	kwi	kwo	kwaa	kwee	kwii	kwoo
kwá	kwé	kwí	kwó	kwáá	kwéé	kwíí	kwóó
kwą	kwę	kwį	kwǫ	kwąą	kwęę	kwįį	kwǫǫ
kwa’	kwe’	kwi’	kwo’	kwaa’	kwee’	kwii’	kwoo’

Word for practice:

kwe’é	right here	díkwíí	how many

Short Vowels				Long Vowels			
sha	she	shi	sho	shaa	shee	shii	shoo
shá	shé	shí	shó	sháá	shéé	shíí	shóó
shą	shę	shį	shǫ	shąą	shęę	shįį	shǫǫ
sha’	she’	shi’	sho’	shaa’	shee’	shii’	shoo’

Words for practice:

shá	for me	shaa	about me
shą’	question marker	shįį	possibly/probably
shí	me	shooh	look/notice this
shį́	summer	shą́ą́’	In the sun/remember?

Short Vowels				Long Vowels			
tsa	tse	tsi	tso	tsaa	tsee	tsii	tsoo
tsá	tsé	tsí	tsó	tsáá	tséé	tsíí	tsóó
tsą	tsę	tsį	tsǫ	tsąą	tsęę	tsįį	tsǫǫ
tsa’	tse’	tsi’	tso’	tsaa’	tsee’	tsii’	tsoo’

Words for practice:

tsah	needle	atsoo’	a tongue
tsin	stick	tsíid	live coals
tsé	rock	tsoh	big

Short Vowels				Long Vowels			
ts’a	ts’e	ts’i	ts’o	ts’aa	ts’ee	ts’ii	ts’oo
ts’á	ts’é	ts’í	ts’ó	ts’áá	ts’éé	ts’íí	ts’óó
ts’ą	ts’ę	ts’į	ts’ǫ	ts’ąą	ts’ęę	ts’įį	ts’ǫǫ
ts’a’	ts’e’	ts’i’	ts’o’	ts’aa’	ts’ee’	ts’ii’	ts’oo’

Words for practice:

ts’in	bone	ts’aa’	Navajo wedding basket
ts’ah	sagebrush	ts’éé’	navel/belly button
daats’í	maybe	yiits’ih	pinch it

Short Vowels				Long Vowels			
tła	tłe	tłi	tło	tłaa	tłee	tłii	tłoo
tłá	tłé	tłí	tłó	tłáá	tłéé	tłíí	tłóó
tłą	tłę	tłį	tłǫ	tłąą	tłęę	tłįį	tłǫǫ
tła’	tłe’	tłi’	tło’	tłaa’	tłee’	tłii’	tłoo’

Words for practice:

tłah	lotion/cream	ditłéé’	It is wet.

Short Vowels				Long Vowels			
tł’a	tł’e	tł’i	tł’o	tł’aa	tł’ee	tł’ii	tł’oo
tł’á	tł’é	tł’í	tł’ó	tł’áá	tł’éé	tł’íí	tł’óó
tł’ą	tł’ę	tł’į	tł’ǫ	tł’ąą	tł’ęę	tł’įį	tł’ǫǫ
tł’a’	tł’e’	tł’i’	tł’o’	tł’aa’	tł’ee’	tł’ii’	tł’oo’

Words for practice:

tł’oh	hay	tł’éé’	night

Short Vowels				Long Vowels			
zha	zhe	zhi	zho	zhaa	zhee	zhii	zhoo
zhá	zhé	zhí	zhó	zháá	zhéé	zhíí	zhóó
zhą	zhę	zhį	zhǫ	zhąą	zhęę	zhįį	zhǫǫ
zha’	zhe’	zhi’	zho’	zhaa’	zhee’	zhii’	zhoo’

Words for practice:

nizhé’é	your father	nizhéé’	your saliva
Nizhóní.	It is beautiful/pretty.	nízhi’	your name

Building Reading Skills

Read the following words. Make sure you apply what you learned regarding diacritical marks, digraphs, and short and long vowels.

Navajo with syllables			
łeezh	łeezh	diyin	di/yin
'abíní	a/bí/ní	łeeshch'iih	łeesh/ch'iih
'ałtso	ał/tso	Ghąąjį'	Ghąą/jį'
laanaa	laa/naa	náhást'édiin	ná/hás/t'é/diin
ch'il	ch'il	'aláahgo	a/láah/go
dilní	dil/ní	chahałheeł	cha/hał/heeł
hólǫ́	hó/lǫ́	'oolkił	ool/kił
'ání	'á/ní	'ooch'į́įd	oo/ch'į́įd
naaldlooshii	naal/dloo/shii	'aheełt'é	a/heeł/t'é
biba'	bi/ba'	'áshįįh	á/shįįh

Word List with English Translation

Navajo with translation			
łeezh	sand	Diyin	Holy One/deity/sacred
'abíní	morning	łeeshch'iih	ashes
'ałtso	all of it/completed	Ghąąjį'	October
laanaa	wishful thought	náhást'édiin	ninety
ch'il	plant	'aláahgo	greater
dilní	musical instrument	chahałheeł	darkness
hólǫ́	to have possession of	'oolkił	time
'ání	he/she said	'ooch'į́įd	envy
naaldlooshii	livestock/animals	'aheełt'é	alike in appearance
biba'	wait for him/her/it	'áshįįh	salt

Practicing the Navajo Sound System

The syllables below represent words.

Example:

shí	me	kǫ'	fire	ła'	some	bá	for him/her/it
tó	water	k'os	cloud	dó'	also		

Work with your instructor and fellow students to combine syllables to create words.

Example:

dibé	sheep	'ashdla'	five	chidí	vehicle
shimá	my mother	bééso	money		

Building Speaking Skills: Useful Phrases

Wóshdę́ę́'!	Come in!
Yá'át'ééh.	Greetings/It is good.
Yá'át'ééh abíní.	Good morning.
Hágo.	Come here.
Háadishą' yah anída'aldah?	Where is the bathroom/restroom?
Diné bizaad shił nizhóní.	The Navajo language is beautiful with me.
Nizhónígo shį́į́ 'iidííłhosh.	**Intended meaning:** May you have a good sleep. **Literal meaning:** You will probably/possibly have a beautiful sleep. **English Equivalent:** Good night.
Dichin nisin.	**Intended meaning:** I am hungry. **Literal meaning:** I want hunger.
Ch'iiyáán ayóo łikan.	The food is really tasty.
Nízhóní.	You are beautiful. (speaking to a woman)
Naadzólní.	You are handsome. (speaking to a man)
Nizhóní.	It is beautiful.
'Ahxéhee'.	Thank you.
Lą́'ąą'	You are welcome./I acknowledge your gratitude.
Hágoónee'.	Good bye.

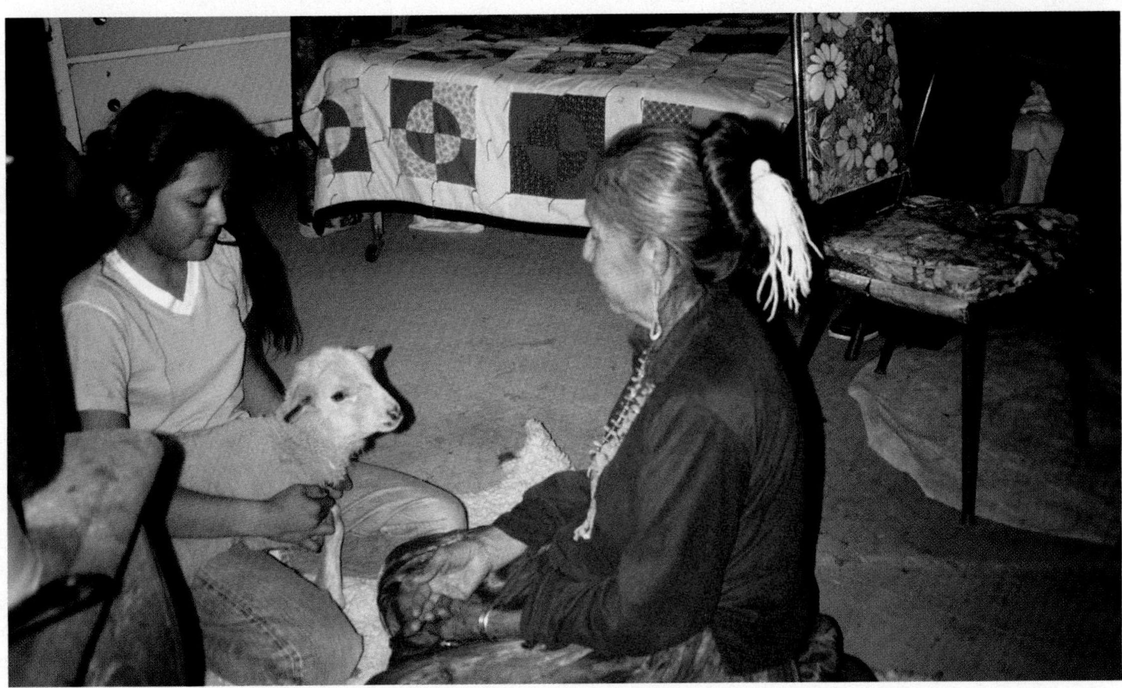

The elders have so much to teach us. They are the key to the language, culture, traditions, and lifestyle of the Navajo people.

Chapter 2

The Navajo Sound System and Navajo Literacy

Navajo-English bilingual books by Salina Bookshelf, Inc.

Reading is fun. Reading is important.

It is vital that you realize pronunciation is extremely important to the Navajo language. Many Navajo words are spelled almost exactly the same, and yet the differences in their meaning are significant. Therefore, it is necessary that the words be pronounced correctly. This chapter provides you with many examples of why correct pronunciation of Navajo is so essential; however, we are aware there are dialectal differences.

Differences in Pronunciation

Listen carefully as the instructor reads the pairs of words below. Some differences in pronunciation are very subtle. You will find two words that are spelled almost exactly the same but are differentiated by diacritical marks or the addition of a consonant or vowel.

a. tsin	ts'in	i. hastiin	hastin
b. 'azéé'	azee'	j. Diné	dinééh
c. yáa	yaa'	k. bikee'	bik'ee
d. łe'	łeh	l. binii'	biníí'
e. sidá	sédá	m. doo	dóó
f. jį́	jį'	n. 'ánii	anii'
g. 'akǫ́ǫ́	ak'ǫ́ǫ́'	o. táá'	t'áá
h. dibah	dibáá'	p. ké	k'é

Now read each pair of words and try to use the correct pronunciation for each word.

The word list below contains the translations for the words found in the above list. This translated list dramatically illustrates how important it is to correctly pronounce Navajo words, and demonstrates how diacritical marks, short and long vowels, or a consonant can change the meaning of Navajo words.

a. wood	bone	i. man	frozen ground
b. mouth	medicine	j. Navajo	young man
c. observation	lice	k. his/her/its feet	as a result of it
d. jealousy	usually	l. his/her/its face	in the midst of them
e. He/She is sitting.	I am sitting.	m. will	and
f. day	up to/as far as	n. recently	a face
g. there	seed	o. three	just
h. powdery	thirst	p. shoes	clan system

Differences in the Short and Long Vowels

Listen carefully as the instructor reads the pairs of words below. Practice listening to and saying these words so you can begin to hear and articulate the difference between short and long vowels in Navajo.

a. bitsii’	bitsi’	i. kee’	ké
b. naa	ná	j. ts’aa’	ts’ah
c. tooh	tó	k. bikiin	bikin
d. kǫ́ǫ́	kǫ’	l. nihináá’	nihiná
e. dibah	dibáá’	m. neeznáá	neezná
f. bíká	bikáá’	n. dziil	dził
g. hakááz	hak’az	o. tł’óó’	tł’oh
h. bit’a’	bitah	p. t’áadoo	t’ahdoo

You will find the English translation following the Navajo word in the list below. Notice the dramatic differences in the meaning of the English translation.

a. bitsii’	his/her hair	bitsi’	his daughter
b. naa	about you	ná	for you
c. tooh	water that is moving	tó	water
d. kǫ́ǫ́	here	kǫ’	fire
e. dibah	powdery	dibáá’	thirst
f. bíká	for him/her/it	bikáá’	on top of a wide, flat surface/it is written on a flat surface
g. hakááz	one’s tonsil	hak’az	cold weather
h. bit’a’	its feather	bitah	among them
i. kee’	foot/feet/shoe	ké	shoes
j. ts’aa’	Navajo wedding basket	ts’ah	sagebrush
k. bikiin	survival, by means of it	bikin	his/her/its house
l. nihináá’	our eyes	nihiná	around us
m. neeznáá	ten	neezná	two or more of them are deceased
n. dziil	strength	dził	mountain
o. tł’óó’	outside	tł’oh	hay
p. t’áadoo	don’t	t’ahdoo	not yet

Building Reading Skills

See how each word, listed below, is divided into syllables according to what you studied in the Sound System. Spend time reading the words syllable-by-syllable. Then, read the words without pausing between syllables. Remember, you are still training your eyes to read not only the letters but also the diacritical marks. Make sure you take all the diacritical marks, glottal stops, and short and long vowels into account when you pronounce the words.

a. di/bé	dibé	i. 'ash/dla'	'ashdla'
b. shi/má	shimá	j. Hó/la.	Hóla.
c. chi/dí	chidí	k. 'á/shįįh łi/kan	'áshįįh łikan
d. tsé/sǫ'	tsésǫ'	l. naal/tsoos	naaltsoos
e. a/be'	abe'	m. doo/da	dooda
f. bi/káá'	bikáá'	n. shí/naaí	shínaaí
g. dóo/laa	dóolaa	o. si/k'az.	sik'az
h. ch'ii/yáán	ch'iiyáán	p. kwe'/é	kwe'é

Below is the same list of Navajo words, accompanied by their English translation.

a. dibé	sheep	i. 'ashdla'	five
b. shimá	my mother	j. Hóla.	I don't know.
c. chidí	car	k. 'áshįįh łikan	sugar
d. tsésǫ'	window	l. naaltsoos	paper/book
e. 'abe'	milk	m. dooda	no
f. bikáá'	on top of a wide, flat surface/it is written on a flat surface	n. shínaaí	my older brother
g. dóolaa	bull	o. sik'az	It is cold.
h. ch'iiyáán	food	p. kwe'é	right here

Read the following simple sentences. Once again, the words have been divided into syllables. Carefully read each syllable.

a. Kǫ' si/doh.	i. Ch'ii/yáán łi/kan.
b. Shi'/éé' di/tłéé'.	j. Jooł ní/maz.
c. "Doo/da, " dish/ní.	k. K'os yil/zhóó/lí.
d. 'A/kwe'/é dah ní/daah.	l. Tsah háá/haash/chxii'.
e. Tsi/ts'aa' di/k'ą.	m. Ni'/góó ní/daah.
f. 'A/tiin di/wol.	n. Ch'il a/hwé/hé shił łi/kan.
g. Tó ni/teel yil/k'ol.	o. Bi/wos neez/gai.
h. Tł'ée'/go hó/zhó/ní.	p. Taos/'nii' ła' á/ní/lééh.

The list below contains the English translations of the above Navajo sentences.

a. Kǫ' sidoh.	The fire is hot.
b. Shi'éé' ditłéé'.	My clothes are wet.
c. "Dooda," dishní.	I said, "No."
d. 'Akwe'é dah nídaah.	Sit right there on top of an object that has height.
e. Tsits'aa' dik'ą.	The box is square.
f. 'Atiin diwol.	The road is rough/bumpy.
g. Tó niteel yilk'ol.	The ocean is moving in waves.
h. Tł'ée'go hózhóní.	It is pleasant at night.
i. Ch'iiyáán łikan.	The food is good/tasty.
j. Jooł nímaz.	The ball is round.
k. K'os yilzhóólí.	The clouds are soft.
l. Tsah háához haashchii'.	The needle is sharp.
m. Ni'góó nídaah.	You sit down on the ground.
n. Ch'il ahwéhé shił łikan.	Navajo tea is good (tasty) with me.
o. Biwos neezgai.	His/her shoulders are hurting.
p. Taos'nii' ła' áníléého.	You make some dough.

The words found below contain more syllables than what you have seen so far. Spend time reading the words syllable-by-syllable; then, read the words without pausing between syllables.

a. ni/zhó/ní/yee'	nizhóníyee'	g. jó/ho/naa'/éí	jóhonaa'éí
b. bee haz/'áa/nii	bee haz'áanii	h. 'a/yóó 'á/nool/nin	'ayóó 'ánoolnin
c. kéé/da/hwii/t'į́į/gi	kéédahwiit'į́įgi	i. bi'/dizh/chį́	bi'dizhchį́
d. ha/yooł/káák	hayoołkááł	j. 'ał/k'i/dą́ą́'	'ałk'idą́ą́'
e. cha/ha'/oh	chaha'oh	k. ni/hi/lee/ts'aa'	nihileets'aa'
f. ch'éé/ní/dzíid	ch'éénídzíid	l. yá'/á/t'ééh	yá'át'ééh

Below you will find the English translation of the above list.

a. it is pretty	g. sun
b. rules/laws	h. It is very beautiful.
c. where three or more of us are residing	i. He/She/It was born.
d. predawn	j. a long time ago
e. shadow/brush shelter	k. our/your (2 or more individuals) dishes
f. You wake up.	l. Greetings/It is good.

Read the sentences below. Each word has been divided into syllables for you.

The sentences below contain the English translation of the sentences to the left:

a. Shi/má dóó shi/zhé'/é kwe'/é bi/ghan.	a. My mother and my father live here.
b. 'Ał/k'és/di/sí 'a/yóo shił łi/kan.	b. Candy tastes really good with me.
c. Háa/di/shą' béé/ga/shii naa/kai?	c. Where are the cows at?
d. Naa/diin ná/hás/t'éí béé/so shee hó/lǫ́.	d. I have twenty-nine dollars.
e. Baa' dóó bi/dee/zhí/ké da/ni/zhó/ní.	e. Baa' and her younger sisters are pretty.
f. Naal/yé/hí bá hoo/ghan/di ni/deiil/nish.	f. Three or more of us work at the trading post.
g. Tsé/ghá/hoo/dzá/ní/di 'íí/nísh/ta'.	g. I go to school at Window Rock.
h. 'Ash/dla/diin/di míil yá/zhí béé/so naash/jaah.	h. I have fifty thousand dollars.

Now, read the sentences without dividing the words into syllables. Your goal is to see all the letters and diacritical marks as you read. The best way to reach that goal is to pay close attention to each syllable. This way, each diacritical mark, consonant, digraph, short vowel, and long vowel is articulated in your reading of the sentences.

a. Shimá dóó shizhé'é kwe'é bighan.
b. 'Ałk'ésdisí 'ayóo shił łikan.
c. Háadishą' béégashii naakai?
d. Naadiin náhást'éí béésо shee hólǫ́.
e. Baa' dóó bideezhíké danizhóní.
f. Naalyéhí bá hooghandi nideiilnish.
g. Tséghánoodzánídi 'íínishta'.
h. 'Ashdladiindi mííl yázhí béésо naashjaah.

The sentences below are even more complicated, and contain occupational terms and place names on Diné bikéyah (the Navajo Reservation). To read the sentences, begin by dividing each word into syllables. Next, read the word by syllables. Finally, read each word without pausing, trying to read the whole sentence smoothly. Do not worry if you do not comprehend what you are reading. At this point, reading proficiency is your goal. As you build your vocabulary, you will begin to understand more of what you are reading.

a. 'Akał bistłee'ii Ch'ínílį́įdi bighan.
b. Bá'ólta'í Tónaneesdizídi 'áłchíní neinitin.
c. Ch'iiyáán íít'íní Tódínéeshzhee'di 'ółta'í yá ch'iiyáán íít'į.
d. Hootaagháhí Be'ak'id Baa' Ahoodzánídi shimá sání yił naalnish.
e. 'Azee' íít'íní Tóhaach'i'di 'azee' ál'į́įgi naalnish.
f. Na'niłkaadii Tóniłts'ílídi shicheii yá na'niłkaad.
g. 'Atsidí Tsédildǫ́'iidi shizhé'é dóó shizhé'é yázhí yił naalnish.
h. Dibé binanit'a'í Tsiiyi' Be'ak'idgi béégashii yaa 'ada'atsih.

The following sentences contain the English translation of the sentences above:

a. The cowboy lives at Chinle.
b. The teacher teaches children at Tuba City.
c. The cook cooks for students at Kayenta.
d. The social worker works with my maternal grandmother at Pinon.
e. The doctor works at the hospital in Tohatchi.
f. The shepherd herds sheep for my maternal grandfather at Crystal.
g. The silversmith works with my father and my paternal uncle at Hardrock.
h. The grazing officer is immunizing cows at Forest Lake.

Building Reading Skills

Read the following story syllable-by-syllable. Then, read the story without pausing. As you read, pay close attention to all of the digraphs, diacritical marks, and short and long vowels.

K'ad shi/má hoo/ghan/di si/dá. 'A/bí/ní/go di/bé ch'íí/nił dóó tóo/jį' dah yi/dí/níił/ka'. Áá/dóó hoo/ghan/di ná/dáah/go dah yis/tł'ǫ́ yi/ch'į' ni/daa/hii' a/tł'óo łeh. Shi/má di/yo/gí 'a/yóó 'á/da/níł/tsoo/í/gíí yi/tł'óo łeh. Naa/ki/di míil yá/zhí dóó bi/'ąą 'ash/dla'/di neez/ná/diin dóó bi'/ąą has/tą́/diin béé/so bą́ąh da'/í/lį́į/go baa na/ha/niih.

K'a/dęę 'ał/né'/é'/aah/go shi/má di/bé yah a/néi/nił/ka'. Áá/dóó di/bé bi/ghan gó/ne'/é di/bé shi/jée' łeh. Ał/ní'/ní'/ą́ą dóó bi/k'i/jį' a'/di'/áah/go di/bé ch'í/náá/bi'/di'/nił. Shi/má di/bé tóo/jį'/go yi/nooł/kał łeh. Yaa/'a di'/áah/go shi/má 'aa/dę́ę' ni/hi/ghan/jį' di/bé néi/nooł/kał łeh. Híìł/ch'į́įh/go 'éí shi/má ha'/nił/chaad dóó 'a/diz łeh. Shi/má shił ni/zhó/ní/yee'.

Now see if you can read the words in the story without hesitation.

K'ad shimá hooghandi sidá. 'Abínígo dibé ch'íínił dóó tóojį' dah yidíníiłka'. Áádóó hooghandi nádáahgo dah yistł'ǫ́ yich'į' nidaahii' atł'óo łeh. Shimá diyogí 'ayóó 'ádaníłtsooígíí yitł'óo łeh. Naakidi míil yázhí dóó bi'ąą 'ashdla'di neeznádiin dóó bi'ąą hastą́diin bééso bą́ąh da'ílį́įgo baa nahaniih.

K'adę́ę 'ałné'é'aahgo shimá dibé yah anéiniłka'. Áádóó dibé bighan góne'é dibé shijée' łeh. Ałní'ní'ą́ą dóó bik'ijį' a'di'áahgo dibé ch'ínáábi'di'nił. Shimá dibé tóojį'go yinoołkał łeh. Yaa 'a'di'áahgo shimá 'aadę́ę' nihighanjį' dibé néinoołkał łeh. Híiłch'į́įhgo 'éí shimá ha'niłchaad dóó 'adiz łeh. Shimá shił nizhóníyee'.

Following is the English translation of the short story that appears above:

My mother is sitting at home now. In the morning, she lets the sheep out and herds them to the spring. When she gets home, she sits down to the loom and weaves. My mother weaves very large rugs. She sells them for $2,560.00.

Just before noon my mother herds the sheep back into the corral. The sheep stay in their corral until afternoon and then they are let back out. My mother usually herds the sheep toward the spring. In the late afternoon, my mother usually herds the sheep back toward our home. In the evening, my mother cards and spins (the wool). My mother is pretty with me.

Helpful Phrases

Question:

Ha'át'íishą' baa naniná?	What are you doing?

Possible answers:

Doo baa naasháhí da.	I am not doing anything.
Naashnish.	I am working.
'Íníshta'.	I am going to school.
Naashné.	I am playing.
Shinaanish hólǫ́.	I have work to do.
'Ashą́.	I am eating.
T'óó sédá.	I am just sitting here.

Question:

Háágóóshą' díníyá?	Where are you going?

Possible answers:

Hooghangóó déyá.	I am going home.
'Ólta'góó déyá.	I am going to the school.
Kingóó déyá.	I am going to town.
Naalyéhí bá hooghangóó déyá.	I am going to the trading post/store.
Ch'aa déyá.	I am going on a trip.

Question:

Háadishą' naniná?	Intended meaning: Where are you? Literal meaning: Where are you walking around at?

Possible answers:

Hooghandi naashá.	Intended meaning: I am at home. Literal meaning: I am walking around at home.
Tónaneesdizídi naashá.	Intended meaning: I am at Tuba City. Literal meaning: I am walking around at Tuba City.
Kindi naashá.	Intended meaning: I am at the store/town. Literal meaning: I am walking around at the store/town.
Shimá bighandi naashá.	Intended meaning: I am at my mother's home. Literal meaning: I am walking around at my mother's home.

CHAPTER 3

Saad, "Áhát'į" Dawolyéhígíí
Navajo Verbs

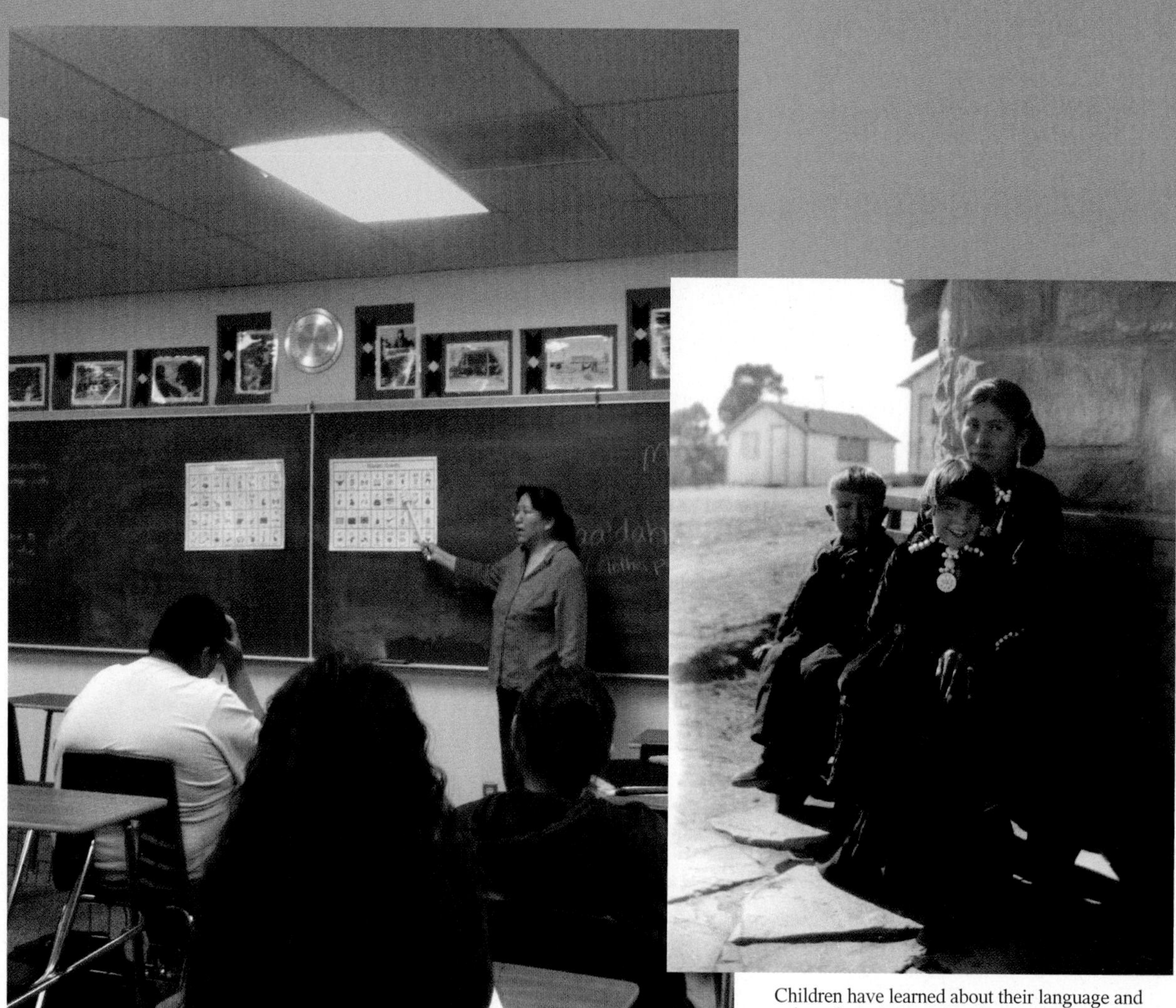

The teacher is teaching about verbs. Verbs are important to the Navajo language.

Children have learned about their language and culture from their mother for centuries.

Now that you have practiced pronouncing Navajo syllables, words, and sentences, it is time to learn how Navajo sentences are put together. In this textbook, Navajo verbs will be given the most attention since they are very important to the Navajo language. A Navajo verb can sometimes be a sentence all by itself. You will see that Navajo verbs are made up of many parts. As you become more fluent, you may not pay as much attention to these parts, but it is important to understand how Navajo verbs change to convey different kinds of information.

A Simple Study of Verb Prefixes

Let us discover the parts of the Navajo verb by looking at the many ways we can talk about "working" with different verbs. Navajo verbs contain many grammatical parts. These grammatical parts are the **verb stem** and various **prefixes**. The verb stem is at the end of the verb, and the prefixes go before the stem to express concepts such as **who** is doing the action, **how many** people are doing the action, and **when** the action is taking place.

For example, in the verb *naashnish*, "I am working," *naash* is actually composed of several prefixes, and *nish* is the verb stem.

prefixes	stem	
naash	**nish**	"I am working"

As you look at the following three lists of the verb "to work," you can see that the prefixes change but the stem is always the same. The prefixes change to express various aspects of the verbal action.

First, prefixes change to give us different verbs depending on WHO is working:

WHO:	naashnish	**I** am working.
	nanilnish	**YOU** are working.
	naalnish	**HE** or **SHE** is working.

Notice how the **verb stem** *nish* stays the same while the prefix changes to include different people.

Second, we can have different verbs depending on HOW MANY are working:

HOW MANY:	nanilnish	YOU **(1 individual)** are working.
	naołnish	YOU **(2 individuals)** are working.
	nidaołnish	YOU **(3 + individuals)** are working.

Note: When 3+ is used, it indicates "three or more." So, in this instance, it could mean that three individuals are working, or it could mean that more than three individuals are working.

Once again, the **verb stem** *nish* remains the same while the prefixes change to specify how many people are doing the action.

Third, we can have different verbs depending on WHEN the work happens:

WHEN:	naashnish	I am working. **(Imperfective mode/Present)**
	nishishnish	I worked. **(Perfective mode/Past tense)**
	nideeshnish	I will work. **(Future mode)**

Notice how the **verb stem** remains the same even as the tense changes.

Let us look at the prefixes for the verb meaning "to work." First, let us look at the prefixes that express WHO and HOW MANY. We call the information about **WHO** is doing the action "**person**," and we call the expression of **HOW MANY** people are doing the action "**number**." Navajo verbs express *person* and *number*.

Person is whether the individual doing the action is the speaker, the one being spoken to, or someone else.

First Person:	The speaker is doing the action	**naashnish**
Second Person:	The one spoken to is doing the action	**nanilnish**
Third Person:	Someone else who is being discussed is doing the action	**naalnish**

Keep in mind that the terms "first person," "second person," and "third person" are just labels for **Speaker,** the one **Spoken to,** and **Someone else.** They do not have anything to do with counting how many people are doing the action.

Number refers to the number of people who are doing the action. In the examples to the right, the verbs are all "second person" because in all three cases the individual(s) spoken to is doing the action. In the first verb, only one individual is being spoken to. This is called "**singular**." In the second verb, two people are being spoken to. This is called "**dual**." In the third case, three or more people are being spoken to. This is called "**plural**."

	2nd person	
Singular:	**1 individual**	**nanilnish**
Dual:	**2 individuals**	**naołnish**
Plural:	**3 or more individuals**	**nidaołnish**

Verb Conjugation Model

The best way to demonstrate Person and Number is to use a **Verb Conjugation Model**. A **Verb Conjugation Model** illustrates the forms of a given verb for all persons and numbers. It is important to become familiar with this model so you learn all the different forms for WHO the subject is and HOW MANY subjects are in any given verb.

The Verb Conjugation Model shows all the possibilities for WHO is doing the action, as well as HOW MANY are doing the action. It might be just one individual (singular), two people (dual), or three or more people (plural). It might be the speaker (first person), the individual spoken to (second person), or someone being spoken about (third person). **The prefix that shows the person (WHO) and number (HOW MANY) of the Subject (the one doing the action) is found just before the verb stem.**

Verb Conjugation Model

	Singular	**Dual**	**Plural**
First Person	The individual speaking **me**	The two people speaking **two of us**	The three or more people speaking **three or more of us**
Second Person	The individual spoken to **you**	The two people spoken to **you two**	The three or more people spoken to **three or more of you**
Third Person	The individual spoken about **him/her**	The two people spoken about **two of them**	The three or more people spoken about **three or more of them**

Now let us look at the conjugation of the Navajo verb "to work" in a **Verb Conjugation Model** to illustrate the forms for all persons and numbers.

Remember,
- **First Person** identifies the speaker as the individual doing the action
- **Second Person** identifies the person being spoken to as the individual doing the action
- **Third Person** identifies the person spoken of or about as the individual doing the action

In addition,
- **Singular** means that one individual is doing the action
- **Dual** means that two individuals are doing the action
- **Plural** means that three or more people are doing the action

Verb Conjugation Model:

	Singular	Dual	Plural
First Person	naashnish	neiilnish	nideiilnish
	I am working.	**Two of us** are working.	**Three or more of us** are working.
Second Person	nanilnish	naołnish	nidaołnish
	You are working.	**Two of you** are working.	**Three or more of you** are working.
Third Person	naalnish	naalnish	nidaalnish
	He/She is working.	**Two of them** are working.	**Three or more of them** are working.

Verb Pronoun Prefix Model

The chart below portrays a **Verb Pronoun Prefix Model**. You can see the forms that the prefixes generally take. These prefixes express the *Person* and *Number* of the Subject(s), that is, the individual(s) doing the action. We can list the distinct prefixes in a chart; however, when you hear the words spoken you will notice that the prefix is not always pronounced in its full form. Instead, the prefix often merges with other parts of the verb.

Notice that we have not filled in anything under **Third Person - Singular and Dual**. The reason for this exclusion is that the plain verb with no pronoun prefix is used to express Third Person - Singular or Dual subject.

	Singular	Dual	Plural
First Person	**sh**	**ii**	**da'ii/deii**
Second Person	**ni**	**oh/oł**	**daoh/da'oh**
			daoł/da'oł
Third Person			**da**

Now we will repeat the Verb Conjugation Model for "to work," with the Subject prefixes underlined. As you can see, the Subject prefixes occur right before the verb stem.

Verb Conjugation Model of the Verb "To Work"

	Singular	Dual	Plural
First Person	naashnish	neiilnish	nideiilnish
Second Person	nanilnish	naołnish	nidaołnish
Third Person	naalnish	naalnish	nidaalnish

Building Comprehension and Speaking Skills

As discussed before, Navajo verbs are complicated and much richer than their English translations. In order to learn who the **subject** is in the verb, it is important that you immediately learn **who** is doing the action.

Form a group of three or more students. Take turns reading the verbs "to work" in the Verb Conjugation Model below. As you do so, help yourself learn **who** is doing the action by gesturing to the person or persons identified in the verb. Whenever a new verb is introduced, repeat this exercise.

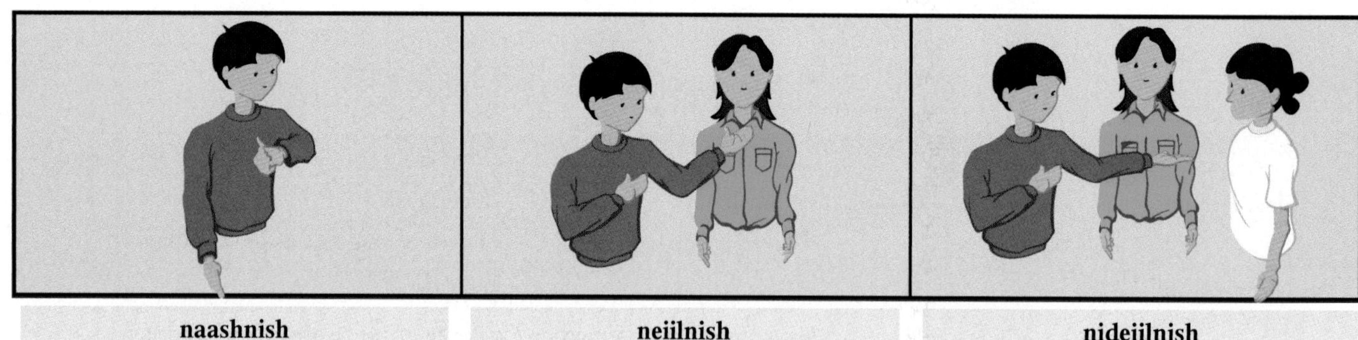

naashnish	**neiilnish**	**nideiilnish**

Subject Identification of the Verb "To Work"

	Singular	Dual	Plural
	The person speaking is always included in the subject of first person verbs.		
First Person	**naashnish**	**neiilnish**	**nideiilnish**
	Point to yourself.	Point to yourself and one additional person.	Point to yourself and two or more additional people.
	The person or persons you are speaking to are the subjects of the second person verbs.		
Second Person	**nanilnish**	**naołnish**	**nidaołnish**
	Point to the person you are speaking to.	Point to the two people you are speaking to.	Point to the three or more people you are speaking to.
	The person or persons you are speaking about are the subjects of the third person verbs.		
Third Person	**naalnish**	**naalnish**	**nidaalnish**
	Point only to the person you are speaking about.	Point to the two people you are speaking about.	Point to the three or more people you are speaking about.

Simple Navajo Sentences

You are learning that a Navajo verb contains prefixes. It is because of these prefixes that the simplest sentence can be just a verb.

Examples:

Naashnish. I am working.	Nizhóní. It is beautiful.

Example of a dialogue that illustrates how one verb can be a sentence:

Speaker 1	**Speaker 2**
Yá'át'ééh. Greetings/Hello.	'Aoo', yá'át'ééh. Yes, greetings/Hello.
Ha'át'íishą' baa naniná? What are you doing?	Naashnish. Nishą'? I am working. What about you?
'Íínísh ta'. I am going to school.	Jó nizhóní. That is nice.
Hágoónee'. Good bye.	'Aoo', hágoónee'. Yes, good bye.

Regular and Irregular Verbs

Regular Verbs

Notice that within the conjugation of the verb "to work," the verb stem *nish* remains the same throughout the conjugation. When a verb stem remains the same throughout the conjugation, it is called a **regular verb**. To illustrate this point, we repeat the verb conjugation model for *naashnish*, with the verb stem underlined.

Verb "To Work"

	Singular	Dual	Plural
First Person	**naash<u>nish</u>**	**neiil<u>nish</u>**	**nideiil<u>nish</u>**
Second Person	**nanil<u>nish</u>**	**naoł<u>nish</u>**	**nidaoł<u>nish</u>**
Third Person	**naal<u>nish</u>**	**naal<u>nish</u>**	**nidaal<u>nish</u>**

Irregular Verbs

When the verb stem changes throughout the conjugation, meaning that the stem is not the same for all persons and numbers, then it is referred to as an **irregular verb.** Notice that the verb stem in the verb "to walk around," changes with the number of subjects in the conjugation (singular, dual, and plural). The verb stem of each verb has been underlined. As more verbs are introduced, keep the **regular** and **irregular verb** concept in mind.

New Irregular Verb: "To Walk Around"

	Singular	Dual	Plural
First Person	**naashá**	**neiit'aash**	**neiikai**
	I am walking around.	Two of us are walking around.	Three or more of us are walking around.
Second Person	**naniná**	**naoh'aash**	**naohkai**
	You are walking around.	Two of you are walking around.	Three or more of you are walking around.
Third Person	**naaghá**	**naa'aash**	**naakai**
	He/She is walking around.	Two of them are walking around.	Three or more of them are walking around.

Building Comprehension and Speaking Skills

Once again, help yourself learn **who** and **how many** people are doing the action in each of the verbs meaning "to walk." Form a group of three or more students, and point to the person or persons in the verb.

Building Reading and Comprehension Skills

You have started to learn **who** and **how many** people are doing the action in each of the verbs in a Verb Conjugation Model. It is important to see and read these verbs as they are used in a sentence. To remind yourself **who** is the subject and **how many** subjects are in each of the sentences below, point to the person or individual who is doing the action. Remember, you will need to work with at least three or more people.

Sentences to Read: "To Work"

Singular	
Shí hooghandi naashnish.	**I** am working at home.
Ni Ch'ínílį́įdi nanilnish.	**You** are working at Chinle.
'Ei 'ólta'di naalnish.	**He/She** is working at the school.
Dual	
Nihí hooghandi neiilnish.	**We (2)** are working at home.
Nihí Ch'ínílį́įdi naołnish.	**You (2)** are working at Chinle.
'Ei 'ólta'di naalnish.	**They (2)** are working at the school.
Plural	
Nihí doo nideiilnish da.	**We (3+)** are not working.
Nihí hooghandi nidaołnish.	**You (3+)** are working at home.
'Áłchíní tł'óo'di nidaalnish.	**Three or more** children are working outside.

Building Reading and Comprehension Skills

As you read the following sentences, learn Navajo verbs by pointing to the person the verb is referring to (the subject or subjects). You will need to work with three or more people.

Sentences to Read: "To Walk Around"

Singular	
Shí Ch'íníłį́įdi naashá.	**I** am walking around at (in) Chinle.
Niísh hooghandi naniná?	Are **you** walking around at home?
'Ei kindi naaghá.	**He/She** is walking around at the store/town.
Dual	
Nihí hooghandi neiit'aash.	**We (2)** are walking around at home.
Nihíísh Ch'íníłį́įdi naoh'aash?	**Are you (2)** walking around at Chinle?
'Ei 'ólta'di naa'aash.	**They (2)** are walking around at the school.
Plural	
Nihí chaha'ohdi neiikai.	**We (3+)** are walking around at the brush shelter.
Nihí 'ólta'di naohkai, ya'?	**You (3+)** are walking around at the school, right?
'Ei hooghan nímazídi naakai.	**They (3+)** are walking around at the hogan.

Building Reading Skills

Yá'át'éeh,

Shí Ch'íníłį́įdę́ę́' naashá. Ch'íníłį́įdi shighan. Shimá dóó shizhé'é dóó shideezhí bił shighan. Hooghandi naashnish. Shimá hooghandi naaghá. Shimá hooghandi t'éiyá naalnish. Shizhé'é 'éí Na'nízhoozhídi naalnish. Nizhónígo 'áadi naalnish. Shideezhí doo naalnish da. 'Ólta'di 'ółta'.

Hágoónee'

Greetings,

I am from Chinle. I live at Chinle. I live with my mother and my father and my younger sister. I work at home. My mother is at home. My mother only works at home. My father works at Gallup. He works nicely there. My younger sister does not work. She goes to school at the school.

Good bye

Building Speaking Skills: Useful Questions and Phrases

Question:

Háadishą' nanilnish?	Where do you work?

Possible answers:

Hooghandi naashnish.	I work at home.
'Ólta'di naashnish.	I work at the school.
Chaha'ohdi naashnish.	I work at the brush arbor.
Ch'ínílį́įdi naashnish.	I work at Chinle.
Naat'áanii Néezdi naashnish.	I work at Shiprock.

Question:

Háádę́ę́'shą' naniná?	Where are you from?

Possible answers:

Ch'ínílį́įdę́ę́' naashá.	I am from Chinle.
Kinłánídę́ę́' naashá.	I am from Flagstaff/Durango.
Tónaneesdizídę́ę́' naashá.	I am from Tuba City.
Tségháhoodzánídę́ę́' naashá.	I am from Window Rock.
Tóhaach'i'dę́ę́' naashá.	I am from Tohatchi.

Question:

Háadishą' naniná?	Where are you?/Where are you walking around?

Possible answers:

Hooghandi naashá.	I am walking around at home.
Tónaneesdizídi naashá.	I am walking around at Tuba City.
Kindi naashá.	I am walking around at the store/town.
Tségháhoodzánídi naashá.	I am walking around at Window Rock.
Shimá bighandi naashá.	I am walking around at my mother's home.

Chapter 4

Ha'oodzíí' Ál'íinígi
Simple Navajo Sentence Construction

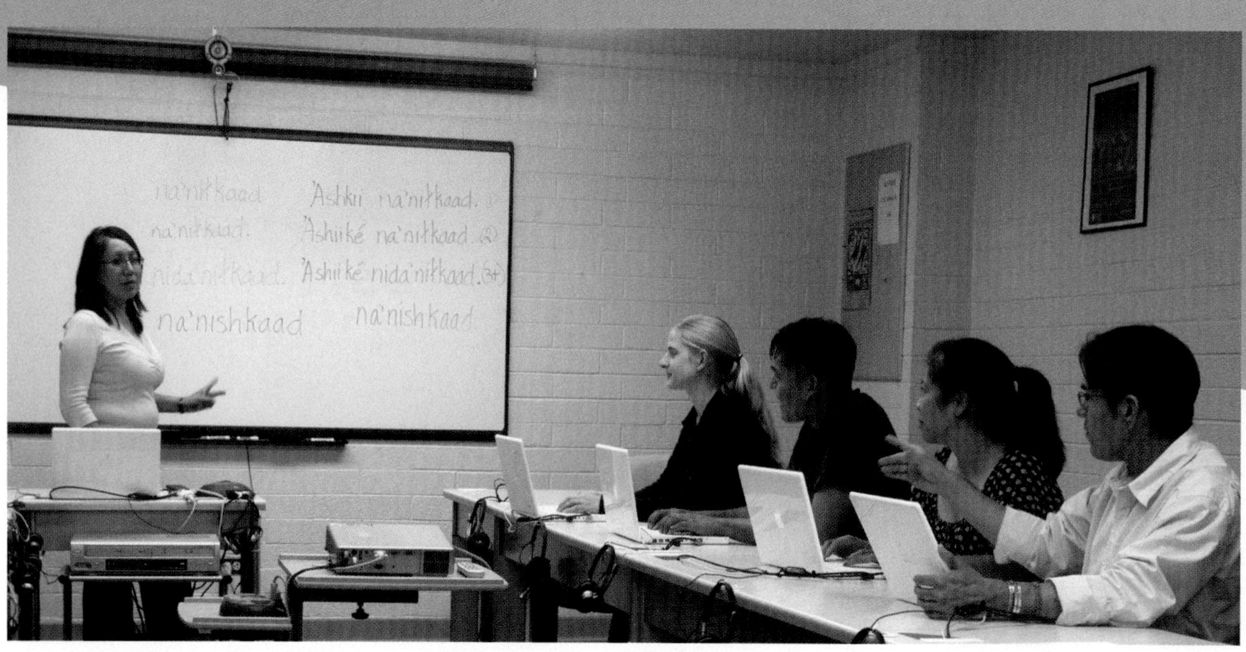

Students learning Navajo at Northern Arizona Universtiy.

In this chapter, we will explain some of the basic patterns of Navajo grammar and introduce you to some of the terms linguists use to describe these patterns. Navajos who speak Navajo fluently may not know these terms; they learned to speak their language by listening to their parents and elders speaking, without taking sentences apart and analyzing them. You should make the most of any chance you get to listen carefully to fluent Navajo speakers and practice speaking with them. Listening to and participating in true conversation is the best way to learn the language. Learning about the grammar patterns and terms will help you see the richness of Navajo grammar and will make it easier to correct your writing, explain the language to others, and understand the descriptions of Navajo that linguists have ascertained.

Nouns and Verbs

The main part of a sentence in Navajo (or any language) is the **verb**. In Navajo, the verb can be a sentence all by itself, because prefixes in the verb let us know whether the action is being done by **me**, **you**, **him**, **her**, **us,** or **them**.

To be more specific about who is doing an action, we can add one or more nouns to the sentence. Nouns generally refer to people, places, or things. In a Navajo sentence with a noun and a verb, the noun comes first, and then the verb.

Example:

Noun	Verb	
'Ashkii	naalnish.	The boy is working.

As in English, pronouns are a type of noun, referring to a person or thing.

Example:

Noun	Verb	
Shí	naashnish.	I am working.

The sentences we have studied so far have just one noun associated with them. This noun is the **Subject** of the sentence. As you learned in Chapter 3, the verb includes information about the Person and the Number of the Subject.

Example:

Subject Noun	Verb	
'Ashiiké	nidaalnish.	The boys (3+) are working.

The noun *'ashiiké* refers to more than one boy. With the verb *nidaalnish*, the sentence means that three or more boys are working. As you can see, the verb changes to show that three or more people (plural) are doing the action. The noun referring to the people doing the action (*'ashiiké*) is the **Subject Noun**. Since the Subject Noun is *third person plural*, the verb contains the prefixes for *third person plural.*

Instead of using the plural noun '*ashiiké* with *nidaalnish*, we could have listed the names of the boys we are talking about, linked by *dóó*, which means the same thing as the English word "and." Nouns linked together by *dóó* form a **noun phrase.**

Example:

Subject Noun Phrase	Verb
Chíí dóó Kii dóó Bil dóó Béén	nidaalnish.

The above sentence has one noun phrase and one verb. The noun phrase "*Chíí dóó Kii dóó Bil dóó Béén*" is the Subject of the sentence. The verb shows the Person and Number of the Subject(s).

In English, if you are listing more than two people or things, the words are normally separated with commas. In Navajo, *dóó* is placed between all of the linked words.

Example:

Navajo:	Chíí dóó Kii dóó Bil dóó Béén nidaalnish.
English:	Chii, Kii, Bill, and Ben are working.
English (literal):	Chii and Kii and Bill and Ben are working.

Subjects and Objects

The previous sentences have one noun phrase, the Subject. Now we will look at sentences that have two separate nouns or noun phrases. The verbs in sentences like the ones in the following examples express actions in which one person or thing acts upon another, so there are two separate nouns or noun phrases.

The first noun or noun phrase is the Subject, and the second noun or noun phrase is the Object (sometimes called the Direct Object). In Navajo, the verb comes at the end of the sentence regardless of the number of nouns or noun phrases within the sentence.

Examples:

Subject Noun	Object Noun	Verb	
'At'ééd	ch'iiyáán	íílééh.	The girl is preparing food.
girl	food	preparing	

Subject Noun	Object Noun	Verb	
'Ashkii	tó	yidlą́.	The boy is drinking water.
boy	water	drinking	

Subject Noun	Object Noun	Verb	
Shí	'éé'	nahashniih.	I am buying clothes.
I	clothes	buying	

The second noun or noun phrase (the one closer to the verb) in sentences like the ones above is called the **Direct Object** (sometimes just called **Object**).

Subject Noun Phrase	Object Noun	Verb	
Chi dóó Kii dóó Bob	tó	deidlą́.	Chii and Kii and Bob are drinking water.

The Direct Object can be just one noun, or it can also be a noun phrase:

Subject Noun	Object Noun Phrase	Verb	
'Ashiiké	tó dóó 'abe'	deidlą́.	The boys (3+) are drinking water and milk.

As you can see, the order of Subject, Object, and Verb in Navajo is different from the order in English. In Navajo, the verb is always at the end of the sentence, whereas in English the verb is between the Subject and the Object. The Navajo pattern, with the verb at the end, is the pattern found in about half of the languages in the world.

	Subject	Object	Verb
Navajo:	'At'ééd	ch'iiyáán	íílééh.
	Subject	**Verb**	**Object**
English:	The girl	is preparing	food.

	Subject	Object	Verb
Navajo:	'Ashkii	tó	yidlą́.
	Subject	**Verb**	**Object**
English:	The boy	is drinking	water.

	Subject	Object	Verb
Navajo:	Shí	'éé'	nahashniih.
	Subject	**Verb**	**Object**
English:	I	am buying	clothes.

We have discussed the fact that the correct form of the verb depends on the Person and Number of the Subject. The Person (first, second, third) of the Object is also important. If we compare a verb with a Subject but no Object to a similar verb that has both a Subject and an Object, we can see that the verb form is different depending on the presence or absence of an Object. Notice that the verb stem stays the same, but the prefixes change.

Example:

Verbs with a Subject but no Object			
Subject Noun		**Verb**	
Shí		'ashą́.	I am eating.
Łeets'aa'		sits'il.	The dish broke.
Tóshjeeh		yimas.	The barrel is rolling.
Verb with a Subject and an Object			
Subject Noun	**Object Noun**	**Verb**	
Shí	ch'iiyaan	yishą́.	I am eating food.
'At'ééd	łeets'aa'	yists'il.	The girl broke the plate.
Hastiin	tóshjeeh	yoołmas.	The man is rolling the barrel.

We have already discussed the fact that the verb prefixes indicate the Person and Number of the Subject. There are also verb prefixes indicating the Person and Number of the Direct Object. For example, the verbs in the sentences below have the same subject: *shí*, or "I." However, the Direct Objects are different, so the verb prefixes are also different. Notice that these sentences do not use a separate word for the Direct Object because it is expressed by the verb prefixes.

(Shí)	ninésh'į́.	I am looking at you.
(Shí)	nésh'į́.	I am looking at him, her, or it.
(Bí)	shinéł'į́.	He/She is looking at me.
(Bí)	ninéł'į́.	He/She is looking at you.

In the first and fourth sentences above, the Direct Object is "second person". In the second sentence the Direct Object is "third person"; while in the third sentence, the Direct Object is "first person". Learning all the prefixes for every verb would be time-consuming, making it difficult for you to learn a variety of different verbs. Therefore, in the remainder of this book we will not discuss verbs that contain a first, second, or third person Direct Object prefix.

Pronouns

We learned that a Navajo verb can be a sentence by itself, because the Subject or Object may be understood from the prefixes on the verb. However, you can use an **independent pronoun** with a Navajo verb.

Example:

Independent Pronoun	Verb
Shí	naashnish.

In Navajo, **independent pronouns** are used only for special emphasis. Otherwise, the **independent pronoun** is not needed, because the Subject and Object are understood from the verb prefixes.

Below is a chart that shows all of the Navajo independent pronouns. Notice that these pronouns express person and number, just like the prefixes in a verb do. Remember, "first person" is the speaker, "second person" is the person spoken to, and "third person" is someone else spoken about.

Independent Pronouns

	Singular	Dual	Plural
First Person	shí	nihí	nihí
	me/I	we/us (2)	we/us (3+)
Second Person	ni	nihí	nihí
	you	you (2)	you (3+)
Third Person	bí/ei	bí/ei	bí/ei
	he/she/it/him/her	they/them (2)	they/them(3+)
	him/her		

One way that Navajo is less complicated than English is that Navajo uses the same words for Subject and Object pronouns. The possessive pronouns are very similar as well. English uses **I**, **you**, **he**, **she**, **us**, and **they** for Subject pronouns; **me**, **you**, **him**, **her**, **we**, and **them** for Object Pronouns; and **my**, **your**, **his**, **her**, **our**, and **their** for possessive pronouns. The chart below presents the three different groups of Navajo and English pronouns.

Remember, independent pronouns are only for special emphasis in Navajo, and sentences in Navajo never actually use pronouns for both Subject and Object, since the prefixes in the verb give us enough information.

Navajo and English Pronouns

Navajo Subject Nouns	Shí	ni	'ei/bí	nihí	nihí
English Subject Nouns	I	you	he/she	us	they
Navajo Object Pronouns	shí	ni	'ei/bí	nihí	'ei/bí
English Object Pronouns	me	you	him/her	we	them
Navajo Possessive Pronouns	shi	ni	bi	nihi	bi
English Possessive Pronouns	my	your	his/her	our	their

	Singular	Dual	Plural
First Person	Shí naashnish.	Nihí neiilnish.	Nihí nideiilnish.
	I am working.	We (2) are working.	We (3+) are working.
Second Person	Ni nanilnish.	Nihí naołnish.	Nihí nidaołnish.
	You are working.	You (2) are working.	You (3+) are working.
Third Person	Bí/'Ei naalnish.	Bí/'Ei naalnish.	Bí/'Ei nidaalnish.
	He/She is working.	They (2) are working.	They (3+) are working.

Possessive Pronouns

Possessive pronouns are attached to a noun and express to whom the noun (person or thing) belongs. Notice that the possessive pronouns do not have a high tone on their vowel when they are prefixed to a noun.

shimá	nimá	bimá	nihimá	'amá
my mother	your mother	his/her/its/their mother	our(2+)/your (2+)/mother	someone's mother
shi'éé'	ni'éé'	bi'éé'	nihi'éé'	
my clothes	your clothes	his/her/its/their clothes	our (2+)/your (2+) clothes	

Expressing Location or Direction with Enclitics

If we want to express the **location** or **direction** of an action in Navajo, we use a word that ends in an **enclitic**. The base word is a noun, often a place name, and the enclitic is placed at the end.

noun		noun + enclitic	
hooghan	hogan/home	hooghandi	at the hogan/at home
Kinłání	Flagstaff/Durango	Kinłánídę́ę́'	from Flagstaff/Durango
'ólta'	school	'ólta'góó	to school
kin	house/store/town	kindę́ę́'	from the house/store/town
tł'óó'	outside	tł'óo'di	(at) outside
hooghan nímazí	hogan	hooghan nímazígóó	to the hogan

An enclitic is part of a word that attaches to the end of another word. Enclitics add meanings like those shown above. One may ask, "Is an enclitic the same as a suffix?" Enclitics and suffixes perform similar duties, but a suffix does not have meaning when it is spoken or written alone. For example, in English, the suffix "-ed," which denotes past tense, does not have meaning when used by itself. An enclitic, however, does hold meaning when it is used by itself. For example, the enclitic *-di* means "at."

Examples of Enclitics:

-di	at	kindi	at the house/store
-dę́ę́'	from	ólta'dę́ę́'	from the school
-góó	to, toward	tł'óó'góó	to/toward outside
-ígíí	the one who	naalnishígíí	the one who is working/the one which
-ísh	yes/no question	Naalnishísh?	Is he/she working?

In order to use all the enclitics listed above, we would need to learn more vocabulary words and verbs. For now, we will only use the enclitic *-di*. However, it is good to become familiar with all the enclitics because you will hear them in Navajo speech.

You can see from the examples here that if there is a noun+enclitic, the Navajo verb is *still* at the end of the sentence.

	Example: Shí hooghandi naashnish.		
	Subject	Noun + Enclitic	Verb
Navajo:	Shí	hooghandi	naashnish.
	Subject	Verb	Preposition + Noun
English:	I	am working	at home.

	Example: Ni 'ólta'di naniná.		
	Subject	Noun + Enclitic	Verb
Navajo:	Ni	'ólta'di	naniná.
	Subject	Verb	Preposition + Noun
English:	You	are walking around	at school.

	Example: Shimá Kinłánídę́ę́' naaghá.		
	Subject	Noun + Enclitic	Verb
Navajo:	Shimá	Kinłánídę́ę́'	naaghá.
	Subject	Verb	Preposition + Noun
English:	My mother	is	from Flagstaff.

Can you have a noun + enclitic along with a Subject *and* an Object? Yes! The verb is at the end of the sentence, as always. The order of the other phrases is somewhat flexible depending on emphasis, but the most common order is as follows:

	Example: 'At'ééd hooghandi ch'iiyáán ííléėh.			
	Subject	Noun + Enclitic	Object	Verb
Navajo:	'At'ééd	hooghandi	ch'iiyáán	íílééh.
	Subject	Verb	Object	Preposition + Noun
English:	The girl	is preparing	food	at home.

Asking Yes-No Questions

Now that you know how to make simple sentences with nouns and verbs, we will learn about asking "yes" or "no" questions.

The simplest way to ask a question in Navajo is to add **da'** to the beginning of the sentence:

Da' ashkii naalnish?	Is the boy working?

Another way is to add **-ísh** or **-sh** after a word or phrase in the sentence:

Da' ashkiísh naalnish?	Is the boy working?

A question can have both **da'** and **ísh** in the same sentence.

Example: Da' ashkiísh naalnish?

To answer this question, you could say:

'Aoo'.	*or*	'Aoo', ashkii naalnish.
Yes.		Yes, the boy is working.

Practice Questions:

One student asks another: Da' ______________ naalnish?
(name)

Student answers: 'Aoo'. ______________ naalnish.
(name)

Now practice putting *–ísh* after the person's name.

One student asks another: Da' ______________ ísh ______naalnish?
(name)

Student answers: 'Aoo'. ______________naalnish.
(name)

If you want to continue the conversation, you can say *Nishą'?* This means "How about you?" and it must be answered with a full sentence, not just "yes" or "no." The person would answer, ***Shí dó', naashnish***, which means, "Me too, I am working."

Practice:

Student A:	Da' ______ ísh ______ naalnish? (name)
Student B:	'Aoo'. ______________ naalnish. (name)
Student A:	Nishą'?
Student B:	Shí dó', naashnish.

Negative Sentences

Now let us talk about negative sentences. If someone asks you, "Da'______________ ísh ______ naalnish?" and you wish to answer "no," you would say:
(name)

Nidaga'. ______________ doo naalnish da.
(name)

No, ______________ is not working.
(name)

To make a negative sentence, you put **doo** before the verb and **da** after the verb. Combining the words *dóó* and *da* also creates the word *dooda*, another word for "no".

If the verb has an object, *doo* can go before the object.

Example:	
'Ashkii doo naaltsoos yółta' da.	The boy is not reading the book.

Example: **'**At'ééd doo ch'iiyáán íílééh da.	The girl is not preparing food.

Building Application Skills

Now practice with negative answers:	
Student A:	Da' ______ ísh ______ naalnish? (name)
Student B:	Nidaga'. ______ doo naalnish da. (name)
Student A:	Nishą'?
Student B:	Doo naashnish da.

Make up questions with the words you have learned and practice giving positive and negative answers.

Practice conversation with *-sh*.		
A:	Kinłánígóósh díníyá?	Are you going to Flagstaff?

B.	'Aoo'. Kinłánígóó déyá.	*or*	Nidaga'. Doo Kinłánígóó déyáa da.

Building Reading Skills

Yá'át'ééh,

Shí Łichí'iidi naashnish. Shimá dóó shizhé'é 'ałdó' áadi naalnish. Shideezhí 'éí doo naalnish da. Shínaaí dóó shitsilí 'éí tł'óo'di naalnish. Shádí 'éí hooghandi naalnish. Ni dóó nimá 'éí hooghan nímazídi naołnish.

Hágoónee'

Greetings,

I am working at Lechee. My mother and my father also work there. My younger sister does not work. My older brother and my younger brother are working outside. My older sister is working at home. You and your mother are working at the hogan.

Good bye

Conversation Practice:

Da' ashkiísh 'ólta'di naalnish?
'Aoo', ashkii 'ólta'di naalnish.
'Ashkiísh ólta'di naalnish?
Nidaga'. Ashkii doo 'ólta'di naalnish da.

Sentences to Read

Shí dóó shimá dóó 'asdzą́ą́ hooghan nímazídi nideiilnish.
Ni dóó shizhé'éésh hooghandi naoh'aash?
'Aoo', shí dóó shizhé'é hooghandi neiit'aash.
'Ashkii dóó nizhé'é dóó hastiin tł'óo'di nidaalnish.
'Ei dóó 'ashkii bizhé'é dóó 'ashkii bimá kindi naakai.

Chapter 5

Bił Kééhasht'ínígíí
My Immediate Family

'Ashkii ni'góó sidáá dóó 'at'ééd dóó bimá dóó bizhé'é 'éí naazį́.
A boy is sitting on the ground. A little girl and her mother and father are standing.

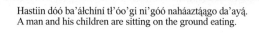

Hastiin dóó ba'áłchíní tł'óo'gi ni'góó naháaztą́ągo da'ayą́.
A man and his children are sitting on the ground eating.

Your immediate family may include:

Shí	me
Shimá	my mother
Shizhé'é	my father
Shádí	my older sister
Shínaaí	my older brother
Shideezhí	my younger sister
Shitsilí	my younger brother
Shich'é'é	my daughter (a woman speaking)
Shitsi'	my daughter (a man speaking)
Shiyáázh	my son (a woman speaking)
Shiye'	my son (a man speaking)

Traditional Navajo society is matrilineal. When a couple marries, they go to live with the bride's mother and her family. A mother is an important figure in the home, not only because she is a parent but also because of the matriarchal society. A mother is responsible for the care of the home, the contents of the home, the care of the children, and the tending of the sheep.

Traditionally, a Navajo woman is responsible for making sure her home is neat and clean. She is told that her home is sacred, and it is her responsibility to ensure it is viewed as such. A mother is not to allow such things as violence, items or representations of items that are considered taboo, bad language, or bad actions in her home. It is in this way a woman protects her family.

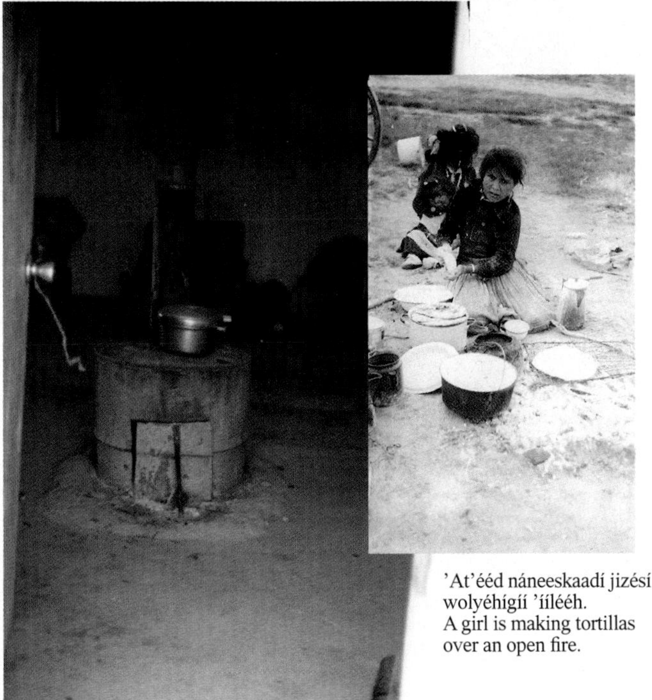

'At'ééd náneeskaadí jizésí wolyéhígíí 'íiléeh.
A girl is making tortillas over an open fire.

Béésh bii' kǫ'í hooghan nímazí góne'é si'ą́.
A stove sits in the hogan.

A Navajo woman teaches her daughters with great care. She instructs her daughters how to build a fire and the sacred teachings that surround the fire. She teaches about the care of the bedding and how to care for the home. Most importantly, a mother impresses upon her daughters that the female represents life. Therefore, as a role model, a woman should conduct her life in a respectful manner at all times. The mother teaches all these things through her own actions and through her interactions with her children and extended family members. A mother whose daughters have knowledge of traditional values and can cook both traditional and non-traditional foods, clean, care for younger siblings, and interact positively with extended family members and others is viewed as a successful, powerful, and effective person within the family.

Traditionally, immediate decisions regarding a man's children are made by his children's mother, which leads many non-Navajos to view the father as being disconnected from his children. This is not so. A father is responsible for the care of the external portion of the home. He is the provider for the family and therefore cannot be selfish. The responsibilities of keeping the traditional home warm by hauling wood, maintaining the health of the family's livestock, and hunting for wild game to supplement the family's food supply are among the major responsibilities of a traditional Navajo father.

An extremely important role of the father is being the spiritual leader. He teaches his children about the family's chosen faith by teaching them songs and prayers that will sustain them throughout their life. It is essential that he teach his children to believe in themselves, so they can become prosperous adults who contribute to Navajo society.

When a baby is born, it is the father who searches, cuts, whittles, shapes, and pieces together a cradle board, just as his ancestors have before him. It is a father's responsibility to train his sons to become efficient, hard workers. Traditionally, it was his place to teach his sons how to build a *hooghan nímazí*, so that when the son married he could prove to his in-laws that he was taught well in the Navajo way. A good father teaches his sons how to perform all the duties that will be expected of them as fathers.

'Azhé'é danilínígíí biye' hooghan ál'įįgi yíyiyiił'aah.
A father should teach his son how to build a hogan.

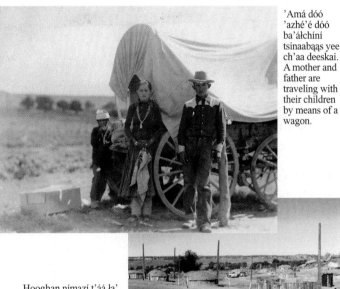

'Amá dóó 'azhé'é dóó ba'áłchíní tsinaabąąs yee ch'aa deeskai.
A mother and father are traveling with their children by means of a wagon.

Hooghan nímazí t'áá ła' ajį' ałtso 'ál'įįh.
A hogan is to be completed from start to finish in one day.

In making plans for the family's well being, the father meets with other men in the extended family and with local male acquaintances to discuss pressing issues. Traditionally, it was the father who attended chapter meetings to participate in decisions about local matters, which are discussed in the Navajo language even today. Information on state and federal issues is also disseminated at chapter meetings. Currently, women are also very active in chapter meetings. Traditionally, they were the silent decision makers.

Responsible Navajo parents teach their children the concept of *T'áá hó 'ájít'éego t'éiyá ...* Although not easily translated, this phrase essentially means, "It is up to you if you want to succeed." This concept has been taught to Navajo youth for years and has sustained the Navajo language, culture, lifestyle, and traditions.

'At'ééd bimá yá ha'nílchaad.
A young girl is carding wool for her mother.

Within the last fifty years, the Navajo language and way of life have been seriously jeopardized. Forced education (boarding schools), economic ills (unemployment due to a changing ecomomy), and social ills have taken their toll on the Navajo people, but the most serious problems have arisen when the children have been separated from their parents and grandparents due to forced education. The elders are the ones who are holding on to the Navajo language and culture for safekeeping. We encourage you to remain in close contact with your Navajo elders. Converse with them as you become more proficient in the Navajo language. Visiting Navajo elders and listening to what they have to say will help you with this course as well as with your own life.

'Ak'éí danilínígíí t'áá'ałtsoh áłchíní deinisé.
All the relatives help rearing the children.

Members of an Immediate Family

Words for family relations always begin with a pronoun prefix indicating whose family member it is. In the list on the first page of this chapter, we presented the family members using the prefix *shi* (*shimá, shizhé'é,* etc.*)*. Here is a list of those same family relations with the other pronoun prefixes.

shimá	my mother	nimá	your mother
bimá	his/her/its mother	nihimá	our/your (2+) mother
shizhé'é	my father	nizhé'é	your father
bizhé'é	his/her/its father	nihizhé'é	our/your (2+) father
shádí	my older sister	nádí	your older sister
bádí	his/her older sister	nihádí	our/your (2+) older sister
shínaaí	my older brother	nínaaí	your older brother
bínaaí	his/her older brother	nihínaaí	our/your (2+) older brother
shideezhí	my younger sister	nideezhí	your younger sister
bideezhí	his/her younger sister	nihideezhí	our/your (2+) younger sister
shitsilí	my younger brother	nitsilí	your younger brother
bitsilí	his/her younger brother	nihitsilí	our/your (2+) younger brother
shich'é'é	my daughter (a **female** speaking)	nich'é'é	your daughter (speaking to a **female**)
bich'é'é	**her** daughter	nihich'é'é	our daughter (**females** speaking) your (2+) daughter (speaking to **females**)
shiyáázh	my son (**a female** speaking)	niyáázh	your son (speaking to a **female**)
biyáázh	**her** son	nihiyáázh	our son (**females** speaking) your (2+) son (speaking to **females**)
shitsi'	my daughter (a **male** speaking)	nitsi'	your daughter (speaking to a **male**)
bitsi'	**his** daughter	nihitsi'	our daughter **(males** speaking) your (2+) daughter (speaking to **males**)
shiye'	my son (a **male** speaking)	niye'	your son (speaking to a **male**)
biye'	**his** son	nihiye'	our son **(males** speaking) your (2+) son (speaking to **males**)

Ha'oodzíí' Dawólta'ígíí
Sentences to Read

Shí dóó shádí hooghandi neiilnish.
My older sister and I are working at home.
Ni dóó nádí chaha'ohdi naoh'aash, ya'?
You and your older sister are walking around at the brush shelter, right?
'At'ééd dóó bideezhí dibé bighandi naalnish.
The girl and her younger sister are working at the sheep corral.
Shínaaí dóó shitsilí dóó shádí naalyéhí bá hooghandi nidaalnish.
My older brother and my younger brother and my older sister are working at the trading post.
Hastiin bitsi' dóó shimá dóó 'asdzą́ą́ Tséghágoodzánídi hastiin yá nidaalnish.
The man's daughter and my mother and the woman work for the man at Window Rock.
'Asdzą́ą́ dóó biyáázh hooghan nímazí yii' naalnish.
The woman and her son are working inside the hogan.
Bénii dóó biye' Ch'ínílį́įdi naa'aash.
Benny and his son are walking around at Chinle.
Bédii dóó bich'é'é Na'nízhoozhídi naalnish.
Betty and her daughter are working at Gallup.

New Grammar Term: Postpositions

Navajo postpositions are words that are made up of a prefix pronoun and a postposition stem. Postposition stems convey the same kinds of meanings that prepositions (examples: to, with, for, in, on) do in English.

New Vocabulary:
bee **and** *bił*

bee	by means of it

Example:	Shí chidí **bee** naashá.
	I am getting around **by means of** a car.
Example:	Shí łį́į́' **bee** naashnish.
	I work **by means of** a horse.

bił	with him or her

Example:	Shí nimá **bił** naashnish.
	I am working **with** your mother.
Example:	Shádí kindi **bił** naash'aash.
	I am walking around **with** my older sister at the store/town.

Prefixes on the Postposition

If you want to say "with me," "with you," etc., you would combine the prefix meaning *shi* "me," *ni* "you," and so forth with the postposition stem *-ił*, meaning "with".

shił	with me	nihił	with us (2+)
nił	with you	nihił	with you (2+)
bił	with him or her	dabił	with them (3+) (individually)

These prefixes add the same meaning that a separate pronoun would in English. In Navajo, instead of saying "with" and "me" as separate words, you put the prefix and postposition stem together into one word. The vowels in the prefix and postposition stem get shortened into one vowel.

shi-	*- ił*	shił
prefix	**stem**	**postposition**
bi-	*-ee*	bee
prefix	**stem**	**postposition**

All postpositions are made up of a prefix and a postposition stem. Here is how the postposition stem *-ee* is used with the different prefixes:

shee	by means of me	nihee	by means of us (2+)
nee	by means of you	nihee	by means of you (2+)
bee	by means of him/her/it		

Notice that these prefixes are very similar in form to the possessive prefixes. With experience, you will find that you do not need to memorize five different forms for each postposition. You can just learn the prefixes and then combine them with any postposition stem.

Ha'oodzíí' Dawólta'ígíí
Sentences to Read

Singular	Dual
Shí chidí bee naashnish.	Shí dóó shideezhí chidí bee neiit'aash.
Ni łįį' bee nanilnish.	Ni dóó nínaaí 'ashkii bił naołnish.
Shizhé'é nił naalnish.	Shimá dóó shádí shił naalnish.

Plural
Shí dóó 'ashkii dóó nich'é'é 'at'ééd bił nideiilnish.
Ni dóó nitsi' dóó niye' łįį' bee nidaołnish.
Nihitsilí dóó nihideezhí dóó nihínaaí dóó nihádí nizhé'é yił nidaalnish.

Building Writing Skills:
Creating Sentences with First Person Subjects

Shí dóó shideezhí chidí bee neiilnish.

My younger sister and I work by means of a car.

Now substitute a different noun for the word *shideezhí* in the sentence above and create several new sentences by interchanging the relationship terms.

Shí dóó ______________________ chidí bee neiilnish.
(noun: relationship term)

Shí dóó ______________________ chidí bee neiilnish.
(noun: relationship term)

Now substitute a different verb in the sentence below and create several new sentences by interchanging the verbs.

Shí łįį' bee ______________________.
(verb: to work)

To challenge yourself, change the number of subject nouns. As you do so, remember that you will need to use the dual or plural form of the verb.

Shí dóó ____________________ dóó ____________________ łįį' bee ______________________________.
(noun: relationship term) (noun: relationship term) (verb: to work)

Shí dóó ____________________ dóó ____________________ dóó ____________________ łįį' bee __________.
(noun: relationship term) (noun: relationship term) (noun: relationship term) (verb: to work)

Building Writing Skills:
Creating Sentences with Second Person Subjects

Continue this exercise until you have used all the terms referring to the people in your family. Some sentences may sound humorous or unlikely, but remember your goal is to learn and apply the vocabulary.

Ni dóó nínaaí łį́į́' bee naołnish.
You and your older brother work by means of a horse.

Ni dóó ______________________ łį́į́' bee ______________________.
(noun: relationship term) (verb: to work)

See how many different sentences you can make by substituting a different person in place of the word *nádí.*

Nádí bił nanilnish.

______________________ bił nanilnish.
(noun)

New Postposition: bá "for him/her/it"

shá	for me	nihá	for us (2+)
ná	for you	nihá	for you (2+)
bá	for him/her/it	danihá	for you (3+)/us (3+)

Example: 'At'ééd dóó 'ashkii shá naalnish.
The girl and the boy are working for me.

Example: Shí dóó shideezhí ná neiilnish.
My younger sister and I are working for you.

Example: Shí dóó nimá Kii bá neiilnish.
Your mother and I are working for Kii.

The "b" and "y" Forms of Postpositions
Creating Sentences with Third Person Subjects

Sometimes the postposition having to do with him, her, or it will begin with *y* rather than *b*. This **"y-form"** is used when the **Subject** of the sentence is **third person**, someone you are talking about.

Example: 'Ashkii dóó 'at'ééd Kii yá naalnish.
The boy and the girl are working for Kii.

Example: Hastiin shizhé'é yá naalnish.
The man is working for my father.

Remember, a **first person** subject is a subject that includes the speaker. A **second person** subject is a subject that includes the person or people spoken to directly. A **third person** subject refers to someone else, and does not include the speaker or the person/people spoken to.

	First person subject	
Example:	**Shí** dóó 'at'ééd	Kii **bá** neiilnish.
	Second person subject	
Example:	**Ní** dóó hastiin	Kii **bá** naołnish.
	Third person subject	
Example:	'Ashkii dóó hastiin	Kii **yá** naalnish.

New Postposition	bii'/yii' within it/inside it

Remember, you use the "y" form of the postposition if the Subject of the sentence is third person. If the Subject is first or second person, use the "b" form.

Example:	Shí dóó shimá hooghan nímazí bii' neiit'aash. The woman and I are walking around inside the hogan.
Example:	Hastiin chidí yii' sidá. The man is sitting inside the vehicle.

Sometimes you need to look at the verb to tell whether the Subject is first, second, or third person. This is the case when the **Subject** is understood from the verb but is **not** indicated by an **independent pronoun**, the naming of a person, or subject noun in the sentence.

Example:	Łį́į' bee naashnish. I am working by means of a horse.
Example:	'At'éédísh bá nanilnish? Are you working for the girl?
Example:	Chidí yee naalnish. He or she is working by means of the car.

Ha'oodzíí' Dawólta'ígíí
Sentences to Read

Łah jidilt'éhígo	Singular
'Ólta' bii' naashá.	
Hooghan nímazí bii' nanilnish.	
Shideezhí dá'ák'eh yii' naalnish.	

Nizhdilt'éego	Dual
Ch'íníliidi dibé bighan bii' neiit'aash.	
Kin bii' naołnish.	
'Ólta' yii' naalnish.	

Díkwíjílt'éego	Plural
Naalyéhí bá hooghan bii' neiikai.	
Kin bii' naohkai.	
Tségh////áhoodzánídi hooghan yii' nidaalnish.	

Remember, if the subject does not appear in the sentence, you will need to refer to the prior context of the writing or the conversation.

'Áhát'į 'Ániidííg íí: naashné **New Verb: I am playing.**		**K'ad áhooníiłgo** **Imperfective Mode**	
	Łah jidilt'éhígo **Singular**	**Nizhdilt'éego** **Dual**	**Díkwíjílt'éego** **Plural**
Yáłti'ígíí (the speaker)	naashné	neii'né	nideii'né
First Person	I am playing.	We (2) are playing.	We (3+) are playing.
Bich'į' Yá'áti'ígíí (the one spoken to)	naniné	naohné	nidaohné
Second Person	You are playing.	You (2) are playing.	You (3+) are playing.
Baa Yá'áti'ígíí (the one spoken about)	naané	naané	nidaané
Third Person	He/She/It is playing.	They (2) are playing.	They (3+) are playing.

Note: The term "imperfective" is the linguists' term for the verbs that we translate into English as present tense. "Imperfective" means that the action is ongoing.

Saad 'Ániidííg íí: daané'é
New Vocabulary: toys

In the list below, you will find a few items/toys a person could play with.

daané'é	toys
chidí yázhí	little car
jooł	ball
awééshchíín	doll
máazoo	marbles
tł'óół	rope

To express that you are playing **with** something or someone, you use the postpositions *bee/yee* and *bił/yił*. These postpositions are more specific than the English translation "with." *Bee naashné* means "I am playing with it," where "it" is the toy or object you are playing with. *Bił naashné* means "I am playing with **him or her**," where "him or her" refers to your playmate.

Ha'oodzíí' Dawólta'ígíí
Sentences to Read

Łah jidilt'éhígo	Singular
Shideezhí bił naashné.	
Chaha'ohísh bii' naniné?	
Shitsilí shínaaí yił naané.	

Nizhdilt'éego	Dual
Shí dóó nádí daané'é bee neii'né.	
Ni dóó nideezhí chidí yázhí bee naohné, ya'?	
'At'ééd bideezhí dóó bádí naalyéhí bá hooghandi daane'é yee naané.	

Díkwíjílt'éego	Plural
'Awééshchíín bee nideii'né.	
Chidí yázhí bee nidaohné.	
Nihitsilí dóó nihínaaí dóó nihideezhí gidí yił nidaané.	

More Practice with the "b" and "y" Forms of the Postposition

If the Subject of the sentence is first or second person, fill in *bee*. If the Subject is third person, fill in *yee.*

Jooł __________ naohné.

'Ashkii dóó nihídeezhí dóó shádí daané'é ________________ nidaané.

'Awééshchíín _________________ naashné.

Da' ní 'awééshchíín ___________________ naniné?

Shich'é'é dóó shiyáázh dóó shidéézhi chidí yázhí _________________ nidaané.

Building Reading Skills

Yá'át'ééh,

Shí Méewii yinishyé. Shimá dóó shizhé'é dóó shínaaí dóó shádí dóó shideezhí dóó shitsilí bił shighan. Tóna-neesdizídi danihighan.

Shitsilí dóó shideezhí hooghan nímazí yii' daané'é yee naané. Shizhé'é dóó shínaaí chidí dóó łį́į́' yee naalnish. Hooghandi chidí yázhí bee naashné. Shimá dóó shádí hooghan yii' naalnish. Nizhónígo naalnish.

Hágoónee'

Greetings,

My name is Mary. I live with my mother and my father and my older brother and my older sister and my younger sister and my younger brother. We live at Tuba City, AZ.

My younger brother and my younger sister are playing by means of a toy at the hogan. My father and my older brother are working by means of a vehicle and a horse. I am playing by means of a toy at home. My mother and my older sister are working inside the home. They are working nicely.

Good bye

The Importance of Names of Strength

In traditional Navajo circles, parents give their children names of strength to empower them during difficult times. This name is sacred, which means that a person's Navajo name cannot be spoken in the presence of that person. If a sacred name is spoken, then the wind could take the name, along with the power and strength of the name.

Navajo elders' stories about the long history of warfare teach us how important the sacred names are in times of violence and struggle. The sacred names, which describe Navajos' powerful behavior in warfare, have given the Navajos strength during battles with other indigenous peoples, the Spaniards, the Mexicans, and the Americans.

As the United States took over parts of Dinétah, the Navajo people encountered a new enemy, an enemy who saw only the shadow of the Navajo people. After Hwéeldi, the Long Walk, the United States government through forced education sought to give the Navajo children a new identity, a new language, a new lifestyle, and ultimately a new name. The arbitrary name given by school officials held no strength or power. Elders say that with these arbitrary names, the Navajo children have experienced loss of identity, loss of language, and loss of culture.

Currently, some Navajo families still give their child a sacred name of strength as well as an everyday name that can be used without a loss of power. In contemporary society, sharing your everyday name with a new acquaintance is a friendly gesture. However, as Navajos, it is important that children also be given Navajo names that represent strength.

Díí 'áłchíní bízhi' adziil bee hadít'éhígíí bee dabi'dééji'.
These children have been given a name of strength.

It is important to know that, traditionally, you are not supposed to speak your name. It is believed that your ears will dry up if you do. The elders will say, *"Nijaa' doogą́ął."*

'Áhát'į 'Ániidíígíí: yinishyé New Verb: I am called ________.		K'ad áhooníiłgo Imperfective Mode	
	Łah jidilt'éhígo **Singular**	**Nizhdilt'éego** **Dual**	**Díkwíjílt'éego** **Plural**
Yálti'ígíí (the speaker)	yinishyé	yiniilyé	deiiniilyé
First Person	I am called _____.	We (2) are called ________.	We (3+) are called _______.
Bich'į' Yá'áti'ígíí (the one spoken to)	yinílyé	yinołyé	deinołyé
Second Person	You are called _______.	You (2) are called _______.	You (3+) are called ______.
Baa Yá'áti'ígíí (the one spoken about)	wolyé	wolyé	daolyé
Third Person	He/She/It is called _____.	They are called ______.	They (3+) are called _____.

Ha'oodzíí Dawólta'ígíí
Sentences to Read

Łah jidilt'éhígo	Singular
Baa' yinishyé.	
Da' ni Wílii yinílyé?	
Shizhé'é Hastiin Diíl wolyé.	

Nizhdilt'éego	Dual
Shí dóó shádí Binálí (Benally) yiniilyé.	
Nihí Ts'ósí (Tsosie) yinołyé.	
Shimá dóó bá'ólta'í Naazbaa' wolyé.	

Díkwíjílt'éego	Plural
Nihí Yázhí (Yazzie) deiiniilyé.	
Ni dóó shideezhí dóó 'at'ééd Méewii deinołyé.	
At'ééd bimá dóó 'at'ééd dóó 'asdzą́ą́ Bédii daolyé.	

Building Reading Skills

Yá'át'ééh,

Shí 'éí Baa' yinishyé. Shimá 'éí Baa' Bimá' wolyé. Shizhé'é 'éí Hastiin Nééz wolyé. T'iis Názbąsdę́ę́' neiikai. Shizhé'é Bitł'ááh Bito'di naalnish. Shizhé'é 'ólta'di chidí yee naalnish. Shizhé'é 'éí shínaaí yił naalnish. Shínaaí 'éí Wílison wolyé. Shimá 'éí hooghandi naaghá. Shí dóó shimá dóó shizhé'é dóó shideezhí dóó shádí dóó shitsilí dóó shínaaí Nééz deiiniilyé.

Hágoónee'

Greetings,

My name is Baa'. My mother's name is Baa's Mother. My father's name is Mr. Nez. We are from Teec Nos Pos, AZ. My father works at Biclabito. My father works by means of a car at school. My father works with my older brother. My older brother's name is Wilson. My mother and my father and my younger sister and my older sister and my older brother and I are named Nez.*

Good bye

**Note:* In this English sentence, "I" (the speaker) is mentioned last, whereas in the Navajo sentence, "shi" is mentioned first. In English it sounds odd to say "I and my mother," but this is fine in Navajo. In spoken English you might say "Me and my mother," but this is considered improper in formal written English.

'Áhát'į 'Ániidíígíí: déyá New Verb: I am going./I am setting out to go.		**K'ad áhooníiłgo** **Imperfective Mode**	
	Łah jidilt'éhígo **Singular**	**Nizhdilt'éego** **Dual**	**Díkwíjílt'éego** **Plural**
Yáłti'ígíí	déyá	deet'áázh	deekai
First Person	I am going.	We (2) are going.	We (3+) are going.
Bich'į' Yá'áti'ígíí	díníyá	dishoo'áázh	disohkai
Second Person	You are going.	You (2) are going.	You (3+) are going.
Baa Yá'áti'ígíí	deeyá	deezh'áázh.	deeskai
Third Person	He/She is going.	They (2) are going.	They (3+) are going.

New Enclitic

If your destination is a location, such as a town, a house, or a school, you would specify the destination by putting the enclitic *-góó* after the name of the place you are going to.

New enclitic:	-góó	to, toward (location)
Kinłánígóó	déyá.	I am going to Flagstaff.
Hooghangóó	déyá.	I am going home.
'Ólta'góó	déyá.	I am going to the school.
Kingóó	déyá.	I am going to town.

New Postposition

If you are going to visit a person, use the postposition *bich'į'* after the word for the person you are visiting. Remember that with the third person sentence, you use *yich'į'*.

New Postposition:	bich'į'	to/toward him, her, or it
Shimá bich'į'	déyá.	I am going to (visit) my mother.
Nizhé'é bich'į'	díníyá.	You are going to (visit) your father.
Baa' bimá sání yich'į'	deeyá.	Baa' is going to (visit) her maternal grandmother.

Ha'oodzíí' Dawólta'ígíí
Sentences to Read

Łah jidilt'éhígo	Singular
Ch'ínílį́įgóó déyá. Shizhé'é bich'į' déyá.	
Kingóósh díníyá? Hastiin Diíl bich'į' díníyá, ya'?	
Shideezhí nihimá yich'į' deeyá.	

Nizhdilt'éego	Dual
Nihimá sání bich'į' deet'áázh.	
Ni dóó nizhé'é Hastiin Nééz bich'į' dishoo'áázh.	
Nideezhí dóó nitsilí nihibízhí yich'į' deezh'áázh.	

Díkwíjílt'éego	Plural
Shí dóó nimá dóó nádí 'asdzą́ą́ bich'į' deekai.	
Ni dóó nizhé'é dóó nínaaí shimá bich'į' disohkai.	
Nimá dóó nizhé'é dóó nideezhí Hastiin Nééz yich'į' deeskai.	

New Vocabulary

ch'aa	away
ch'ééh	tired *(in this context)*

When you want to say that you are taking a trip without specifying the destination, you may use the word *ch'aa*, which means "away."

Examples:

Ch'aa déyá.
Shí dóó shideezhí 'éí ch'aa deet'áázh.
Nimá dóó niyáázh dóó nich'é'é ch'aa deeskai.

When you want to say that you are tired, you may use the word *ch'ééh*, which (in this context) means "tired."

Examples:

Ch'ééh déyá.
Shí dóó shideezhí ch'ééh deet'áázh.
Nimá dóó niyáázh dóó nich'é'é ch'ééh deeskai.

Posing a Question: Where?

To ask someone where they are going, put the enclitic *-góó* after the word *háá*, which means "where." Then, add the question enclitic *-shą'* or *-sh*.

Examples:		
	Háágóóshą' díníyá?	Where are you going?
	Nishą', háágóósh díníyá?	What about you, where are you going?

'Áhát'į 'Ániidíígíí: yisháál New Verb: I am walking.		K'ad áhooníiłgo Imperfective Mode	
	Łah jidilt'éhígo **Singular**	**Nizhdilt'éego** **Dual**	**Díkwíjílt'éego** **Plural**
Yáłti'ígíí **First Person**	yisháál I am walking.	yiit'ash We (2) are walking.	yiikah We (3+) are walking.
Bich'į' Yá'áti'ígíí **Second Person**	yínáál You are walking.	woh'ash You (2) are walking.	wohkah You (3+) are walking.
Baa Yá'áti'ígíí **Third Person**	yigááł He/She is walking.	yi'ash They (2) are walking.	yikah They (3+) are walking.

Ha'oodzíí' Dawólta'ígíí
Sentences to Read

Łah jidilt'éhígo
Naalyéhí yá sidáhí bich'į' yisháál.
Kingóósh yínáál?
'At'ééd bimá yich'į' yigááł.

Nizhdilt'éego
Shí dóó shimá Kinłánígóó yiit'ash.
Dibé bighangóósh woh'ash?
Nideezhí dóó nitsilí hooghangóó yi'ash.

Díkwíjílt'éego
Shí dóó shideezhí dóó shádí 'ólta'góó yiikah.
Ni dóó nizhé'é dóó nínaaí shimá bich'į' wohkah.
Nimá dóó nizhé'é dóó nideezhí naalyéhí bá hooghangóó yikah, ya'?

New Enclitic

If you come from or are coming from a location such as a town, a house, or a school, you would specify the place by putting the enclitic *-dę́ę́'* after the name of the place you are coming from.

New enclitic:	- dę́ę́'	from (location)
Kinłánídę́ę́'	yisháál.	I am coming from Flagstaff.
Hooghandę́ę́'	yiit'ash.	We (2) are coming from home.
'Ólta'dę́ę́'	yiikah.	We (3+) are coming from school.
Kindę́ę́'	yínáál.	You are coming from town.

CHAPTER 6

Shik'éí
My Extended Family

K'é bee 'ałk'éí danilíįgo yee łá'í danilį. 'Amá dóó 'amá yázhí dóó 'ámá sání danilínígíí t'áá'ałtso 'áłchíní yaa 'ádahalyą́.
There is solidarity through the Navajo clan system and kinship.

Yist'éí t'áá hódaastł'ǫǫgo ch'aa nida'aldeeh nít'ę́ę́'. Háida bist'e' ádingo yigáałgo t'áá'ákǫ́ǫ́ yaa da'ałtso' nít'ę́ę́'.
People made it a practice never to travel without their lunch. The people always shared their lunch with those who did not have food to eat.

An extended family is extremely important to the survival of the Navajo language, culture, lifestyle, belief system, traditions, and support system. These essential components of Navajo life are insulated and protected by a traditional Navajo family.

As you learned in earlier lessons, the immediate familial relationship terms (first person) are as follows:

Shimá	my mother	Shizhé'é	my father
Shádí	my older sister	Shínaaí	my older brother
Shideezhí	my younger sister	Shitsilí	my younger brother

Shich'é'é	my daughter (female speaking)
Shiyáázh	my son (female speaking)
Shitsi'	my daughter (male speaking)
Shiye'	my son (male speaking)

By taking on specific roles as disciplinarians, teachers, storytellers, and role models for children, the extended family members helped insulate the immediate family. With so many family members to take responsibility for rearing the children, the parents had more time to devote to providing for and protecting the children.

The terms used to name aunts, uncles, and cousins become complex because they are based on blood relationships, clans, and marriage. For example, if your mother's brother marries, your relationship to his wife is through marriage and your clans. Also, in some cases the terms used by women are different from the terms used by men and vice versa.

A maternal aunt is like another mother to a child. The maternal uncle holds the place of a disciplinarian in a traditional Navajo family, and administers harsh punishment when necessary. He is also responsible for making sure his nephews and nieces learn appropriate socialization skills.

Shimá yázhí	my mother's sister (my maternal aunt) **Used by both male and female**
Shidá'í	my mother's brother (my maternal uncle) **This term is to be used only by males**
Shiyáázh	my mother's brother (my maternal uncle) **This term is to be used only by females** In actuality, *shiyáázh* means "my son," a female speaking; females refer to their maternal uncle as *shiyáázh* because of the matrilineal clan system.

A **maternal** aunt refers to her nephews as *shiyáázh* and her nieces as *shich'é'é*. A maternal uncle would call his nephews and nieces *shida'*, or *shida'aké* for more than one.

Although a traditional Navajo family normally lives with their maternal relatives, the paternal aunt and uncle still have important roles in raising the children. The paternal aunt looks after the well-being of the child. The paternal uncle is responsible for ensuring that the teachings of the Navajo people continue. A paternal uncle teaches values, morals, and principles to his nephews and nieces by presenting many illustrations in the form of stories. He also maintains a positive atmosphere within the family by shedding a humorous light on situations.

Shibízhí	my father's sister (my paternal aunt)
Shizhé'é yázhí	my father's brother (my paternal uncle)

A **paternal** aunt refers to her nieces as *shich'é'é* and her nephews as *shiyáázh*. A paternal uncle refers to his nieces as *shitsi'* and his nephews as *shiye'*.

The maternal grandmother maintains tight social control within a traditional Navajo family. She is the one who anchors the culture, along with the traditions and lifestyle. The maternal grandmother is most often consulted when cultural events take place. She oversees the event, making sure everything is socially accurate, culturally appropriate, and traditionally performed.

A maternal grandfather is the historian, storyteller, and the preserver of language. He gathers his grandchildren around him, particularly in the winter, to tell winter stories and to continue the tradition of storytelling. The maternal grandfather is normally viewed as a kind, gentle person who leads by example. He is highly respected in a traditional family.

Shimá sání	my mother's mother (my maternal grandmother)
Shicheii	my mother's father (my maternal grandfather)

A maternal grandmother refers to her daughter's children, both male and female, as *shitsóí*, or *shitsóóké* for more than one. A maternal grandfather refers to his **daughter's female children** by the term *shitsóí* and calls his **daughter's male children** *shicheii*. The maternal grandparents do not use these same terms for their son's children, since they are not the maternal grandparents of those children.

The paternal grandparents seem to be left out here. However, they have the children of their daughters to look after. The paternal grandparents fill the roles discussed earlier for their daughter's family.

Shinálí 'asdzáníígíí	my father's mother (my paternal grandmother)
Shinálí hastiinígíí	my father's father (my paternal grandfather)

The paternal grandparents refer to their son's children, both male and female, as *shinálí*, or *shinálíké* for more than one.

The terms used for cousins depend on whose children they are, whether the speaker is male or female, and sometimes on whether the cousin is older or younger than the speaker. Remember that your maternal aunt is the sister of your mother and your paternal aunt is the sister of your father; and your maternal uncle is the brother of your mother and your paternal uncle is the brother of your father.

TERMS USED BY MALES FOR COUSINS:		
	son (male)	daughter (female)
child of maternal aunt	shik'is	shádí *if she is older* shideezhí *if she is younger*
child of maternal uncle	shił naa'aash	shizeedí
child of paternal aunt	shił naa'aash	shizeedí
child of paternal uncle	shik'is	shilah *or* shádí *or* shideezhí
TERMS USED BY FEMALES FOR COUSINS:		
	son (male)	daughter (female)
child of maternal aunt	shínaaí *if he is older* shitsilí *if he is younger*	shádí *if she is older* shideezhí *if she is younger*
child of maternal uncle	shizeedí	shizeedí
child of paternal aunt	shizeedí	shizeedí
child of paternal uncle	shilah shínaaí *if he is older* shitsilí *if he is younger*	shádí *if she is older* shideezhí *if she is younger*

'Áhát'į 'Ániidííǵíí: yáshti' New Verb: I am talking.		K'ad áhooníiłgo Imperfective Mode	

To say you are talking to someone, you can use the postposition *bich'į'* (to him/her/it), *shich'į'* (to me), *nich'į'* (to you), *nihich'į'* (to two or more of us), and *nihich'į'* (to two or more of you). These postpositions tell **who** is being spoken to.

	Łah jidilt'éhígo **Singular**	**Nizhdilt'éego** **Dual**	**Díkwíjílt'éego** **Plural**
Yáłti'ígíí **First Person**	yáshti' I am talking.	yéiilti' We (2) are talking.	yádeiilti' We (3+) are talking.
Bich'į' Yá'áti'ígíí **Second Person**	yáníłti' You are talking.	yáółti' You (2) are talking.	yádaołti' You (3+) are talking.
Baa Yá'áti'ígíí **Third Person**	yáłti' He/She is talking.	yáłti' They (2) are talking.	yádaałti' They (3+) are talking.

Ha'oodzíí' Dawólta'ígíí

Łah jidilt'éhígo
Shimá bich'į' yáshti'.
Nizhé'éésh bich'į' yáníłti'?
Shinálí shich'į' yáłti'.
Nizhdilt'éego
Nihich'į' yéiilti'.
Nihimá yázhíísh bich'į' yáółti'?
Shicheii 'áłchíní yich'į' yáłti'.
Díkwíjílt'éego
Ch'ééh (trying to) nihich'į' yádeiilti'.
Háíshą' bich'į' yádaołti'?
Nicheii dóó nimá sání dóó nimá nich'į' yádaałti'.

'Áhát'į 'Ániidííǵíí: sézį New Verb: I am standing.	**Łah jidilt'éhígo** **Singular**	K'ad áhooníiłgo Imperfective Mode **Nizhdilt'éego** **Dual**	**Díkwíjílt'éego** **Plural**
Yáłti'ígíí **First Person**	**sézį** I am standing.	**siidzį** We (2) are standing.	**nisiidzį** We (3 +) are standing.
Bich'į' Yá'áti'ígíí **Second Person**	**sínízį** You are standing.	**soozį** You (2) are standing.	**nisoozį** You (3+) are standing.
Baa Yá'áti'ígíí **Third Person**	**sizį** He/She/It is standing.	**sizį** They (2) are standing.	**naazį** They (3+) are standing.

Ha'oodzíí' Dawólta'ígíí

Łah jidilt'éhígo
Shimá sání bighan bii' sézį.
Nimá bighan nímazí bii' sínízį.
Ninálí 'asdzáníígíí dá'ák'ehdi sizį.
Nizhdilt'éego
Shí dóó shimá yázhí shimá bighan bii' siidzį.
Ni dóó nibízhí hooghan bii' soozį.
'At'ééd biyáázh (maternal uncle) dóó bimá sání dibé bighan yii' sizį.
Díkwíjílt'éego
Shí dóó shideezhí dóó shínaaí hooghan bii' nisiidzį.
Ni dóó nidá'í dóó nizhé'é tł'óo'di nisoozį.
Shicheii dóó shizhé'é dóó shinálí hastiinígíí dá'ák'ehdi naazį.

New Postposition: Biba'/Yiba'	… wait for him/wait for her/wait for it
Biba'/Yiba'	… wait for him/her/it

This postposition, meaning "waiting for," goes with verbs like *sédá*, *naashá*, and *sézį*. When used in conjunction with these verbs, the postposition specifies whether one is sitting and waiting, walking around waiting, standing and waiting, etc.

Ha'oodzíí' Dawólta'ígíí

Shimá sání dá'ák'ehdi shimá yiba' sizį.
Nizhé'é yázhíísh biba' sínízį?
Shínaaí dóó shádí dóó shitsilí shicheii yiba' naazį.
Shizeedí biba' sézį.
'Ashkii bideezhí dóó bitsilí yiba' sizį.

Building Reading Skills: Dialogue

Grandchild	Maternal Grandmother
Yá'át'ééh, shimá sání.	'Aoo', yá'át'ééh, shitsóí.
Háíshą' biba' sínízį?	Nimá yázhí dóó nimá biba' sézį.
Shimá dóó shimá yázhí shą' háadi naa'aash?	Nibízhí yighandi naalnish.
Shizhé'é yázhí shą'?	Nizhé'é yázhí dóó nizhé'é nicheii bitsinaabąąs yinaalnish.
Háadishą' shicheii bitsinaabąąs sizį?	Nicheii bitsinaabąąs dá'ák'ehdi sizį.
	Nishą' ha'át'íish baa naniná, shitsóí?
Shideezhí dóó shádí dóó shizeedí biba' sézį.	Hágoshįį.
	Nihí hooghangóó deekai.
Hágoshįį. Hágoónee', shimá sání.	'Aoo', hágoónee', shitsóí.

Saad Ániidíígíí: New Vocabulary

kǫǫ	here (in this area)
kwe'é	right here (at this spot)
níléidi	over there

Ha'oodzíí' Dawólta'ígíí

Łah jidilt'éhígo
Kwe'é shibízhí biba' sézį.
Da' kwe'éésh sínízį?
'Ashkii kwe'é bicheii yiba' sizį.
Nizhdilt'éego
Shí dóó shicheii kwe'é Tséhootsohdi shimá sání biba' siidzį.
Ni dóó nizhé'é yázhíísh kǫǫ Bilagáanaa (Anglo) hastiin biba' naoh'aash?
'Ashkii bideezhí dóó binálí níléidi shimá yiba' sizį.
Díkwíjílt'éego
Shí dóó shimá yázhí dóó shicheii kwe'é na'nilkaadii biba' nisiidzį.
Ni dóó nideezhí dóó nitsilí kǫǫ nihizhé'é biba' nisoozį.
At'ééd dóó 'asdzą́ą́ dóó Bilagáanaa hastiin níléidi shicheii yiba' naazį.

New Postposition: bíighah/yíighah	beside him/beside her/beside it
bíighah/yíighah	beside him/her/it

Shinálí 'asdzáníígíí bíighah sédá.
I am sitting beside my paternal grandmother.

Ha'oodzíí' Dawólta'ígíí

Łah jidilt'éhígo
Shideezhí bíighah sézį.
Háishą' bíighah sínízį?
Shizhé'é shimá yíighah sizį.
Nizhdilt'éego
Nicheii bíighah siidzį.
Háíshą' bíighah soozį?
'Ashiiké binálí 'asdzáníígíí yíighah sizį.
Díkwíjílt'éego
Tsinaabąąs bíighah nisiidzį.
Háíshą' bichidí bíighah nisoozį?
Shicheii dóó shimá sání dóó shimá dibé bighan yíighah naazį.

'Áhát'į 'Ániidíígíí: sédá New Verb: I am sitting		K'ad áhooníiłgo Imperfective Mode	
	Łah jidilt'éhígo **Singular**	**Nizhdilt'éego** **Dual**	**Díkwíjílt'éego** **Plural**
Yáłti'ígíí **First Person**	sédá I am sitting.	siiké We (2) are sitting.	nahísíitą We (3+) are sitting.
Bich'į' Yá'áti'ígíí **Second Person**	sínídá You are sitting.	sooké You (2) are sitting.	nahísóotą You (3+) are sitting.
Baa Yá'áti'ígíí **Third Person**	sidá He/She/It is sitting.	siké They (2) are sitting.	naháaztą They (3+) are sitting.

Ha'oodzíí' Dawólta'ígíí

Łah jidilt'éhígo
Kwe'é shimá bíighahgi sédá.
Nimáásh bíighah dah (sitting on something that has height) sínídá?
'Ashkii bitsilí yíighah dah sidá.
Nizhdilt'éego
Shí dóó shádí nihideezhí bíighah siiké.
Bikáá' dah asdáhí bikáa'gi nihinálí 'asdzáníígíí bíighah dah sooké.
Hastiin dóó 'asdzą́ą́sh ashkii yíighah siké?
Díkwíjílt'éego
Chaha'ohdi nihizhé'é bíighah nahísíítą́.
Ni dóó nimá yázhí dóó 'at'ééd bá'ólta'í bíighah nahísóotą́.
Da' áłchíníísh nizhé'é yíighah naháaztą́?

Sáanii dóó ba'áłchíní tsinaabąąs yee ch'aa yikah.
Women are traveling with their children by means of a wagon.

Building Reading Skills

Yá'át'ééh,

Shí Jímii yinishyé. Shimá éí Lóóz wolyé. Shizhé'é 'éí Hénaawii wolyé. Shideezhí 'éí Dléedis wolyé. Shínaaí 'éí Wílii wolyé. Nihí Kits'iildę́ę́' neiikai. Shimá sání dóó shicheii bíighahgi danihighan.

Shizhé'é Tsé Deez'áhídi naalnish. Atiin yinidaalnishígíí yił naalnish. Shimá 'éí hooghandi naalnish. Shí 'éí dá'ák'ehdi chidí bii' sédá. Shideezhí Dléedis éí hooghandi bikáá' dah asdáhí yikáá' dah sidá. Shínaaí, Wílii 'éí Tséghánoodzánídi chidí tsoh yee naalnish.

Shinálí hastiinígíí 'éí naalyéhí bá hooghandi shinálí 'asdzáníígíí yiba' sidá. Shinálí hastiinígíí shibízhí yíighah dah sidá. Shinálí 'asdzáníígíí naalyéhí yá sidáhí yá naalnish.

Hágoónee'

Greetings,

My name is Jimmy. My mother's name is Rose. My father's name is Henry. My younger sister's name is Gladys. My older brother's name is Willie. We are from Kitsiilii, AZ. We live near my maternal grandmother and my maternal grandfather.

My father works at Rock Point, AZ. He works with the road construction crew. My mother is working at home. I am sitting in a car at the cornfield. My sister Gladys is sitting on a chair at home. My older bother is working by means of a big truck at Window Rock.

My paternal grandfather is waiting for my paternal grandmother at the trading post. My paternal grandfather is sitting beside my paternal aunt. My paternal grandmother is working for the trader.

Good bye

Chapter 7 K'é
Clan Relationships

Náás daazlį́'ígíí k'é wolyéhígíí nihá yaa 'ádahalyą́.
Elders are the caretakers of "k'é".

'Amá biyázhí yichíihgo k'é yiłniih áádóó bik'éí danilínígíí yee yił halnih.
A mother greets her newborn child. She tells her child about her clans.

K'é refers to the establishment of familial and clan relationships, but the word expresses a deeper and more complex concept than this translation would suggest. *K'é* is essential to a person's inner peace and is what a person is to strive toward on a daily basis. According to Phil Bluehouse, *k'é* involves the balancing of kindness and empathy on one hand and Navajo teachings on the other.

Traditionally, at birth, a Navajo infant is delivered into the arms of female relatives, who then present the child to its mother. The mother greets her "little one" by telling the newborn the maternal clan he/she has been born into, followed by the paternal clan he/she has been born for. Next, the maternal and paternal grandfathers' clans are identified, and the mother concludes with, "in this way you are my baby." She may say:

> *"Yá'át'ééh Shiyázhí. Háshinee'. Ádóone'é nílínígíí 'éí (name of mother's clan) áádóó (name of father's clan) bá shinílchíín. Nááná (name of maternal grandfather's clan) 'éí danicheii 'áádóó (name of paternal grandfather's clan) 'éí daninálí. 'Ákót'éego 'éí she'awéé' nílį́. 'Ayóó'áníínísh'ní."*

"Hello, my Little One. (Háshinee' is a term of endearment.) The clan you belong to is (name of mother's clan) and (name of father's clan) is the clan you are born for. And (name of maternal grandfather's clan) are your maternal grandfathers and (name of paternal grandfather's clan) are your paternal grandfathers. In this way you are my baby. I love you."

In declaring the infant's clans, the mother has declared who is additionally responsible for the well-being of her child.

Traditional parents use the clan system to teach their children about respecting their environment.

K'é promotes peace in one's home and between family and clan members. It is the peace that is a result of the respect and sense of responsibility one person feels for another. It also bestows upon a Navajo person a sense of unity and of belonging to a family, a clan, and a social group.

Another important attribute that *k'é* fosters within a Navajo person is a respect for all living things. This includes oneself, nature, the environment, and other American Indian people who live near Dinétah. Your clan name (which may be an animal, an element of the environment, or an American Indian nation) makes you more aware of your surroundings and more mindful of your responsibility to take care of these things.

Nahasdzą́ą́ baa'áháyą́.
Taking care of the earth.

Elders tell us that reciting our clan affiliation reminds us of the importance of our surroundings. Look to see how many elements of nature are represented in the Navajo clan system, such as water or plants. This system helps us to learn that the world cannot be owned; instead, a person is a part of the world identified by the clan system. Now, look at the clan names and notice which animals are represented. Because animals are part of our clan system, we know that they are an important part of our world. Other American Indian groups became a part of the clan system because they were adopted by the Navajo people when they were seeking protection during times of warfare.

K'é helps us to remember that we must respect and care for those around us. Where there is an observance and respect for *k'é*, one finds security and order in a community.

It is a popular belief among the elders that children who are raised without discipline and teachings have no relatives. The traditional teachings about *k'é* show the Navajo people how to maintain self-control and social control. When you look at the list of clan names, you will see that they are organized into nine groups. If a group contains one of your clans, you are related to everyone in that group. For example, suppose that someone's clans are as follows:

MOTHER'S CLAN:	Tó 'aheedlíinii	group 8
FATHER'S CLAN:	Ma'ii deeshgiizhnii	group 7
MATERNAL GRANDFATHER'S CLAN:	Táchii'nii	group 6
PATERNAL GRANDFATHER'S CLAN:	Tódích'íi'nii	group 3

This person is closely related to anyone in a clan in group 8, group 7, group 6, and group 3. A Navajo person cannot marry any close relative, so this person would not be allowed to marry anyone who belongs to a clan in groups 8, 7, 6, or 3.

'Ádóone'é Nílínígíí
Your Clan Affiliation

Become knowledgeable of your clans. Some of you may have only two clans because of one non-Navajo parent.

Say your clan affiliation in the order listed below. Your instructor will then write your clans on the board to help you analyze how you are related to other students in your class. This is also the order in which you will introduce yourself.

1. Your clan/your mother's clan
2. Your father's clan (the one you are born for)
3. Your maternal grandfather's clan
4. Your paternal grandfather's clan

Navajo Clan Chart[1]

Look at the clan chart below to identify all the clans that are related to your clan.

Group One	
Kinyaa'áanii*	Towering House*
Dził t'áadi	Near the Mountain
Tó 'áhaní	Near the Water
Tązhii dine'é	Turkey People
Bit'ahnii	Within His Cover
Halgai dine'é	People of the Valley
Shash dine'é	Bear People
Naadą́ą́' dine'é	Corn People

Group Two	
Honágháahnii	One Who Walks Around
'Azee' tsoh dine'é	Big Medicine People
Ta'neeszahnii	Tangle
Hashk'ąą hadzohí	Yucca Strung Out
Nihóbáanii	Gray Streaked Ends
Ts'ah yisk'idnii	Sage Brush Hill
Dził tł'ahnii	Mountain Cove
Dził ná'oodiłnii	The Turning Mountain

Group Three	
Tó dích'íi'nii*	Bitter Water*
Tsé sikéhí	Two Rocks Sitting
Tsin sikaadnii	Clamp Tree
Yoo'í dine'é	Bead People
Bįįh bitoo'nii	Deer Spring
Tł'ógí dine'é	Zia Pueblo People
Tó baazhní'ázhí	Two Who Came to the Water
Naakétł'áhí dine'é	Flat Foot People/Tohono O'odam
Bįįh yáázh dine'é	Young Deer People
K'aa' dine'é	Arrow People
K'aa' hináanii	Living Arrow
Yoo'í dine'é Táchii'nii	Bead People of the Red Running into Water People

Group Four	
Hashtł'ishnii*	Mud Clan*
Tó tsohnii	Big Water
Hooghan łání	Many Hogans
Dzaanééz łání	Many Mules
Tsé deeshgiizhnii	Rock Gap
Lók'aa' dine'é	Reed People
Bit'ahnii	Within His Cover

Group Five	
Tábąąhí	Water's Edge
Haltsooí	Meadow People
Tó baazhní'ázhí	Two People Who Came to the Water

Group Six	
Táchii'nii	Red Running into the Water
Nát'oh dine'é	Tobacco People
Yé'ii dine'é	Giant People
Bįįh dine'é Táchii'nii	Deer People of the Red Running into the Water
Gah dine'é Táchii'nii	Rabbit People of the Red Running into the Water
Naneesht'ézhi Táchii'nii	Charcoal Streaked of the Red Running into the Water
Nóoda'í dine'é Táchii'nii	Ute People of the Red Running into the Water
Dólii dine'é	Blue Bird People
Naasht'ézhí dine'é	Zuni People
Kin łichii'nii**	Red House**

Group Seven	
Tsé níjíkiní	Cliff Dwellers/Honey Combed Rock
Dibé łizhiní	Black Sheep
Ma'ii deeshgiizhnii	Coyote Pass/Jemez
Kin łitsonii	Yellow House
'Áshįįhí	Salt
Dził ná'oodiłnii	Turning Mountain

Group Eight	
Tó 'aheedlíinii	Water Flows Together
Naakai dine'é	Mexican People
Nóoda'í dine'é	Ute People
Tééh heetiinii	Foot Trails

* One of the Original Clans, **An adopted clan

1 from *Saad Ahą́ą́h Sinil*. Austin, Martha and Regina Lynch. Eds. Rough Rock Press. Chinle, AZ. 1983. Pp. 3 - 4.

Group Nine	
Tsinaajinii	Black Streaked Wood
Deeshchii'nii	Start of the Red Streak
Kin łichii'nii	Red House
Tł'ízí łání	Many Goats
Tł'ááshchí'í	Red Bottom
Tsé nahabiłnii	Sleeping Rock People
Shash dine'é/Naasháshí	Bear People
T'iis ch'ébáanii	Gray Cottonwood Extending Out

(All together there are 21 clan groups; the main 9 have been included here. Other clans have become extinct.)

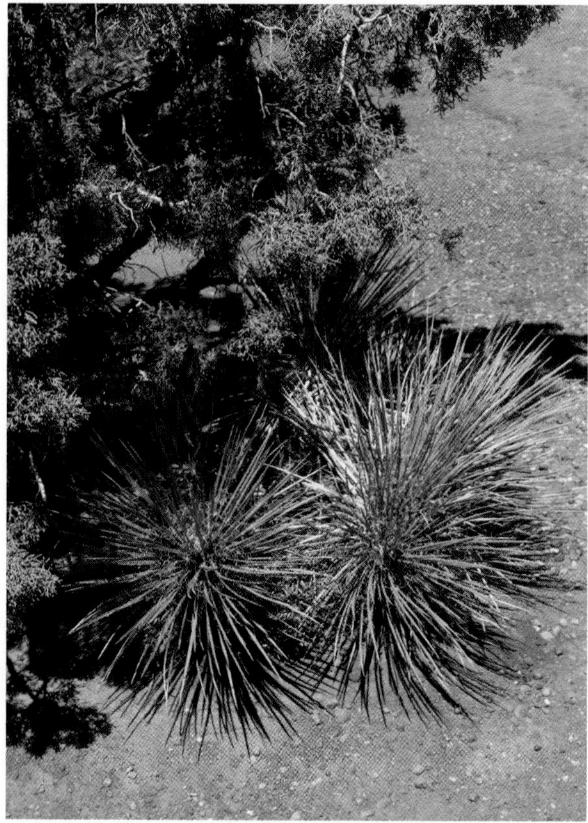

Two elements that are a part of the Navajo clan system.

The story of the origin of *k'é* is told only in the winter season. It is interesting to learn how each clan was established. Ask a Navajo elder or a knowledgeable relative to tell you about your own clans. This knowledge will make your clans more meaningful to you.

'Ahát'į 'Ániidíígíí: Nishłį́ **New Verb**: I am ...		**K'ad áhooníiłgo** **Imperfective Mode**	
Nishłį́ means "I am ...." This verb requires an object. You need to declare your identity. You may want to say, "I am a student," or "I am a young woman," or "I am a young man." In this case, you are declaring your clan affiliation, so you name your clan first. Read the sentences below to see how a sentence appears with these verbs in them.			
	Łah jidilt'éhígo **Singular**	**Nizhdilt'éego** **Dual**	**Díkwíjílt'éego** **Plural**
Yáłti'ígíí **First Person**	nishłį́ I am …	niidlį́ We (2) are ...	daniidlį́ We (3+) are ...
Bich'į' Yá'áti'ígíí **Second Person**	nílį́ You are ...	nohłį́ You (2) are ...	danohłį́ You (3+) are ...
Baa Yá'áti'ígíí **Third Person**	nilį́ He/She/It is ...	nilį́ They (2) are ...	danilį́ They (3+) are ...

Ha'oodzíí' Dawólta'ígíí

Łah jidilt'éhígo
T'áá Diné nishłį.
Kinyaa'áanii nílį.
'Ashkii Tó dích'ii'nii nilį.

Díkwíjílt'éego
Shí dóó shimá dóó shimá sání dóó shidá'í Tó'aheedlíinii daniidlį.
Ni dóó 'áłchíní Dibé łizhiní danohłį.
'Asdzą́ą́ dóó 'at'ééd dóó shinálí 'asdzáníígíí Bįįh bitoo'nii danilį.

Nizhdilt'éego
Tó 'áhaní niidlį.
Ni dóó nimá Ma'ii deeshgiizhnii nohłį.
'Ashkii dóó 'at'ééd Táchii'nii nilį.

Building Speaking Skills: Traditional Navajo Introduction

The traditional Navajo greeting is to first shake hands and then to say, "Yá'át'ééh." The word *yá'át'ééh* literally means "It is good," so this greeting should be a reminder of the positive attitude of traditional Navajo people. As you greet someone in this way, you are making a statement that all is good, so you need to remember to keep the conversation positive. The person you are greeting will normally respond by saying, "'Aoo', Yá'át'ééh," which literally means "Yes, it is good." Navajo elders tell us that we should be proud and encouraged that our greetings contain such a positive association.

When you give a speech, begin your talk with a formal introduction. To do so, insert your clan affiliation in the blanks below.

Greet your audience by saying, "Yá'át'ééh Shidine'é." (Greetings, my people.) followed by declaring your name, your title ('ółta'í nishłį, bá'ólta'í nishłį, etc.)

Then continue with your introduction by reciting your clan affiliation:

'Ádóone'é nishłínígíí 'éí ________________ nishłį.
(your mother's clan)

The clan I am is ________________ .

________________ 'éí bá shíshchíín.
(your father's clan)

________________ is the clan I am born for.

________________ 'éí dashicheii nááná
(your maternal grandfather's clan)

________________ are my maternal grandfathers and

________________ 'éí dashinálí.
(your paternal grandfather's clan)

________________ are my paternal grandfathers.

'Ákót'éego 'éí 'asdzání nishłį. In that way I am a young woman.

'Ákót'éego 'éí dinééh nishłį. In that way I am a young man.

________________dę́ę́' naashá.
(Your home area)

________________ I am from.

Optional:

Shimá 'éí ______________ (mother's name) wolyéé dóó shizhé'é 'éí ______________ (father's name) wolyé.	
My mother is called ______________ and my father is called ______________.	
______________ (where your parents reside) di 'éí kééhat'į.	
______________ is where they live.	

Building Reading and Speaking Skills

Practice reading your introduction aloud. Later, memorize your introduction.

Building Comprehension Skills

Elders expect children to learn the clans that appear in the clan groups they are affiliated with. Learn **all** the clans that appear in your clan groups. In this way, you will have even more relatives than just the ones who belong to your four clans.

Clan Affiliations

Clan affiliations determine how two people claim one another as relatives.

If two people belong to the same clan, they would claim one another in this way:

Female to female, close in age:	shideezhí/shádí (depending on who is older)
Female to female, not close in age:	Shimá/shich'é'é (depending on who is older)
Male to female:	shimá/shiyáázh (regardless of her age, the female is still a mother to the male)
Male to male:	shik'is (regardless of their age)

If two people are born for the same clan, they would claim one another in this way:

Female to female:	shideezhí/shádí (depending on who is older)
Female to male/male to female:	shilah (my sibling of the opposite sex) shideezhí/shádí/shitsilí/shínaaí (depending on who is older)
Male to male:	shik'is (regardless of their age)

(Sibling rivalry is allowed in this relationship since the two individuals are competing for their father's attention.)

If person (1) is **born for** the clan that person (2) **belongs to**, they would claim one another in this way:

Female (1) to female (2):	Shibízhí *or* shizeedí
Female (2) to female (1):	Shich'é'é *or* shizeedí

When a female meets a male and the male is **born for** the clan that the female **belongs to**, they would claim one another in this way:

Female to male:	shiyáázh *or* shizeedí
Male to female:	shibízhí *or* shizeedí
When a male is born for a clan that another male belongs to, they would claim one another in this way:	
Male to male:	shił naa'aash

When a male meets a female who belongs to the same clan as his maternal grandfather's clan, they would claim one another in this way:

Male to female:	*Since the female is the same clan as the male's maternal grandfather's clan, he would refer to her as* Shimá sání, *regardless of their age.*
Female to male:	*She would call him* Shitsóí, *regardless of their age.*

When a male meets another male who belongs to the same clan as his maternal grandfather's clan, they would claim one another in this way:

Male to male:	Shicheii

When female 1 meets female 2 and female 2 belongs to the same clan as the maternal grandfather's clan of female 1, they would claim one another in this way:

Female (1) to female (2):	Shimá sání (regardless of their age)
Female (2) to female (1):	Shitsóí (regardless of their age)

When a female meets a male who belongs to the same clan as her maternal grandfather's clan, they would claim one another in this way:

Female to male:	*She would call him* Shicheii, *regardless of their age.*
Male to female:	*Since the male is the same clan as the female's maternal grandfather's clan, he would refer to her as* Shitsóí.

When a male meets a female who belongs to the same clan as his paternal grandfather's clan, then they would claim one another in this way:

Male to female:	Shinálí (regardless of their age)
Female to male:	Shinálí (regardless of their age)

When a female meets a male who belongs to the same clan as her paternal grandfather's clan, then they would claim one another in this way:

Female to male:	Shinálí (regardless of their age)
Male to female:	Shinálí (regardless of their age)

When a female is speaking to another female who belongs to the same clan as her paternal grandfather's clan, or when a male is speaking to another male who belongs to the same clan as his paternal grandfather, they would claim one another in this way:

Female to female:	Shinálí (regardless of their age)
Male to male:	Shinálí (regardless of their age)

Building Application Skills

Using the information provided, determine how your classmates are related to you.

'Ahát'į 'Aniidíígíí: ... kééhasht'į New Verb: I reside ...		K'ad áhooníiłgo Imperfective Mode	
A place needs to be mentioned where you reside.			
	Łah jidilt'éhígo **Singular**	**Nizhdilt'éego** **Dual**	**Díkwíjílt'éego** **Plural**
Yáłti'ígíí **First Person**	kééhasht'į I reside ...	kééhwiit'į We (2) are residing ...	kéédahwiit'į We (3+) are residing...
Bich'į' Yá'áti'ígíí **Second Person**	kééhót'į You are residing...	kééhoht'į You (2) are residing...	kéédahoht'į You (3+) are residing...
Baa Yá'áti'ígíí **Third Person**	kééhat'į He/She is residing...	kééhat'į They (2) are residing...	kéédahat'į They (3+) are residing...

Ha'oodzíí Dawólta'ígíí

Łah jidilt'éhígo
Shimá bił kééhasht'į.
Da' nimá sání bił kééhót'į?
'Ei 'ashkii Na'ní'áh Hótsaadi (Page) kééhat'į.
Nizhdilt'éego
Shí dóó 'at'ééd Tó Niłts'ílídi kééhwiit'į.
Ni dóó nibízhí Diné Bito'di (Sand Springs) kééhoht'į, ya'?
Shinálí 'asdzáníígíí dóó shinálí hastiinígíí hooghan nímazí yii' kééhat'į.
Díkwíjílt'éego
Shí dóó shimá dóó shizhé'é dóó shitsilí dóó shideezhí dóó shádí dóó shínaaí Tónaneesdizídi kéédahwiit'į.
Ni dóó 'áłchíní chaha'oh bii' kéédahoht'į.
'Ashiiké dóó 'at'ééké kin yii' kéédahat'į.

Building Reading Skills

Yá'át'ééh shidine'é,

Shí 'éí Bédii yinishyé. Shí 'éí Ta'neeszahnii nishłį́ dóó Ma'iideeshgiizhnii bá shíshchíín. Naakai dine'é 'éí dashicheii dóó Tódích'ii'nii 'éí dashinálí. 'Ákót'éego 'éí 'asdzání nishłį́.

Shimá 'éí Jénii wolyé. Shizhé'é 'éí Géewii wolyé. Tséghádhoodzánídi kéédahwiit'į. Shimá sání dóó shicheii bił kéédahwiit'į. Nizhónígo danihighan.

Yá'át'ééh shidine'é,

Shí 'éí Hénawii yinishyé. Shí 'éí Tábąąhí nishłį́į́ dóó Tó tsohnii bá shíshchíín. Naakai dine'é 'éí dashicheii dóó Kinyaa'áanii 'éí dashinálí. 'Ákót'éego 'éí dinééh nishłį́.

Shimá 'éí Línidah wolyé. Shizhé'é 'éí Píidoo wolyé. Tséghą́hoodzánídi kéédahwiit'į́. Shimá sání dóó shicheii 'ałdó' bił kéédahwiit'į́. Nizhónígo danihighan.

Ahéhee' dóó hágoónee'

Building Application Skills

For the rest of the semester, greet each student who is related to you by the relationship term dictated by the clan system.

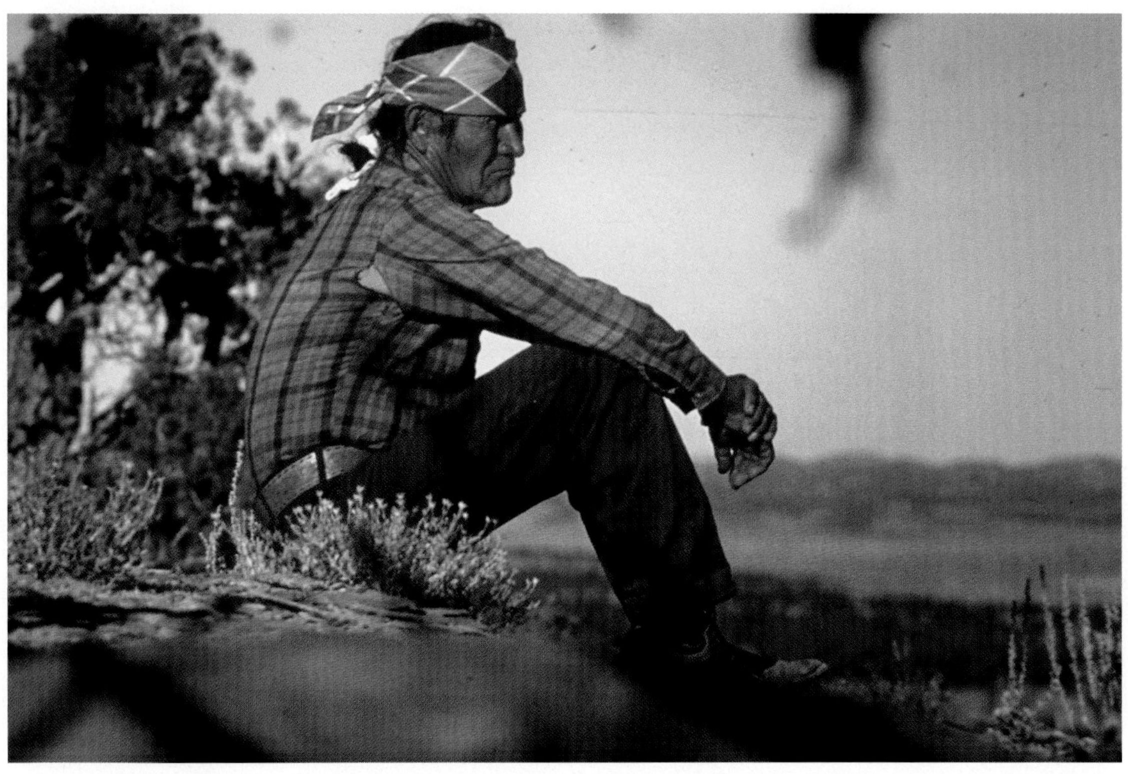

Hózhóní léi'gi jizdá.
Sitting in a beautiful spot: elders and the environment are one.

Chapter 8

Hooghan Haz'ą́ągi
Around the Home

Hooghan nímazí nizhónígo naaznil.
Hogans are beautifully situated.

Hooghan nímazí nizhónígo 'ályaa.
A beautifully made hogan at Canyon de Chelly National Monument.

The Navajo language is a descriptive language. In this lesson, you will find that many words the Navajo people use to refer to people, places, and things (nouns) are based on verbs and describe the appearance or purpose of the noun. Other nouns are similarly descriptive, although they are not based on verbs. Navajo does have simple nouns, which merely refer to a person, place, or thing; but, as the world changes and new nouns are created, these simple nouns tend to become descriptive. Take, for instance, the home. Because many items in a modern-day household were not found in a traditional *hooghan*, the Navajo words for those items often describe the physical characteristics of those items.

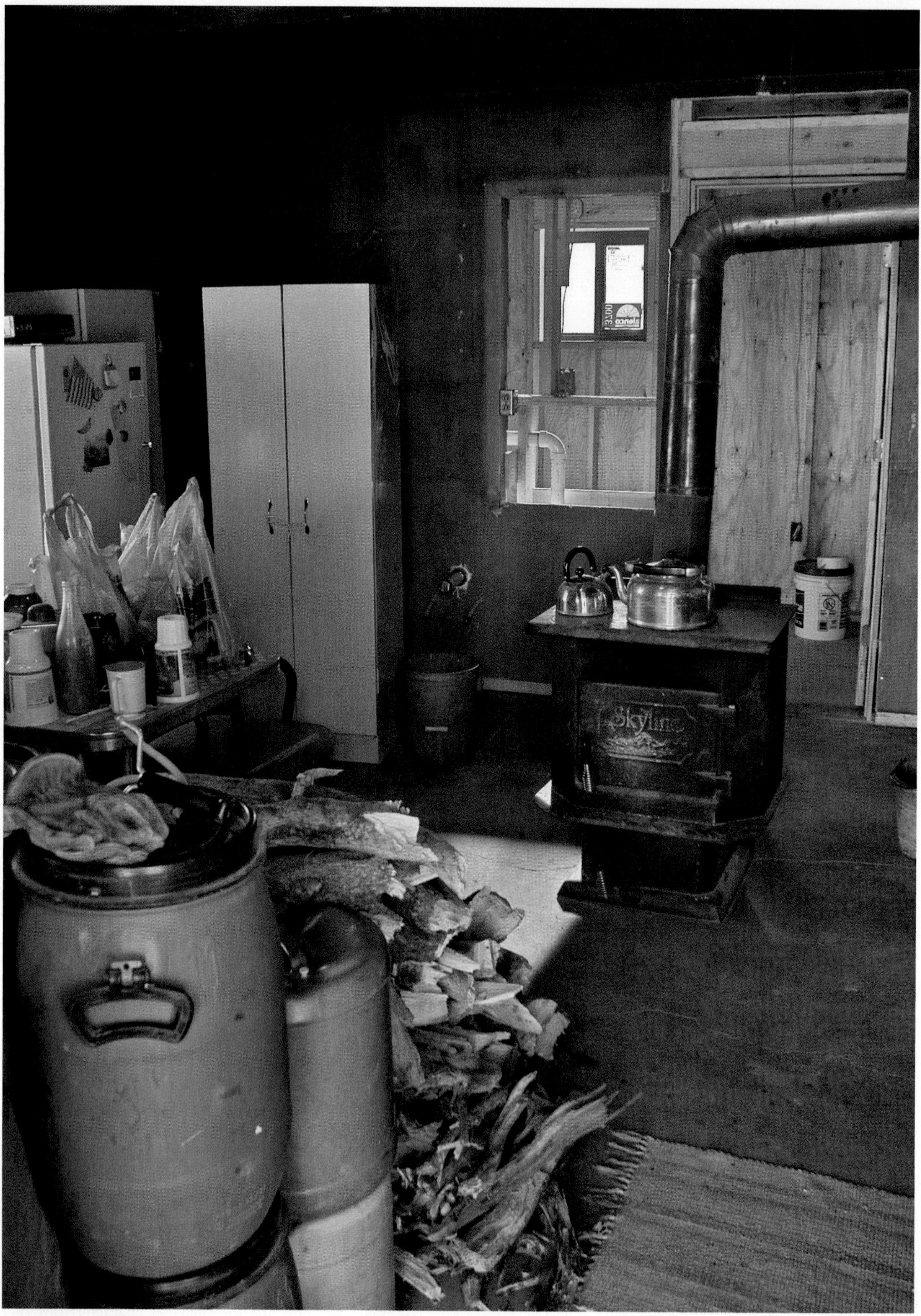

Feeling right at home.

Verb-Based Nouns

bikáá' dah asdáhí (chair)

Descriptive Noun Break-down	bikáá'	dah	asdá	-hí
Part of Speech	postposition	adverb	verb	enclitic
Meaning	"on top of it (a wide, flat surface)"	suggests that height is involved and is part of the description	The prefix "as" indicates that the Subject is not anyone in particular, but just "a person" or "people in general." The verb stem "dá" means "to sit."	makes the entire verb phrase a noun

Note: The "h" in *asdáhí* is included as an assimilation to separate the "a" and the "í". The "h" allows the word to flow. Whenever the vowel enclitic "-í" is added to a verb ending in a vowel, a consonant must be inserted between the two vowels so they will not sound like a diphthong. If the first vowel is nasal, the inserted consonant is "n"; otherwise, the inserted consonant is "h."

bikáá' adání (table)

Descriptive Noun Break-down	bikáá'	adą́	-ní
Part of Speech	postposition	verb	enclitic
Meaning	"on top of it (a wide, flat surface)"	The prefix "a" indicates that the Subject is "a person" or "people in general." The verb stem "dą́" means "to eat."	makes the entire verb phrase a noun

Note: The "n" is the consonant that was inserted to make the word flow. Because the "n" lets us know that the vowel before it is nasalized, the nasal diacritic in "dą́" is dropped.

łeets'aa' biih ná'niłí (dish cabinet)

Descriptive Noun Break-down	łeets'aa'	biih	ná'	nił	-í
Part of Speech	noun	postposition	verb prefix	verb stem	enclitic
Meaning	"dishes"	"into it"	specifies the action as repetitive	"to place plural items"	makes the entire verb phrase a noun

ch'iiyáán biih ná'niłí (food cabinet)

Descriptive Noun Break-down	ch'iiyáán (also spelled *ch'iyáán*)	biih	ná'	nił	-í
Part of Speech	noun	postposition	verb prefix	verb stem	enclitic
Meaning	"food"	"into it"	specifies the action as repetitive	"to place plural items"	makes the entire verb phrase a noun

bii' atiní (freezer)

Descriptive Noun Break-down	bii'	atin	-í
Part of Speech	postposition	verb	enclitic
Meaning	"within it"	The prefix "a" refers to the fact that there is not any particular item identified as the Subject. The verb stem is *tin*, which means "to freeze." (There is also a noun *tin*, which means "ice.")	makes the entire verb phrase a noun

Descriptive Nouns

Here are a few examples of descriptive nouns, which are not based on a verb.

bii' hoozk'ází (refrigerator)

Descriptive Noun Break-down	bii'	hooz	k'áz	-í
Part of Speech	postposition	adverbial prefix	noun	enclitic
Meaning	"within it"	indicates that there is a spatial area within this item	the root word for "cold"	makes the entire phrase a noun

béésh bii' kǫ'í (stove)

Descriptive Noun Break-down	béésh	bii'	kǫ'	-í
Part of Speech	noun	postposition	noun	enclitic
Meaning	"metal"	"within it"	"fire"	makes the entire phrase a noun

This list contains only a few **verb-based nouns** and **descriptive nouns** naming the items you will find in a typical home. To learn the names of more items, you will need to ask Navajo speakers the question, "Díishą' haa wolyé?" (*What is this called?*) or "Díishą' ha'át'íí 'át'é?" (*What is this?*)

New Postposition

Bikáá'	On top of it

Example:

Bikáá' dah asdáhí bikáá' dah sédá.
I am sitting on (top of) the chair.

As mentioned before, *bikáá'* implies that the item referred to has a wide, flat surface.

Na'ídíkidígíí Saad
Interrogatives: Words and Enclitics that Pose a Question

Interrogatives are words and enclitics that pose a question. In Chapter 3, you learned to use -*ísh* and *da'* to ask questions. There are two other ways to ask questions in Navajo.

-shą' *Shą'* is an interrogative that requires a full answer. -shą' is an enclitic, but may also stand alone.

Example:

Díí shą' ha'át'íí 'át'é.
What is this?

Díí shą' ha'át'íí 'át'é?			
Díí	shą'	ha'át'íí	'át'é?
This	?	what	it is

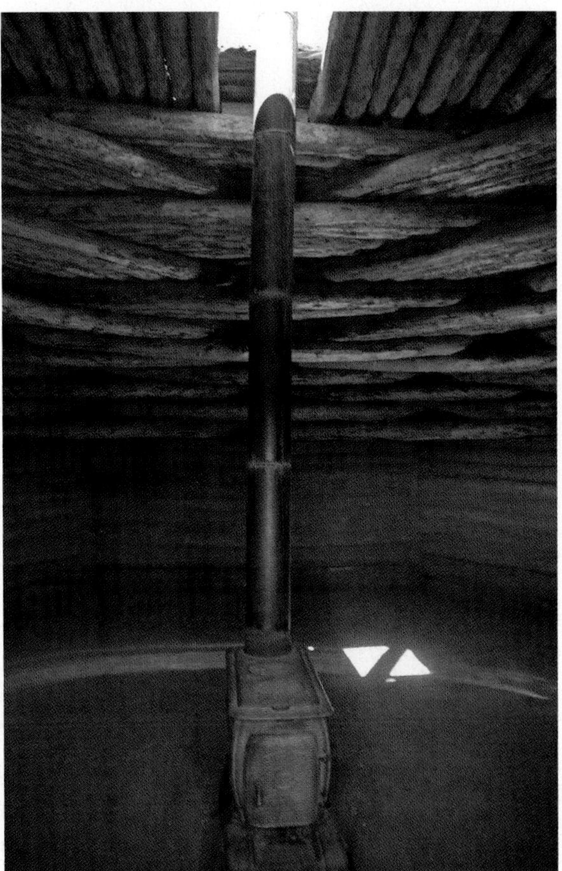
Díí 'éí béésh bii' kǫ'í wolyé.

The interrogatives *shą'* and -*ísh* place extra focus on the word that comes immediately before it.

ya' Ya' is a confirmation tag ("Right?"). Sentences with *ya'* express something that you think is probably true, but you are not sure, so you want confirmation. *Ya'* falls at the end of the sentence, and requires a yes/no answer.

Example:

Díí béésh bii' kǫ'i 'át'é, ya'?
This is a stove, right?

Díí béésh bii' kǫ'i 'át'é, ya'?						
Díí	béésh	bii'	kǫ'	i '	át'é,	ya'?
This	metal	within it	fire	enclitic	it is,	right?

Interrogative Prefixes that Complete a Question

		-shą'	-ísh/sh
hái	who		
	Example:	Háíshą' kingóó deeyá? Who is going to the store/town?	Háísh kingóó deeyá? Who is going to the store/town?
háadi	(at) where		
	Example:	Háadishą' nighan? Where do you live?	Háadish nighan? Where do you live?
háágóó	to where		
	Example:	Háágóóshą' díníyá? Where are you going?	Háágóósh díníyá? Where are you going?
háádę́ę́'	from where		
	Example:	Háádę́ę́'shą' naniná? Where are you from?	Háádę́ę́'sh naniná? Where are you from?
hahgo	when		
	Example:	Hahgoshą' kingóó díníyá? When are you going to the store/ town?	Hahgoosh kingóó díníyá? When are you going to the store/ town?
hait'éego	how		
	Example:	Hait'éegoshą' kingóó díníyá? How are you going to the store/town?	Hait'éegosh kingóó díníyá? How are you going to the store/town?
Ha'át'íí	what		
	Example:	Ha'át'ííshą' baa naniná? What are you doing?	Ha'át'íísh baa naniná? What are you doing?

'Áhát'į' Ániidíígíí: shił nizhóní
New Verb: It is pretty/beautiful with me.

K'ad áhooníiłgo
Imperfective Mode

It is possible for you to declare that something is beautiful by simply stating, "Nizhóní." To add emphasis to the fact that you consider someone or something beautiful, you would say, "Nizhóníyee'."

When you want to specify **who** is declaring the beauty, then you would precede the verb *nizhóní* with one of the following postpositions: *shił* (with me), *nił* (with you), *bił* (with him/her/it), *nihił* (with two or more of us), or *nihił* (with two or more of you).

	Łah jidilt'éhígo Singular	Nizhdilt'éego Dual	Díkwíjílt'éego Plural
Yáłti'ígíí **First Person**	shił nizhóní It is pretty with me.	nihił nizhóní It is pretty with us (2).	nihił nizhóní It is pretty with us (3+).
Bich'į' yá'áti'ígíí **Second Person**	nił nizhóní It is pretty with you.	nihił nizhóní It is pretty with you (2).	nihił nizhóní It is pretty with you (3+).
Baa yá'áti'ígíí **Third Person**	bił nizhóní It is pretty with him/her.	bił nizhóní It is pretty with them (2).	bił nizhóní It is pretty with them (3+).

Ha'oodzíí' Dawólta'ígíí

Lah jidilt'éhígo
Nimá bibéésh bii' kǫ'í shił nizhóní.
'Éé' biih ná'nilí nił nizhóní, ya'?
'Ashkii shinálí 'asdzáníígíí bighan bił nizhóní.

Nizhdilt'éego
Bii' atiní nihił nizhóní.
Da' ni dóó na'nilkaadiísh dibé bighan nihił nizhóní?
Bá'ólta'í dóó chidí 'ánéíl'íní nihichaha'oh bił nizhóní.

Díkwíjílt'éego
Shí dóó shinálí hastiinígíí dóó 'áłchíní 'éí shizhé'é bichidí nihił nizhóní.
Ni dóó 'at'ééd dóó 'ashkiísh bá'ólta'í bibéésh bii' kǫ'í nihił nizhóní?
'Ashiiké hooghan nímazí yii' da'ałhoshgo bił nizhóní.

Building Reading Skills

Shimá Bilagáanaa Néezdi bighan. Shimá bighan bii' hózhóní. Shimá bighan bikáá' dah asdáhí dóó bikáá' adání dóó bii' atiní dóó béésh bii' kǫ'í bii' hólǫ. Dibé bitsį' bii' atiní ła' bii' sinil.

Shimá bitsásk'eh ałdó' hólǫ. 'Éé' biih ná'nilí tsásk'eh bíighah si'ą. Bii' yah anídajikahí 'ałdó' shimá bighan bii' hólǫ.

Shimá dóó shizhé'é shimá sání dóó shicheii yíighah bighan. Shimá bighan bił nizhóní.

My mother lives at Counselors (NM). Inside my mother's home is beautiful. Inside my mother's home there are chairs, a table, a refrigerator, and a stove. There is mutton in my mother's refrigerator.

My mother also has a bed. The closet is next to the bed. There is also a bathroom in my mother's home.

My mother and my father live next to my maternal grandmother and my maternal grandfather. My mother's home is beautiful with her.

Building Reading Skills: Dialogue

Hastiin Nééz éí Lók'ajígaidi bighan. Hastiin Nééz bimá sání Tódzís'áadi bighan. Hastiin Nééz bimá sání yaa níyá (went to see her).

	(knock, knock) *Hastiin Nééz is knocking on the door.*
	"Wóshdę́ę́'!" (Come in!)
Hastiin Nééz:	Yá'át'ééh, shimá sání.
Bimá sání:	'Aoo', yá'át'éeh shitsóí. Háádę́ę́'shą' yínááł (you are coming from)?
Hastiin Nééz:	Lók'ajígaididę́ę́' yishááł.
Bimá sání:	Jó nizhóní. Kwe'é bikáá' dah asdáhí bikáá' dah nídaah.
Hastiin Nééz:	'Ahéhee', shimá sání.
Bimá sání:	Dichinísh nílį́? (Are you hungry?)
Hastiin Nééz:	'Aoo', yéego dichin nishłį́.
Bimá sání:	Bikáá' adání bich'į' dah nídaah. Ná ch'iiyáán áshłééh.
Hastiin Nééz:	Hágoshį́į́ (Okay). 'Ahéhee', shimá sání.
Bimá sání:	Na', shitsóí, ná ch'iiyáán 'íishłaa. 'Íiyą́ (you eat).
Hastiin Nééz:	Yéego 'ahéhee', shimá sání. Nizhónígo dóó łikango (tasty) ch'iiyáán íinilaa.
	Hastiin Nééz ate all his food.
Hastiin Nééz:	Nighan bii' hózhóníyee', shimá sání.
Bimá sání:	Díí bii' atiní shił nizhóní.
Hastiin Nééz;	Shí dó'. 'Ei béésh bii'kǫ'í nizhónígo naalnish, ya'?
Bimá sání:	'Aoo', shibéésh bii' kǫ'í nizhónígo naalnish.
Hastiin Nééz:	Ahéhee', nits'ą́ą́' ííyą́ą́'. Łikango ch'iiyáán íinilaa, shimá sání.
Bimá sání:	Lá'ąą'. 'Ahéhee' shéíníyá (you came to see me), shitsóí.
Hastiin Nééz:	'Aoo'. Hágoónee' shimá sání.
Bimá sání:	'Aoo', hágoónee' shitsóí.

'Áhát'į 'Ániidíígíí: 'ashhosh **New Verb: I am sleeping.**		**K'ad áhooníiłgo** **Imperfective Mode**	
It is important to introduce the verb "to sleep" within this chapter, because it is in our homes that we get the best rest.			
	Łah jidilt'éhígo **Singular**	**Nizhdilt'éego** **Dual**	**Díkwíjílt'éego** **Plural**
Yáłti'ígíí **First Person**	ashhosh I am sleeping.	iilwosh We (2) are sleeping.	da'iilwosh We (3+) are sleeping.
Bich'į' yá'áti'ígíí **Second Person**	íłhosh You are sleeping.	ołhosh You (2) are sleeping.	da'ołhosh You (3+) are sleeping.
Baa yá'áti'ígíí **Third Person**	ałhosh He/She/It is sleeping.	ałhosh They (2) are sleeping.	da'ałhosh They (3+) are sleeping.

Ha'oodzíí' Dawólta'ígíí:

Lah jidilt'éhígo
Na'nízhoozhídi shimá bighan bii' ashhosh.
Kojí bikáá' adání bíighahgi 'íłhosh.
Shicheii chaha'oh yine'jí (behind it) 'ałhosh.

Nizhdilt'éego
Dá'ák'ehdi chaha'oh bii' iilwosh.
Tsásk'eh bikáa'gi 'ołhosh.
Shádí shideezhí yił ałhosh.

Díkwíjílt'éego
Shimá sání bighandi da'iilwosh.
Nihimá bighan bii' da'ołhosh.
'Áłchíní hooghan nímazí yii' da'ałhosh.

Handling Verbs

In Lesson 3, we discussed how Navajo verbs are made up of prefixes plus the verb stem. Now we will learn about **handling verbs**, which are verbs whose **stem identifies the appearance of the object that is to be handled**. For transitive verbs (verbs with a direct object), it is the direct object that determines which handling stem must be used.

In this chapter, we will begin to learn the handling verbs meaning "to give," using three of the 11 different handling verbs. For each handling verb, we will learn some examples of the various objects for which the particular verb would be used.

In order to talk about giving, we must express that we are giving something **to someone**. Therefore, the postpositions *shaa*/to me, *naa*/to you, *baa*/to him, her, or it; *yaa*/to him, her, or it; *nihaa*/to us, and *nihaa*/to you (2 or more) will be used with each **handling verb.** We begin with the handling verb meaning "to give the self-contained object" and the postposition meaning "to him/her." Then, we will show you how to use the other postpositions to express "to give the self-contained object to me," "to give the self-contained object to you," etc.

'Áhát'į 'Ániidíígíí: baa nísh'aah **New Verb:** I am giving the **self-contained item** to him/her.		K'ad áhooníiłgo Imperfective Mode	
	Łah jidilt'éhígo **Singular**	**Nizhdilt'éego** **Dual**	**Díkwíjílt'éego** **Plural**
Yáłti'ígíí **First Person**	baa nish'aah I am giving the ______to him/her.	baa niit'aah We (2) are giving the ______ to him/her.	baa daniit'aah We (3+) are giving the ______ to him/her.
Bich'į' yá'áti'ígíí **Second Person**	baa ní'aah You give the ______ to him/her.	baa noh'aah You (2) give the ______ to him/her.	baa danoh'aah You (3+) give the ______ to him/her.
Baa yá'áti'ígíí **Third Person**	yeiyí'aah/yaa yí'aah He/She is giving the ______ to him/her.	yeiyí'aah/yaa yí'aah They (2) are giving the ______ to him/her.	yaa deiyí'aah/dayí'aah They (3+) are giving the ______ to him/her.

The verb expresses giving the self-contained item, and the postposition expresses to whom it is being given.

As you hand someone a self-contained object, you would use the postposition meaning "to you" followed by the verb meaning "I am giving the (self-contained object)."

Díí naa nish'aah.	I am giving this (self-contained object) to you.

To tell someone, "Give it to me," you would use the postposition meaning "to me" followed by the verb meaning "you are giving the self-contained object":

'Ei shaa ní'aah.	You give that (self-contained object) to me.
'Ei nihaa ní'aah.	You give that (self-contained object) to us.

Of course, in a real-life situation, you might name the object you are giving rather than say "díí" or "ei."

Dah díníilghaazh naa nish'aah.	I am giving you the fried bread.

You can also use "díí" (this) or "ei" (that) along with the name of the object:

Díí dah díníilghaazh naa nish'aah.	I am giving this fried bread to you.
'Ei dah díníilghaazh shaa ní'aah, t'áá shǫǫdí.	You give me that fried bread, please.

Díí 'éí ch'ééh jiyáán dóó ta'neesk'ání dóó 'azeedích'íí' dóó naayízí dóó da'neesk'ání dich'ízhíígíí tsoh dóó nímasii 'ádaat'é.

Díí 'éí t'áá 'ałk'idą́ą́' da'ásaa' yę́ę nahalingo 'ályaa.
The pot is a replica of the pots of old.

Díí 'éí chidí bikée'jį' adeez'áhí 'át'é.

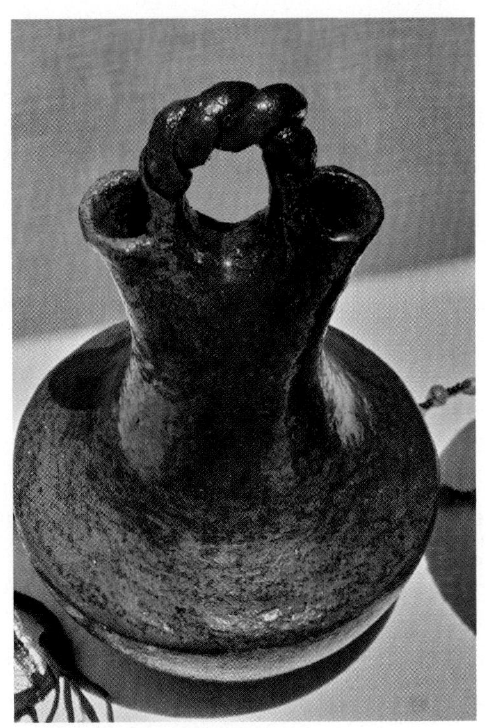

Díí 'éí t'áá 'ałk'idą́ą́' da'ásaa' yę́ę béédaʼalyaa.

Here are some examples of self-contained objects. When talking about giving someone these objects or others like them, you must use the handling verb for self-contained objects.

dah díníilghaazh	fried bread
náneeskaadí	Navajo tortilla
bááh dootł'izhí	blue corn bread
tsits'aa'	a box (regardless of size, as long as it can be picked up by a person)
jooł	a ball
łeets'aa'	a dish/pan
'áshįįh biih nájihígíí	a salt shaker
'azeedích'íí' łibáhígíí biih nájihígíí	a pepper shaker
naaltsoos	a book
chidí	a vehicle
chidí yázhí bee nida'a'néhígíí	toy car
béeso bizis	a purse/wallet that has a definite shape and is zipped up/buttoned closed
béésh	knife

Díí shą' éí haa dawolyé? What are these called?

When you use these nouns, you may put *ła'* after the noun, meaning "one item" or "some." Or, you may use the noun alone, in which case your meaning would be "the (noun)." When you make a request, it is polite to add *t'áá shǫǫdí*, or "please."

Ha'oodzíí' nihá bee 'álnééh:

Dah díníilghaazh ła' shaa ní'aah, t'áá shǫǫdí.
Give me a fried bread, please.

In the same manner, ask for other items that appropriately fit into this category.

'Ei ______________________ shaa ní'aah, t'áá shǫǫdí.
(self-contained object)

Give me the ______________________, please.

When you are asked for an item that fits in this handling verb category, you would hand over the item and say:

Na', díí dah díníilghaazh naa nish'aah.
Here, I am giving you this fried bread.

When you are given the item you requested, you should answer, 'Ahéhee'. Thank you.

Building Reading and Speaking Skills

1. Using the format identified earlier, work with a partner and ask for other self-contained objects. Check with your instructor to make sure you are applying the correct handling verb for each item.
2. As you hand the item to your partner, say "Na', díí ______________ naa nish'aah."

'Áhát'į 'Ániidíígíí: baa níshjááh **New Verb:** I am giving the **plural objects** to him/her.		**K'ad áhooníiłgo** **Imperfective Mode**	
The next handling verb, *baa níshjááh*, is the one you would use for **plural objects** that either **fit in the palm of your hand** or that you would **carry in the palm of your hand.** Here is the verb paradigm model for this verb, and below it are some examples of items for which you would use this verb.			
	Łah jidilt'éhígo **Singular**	**Nizhdilt'éego** **Dual**	**Díkwíjílt'éego** **Plural**
Yáłti'ígíí **First Person**	baa nishjááh I am giving the ______ to him/her.	baa niijááh We (2) are giving the ______ to him/her.	baa daniijááh We (3+) are giving the ______ to him/her.
Bich'į' yá'áti'ígíí **Second Person**	baa níjááh You give the ______ to him/her.	baa nohjááh You (2) give the ______ to him/her.	baa danohjááh You (3+) give the ______ to him/her.
Baa yá'áti'ígíí **Third Person**	yeiyí'aah/yaa yíjááh He/She/It is giving the ______ to him/her.	yeiyí'aah/yaa yíjááh They (2) are giving the ______ to him/her.	yaa deiyí'aah/dayíjááh They (3+) are giving the ______ to him/her.

'ałk'ésdisí	several pieces of candy
neeshch'íí'	several pinons
tsé 'áwózí	pebbles
naa'ólí	several beans
'ak'áán	a handful of flour
nímasii	several small potatoes
chizh yázhí	wood chips
yoo' niłchíní	silver buttons
jaatł'óół	earring(s)
yoostsah	ring(s)

Díí shą' éí haa dawolyé? What are these called?

As you hand someone plural objects, you would say the following:

Díí naa nishjááh.	I am giving these plural objects to you.

To tell someone, "Give those plural objects to me," you would say the following:

'Ei shaa níjááh.	You [one person] give those plural objects to me.

Here are some other examples using the nouns above and other postpositions.

'Ałk'ésdisí sheiyíjááh.	He or she is giving several pieces of candy to me.
'Ei yoostsah nihaa níjááh.	You [one person] give those rings to us.

Ha'oodzíí' nihá bee 'álnééh:

Yoo' niłchíní ła' shaa níjááh, t'áá shǫǫdí.
Give me some silver buttons, please.

When you are asked for an item that fits in this handling verb category, you would hand over the item and say:

Na', díí yoo' niłchíní ła' naa níshjááh.
Here, I am giving you some silver buttons.

In the same manner, ask for other items that appropriately fit into this category.

When you are given the item you requested, you should answer, 'Ahéhee'. Thank you.

Building Reading and Speaking Skills

1. Using the format identified earlier, work with a partner and ask for other plural objects that fit into the palm of your hand. Check with your instructor to make sure you are applying the correct handling verb for each item.

2. As you hand the item to your partner, say "Na'__________________________ díínaa níshjááh."

'Áhát'į 'Ániidíígíí: **baa níshteeh** **New Verb:** I am giving the **animate being** to him/her.	**K'ad áhooníiłgo** **Imperfective Mode**

The third handling verb we will learn is used for handling animate beings. This handling verb includes people and any kind of animal, as well as insects. Dolls and toy animals are also in this category, because handling verbs specify the appearance of the object handled, and toy animals have the appearance of animate beings.

Below is the verb paradigm model for *baa níshteeh*, and some examples of items for which you would use this verb.

	Łah jidilt'éhígo **Singular**	**Nizhdilt'éego** **Dual**	**Díkwíjílt'éego** **Plural**
Yáłti'ígíí	baa nishteeh	baa niilteeh	baa daniilteeh
First Person	I am giving the ______ to him/her.	We (2) are giving the ______ to him/her.	We (3+) are giving the ______ to him/her.
Bich'į' yá'áti'ígíí	baa níłteeh	baa nołteeh	baa danołteeh
Second Person	You give the ______ to him/her.	You (2) give the ______ to him/her.	You (3+) give the ______ to him/her.
Baa yá'áti'ígíí	yeiyíłteeh/yaa yíłteeh	yeiyíłteeh/yaa yíłteeh	yaa deiyíłteeh/dayíłteeh
Third Person	He/She is giving the ______ to him/her.	They (2) are giving the ______ to him/her.	They (3+) are giving the ______ to him/her.

'awéé'	baby
'at'ééd yázhí	little girl
'ashkii yázhí	little boy
gídí	kitten
tł'ízí yázhí	kid goat
dibé yázhí	lamb
łééchąą'í yázhí	puppy
ch'osh	insect
béégashii yáázh	calf
magí be'alyaaígíí	stuffed toy monkey

Díí shą' éí haa dawolyé? What are these called?

As you hand someone an animate being, you would say the following:

Díí naa nishteeh.	I am giving this animate being to you.

To tell someone, "Give that animate being to me," you would say the following:

'Ei shaa nílteeh.	You give that animate being to me.

Here are some other examples using the nouns above and other postpositions.

Gídí sheiyílteeh.	He or she is giving the kitten to me.
'Ei magí be'alyaaígíí nihaa deiyílteeh.	They are giving that toy monkey to us.

Ha'oodzíí' nihá bee 'álnééh:

'Awéé' shaa nílteeh, t'áá shǫǫdí.
Give me the baby, please.

When you are asked for an item that fits in this handling verb category, you would hand over the item and say:

Na', awéé' naa nishteeh.
Here, I am giving you the baby.

Response: 'Ahéhee'. Thank you.

In the same manner, ask for other items that appropriately fit into this category.

'Ei ______________________________ shaa nílteeh, t'áá shǫǫdí.
(animate being)

Give me the ______________________, please.

When you are given the item you requested, you should answer, 'Ahéhee'. Thank you.

Building Reading and Speaking Skills

1. Using the format identified earlier, work with a partner and ask for various items that fit into this category. Check with your instructor to make sure you are applying the correct handling verb for each item.

2. As you hand the item to your partner, say, "Díí naa nishteeh."

CHAPTER 9 'Éé' Clothing

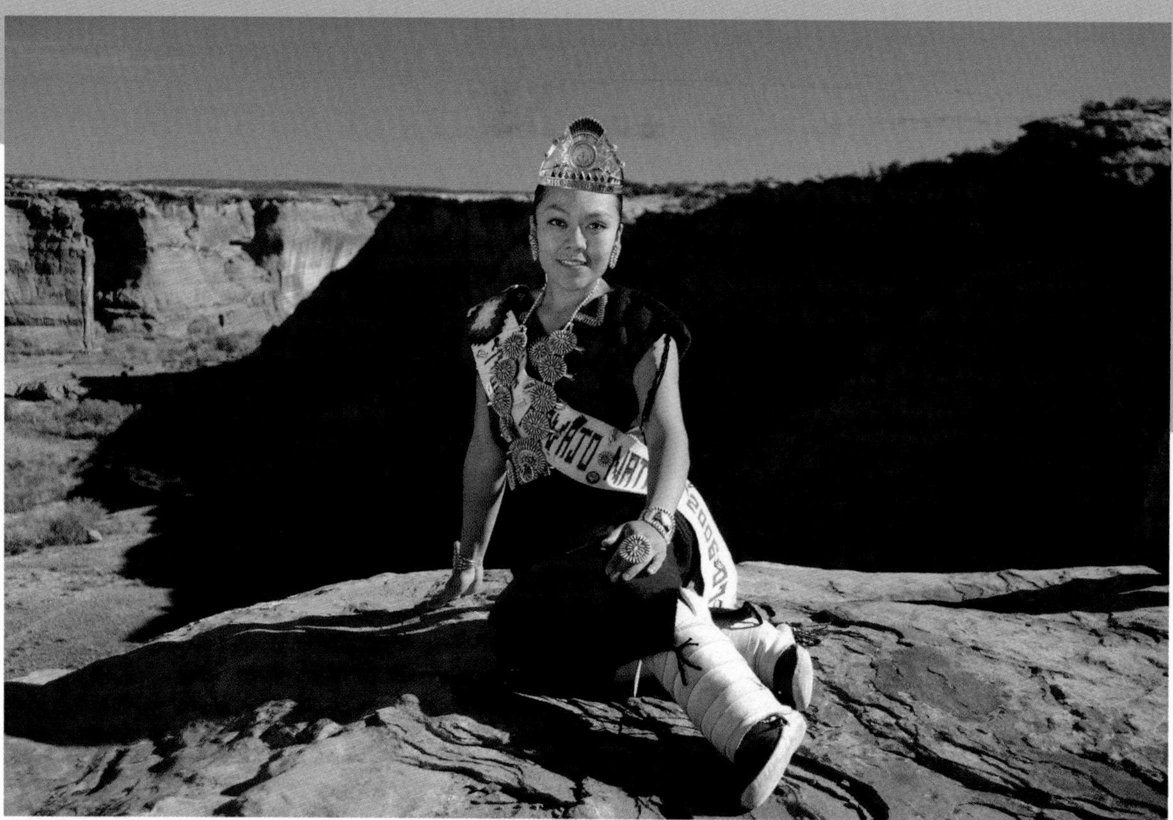

Naabeehó bich'eekę', Jocelyn Billy, nizhónígo biil éé' yee hadít'é. Miss Navajo 2006 - 2007, Jocelyn Billy is beautifully dressed in her traditional attire. Diné náás daazlį'ígíí 'éí 'ádaaníi łeh, "Diné k'ehjí háázhdiit'įįhgo Diné bizaad bééhojiyiiłníih nahalin łeh." Elders believe that dressing in our traditional clothing helps to remind us of our language.

Simple Life, As I Saw It*

Jennie, a 98-year-old woman, began making lunch. She skillfully peeled four potatoes, sliced them, and then placed them in a skillet with hot lard. With the potatoes in a skillet and wood on the fire in the stove, Jenny sat down on the dirt floor and began to talk about life as it once was.

We talked about how the Navajo language holds power. "*T'áá hó hazaad jidiits'a'go doo tsístł'ah jigháah da háálá Diyin hodiits'į́įh bich'į' ájíníigo dóó bich'į' tsozhdilzingo dóó t'áá hó hayiin bee nizhdi'a'go.* If you speak your language, a person would never become stranded because you have your prayers and your songs, which the Creator will hear. *Hazaad baa dáázhdiigháahgo 'éí tsístł'ah hazt'i'.* When you lose your language, you can become stranded. *Diné bizaad ayóo jooba'.* The Navajo language is very kind."

When the potatoes were done, Jennie went over to her bed and knelt beside it. She reached under the bed, scooped away some sand, and took out two plastic bowls. After wiping out the bowls with her skirt, she took two spoons from the same spot and spooned fried potatoes into the bowls.

As we ate, Jennie said Navajo people were losing sight of the simplicity of Navajo life. She asked, "*Éé' shą díkwíí nee hóló̜?* How many clothes do you have?" I was not sure whether I should answer or be silent. Before I could answer, she asked, "*Ké shą' díkwíí nee hóló̜?* How many pairs of shoes do you have?" I smiled and guessed on the number of both. She said, "*Shí 'éí tł'aakał noot'ishígíí táá naakíhígo shee hóló̜. Ła' éí tł'aakał ayaadiígíí 'át'éé dóó ła'ígíí 'éí shitł'aakał akáa'di siłtsoozígíí 'át'éego bee naasháa łeh. 'Áádóó shideijį' éé' ałdó t'áá naakíhígo shee hóló̜.* Me, I have two skirts, one I wear as an underskirt and the other one as the top skirt. And I have only two blouses. *Díkwíí jį́įjį' háágóó da ch'aa disháahgo shi'éé' t'áá shee hólónígíí bii' sétį́į łeh. Shitł'aakał ałk'ih sinilgo 'iish'įįh, shideijį' éé' dó' ałk'ih sinilgo bee dah diishááh.* When I go somewhere and I need to stay more than a day, I have all my clothes on, for I put on both skirts and both blouses. *'Áko t'áá kót'éhígo dah diishááh. Azis, éé' biih nídaa'nilígíí t'áágééd, háálá 'éé' ałnáádeesh'nilígíí t'áá'íídą́ą́' bii' sétį́įgo biniinaa.* I don't need a bag to carry my change of clothes because I have them all on.

"*Shi'éé' ła' chin bąąh yileehgo, t'áá 'ákó̜ó̜ yiisgis, 'ákót'éego 'ałahjį' hasht'e' á'díiníszin.* When one garment gets dirty, I wash it immediately, in that way I am always prepared. *Shikélchíh ałdó' t'áá díí bii' sé'eezígíí t'éí shee hóló̜. Tł'ée'go, iideeshhoshjį' ahalzhishgo, t'óó naak'a'at'ą́hí 'áłt'ą́ą́'íígíí bee néisdis dóó nizhónígo hast'e' niishnił.* I also have only one pair of moccasins. At night, I roll up my moccasins in a thin cloth and put them in a safe spot.

"*Nihí 'ánii nidaohkaiígíí, nihi'éé' t'óó'adahayói. Nihi'éé' t'óó'adahayóíígíí biniinaa doo t'áá 'ahą́ą́h nihi'éé' nídaohgis da.* You young people have so many clothes that you do not have to wash clothes very often. *Nihi'éé' chin bąąh yileehgo t'óó nahjį' nidahohnííł, áádóó t'óó t'áá chin bąąhgo t'óó naazyį́į łeh.* When your garment gets dirty you take it off and leave it. *T'áadoo le'é hwee dahólóonii t'óó'ahayóí hwee hóló̜ó̜go t'óó hoł hááhonilcha' dóó biniinaa t'óó doo 'ééhózin da łeh.* To have too many possessions causes one to become confused. *T'áá hazhó'ó t'áá Naabeehó chodayool'inígíí t'éiyá hwee hóló̜ó̜gogo 'éí jideeyáhígíí dóó 'ázhdoolílígíí t'áá bééhózíníyee' łeh. Doo nahonílth'aígóó 'ázhdoolílígíí ła' jiił'įįh.* The fewer possessions one has, the more manageable life becomes. A person can accomplish much more with fewer possessions."

Jennie used clothing to illustrate how far many people have strayed from the simple and practical traditional lifestyle, but her lesson also pertains to the Navajo language. This connection is more explicit in the words of an elder in the Hard Rock area. She used the words for putting on or taking off clothing to express the need for Navajo students to "put back on" or "walk back into" the Navajo language. She said, "*Diné k'ehjí háázhdiit'įįhgo, Diné bizaad bééhwiyiiłníih łeh.* When you dress traditionally, it is as if you are being reminded of your language. *T'áá 'ániit'é t'áá Diné k'ehjígo háádadiit'įįhgo shį́į 'índa nihizaad biih nídiikah.* If we all dress in our traditional clothing, then we will probably walk back into our language."

To sample a simpler way of life, spend time with your elders, and listen to what they say about an uncomplicated way of life. You will be relieved of the stress, confusion, and the everyday rush that life away from the traditional ways brings. After a few days with your elders, you will be more focused and able to see your way more clearly.

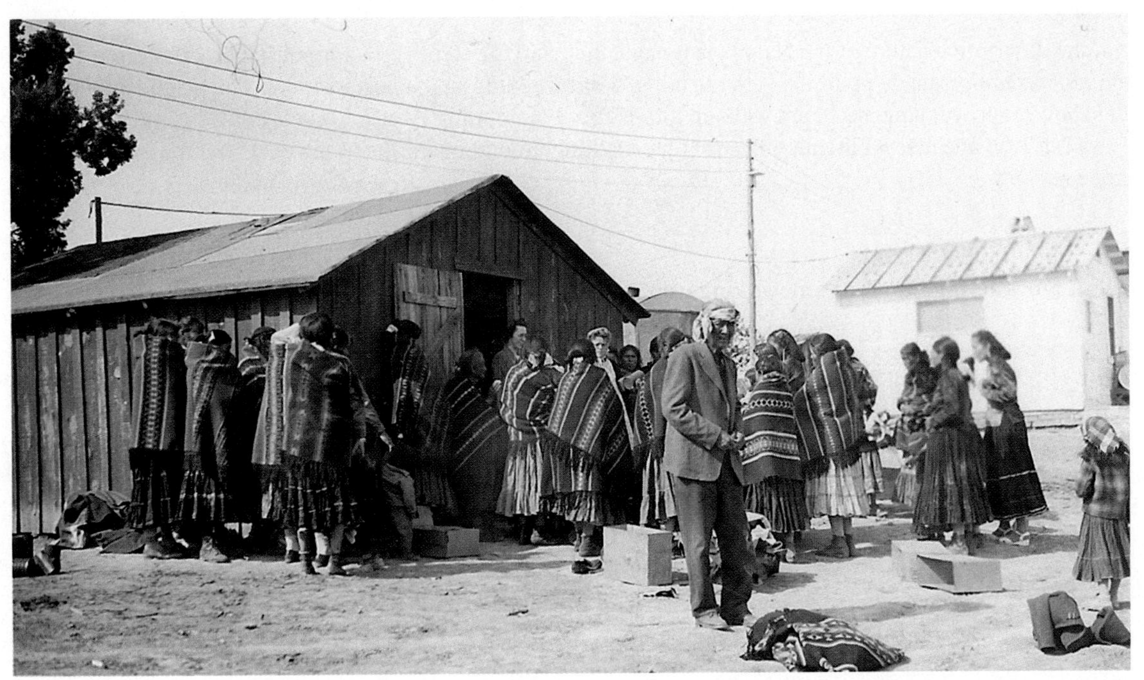

Diné nizhónígo hadadít'é.
Navajo elders are beautifully attired.

*First appeared in the *Journal of Navajo Education*, editorial page authored by Evangeline Parsons Yazzie. Vol. XIV. 1 & 2. Tsaile. AZ.

Saad Ániidíígíí: 'Éé' ádaolyéhígíí

Diné K'ehjí Saad	Literal Meaning	Name of item (English)
deijį' éé'/dejį' éé'	upper garment	shirt/blouse
deijį' éé' dishooígíí	upper garment with a nap	velvet blouse/shirt
tł'aajį' éé'	garment that is for the lower torso	pants
tł'aakał	leather covering for the lower torso	skirt
tł'aakał noot'ish łehígíí	gathered garment for the lower torso	gathered skirt
dah nidishdǫ'ii	garment that is pulled up and down by the wind as it is worn (worn by men only)	vest
chaléko	vest	vest
kélchí	red shoes	moccasins
ké nitsaaí	big shoes (worn by women only)	moccasins with leggings
ké nineezí	long shoes	boots
ké jeehí	rubber shoes	tennis shoes
éétsoh/éé' tsoh	big garment	coat
deijį'éé' naats'ǫǫdii	upper garment that stretches	tee shirt
ch'ah	hat (male)/scarf (female)	hat/scarf
lájish	gloves	gloves
ké nidoots'ózii	shoes with a narrow point	western cowboy boots
hadiil'éé'	one-piece garment	dress/overalls
ké 'achogii	rubber boots	galoshes

In keeping with the descriptive nature of the Navajo language, there are different verbs for putting on different types of clothes. The expression *biih yisháάh* is made up of the verb meaning "I am walking" and a postposition. The postposition *biih/yiih* means "into it," so the above expression means "I am walking into it" or "I am putting it on." You may also hear the postposition *bee/yee* used instead. *Shi 'éé'tsoh bee naashá* literally means "I am walking around by means of my coat" but the intended meaning is "I am wearing my coat."

'Áhát'į 'Ániidíígíí: biih yisháάh **New Verb: I am walking into it / I am walking into it to put it on.**	**K'ad áhooníiłgo** **Imperfective Mode**	
This verb literally means "I am walking into it." It is used for speaking about putting on garments that you wrap around your body.		

	Łah jidilt'éhígo	**Nizhdilt'éego**	**Díkwíjílt'éego**
Yáłti'ígíí	biih yisháάh	biih hiit'aash	biih deiikáάh
	I am putting it on.	We (2) are putting it on.	We (3+) are putting it on.
Bich'į' Yá'áti'ígíí	biih ninááh	biih woh'aash	biih wohkáάh
	You are putting it on.	You (2) are putting it on.	You (3+) are putting it on.
Baa Yá'áti'ígíí	yiih higháάh/yiih yigháάh	yiih hi'aash/yiih yi'aash	yiih hikáάh/yiih yikáάh
	He/She is putting it on.	They (2) are putting it on.	They (3+) are putting it on.

This verb can be used with the following items of clothing, though it is not limited to these items:

deijį' éé'/dejį' éé'	shirt/blouse
tł'aakał	skirt
'éétsoh	coat

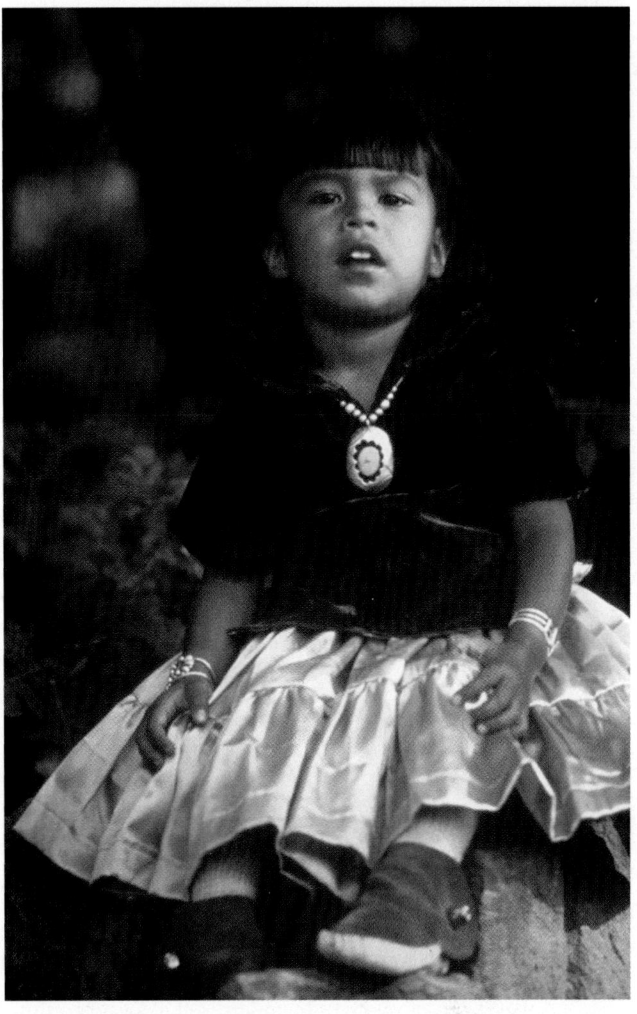

'At'ééd yázhí nizhónígo hadít'é. Bi'éé' shą' haadawolyé?
A young girl is dressed beautifully. What are the Navajo names for each article of clothing you see?

Ha'oodzíí' Dawólta'ígíí:

Łah jidilt'éhígo
Shideijį' éé' shił nizhóníígíí biih yisháah.
'Ayóo deesk'aaz, ni'éétsoh ditáníígíí (that which is thick) biih ninááh.
Shicheii kingóó deeyá, 'éí biniinaa bideijį' éé' nizhóníígíí yiih higháah.

Nizhdilt'éego
Nihi'éé' kindóó nahaalnii'ígíí biih hiit'aash.
Nihitł'aakał noot'ish łehígíí biih woh'aash.
Shitsilí dóó shínaaí bi'éétsoh áłt'ąą'ígíí (that which is thin) yiih hi'aash.

Díkwíjílt'éego
Na'nízhoozhídi danihi'éé' danizhóníígíísh biih deiikááh?
K'ad danihideijį'éé' dadishooígíí biih wohkááh.
Shizhé'é dóó shizhé'é yázhí dóó shinálí hastiinígíí 'akał bistłee'ii bi'deijį'éé' yiih hikááh.

'Áhát'į 'Ániidíígíí: biih deesháał **New Verb Form: I will walk into it./I will put it on.**		**T'ahdoo 'áhánééhgóó** **Future Mode**	
This verb is the future mode of *biih yisháah.*			
	Łah jidilt'éhígo	**Nizhdilt'éego**	**Díkwíjílt'éego**
Yáłti'ígíí	biih deesháał I will put it on.	biih diit'aash We (2) will put it on.	biih dadiikah We (3+) will put it on.
Bich'į' Yá'áti'ígíí	biih díínááł You will put it on.	biih doh'ash You (2) will put it on.	biih dadohkah You (3+) will put it on.
Baa Yá'áti'ígíí	yiih doogááł He/She will put it on.	yiih doo'ash They (2) will put it on.	yiih dadookah They (3+) will put it on.

Ha'oodzíí' Dawólta'ígíí:

Łah jidilt'éhígo
Yiskąągo shideijį' éé' nizhóníígíí biih deesháał.
Tł'óo'di 'ayóo deesk'aaz dooleeł, ni'éé' tsoh ditánígíí biih díínááł.
Naaki yiskąągo shicheii kingóó deeyá, 'éí biniinaa bideijį' éé' nizhóníígíí yiih doogááł.
Nizhdilt'éego
Yiskąągo nihi'éé' nizhóníígíí biih diit'ash.
Yiskąągo nihitł'aakał noot'ish łehígíí biih doh'ash.
Yiskąągo shitsilí dóó shínaaí bi'éétsoh áłt'ąą'ígíí yiih doo'ash.
Díkwíjílt'éego
Naaki yiskąągo (two days) Na'nízhoozhídi danihi'éé' danizhóníígíí biih dadiikah, ya'?
Naaki yiskąągo danihideijį'éé' dadishooígíí biih dadohkah.
Naaki yiskąągo shizhé'é dóó shizhé'é yázhí dóó shinálí hastiinígíí 'akał bistłee'ii bi'deijį' éé' yiih dadookah.

'Áhát'į 'Ániidíígíí: biih híyá **New Verb Form: I walked into it./I put it on.**		**T'áá 'íídą́ą́' áhóót'įįdgo** **Perfective Mode**	
This is the "perfective" form of the verb meaning "to get into it/to put it on." Perfective verbs express actions that have been completed. Usually we will translate **perfective verbs** into English as **past tense**. Linguists use the term "perfective" rather than "past tense" because in more complex sentences the two are sometimes not exactly the same. The differences are not relevant for your learning at this point, so you should translate perfective verbs into English as past tense verbs.			
	Łah jidilt'éhígo	**Nizhdilt'éego**	**Díkwíjílt'éego**
Yáłti'ígíí	biih híyá	biih hiit'áázh	biih hiikai
	I put it on.	We (2) put it on.	We (3+) put it on.
Bich'į' Yá'áti'ígíí	biih yíníyá	biih woo'áázh	biih wohkai
	You put it on.	You (2) put it on.	You (3+) put it on.
Baa Yá'áti'ígíí	yiih híyá	yiih hí'áázh	yiih hikai
	He/She put it on.	They (2) put it on.	They (3+) put it on.

Ha'oodzíí' Dawólta'ígíí:

Łah jidilt'éhígo
Naaki yiskánídą́ą́' (two days ago) shideijį' éé' nizhóníígíí biih híyá.
Naaki yiskánídą́ą́' ayóo deesk'aazgo biniinaa ni'éétsoh ditánígíí biih yíníyá.
Naaki yiskánídą́ą́' shicheii bideijį' éé' nizhóníígíí yiih híyá.
Nizhdilt'éego
'Adą́ą́dą́ą́' (yesterday) nihi'éé' kindóó nahaalnii'ígíí 'ólta'di biih hiit'áázh.
'Adą́ą́dą́ą́' nihitł'aakał noot'ish łehígíí biih woo'áázh.
'Adą́ą́dą́ą́' shitsilí dóó shínaaí bi'éétsoh áłt'ą́ą́'ígíí yiih hí'áázh.
Díkwíjílt'éego
Táá' yiskánídą́ą́' Na'nízhoozhídi nihi'éé' danizhónígíí biih hiikai, ya'?
Táá' yiskánídą́ą́' danihideijį'éé' dadishooígíí biih wohkai.
Táá' yiskánídą́ą́' shizhé'é dóó shizhé'é yázhí dóó shinálí hastiinígíí 'akałii bi'deijį' éé' yiih hikai.

'Áhát'į 'Ániidííg íí: biih yish'nééh New Verb: I am crawling into it/I am crawling into it to put it on.	K'ad áhooníiłgo Imperfective Mode

This verb is describing the motion of the arms as a person is putting one arm at a time into the sleeves of a garment. This verb includes a postposition. *Biih/yiih* is used since the verb indicates that the person in the verb is crawling "into" a garment.

	Łah jidilt'éhígo	Nizhdilt'éego	Díkwíjílt'éego
Yáłti'ígíí	biih yish'nééh	biih yii'nééh	biih deii'nééh
	I am putting it on. (I am crawling into it.)	We (2) are putting it on. (We (2) are crawling into it.)	We (3+) are putting it on. (We (3+) are crawling into it.)
Bich'į' Yá'áti'ígíí	biih ni'nééh	biih woh'nééh	biih daoh'nééh
	You are putting it on. (You are crawling into it.)	We (2) are putting it on. (You (2) are crawling into it.)	You (3+) are putting it on. (You (3+) are crawling into it.)
Baa Yá'áti'ígíí	yiih hi'nééh/yiih yi'nééh	yiih hi'nééh/yiih yi'nééh	yiih daa'nééh
	He/She is putting it on. (He/She is crawling into it.)	They (2) are putting it on. (They (2) are crawling into it.)	They (3+) are putting it on. (They (3+) are crawling into it.)

This verb may be used with the following items of clothing, though it is not limited to these items:

1. hadiil'éé'	dress
2. hadiil'éé'	overalls
3. dejį' éé' naats'ǫǫdíígíí	tee shirt
4. deijį' éé'/dejį' éé'	shirt/blouse
5. 'éétsoh/éé' tsoh	coat

'At'ééd yázhí biil éé' yiih híyá. Nizhónígo bi'éé' hólǫ́.
A young girl put on a rug dress. She is beautifully dressed.

Ha'oodzíí' Dawólta'ígíí:

Łah jidilt'éhígo
Shidejį'éé' naats'ǫǫdíígíí biih yish'nééh.
Tsxį́įłgo, ni'éé' hadiil'é'ígíí biih ni'nééh!
Shich'é'é bitł'aakał yiih higháah dóó bidejį'éé' yiih hi'nééh.
Nizhdilt'éego
Nihideijį'éé' naats'ǫǫdíígíí biih yii'nééh.
'Ayóo deesk'aaz, nihi'éétsoh biih woh'nééh.
Shił naa'aash dóó shiye' bidejį'éé' yiih hi'nééh.
Díkwíjílt'éego
K'ad danihitł'aakał danoot'ishígíí biih deiikááh dóó danihideijį' éé' dadishooígíí biih deii'nééh.
Tł'óo'di níyol, danihi'éétsoh danizhóníígíí biih daoh'nééh.
Hooghandi shiyáázh dóó 'ashiiké dabideijį' éé' yiih daa'nééh.

'Áhát'į 'Ániidíígíí: biih deesh'nah **New Verb Form: I will crawl into it./** **I will crawl into it to put it on.**		**T'ahdoo 'áhánééhgóó** **Future Mode**	
This is the future tense of the verb used for putting on a dress, overalls, a t-shirt, etc.			
	Łah jidilt'éhígo	**Nizhdilt'éego**	**Díkwíjílt'éego**
Yáłti'ígíí	biih deesh'nah I will put it on.	biih dii'nah We (2) will put it on.	biih dadii'nah We (3+) will put it on.
Bich'į' Yá'áti'ígíí	biih díí'nah You will put it on.	biih dooh'nah You (2) will put it on.	biih dadooh'nah You (3+) will put it on.
Baa Yá'áti'ígíí	yiih doo'nah He/She will put it on.	yiih doo'nah They (2) will put it on.	yiih dadoo'nah They (3+) will put it on.

Ha'oodzíí' Dawólta'ígíí:

Łah jidilt'éhígo
Yiskąągo shidejį'éé' naats'ǫǫdíígíí biih deesh'nah.
Yiskąągo ni'éé' hadiil'é'ígíí tsxįįłgo biih díí'nah!
Yiskąągo shich'é'é bitł'aakał yiih doogááł dóó bideijí'éé' yiih doo'nah.

Nizhdilt'éego
Naaki yiskąągo nihideijį'éé' naats'ǫǫdíígíí biih dii'nah.
Naaki yiskąągo 'ayóo deesk'aaz dooleeł, nihi'éétsoh biih doh'nah.
Naaki yiskąągo shił naa'aash dóó shiye' bidejį'éé' yiih doo'nah.

Díkwíjílt'éego
Naaki yiskąągo danihitł'aakał danoot'ishígíí biih deiikááh dóó danihideijį' éé' dadishooígíí biih dadii'nah.
Naaki yiskąągo tł'óo'di níyol dooleeł, éí biniinaa danihi'éétsoh danizhóníígíí biih dadooh'nah.
Naaki yiskąągo hooghandi shiyáázh dóó 'ashiiké dabideijį' éé' yiih dadoo'nah.

'Áhát'į 'Ániidííg íí: biih yish'na' New Verb Form: I crawled into it/ I crawled into it to put it on.	T'áá 'íídąą' áhóót'įįdgo Perfective Mode		
This is the perfective form of the verb used to describe putting on a dress, overalls, a t-shirt, etc.			
	Łah jidilt'éhígo	**Nizhdilt'éego**	**Díkwíjílt'éego**
Yálti'ígíí	biih yish'na' I put it on.	biih yii'na' We (2) put it on.	biih deii'na' We (3+) put it on.
Bich'į' Yá'áti'ígíí	biih yíní'na' You put it on.	biih wooh'na' You (2) put it on.	biih daoh'na' You (3+) put it on.
Baa Yá'áti'ígíí	yiih hi'na'/yiih yi'na' He/She put it on.	yiih hi'na'/yiih yi'na' They (2) put it on.	yiih daas'na' They (3+) put it on.

Ha'oodzíí' Dawólta'ígíí:

Łah jidilt'éhígo
'Adąądąą' shidejį'éé' naats'ǫǫdíígíí biih yish'na'.
'Adąądąą' ni'éé' hadiil'é'ígíí tsxįįłgo biih yíní'na'.
'Adąądąą' shich'é'é bitł'aakał yiih híyáá dóó bideijí'éé' yiih hi'na'.

Nizhdilt'éego
Naaki yiskánídąą' nihideijį'éé' naats'ǫǫdíígíí biih yii'na'.
Naaki yiskánídąą' ayóo deesk'aazgo biniinaa nihi'éétsoh biih wooh'na'.
Naaki yiskánídąą' shił naa'aash dóó shiye' bideijį'éé' yiih hi'na'.

Díkwíjílt'éego
Táá' yiskánídąą' danihitł'aakał danoot'ishígíí biih deiikááh dóó danihideijį' éé' dadishooígíí biih deii'na'.
Da' táá' yiskánídąą' tł'óo'di níyolgo biniinaa danihi'éétsoh danizhóníígíí biih daoh'na'?
Táá' yiskánídąą' hooghandi shiyáázh dóó 'ashiiké dabideijį' éé' yiih daas'na'.

'Áhát'į 'Ániidíígíí: biih yis'éés **New Verb: I am stepping into it/** **I am stepping into it to put it on.**	**K'ad áhooníiłgo** **Imperfective Mode**

This next set of verbs *biih yis'éés, biih dees'is, biih yí'eez* describe the motion of the feet as shoes are being stepped into, or the motion of the feet and legs as a person is putting on a pair of pants or overalls, one foot and leg at a time. This verb also includes the postposition *biih/yiih*, since the verb indicates that the person is stepping "into" a garment.

	Łah jidilt'éhígo	**Nizhdilt'éego**	**Díkwíjílt'éego**
Yáłti'ígíí	biih yis'éés	biih yiit'éés	biih deiit'éés
	I am stepping into it to put it on.	We (2) are stepping into it to put it on.	We (3+) are stepping into it to put it on.
Bich'į' Yá'áti'ígíí	biih ni'éés	biih woh'éés	biih daoh'éés
	You are stepping into it to put it on.	You (2) are stepping into it to put it on.	You (3+) are stepping into it to put it on.
Baa Yá'áti'ígíí	yiih hi'éés/yiih yi'éés	yiih hi'éés/yiih yi'éés	yiih daa'éés
	He/She is stepping into it to put it on.	They (2) are stepping into it to put it on.	They (3+) are stepping into it to put it on.

These verbs may be used with the following items of clothing, though it is not limited to these items:

1. tł'aajį' éé'	pants
2. hadiil'éé'	overalls
3. ké	shoes
4. ké nineezí	boots
5. kélchí	moccasins
6. kéjeehí	tennis shoes
7. ké nidoots'ózii	western cowboy boots
8. yistłé/yistłee'	socks

Ha'oodzíí' Dawólta'ígíí:

Łah jidilt'éhígo
Tł'óo'di shikéjeehí biih yis'éés.
Tsxíįłgo, niké nineezí biih ni'éés.
Shiyáázh bitł'aajį' éé' yiih hi'éés
Nizhdilt'éego
Chaha'oh góne'é nihikélchí biih yiit'éés.
Chidí bikée'jį' adeez'áhí (pickup truck) bii' nihistłee' dóó nihikéjeehí biih woh'éés.
Shizeedíké nidilt'éego hooghandi biké nidoots'ózii yiih hi'éés.
Díkwíjílt'éego
Nihimá sání bighandi danihikélchí biih deiit'éés.
Danihistłee' biih daoh'éés, k'ad!
Shicheii dóó shinálí hastiinígíí dóó shizhé'é yázhí dabiké nineezí yee nidaalnishígíí yiih daa'éés.

'Áhát'į 'Ániidíígíí: biih dees'is New Verb: I will step into it./I will step into it to put it on.		T'ahdoo 'áhánééhgóó Future Mode	
	Łah jidilt'éhígo	**Nizhdilt'éego**	**Díkwíjílt'éego**
Yáłti'ígíí	biih dees'is I will step into it to put it on.	biih diit'is We (2) will step into it to put it on.	biih dadiit'is We (3+) will step into it to put it on.
Bich'į' Yá'áti'ígíí	biih díí'is You will step into it to put it on.	biih dooh'is You (2) will step into it to put it on.	yiih dadooh'is They (3+) will step into it to put it on.
Baa Yá'áti'ígíí	yiih doo'is He/She will step into it to put it on.	yiih doo'is They (2) will step into it to put it on.	yiih dadoo'is They (3+) will step into it to put it on.

Ha'oodzíí' Dawólta'ígíí:

Łah jidilt'éhígo
Hodíínáá'ígo (in a little while) tł'óo'di shikéjeehí biih dees'is.
Hodíínáá'ígo niké nineezí tsxįįłgo biih díí'is.
Hodíínáá'ígo shiyáázh bitł'aajį' éé' nizhóníígíí yiih doo'is.

Nizhdilt'éego
Yiskáągo chaha'oh góne'é nihikélchí biih diit'is.
Yiskáągo chidí bii' nihistłee' dóó nihikéjeehí biih dooh'is.
Yiskáągo shizeedí nidilt'éego hooghandi biké nidoots'ózii yiih doo'is.

Díkwíjílt'éego
Naaki yiskáągo nihimá sání bighandi danihikélchí biih dadiit'is.
Naaki yiskáągo danihistłee' biih dadooh'is.
Naaki yiskáągo shizhé'é dóó shinálí hastiinígíí dóó shizhé'é yázhí dabiké nineezí yee nidaalnishígíí yiih dadoo'is.

'Áhát'į 'Ániidíígíí: biih yí'eez New Verb Form: I stepped into it ./I stepped into it to put it on.		T'áá 'íídáą' áhóót'įįdgo Perfective Mode	
	Łah jidilt'éhígo	**Nizhdilt'éego**	**Díkwíjílt'éego**
Yáłti'ígíí	biih yí'eez I stepped into it to put it on.	biih yiit'eez We (2) stepped into it to put it on.	biih deiit'eez We (3+) stepped into it to put it on.
Bich'į' Yá'áti'ígíí	biih yíní'eez You stepped into it to put it on.	biih woo'eez You (2) stepped into it to put it on.	biih dao'eez You (3+) stepped into it to put it on.
Baa Yá'áti'ígíí	yiih dool'eez He/She stepped into it to put it on.	yiih dool'eez They (2) stepped into it to put it on.	yiih dadool'eez They (3+) stepped into it to put it on.

Ha'oodzíí' Dawólta'ígíí:

'Ashiiké bitł'aajį'éé' yiih hí'eez dóó ła' éí bidejį'éé' yiih hi'na' dóó ła' éí 'éé' naats'ǫǫdii yiih hi'na'. T'áá'áłah bitsiiyéél hóló.

Łah jidilt'éhígo
'Adą́ą́dą́ą́' tł'óo'di shikéjeehí biih yí'eez.
'Adą́ą́dą́ą́' nikénineezí tsxį́įłgo biih yíní'eez, ya'?
'Adą́ą́dą́ą́' shiyáázh bitł'aajį' éé' yiih dool'eez.

Nizhdilt'éego
Naaki yiskánídą́ą́' chaha'oh góne'é nihikélchí biih yiit'eez.
Naaki yiskánídą́ą́' chidí bii' nihistłee' dóó nihikéjeehí biih woo'eez.
Naaki yiskánídą́ą́' shizeedí nidilt'éego hooghandi biké nidoots'ózii yiih dool'eez.

Díkwíjílt'éego
Táá' yiskánídą́ą́' nihimá sání bighandi danihikélchí biih deiit'eez.
Táá' yiskánídą́ą́' danihistłee' biih dao'eez.
Táá' yiskánídą́ą́' shizhé'é dóó shinálí hastiinígíí dóó shizhé'é yázhí dabiké nineezí yee nidaalnishígíí yiih dadool'eez.

'Áhát'į 'Ániidíígíí: biih dishnííh New Verb: I am putting my hands into it to put it on.	K'ad áhooníiłgo Imperfective Mode

This verb describes the motion of the hand(s) being placed into something, as in a glove or a pair of gloves. This verb also includes the postposition *biih/yiih*, since the verb indicates that the action involves putting hand(s) "into" something.

	Łah jidilt'éhígo	Nizhdilt'éego	Díkwíjílt'éego
Yáłti'ígíí	biih dishnííh I am putting my hands into it to put it on.	biih diilnííh We (2) are putting our hands into it to put it on.	biih dadiilnííh We (3+) are putting our hands into it to put it on.
Bich'į' Yá'áti'ígíí	biih dílnííh You are putting your hands into it to put it on.	biih dołníįh You (2) are putting your hands into it to put it on.	biih dadołníįh You (3+) are putting your hands into it to put it on.
Baa Yá'áti'ígíí	yiih dilníįh He/She is putting his/her hands into it to put it on.	yiih dilníįh They (2) are putting their hands into it to put it on.	yiih dadilníįh They (3+) are putting their hands into it to put it on.

The verb may be used with gloves. A person could also put their hands into items that are not clothing, such as the items listed below.

1. lájish	gloves
2. tó	water
3. 'azis	bag

Ha'oodzíí' Dawólta'ígíí:

Łah jidilt'éhígo
Shimá bilájish biih dishníih.
Tł'óo'di deesk'aaz, éí biniinaa nilájish biih dílníih.
Shitsilí tł'óo'di bilájish yiih diilníih.

Nizhdilt'éego
Deesk'aaz, nihilájish biih diilníih.
Nihilájish nizhóníígíí biih dołníih.
Shimá sání dóó shicheii bilájish yiih dilníih.

Díkwíjílt'éego
Chaha'oh bii' deesk'aazgo biniinaa danihilájish biih dadiilníih.
'Ayóo deesk'aaz, danihilájish biih dadołníih!
Shimá sání dóó shimá dóó shimá yázhí dabilájish yiih dadilníih.

'Áhát'į 'Ániidíígíí: biih dideeshnih **New Verb Form: I will put my hands into it to put it on.**		**T'ahdoo 'áhánééhgóó** **Future Mode**	
This is the future tense form of the verb used to express putting your hands into a pair of gloves.			
	Łah jidilt'éhígo	**Nizhdilt'éego**	**Díkwíjílt'éego**
Yáłti'ígíí	biih dideeshnih I will put my hands into it to put it on.	biih didiilnih We (2) will put our hands into it to put it on.	biih dadidiilnih We (3+) will put our hands into it to put it on.
Bich'į' Yá'áti'ígíí	biih didíílnih You will put your hands into it to put it on.	biih didoołnih You (2) will put your hands into it to put it on.	biih dadidoołnih You (3+) will put your hands into it to put it on.
Baa Yá'áti'ígíí	yiih didoolnih He/She will put his/her hands into it to put it on.	yiih didoolnih They (2) will put their hands into it to put it on.	yiih dadidoolnih They (3+) will put their hands into it to put it on.

Ha'oodzíí' Dawólta'ígíí:

Łah jidilt'éhígo
Naaki yiskáągo shimá bilájish biih dideeshnih.
Naaki yiskáągo tł'óo'di deesk'aaz dooleeł, éí biniinaa nilájish biih didíilnih.
Naaki yiskáągo tł'óo'di shitsilí bilájish yiih didoolnih.
Nizhdilt'éego
Yiskáągo nihilájish biih didiilnih.
Yiskáągo deesk'aaz dooleeł, nihilájish biih didoołnih.
Yiskáągo shimá sání dóó shicheii bilájish yiih didoolnih.
Díkwíjílt'éego
Chaha'oh bii' deesk'aaz dooleeł éí biniinaa danihilájish biih dadidiilnih.
Nihicheii bidá'ák'ehdi nidaołnishígíí danihilájish biih dadidoołnih.
Shimá dóó shimá sání dóó shimá yázhí dabilájish yiih dadidoolnih.

'Áhát'į 'Ániidíígíí: biih deeshnii' **New Verb Form: I put my hands into it to put it on.**	**T'áá'íídą́ą' áhóót'įįdgo** **Perfective Mode**		
This is the perfective form of the verb used for putting on gloves.			
	Łah jidilt'éhígo	**Nizhdilt'éego**	**Díkwíjílt'éego**
Yáłti'ígíí	biih deeshnii' I put my hands into it to put it on.	biih deelnii' We (2) put our hands into it to put it on.	biih dadeelnii' We (3+) put our hands into it to put it on.
Bich'į' Yá'áti'ígíí	biih díínílnii' You put your hands into it to put it on.	biih doołnii' You (2) put your hands into it to put it on.	biih dadoołnii' You (3+) put your hands into it to put it on.
Baa Yá'áti'ígíí	yiih doolnii' He/She put his/her hands into it to put it on.	yiih doolnii' They (2) put their hands into it to put it on.	yiih dadoolnii' They (3+) put their hands into it to put it on.

Ha'oodzíí' Dawólta'ígíí:

Łah jidilt'éhígo
'Adą́ą́dą́ą́' shimá bilájish biih deeshnii'.
'Adą́ą́dą́ą́' tł'óo'di deesk'aaz nít'ę́ę́', éí biniinaa nilájish biih díínílnii'.
'Adą́ą́dą́ą́' shitsilí tł'óo'di bilájish yiih doolnii'.

Nizhdilt'éego
Naaki yiskánídą́ą́' nihilájish biih deelnii'.
Naaki yiskánídą́ą́' deesk'aazgo biniinaa nihilájish nizhóníígíí biih doołnii'.
Naaki yiskánídą́ą́' shimá sání dóó shicheii bilájish yiih doolnii'.

Díkwíjílt'éego
Táá' yiskánídą́ą́' chaha'oh bii' deesk'aazgo biniinaa danihilájish biih dadeelnii'.
Táá' yiskánídą́ą́' ayóo deesk'aazgo biniinaa danihilájish biih dadoołnii'.
Táá' yiskánídą́ą́' shimá sání dóó shimá dóó shimá yázhí dabilájish yiih dadoolnii'.

Additional Handling Verbs

In Chapter 8 we discussed handling verbs, and learned the verbs used to talk about handling **self-contained items**, **small plural items**, and **animate beings**. In this chapter, we will learn four more handling verbs:

baa nishtsóós	I am giving the flat, flexible, sheetlike object to him/her.
baa nishjooł	I am giving the matted or tangled item to him/her.
baa nishnííł	I am giving the plural objects to him/her/I am giving two objects to him/her.
baa nishłé	I am giving the elongated, flexible object to him/her.

Remember, when we discuss handling verbs, we include a postposition along with the verb. The verb by itself means to give the object and the postposition indicates to **whom** the object is being given. The postposition may be *shaa*/to me, *naa*/to you, *nihaa*/to us (2+), *nihaa*/to you (2+). The second person form of a verb is understood as a command or a statement.

'Áhát'į 'Ániidííigíí: baa nishtsóós **New Verb:** I am giving the **thin, flexible object** to him/her.	**K'ad áhooníiłgo** **Imperfective Mode**		
The second person form of a verb is understood as a command or a statement.			
	Łah jidilt'éhígo	**Nizhdilt'éego**	**Díkwíjílt'éego**
Yáłti'ígíí	baa nishtsóós	baa niiltsóós	baa daniiltsóós
	I am giving the ______ to him/her.	We (2) are giving the ______ to him/her.	We (3+) are giving the ______ to him/her.
Bich'į' Yá'áti'ígíí	baa níłtsóós	baa nołtsóós	baa danołtsóós
	You give the ______ to him/her.	You (2) give the ______ to him/her.	You (3+) give the ______ to him/her.
Baa Yá'áti'ígíí	yeiyíłtsóós/yaa yíłtsóós	yeiyíłtsóós/yaa yíłtsóós	yaa deiyíłtsóós/dayíłtsóós
	He/She is giving the ______ to him/her.	They (2) are giving the ______ to him/her.	They (3+) are giving the ______ to him/her.

This verb includes the handling stem for **flexible, thin, sheet-like objects**. Here are some examples of objects that fall into this category:

naaltsoos haa ninádahajeehígíí	a letter
naaltsoos	one sheet of paper
chį́į́h bee yit'oodí	tissue/Kleenex
naaltsoos bee 'ádít'oodí	paper towel
naaltsoos disxǫsí	plastic
sáanii bich'ah	thin scarf (female's)
naak'a'at'ąhí 'áłt'ą́ą́'íígíí	piece of thin material
deijį' 'éé'/deijį' éé'	thin blouse/shirt

Ha'oodzíí' nihá bee 'álnééh:

'Ei deijį' éé' shaa níłtsóós, t'áá shǫǫdí.
Give me the thin blouse/shirt, please.
Chį́į́h bee yit'oodí ła' shaa níłtsóós, t'áá shǫǫdí.
Give me a tissue, please.

In the same manner as above, ask for other items that appropriately fit into this category.

'Ei ______________________ shaa níłtsóós, t'áá shǫǫdí. (thin, flexible, sheetlike object)
Give me the ______________, please.

When you are asked for an item that fits in this handling verb category, you would hand over the item and say the following:

Na', deijį' éé' naa nishtsóós.
Here, I am giving you the blouse/shirt.
Na', chį́į́h bee yit'oodí ła' naa nishtsóós.
Here, I am giving you a tissue.

When you are given the item you requested, your response would be, 'Ahéhee'.

'Áhát'į 'Ániidíígíí: baa nishjooł **New Verb:** I am giving the **tangled, bunched, or matted object** to him/her.	**K'ad áhooníiłgo** **Imperfective Mode**

The second person form of these verbs are understood as a command and not just as a statement.

	Łah jidilt'éhígo	**Nizhdilt'éego**	**Díkwíjílt'éego**
Yáłti'ígíí	baa nishjooł I am giving the ______ to him/her.	baa niiljooł We (2) are giving the ______ to him/her.	baa daniiljooł We (3+) are giving the ______ to him/her.
Bich'į' Yá'áti'ígíí	baa níłjooł You give the ______ to him/her.	baa nołjooł You (2) give the ______ to him/her.	baa danołjooł You (3+) give the ______ to him/her.
Baa Yá'áti'ígíí	yaa yíłjooł He/she is giving the ______ to him/her.	yaa yíłjooł They (2) are giving the ______ to him/her.	yaa dayíłjooł They (3+) are giving the ______ to him/her.

This verb is used for an object that is tangled, bunched, or matted, such as the following:

Fabric:	
'éé' naats'ǫǫdii	tee shirt (unfolded)
éé' tsoh	coat (unfolded)
Matted Object:	
nidik'ą'	cotton ball
tł'óół ts'ósí	string (tangled)
bee ná'álkadí	thread (tangled)
'aghaa'	wool

Items in a Bunch:	
tł'oh	grass/hay
ch'il bílátah hózhóón	flowers
bé'ázhóó'	traditional hair brush
waa'	wild spinach
Tangled Items:	
tł'óół ts'ósí	string/thin rope
tsiighá	loose hair (that has fallen out)
sáanii bich'ah	thin scarf

Ha'oodzíí' nihá bee 'álnééh:

'Éé' naats'ǫǫdii shaa níłjooł, t'áá shǫǫdí.
Give me the tee shirt, please.

Nidik'ą' shaa níłjooł, t'áá shǫǫdí.
Give me the cotton, please.

In the same manner, ask for other items that appropriately fit into this category.

'Ei ______________ shaa níłjooł, t'áá shǫǫdí. (tangled, bunched, or matted object)
Give me the ______________, please.

When you are asked for an item that fits in this handling verb category, you would hand over the item and say:

Na', éé' naats'ǫǫdii naa nishjooł.
Here, I am giving you this tee shirt.
Na', nidik'ą' naa nishjooł.
Here, I am giving you this cotton.

Response: 'Ahéhee'.

'Áhát'į 'Ániidíígíí: baa nishníił **New Verb:** I am giving **two items** or the **plural objects** to him/her.	**K'ad áhooníiłgo** **Imperfective Mode**		
	Łah jidilt'éhígo	**Nizhdilt'éego**	**Díkwíjílt'éego**
Yáłti'ígíí	baa nishníił I am giving the ______ to him/her.	baa nii'níił We (2) are giving the ______ to him/her.	baa danii'níił We (3+) are giving the ______ to him/her.
Bich'į' Yá'áti'ígíí	baa níníił You give the ______ to him/her.	baa nohníił You (2) give the ______ to him/her.	baa danohníił You (3+) give the ______ to him/her.
Baa Yá'áti'ígíí	yeiyíníił/yaa yíníił He/she is giving the ______ to him/her.	yeiyíníił/yaa yíníił They (2) are giving the ______ to him/her.	yaa deiyíníił/dayíníił They (3+) are giving the ______ to him/her.

This verb is used to name plural (two or more) items or a pair of items. You could use this verb for plural items that do not fit into the palm of your hand or a pair of items (regardless of their size). If the items fit into the palm of your hand, you would use *baa nishjááh*. You would use *baa nishníił* for two or more of the following types of items:

Two Items/Pairs:	
jaatł'óół	earrings
ké	shoes
yistłé	socks
lájish	gloves
tsiigháh bił dah ná'nilí	hair clips/barrettes
nák'ee sinilí	glasses
Plural Items:	
bee 'ąąní'dítįhí	keys
látsíní	bracelets
naaltsoos	books/papers
'éé'	clothes
bee na'anishí	tools

Ha’oodzíí’ nihá bee ’álnééh:

Shilájish shaa nínííł, t’áá shǫǫdí.
Give me my gloves, please.

Bee na’anishí shaa nínííł, t’áá shǫǫdí.
Give me the tools, please.

In the same manner, ask for other items that appropriately fit into this category.

’Ei ________________ (two or more items) shaa nínííł, t’áá shǫǫdí.
Give me the ________________________, please.

When you are asked for an item that fits in this handling verb category, you would hand over the item and say:

Na’, nilájish naa nishnííł.
Here, I am giving you your gloves.

Na’, bee na’anishí naa nishnííł.
Here, I am giving you the tools.

Response: ’Ahéhee’.

’Áhát’į ’Ániidíígíí: baa nishłé **New Verb:** I am giving the **elongated, flexible object** to him/her.		**K’ad áhooníiłgo** **Imperfective Mode**	
	Łah jidilt’éhígo	**Nizhdilt’éego**	**Díkwíjílt’éego**
Yáłti’ígíí	baa nishłé I am giving the ______ to him/her.	baa niidlé We (2) are giving the ______ to him/her.	baa daniidlé We (3+) are giving the ______ to him/her.
Bich’į’ Yá’áti’ígíí	baa nílé You give the ______ to him/her.	baa nohłé You (2) give the ______ to him/her.	baa danohłé You (3+) give the ______ to him/her.
Baa Yá’áti’ígíí	yeiyílé/yaa yílé He/she is giving the ______ to him/her.	yeiyílé/yaa yílé They (2) are giving the ______ to him/her.	yaa deiyílé/dayílé They (3+) are giving the ______ to him/her.

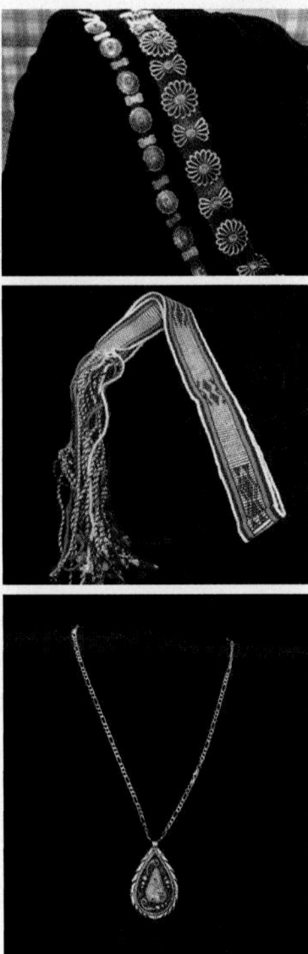

This verb is used with objects that are elongated and flexible, such as the following:

sis	belt
sis łigaaí	concho belt
tsiitł'óół	hair tie
tsii' názt'i'í	headband (hankerchief)
tł'óół	rope
yoo'	necklace
ké jeehí	tennis shoe (one shoe)
yistłé	sock (one sock)
sis łichí'í	sash belt
łį́į́' bik'i naazt'i'í	horse's reins
'azáát'i'í	horse's bridle

Ha'oodzíí' nihá bee 'álnééh:

Shiké jeehí shaa nílé, t'áá shǫǫdí.
Give me my tennis shoes, please.

In the same manner, ask for other items that appropriately fit into this category.

'Ei ______________ (elongated, flexible object) shaa níníił, t'áá shǫǫdí.
Give me the ______________, please.

When you are asked for an item that fits in this handling verb category, you would hand over the item and say:

Na' niké jeehí naa nishłé.
Here, I am giving you your tennis shoe.

Response: 'Ahéhee'.

CHAPTER 10

Nihits'íís dóó Baa 'Áháyą́ągi
Our Body and Care of It

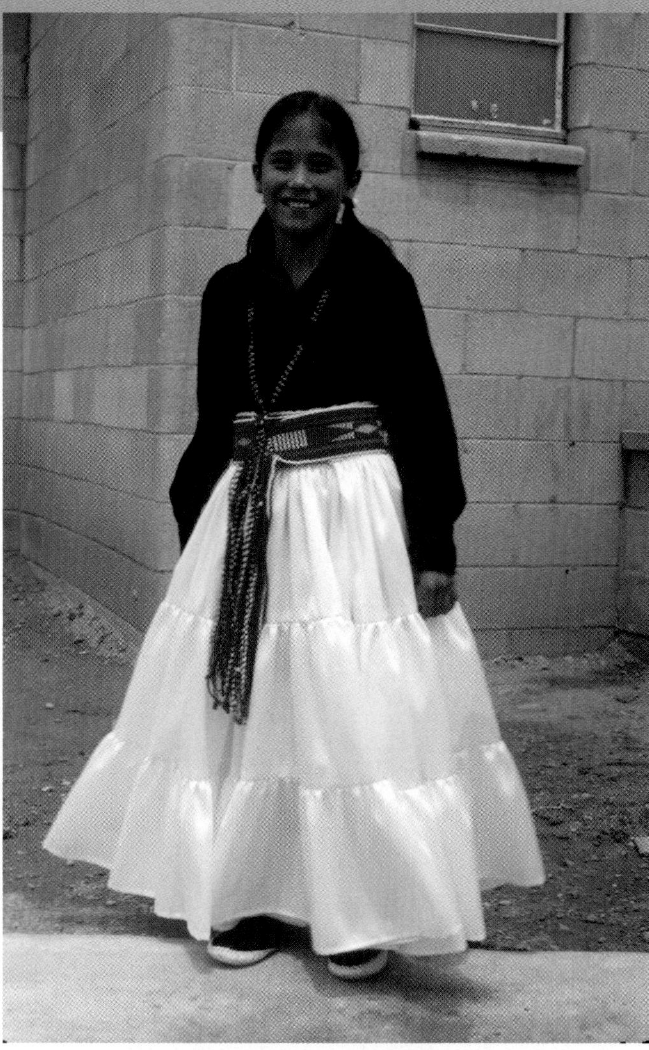

Nizhónígo'ádaa 'áhojilyą́ągo doo hą́ąh txéeh da łeh.
When you take good care of your body, you maintain your health.

Your family waited nine months to meet you, and once you were born they protected you and took care of your body and spirit. In a traditional Navajo family, there were four times in a child's life that were observed to ensure the safety of the child.

1. The naming of the infant
2. The piercing of the infant's ears
3. The infant's first laugh
4 The infant's first words

In a traditional home, a baby is not given a name immediately after birth. Instead, a mother is told to watch her "little one" to see what name of strength should be given to the newborn. As we discussed before, a sacred name of strength would ensure the survival of the child in times of uncertainty. Those were the times of warfare when the Navajo people struggled to guard their land between the four sacred mountains, maintain their lifestyle and traditions, and ensure their safety. Currently, Navajo children face much uncertainty as outside influences lead them away from their culture. It is time for Navajo people to return to giving their children names of strength.

The piercing of a baby's ears is a significant event because it means that the infant's ears are open to the words of his/her mother and relatives and open to the language that is being spoken around him or her. This is the time when parents should make a conscious effort to speak Navajo to their child. It is also extremely important to speak only kind words to the child. The infant's body and mind are developing. Unkind words that hurt a child and destroy self-worth should not be spoken to anyone, especially not to an infant or a child!

As mentioned in an earlier lesson, a baby's first laugh is a time of celebration. This observance demonstrates to us that laughter, humor, and lightheartedness are important. Of course, laughter should be used as a celebration of life and not as a means to ridicule other people, causing them to doubt themselves.

The words that a baby hears are the words he or she will speak. May you always be mindful that as you speak around a child, he or she is always listening. Therefore, may the words you speak be kind words, words of encouragement, words of teaching, words of wisdom. May you leave out words that will hurt others, cause others to cry, or cause others to be afraid of you.

When infants and children are protected through these observances, they will grow up more respectful of their body and their spirit. If an individual has self-respect, it is easier for that person to respect others. Self-respect means to always take care of your body, to present yourself well, and to look and feel your best. When you respect yourself, you are giving a testimony of the wonderful way your parents and your extended family reared you.

Shits'íís	my body
Shitsiits'iin	my head
Shigaan	my arms
Shijéíts'iin	my upper skeletal bones/my upper torso
Shoozhníí'	my abdomen and my mid section
Shitł'aajį'	my buttock area/my lower torso
Shijáád	my leg
Shikee'	my feet

Saad Ániidíígíí: Shits'íís

In Navajo, terms for parts of the body are nornally not used without a possessive prefix, indicating whose body it is a part of. In Navajo, if you are just naming parts of the body, then an "a" is inserted before the body part. However, if someone is referring to his or her own body, or someone else's body, then you would add the prefix *shi* "mine," *ni* "yours," *bi* "his or hers," *nihi* "ours/yours (2)," or *danihi* "ours/yours (3+)".

Like most nouns in Navajo, body part terms are the same whether you are referring to one, two, or more of the relevant body parts. For example, *shinát'eezh* can mean either "my eyebrow" or "my eyebrows."

Shitsiits'iin		Nitsiits'iin		Bitsiits'iin	
Shitsii'	my hair	Nitsii'	your hair	Bitsii'	his/her hair
Shinii'	my face	Ninii'	your face	Binii'	his/her face
Shítáá'	my forehead	Nítáá'	your forehead	Bítáá'	his/her forehead
Shinát'eezh	my eyebrow	Ninát'eezh	your eyebrow	Binát'eezh	his/her eyebrow
Shinádiz	my eyelash	Ninádiz	your eyelash	Binádiz	his/her eyelash
Shináá'	my eye	Nináá'	your eye	Bináá'	his/her eye
Shinázis	my eyelid	Ninázis	your eyelid	Binázis	his/her eyelid
Shijaa'	my ear	Nijaa'	your ear	Bijaa'	his/her ear
Shiniitsį'	my cheek	Niniitsį'	your cheek	Biniitsį'	his/her cheek
Shíchį́į́h	my nose	Níchį́į́h	your nose	Bíchį́į́h	his/her nose
Shizéé'	my mouth	Nizéé'	your mouth	Bizéé'	his/her mouth
Shidaa'	my lips	Nidaa'	your lips	Bidaa'	his/her lips
Shiyaats'iin	my chin	Niyaats'iin	your chin	Biyaats'iin	his/her chin
Shik'os	my neck	Nik'os	your neck	Bik'os	his/her neck

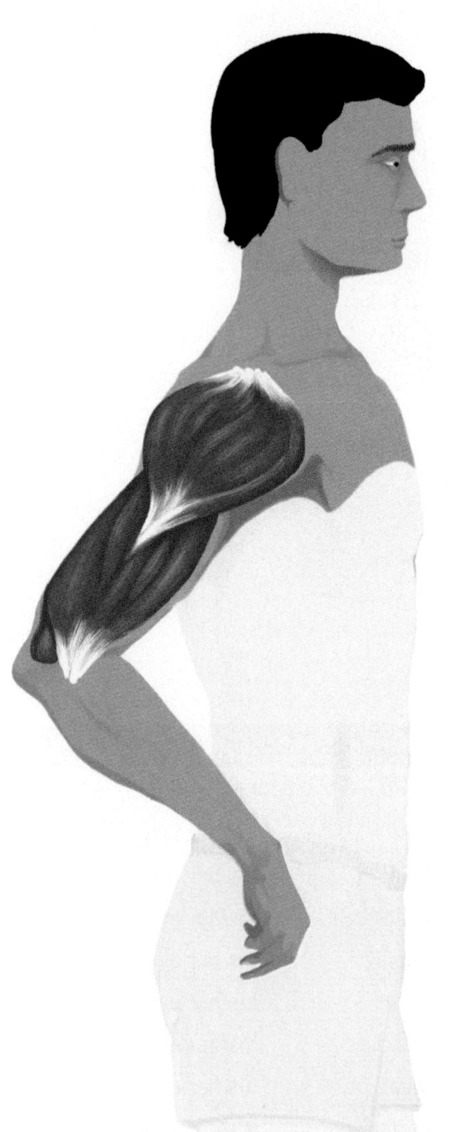

Shigaan	
Shich'áayah	my armpit
Shidoh	my muscle
Shich'oozhlaa'	my elbow
Shits'id	my tendon
Shigąąłóó'	my lower arm
Shílátsíín	my wrist
Shíla'	my hand
Shílátł'ááh	palm of my hand
Shílátsoh	my thumb
Shílázhoozh	my fingers

Nigaan	
Nich'áayah	your armpit
Nidoh	your muscle
Nich'oozhlaa'	your elbow
Nits'id	your tendon
Nigąąłóó'	your lower arm
Nílátsíín	your wrist
Níla'	your hand
Nílátł'ááh	palm of your hand
Nílátsoh	your thumb
Nílázhoozh	your fingers

Bigaan	
Bich'áayah	his/her armpit
Bidoh	his/her muscle
Bich'oozhlaa'	his/her elbow
Bits'id	his/her tendon
Bigąąłóó'	his/her lower arm
Bílátsíín	his/her wrist
Bíla'	his/her hand
Bílátł'ááh	palm of his/her hand
Bílátsoh	his/her thumb
Bílázhoozh	his/her fingers

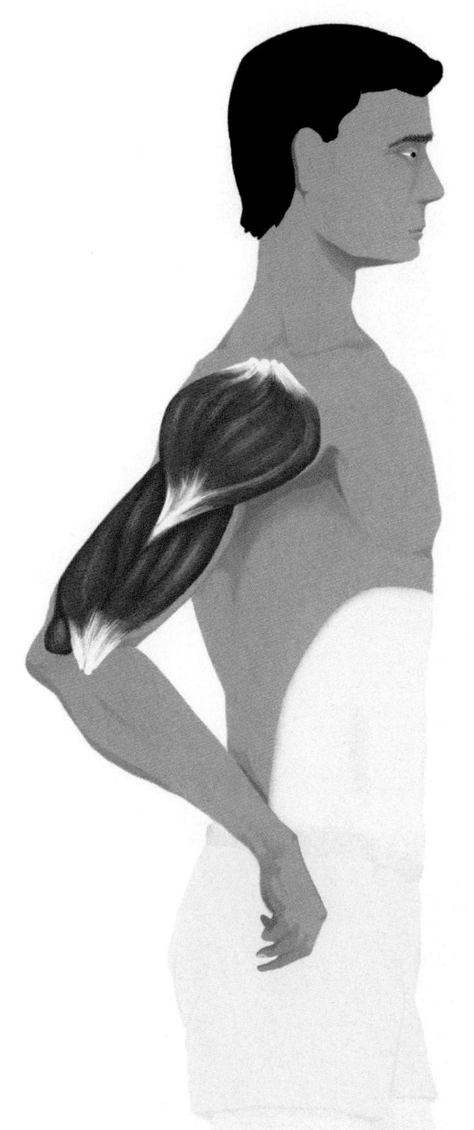

Shijéíts'iin		Nijéíts'iin		Bijéíts'iin	
Shik'os	my neck	Nik'os	your neck	Bik'os	his/her neck
Shiwos	my shoulder	Niwos	your shoulder	Biwos	his/her shoulder
Shigąąstsiin	my shoulder blade	Nigąąstsiin	your shoulder blade	Bigąąstsiin	his/her shoulder blade
Shitsą́shjish	my diaphragm	Nitsą́shjish	your diaphragm	Bitsą́shjish	his/her diaphragm
Shiyid	my chest	Niyid	your chest	Biyid	his/her chest
Shibe'	my breast	Nibe'	your breast	Bibe'	his/her breast
Shijéídíshjool	my heart	Nijéídíshjool	your heart	Bijéídíshjool	his/her heart
Shijéí yilzólii	my lung	Nijéí yilzólii	your lung	Bijéí yilzólii	his/her lung
Shizid	my liver	Nizid	your liver	Bizid	his/her liver
Shííshgháán	my backbone	Nííshgháán	your backbone	Bííshgháán	his/her backbone
Shíígháán	my backbone	Níígháán	your backbone	Bíígháán	his/her backbone

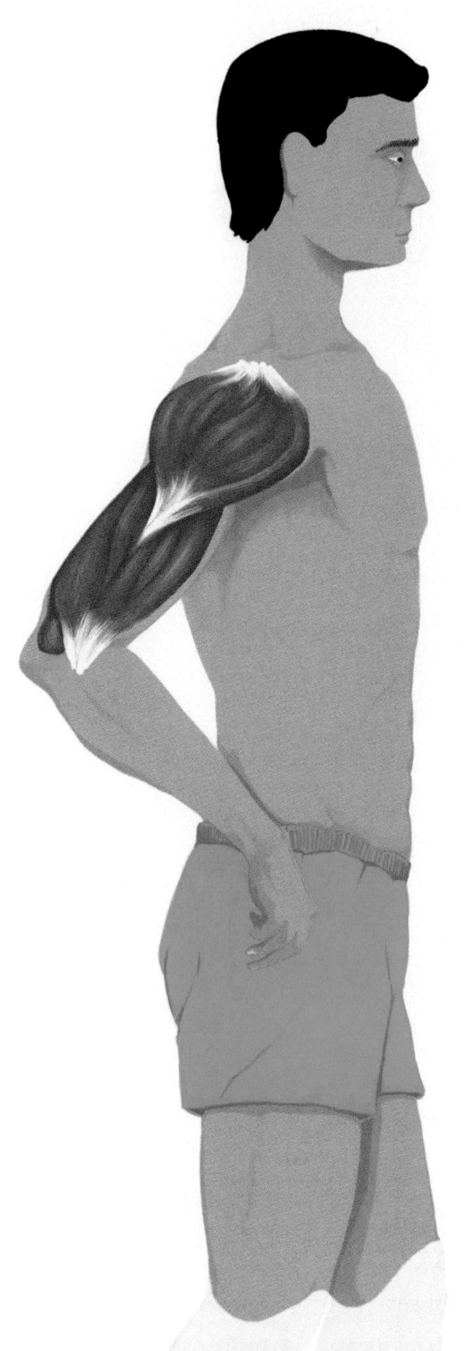

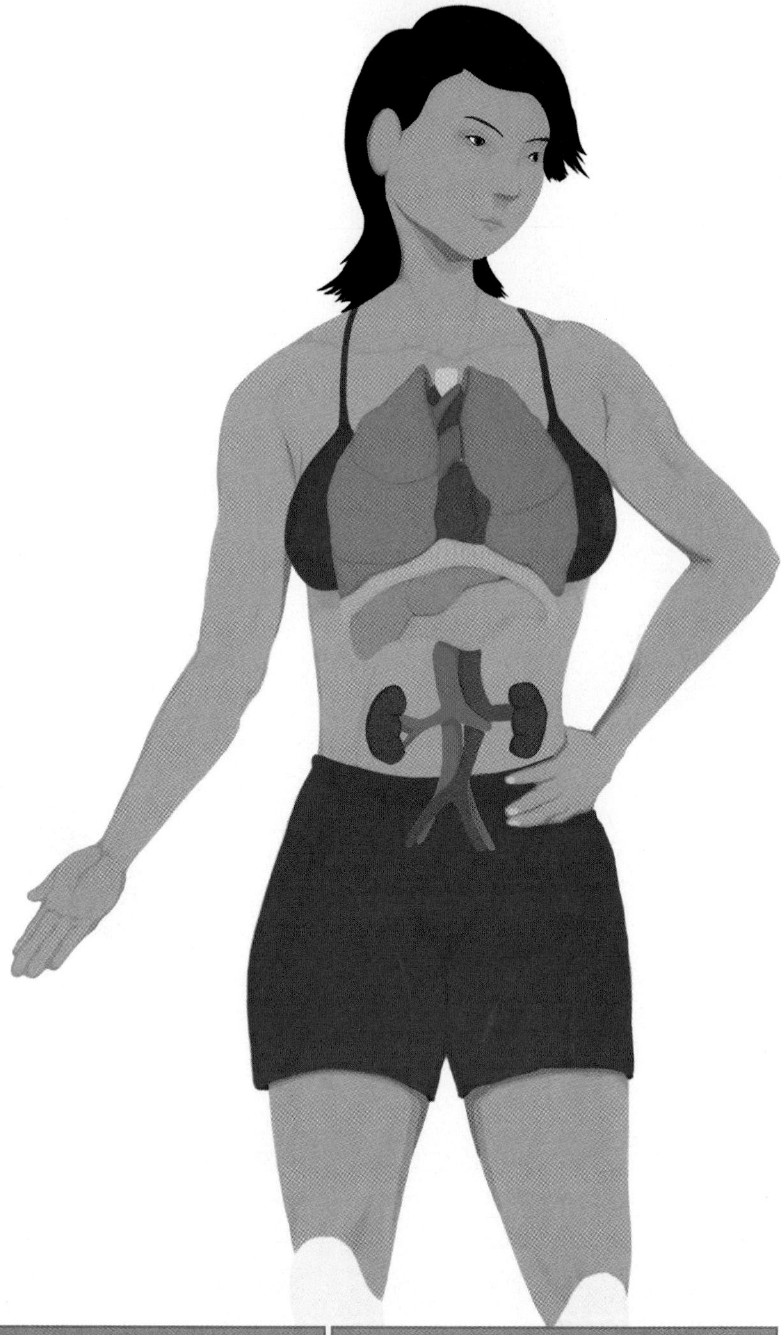

Shiwoozhníí'	
Shibid	my stomach
Shits'éé'	my navel
Shitsą'áshk'azhí	my kidneys
Shididlą	my abdomen

Niwoozhníí'	
Nibid	your stomach
Nits'éé'	your navel
Nitsą'áshk'azhí	your kidneys
Nididlą	your abdomen

Biwoozhníí'	
Bibid	his/her stomach
Bits'éé'	his/her navel
Bitsą'áshk'azhí	his/her kidneys
Bididlą	his/her abdomen

Shitł'aajį'	
Shitł'aa'	my buttocks
Shik'ai'	my hip
Shijáád dah ditánígi	my thigh

Nitł'aajį'	
Nitł'aa'	your buttocks
Nik'ai'	your hip
Nijáád dah ditánígi	your thigh

Bitł'aajį'	
Bitł'aa'	his/her buttocks
Bik'ai'	his/her hip
Bijáád dah ditánígi	his/her thigh

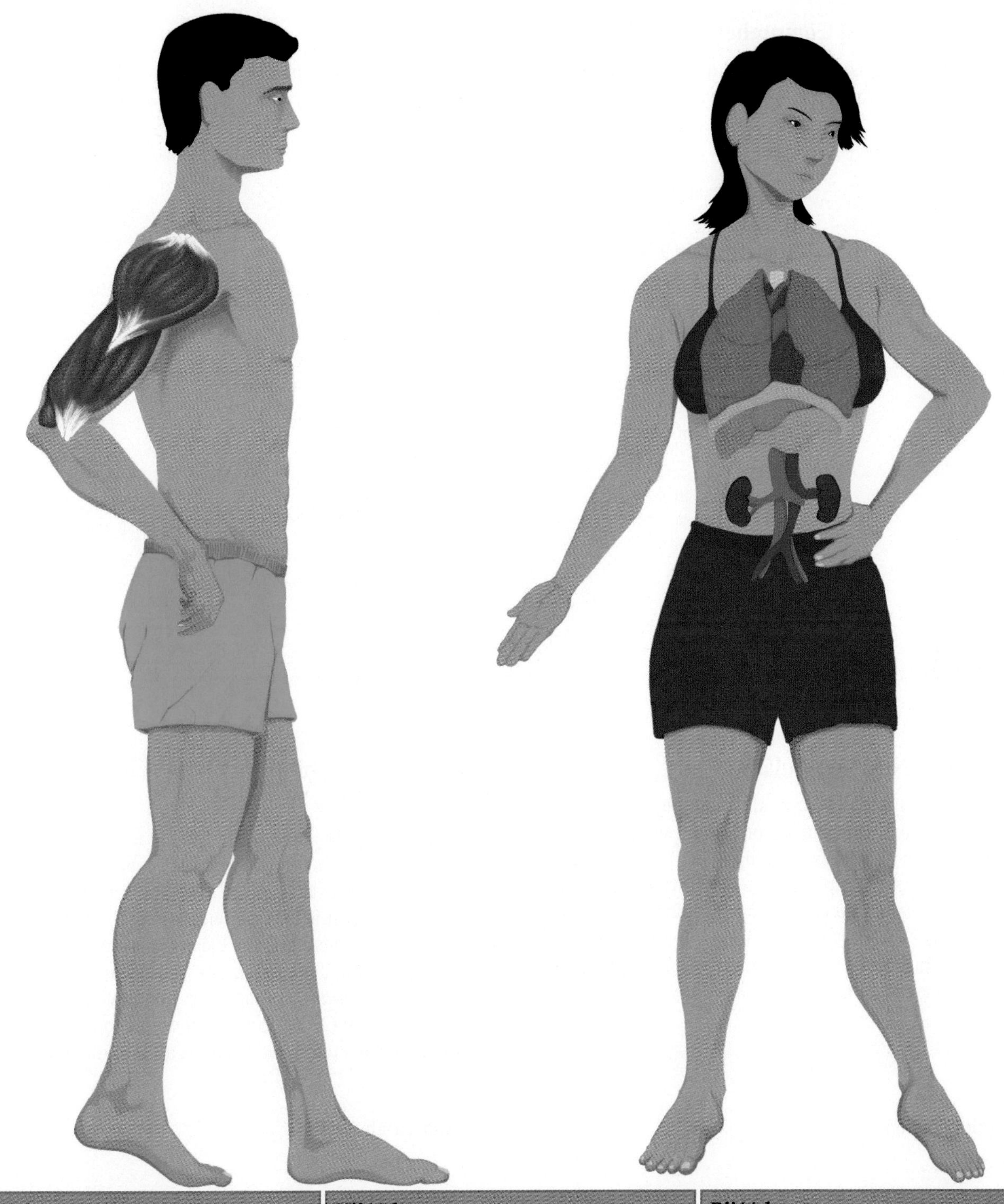

Shijáád	
Shigod	my knee
Shikétsíín	my ankle
Shich'ozh	my calf
Shits'id	my tendon

Nijáád	
Nigod	your knee
Nikétsíín	your ankle
Nich'ozh	your calf
Nits'id	your tendon

Bijáád	
Bigod	his/her knee
Bikétsíín	his/her ankle
Bich'ozh	his/her calf
Bits'id	his/her tendon

Shikee'	
Shikétal	my heel
Shikédiníbiní	my toes
Shikétsoh	my big toe
Shikétł'ááh	my sole

Nikee'	
Nikétal	your heel
Nikédiníbiní	your toes
Nikétsoh	your big toe
Nikétł'ááh	your sole

Bikee'	
Bikétal	his/her heel
Bikédiníbiní	his/her toes
Bikétsoh	his/her big toe
Bikétł'ááh	his/her sole

Building Speaking and Comprehension Skills

Stand up to do this exercise. As you read the list of words below, point to the appropriate parts of your body. Repeat this exercise to help yourself learn other parts of your body.

Díí shits'íís át'é.	This is my body.
Díí shitsiits'iin át'é.	This is my head.
Díí shigaan át'é.	These are my arms.
Díí shijéíts'iin át'é.	These are my upper skeletal bones./This is my upper torso.
Díí shiwoozhníí' át'é.	This is my abdomen and mid-section
Díí shitł'aajį' át'é.	This is my buttock area. This is my lower torso.
Díí shijáád át'é.	These are my legs.
Díí shikee' át'é.	These are my feet.

Saad Ániidíígíí: New Vocabulary

There are several ways that we can talk about physical health in Navajo. One common way is to say one of the sentences below, which literally mean "Sickness is not upon me." The word *txééh* means "sickness," the postpositions tell who is not sick *shąąh* "upon me", *naah* "upon you", *bąąh* "upon him, her, it", *nihąąh* "upon us (2)/or you (2)", *danihąąh* "upon us (3+) or you (3+)"; *doo … da* makes the sentence negative. By saying you are not sick, you are stating that you are healthy.

Doo shąąh txéeh da.
I am healthy.
Doo naah txéeh da.
You are healthy.
Doo bąąh txéeh da.
He/She/It is healthy.
Doo nihąąh txéeh da.
Two or more of us are healthy./Two or more of you are healthy.
Doo nihąąh daatxéeh da.
Three or more of us are healthy./Three or more of you are healthy.

Saad Ániidíígíí: shitah yá'áhoot'ééh
New Vocabulary: Wellness

Another way to talk about being healthy is to say, "Shitah yá'áhoot'ééh." The word *yá'áhoot'ééh* comes from the word *yá'át'ééh*, meaning "it is good." The prefix *hoo* denotes there is a spatial area that is being referred to; in this case, it is within a person's body where good is located. The postpositions are *shitah* "among me", *nitah* "among you", *bitah* "among him, her, or them", *nihitah* "among us or among you (2)", *danihitah* "among us or you (3+)." Putting all of this together, the expression means that good health is all through one's body.

Shitah yá'áhoot'ééh.
I am well.
Nitah yá'áhoot'ééh.
You are well.
Bitah yá'áhoot'ééh
He or she is well.
Nihitah yá'áhoot'ééh.
Two of us are well./Two of you are well.
Danihitah yá'ádahoot'ééh.
Three or more of us (individually) are well.
Three or more of you (individually) are well.

Saad Ániidíígíí

If you want to talk about how you are feeling in general and not just about your health, you could say:

Yá'ánísht'ééh.	I am fine./Things are good with me

If you want to find out if someone feels well, you could ask one of the two questions below.

Nitahísh yá'áhoot'ééh?	Are you feeling well?
Da' nitah yá'áhoot'ééh?	Are you feeling well?

'Áhát'į 'Ániidíígíí: yá'ánísht'ééh New Verb: I am well.	K'ad áhooníiłgo Imperfective Mode		
	Łah jidilt'éhígo	Nizhdilt'éego	Díkwíjílt'éego
Yáłti'ígíí	yá'ánísht'ééh I am fine.	yá'ániit'ééh We (2) are fine.	yá'ádaniit'ééh We (3+) are fine.
Bich'į' Yá'áti'ígíí	yá'ánít'ééh You are fine.	yá'ánóht'ééh You (2) are fine.	yá'ádanoht'ééh You (3+) are fine.
Baa Yá'áti'ígíí	yá'át'ééh He/She/It is fine.	yá'át'ééh Two of them are fine.	yá'ádaat'ééh They (3+) are fine.

Third person verbs (singular and dual) need to be spoken/written in in the context of feeling fine; otherwise, the verbs would be misunderstood to mean a greeting.

Ha'oodzíí' Dawólta'ígíí:

Łah jidilt'éhígo
Shí 'éí yá'ánísht'ééh.
Niish yá'ánít'ééh? *
Shimá yázhíísh yá'át'ééh? *

Nizhdilt'éego
Nihí yá'ániit'ééh.
Nihíísh yá'ánóht'ééh? *
At'ééd dóó bimáásh yá'át'ééh? *

Díkwíjílt'éego
Nihí 'éí yá'ádaniit'ééh.
Nihíísh yá'ádanoht'ééh? *
Da' áłchíní yá'ádaat'ééh? *

*It is awkward for a person to make a statement about someone else's health. Since we can only truly experience our own health, we might ask people how they feel but we generally would not make a statement about their health. That is why the sentences are placed in question form instead of as a statement.

Saad Ániidíígíí

This next set of sentences contain the particle "t'áá," meaning "just," which allows a person to qualify how they feel. If someone says, "T'áá yá'ánísht'ééh," they are saying, "I am just okay."

Ha'oodzíí' Dawólta'ígíí:

*Like the earlier sentences, it is awkward to make a statement about someone else's **qualified** health.

Łah jidilt'éhígo
Shí 'éí t'áá yá'ánísht'ééh.
Niísh t'áá yá'ánít'ééh? *
Shimá yázhíísh t'áá yá'át'ééh? *

Nizhdilt'éego
Nihí t'áá yá'ániit'ééh.
Nihíísh t'áá yá'ánóht'ééh? *
'At'ééd dóó bimáásh t'áá yá'át'ééh? *

Díkwíjílt'éego
Nihí 'éí t'áá yá'ádaniit'ééh.
Nihíísh t'áá yá'ádanoht'ééh? *
'Áłchíníísh t'áá yá'ádaat'ééh? *

Saad Ániidíígíí

To ask about someone's health when you notice they are not well, you could say:

Haashą' nít'é?	Haashą' noht'é?	Haashą' danoht'é?
How are you feeling?	How are you (2) feeling?	How are you (3+) feeling?

Saad Ániidíígíí

These sentences more specifically refer to one's health. The verb uses the stem for the verb "to be," but by adding *hoo* and using the postposition *bitah,* you are indicating that you are asking about a spatial area. The implication is that you are inquiring after the person's physical well-being.

Nitah shą' haa hoot'é?
Bitah shą' haa hoot'é?
Nihitah shą' haa dahoot'é?
Bitah shą' haa dahoot'é?

Saad Ániidíígíí: Diniih dóó Neezgai

Diniih means that a body part **aches**. The pain is not intense. If the pain is intense, then the word *neezgai* would be used. It is important to know that you should refrain from saying, "*Shijáád diniih*" if your leg really does not hurt. *Shijáád diniih* is only used as an example for clarification. Some people believe that just voicing the phrase may bring on an ache in your leg. Therefore, when practicing these sets of sentences, use the term "bijáád diniih," so that you are not identifying any particular person.

If you or another person has a body part that hurts, you would identify the body part and then say *diniih* or *neezgai*, depending on how intense the pain is.

Example:

Ashkii bimá sání bijáád diniih.	The boy's maternal grandmother's leg aches.
Ashkii bimá sání bijáád neezgai.	The boy's maternal grandmother's leg is hurting. *(intense pain)*

If you ask the question, "*Nitsiits'iinísh diniih?*" and the person answers you with, "*Dooda, shitsiits'iin neezgai,*" then you would know the person is in a great deal of pain.

Examples:

Nitsiits'iinísh diniih?
'Aoo', shitsiits'iin diniih.
or
Nidaga', shitsiits'iin doo diniih da, shináá' diniih.

Nitsiits'iinísh neezgai?
'Aoo', shitsiits'iin neezgai.
or
Nidaga', shitsiits'iin doo neezgai da, shitsiits'iin diniih.

Saad Ániidíígíí

Shitah haashįį hoot'é means, "Something is wrong within me."

This expression uses the verb *hoot'é, "*A space or area is…" and also the word *haashįį*, which means "there is uncertainty." A person who says "*Shitah haashįį hoot'é"* is stating that there is uncertainty about their health at the time.

"Shitah haashįį hoot'é," ní 'asdząą.
"Something is wrong within me (healthwise)," said the woman.
"Nihitah haashįį hoot'é," ní 'at'ééd bimá sání. (Observation)
"Something is wrong within us (2)," said the girl's maternal grandmother.
"Danihitah haashįį dahoot'é," ní sáanii. (Three or more of us).
"Something is wrong within us (individually)," said the women.

Saad Ániidíígíí

If a body part is bothering you, you would not use the prefix "hoo" because you are referring to a specific area. Instead, you would name the body part and say:

"Shigaan haashįįté," ní hastiin.
"Something is wrong with my arm," said the man.
Bijáád hashįįt'é. (Observation)
Something is wrong with his/her/its leg.

'Áhát'į 'Ániidíígíí: yá'át'ééh nááshdleeł New Verb: I am getting well.		**K'ad áhooníiłgo Imperfective Mode**	
This verb can pertain to the recovery of one's health, or it can pertain to improvement in many other situations.			
	Łah jidilt'éhígo	**Nizhdilt'éego**	**Díkwíjílt'éego**
Yáłti'ígíí	yá'át'ééh nááshdleeł I am getting well.	yá'át'ééh néiidleeh We (2) are getting well.	yá'át'ééh nídeiidleeh We (3+) are getting well.
Bich'į' Yá'áti'ígíí	yá'át'ééh nánídleeh You are getting well.	yá'át'ééh náohdleeh You (2) are getting well.	yá'át'ééh nídaohdleeh You (3+) are getting well.
Baa Yá'áti'ígíí	yá'át'ééh náádleeł He/She/It is getting well.	yá'át'ééh náádleeł They (2) are getting well.	yá'át'ééh nídaadleeh They (3+) are getting well.

Ha'oodzíí' Dawólta'ígíí

Łah jidilt'éhígo
"Shimá sání bighandi yá'át'ééh náashdleeł," ní Bilagáanaa 'asdzą́ą́.
Yá'át'ééhísh nánídleeh?
Shiléécháą'í bijáád yá'át'ééh náádleeł.

Nizhdilt'éego
"Kinłánídi yá'át'ééh néiidleeh," ní 'at'ééké.
Nihinálí bighandiísh yá'át'ééh náohdleeh?
Da' nihilįį' bikee' yá'át'ééh náádleeł?

Díkwíjílt'éego
"Shí dóó shideezhí dóó shádí nihimá bighandi yá'át'ééh nídeiidleeh," ní 'asdzą́ą́ bich'é'é.
Yá'át'ééhísh nídaohdleeh?
Nihimá sání bidibé 'éí yá'át'ééh nídaadleeh.

'Áhát'į 'Ániidíígíí: yá'át'ééh nídeeshdleeł New Verb Form: I will get better.		T'ahdoo 'áhánééhgóó Future Mode	
This verb can pertain to the recovery of one's health.			
	Łah jidilt'éhígo	**Nizhdilt'éego**	**Díkwíjílt'éego**
Yáłti'ígíí	yá'át'ééh nídeeshdleeł I will get well again.	yá'át'ééh nídiidleeł We (2) will get well again.	yá'át'ééh nídadiidleeł We (3+) will get well again.
Bich'į' Yá'áti'ígíí	yá'át'ééh nídíídleeł You will get well again.	yá'át'ééh nídoohdleeł You (2) will get well again.	yá'át'ééh nídadoohdleeł You (3+) will get well again.
Baa Yá'áti'ígíí	yá'át'ééh nídoodleeł He/She/It will get well again.	yá'át'ééh nídoodleeł They (2) will get well again.	yá'át'ééh nídadoodleeł They (3+) will get well again.

Ha'oodzíí' Dawólta'ígíí

Łah jidilt'éhígo
"Shimá sání bighandi yá'át'ééh nídeeshdleeł," ní Bilagáanaa 'asdzą́ą́.
Yá'át'ééh nídíídleeł.
Shiléécháą'í bijáád yá'át'ééh nídoodleeł.

Nizhdilt'éego
"Kinłánídi yá'át'ééh nídiidleeł," ní 'at'ééké.
Nihinálí bighandi yá'át'ééh nídoohdleeł.
Da' nihilįį' bikee' yá'át'ééh nídoodleeł?

Díkwíjílt'éego
"Shí dóó shideezhí dóó shádí nihimá bighandi yá'át'ééh nídadiidleeł," ní 'asdzą́ą́ bich'é'é.
Yá'át'ééh nídadoohdleeł.
Nimá sání bidibé 'éí yá'át'ééh nídadoodleeł.

'Áhát'į 'Ániidíígíí: yá'át'ééh nísísdlį́į́' New Verb Form: I have become well again.		T'áá 'íídą́ą́' áhóót'įįdgo Perfective Mode	
	Łah jidilt'éhígo	**Nizhdilt'éego**	**Díkwíjílt'éego**
Yáłti'ígíí	yá'át'ééh nísísdlį́į́' I have become well again.	yá'át'ééh nísiidlį́į́' We (2) have become well again.	yá'át'ééh nídasiidlį́į́' We (3+) have become well again.
Bich'į' Yá'áti'ígíí	yá'át'ééh nísínídlį́į́' You have become well again.	yá'át'ééh nísohdlį́į́' You (2) have become well again.	yá'át'ééh nídasohdlį́į́' You (3+) have become well again.
Baa Yá'áti'ígíí	yá'át'ééh násdlį́į́' He/She/It has become well again.	yá'át'ééh násdlį́į́' They (2) have become well again.	yá'át'ééh nídaasdlį́į́' They (3+) have become well again.

Ha'oodzíí' Dawólta'ígíí

Łah jidilt'éhígo
"Shimá sání bighandi yá'át'ééh nísísdlį́į́'," ní Bilagáanaa 'asdzą́ą́.
Yá'át'ééhísh nísínídlį́į́'?
Shijáád yá'át'ééh násdlį́į́'.
Shiléécháą'í bijáád yá'át'ééh násdlį́į́'.

Nizhdilt'éego
"Kinłánídi yá'át'ééh nísiidlį́į́'," ní 'at'ééké.
Nihinálí bighandi yá'át'ééh nísohdlį́į́'.
Da' nihilį́į́' bikee' yá'át'ééh násdlį́į́'?

Díkwíjílt'éego
"Shí dóó shideezhí dóó shádí nihimá bighandi yá'át'ééh nídasiidlį́į́'," ní 'asdzą́ą́ bich'é'é.
Yá'át'ééh nídasohdlį́į́'.
Nimá sání bidibé 'éí yá'át'ééh nídaasdlį́į́'.

'Áhát'į 'Ániidíígíí: 'ádaa 'áháshyą́ New Verb: I am taking care of myself.		K'ad áhooníiłgo Imperfective Mode	
Notice that the second person form of this verb is often used as a command or request.			
	Łah jidilt'éhígo	**Nizhdilt'éego**	**Díkwíjílt'éego**
	(statement)	(statement)	(statement)
Yáłti'ígíí	ádaa 'áháshyą́ I am taking care of myself.	'ádaa 'áhwiilyą́ We (2) are taking care of ourselves.	'ádaa 'ádahwiilyą́ We (3+) are taking care of ourselves.
	(request/command)	(request/command)	(request/command)
Bich'į' Yá'áti'ígíí	ádaa 'áhólyą́ You take care of yourself. You are taking care of yourself.	ádaa 'áhółyą́ You (2) take care of yourselves. You are taking care of yourselves.	ádaa 'ádahołyą́ You (3+) take care of yourselves. You are taking care of yourselves.
	(statement)	(statement)	(statement)
Baa Yá'áti'ígíí	ádaa 'áhályą́ He/She/It is taking care of himself/herself/itself.	ádaa 'áhályą́ They (2) are taking care of themselves.	ádaa 'ádahalyą́ They (3+) are taking care of themselves.

Ha'oodzíí' Dawólta'ígíí

Łah jidilt'éhígo
'Ólta'di 'ádaa 'áháshyą́.
Nizhónígo 'ádaa 'áhólyą́.
Nibízhí yá'át'éehgo 'ádaa 'áhályą́.

Nizhdilt'éego
Nihimá sání bighandi nizhónígo 'ádaa 'áhwiilyą́.
"Shizhé'é yázhí dóó shibízhí, yá'át'éehgo 'ádaa 'áhółyą́," ní 'at'ééd.
Shimá sání dóó shicheii nizhónígo 'ádaa 'áhályą́.

Díkwíjílt'éego
Na'nízhoozhídi t'áá yá'át'éehgo 'ádaa 'ádahwiilyą́.
"Ch'ínílį́įdi, 'ólta'gi hazhó'ó 'ádaa 'ádahołyą́."
Shinálí hastiinígíí dóó shinálí 'asdzáníígíí dóó shizhé'é dóó shimá yá'át'éehgo 'ádaa 'ádahalyą́.

You can also state or ask/tell someone to take care of someone or something. The prefix of the postposition "baa" tells who is being cared for. *Baa 'áháshyą́.* I am taking care of him/her/it. *Naa 'áháshyą́.* I am taking care of you. *Shaa 'áhólyą́.* You take care of me. *Nihaa 'áhólyą́.* Take care of us.

All of the sentences above have been presented positively. However, what if someone does not take care of himself or herself? You would then use sentences that lend themselves to be negative, as follows:

Nitsilí doo 'ádaa 'áhályą́ą da.
T'iis Yaa Kindi doo 'ádaa 'áhwiilyą́ą da nít'ę́ę́'.
Nigídí doo 'ádaa 'áhályą́ą da.
Nimá bimósí doo 'ádaa 'ádahalyą́ą da.

Notice that second person sentences have not been included in the examples above. Since it is rude to tell someone, "You don't take care of yourself," these sentences have not been included for practice.

Building Reading Skills

'Ahił Hane': Dialogue

Grandchild/'Atsói	Maternal Grandmother/'Amá Sání
Yá'át'ééh, shimá sání.	'Aoo', yá'át'ééh shitsóí.
Nitah shą' haa hoot'é, shimá sání?	Shitah yá'áhoot'ééh, shitsóí.
Nigaan shą' hait'é?	Shigaan yá'át'ééh násdlį́į'
Shí 'éí shitah yá'áhoot'ééh. Doo shąąh txéeh da.	Jó nizhóní, doo naah txééh daígíí baa shił hózhǫ́.
Shicheiiísh bitah yá'áhoot'ééh?	'Aoo', nicheii doo bąąh txéeh da. Yá'át'éehgo naalnish.
Shidá'íísh nizhónígo 'ádaa 'áhályą́?	Nidaga, nidá'í doo yá'át'éehgo 'ádaa 'áhályą́ą da.
Ha'át'ííshą' biniinaa doo 'ádaa 'áhályą́ą da?	T'áá 'áłahjį' (always) naalnish łeh.
Shimá yázhíshą'? Bitahísh yá'áhoot'ééh?	'Aoo', nimá yázhí 'éí nizhónígo 'ádaa 'áhályą́.
Jó nizhóní. Shí k'ad shimá bighangóó déyá.	Hágoshį́į. Hágoónee'. Ahéhee' shéíníyá, shitsóí.
'Aoo', hágoónee' shimá sání.	Nimá nizhónígo 'ádaa 'áhólyą́, bididííniił (you will say to her).

CHAPTER 11

Ch'iiyáán Ál'į́įgi dóó 'Adáągi
Cooking and Eating

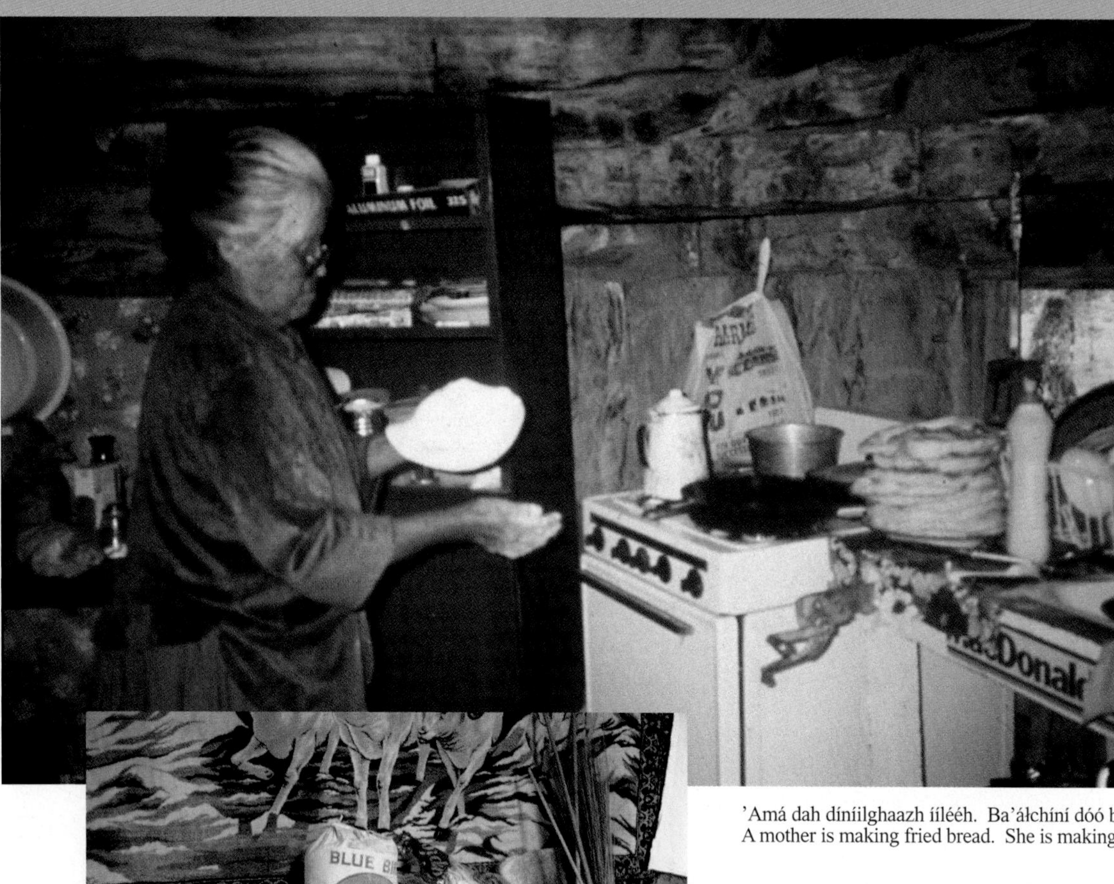

'Amá dah díníilghaazh íílééh. Ba'áłchíní dóó bitsóóké yá 'íílééh.
A mother is making fried bread. She is making it for her children.

Tł'ízí 'ilí dóó 'ak'áán dóó 'ásaa' dóó bee'adizí dóó 'ádístsiin ni'góó sinil. Díí sáanii bibeedí 'ádaat'é.
A goat skin, a Blue Bird Flour bag, a pot, a spindle, and stirring sticks are stored on the floor. These are things a woman uses in her daily life.

Traditional Navajo foods include squash, beans, pumpkins, corn, melons, peaches, apricots, sunflower seeds, pinons, wild berries, carrots, onions, and stews made with goat meat or mutton. Wild game animals, such as rabbit and deer, were also hunted to see the people through the hard winters.

The four long years at Hwéeldi took the people away from their traditional foods. Once the people were released in 1868, it was difficult for them to return to their traditional ways. Fields and orchards had been destroyed by the U.S. government, and livestock had been killed, confiscated, or left to starve as a tactic of war. Also, the release from Fort Sumner was in July, too late for planting corn. The government promised each family two sheep and two goats, but many families never received the animals. Those who did receive sheep and goats would not kill them for food, since the animals were needed to re-establish the herds. All these factors made the people dependent on government rations. As a result, the people could not move far from Fort Defiance, where the rations were distributed.

In addition, many Navajos stayed near Fort Defiance because they were fearful of the consequences of accidentally overstepping the boundaries established in the Naałtsoos Sání, the Navajo-U.S. Treaty of 1868.

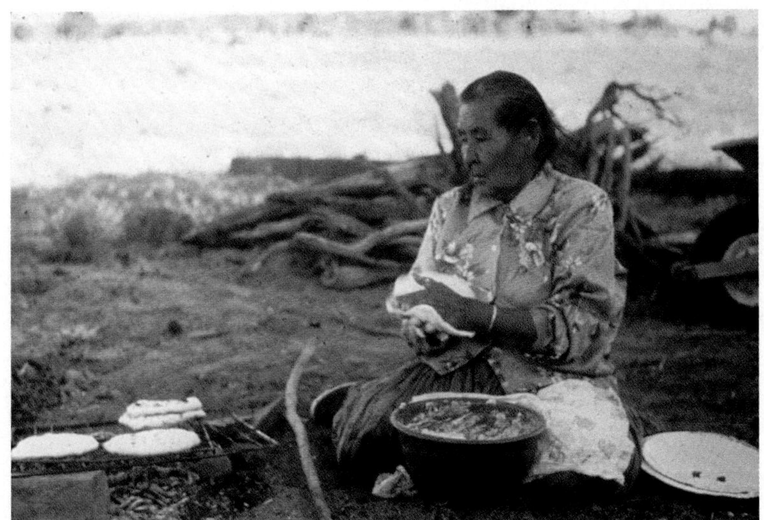

'Asdzą́ą́ tł'óo'di jizésí tsíídkáa'gi 'íílééh.
A woman is making tortillas over the coals.

Later, many people returned to their lands despite these hardships, and struggled to re-establish their traditional food sources. Corn was planted once again in large fields. Squash, beans, pumpkins, and melon seeds were scarce, but these plants were still cultivated. Sadly, peach and apricot orchards never returned to their former sizes. Sunflower seeds, wild berries, carrots, potatoes, and onions were in abundance because they had not been harvested for several years. Wild game animals were once again hunted.

Just when the people were becoming fully dependent on their traditional foods, Navajo children were forced to leave home to attend boarding schools. Once again, the children had to become accustomed to strangers' food. Many schools were overcrowded, so the children did not get enough to eat. What little food they received was not kind to their bodies. The children thought often of their mothers' cooking. They dreamed of rabbit stew with bits of squash; they dreamed of crunchy carrots and sweet onions, and of the way the pumpkin skin curled up on the sides when it was cooked; they dreamed of fat melon slices, with juice that would run down their chin and arms; they dreamed of their mothers' steamed, fried, boiled, and roasted corn, corn mush, and the coarse ground corn of "kneel down bread;" they dreamed of wild berries hidden in the valleys, and the bittersweet taste of the sumac berry stew.

At home sat the mothers, their children stripped from them in the name of education. They turned toward their sheep and goats for comfort and to keep themselves busy. Soon the sheep became a symbol of a mother's love for her children. When her children came home after an absence of several years, she sacrificed a sheep and prepared meals of fresh mutton. Seeing and hearing her children happily feasting on traditional foods warmed a Navajo mother's spirit and helped to soothe her heart when the children had to go away again. Once the children grew up and moved away from home, the mother only needed to announce that she was going to butcher a sheep, and her children would return home for this ceremonial feast.

Today, mothers still bring their children and grandchildren together with feasts of mutton and other traditional foods. Sadly, though, these foods seem to be limited to special occasions. Over the years spent at boarding school, the children became accustomed to many of the strangers' foods, and forgot the wonderful health benefits of their traditional foods. Many diseases, including heart disease, diabetes, liver disease, and kidney disease, have come to plague the Navajo Nation since our people forgot how to prepare and eat what was meant for us.

'Asdzą́ą́ ná'áł'ah.
A woman is beginning to butcher a sheep.

'Áhát'į Ch'iiyáán Bídéét'i'ígíí: Eating Verbs

The Navajo words for preparing and eating food show us the richness of the Navajo language and remind us of the importance of meals and feasts as a unifying factor. There are numerous different cooking verbs and at least 15 different eating verbs. The stems of each eating verb describe a specific way of eating various foods. However, within this lesson you will learn only four verbs, two eating verbs and two cooking verbs.

Yishą́	I am eating it.
Yishdlą́	I am drinking it.
Yist'ees	I am cooking it.
Yishbéézh	I am boiling it.

Many more eating and cooking verbs will be introduced in a later chapter.

To correctly use the verb forms that you will learn here, your sentence must contain a direct object naming the food you are eating or cooking. You will also need to learn which food items fit into the category each verb stem describes.

Yishą́	I am eating it.

This is a very general verb, which can be used for the eating of most food items. More advanced speakers might use the more descriptive verbs rather than this one, but *yishą́* is a good verb with which to begin your studies.

Food items: ch'iiyáán (food). This verb can be used for almost any food item except liquids.

Yishdlą́	I am drinking it.

Díí 'éí ch'il ahwéhí 'ałch'į' beda'astł'ǫǫgo 'ásaa' bii' sinil.
Bundles of Navajo tea have been placed in a basket.

This verb applies to the drinking of all liquids.

Food items: liquids	
'ahwééh	coffee
ch'il ahwéhí	Navajo tea/wild tea
dééh	tea
tó	water
tł'ízí bibe'	goat's milk
tódilchxoshí	soda pop
tó łikání	kool aid/soda pop
'abe'	milk

Ch'iiyáán Álnéehgi: Cooking Verbs

The cooking verbs are also descriptive. The verb stem describes how you are cooking the food item. The verbs below describe two different kinds of cooking. All the verbs require a direct object, the thing you are cooking.

Yist'ees	I am roasting it over fire (in the oven/over coals/on the stove top).
Yishbéézh	I am boiling it.

New Vocabulary:

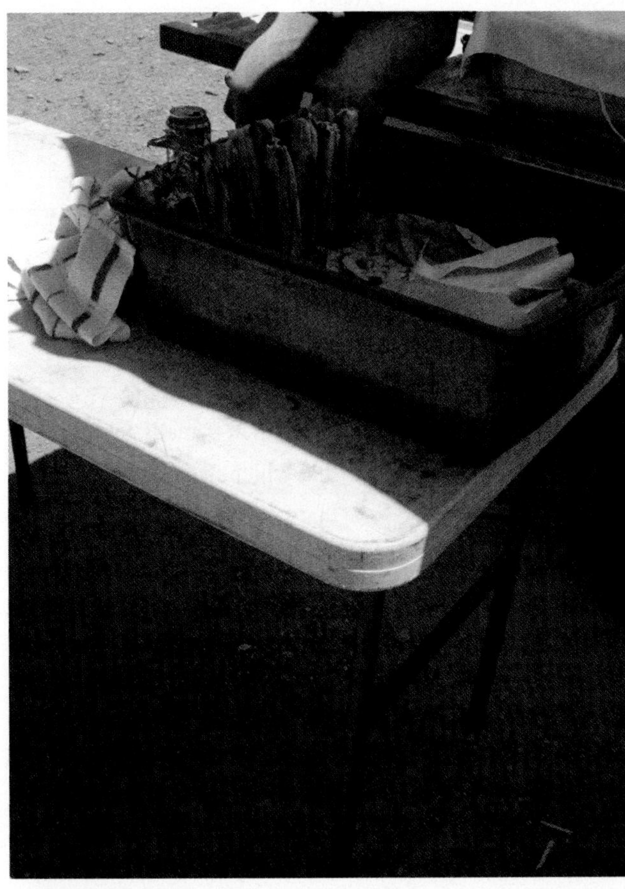

Nitsidigo'í nahaniih.
Kneel down bread is being sold.

Names of Traditional and Non-traditional Foods

Traditional Stews	
'atoo'	mutton stew
haníígai	hominy stew
k'íneeshbízhii	dumpling stew (may be made with blue corn or white flour dough)

Traditional Breads	
łees'áán	bread (roll/biscuit)
dah díníilghaazh	fried bread
náneeskaadí/jizésí	tortilla/tortilla cooked over coals
Traditional Liquid Drink	
tł'ízí bibe'	goat's milk
ch'il ahwéhí	Navajo tea/wild tea
'ahwééh	coffee
Traditional Meats	
dibé bitsį'	mutton
dlǫ́ǫ́' bitsį'	prairie dog meat
gah bitsį'	rabbit meat
tł'ízí bitsį'	goat meat
bįįh bitsį'	venison
béégashii bitsį'	beef
jádí bitsį'	antelope meat
Traditional Foods Derived from Corn	
taa'niil	ground blue corn/blue corn mush served at Navajo weddings
'abe' bee neezmasí	delicate blue corn crepe
neeshjį́zhii	dried, roasted corn (for hominy)
nitsidigo'í	kneel down bread
łeeh shibéézh	steamed corn (fresh corn that is steamed in the ground while still in the husk)
'alkąąd	sweet corn cake (normally prepared during and eaten at the end of puberty ceremonies)
dah yistin	frozen blue corn mush
bááh dootł'izhí	blue bread (a thick, heavy bread about 6" in diameter and lightly salted)
tóshchíín	blue corn mush
'atoo'	stew
k'íneeshbízhii	blue corn dumplings
Traditional Vegetables	
chąąsht'ézhii	wild carrots
chiiłchin	sumac berries
naayízí	squash
naayízí łichí'ígíí bik'ǫ́ǫ́'	pumpkin seeds
ta'neesk'ání	melons
waa'	wild spinach
neeshch'íí'	pinons
nímasii	potatoes
'áłtsínii	wild onions

Non-traditional Foods		Non-traditional Foods	
bááh	bread	béégashii bitsį' yik'ánígíí	ground beef
atsį' yik'ąągo yadiizíní daabii'ígíí	ground, canned luncheon meat	bisóodi bitsį'	pork
'ahwééh	coffee	na'ahóóhai bitsį'	chicken
dééh	tea	na'ahóóhai biyęęzhii	chicken eggs

Saad 'Ániidíígíí

Following are words that describe the quality of food.

łikan	tasty	łikanígíí	that which is tasty
'ayóo łikan	really tasty	'ayóo łikanígíí	that which is really tasty
doo łikan da	it is not tasty	doo łikan daígíí	that which is not tasty
sidoh	hot	sidohígíí/sidoígíí	that which is hot
neezílí	warm	neezílíígíí	that which is warm
sik'az	cold	sik'azígíí	that which is cold
niik'aaz	it (food) got cool	niik'aazígíí	that which cooled down
dích'íí'	spicy	dích'í'ígíí	that which is spicy

'Áhát'į ' Ániidíígíí: yishą́ **New Verb: I am eating it.**	**K'ad áhooníiłgo** **Imperfective Mode**		
This verb requires an object. You will need to name a food item when using this verb.			
	Łah jidilt'éhígo	**Nizhdilt'éego**	**Díkwíjílt'éego**
Yáłti'ígíí	yishą́ I am eating it.	yiidą́ We (2) are eating it.	deiidą́ We (3+) are eating it.
Bich'į' Yá'áti'ígíí	niyą́ You are eating it. You eat it.	wohsą́ You (2) are eating it. You (2) eat it.	daohsą́ You (3+) are eating it. You (3+) eat it.
Baa Yá'áti'ígíí	yiyą́ He/She is eating it.	yiyą́ They (2) are eating it.	deiyą́ They (3+) are eating it.

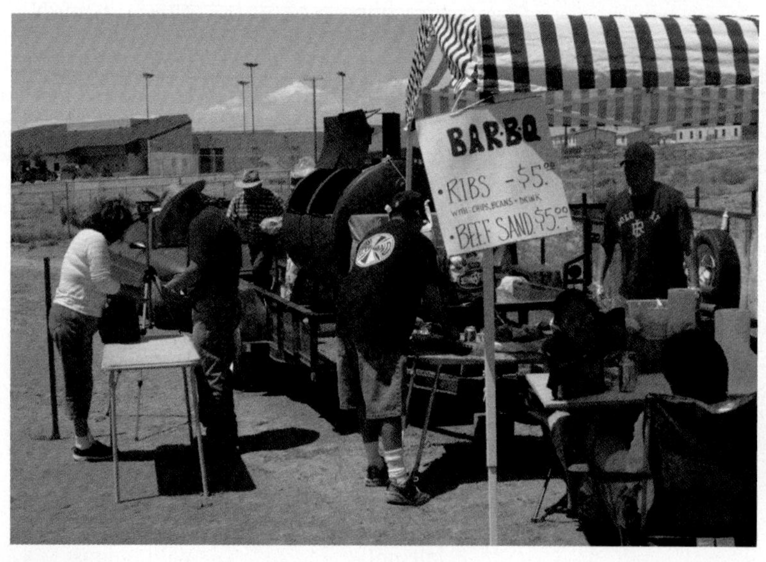

Ron's Barbeque Stand" at the end of Mutton Alley at the Tuba City Flea Market.

Ha'oodzíí Dawólta'ígíí

Łah jidilt'éhígo
'Alkąąd ayóo łikanígíí ła' yishą́.
Łees'áán sidohígíí ła' niyą́.
Shizhé'é yázhí dah díníilghaazh ła' yiyą́.
Nizhdilt'éego
Náneeskaadí neezílíígíí ła' yiidą́.
Ch'iiyáán niik'aazígíí ła' wohsą́.
Shicheii dóó shimá sání nímasii 'ásaa naasdziidígíí (that which is stir-fried) ła' yiyą́.
Díkwíjílt'éego
Naayízí niik'aazígíí ła' deiidą́.
Ch'ééh jiyáán sik'azígíí daohsą́.
'At'ééd dóó shibízhí dóó shinálí 'asdzáníígíí na'ahóóhai biyęęzhii ła' deiyą́.

Díí hastiin ch'iiyáán íil'íní nilį́. This man is a cook.

'Áhát'į ' Ániidíígíí: deeshįį́ł **New Verb Form: I will eat it.**		**T'ahdoo 'áhánééhgóó** **Future Mode**	
This verb requires an object. You will need to name a food item when using this verb.			
	Łah jidilt'éhígo	**Nizhdilt'éego**	**Díkwíjílt'éego**
Yáłti'ígíí	deeshįį́ł I will eat it.	diidįį́ł We (2) will eat it.	dadiidįį́ł We (3+) will eat it.
Bich'į' Yá'áti'ígíí	díiyįį́ł You will eat it.	doohsįį́ł You (2) will eat it.	dadoohsįį́ł You (3+) will eat it.
Baa Yá'áti'ígíí	yidooyįį́ł He/She will eat it.	yidooyįį́ł They (2) will eat it.	deidooyįį́ł They (3+) will eat it.

Ha'oodzíí Dawólta'ígíí

Łah jidilt'éhígo
Yiską́ągo 'alkąąd ła' deeshįį́ł.
Yiską́ągo łees'áán ła' díiyįį́ł.
Yiską́ągo shizhé'é yázhí dah díníilghaazh łikanígíí ła' yidooyįį́ł.
Nizhdilt'éego
Naaki yiską́ągo náneeskaadí ła' diidįį́ł.
Yiską́ągo ch'iiyáán ła' doohsįį́ł.
Yiską́ągo shicheii dóó shimá sání nímasii 'ásaa naasdziidígíí ła' yidooyįį́ł.
Díkwíjílt'éego
Naaki yiską́ągo naayízí ła' dadiidįį́ł.
Naaki yiską́ągo ch'ééh jiyáán dadoohsįį́ł.
'At'ééd dóó shibízhí dóó shinálí 'asdzáníígíí na'ahóóhai biyęęzhii ła' deidooyįį́ł.

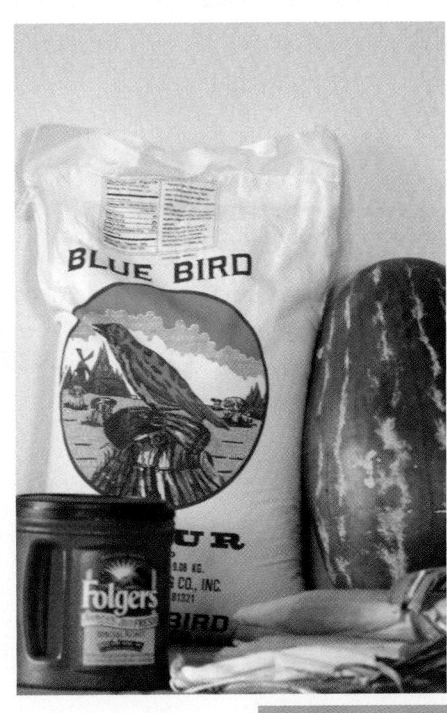

'Áhát'į ' Ániidíígíí: yíyą́ą́' New Verb Form: I ate it.		T'áá'íídą́ą́' áhóót'įįdgo Perfective Mode	
This verb requires an object. You will need to name a food item when using this verb.			
	Łah jidilt'éhígo	**Nizhdilt'éego**	**Díkwíjílt'éego**
Yáłti'ígíí	yíyáá' I ate it.	yiidą́ą́' We (2) ate it.	deiidą́ą́' We (3+) ate it.
Bich'į' Yá'áti'ígíí	yíníyą́ą́' You ate it.	wooyą́ą́' You (2) ate it.	daoyą́ą́' You (3+) ate it.
Baa Yá'áti'ígíí	yiyííyą́ą́' He/She ate it.	yiyííyą́ą́' They (2) ate it.	dayííyą́ą́' They (3+) ate it.

Ha'oodzíí Dawólta'ígíí

Łah jidilt'éhígo
'Adą́ą́dą́ą́' alkąąd ayóo łikanígíí ła' yíyáá'.
'Adą́ą́dą́ą́' łees'áán sidohígíísh ła' yíníyą́ą́'?
'Adą́ą́dą́ą́' shizhé'é yázhí dah díníilghaazh ła' yiyííyą́ą́'.
Nizhdilt'éego
Naaki yiskánídą́ą́' náneeskaadí neezílíígíí ła' yiidą́ą́'.
Naaki yiskánídą́ą́' ch'iiyáán niik'aazígíí ła' wooyą́ą́'.
Naaki yiskánídą́ą́' shicheii dóó shimá sání nímasii 'ásaa naasdziidígíí ła' yiyííyą́ą́'.
Díkwíjílt'éego
Táá' yiskánídą́ą́' naayízí niik'aazígíí ła' deiidą́ą́'.
Táá' yiskánídą́ą́' ch'éeh jiyáán sik'azígíí daoyą́ą́'.
'At'ééd dóó shibízhí dóó shinálí 'asdzáníígíí na'ahóóhai biyęęzhii ła' dayííyą́ą́'.

Kót'éego 'éí jizésí 'ádaal'į́.
This is the way tortillas are cooked over the coals.

'Áhát'į 'Ániidíígíí: yishdlą́ New Verb: I am drinking it.		K'ad áhooníiłgo Imperfective Mode	
This verb requires an object. You will need to name a liquid food item when using this verb.			
	Łah jidilt'éhígo	**Nizhdilt'éego**	**Díkwíjílt'éego**
Yáłti'ígíí	yishdlą́ I am drinking it.	yiidlą́ We (2) are drinking it.	deiidlą́ We (3+) are drinking it.
Bich'į' Yá'áti'ígíí	nidlą́ You are drinking it. Drink it.	wohdlą́ You (2) are drinking it. You (2) drink it.	daohdlą́ You (3+) are drinking it. You (3+) drink it.
Baa Yá'áti'ígíí	yidlą́ He/She is drinking it.	yidlą́ They (2) are drinking it.	deidlą́ They (3+) are drinking it.

Ha'oodzíí' Dawólta'ígíí

Łah jidilt'éhígo
Tó łikání 'ayóo sik'azígíí ła' yishdlą́.
Na', díí 'ahwééh sidohígíí nidlą́.
Shibízhí 'ahwééh niik'aazígíí yidlą́.

Nizhdilt'éego
Naalyéhí bá hooghandi tódilchxoshí łikanígíí ła' yiidlą́.
Na', díí ch'il ahwéhí niik'aazígíí ła' wohdlą́.
Shitsilí dóó shideezhí tł'ízí bibe' shibézhígíí yidlą́.

Díkwíjílt'éego
Shí dóó shizeedí dóó 'áłchíní tó łikaní ła' deiidlą́.
Tó sik'azígíísh ła' daohdlą́?
Nizeedí dóó nibízhí dóó nizhé'é yázhí 'ahwééh neezílígíí ła' deidlą́.

'Áhát'į 'Ániidíígíí: deeshdlį́į́ł New Verb Form: I will drink it.		T'ahdoo 'áhánééhgóó Future Mode	
This verb requires an object. You will need to name a liquid food item when using this verb.			
	Łah jidilt'éhígo	**Nizhdilt'éego**	**Díkwíjílt'éego**
Yáłti'ígíí	deeshdlį́į́ł I will drink it.	diidlį́į́ł We (2) will drink it.	dadiidlį́į́ł We (3+) will drink it.
Bich'į' Yá'áti'ígíí	díídlį́į́ł You will drink it.	dohdlį́į́ł You (2) will drink it.	dadohdlį́į́ł You (3+) will drink it.
Baa Yá'áti'ígíí	yidoodlį́į́ł He/She will drink it.	yidoodlį́į́ł They (2) will drink it.	deidoodlį́į́ł They (3+) will drink it.

Ha'oodzíí' Dawólta'ígíí

Łah jidilt'éhígo
Tó ła' deeshdlį́į́ł.
Díí 'ahwééh díídlį́į́ł.
Shibízhí hooghandi 'ahwééh yidoodlį́į́ł.

Nizhdilt'éego
Naalyéhí bá hooghandi tódilchxoshí diidlį́į́ł.
Díí ch'il ahwéhí ła' dohdlį́į́ł.
Shitsilí dóó shideezhí tł'ízí bibe' shibézhígíí ła' yidoodlį́į́ł.

Díkwíjílt'éego
Shí dóó shizeedí dóó 'áłchíní tó łikaní ła' dadiidlį́į́ł.
Ch'il ahwéhí ła' dadohdlį́į́ł.
Nizeedí dóó nibízhí dóó nizhé'é yázhí 'ahwééh deidoodlį́į́ł.

'Áhát'į 'Ániidíígíí: yishdláá' New Verb Form: I drank it.		T'áá'íídą́ą́' áhóót'įįdgo Perfective Mode	
This verb requires an object. You will need to name a liquid food item when using this verb.			
	Łah jidilt'éhígo	**Nizhdilt'éego**	**Díkwíjílt'éego**
Yáłti'ígíí	yishdlą́ą́' I drank it.	yiidlą́ą́' We (2) drank it.	deiidlą́ą́' We (3+) drank it.
Bich'į' Yá'áti'ígíí	yínídlą́ą́' You drank it.	wohdlą́ą́' You (2) drank it.	daohdlą́ą́' You (3+) drank it.
Baa Yá'áti'ígíí	yoodlą́ą́' He/She drank it.	yoodlą́ą́' They (2) drank it.	dayoodlą́ą́' They (3+) drank it.

Ha'oodzíí' Dawólta'ígíí

Łah jidilt'éhígo
'Adą́ą́dą́ą́' tó sik'azígíí ła' yishdlą́ą́'.
'Ahwééh sidohígíísh ałtso yinídlą́ą́'.
Naaki yiskánídą́ą́' shibízhí hooghandi 'ahwééh niik'aazígíí yoodlą́ą́'.

Díkwíjílt'éego
'Adą́ą́dą́ą́' shí dóó shizeedí dóó 'áłchíní tó łikaní ła' deiidlą́ą́'.
Da' adą́ą́dą́ą́' ch'il ahwéhí sik'azígíí ła' daohdlą́ą́'?
Naaki yiskánídą́ą́' nizeedí dóó nibízhí dóó nizhé'é yázhí 'ahwééh neezílíígíí ła' dayoodlą́ą́'.

Nizhdilt'éego
'Adą́ą́dą́ą́' naalyéhí bá hooghandi tódilchxoshí łikanígíí yiidlą́ą́'.
Da' ch'il ahwéhí niik'aazígíí ła' wohdlą́ą́'?
'Adą́ą́dą́ą́' shitsilí dóó shideezhí tł'ízí bibe' shibézhígíí ła' yoodlą́ą́'.

Building Reading Skills

Yá'át'ééh,

Shí 'éí Kóowaa yinishyé. Shimá dóó shizhé'é bił shighan. Shimá 'éí Máahdah wolyéé dóó shizhé'é 'éí Kénis wolyé.

Shimá 'éí tł'óo'di ch'ééh jiyáán yiyą́. Shizhé'é 'éí shimá yíighahgi sidáá dóó 'atoo' yidlą́. Shí 'éí nímasii béégashii bitsį' yik'ánígíí bił ásaa naasdziidígíí yishą́. Shideezhí 'éí dibé bitsį' yiyą́. 'Áádóó shitsilí 'éí 'ałk'ésdisí yiyą́. Ch'iiyáán ał'ąą 'ádaat'éhígíí (various kinds) nihił daalkango deiidą́.

T'áá 'ákódí. Hágoónee'.

'Áhát'į 'Ániidíigíí: ' áshłééh **New Verb: I am making it.**	**K'ad áhooníiłgo** **Imperfective Mode**

Áshłééh (I am making it), *ádeeshłíił* (I will make it), and *'íishłaa* (I made it) are verbs commonly used when talking about the entire process of preparing some food or when it is not important to specify the cooking method. These verbs are also used for making many other things, such as a house, a garment, or even going out to get wood for a stove or fireplace.

This verb requires a direct object, the thing being made.

	Łah jidilt'éhígo	Nizhdilt'éego	Díkwíjílt'éego
Yálti'ígíí	'áshłééh I am making ____.	'íilnééh We (2) are making ____.	ádeiilnééh We (3+) are making ____.
Bich'į' Yá'áti'ígíí	'áníléeh You are making ____. You make ____.	'óhłééh You (2) are making ____. You (2) make ____.	'ádaohłééh You (3+) are making ____. You (3+) make ____.
Baa Yá'áti'ígíí	'íiléeh He/She is making ____.	'íiléeh They (2) are making ____.	'ádeiléeh They (3+) are making ____.

Ha'oodzíí' Dawólta'ígíí

Łah jidilt'éhígo
Shimá dóó shizhé'é nitsidigo'í bá 'áshłééh.
Nitsilí báäh ła' bá 'áníléeh.
Shimá dah díníilghaazh ła' nihá 'íiléeh.
Nizhdilt'éego
Tł'óo'di náneeskaadí 'íilnééh.
Ni dóó shimá sání 'abe' bee neezmasí ła' shá 'óhłééh.
Shicheii dóó shínaaí báäh íiléeh.
Díkwíjílt'éego
Shí dóó shideezhí dóó shinálí 'asdzáníígíí 'atoo' ádeiilnééh.
Ni dóó nimá dóó nádí dah díníilghaazh ła' ádaohłééh?
Sáanii dóó 'at'ééké haníígai 'ayóo łikango nihá 'ádeiléeh.

Sáanii 'ádístsiin yee 'ił niná'átsih.
These women are using stirring sticks.

'Áhát'į 'Ániidíigíí: 'ádeeshłíił **New Verb Form: I will make it.**	**T'ahdoo 'áhánééhgóó** **Future Mode**

This verb requires a direct object.

	Łah jidilt'éhígo	Nizhdilt'éego	Díkwíjílt'éego
Yálti'ígíí	'ádeeshłíił I will make it.	'ádiilníił We (2) will make it.	ádadiilníił We (3+) will make it.
Bich'į' Yá'áti'ígíí	'ádíílíił You will make it.	'ádoohłíił You (2) will make it.	'ádadoohłíił You (3+) will make it.
Baa Yá'áti'ígíí	'íidoolíił He/She will make it.	'íidoolíił They (2) will make it.	'ádeidoolíił They (3+) will make it.

Ha'oodzíí' Dawólta'ígíí

Łah jidilt'éhígo
Yiskąągo shimá dóó shizhé'é nitsidigo'í bá 'ádeeshłííł.
Nitsilí bááh ła' bá 'ádííłííł.
Yiskąągo shimá dah díníilghaazh ła' nihá 'íidoolííł.
Nizhdilt'éego
Tł'óo'di náneeskaadí 'ádiilnííł.
Yiskąągo, ni dóó shimá sání, 'abe' bee neezmasí ła' shá 'ádoohłííł, t'áá shǫǫdí.
Shicheii dóó shínaaí hooghandi bááh ła' íidoolííł.
Díkwíjílt'éego
Yiskąągo shí dóó shideezhí dóó shinálí 'asdzáníígíí hooghandi 'atoo' ádadiilnííł.
Yiskąągo ni dóó nimá dóó nádí dah díníilghaazh ła' ádadoohłííł?
Naaki yiskąągo sáanii dóó 'at'ééké haníígai nihá 'ádeidoolííł.

Díí 'éí jizésí 'át'é
This is a tortilla that has been cooked over the hot coals.

'Áhát'į 'Ániidíígíí: 'íishłaa **New Verb Form: I made it.**		**T'áá'íídáą' áhóót'įįdgo** **Perfective Mode**	
This verb requires a direct object.			
	Łah jidilt'éhígo	**Nizhdilt'éego**	**Díkwíjílt'éego**
Yálti'ígíí	'íishłaa	'íilyaa	ádeiilyaa
	I made it.	We (2) made it.	We (3+) made it.
Bich'į' Yá'áti'ígíí	'íinilaa	'óohłaa	'ádaohłaa
	You made it.	You (2) made it.	You (3+) made it.
Baa Yá'áti'ígíí	'áyiilaa	áyiilaa	'ádayiilaa
	He/She made it.	They (2) made it.	They (3+) made it.

Ha'oodzíí' Dawólta'ígíí

Łah jidilt'éhígo
'Adąądą́ą' shimá dóó shizhé'é nitsidigo'í bá 'íishłaa.
Da' adąądą́ą' nitsilí bááh ła' bá 'íinilaa.
'Adąądą́ą' shimá dah díníilghaazh dóó haníígai 'áyiilaa.
Díkwíjílt'éego
Táá' yiskánídą́ą' shí dóó shideezhí dóó shinálí 'asdzáníígíí hooghandi 'atoo' ádeiilyaa.
Da' ni dóó nimá dóó nádí dah díníilghaazh łikango ła' ádaohłaa?
Táá' yiskánídą́ą' sáanii dóó 'at'ééké haníígai 'ayóo łikango ła' nihá 'ádayiilaa.

Nizhdilt'éego
Naaki yiskánídą́ą' tł'óo'di náneeskaadí 'íilyaa.
Naaki yiskánídą́ą' ni dóó shimá sání 'abe' bee neezmasí łikango ła' shá 'óohłaa.
Shicheii dóó shínaaí bááh ła' áyiilaa.

Bááh Dootł'izhí 'Álnéehgi: Recipe for Blue Bread[1]

Juniper Ash Mixture
1 cup juniper ash
1 cup boiling water

3 ½ cups boiling water in large saucepan
6 cups blue cornmeal

Salt Water Mixture
1 cup warm water
1 tablespoon salt

Combine the juniper ash and 1 cup boiling water. Mix well. Strain the juniper ash mixture into the large saucepan of boiling water by using a stirring brush (this is similar to a *bé'ázhóó'*, or traditional comb that is made of several thin strands of tall grass stems that are tied together with a string above the middle). Add the blue cornmeal to the boiling water and juniper ash mixture in the large saucepan. Knead until you have a soft but firm dough.

Shape the dough into small round patties (approximately 4 to 5 inches in diameter and about 1/2 inch thick). Place the patties in a hot skillet or on a hot surface and cook on both sides until the patties have large brown patches on both sides.

Mix the warm water with the salt in a shallow, wide bowl. Quickly dip the cooked blue corn patties into the salt-water mixture and place back on the hot surface to seal the salt mixture. Let dry before eating.

Serve with coffee, Navajo tea, or hot goat's milk.

Díí 'éí bááh dootł'izhí bił ádaal'į.
These are the ingredients that are used to make blue bread.

1 *Navajo Homemaker Cookbook.* Window Rock: Navajo Nation, 1982.

Ch'iiyáán Ál'įįgo Saad Chodao'íníg̨íí: Cooking Verbs

The verbs *yist'ees* (I am cooking/roasting it), *deest'is* (I will cook/roast it), and *sélt'é* (I cooked/roasted it) are the more general verbs for cooking.

'Áhát'į 'Ániidíígíí: yist'ees New Verb: I am cooking/roasting it.		**K'ad áhooníiłgo Imperfective Mode**	
This verb requires a direct object.			
	Łah jidilt'éhígo	**Nizhdilt'éego**	**Díkwíjílt'éego**
Yálti'ígíí	yist'ees I am cooking/roasting it.	yiilt'ees We (2) are cooking/roasting it.	deiilt'ees We (3+) are cooking/roasting it.
Bich'į' Yá'áti'ígíí	niłt'ees You are cooking/roasting it. You cook/roast it.	wołt'ees You (2) are cooking/roasting it. You (2) cook/roast it.	daołt'ees You (3+) are cooking/roasting it. You (3+) cook/roast it.
Baa Yá'áti'ígíí	yiłt'ees He/She is cooking/roasting it.	yiłt'ees They (2) are cooking/roasting it.	deiłt'ees They (3+) are cooking/roasting it.

Ha'oodzíí Dawólta'ígíí

Łah jidilt'éhígo
Nímasii ła' nihá yist'ees.
Dibé bitsį' ła' niłt'ees.
Shimá bisóodi bitsį' yiłt'ees.

Nizhdilt'éego
Naayízí béésh bii' kǫ'í bii' yiilt'ees.
'Atsį' yik'ą́ągo yadiizíní daabii'ígíí wołt'ees.
'Ashiiké na'ahóóhai bitsį' béésh bii' kǫ'í yikáa'gi ła' yiłt'ees.

Díkwíjílt'éego
Chaha'ohdi nímasii dóó dibé bitsį' deiilt'ees.
Béégashii bitsį'ísh daołt'ees?
'Ashiiké tł'óo'di bisóodi bitsį' deiłt'ees.

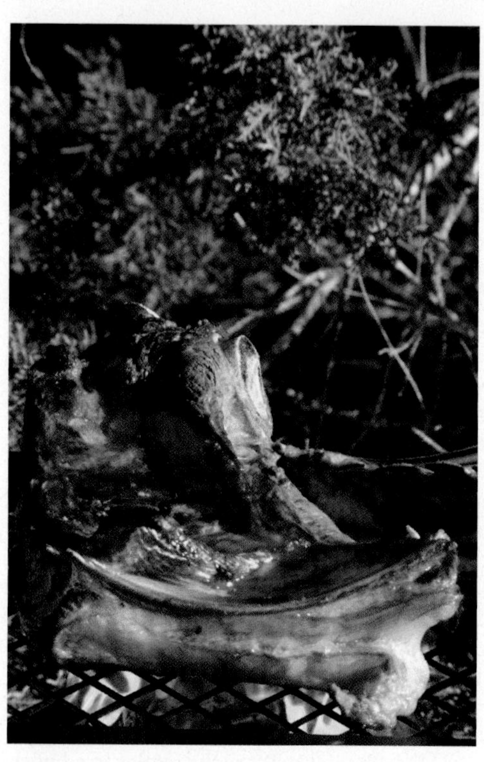

Yáadilá! Háíshį́į́ 'átsą́ą' yidiłiid!
Someone is burning the mutton ribs!

'Áhát'į 'Ániidíígíí: deest'is New Verb Form: I will cook it.		T'ahdoo 'áhánééhgóó Future Mode	
This verb requires a direct object.			
	Łah jidilt'éhígo	**Nizhdilt'éego**	**Díkwíjílt'éego**
Yáłti'ígíí	deest'is I will cook it.	diilt'is We (2) will cook it.	dadiilt'is We (3+) will cook it.
Bich'į' Yá'áti'ígíí	dííłt'is You will cook it.	doołt'is You (2) will cook it.	dadoołt'is You (3+) will cook it.
Baa Yá'áti'ígíí	yidoołt'is He/She will cook it.	yidoołt'is They (2) will cook it.	deidoołt'is They (3+) will cook it.

Ha'oodzíí Dawólta'ígíí

Łah jidilt'éhígo
Yiską́ągo 'abíínígo nímasii ła' nihá deest'is.
Naaki yiską́ągoósh dibé bitsį' ła' dííłt'is?
Shimá bisóodi bitsį' yidoołt'is.

Díkwíjílt'éego
Chaha'ohdi nímasii dóó dibé bitsį' dadiilt'is.
Béégashii bitsį'ísh dadoołt'is?
'Ashiiké tł'óo'di bisóodi bitsį' deidoołt'is.

Nizhdilt'éego
Dimóogo naayízí béésh bii' kǫ'í bii' diilt'is.
'Atsį' yik'ą́ągo yadiizíní daabii'ígíí doołt'is.
Yiską́ągo 'ashiiké na'ahóóhai bitsį' béésh bii' kǫ'í yikáa'gi ła' yidoołt'is.

'Áhát'į 'Ániidíígíí: séłt'é New Verb Form: I cooked it.	T'áá'íídą́ą́' áhóót'įįdgo Perfective Mode	
This verb requires a direct object.		

	Łah jidilt'éhígo	Nizhdilt'éego	Díkwíjílt'éego
Yáłti'ígíí	séłt'é I cooked it.	siilt'é We (2) cooked it.	dasiilt'é We (3+) cooked it.
Bich'į' Yá'áti'ígíí	síníłt'é You cooked it.	sołt'é You (2) cooked it.	dasołt'é You (3+) cooked it.
Baa Yá'áti'ígíí	yist'é He/She cooked it.	yist'é They (2) cooked it.	deist'é They (3+) cooked it.

Ha'oodzíí Dawólta'ígíí

Łah jidilt'éhígo
Nímasii ła' nihá séłt'é.
Dibé bitsį' ła' síníłt'é, ya'?
'Adą́ą́dą́ą́' shimá bisóodi bitsį' yist'é.

Nizhdilt'éego
Naaki yiskánídą́ą́' naayízí béésh bii' kǫ'í bii' siilt'é.
'Adą́ą́dą́ą́' atsį' yik'ą́ągo yadiizíní daabii'ígíí sołt'é.
'Ashiiké na'ahóóhai bitsį' béésh bii' kǫ'í yikáa'gi ła' yist'é.

Díkwíjílt'éego
'Adą́ą́dą́ą́' chaha'ohdi nímasii dóó dibé bitsį' dasiilt'é.
Béégashii bitsį'ísh dasołt'é?
Táá' yiskánídą́ą́' ashiiké tł'óo'di bisóodi bitsį' deist'é.

'Áhát'į 'Ániidíígíí: yishbéézh New Verb: I am boiling it.	K'ad áhooníiłgo Imperfective Mode	
This verb requires a direct object.		

	Łah jidilt'éhígo	Nizhdilt'éego	Díkwíjílt'éego
Yáłti'ígíí	yishbéézh I am boiling it.	yiilbéézh We (2) are boiling it.	deiilbéézh We (3+) are boiling it.
Bich'į' Yá'áti'ígíí	niłbéézh You are boiling it. You boil it.	wołbéézh You (2) are boiling it. You (2) boil it.	daołbéézh You (3+) are boiling it. You (3+) boil it.
Baa Yá'áti'ígíí	yiłbéézh He/She is boiling it.	yiłbéézh They (2) are boiling it.	deiłbéézh They (3+) are boiling it.

Ha'oodzíí' Dawólta'ígíí

In the sentences below, notice the types of foods that you can boil.

Łah jidilt'éhígo
Hooghandi tó yishbéézh.
Nimá bighandi 'atoo' niłbéézh.
Nádí tł'ízí bibe' ła' yiłbéézh.
Nizhdilt'éego
Chaha'oh góne'é ch'il ahwéhí yiilbéézh.
Ni dóó nimá sání dá'ák'ehdi dééh wołbéézh.
'At'ééd dóó bimá hooghandi nímasii yiłbéézh.
Díkwíjílt'éego
Hooghandi 'atoo' deiilbéézh.
Tsxį́įłgo tó ła' daołbéézh.
Sáanii 'áłah ná'ádleehdi 'ahwééh dóó 'atoo' deiłbéézh.

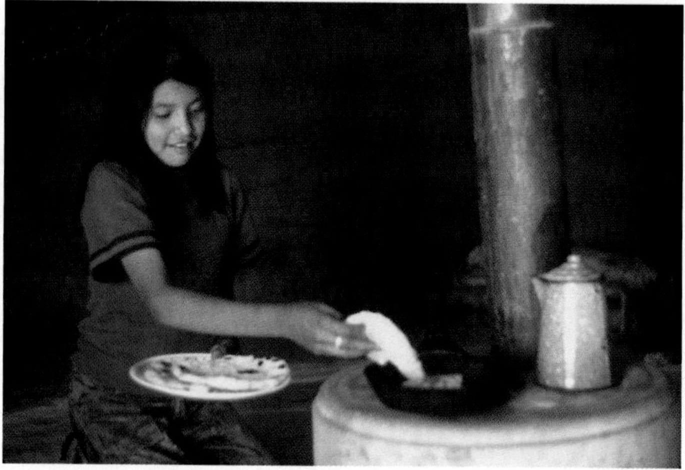

'At'ééd nizhónígo náneeskaadí 'íiléeh.
The young girl is making tortillas.

'Áhát'į 'Ániidíígíí: deeshbish **New Verb Form: I will boil it.**		**T'ahdoo 'áhánééhgóó** **Future Mode**	
This verb requires a direct object.			
	Łah jidilt'éhígo	**Nizhdilt'éego**	**Díkwíjílt'éego**
Yáłti'ígíí	deeshbish I will boil it.	diilbish We (2) will boil it.	dadiilbish We (3+) will boil it.
Bich'į' Yá'áti'ígíí	dííłbish You will boil it.	doołbish You (2) will boil it.	dadoołbish You (3+) will boil it.
Baa Yá'áti'ígíí	yidoołbish He/She will boil it.	yidoołbish They (2) will boil it.	deidoołbish They (3+) will boil it.

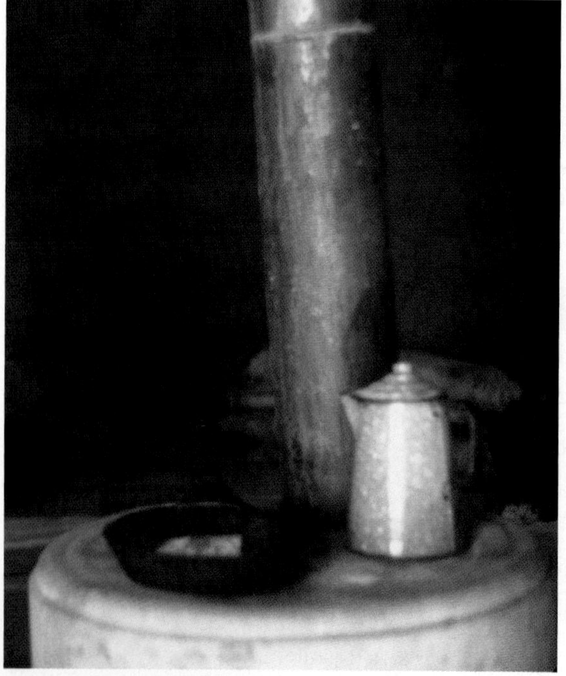

Ha'oodzíí' Dawólta'ígíí

Łah jidilt'éhígo
Hodíínáá'ígo hooghandi tó deeshbish.
Yiską́ągo nimá bighandi 'atoo' dííłbish.
Na'niłkaadii tł'ízí bibe' ła' yidoołbish.
Nizhdilt'éego
Chaha'oh góne'é ch'il ahwéhí ła' diilbish.
Dá'ák'ehdi dééh doołbish.
'At'ééd dóó bimá hooghandi nímasii yidoołbish.
Díkwíjílt'éego
Hooghandi 'atoo' dadiilbish.
Tsxį́įłgo tó ła' dadoołbish.
Sáanii 'áłah ná'ádleehdi 'ahwééh dóó 'atoo' deidoołbish.

'Áhát'į 'Ániidíigíí: shéłbéézh New Verb Form: I boiled it.	T'áá'íídąą' áhóót'įįdgo Perfective Mode	

This verb requires a direct object.

	Łah jidilt'éhígo	Nizhdilt'éego	Díkwíjílt'éego
Yálti'ígíí	shéłbéézh I am boiling it.	shiilbéézh We (2) are boiling it.	dashiilbéézh We (3+) are boiling it.
Bich'į' Yá'áti'ígíí	shíníłbéézh You are boiling it.	shołbéézh You (2) are boiling it.	dashołbéézh You (3+) are boiling it.
Baa Yá'áti'ígíí	yishbéézh He/She is boiling it.	yishbéézh They (2) are boiling it.	deishbéézh They (3+) are boiling it.

Ha'oodzíí' Dawólta'ígíí

Łah jidilt'éhígo
Hooghandi tó shéłbéézh.
'Adąądą́ą' nimá bighandi 'atoo' shíníłbéézh.
'Adąądą́ą' shimá sání tł'ízí bibe' ła' yishbéézh.
Nizhdilt'éego
'Adąądą́ą' chaha'oh góne'é ch'il ahwéhí ła' shiilbéézh.
Hádą́ą'shą' dá'ák'ehdi dééh shołbéézh?
Naaki yiskánídą́ą' at'ééd dóó bimá hooghandi nímasii yishbéézh.
Díkwíjílt'éego
Naaki yiskánídą́ą' hooghandi 'atoo' dashiilbéézh.
Tsxį́įłgoósh tó dashołbéézh?
'Adąądą́ą' sáanii 'áłah ná'ádleehdi 'ahwééh dóó 'atoo' deishbéézh.

Building Reading Skills

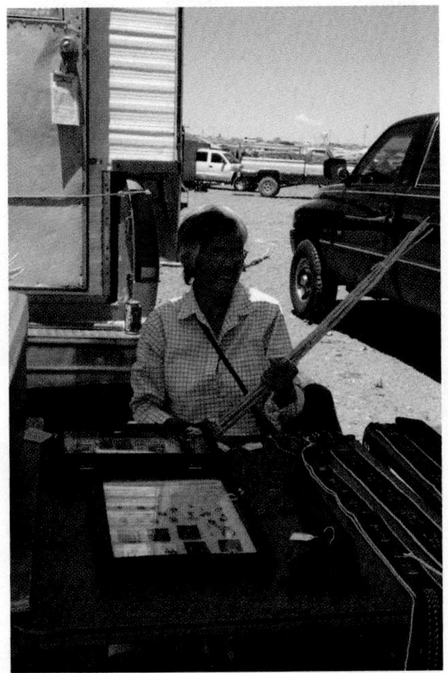

Yá'át'ééh,

Shí Máahdah dashijiní. Sha'áłchíní dóó 'áłchíní yázhí da'ółta'di naashnish. Áadi ch'iiyáán íił'íní nishłį́. Shinaanish shił nizhóní. Shich'ooní (my husband) Kénis wolyé. Kénis 'éí bá'ólta'í nilį́. Binaanish bił yá'át'ééh dóó nizhónígo naalnish.

K'ad béégashii bitsį' yishbéézh, atoo' ádeeshłííł biniiyé. 'Áádóó 'áłchíní tó ła' bá 'ádadiilnííł. Sáanii kwe'é nidaalnishígíí 'éí dah díníilghaazh ádeidoolííł. 'Áłchíní dah díníilghaazh ayóo bił daalkango deiyą́ą łeh.

'Akót'éego naashnish. Hágoónee'

'Asdzą́ą 'ádístsiin baa nahaniih.
A woman is selling stirring sticks at the Flea Market. Stirring sticks "chase hunger away from a home"; therefore each Navajo household should have several 'ádístsiin above the entrance to their kitchen.

T'áadoo Le'é Nidaajaahígíí
Additional Handling Verbs

In this chapter, we will learn three more of the handling verbs. The stems in the verbs below specify that the object being given is **bulky**, **mushy**, or **in an open container.** For each handling verb, we will learn some examples of different objects for which the particular verb would be used. If you listen to Navajo speakers cooking together, you are very likely to hear them using these handling verbs as they ask for various types of items to use in the food they are preparing.

Remember, the expressions here are made up of the verb meaning "to give it" and the postposition expressing to whom it is being given.

Sáanii dóó hastóí beeldléí t'áá yílá yee nídeiłkad.
Women and men are sewing blankets by hand.

'Áhát'į 'Ániidíígíí: baa nishheeh **New Verb:** I am giving the **bulky item** to him or her.		**K'ad áhooníiłgo** **Imperfective Mode**	
	Łah jidilt'éhígo	**Nizhdilt'éego**	**Díkwíjílt'éego**
Yáłti'ígíí	**baa** nishheeh	**baa** niigeeh	**baa** daniigeeh
	I am giving the ______ to **him/her**.	We (2) are giving the ______ to **him/her**.	We (3+) are giving the ______ to **him/her**.
Bich'į' Yá'áti'ígíí	**baa** níyeeh	**baa** nohheeh	**baa** danohheeh
	You are giving the ______ to **him/her**.	You (2) are giving the ______ to **him/her**.	You (3+) are giving the ______ to **him/her**.
Baa Yá'áti'ígíí	yeiyíyeeh/**yaa** yíyeeh	yeiyíyeeh/**yaa** yíyeeh	**yaa** dayíyeeh
	He/She is giving the ______ to **him/her**.	They (2) are giving the ______ to **him/her**.	They (3+) are giving the ______ to **him/her**.

This verb is used for handling bulky items, such as **a bag of something**, **a pack**, **a bulky newspaper**, or **a thick blanket**.

Bag of items:	
'ałk'ésdisí	bag of candy
naaltsoos be'azis naaljidígíí	backpack
béeso bizis	large bulky purse (if it is open)
aghaa' azis bee siłtsoozígíí	bag of wool
naadą́ą' yik'ánígíí	bag of ground corn
nímasii	bag of potatoes
'ak'áán	bag of flour
Bulky items:	
naaltsoos aseezį	newspaper
beeldléí/golchóón	thick blanket
'éétsoh	thick coat
biil éé'	rug dress
yaateeł	sheep pelt
tł'ízí ilí	goat skin pelt

Ha’oodzíí’ nihá bee ’álnééh:

Naaltsoos aseezį́ shaa níyeeh, t’áá shǫǫdí. Give me the newspaper, please.

In the same manner, ask for other items that appropriately fit into this category.

’Ei __(bulky item)__ shaa níyeeh, t’áá shǫǫdí. Give me the ________________________, please.

When you are asked for an item that fits in this handling verb category, you would hand over the item and say:

Na’, díí naaltsoos aseezį́ naa nishheeh. Here, I am giving you this newspaper.

Response: ’Ahéhee’.

’Áhát’į́ ’Ániidíígíí: baa nishtłeeh **New Verb:** I am giving the **mushy item** to him or her.	K’ad áhooníiłgo Imperfective Mode		
	Łah jidilt’éhígo	**Nizhdilt’éego**	**Díkwíjílt’éego**
Yáłti’ígíí	**baa** nishtłeeh I am giving the ______ to **him/her**.	**baa** niitłeeh We (2) are giving the ______ to **him/her**.	**baa** daniitłeeh We (3+) are giving the ______ to **him/her**.
Bich’į’ Yá’áti’ígíí	**baa** nítłeeh You are giving the ______ to **him/her**.	**baa** nohtłeeh You (2) are giving the ______ to **him/her**.	**baa** danohtłeeh You (3+) are giving the ______ to **him/her**.
Baa Yá’áti’ígíí	yeiyítłeeh/**yaa** yítłeeh He/She is giving the ______ to **him/her**.	yeiyítłeeh/**yaa** yítłeeh They (2) are giving the ______ to **him/her**.	**yaa** deíłteeh/dayítłeeh They (3+) are giving the ______ to **him/her**.

This verb is used with any item of a mushy consistency, such as the items in the list below. The list contains only a few examples.

hashtł’ish	mud
taa’niil	blue corn mush
jélii	jelly
taos’nii’	dough
’ak’ah	fat/shortening
tsé nádleehí	cement
nímasii yik’ánígíí	mashed potatoes
tłah	lotion/cream
tłah sisxí’í	Vicks
’awoo’ bił yich’iishí	toothpaste

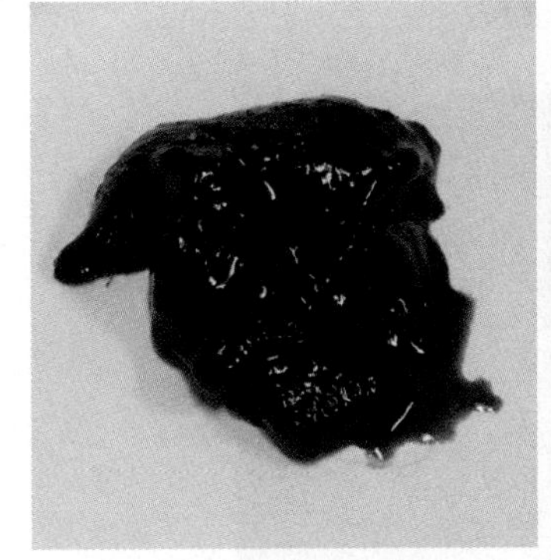

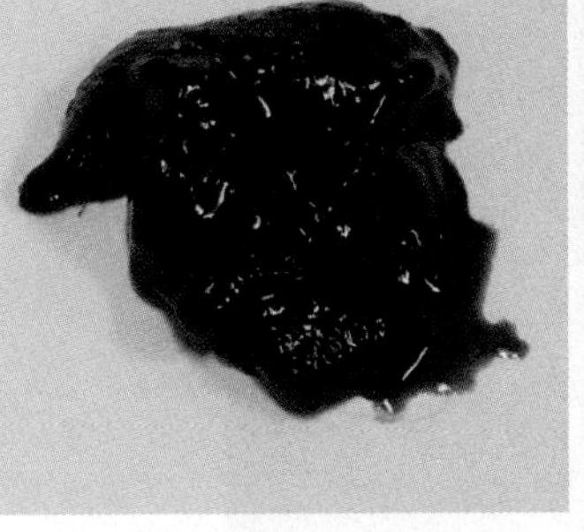

Jélii

Nímasii shibéezhgo yik’ánígíí

Ha'oodzíí' nihá bee 'álnééh:

Jélii ła' shaa nítłeeh, t'áá shǫǫdí.
Give me some jelly, please.

In the same manner, ask for other items that appropriately fit into this category.

'Ei __(mushy matter)__ shaa nítłeeh, t'áá shǫǫdí.
Give me the ______________________________, please.

When you are asked for an item that fits in this handling verb category, you would hand over the item and say:

Na', jélii ła' naa nishtłeeh.
Here, I am giving you some jelly.

Response: 'Ahéhee'.

'Áhát'į 'Ániidíígíí: baa nishkaah **New Verb:** I am giving the **object in an open container** to him or her.	**K'ad áhooníiłgo** **Imperfective Mode**	
	Łah jidilt'éhígo	**Nizhdilt'éego**	**Díkwíjílt'éego**
Yáłti'ígíí	**baa** nishkaah	**baa** niikaah	**baa** daniikaah
	I am giving the ______ to **him/her**.	We (2) are giving the ______ to **him/her**.	We (3+) are giving the ______ to **him/her**.
Bich'į' Yá'áti'ígíí	**baa** níkaah	**baa** nohkaah	**baa** danohkaah
	You are giving the ______ to **him/her**.	You (2) are giving the ______ to **him/her**.	You (3+) are giving the ______ to **him/her**.
Baa Yá'áti'ígíí	yeiyíkaah/**yaa** yíkaah	yeiyíkaah/**yaa** yíkaah	**yaa** deiyíkaah/dayíkaah
	He/She is giving the ______ to **him/her**.	They (2) are giving the ______ to **him/her**.	They (3+) are giving the ______ to **him/her**.

This verb is used for objects or liquids in an open container, such as the items in the list to the right. The list contains only a few examples.

tóshchíín	cooked blue corn mush
atoo'	stew
neeshjįzhii	Navajo hominy stew
neeshch'íí'	pinons
naa'ółí shibézhígíí	boiled beans
tó	water
'ahwééh	coffee
ch'il ahwéhí	wild tea
taos'nii'	dough
ch'ééh jiyáán niheeshgizhígíí	sliced watermelon

Ha'oodzíí' nihá bee 'álnééh:

Tóshchíín ła' shaa níkaah, t'áá shǫǫdí.
Give me some of the cooked blue corn mush in an open container, please.

In the same manner, ask for other items that appropriately fit into this category.

'Ei __(object or liquid in an open container)__ shaa níkaah, t'áá shǫǫdí.
Give me the ____________________________ in an open container, please.

When you are asked for an item that fits in this handling verb category, you would hand over the item and say:

Na', tóshchíín ła' naa nishkaah.
Here, I am giving you some cooked blue corn mush in an open container.

Response: 'Ahéhee'.

Chapter 12 'Ólta' Formal Education

'Ałk'idą́ą́ ch'ikéí kót'éego háádadiit'įįh nít'ę́ę́'.
This was the mode of dress for young women in the past.

'Áłchíní da'íídóołta yiniiyé 'ałkéé deezt'i'.
The children have lined up for school.

Thoughts and knowledge are central to traditional Navajo culture. Children were instructed to think positive thoughts, to plan ahead, and to pay attention to what elders told them about learning to live a balanced and productive life. Extended family members taught children how to care for sheep and livestock, how to take care of their homes, and how to provide for their families. All of these tasks required children to learn how to direct their thoughts toward good and away from evil. Many Navajo parents still model this at home.

The basic instruction by the extended family members revolved around a simple yet powerful instructional philosophy, that of *T'áá hó 'ájít'éego t'éiyá*. This statement was applied to every aspect of a child's upbringing. Difficult to interpret or translate, this phrase could mean any of the following:

Success is up to you
Achievement is up to you
Perseverance is up to you
The amount of self-effort that you exert is up to you
It (success) is up to you
It (success) is all in your own strength

As you can see, it is up to the individual to determine whether or not he or she is to be successful. *T'áá hó 'ájít'éego t'éiyá* is based upon *nitsáhákees* (thought), *na'nitin* (instruction), and *nahat'á* (planning). However, this instructional philosophy was interrupted by the federal government and its efforts to assimilate the Navajos into a non-Navajo, non-Indian way of life.

As early as 1819, Congress authorized an annual "civilization fund" to stimulate and promote forced education of American Indians. Later, on November 25, 1838, Commissioner of Indian Affairs T. Hartley Crawford further solidified this effort when he wrote, "...in order to win an Indian from the waywardness and idleness of his life, his morals and his mind, teach him how to farm, how to work in the mechanic arts, and how to labor profitably.... Manual labor schools are what the Indian condition calls for."[1]

It is interesting to see how half of the children are dressed traditionally.

For Navajo children, it was Article 6 of the Navajo-US Treaty of 1868 that mandated formal education. Many Navajo people have antagonistic feelings toward this treaty. For one thing, these laws mandating forced education were passed at the same time that Congress was passing other laws taking away Indian land and reallocating it to white settlers. Also, the schools that were set up in response to the treaty were designed to wipe out the Navajos' traditional way of educating their children and to force the children to conform to a harsh and alien way of life. However, the Treaty itself does not state ***how*** education was to be conducted. A missionary and a military man, both of whom were from the East, later resolved that the education of all American Indians should be conducted through the boarding school system with its harsh assimilationist policy.

Below you will find Article 6 of the Navajo-US Treaty of 1868 written in Navajo, followed by an English translation.

Naaltsoos Sání: Wáashindoon dóó Naabeehó yił Ahadeest'ánígíí

T'ááłá'ídi míil dóó bi'aan tseebíidi neeznádiin dóó bi'aan hastą́diin dóó bi'aan tseebíígóó yihah yę́ędą́ą́'

Hastą́ą́ góne'. Díí Bitsį' Yishtłizhii bił ałha'da'deet'ánígíí 'éí hasht'e' nidookah biniiyé 'ólta' atxis nilįįgo yee 'ádeehadahaasdzíí'. Diné bikéyah haadzoígíí biyi' k'éé'dílyééh bóhonéedzáníjį' adaheeznánígíí 'éí 'ííyisíí ha'ałchíní 'ólta'jį' nidazhdooniłgo bich'į' lą́ da'jisłį́į'. Hada'ałchíní, 'ashiiké dóó 'at'ééké, hastą́ą́ dóó níléí hastą́'áadahjį' béédáhaiígíí da'íídóołtahgo yee nahas'ą́ą doolełgo yee 'ádeehadahasdzíí'. Wáashindoon binaal'a'í, Bilagáanaa Naabeehó yik'i déez'į'ígíí 'éí díí 'ałchíní 'ólta'jį' nihi'níłígíí bąąh yiszįįd, áko Naabeehó ba'ałchíní 'ólta' biniiyé yee 'ádee hadahideesdzí'ę́ę yida'dooliił. 'Áádóó Wáashindoondę́ę́' éí Naabeehó 'ałchíní tádiin yilt'éego níjaa'go 'ólta'jį' t'áá nihe'níił bik'eh 'éí kin bii' ólta'í dóó bá'ólta'í Bilagáanaa bizaad yína'nìłtingo yíneel'ááníigíí bá nishóhwiiyoot'eeh dooleeł. Díí bá'ólta'í 'éí Naabeehó bitah kééhojit'įį dooleeł dóó bá'ólta'í binaanish bizhdiilkaalgo yá'át'éehgo hanaanish ázhdooliił.

Article 6. In order to insure the civilization of the Indians entering into this treaty, the necessity of education is admitted, especially of such of them as may be settled on said agricultural parts of this reservation, and they therefore pledge themselves to compel their children, male and female, between the ages of six and sixteen years, to attend school; and it is hereby the duty of the agent for said Indians to see that this stipulation is strictly complied with; and the United States agrees that, for every thirty children between said ages who can be induced or compelled to attend school, a house shall be provided, and a teacher competent to teach the elementary branches of an English education shall be furnished, who will reside among said Indians, and faithfully discharge his or her duties as a teacher.

(Treaty Between the United States of America and the Navajo Tribe of Indians; Concluded June 1, 1868; Ratification advised July 25, 1868; Proclaimed August 12, 1868.)

'Áłchíní Wáashindoon bikéyah bidah naat'a'í dah yiltsóosgo yiba' naazį.
The children are waiting for the daily raising of the flag.

Congress established governmental agencies such as the Bureau of Indian Affairs, under whose direction boarding schools were to ensure that the English language would replace American Indian languages and that the White man's ways would replace the American Indian's cultural practices. This destructive form of education remained in effect for over one hundred years. Finally, in 1975, the Indian Self Determination and Education Assistance Act authorized the Secretary of the Interior to form contracts which permitted Indian nations to decide if they wished to participate in a certain federal program. According to the Act, Indian determination was designed to replace the assimilationist policy of the federal government.[2]

Many American Indian nations have since authorized the instruction of their native language in schools located on the Reservations.

1 Prucha, Francis Ed. *Documents of United States Indian Policy*. Lincoln, NE: U of Nebraska Press, 2000. 33, 72.
2 Canby, William C. *American Indian Law in a Nutshell*. St. Paul: West Publishing Co., 1981.

Saad Ániidíígíí

Navajo Word	English Translation	Sample Sentence
'ólta'	school	Shimá yázhí 'ółta'di naalnish.
naaltsoos bá hooghan	library	Sáanii nidilt'éego naaltsoos bá hooghandi naalnish.
nooséłí	teenager	Nooséłí Toohdi 'ólta' yii' da'ółta'.
'ashiiké	the boys	'Ashiiké K'ai' Bii' Tóodi (Kaibito) 'ółta'.
		'Ashiiké K'ai' Bii' Tóodi da'ółta'.
tséłkę'/tsíłkéí	teenage boy/teenage boys	Nihitsíłkę' Bééshsinilídi 'ółta'.
		Nihitsíłkéí Bééshsinilídi da'ółta'.
'at'ééké	the girls	'At'ééké hooghan nímazí yii' ółta'.
		'At'ééké hooghan nímazí yii' da'ółta'.
ch'eekę'/ch'ikéí	teenage girl/teenage girls	Háadishą' nich'eekę' ółta'?
		Ch'ikéí Naatsis'áandi Diné bizaad yídahooł'aah.
sáanii	women	Sáanii 'ólta'di 'áłchíní yił naalnish.
		Sáanii 'ólta'di 'áłchíní yił nidaalnish.
hastói	men	Hastói hooghan nímazí yii' ch'iiyáán ádeiléeh.
		Hastói hooghan nímazí yii' ch'iiyáán ííléeh.
bá'ólta'í	teacher	Bá'ólta'í Tóta'di 'áłchíní yił naalnish.
		(*bá*: for whom; *ólta'*: school is conducted; í: enclitic)
naaltsoos íił'íní	secretary	Naaltsoos íił'íní bá'ólta'í yił naalnish.
		(*Naaltsoos*: paper/book, *íił'íní*: one who makes)
'áłchíní bee naagéhí neiłbąąsíígíí	bus driver	'Áłchíní bee naagéhí neiłbąąsíígíí nizhónígo 'áłchíní yił naalnish.
		(*bee naagéhí*: by means of which things are transported; *neiiłbąąsíígíí*: the one who drives it)
'áłchíní yich'į' yáłti'í	school counselor	'Áłchíní yich'į' yáłti'í nooséłí yich'į' yáłti'.
		(*áłchíní*: children; *yich'į'*: toward them; *yáłti'í*; one who talks)
'ólta' aląąjį' yá dah sidáhígíí	principal	'Ólta' aląąjį' yá dah sidáhígíí bá'ólta'í bá nidaalnish. (*aląąjį'*: ahead of others; *dah sidáhígíí*: the one who sits)
bá'ólta'í yíká 'análwo'ígíí	teacher aide	Bá'ólta'í yíká 'análwo'ígíí nizhónígo tsíłkéí dóó ch'ikéí da'ółta'ígíí yił naalnish. (*yíká 'análwo'ígíí*: one who helps)
ch'iiyáán íił'íní	cook	Ch'iiyáán íił'íní łikango ch'iiyáán áyiilaa.
		(*'íił'íní*: one who makes)
diné 'ólta' yá nidaha'áhígíí	school board	Diné 'ólta' yá nidaha'áhígíí 'ólta'di naakai. (*yá*
		nidaha'áhígíí: the ones who plan)
nahashoohí	custodian	Nahashoohí 'ólta' yii' naalnish. (*nahashooh*: he/she is sweeping; *í*: enclitic; (*nahashoohí*: one who sweeps)

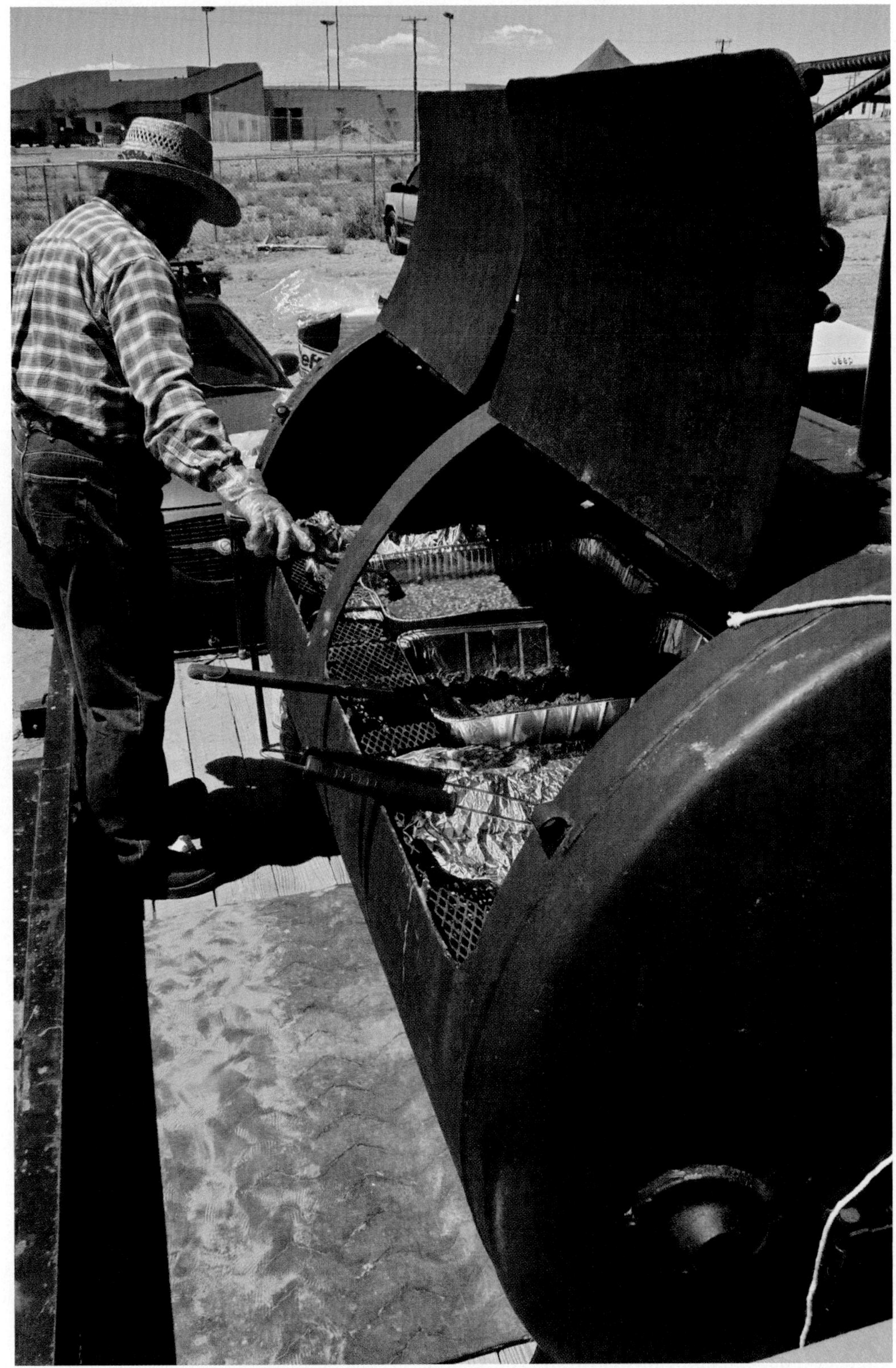

Ch'iiyáán íił'íní tł'óo'di ch'iiyáán íiléeh.
The cook is preparing a meal outside.

'Áhát'į Ániidíígíí: íínishta' New Verb: I am going to school.		K'ad áhooníiłgo Imperfective Mode	
This verb also means "I am reading./I am studying./I am going to school."			
	Łah jidilt'éhígo	**Nizhdilt'éego**	**Díkwíjílt'éego**
Yáłti'ígíí	íínishta'	ííníilta'	da'ííníilta'
	I am going to school.	We (2) are going to school.	We (3+) are going to school.
Bich'į' Yá'áti'ígíí	ííníłta'	íínółta'	da'íínółta'
	You are going to school.	You (2) are going to school.	You (3+) are going to school.
Baa Yá'áti'ígíí	ółta'	ółta'	da'ółta'
	He/She is going to school.	They (2) are going school.	They (3+) are going school.

New Postposition: You learned to use the postposition *baa* in combination with handling verbs. In this case, *baa* means "about it." Notice how it is used in the sentences below.

baa/yaa	about it
Shí dóó shideezhí Diné bizaad baa 'ííníilta'.	
My younger sister and I are learning about the Navajo language.	
Bá'ólta'í Diné bizaad yaa yáłti'.	
The teacher is talking about the Navajo language.	

At'ééké bitsii' áłts'íísígo bá daheeshgizh, áko nidi 'ólta' yaa bił dahózhǫ́. The girls' had their hair cut short and yet they look happy about school.

Ha'oodzíí' Dawólta'ígíí

Łah jidilt'éhígo
Tónilts'ílídi Diné bizaad baa 'íínishta'.
'Ólta'di shą' ha'at'íí baa 'ííníłta'?
Bá'ólta'í Tséghádhoodzánídi diné bits'íís yaa 'ółta'.
Nizhdilt'éego
Shí dóó nádí shimá sání bighandi Diné bizaad baa 'ííníilta'.
Ni dóó nideezhííísh 'ólta' bii' íínółta'?
Nitsilí dóó nideezhí hooghan nímazí yii' ółta'.
Díkwíjílt'éego
Shí dóó 'ashkii bibízhí dóó naaltsoos íít'íní 'ólta'di Bilagáanaa bizaad baa da'ííníilta'.
Ni dóó nihideezhí dóó nihitsilí ch'iiyáán ál'įįgi (the making of) baa da'íínółta'.
Shínaaí dóó shádí dóó 'ashiiké dóó 'at'ééké Diné biwááshindoon (Navajo Nation Government) yaa da'ółta'.

’Áłchíní Tsédildǫ́’iidi Diné bizaad wólta’ígíí yídahooł’aah dóó Bilagáanaa bizaad yaa da’ółta’.
The children are learning to read Navajo and are learning the English language at Hardrock.

Building Reading Skills

Yá’át’ééh,

Shí ’éí Wáalii yinishyé. Shideezhí ’éí Hélin wolyé. Shitsilí ’éí Wódii wolyé. Shizhé’é ’éí Hénaawii wolyéé dóó shimá ’éí Bédii wolyé.

Shizhé’é ’éí ’ólta’di nahashoohí nilį́. Binaanish bił yá’át’ééh dóó nizhónígo naalnish. Shimá ’éí ’ólta’di ch’iiyáán íił’íní nilį́. Shimá binaanish bił yá’át’ééh. Shibízhí ’ałdó’ ólta’di naalnish. Shibízhí ’éí naaltsoos íił’íní nilį́. Shibízhí ’ałdó’ binaanish bił yá’át’ééh.

Shí dóó shideezhí dóó shitsilí Tóhaach’i’di da’ííníilta’. Nizhónígo da’ííníilta’.

Bilagáanaa bizaad baa da’ííníilta’. Diné bizaad baa da’ííníilta’. Diné bizaad nizhóní. Hooghan nímazí bii’ da’ííníilta’.

Yiskąągo ’éí Diné biwááshindoon baa da’ííníilta’ dooleeł. Shí dóó shideezhí dóó shitsilí Diné biwááshindoon nihił danizhóní.

Nihibá’ólta’í Dzésikah wolyé. Dzésikah nizhóní. Dzésikah éí ’University of New Mexicodi ’íílta’. Áadi Bilagáanaa bizaad dóó Diné bizaad yaa ’íílta’.

Yiskąągo nizhónígo nááda’iídíiltah (we 3+ will go to school again).

Hágoónee’

Saad Ániidíígíí: Naaltsoos Dawólta’ígíí Items to Read

naaltsoos	book or paper
naaltsoos aseezį́	newspaper (*naaltsoos*: paper; *aseezį́*: gossip)
naaltsoos bik’ehgo ni’iilyéhígíí	bill (*naaltsoos*: paper; *bik’ehgo*: according to it; *ni’iilyéhígíí*: that which is paid)
naaltsoos shaa ninájájeehígíí	letters (*naaltsoos*: paper; *shaa*: to me; *ninájájeehígíí*: those that come “running” back)
kindóó naalyéhí bída’oolkąąhígíí	grocery ads (*kindóó*: from the store; *naalyéhí*: merchandise; *bída’oolkąąhígíí*: those which are being advertised)
naaltsoos bii’dóó ’íhoo’aahígíí	textbooks (*bii’dóó:* from out of it; *íhoo’aahígíí*: that which is learned)

Possessive Prefixes

In earlier chapters, we learned that words for items that can be owned always include a possessive prefix.

shi + má	ni + má	bi + má	nihi + má

The prefixes *shi-, ni-, bi-,* and *nihi-* can be put on nouns to indicate possession.

shinaaltsoos	my book/paper	ninaaltsoos	your book/paper
binaaltsoos	his/her/its book/paper	nihinaaltsoos	our/your (2+) book/paper

'Áhát'į 'Ániidíígíí: yíníshta' **New Verb: I am reading it.**		**K'ad áhooníílgo** **Imperfective Mode**	
The translation of this verb, "to read **it**," indicates that a direct object is required. When making sentences using this verb, be mindful of the need for an object. Notice that this verb looks and sounds like the verb *'íínishta'* "I am reading," except that this verb has a *y* prefix in it.			
	Łah jidilt'éhígo	**Nizhdilt'éego**	**Díkwíjílt'éego**
Yáłti'ígíí	yíníshta'	yíníilta'	dayíníilta'
	I am reading it.	We (2) are reading it.	We (3+) are reading it.
Bich'į' Yá'áti'ígíí	yíníłta'	yínółta'	dayínółta'
	You are reading it.	You (2) are reading it.	You (3+) are reading it.
Baa Yá'áti'ígíí	yółta'	yółta'	dayółta'
	He/She is reading it.	They (2) are reading it.	They (3+) are reading it.

Ha'oodzíí' Dawólta'ígíí

Łah jidilt'éhígo
Shinaaltsoos bii'dóó 'íhoo'aahígíí yíníshta'.
Kinłánídiish naaltsoos aseezį yíníłta'?
Bá'ólta'í naaltsoos aseezį bimá sání yich'į' yółta'.
Nizhdilt'éego
Shí dóó bá'ółta'í naaltsoos bii'dóó 'íhoo'aahígíí yíníilta'.
Ni dóó naaltsoos ííł'íní Lók'aah Niteeldi (Ganado) naaltsoos nihaa ninádahajeehígíí yínółta'.
Tóta'di (Farmington) hastóí naaltsoos aseezį yółta'.
Díkwíjílt'éego
Nihí naaltsoos kindóó naalyéhí bída'oolkąąhígíí dayíníilta'.
Ni dóó 'áłchíní Dá'ák'eh Halánídi (Many Farms) t'áá Diné binaaltsoos aseezíníígíí dayínółta'.
'At'ééké chaha'ohdi shinaaltsoos dayółta'.

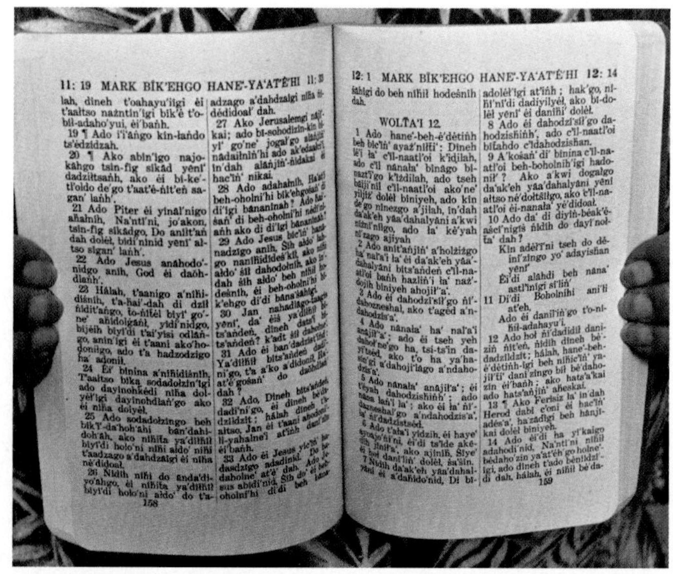

Díí 'éí Diyin Bizaad át'é. 'Ałk'idą́ą́' na'adzoh yę́ę k'ehjí 'ályaa.
This is a Navajo New Testament written in the old orthography.

’Áhát’į ’Ániidíígíí: yídéeshtah New Verb Form: I will read it.		T’ahdoo ’áhánééhgóó Future Mode	
	Łah jidilt’éhígo	**Nizhdilt’éego**	**Díkwíjílt’éego**
Yáłti’ígíí	yídéeshtah I will read it.	yídiiltah We (2) will read it.	dayídiiltah We (3+) will read it.
Bich’į’ Yá’áti’ígíí	yídííłtah You will read it.	yídóołtah You (2) will read it.	dayídóołtah You (3+) will read it.
Baa Yá’áti’ígíí	yídóołtah He/She will read it.	yídóołtah They (2) will read it.	dayídóołtah They (3+) will read it.

Ha’oodzíí’ Dawólta’ígíí

Łah jidilt’éhígo
Shinaaltsoos bii’dóó ’íhoo’aahígíí yídéeshtah.
Yiskáągo Kinłánídi naaltsoos aseezį yídííłtah.
Naaki yiskáągo bá’ólta’í naaltsoos aseezį bimá sání yich’į’ yídóołtah.
Nizhdilt’éego
Yiskáągo shí dóó bá’ólta’í naaltsoos bii’dóó ’íhoo’aahígíí yídiiltah.
Ni dóó naaltsoos íił’íní Lók’aah Niteeldi naaltsoos nihaa ninádahajeehígíí yídóołtah.
Naaki yiskáągo Tóta’di hastóí naaltsoos aseezį yídóołtah.
Díkwíjílt’éego
Táá’ yiskáągo naaltsoos kindóó naalyéhí bída’oolkąąhígíí dayídiiltah.
Yiskáągo, Dá’ák’eh Halánídi ni dóó ’áłchíní t’áá Diné binaaltsoos aseezíníígíí dayídóołtah.
Yiskáągo ’at’ééké chaha’ohdi shinaaltsoos dayídóołtah.

Díí ’éí ’áłchíní naaltsoos bá ’ádaalyaaígíí ’ádaat’é. Salina Bookshelfdóó ’ádaalyaa. Diné k’ehjí dóó Bilagáanaa k’ehjí ’ádaalyaa.
These are bilingual Navajo-English children’s books that have been published by Salina Bookshelf.

Áhát’į ’Ániidíígíí: yíłta’ New Verb Form: I read it.		T’áá ’íídą́ą́’ Áhóót’įįdgo Perfective Mode	
	Łah jidilt’éhígo	**Nizhdilt’éego**	**Díkwíjílt’éego**
Yáłti’ígíí	yíłta’ I read it.	yiilta’ We (2) read it.	dayiilta’ We (3+) read it.
Bich’į’ Yá’áti’ígíí	yíníłta’ You read it.	wóołta’ You (2) read it.	dawóołta’ You (3+) read it.
Baa Yá’áti’ígíí	yiyííłta’ He/She read it.	yiyííłta’ They (2) read it.	dayííłta’ They (3+) read it.

Ha'oodzíí' Dawólta'ígíí

Łah jidilt'éhígo
'Adą́ądą́ą́' shinaaltsoos bii'dóó 'íhoo'aahígíí yíłta'.
Naaki yiskánídą́ą́'ísh Kinłánídi naaltsoos aseezį́ yíníłta'
Bá'ólta'í naaltsoos aseezį́ bimá sání yich'į' yiyííłta'.

Díkwíjílt'éego
Adą́ądą́ą́' naaltsoos kindóó naalyéhí bída'oolkąąhígíí dayíilta'.
Naaki yiskánídą́ą́' ni dóó 'áłchíní Dá'ák'eh Halánídi t'áá Diné binaaltsoos aseezíníígíí dawóołta'.
Táá' yiskánídą́ą́' at'ééké chaha'ohdi shinaaltsoos dayííłta'.

Nizhdilt'éego
Táá' yiskánídą́ą́' shí dóó bá'ólta'í naaltsoos bii'dóó 'íhoo'aahígíí yíilta'.
Naaki yiskánídą́ą́' ni dóó naaltsoos ííł'íní Lók'aah Niteeldi naaltsoos nihaa ninádahajeehígíí wóołta'.
Naaki yiskánídą́ą́' Tóta'di hastóí naaltsoos aseezį́ yiyííłta'.

Building Reading Skills

'Ashkii Jáanii wolyé. Jáanii nahashoohí nilį́. 'Ooljéé' Tóodi (Oljato) bighan. Naalyéhí bá hooghandi naaltsoos yółta'. Jáanii bimá sání dóó bicheii naaltsoos yich'į' yółta' łeh. Nizhónígo naaltsoos yółta'.

Jáanii bimá Méewii wolyé. Méewii 'ólta'di naalnish. Áłchíní yił naalnish. Jáanii bimá bá'ólta'í nilį́.

Jáanii bizhé'é 'éí Héewii wolyé. Héewii doo 'ííłta' da. Hooghandi naalnish. Chidí tsoh yee naalnish. Jáanii 'éí tł'óo'di Diné binaaltsoos aseezį́ bizhé'é yich'į' yółta'.

Saad Ániidiígíí: 'Ádahoolyéhígi   Place names

As you expand your Navajo world, more place names will need to be learned. Below are border towns where you, your friends, or relatives may be attending school.

Na'nízhoozhí	Gallup, NM	Na'nízhoozhídi	at Gallup
Kinłání	Flagstaff, AZ	Kinłánídi	at Flagstaff
Bééshsinil	Winslow, AZ	Bééshsinildi	at Winslow
T'iis Yaa Kin	Holbrook, AZ	T'iis Yaa Kindi	at Holbrook
Tóta'	Farmington, NM	Tóta'di	at Farmington
Kinłání	Durango, CO	Kinłánídi	at Durango
Na'ní'á Hótsaa	Page, AZ	Na'ní'á hótsaadi	at Page

Ha'oodzíí' Dawólta'ígíí

Shimá Na'nízhoozhídi 'ííłta'. K'ad áłchíní yich'į' yáłti'í nilį́.

Shínaaí Kinłánídi naaltsoos aseezį́ yídóołtah.

Shizhé'é Bééshsinildi bá'ólta'í nilį́.

Shił naa'aash T'iis Yaakindi naaltsoos íił'íní yił ííłta'.

Shimá sání Tóta'di ch'iiyáán íił'íní nilį́.

Shinálí 'asdzáníígíí Tóhach'i'di t'áá Diné binaaltsoos aseezį́ yiyííłta'.

Shizhé'é yázhí Na'ní'á Hótsaadi'áłchíní yich'į' yáłti'í nilį́.

Saad Ániidíígíí: Concepts to Learn

'ałhí'iidzóóh	addition
bihididzóóh	subtraction
ałhą́ą́h náhiniildeeł	multiplication
'ałts'á 'ídzóóh	division
nitsáhákees	thought
nahat'á	planning
na'nitin	instruction

Ha'oodzíí' Dawólta'ígíí

Shideezhí 'ólta'di 'ałhí'iidzóóh yaa 'íílta'.

Tóta'di ni dóó naaltsoos íił'íní bihididzóóh baa 'íínółta'.

Ch'iiyáán íił'íní dóó nahashoohí dóó 'áłchíní bee naagéhí neiłbąąsí Bééshsinildi naaltsoos bikáa'gi 'ałhą́ą́h náhiniildeeł yaa da'iiłta'.

Chaha'oh bii' 'ałts'á 'ídzóóh baa 'íídéeshtah.

'Áhát'į́ ' Ániidíígíí: bíhoosh'aah **New Verb: I am learning it.**		**K'ad áhooníiłgo** **Imperfective Mode**	
This next set of verbs, *bíhoosh'aah*, *bíhwiideesh'ááł*, and *bíhooł'ą́ą́'*, require a direct object. You must state **what** you are learning.			
	Łah jidilt'éhígo	**Nizhdilt'éego**	**Díkwíjílt'éego**
Yáłti'ígíí	bíhoosh'aah I am learning it.	bíhwiil'aah We (2) are learning it.	bídahwiil'aah We (3+) are learning it.
Bich'į' Yá'áti'ígíí	bíhooł'aah You are learning it.	bíhooł'aah You (2) are learning it.	bídahooł'aah You (3+) are learning it.
Baa Yá'áti'ígíí	yíhooł'aah He/She is learning it.	yíhooł'aah They (2) are learning it.	yídahooł'aah They (3+) are learning it.

'Áłchíní dóó tł'ízí yázhí daats'í 'atł'óogi yídahooł'aah.
Maybe the children and the kid (goat) are learning to weave.

Ha'oodzíí' Dawólta'ígíí

Łah jidilt'éhígo
Shí Na'ní'á Hasánídi (Cameron) Diné bizaad bíhoosh'aah.
Niísh Na'nízhoozhídi Bilagáanaa bizaad bíhooł'aah?
Da' shideezhí Tóta'di 'ałhí'iidzóóh yíhooł'aah?

Nizhdilt'éego
Shí dóó 'at'ééd T'iis Yaa Kindi bihididzóóh bíhwiil'aah.
Ni dóó nitsilíísh Bééshsinildi Diné bizaad bíhooł'aah?
'At'ééd dóó 'ashkii Ch'ínílį́įdi Diné bizaad yíhooł'aah.

Díkwíjílt'éego
Shí dóó shínaaí dóó shádí chaha'ohdi 'ałhą́ą́h náhiniildeeł bídahwiil'aah.
Ni dóó hastóí dóó sáanii hooghan nímazí bii' ałts'á 'ídzóóh bídahooł'aah.
K'ad 'áłchíní Tódínéeshzhee'di Diné bizaad yídahooł'aah.

Building Reading Skills

'At'ééd Shéewii wolyé. Tóhaach'i'di bighan. Bimá dóó bizhé'é dóó bitsilí yił bighan. Shéewii 'ólta'di Diné bizaad dóó Bilagáanaa bizaad yíhooł'aah. Shéewii Diné bizaad bił yá'át'ééh. Shéewii shizeedí yił íílta'.

Shéewii bitsilí Jéewii wolyé. Jéewii Kinłánídi 'ólta'. Jéewii 'ólta'di 'ałhí'iidzóóh dóó bihididzóóh yíhooł'aah. Ayóo bił nizhónígo yíhooł'aah. Jéewii 'ałhí'iidzóóh dóó 'ałhąąh náhiniildeeł ayóo bił béého̧zin.

'Áhát'į 'Ániidíígíí: shił béého̧zin **New Verb: I have knowledge of it.**		**K'ad áhooníiłgo** **Imperfective Mode**	
	Łah jidilt'éhígo	**Nizhdilt'éego**	**Díkwíjílt'éego**
Yáłti'ígíí	shił béého̧zin	nihił béého̧zin	nihił béédahózin
	I have knowledge of it.	We (2) have knowledge of it.	We (3+) have knowledge of it.
Bich'į' Yá'áti'ígíí	nił béého̧zin	nihił béého̧zin	nihił béédahózin
	You have knowledge of it.	You (2) have knowledge of it.	You (3+) have knowledge of it.
Baa Yá'áti'ígíí	bił béého̧zin	bił béého̧zin	bił béédahózin
	He/She has knowledge of it.	They (2) have knowledge of it.	They (3+) have knowledge of it.

Ha'oodzíí' Dawólta'ígíí

Łah jidilt'éhígo
'Ałhí'iidzóóh shił béého̧zin.
Bíhididzóóh nił béého̧zin.
'Ałhąąh náhiniildeeł bił béého̧zin.

Díkwíjílt'éego
Hooghan álnéehgi nihił béédahózin.
Nihí 'ólta'í danohłínígíí naaltsoos wólta'ígíí nihił béédahózin.
Shicheii dóó shimá sání chidí 'ánál'įįgi (repair) bił béédahózin.

Nizhdilt'éego
'Ałts'á 'ídzóóh nihił béého̧zin.
Nihí 'álchíní nohłínígíí hooghan álnéehgi nihił béého̧zin.
Nahashoohí dóó ch'iiyáán íił'íní dóó bá'ólta'í 'ayóo Diné k'ehjí 'ak'e'alchí bił béého̧zin.

'Áhát'į 'Ániidíígíí: shił béého̧dooz̨įįł **New Verb Form: I will become knowledgeable of it.**		**T'ahdoo áhánéehgóó** **Future Mode**	
To say you will know something in the future means that you will find out, so this verb may also be translated as "I will find out."			
	Łah jidilt'éhígo	**Nizhdilt'éego**	**Díkwíjílt'éego**
Yáłti'ígíí	shił béého̧doozįįł	nihił béého̧doozįįł	nihił béédahodoozįįł
	I will become knowledgeable of it.	We (2) will become knowledgeable of it.	We (3+) will become knowledgeable of it.
Bich'į' Yá'áti'ígíí	nił béého̧doozįįł	nihił béého̧doozįįł	nihił béédahodoozįįł
	You will become knowledgeable of it.	You (2) will become knowledgeable of it.	You (3+) will become knowledgeable of it.
Baa Yá'áti'ígíí	bił béého̧doozįįł	bił béého̧doozįįł	bił béédahodoozįįł
	He/She will become knowledgeable of it.	They (2) will become knowledgeable of it.	They (3+) will become knowledgeable of it.

Ha'oodzíí' Dawólta'ígíí

Łah jidilt'éhígo
'Ałhí'iidzóóh shił bééhodoozįįł.
Bíhididzóóh nił bééhodoozįįł.
'Ałhą́ą́h náhiniildeeł bił bééhodoozįįł.

Díkwíjílt'éego
Hooghan álnéehgi nihił béédahodoozįįł.
'Ółta'í danohłínígíí naaltsoos wólta'ígíí nihił béédahodoozįįł.
Nahashoohí dóó ch'iiyáán íił'íní dóó bá'ólta'í Diné k'ehjí 'ak'e'alchí bił béédahodoozįįł.

Nizhdilt'éego
'Ałts'á 'ídzóóh nihił bééhodoozįįł.
'Áłchíní nohłínígíí hooghan álnéehgi nihił bééhodoozįįł.
Shicheii dóó shimá sání chidí 'ánál'įįgi bił bééhodoozįįł.

'Áhát'į 'Ániidíígíí: shił bééhoozin New Verb Form: I became knowledgeable of it.		T'áá 'íídą́ą́' áhóót'įįdgo Perfective Mode	
	Łah jidilt'éhígo	**Nizhdilt'éego**	**Díkwíjílt'éego**
Yáłti'ígíí	shił bééhoozin I became knowledgeable of it.	nihił bééhoozin We (2) became knowledgeable of it.	nihił béédahoozin We (3+) became knowledgeable of it.
Bich'į' Yá'áti'ígíí	nił bééhoozin You became knowledgeable of it.	nihił bééhoozin You (2) became knowledgeable of it.	nihił béédahoozin You (3+) became knowledgeable of it.
Baa Yá'áti'ígíí	bił bééhoozin He/She became knowledgeable of it.	bił bééhoozin They (2) became knowledgeable of it.	bił béédahoozin They (3+) became knowledgeable of it.

Ha'oodzíí' Dawólta'ígíí

Łah jidilt'éhígo
'Ałhí'iidzóóh shił bééhoozin.
Bíhididzóóh nił bééhoozin.
'Ałhą́ą́h náhiniildeeł bił bééhoozin.

Díkwíjílt'éego
Hooghan álnéehgi nihił béédahoozin.
'Ółta'í danohłínígíí naaltsoos wólta'ígíí nihił béédahoozin.
Nahashoohí dóó ch'iiyáán íił'íní dóó bá'ólta'í Diné k'ehjí 'ak'e'alchí bił béédahoozin.

Nizhdilt'éego
'Ałts'á 'ídzóóh nihił bééhoozin.
'Áłchíní nohłínígíí hooghan álnéehgi nihił bééhoozin.
Shicheii dóó shimá sání chidí 'ánál'įįgi bił bééhoozin.

New Handling Verb

The handling verb you are learning here is used for long, rigid objects. Remember, the verb by itself means "to give a long, rigid object," and the postposition *baa* is used to specify **who** the object is being given to.

'Áhát'į ' Ániidíígíí: baa nishtįįh **New Verb:** I am giving the **elongated, rigid object** to him/her.		**K'ad áhooníiłgo** **Imperfective Mode**	
	Łah jidilt'éhígo	**Nizhdilt'éego**	**Díkwíjílt'éego**
Yáłti'ígíí	**baa** nishtįįh I am giving the ______ to **him/her**.	**baa** niitįįh We (2) are giving the ______ to **him/her**.	**baa** daniitįįh We (3+) are giving the ______ to **him/her**.
Bich'į' Yá'áti'ígíí	**baa** nítįįh You are giving the ______ to **him/her**.	**baa** nohtįįh We (2) are giving the ______ to **him/her**.	**baa** danohtįįh We (3+) are giving the ______ to **him/her**.
Baa Yá'áti'ígíí	**yaa** yeiyítįįh/yítįįh He/She is giving the ______ to **him/her**.	**yaa** yeiyítįįh/yítįįh They (2) are giving the ______ to **him/her**.	**yaa** deiyítįįh/dayítįįh They (3+) are giving the ______ to **him/her**.

This verb can be used to discuss the handling of objects such as:

bee 'í'neel'ąąhí	ruler
bee 'ak'e'alchíhí	pencil
bee 'ak'e'alchíhí, tó daabii'ígíí	pen
tsin	stick
bee ni'dildlaadí	flashlight
jeeh	stick of gum
bee 'ił ada'agizí	screw driver
bíla' táa'ii	fork
béésh adee'	spoon
bé'ázhóó'	brush/comb
naadą́ą́'	corn on the cob

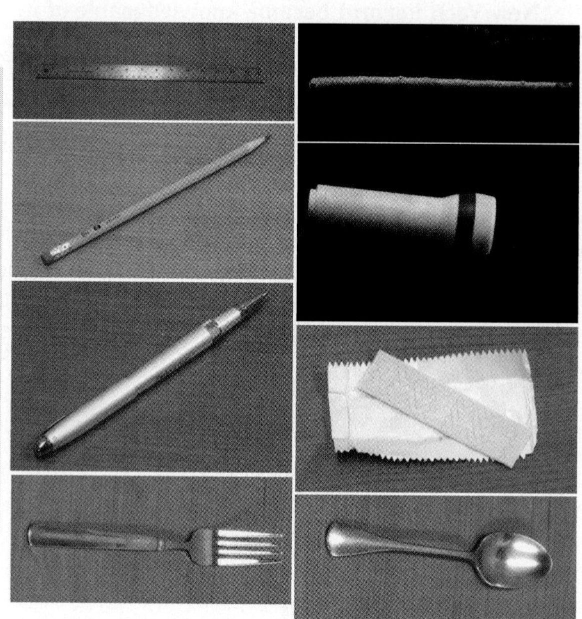

Ha'oodzíí' nihá bee 'álnééh:

Bee 'ak'e'alchíhí tó bii'ígíí ła' shaa nítįįh, t'áá shǫǫdí.
Give me a pen, please.

In the same manner, ask for other items that appropriately fit into this category.

'Ei ______________________ shaa nítįįh, t'áá shǫǫdí. (long, rigid object)
Give me the ______________________, please.

When you are asked for an item that fits in this handling verb category, you would hand over the item and say:

Na', bee 'ak'alchíhí tó bii'ígíí ła' naa nishtįįh.
Here, I am giving you a pen.
Response: Ahéhee'.

Chapter 13 Na'a'né
Play

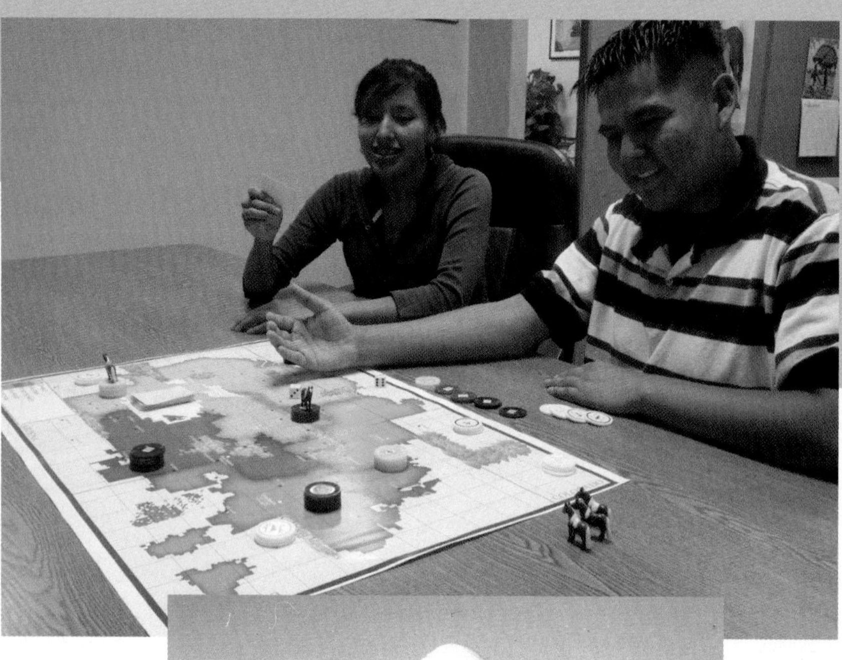

Na'a'né binahjį' íhoo'aah.
Games are a learning activity.

'Ashiiké "yas hastiin" ádayiilaa.
Boys have made a snow man.

The verb *na'a'né*, "to play," covers many activities. A person can play with a *daané'é*, "toy," or play a variety of ball games. Traditional games such as *Tsidił* and *Késhjéé'* are lively games of chance or probability. These games are only for the winter season; they are to be played only during the time after the first frost of late fall or early winter and before the first thunder of the spring. It is important to observe this traditional directive.

The elders tell of a time when games were a serious matter. For example, there was a time when the Navajos and the Kiis'áanii [Hopis] played a very harsh game. The Navajos would come riding from the north, galloping so fast that their *tsiiyéél* would come undone and their hair would be riding the wind. If a Kiis'áanii saw them coming, he was to alert the other Kiis'áanii, who were out working in their fields. If the Naabeehó (Navajo) yelled out a war cry, the Kiis'áanii would begin running in all directions, looking for a rock to stand on. It was understood by both sides that if a Kiis'áanii was able to find a rock to stand on, the Naabeehó could not touch a hair on his head. Any Kiis'áanii who had not found a rock was considered fair game and would be captured, making the Naabeehó winners; whereas, if the Naabeehó left Kiis'áanii country without a Kiis'áanii captive, the Kiis'áanii would be declared the winners.

These "war games" were taken very seriously, and are perhaps why American Indians of today find satisfaction in watching their children and relatives play on various school sports teams. American Indians are avid sports fans.

In Chapter 5, you learned the Imperfective form of *naashné*. In this chapter, we will also learn the Future and Perfective forms of this verb, and we will learn how to talk about watching a game or other activity.

'Áhát'į 'Ániidíígíí: naashné New Verb: I am playing.		K'ad áhooníiłgo Imperfective Mode	
	Łah jidilt'éhígo	Nizhdilt'éego	Díkwíjílt'éego
Yáłti'ígíí	naashné I am playing.	neii'né We (2) are playing.	nideii'né We (3+) are playing.
Bich'į' Yá'áti'ígíí	naniné You are playing.	naohné You (2) are playing.	nidaohné You (3+) are playing.
Baa Yá'áti'ígíí	naané He/She/It is playing.	naané They (2) are playing.	nidaané They (3+) are playing.

Ha'oodzíí Dawólta'ígíí

Łah jidilt'éhígo
Shideezhí bigídí bił naashné.
Háadishą' naniné? Chaha'ohísh bii' naniné?
'Ashkii 'áłah ná'ádleehdi bitsilí yił naané.
Nizhdilt'éego
Tónaneesdizídi shí dóó nádí 'ólta'gi neii'né.
Ni dóó nideezhí naalyéhí bá hooghan bich'é'édą́ą'gi naohné.
'At'ééd bínaaí dóó bitsilí naalyéhí bá hooghandi daané'é yee naané.
Díkwíjílt'éego
Shí dóó shitsilí dóó shideezhí chaha'oh bii' nideii'né.
Ni dóó 'ashkii dóó 'ashkii bínaaí hooghan góne'é nidaohné.
Nitsilí dóó nádí dóó nideezhí chaha'oh yii' nidaané.

'Ashiiké dzi'izí bił naanáalwołgo naané.
The boys are playing by riding a bike.

'Áhát'į 'Ániidíígíí: nideeshneeł New Verb Form: I will play.		T'ahdoo 'áhánééhgóó Future Mode	
	Łah jidilt'éhígo	Nizhdilt'éego	Díkwíjílt'éego
Yáłti'ígíí	nideeshneeł I will play.	nidii'neeł We (2) will play.	nidadii'neeł We (3+) will play.
Bich'į' Yá'áti'ígíí	nidíineeł You will play.	nidoohneeł You (2) will play.	nidadoohneeł You (3+) will play.
Baa Yá'áti'ígíí	nidooneeł He/She/It will play.	nidooneeł They (2) will play.	nidadooneeł They (3+) will play.

Ha'oodzíí Dawólta'ígíí

Łah jidilt'éhígo
Yiskáago shideezhí bigídí bił nideeshneeł.
Chaha'ohísh bii' nidííneeł?
'Ashkii 'áłah ná'ádleehdi bitsilí yił nidooneeł.

Díkwíjílt'éego
Yiskáago shí dóó shádí dóó nideezhí chaha'oh bii' nidadii'neeł.
Ni dóó 'at'ééké dóó 'ashiiké Tóniłts'ílídi nidadoohneeł.
Nitsilí dóó nił naa'aash dóó nínaaí dóó nitsilí chaha'oh yii' nidadooneeł.

Nizhdilt'éego
Shí dóó nádí Tónaneesdizídi 'ólta'gi nidii'neeł.
Yiskáago ni dóó nideezhí naalyéhí bá hooghan bich'é'édą́ą'gi nidoohneeł.
Naaki yiskáago 'at'ééd bínaaí dóó bitsilí naalyéhí bá hooghandi daané'é yee nidooneeł.

'Áhát'į 'Ániidíígíí: niséne' New Verb Form: I played.		T'áá'íídą́ą' áhóót'įįdgo Perfective Mode	
	Łah jidilt'éhígo	Nizhdilt'éego	Díkwíjílt'éego
Yáłti'ígíí	nisénę' I played.	nisii'ne' We (2) played.	nidasii'ne' We (3+) played.
Bich'į' Yá'áti'ígíí	nisíníne' You played.	nisoone' You (2) played.	nidasoone' You (3+) played.
Baa Yá'áti'ígíí	naazne' He/She/It played.	naazne' They (2) played.	nidaazne' They (3+) played.

Ha'oodzíí Dawólta'ígíí

Łah jidilt'éhígo
'Adą́ądą́ą' shideezhí bigídí bił nisénę'.
Háadi shą' nisíníne'? Chaha'ohísh bii' nisíníne'?
'Adą́ądą́ą' ashkii 'áłah ná'ádleehdi bitsilí yił naazne'.

Nizhdilt'éego
Naaki yiskánídą́ą' shí dóó nádí Tónaneesdizídi nisii'ne'.
'Adą́ądą́ą' ni dóó nideezhí naalyéhí bá hooghan bich'é'édą́ą'góó nisoone'.
Naaki yiskánídą́ą' at'ééd bínaaí dóó bitsilí naalyéhí bá hooghandi daané'é yee naazne'.

Díkwíjílt'éego
Táá' yiskánídą́ą' shí dóó shádí dóó nideezhí chaha'oh bii' nidasii'ne'.
Ni dóó 'at'ééké dóó 'ashiiké Tóniłts'ílídi nidasoone'.
'Adą́ądą́ą' nitsilí dóó nił naa'aash dóó nínaaí chaha'oh yii' nidaazne'.

'At'ééké yázhí dibé yázhí bidaané'é nilį́igo yił naané.
The young girls are playing with the kid (lambs) as their toy.

Review: *bił naashné* and *bee naashné*

In Chapter 5, you learned that if you want to talk about playing *with something* or *with someone*, you must be more specific than you would be in English. The postposition *bee/yee* means "by means of it," and is used when you are talking about the inanimate toy that you are using when you are playing. The postposition *bił/yił* means "with him or her," and is used to refer to your playmate.

New vocabulary: ball games

Jooł iihnálniihígíí (the ball that is tossed into a container – hoop)	**basketball**
Shínaaí 'ólta'di jooł iihnálniihígíí yee naazne'.	
Shí Tóta'di jooł iihnálniihígíí bee nideeshneeł.	
Jooł yikalí (the ball that a person hits with an elongated object – bat)	**baseball**
Tł'óo'di shí dóó shizhé'é jooł yikalí bee neii'né.	
'Áłchíní dibé bighan bíighahgi jooł yikalí yee nidaazne'.	
Jooł yitalí (the ball that a person kicks)	**football**
Ni dóó nahashoohí dóó hooghan íił'íní Na'nízhoozhídi 'ólta'gi jooł yitalí bee nidadoohneeł.	
Nihínaaí dóó nihitsilí kindi jooł yitalí yee naazne'.	
Jooł nímazgo yitalí (the round ball that a person kicks)	**soccer ball**
Ch'iiyáán íił'íní dóó 'áłchíní bee naagéhí neiłbąąsíígíí dóó naaltsoos íił'íní biyáázh chaha'oh yíighahgi jooł nímazgo yitalíígíí yee nidaané.	
Kinłánídi 'ólta' yá nidaha'áhíígíí ba'áłchíní jooł nímazgo yitalí yee naané?	

'Áhát'į 'Áníidíígíí: shináál **New Verb: I am watching_______.**	**K'ad áhooníiłgo** **Imperfective Mode**	
This next set of verbs is important to the concept of play because Navajo people are avid sports fans and enjoy watching games. Note that when using this verb, you must state **what** you are watching.		

	Łah jidilt'éhígo	Nizhdilt'éego	Díkwíjílt'éego
Yálti'ígíí	shináál	nihináál	danihináál
	I am watching______.	We (2) are watching_____.	We (3+) are watching_____.
Bich'į' Yá'áti'ígíí	nináál	nihináál	danihináál
	You are watching_______.	You (2) are watching_____.	You (3+) are watching____.
Baa Yá'áti'ígíí	bináál	bináál	dabináál
	He/She/It is watching____.	They (2) are watching____.	They (3+) are watching___.

Below is a sentence expressing something you might watch:

'Ashiiké jooł yikalíígíí yee nidaané.
The boys are playing baseball.

To express that you are currently watching this, you would just put *Shí 'éí shináál* "I (topic marker) am watching" before the sentence *askiiké jooł yikalí yee nidaané.*

As you can see from the examples below, the sentence about what you are watching comes **after** the verb for "to watch."

Shí 'éí shináál askiiké jooł yikalí yee nidaané.
I am watching the boys playing baseball.

Ha'oodzíí' Dawólta'ígíí

Łah jidilt'éhígo
Na'nízhoozhídi shináál 'ashiiké jooł yikalí yee nidaané.
Ch'iiyáán íít'íní ninááł ch'iiyáán íílééh.
Shicheii 'ółta'í binááł jooł nímazgo yitalí yee nidaané.

Díkwíjílt'éego
Tóta'di neiikai. Tł'óo'di 'at'ééké danihinááł jooł iihnálniihí yee nidaané. Nizhónígo nidaané.
Da' Naat'áanii Néezdiísh danihinááł chidí 'ánéíl'íní dóó 'azee' íít'íní dóó siláo jooł yikalí yee nidaané?
Bá'ólta'í táa'go kindi naakai. 'Áadi dabinááł tsíłkéí jooł nímazgo yitalí yee nidaané.

Nizhdilt'éego
Tséghádhoodzánídi neiit'aash. 'Áadi nihináál béésh bąąh dah si'ání 'áłah nádleehgi yádaałti'.
Tódínéeshzhee'diísh naoh'aash? Da' tsíłkéíísh nihinááł jooł iihnálniihígíí yee nidaané?
Nooséłí binááł nílch'ih naalkidí (television) bii'jį' hastói jooł yitalí yee nidaané.

'Áhát'į 'Ániidíígíí: shidoonááł New Verb Form: I will watch____.		T'ahdoo 'áhánééhgóó Future Mode	
	Łah jidilt'éhígo	**Nizhdilt'éego**	**Díkwíjílt'éego**
Yáłti'ígíí	shidoonááł	nihidoonááł	danihidoonááł
	I will watch_____.	We (2) will watch_______.	We (3+) will watch______.
Bich'į' Yá'áti'ígíí	nidoonááł	nihidoonááł	danihidoonááł
	You will watch______.	You (2) will watch______.	You (3+) will watch______.
Baa Yá'áti'ígíí	bidoonááł	bidoonááł	dabidoonááł
	He/She/It will watch_____.	They (2) will watch______.	They (3+) will watch_____.

The future form of the verb "I am watching" appears at the end of the sentence rather than in the middle. Recall that for the imperfective form (*shinááł*), the verb appears at the beginning or in the middle of the sentence. The phrase expressing the activity that **will** be watched has the enclitic *-go* on the end of its verb. The enclitic *–go* means "while or when" the activity is happening, the person(s) will watch.

Shí 'éí	'ashiiké jooł yikalí yee nidaanéego	shidoonááł.
Subject	**activity watched -go**	**verb**

Ha'oodzíí' Dawólta'ígíí

Łah jidilt'éhígo
Na'nízhoozhídi 'ashiiké jooł yikalí yee nidaanéego shidoonááł.
Ch'iiyáán íít'íní ch'iiyáán íílééhgo nidoonááł.
Shicheii 'ółta'í jooł nímazgo yitalí yee nidaanéego bidoonááł.

Díkwíjílt'éego
Tóta'góó deekai. 'Áadi tł'óo'gi 'at'ééké jooł iihnálniihí yee nidaanéego danihidoonááł. Nizhónígo shį́į nidadooneeł.
Da' Naat'áanii Néezdi nahashoohí dóó ch'iiyáán íít'íní dóó hastói jooł yikalí yee nidaanéegoósh danihidoonááł?
Bá'ólta'í táa'go kingóó deeskai. 'Áadi tsíłkéí jooł nímazgo yitalí yee nidaanéego dabidoonááł.

Nizhdilt'éego
Tséghádhoodzánígóó deet'áázh. Áadi béésh bąąh dah si'ání 'áłah nádleehgi yádaałti'go nihidoonááł.
Tódínéeshzhee'góósh dishoo'áázh? Tsíłkéí jooł iihnálniihí yee nidaanéegoósh nihidoonááł?
Nooséłí nílch'ih naalkidí bii'jį' hastói jooł yitalí yee nidaanéego bidoonááł.

'Áhát'į 'Ániidíígíí: shíínááł **New Verb Form: I watched______.**	**T'áá'íídą́ą́' áhóót'įįdgo** **Perfective Mode**	

	Łah jidilt'éhígo	**Nizhdilt'éego**	**Díkwíjílt'éego**
Yáłti'ígíí	shíínááł I watched______.	nihíínááł We (2) watched________.	danihíínááł We (3+) watched_______.
Bich'į' Yá'áti'ígíí	níínááł You watched______.	nihíínááł You (2) watched________.	danihíínááł You (3+) watched_______.
Baa Yá'áti'ígíí	bíínááł He/She/It watched_______.	bíínááł They (2) watched_______.	dabíínááł They (3+) watched______.

Sentences with the perfective form of this verb are put together like sentences with the future form.

Shí 'éí	'ashiiké jooł yikalí yee nidaanéego	shíínááł.
Subject	**activity watched -go**	**verb**

Ha'oodzíí' Dawólta'ígíí

Łah jidilt'éhígo
Na'nízhoozhídi 'ashiiké jooł yikalí yee nidaanéego shíínááł.
Ch'iiyáán íílʼíní ch'iiyáán ííléehgo níínááł.
Shicheii 'ółta'í jooł nímazgo yitalí yee nidaanéego bíínááł.

Díkwíjílt'éego
Tóta'di neiikai. Tł'óo'gi 'at'ééké jooł iihnálniihí yee nidaanéego danihíínááł. Nizhónígo nidaazne'.
Da' Naat'áanii Néezdi nahashoohí dóó ch'iiyáán íílʼíní dóó hastói jooł yikalí yee nidaanéegoósh danihíínááł?
Bá'ólta'í táa'go kindi naakai. 'Áadi tsíłkéí jooł nímazgo yitalí yee nidaanéego dabíínááł.

Nizhdilt'éego
Tségháhoodzánídi béésh bąąh dah si'ání 'áłah nádleehgi yádaałti'go nihíínááł.
Tódínéeshzhee'diish naoh'aash? Da' tsíłkéí jooł iihnálniihí yee nidaanéegoósh nihíínááł?
Nooséłí nílch'ih naalkidí bii'jį hastói jooł yitałí yee nidaanéego bíínááł.

Saad Ániidíígíí: Nouns that Name Toys

In Chapter 5, we learned that the generic name for the noun "toy(s)" is *daané'é.* We also learned words for a few specific toys. Here are some more items to add to the list of toys.

Máazoo	**marbles**
Shí dóó 'ashiiké máazoo bee nideii'né.	
Tł'óo'di máazoo bee naniné.	
Tsé 'áwózí	**smooth pebbles/small rocks**
'Áłchíní tsé 'áwózí yee nidaané.	
Nitsilí dóó nideezhíké hooghan nímazí yinejí tsé 'áwózí yee nidaané.	

Stuffed Toys

The term *be'alyaaígíí* means "a replica of." Therefore, when you say *shash yáázh be'alyaaígíí*, you are saying "a replica of a bear cub;" and when you say *magí be'alyaaígíí*, you are saying "a replica of a monkey." If you wish to name a stuffed animal, bug, reptile, fowl, or fish, you would simply state the name of the living creature and then follow it with the term *be'alyaaígíí.* By doing so, you will have named the toy.

Examples:

Shash yáázh be'alyaaígíí	**replica of a bear cub**
Shádí shash yáázh be'alyaaígíí yił naané.	
Shí dóó shideezhí hooghandi shash yáázh be'alyaaígíí bił neii'né.	
Łéécháą yázhí be'alyaaígíí	**replica of a puppy**
Łéécháą yázhí be'alyaaígíí bił naashné.	
Ni dóó 'azee' íił'íní bich'é'é łéécháą yázhí be'alyaaígíí bił naohné.	

Díí 'éí shash yáázh be'alyaaígíí 'át'é.
This is a stuffed (toy) bear cub.

Díí 'éí łéécháą yázhí be'alyaaígíí 'át'é.
This is a stuffed (toy) puppy.

Saad Ániidíígíí: Animal playmates

When you play with an animal, it is your playmate, not your toy. A kitten or puppy is alive and able to play along with you. Therefore, you use the postposition *bił* (with him/her/it).

Mósí	**cat**
'Ashkii mósí yił naané.	
Shich'é'é shináál bimósí yił naané.	
Gídí yázhí	**kitten**
Mósí gídí yázhí yił naané.	
Nideezhí nizhónígo gídí yázhí yił naané.	
Łééchąą'í	**dog**
Łééchąą'í gídí yázhí yił nidaané.	
Łééchąą'í 'áłchíní yitahgi jooł yee naané.	
Łééchąą yázhí	**puppy**
Na'niłkaadii bitsi' dibé bighan yíighahgi łééchąą yázhí yił naané.	
'Áłchíní shináál nizhónígo łééchąą yázhí yił nidaané.	
Tł'ízí	**goat**
'Áłchíní tł'ízí yił nidaané.	
Bá'ólta'í ba'áłchíní hooghan yine'jí tł'ízí yił nidaané.	
Tł'ízí yázhí	**kid (goat)**
Dibé binanit'a'í biye' tł'ízí yázhí yił naané.	
Shideezhí dóó shitsilí tł'óo'di tł'ízí yázhí yił naané.	
Dibé	**sheep**
Tł'ízí yázhí dibé bighandi dibé yił naané.	
Dibé yázhí	**lamb**
Dibé yázhí dibé bighan yii' tł'ízí yázhí yił nidaané.	
Nihináál ashiiké dibé yázhí yił naané.	
Łé'é yázhí	**pony**
Łé'é yázhí łééchąą'í yił naané.	
Łé'é yázhí doo naanée da. T'óó łį́į́' bighan góne' sizį́.	
Bisóodi yáázh/bisóodi yázhí	**piglet**
Łé'é yázhí tł'óo'di bisóodi yáázh yił naané.	
Bisóodi yázhí łééchąą'í yázhí yił naané.	

Na'niłkaadii 'éí dibé yázhí dóó tł'ízí yázhí yił naané. 'Áádóó tł'ízí 'éí 'ashkii bich'ah yiłchozh.
The sheepherder is playing with the little kid (goat) and lamb. The goat is eating the sheepherder's hat.

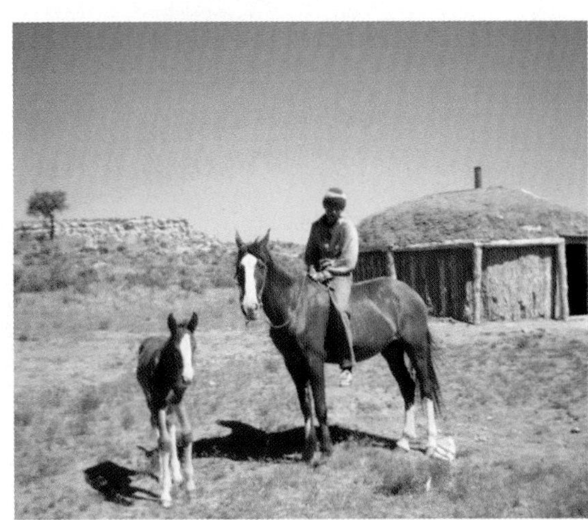

Hastiin łį́į́' bił náldloozh. Łé'é yázhí 'éí 'akéé' náldloozh.
The man rode the horse home. The pony followed them home.

CHAPTER 14 Na'anish dóó Na'anishgi
Work and the Work Place

'Asdzą́ą́ nizhónígo 'atł'ó.
The woman is weaving a beautiful rug.

Na'niłkaadii télii yee na'niłkaad.

Past generations of Navajo people were satisfied with a lifestyle that centered on agriculture, livestock, and handmade essentials. The traditional Navajo person's day was not dictated by clock time, currency, or employment. The traditional economy was, and continues to be, dictated by the sun, the seasons, the months, and important events.

In pre-*Hwéeldi* days, when the Navajos had many enemies, it was essential for survival to divide the year by two types of activities. War leaders led the people during the fall and winter seasons, which were dedicated to wartime activities. Peace leaders led the people during the spring and summer seasons, which were dedicated to planting corn and tending the *dá'ák'eh*.

Once the Navajo Reservation was established, the people were able to concentrate more on their *dá'ák'eh*, livestock, and handmade essentials. Winter months became devoted to making planting tools, the telling of winter stories, and the tending of livestock. Livestock included *dibé* (sheep), *tł'ízí* (goats), *łį́į́'* (horses), and *béégashii* (cows).

'Asdzą́ą́ ba'áłchíní yináál atł'ó.
The woman is weaving in front of her children.

A traditional Navajo woman's workday consisted of activities such as weaving. The weaving process included shearing the sheep, carding and spinning the wool, and setting up the loom and weaving. Additional activities were basket weaving and care of the sheep, children, elder relatives, and the home. Furthermore, a Navajo woman was responsible for ensuring the protocol of cultural activities was conveyed to her children by way of her teachings.

Ch'ikę́ę́h dibé yázhí ch'ééh deeyáago t'óó náyoołtééł.
The girl is carrying the lamb because it is tired.

A Navajo man's typical workday was devoted to farming and hunting. Farming consisted of making and preserving the farming implements and tending the *dá'ák'eh*. Once the harvest was concluded, the *dá'ák'eh* had to be cleaned reverently to allow it to rest for the next planting of corn. Men also hunted for deer, elk, and smaller game such as prairie dogs, rabbits, porcupines, and turkeys.

Saad Ániidíígíí: Hanaanish Ádajił'ínígíí
Traditional Occupations

The words below name various occupations. Most words for occupations end with the enclitic *-í* or *-ii.* These enclitics are much like the English ending *-er*. It goes onto a word (usually a verb) and makes it a noun meaning "one who does (the activity)."

Atsidí	atsid = he/she is pounding	í = enclitic	silversmith
Akałii (informal)	akał = leather	ii = enlitic	cowboy
Akał bistłee'ii (formal)	bistłee'= his socks	ii = enclitic	cowboy
Atł'óhí	atł'ó = she is weaving	hí = enclitic	rug weaver
Béésh bąąh dah si'ání	béésh = metal		councilman/ councilwoman
	bąąh = on him/her/it		
	dah = height		
	si'ą́ = the item (metal) is in a resting state	í = enclitic	
Dibé binanit'a'í	dibé = sheep		grazing officer
	binanit'a' = his/her leadership	í = enclitic	
	(the one who works with the chapter to maintain the health of livestock)		
Hataałii	hataał = he/she/it is singing	ii = enclitic	medicine man/woman
Naabaahii	naabaah = he is engaged in war	ii = enclitic	warrior
Naat'áanii	nanit'á = he/she is advising or speaking	ii = enclitic	leader
Na'niłkaadii	na'niłkaad = he/she is herding sheep	ii = enclitic	sheepherder/shepherd
Táá' naaznilí	táá' = three		chapter president, vice president, and secretary
	naaznil = plural items are in a resting state	í = enclitic	

Ha'oodzíí Dawólta'ígíí

The names of people in the word list appear as the **subject** of the sentences below.

'Atsidí Ma'ii deeshgiishnii nilįį dóó Tó'áhaní yáshchíín dóó Tséghávhoodzánídę́ę́' naaghá.
'Akał bistłee'ii Bééshsinilídi na'ahóóhaigi (rodeo) łį́į́' bił naalgeed (it is bucking).
Shí dóó shimá 'atł'óhí niidlį́.
Béésh bąąh dah si'ání Nahat'á Dziildi (New Lands) bidine'é yá naha'á (is planning).
Na'nilkaadii dóó dibé binanit'a'í naaldlooshii be'azee' yaa 'íhooł'aah. Níléí 'Ahééháshį́įhdi 'ółta'.
Hataałii dóó shinálí hastiinígíí hooghan nímazí yii' siké.
Naat'áanii 'ólta'di 'áłchíní yich'į' yáłti'.
Na'nilkaadii shimá yá naalnish. Dibé bighandi naalnish.
Táá' naaznilí Dziłabéídę́ę́' naakai. 'Áadi 'ałdó' dabighan.
Naabaahii Wááshindoon bikéyah yich'ą́ąh (protect) naabaah

The names of people in the word list do not always have to be used as the subject of sentences. They may also be used as **objects** of verbs or of postpositions, as in the sentences below.

Shizhé'é Na'nízhoozhídi 'atsidí yá naalnish.
Nihí Naat'áanii Néezdi 'akał bistłee'ii nihá naalnish. Nihilį́į́' nihá yaa 'áhályą́.
Shizhé'é yázhí Ch'ínílį́įdi béésh bąąh dah si'ání yił naalnish. Táá' naaznilí 'ałah nádleehgi (chapter house) naalnish.
Nihí 'ólta'di naabaahii baa da'ííníilta'.
Shí dóó shideezhí 'asdzą́ą́ 'atł'óhí nilínígíí bá neiilnish. Toohdi neiilnish.
Shimá dóó shizhé'é béésh bąąh dah si'ání 'ałah nádleehdi béésh bąąh dah si'ání yił ayą́. Ch'iiyáán ayóo bił daalkango deiyą́.
Na'nilkaadii Tóta'di dibé binanit'a'í yiba' sidá. Kinłánígóó (to Durango, CO) deezh'áázh. 'Áadi dibé dóó tł'ízí baa 'áháyą́ yaa 'íhwiidooł'ááł.
Shimá sání hataałii yich'į' yáłti'. 'Ats'íís baa 'áháyą́ągi yaa yáłti'.
'Ałk'idą́ą́' shicheii naabaahii nilį́į nít'ę́ę́'.
Tóhaach'i'di 'atsidí naat'áanii tł'aajį' éé' dóó deijį' éé' yá nayiiłniih. Naat'áanii bi'éé' nizhóní dooleeł biniiyé.
Shimá sání dóó shicheii dibé bighandi na'nilkaadii yił naalnish.
Sáanii dóó hastóí táá' naaznilí yaa yádaałti'. Táá' naaznilí 'éí Malísaa dóó Tímasii dóó Délibo' dawolyé. Nizhónígo sáanii dóó hastóí yił nidaalnish.

Building Reading Skills

Yá'át'ééh,

Shizhé'é 'éí Élibo' wolyé. Shizhé'é táá' naaznilí nilį́. Shimá 'éí Máálíin wolyé. Shimá 'éí 'atł'óhí nilį́. Shimá dóó shizhé'é Tóhaach'i'di kééhat'į́.

Shizhé'é na'nilkaadii dóó dibé binanit'a'í dóó 'akał bistłee'ii yił naalnish. Shimá 'éí naat'áanii yá 'atł'óh. Shimá nizhónígo 'atł'óh.

K'ad, shimá hooghandi na'nilkaadii dóó béésh bąąh dah si'ání ch'iiyáán yá 'ííléeh. Ch'iiyáán ayóo łikango 'ííléeh. Shizhé'é 'éí na'nilkaadii yich'į' yáłti'. Shimá ch'iiyáán ałtso 'áyiilaago ch'iiyáán dadiidį́įł.

Hágoónee'

Saad Ániidíígíí: Honaanish T’áá Sahdii ’Ádaat’éhígíí
Non-traditional Occupations

You are familiar with the enclitics *-í* or *-ii* that make a verb or verb phrase into a noun.

Non-Traditional Occupations	Literal English Translation			English Translation
’Awoo’ yinaalnishí	awoo’ = teeth	yinaalnish = he/she works on it		dentist
Azee’ íífł’íní	azee’ = medicine	íífł’į =he/she makes it		doctor
Chidí ’ánéíl’íní	chidí = vehicle	’ánéíl’į = he/she repairs it		mechanic
Diyin bizaad yaa halne’í	Diyin Bizaad = the Bible	yaa = about it	halne’ = he/she tells	preacher (formal)
Halne’í				preacher (informal)
Ha’asídí	ha’asíid = he/she is keeping watch over/ inspecting/observing			security guard
Hooghan íífł’íní	hooghan = home	íífł’į = he/she makes it		home construction worker
Hootaagháhí	hootaa = among the families	ghá = stem: to walk		social worker
Naalyéhí yá sidáhí	naalyéhí = merchandise	yá = for it	sidá = he/she sits	trader (trading post)
Siláo	siláago = while the flexible object is resting (badge)			policeman
Siláołtsooí	siláo = the flexible object is resting			soldier
	łitsooí = yellow colored uniform			
Bá ’ólta’í	bá= for him/her	ólta’= school building or to go to school		teacher

Saad Ániidíígíí: Hanaanish Ádajił’ínígi
Identifying where a person with a non-traditional occupation may work

In the words below, notice how two different enclitics are used. The enclitic *–di* refers to a general area, whereas the enclitic *–gi* refers to a specific area within the general area.

Non-Traditional Occupations	Place of Work	English Translation of Workplace
’Awoo’ yinaalnishí	’azee’ ál’įįgi	at the hospital
Azee’ íífł’íní	’azee’ ál’įįgi	at the hospital
Chidí ’ánéíl’íní	chidí ’ánídaal’įįgi	car repair shop
Halne’í (preacher)	sodizin bá hooghangi	(sodizin = prayer) at the church
Ha’asídí	kingi	store
Hooghan íífł’íní	dahooghangi/kintahgi	among the buildings in the city
Hootaagháhí	dahooghangi	where there are homes
Naalyéhí yá sidáhí	naalyéhí bá hooghangi	at the trading post (the home for the merchandise)
Siláo	’awáalyahgi	at the jail
Siláołtsooí	’ídahoo’aahdi	at the place where they train to become soldiers
Bá ’ólta’í	’ólta’gi	at the school

Ha'oodzíí Dawólta'ígíí

Shí dóó 'awoo' yinaalnishí 'azee' ál'į́įgi 'azee' íífł'íní bił neiilnish.
Shimá yázhí Tóta'di 'azee' ál'į́įgi 'azee' íił'íní yá naalnish.
Chidí 'ánéíl'íní 'akał bistłee'ii bichidí yá 'ánéídléeh (he is repairing it). Chidí bijénii (generator) dóó bibédii (battery) doo naalnish da.
Ha'asídí 'éí 'ólta'di naalnish. Tł'ée'go naagháago 'ólta'gi ha'asíid łeh. Binaanish bił yá'át'ééh.
Halne'í Tsé Dildǫ́'iidi sodizin bá hooghan góne' Diyin Bizaad diné yich'į' yółta'.
Ha'asídí Na'nízhoozhídi Wáalmaa'gi naalnish.
Hooghan íił'íní k'ad doo naalnish da. Bitah doo hats'íid da. Bigaan neezgaigo t'óó hooghangi 'ałhosh.
Hootaagháhí Shą́ą́'tóhídi sáanii dóó hastói yaa 'áhályą́.
Naalyéhí yá sidáhí dóó shínaaí dóó shitsilí Náázlínídi naalyéhí bá hooghangi nidaalnish.
Siláo bichidí 'awáalyahgi sizį́.
Siláołtsoí Be'eldííldahsinildi 'ídahoo'aahígi naaghá.
Bá'ólta'í 'ólta'gi Bilagáanaa bizaad yína'niłtin (he/she teaches it).

Saad Ániidíígíí: 'Ádahoolyéegi
Place Names

Navajo Place Names	English Translation	Explanation
Tségháhoodzání	Window Rock, AZ	*Tsé* refers to a rock. *(a)hoodzą́* means there is a hole. The "í" is the enclitic.
T'iis Ts'ózí Nídeeshgiizh	Crownpoint, NM	*T'iis* means trees. *Ts'ózí* refers to thin. *Nídeeshgiizh* refers to the gap between the mesas.
Naat'áanii Nééz	Shiprock, NM	*Naat'áanii* is a leader. *Nééz* means tall.
Tséhootsoh	Fort Defiance, AZ	*Tsé* is pertaining to rocks. *Hootsoh* refers to that which is green, most likely referring to a meadow among the rocks.
Tó 'Áłch'įdí	Dilcon, AZ	*Tó* is the root word for water. *'Áłch'įdí* means there is a shortage of water. The "í" is the enclitic.
Shą́ą́'tóhí	Shonto, AZ	*Shą́ą́'* refers to an area being in the sunshine. *Tó* is water. The enclitic is *hí*.
Tóniłts'ílí	Crystal, NM	*Tó* is water. *Niłts'ílí* means "it is crystal clear."
Hoozdoh	Phoenix, AZ	*Hoozdoh* refers to a spatial area that is hot.
Naatsis'áán	Navajo Mountain, AZ	*Naatsis'áán* is one of the additional mountains that is considered sacred.
T'iis Názbąs	Teesnospos, AZ	*T'iis* means trees. *Názbas* is "round." The grove of trees is round.
Tsé Ch'ízhí	Rough Rock, AZ	Tsé refers to a rock or rocks. Ch'ízhí refers to something that is chapped or rough on the surface.

Ha'oodzíí Dawólta'ígíí

Halne'é Tségháhoodzánídi sodizin bá hooghangi Diyin bizaad yaa halne'.
Naalyéhí yá sidáhí 'éí T'iis Ts'ózí Nídeeshgiizhdi naalyéhí bá hooghangi bibéeso yółta'.
Hooghan íít'íní Tó 'Áłch'į́dídi hooghan íílééh.
'Awoo' yinaalnishí Tóniłts'ílídi bicheii yił k'i'dilé.
'Akał bistłee'ii 'éí Shą́ą́'tóhídi naalyéhí bá hooghangi naalnish.
Chidí 'ánéíl'íní Hoozdohdi chidí 'ánídaal'įįgi (car repair shop) naalnish.
Yiską́ągo Naat'áanii Néézgóó déyá.
Ha'asídí Tsé Hootsohdi 'ólta'gi tł'ée'go ha'asíid łeh.
Na'niłkaadii Naatsis'áandi shidibé neiniłkaad.
T'iis Názbąsdi 'atł'óhí naalyéhí bá hooghandi diyogí baa nahaniih.
Tsé Ch'ízhídi dibé binanit'a'í łį́į́' dóó béégashii dabikee' yinéł'į́.

'Áhát'į́ 'Ániidíígíí: naashzheeh **I am hunting.**		**K'ad áhooníiłgo** **Imperfective Mode**	
This set of verbs does not require a direct object. It simply states, "I am hunting."			
	Łah jidilt'éhígo	**Nizhdilt'éego**	**Díkwíjílt'éego**
Yáłti'ígíí	naashzheeh	neiilzheeh	nideiilzheeh
	I am hunting.	We (2) are hunting.	We (3+) are hunting.
Bich'į' Yá'áti'ígíí	nanilzheeh	naołzheeh	nidaołzheeh
	You are hunting.	You (2) are hunting.	You (3+) are hunting.
Baa Yá'áti'ígíí	naalzheeh	naalzheeh	nidaalzheeh
	He/She/It is hunting.	They (2) are hunting.	They (3+) are hunting.

Ha'oodzíí' Dawólta'ígíí

Łah jidilt'éhígo
Dziłíjiin bighą́ą'di (on top of Black Mesa) naashzheeh.
Háadishą' nanilzheeh?
Shicheii dził yitsį́įgi naalzheeh.

Nizhdilt'éego
Naatsis'áadi neiilzheeh.
Dziłabéí (Gray Mountain) bighą́ą'diísh naołzheeh?
Shizhé'é naalzheehgóó 'ííyá.

Díkwíjílt'éego
Nihí Kinłání bine'jí nideiilzheeh.
Da' ni dóó 'ashiiké dził bąąh nidaołzheeh?
Hastóí Dziłíjiin yighą́ą'di nidaalzheeh.

'Áhát'į ' Ániidíígíí: nideeshzhah I will hunt.		T'ahdoo 'áhánééhgóó Future Mode	
	Łah jidilt'éhígo	Nizhdilt'éego	Díkwíjílt'éego
Yáłti'ígíí	nideeshzhah I will hunt.	nidiilzhah We (2) will hunt.	nidadiilzhah We (3+) will hunt.
Bich'į' Yá'áti'ígíí	nidíílzhah You will hunt.	nidoołzhah You (2) will hunt.	nidadoołzhah You (3+) will hunt.
Baa Yá'áti'ígíí	nidoolzhah He/She/It will hunt.	nidoolzhah They (2) will hunt.	nidadoolzhah They (3+) will hunt.

Ha'oodzíí' Dawólta'ígíí

Łah jidilt'éhígo
Dziłíjiin bighąą'di nideeshzhah.
Háadishą' nidíílzhah?
Shicheii dził yitsįįdi nidoolzhah.

Nizhdilt'éego
Naatsis'áandi nidiilzhah.
Dziłabéí bighąą'diísh nidoołzhah?
Shizhé'é nidoolzhah yiniiyé 'ííyá.

Díkwíjílt'éego
Nihí Kinłání bine'jí nidadiilzhah.
Da' ni dóó 'ashiiké dził bąąh nidadoołzhah?
Hastóí Dziłíjiin yighąą'di nidadoolzhah.

'Áhát'į ' Ániidíígíí: nishishzhee' I hunted.		T'áá'íídąą' áhóót'įįdgo Perfective Mode	
	Łah jidilt'éhígo	Nizhdilt'éego	Díkwíjílt'éego
Yáłti'ígíí	nishishzhee' I hunted.	nishiilzhee' We (2) hunted.	nidashiilzhee' We (3+) hunted.
Bich'į' Yá'áti'ígíí	nishínílzhee' You hunted.	nishoołzhee' You (2) hunted.	nidashoołzhee' You (3+) hunted.
Baa Yá'áti'ígíí	naashzhee' He/She/It hunted.	naashzhee' They (2) hunted.	nidaashzhee' They (3+) hunted.

Ha'oodzíí' Dawólta'ígíí

Łah jidilt'éhígo
Dziłíjiin bighąą'di nishishzhee'.
Háadishą' nishínílzhee'?
Shicheii dził yitsįįgi naashzhee'.

Nizhdilt'éego
Naatsis'áandi nishiilzhee'.
Dziłabéí bighąą'diísh nishoołzhee'?
Shizhé'é naashzhee'.

Díkwíjílt'éego
Kinłání bine'jí nidashiilzhee'.
Da' ni dóó 'ashiiké dził bąąh nidashoołzhee'?
Hastóí Dziłíjiin yighąą'di nidaashzhee'.

'Áhát'į 'Ániidíígíí: k'i'dishłé I am planting.		K'ad áhooníiłgo Imperfective Mode	
This next set of verbs does not require a direct object. *K'i'dishłé* simply means, "I am planting."			
	Łah jidilt'éhígo	**Nizhdilt'éego**	**Díkwíjílt'éego**
Yáłti'ígíí	k'i'dishłé	k'i'diilyé	k'i'da'diilyé
	I am planting.	We (2) are planting.	We (3+) are planting.
Bich'į' Yá'áti'ígíí	k'i'dílé	k'i'dohłé	k'i'da'dohłé
	You are planting.	You (2) are planting.	You (3+) are planting.
Baa Yá'áti'ígíí	k'i'dilé	k'i'dilé	k'i'da'dilé
	He/She is planting.	They (2) are planting.	They (3+) are planting.

Ha'oodzíí' Dawólta'ígíí

Łah jidilt'éhígo
Tóta'di 'azee' íił'íní bá k'i'dishłé.
Da' naat'áanii bidá'ák'ehdi k'i'dílé?
Naalyéhí yá sidáhí bicheii yá k'i'dilé.

Díkwíjílt'éego
Shí dóó hootaagháhí dóó 'akał bistłee'ii Tó 'Áłch'įdídi dá'ák'ehgi k'i'da'diilyé.
Ni dóó 'ashiiké Naat'áanii Néezdi halne'í bá k'i'da'dohłé.
Shicheii dóó dibé binanit'a'í dóó na'niłkaadii hooghandi k'i'da'dilé.

Nizhdilt'éego
Shí dóó 'awoo' yinaalnishí Tséghádhoodzánídi shicheii bá k'i'diilyé.
Ni dóó chidí 'ánéíl'íní Tóniłts'ílídi hastói bá k'i'dohłé.
Siláo dóó siláołtsooí dá'ák'ehdi bicheii yił k'i'dilé.

'Áhát'į 'Ániidíígíí: k'i'di'deeshłééł New Verb Form: I will plant.		T'ahdoo 'áhánééhgóó Future Mode	
	Łah jidilt'éhígo	**Nizhdilt'éego**	**Díkwíjílt'éego**
Yáłti'ígíí	k'i'di'deeshłééł	k'i'di'diilyééł	k'i'da'di'diilyééł
	I will plant.	We (2) will plant.	We (3+) will plant.
Bich'į' Yá'áti'ígíí	k'i'di'dííléél	k'i'di'doohłééł	k'i'da'di'doohłééł
	You will plant.	You (2) will plant.	You (3+) will plant.
Baa Yá'áti'ígíí	k'i'di'dooléél	k'i'di'dooléél	k'i'da'di'dooléél
	He/She will plant.	They (2) will plant.	They (3+) will plant.

Ha'oodzíí' Dawólta'ígíí

Łah jidilt'éhígo
Tóta'di 'azee' íił'íní bá k'i'di'deeshłééł.
Da' naat'áanii bidá'ák'ehdi k'i'di'dííléél?
Naalyéhí yá sidáhí bicheii yá k'i'di'dooléél.

Díkwíjílt'éego
Shí dóó hootaaghálhí dóó 'akałii Tó 'Áłch'ídídi dá'ák'ehgi k'i'da'di'diilyééł.
Ni dóó 'ashiiké Naat'áanii Néezdi halne'í bá k'i'da'di'doohłééł.
Shicheii dóó dibé binanit'a'í dóó na'nilkaadii hooghandi k'i'da'di'dooléél.

Nizhdilt'éego
Shí dóó 'awoo' yinaalnishí Tséghájhoodzánídi shicheii bá k'i'di'diilyééł.
Ni dóó chidí 'ánéíl'íní Tóniłts'ílídi hastói bá k'i'di'doohłééł.
Siláo dóó siláołtsooí dá'ák'ehdi bicheii yił k'i'di'dooléél.

'Áhát'į 'Ániidííigíí: k'i'dííłá I planted.		T'áá'íídą́ą́' áhóót'įįdgo Perfective Mode	
	Łah jidilt'éhígo	**Nizhdilt'éego**	**Díkwíjílt'éego**
Yáłti'ígíí	k'i'dííłá	k'i'deelyá	k'i'da'deelyá
	I planted.	We (2) planted.	We (3+) planted.
Bich'į' Yá'áti'ígíí	k'i'dííníłá	k'i'doolá	k'i'da'doolá
	You planted.	You (2) planted.	You (3+) planted.
Baa Yá'áti'ígíí	k'i'dííłá	k'i'dííłá	k'i'da'dííłá
	He/She planted.	They (2) planted.	They (3+) planted.

Ha'oodzíí' Dawólta'ígíí

Łah jidilt'éhígo
Tóta'di 'azee' íił'íní bá k'i'dííłá.
Da' naat'áanii bidá'ák'ehdi k'i'dííníłá?
Naalyéhí yá sidáhí bicheii yá k'i'dííłá.

Díkwíjílt'éego
Shí dóó hootaaghálhí dóó 'akał bistłee'ii Tó 'Áłch'ídídi dá'ák'ehgi k'i'da'deelyá.
Ni dóó 'ashiiké Naat'áanii Néezdi halne'í bá k'i'da'doolá.
Shicheii dóó dibé binanit'a'í dóó na'nilkaadii hooghandi k'i'da'dííłá.

Nizhdilt'éego
Shí dóó 'awoo' yinaalnishí Tséghájhoodzánídi shicheii bá k'i'deelyá.
Ni dóó chidí 'ánéíl'íní Tóniłts'ílídi hastói bá k'i'doolá.
Siláo dóó siláołtsooí dá'ák'ehdi bicheii yił k'i'dííłá.

Building Reading Skills

Yá'át'ééh,

Shí 'éí Waaníítah yinishyé. T'iis Yaa Kindi naashnish. Doo 'éí T'iis Yaa Kindi shighan da. Tó 'Áłch'į́dídi shimá bił shighan. Shimá 'éí 'ólta'di ch'iiyáán íił'íní nilį́. Béésh Sinilídi naalnish. Binaanish bił yá'átéeh dóó nizhónígo ch'iiyáán íił'į́. Shí 'éí naaltsoos íił'íní nishłį́.

Yiskáągo shí dóó shimá dóó shimá sání dóó shicheii dóó shimá yázhí dóó 'áłchíní shimá sání bighandi k'i'da'di'diilyéél. Shimá sání 'éí Shą́ątóhídi kééhat'į́. Naadą́ą́' dóó naayízí dóó ta'neesk'ání k'idadidiilyéél (this verb requires a direct object). Na'nilkaadii 'ałdó' yiskáągo nihił k'i'di'dooléél. Shínaaí 'éí naaki yiskáągo 'índa (up until) nihił k'i'di'dooléél. Shádí dóó shicheii 'éí 'adą́ą́dą́ą́' k'i'díílá.

T'áá 'ákódí

'Áhát'į 'Ániidíígíí: ashtł'óh I am weaving.		K'ad áhooníiłgo Imperfective Mode	
A direct object is not required with this verb, because it means "I am (doing the activity of) weaving."			
	Łah jidilt'éhígo	**Nizhdilt'éego**	**Díkwíjílt'éego**
Yáłti'ígíí	ashtł'óh	iitł'óh	da'iitł'óh
	I am weaving.	We (2) are weaving.	We (3+) are weaving.
Bich'į' Yá'áti'ígíí	ítł'óh	ohtł'óh	da'ohtł'óh
	You are weaving.	You (2) are weaving.	You (3+) are weaving.
Baa Yá'áti'ígíí	atł'óh	atł'óh	da'atł'óh
	He/She is weaving.	They (2) are weaving.	They (3+) are weaving.

Ha'oodzíí' Dawólta'ígíí

Łah jidilt'éhígo
Naalyéhí bá hooghandi naalyéhí yá sidáhí bá 'ashtł'óh.
Nimá bighan bii' ítł'óh. Nizhónígoósh ítł'óh?
Hootaagháhíísh Tségháhoodzánídi bimá yił atł'óh? Bimá yits'ą́ądóó (from her) 'atł'óh yíhooł'ą́ą́'. Hootaagháhí bimá nizhónígo 'atł'óh.

Nizhdilt'éego
Shí dóó shimá yázhí béeso 'ádiilnííł biniiyé 'iitł'óh. Shí béeso ła' nisin. Shimá yázhí 'ałdó' béeso yinízin.
Da' ni dóó nibízhí 'awoo' yinaalnishí bá 'ohtł'óh? Nizhónígo 'ohtł'óh.
Shimá yázhí dóó shádí béésh bąąh dah si'ání yá 'atł'óh.

Díkwíjílt'éego
Shí dóó bá'ólta'í dóó na'nilkaadii bitsi' Hoozdohdi kintahgi da'iitł'óh.
Ni dóó táá' naaznilí dóó naaltsoos íił'íní hooghan nímazíísh bii' da'ohtł'óh?
Shimá dóó shimá sání dóó shinálí 'asdzáníígíí chaha'oh yii' da'atł'ó. Naalyéhí yá sidáhí yá da'atł'óh.

'Áhát'į 'Ániidíígíí: adeeshtł'óół I will weave.		T'ahdoo 'áhánééhgóó Future Mode	
	Łah jidilt'éhígo	**Nizhdilt'éego**	**Díkwíjílt'éego**
Yáłti'ígíí	**adeeshtł'óół**	**adiitł'óół**	**da'diitł'óół**
	I will weave.	We (2) will weave.	We (3+) will weave.
Bich'į' Yá'áti'ígíí	**adíítł'óół**	**adoohtł'óół**	**da'doohtł'óół**
	You will weave.	You (2) will weave.	You (3+) will weave.
Baa Yá'áti'ígíí	**adootł'óół**	**adootł'óół**	**da'dootł'óół**
	He/She will weave.	They (2) will weave.	They (3+) will weave.

Ha'oodzíí' Dawólta'ígíí

Łah jidilt'éhígo
Naalyéhí bá hooghandi naalyéhí yá sidáhí bá 'adeeshtł'óół.
Nimá bighan bii' adíítł'óół.
Hootaagháhíísh Tséghtwohoodzánídi bimá yił adootł'óół?

Nizhdilt'éego
Shí dóó shimá yázhí béeso biniiyé 'adiitł'óół.
Ni dóó nibízhíísh awoo' yinaalnishí bá 'adoohtł'óół?
Shimá yázhí dóó shádí béésh bąąh dah si'ání yá 'adootł'óół.

Díkwíjílt'éego
Shí dóó bá'ólta'í dóó na'nilkaadii bitsi' Hoozdohdi kintahgi da'diitł'óół.
Ni dóó táá' naaznilí dóó naaltsoos íił'íní hooghan nímazíísh bii' da'doohtł'óół.
Shimá dóó shimá sání dóó shinálí 'asdzáníígíí chaha'oh yii' da'dootł'óół.

'Áhát'į 'Ániidíígíí: asétł'óǫh I wove.		T'áá'íídą́ą́' áhóót'įįdgo Perfective Mode	
	Łah jidilt'éhígo	**Nizhdilt'éego**	**Díkwíjílt'éego**
Yáłti'ígíí	asétł'óǫh	asiitł'óǫh	da'siitł'óǫh
	I wove.	We (2) wove.	We (3+) wove.
Bich'į' Yá'áti'ígíí	asínítł'óǫh	asootł'óǫh	da'sootł'óǫh
	You wove.	You (2) wove.	You (3+) wove.
Baa Yá'áti'ígíí	aztł'óǫh	aztł'óǫh	da'aztł'óǫh
	He/She wove.	They (2) wove.	They (3+) wove.

Ha'oodzíí' Dawólta'ígíí

Łah jidilt'éhígo	Nizhdilt'éego
Naalyéhí bá hooghandi naalyéhí yá sidáhí bá 'asétł'ǫ́h.	Shí dóó shimá yázhí béeso biniiyé 'asiitł'ǫ́h. Nihí béeso niidzingo biniinaa 'asiitł'ǫ́h.
Nimá bighan bii' asínítł'ǫ́h. Nizhónígo 'asínítł'ǫ́h.	Da' ni dóó nibízhí 'awoo' yinaalnishí bá 'asootł'ǫ́h?
Hootaagháhíísh Tséghiáhoodzánídi bimá yił aztł'ǫ́h? Hootaagháhí bimá nizhónígo 'aztł'ǫ́h.	Shimá yázhí dóó shádí béésh bąąh dah si'ání yá 'aztł'ǫ́h.

Díkwíjílt'éego
Shí dóó bá'ólta'í dóó na'nìłkaadii bitsi' Hoozdohdi kintahgi da'siitł'ǫ́h.
Ni dóó táá' naaznilí dóó naaltsoos íił'íníísh hooghan nímazí bii' da'sootł'ǫ́h? Nizhónígoósh da'sootł'ǫ́h?
Shimá dóó shimá sání dóó shinálí 'asdzáníígíí chaha'oh yii' da'aztł'ǫ́h. Nizhónígo naalyéhí yá sidáhí yá da'aztł'ǫ́h.

'Áhát'į 'Ániidíígíí: na'nishkaad **I am herding sheep/goats.**		**K'ad áhooníiłgo** **Imperfective Mode**	
This verb does not require a direct object. It means that you are doing the general activity of herding sheep/goats. You do not have to specify the sheep since this is implied by the verb.			
	Łah jidilt'éhígo	**Nizhdilt'éego**	**Díkwíjílt'éego**
Yálti'ígíí	na'nishkaad I am herding (sheep/goats).	na'niilkaad We (2) are herding (sheep/goats).	nida'niilkaad We (3+) are herding (sheep/goats).
Bich'į' Yá'áti'ígíí	na'níłkaad You are herding (sheep/ goats).	na'noołkaad You (2) are herding (sheep/goats).	nida'noołkaad You (3+) are herding (sheep/goats).
Baa Yá'áti'ígíí	na'niłkaad He/She/It is herding (sheep/ goats).	na'niłkaad They (2) are herding (sheep/goats).	nida'niłkaad They (3 +) are herding (sheep/goats).

Ha'oodzíí' Dawólta'ígíí

Łah jidilt'éhígo
Dziłíjiindi shimá sání bá na'nishkaad.
Tséghiáhoodzánídiísh ninálí 'asdzáníígíí bighandi na'níłkaad?
'Ashkii bimá yá na'niłkaad.

Nizhdilt'éego
Shí dóó shitsilí łį́į́' bee na'niilkaad.
Náneeskaadí dóó dibé bitsį' nihiyist'e'góósh (your lunch) na'noołkaad?
'Áłchíní 'éí shináał na'niłkaad.

Díkwíjílt'éego
Shí dóó shibá'ólta'í dóó na'niłkaadii shinálí bighandi nida'niilkaad.
Shą́ą́'tóhídi t'iis biyaagiísh nida'noołkaad?
Tónaneesdizídi 'áłchíní dóó bimá sání dóó łééchąą'í nida'niłkaad .

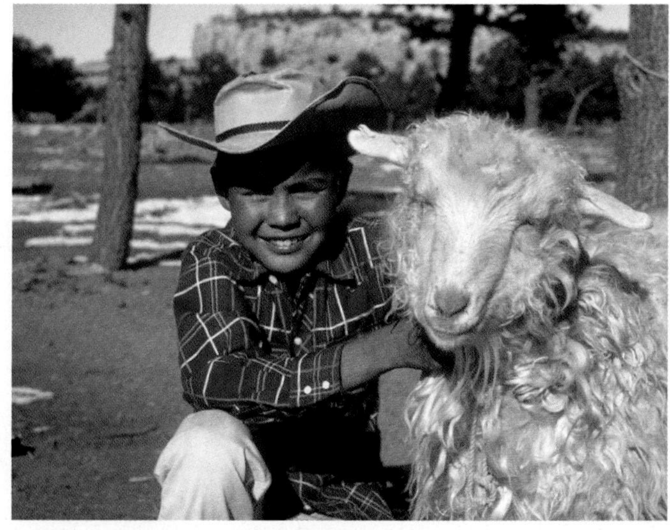
'Ashkii nooséłí nilíníģíí bitł'ízí nizhónígo yaa 'áhályą́.
The teenage boy takes good care of his goat.

'Áhát'į 'Ániidíígíí: 'adínéłkaad I will herd sheep/goats.		T'ahdoo 'áhánééhgóó Future Mode	
	Łah jidilt'éhígo	**Nizhdilt'éego**	**Díkwíjílt'éego**
Yáłti'ígíí	adínéłkaad	adínéelkaad	adadí'néelkaad
	I will herd (sheep/goats).	We (2) will herd (sheep/ goats).	We (3+) will herd (sheep/goats).
Bich'į' Yá'áti'ígíí	adí'nííłkał	adí'nóołkał	ada'dí'nóołkał
	You will herd (sheep/ goats).	You (2) will herd (sheep/ goats).	You (3+) will herd (sheep/goats).
Baa Yá'áti'ígíí	adí'nóołkał	adínóołkał	ada'dí'nóołkał
	He/She/It will herd (sheep/goats).	They (2) will herd (sheep/goats).	They (3+) will herd (sheep/goats).

Ha'oodzíí' Dawólta'ígíí

Łah jidilt'éhígo
Dziłíjiindi shimá sání bá adínéłkaad.
Tséghháhoodzánídiish ninálí 'asdzáníígíí bighandi adí'nííłkał.
'Ashkii bimá yá 'adí'nóołkał.

Nizhdilt'éego
Shí dóó shitsilí łįį' bee 'adínéelkaad.
Náneeskaadí dóó dibé bitsį' nihiyist'e'go 'adí'nóołkał.
'Áłchíní 'éí shináál adínóołkał.

Díkwíjílt'éego
Shí dóó shibá'ólta'í dóó na'niłkaadii shinálí bighandi 'adadí'néelkaad.
Shą́ą́'tóhídi t'iis bíighahgiísh 'ada'dí'nóołkał.
Tónaneesdizídi 'áłchíní dóó bimá sání dóó łééchąą'í 'ada'dí'nóołkał.

'Áhát'į 'Ániidíígíí: na'néłkaad I herded sheep/goats.		T'áá'íídą́ą́' 'áhóót'įįdgo Perfective Mode	
	Łah jidilt'éhígo	**Nizhdilt'éego**	**Díkwíjílt'éego**
Yáłti'ígíí	na'néłkaad	na'neelkaad	nida'neelkaad
	I herded (sheep/goats).	We (2) herded (sheep/ goats).	We (3+) herded (sheep/ goats).
Bich'į' Yá'áti'ígíí	na'nínílkaad	na'noołkaad	nida'noołkaad
	You herded (sheep/ goats).	You (2) herded (sheep/ goats).	You (3+) herded (sheep/ goats).
Baa Yá'áti'ígíí	na'neeskaad	na'neeskaad	nida'neeskaad
	He/She/It herded (sheep/ goats).	They (2) herded (sheep/ goats).	They (3 +) herded (sheep/goats).

Ha'oodzíí' Dawólta'ígíí

Łah jidilt'éhígo
Dziłíjiindi shimá sání bá na'nélkaad.
Tséghàhoodzánídiísh ninálí 'asdzáníígíí bighandi na'níníłkaad?
'Ashkii bimá yá na'neeskaad.

Nizhdilt'éego
Shí dóó shitsilí łįį' bee na'neelkaad.
Náneeskaadí dóó dibé bitsį' nihiyist'e'go na'noołkaad.
'Áłchíní 'éí shináál na'neeskaad.

Díkwíjílt'éego
Shí dóó shibá'ólta'í dóó na'niłkaadii shinálí bighandi nida'neelkaad.
Shą́ą́'tóhídi t'iis bíighahgiísh nida'noołkaad?
Tónaneesdizídi 'áłchíní dóó bimá sání dóó łéécháą'í nida'neeskaad.

Sáanii bidibé yázhí doo dadoodlóoł da biniiyé hooghangóó náyoojih. The women are carrying their lambs to their home because they do not want them to freeze.

'Ahát'į 'Ániidíígíí: hashne' **I am telling.**	**K'ad áhooníiłgo** **Imperfective Mode**		

This verb usually goes along with at least one postposition. You may specify **what** you are telling about by using a noun and the postposition ***baa***. You may also specify **who** you are telling, using a noun and the postposition ***bił***. When this verb is used in combination with the postposition ***bił***, it is not translated as "telling with someone;" instead, it is translated as "telling someone." It is the prefix of the postposition that determines **who** is told.

	Łah jidilt'éhígo	Nizhdilt'éego	Díkwíjílt'éego
Yáłti'ígíí	hashne'	hwiilne'	dahwiilne'
	I am telling.	We (2) are telling.	We (3+) are telling.
Bich'į' Yá'áti'ígíí	hólne'	hołne'	dahołne'
	You are telling.	You (2) are telling.	You (3+) are telling.
Baa Yá'áti'ígíí	halne'	halne'	dahalne'
	He/She is telling	They (2) are telling.	They (3 +) are telling.

Ha'oodzíí' Dawólta'ígíí

Łah jidilt'éhígo
Shinaanish ásh'ínígíí (that which I make) baa hashne'.
Diné Bizaad baa hólne'.
'Akał bistłee'ii bilįį' yaa halne'.

Díkwíjílt'éego
Shí dóó shinálí hastiinígíí dóó dibé binanit'a'í łįį' dóó dibé dóó béégashii baa 'áháyą́ągi baa dahwiilne'.
Ni dóó hootaagháhí dóó na'niłkaadii hooghan nímazí baa 'áháyą́ągi baa dahołne'.
Halne'í Diyin Bizaad yaa dahalne'.

Nizhdilt'éego
Shí dóó naalyéhí yá sidáhí naalyéhí nihaa nahaniihígíí baa hwiilne'.
'Ólta'di 'amá sání dóó 'acheii bił na'anish baa hołne'.
Naat'áanii dóó béésh bąąh dah si'ání binaanish yaa halne'.

’Ahát’į ’Ániidíígíí: hodeeshnih. I will tell.		T’ahdoo ’áhánééhgóó Future Mode	
	Łah jidilt’éhígo	**Nizhdilt’éego**	**Díkwíjílt’éego**
Yáłti’ígíí	hodeeshnih I will tell.	hodiilnih We (2) will tell.	dahodiilnih We (3+) will tell.
Bich’į’ Yá’áti’ígíí	hodíilnih You will tell.	hodoołnih You (2) will tell.	dahodoołnih You (3+) will tell.
Baa Yá’áti’ígíí	hodoolnih He/She will tell.	hodoolnih They (2) will tell.	dahodoolnih They (3+) will tell.

Ha’oodzíí’ Dawólta’ígíí

Łah jidilt’éhígo
Łį́į́’ hooghandi naakai. ’Akał bistłee’ii bił hodeeshnih.
Shinaaltsoos shą’ háadi si’ą́? Nídini’ą́ągo (when you get it) shił hodíilnih.
Shicheii bilį́į́’ yóó’eelwod. Shicheii ’akałii yił hodoolnih.

Nizhdilt’éego
Shí dóó naalyéhí yá sidáhí naalyéhí nihaa nahaniihígíí Diné k’ehjí ’ádawolyéhígíí bee nił hodiilnih.
Tł’óo’di hózhóní. Nihibá’ólta’í bee bił hodoołnih.
Naat’áanii dóó béésh bąąh dah si’ání naanish ádeeshłííłígíí yee shił hodoolnih.

Díkwíjílt’éego
Nihimá sání bá da’dínéelkaad. Tį’. Nihimá bee bił dahodiilnih.
Ni dóó hootaaghąhí dóó na’niłkaadii hooghan ’ál’į́igi bee nihił dahodoołnih.
Chidí bitoo’ ásdįįd (empty). ’Áłchíní bicheii yił dahodoolnih.

’Ahát’į ’Ániidíígíí: hweeshne’ I told about it.		T’áá ’íídą́ą́’ áhóót’įįdgo Perfective Mode	
	Łah jidilt’éhígo	**Nizhdilt’éego**	**Díkwíjílt’éego**
Yáłti’ígíí	hweeshne’ I told.	hwiilne’ We (2) told.	dahwiilne’ We (3+) told.
Bich’į’ Yá’áti’ígíí	hwíínílne’ You told.	hoołne’ You (2) told.	dahoołne’ You (3+) told.
Baa Yá’áti’ígíí	hoolne’ He/She told.	hoolne’ They (2) told.	dahoolne’ They (3+) told.

Ha'oodzíí' Dawólta'ígíí

Łah jidilt'éhígo
Łį́į́' hooghandi naakaiígíí baa hweeshne'.
Naaltsoos kǫ́ǫ́ si'ánígíí halne'í bee bił hwíínílne'.
'Akał bistłee'ii bilį́į́' yaa hoolne'.

Nizhdilt'éego
Shí dóó naalyéhí yá sidáhí dibé dóó béégashii baa hwiilne'.
Nihibá'ólta'íísh tł'óo'di hózhóníígíí bee bił hoołne'.
Naat'áanii dóó béésh bąąh dah si'ání binaanish yaa hoolne'.

Díkwíjílt'éego
Shí dóó shinálí hastiinígíí dóó dibé binanit'a'í łį́į́' dóó dibé dóó béégashii baa 'áháyą́ągi baa dahwiilne'.
Tł'óo'di 'ayóo deesk'aazígíísh nihimá sání bee bił dahoołne'.
Táá' naaznilí Diné bizaad yaa dahoolne'.

'Acheii ni'dóó sidáago naadą́ą́' dah yookááł.
A maternal grandfather is holding corn in a basket.

Saad Ániidíígíí: Ni'ílyé (Getting Paid)

The verb *ni'ílyé* goes along with a postposition. The prefix on the postposition indicates who is getting paid.

shich'į' ni'ílyé	I am getting paid.
nich'į' ni'ílyé	You are getting paid.
bich'į' ni'ílyé	He/She is getting paid.
nihich'į' ni'ílyé	We (2+)/You (2+) are getting paid.
bich'į' nida'ílyé	They (3+) are getting paid.
nihich'į' nida'iilyé	We (3+) are getting paid.

Hootaagháhí	Béésh bąąh dah si'ání
Yá'át'ééh.	'Aoo', yá'át'ééh.
Da' béésh bąąh dah si'áníísh nílį?	'Aoo', béésh bąąh dah si'ání nishłį. Nishą, ha'át'íí ninaanish?
Shí 'éí hootaagháhí nishłį.	Jó nizhóní.
Sáanii dóó hastóí bił naashnish.	Shí 'éí dibé binanit'a'í dóó táá' naaznilí bił naashnish.
Shinaanish shił yá'át'ééh.	Shí dó' shinaanish shił yá'át'ééh.
Naaki yiskąągo doo naashnish da.	Ha'át'ííshą' baa nídinidzá?
Nida'iiníishgo shich'į' ni'ílyé. 'Áádóó Tóta'góó déyá.	Ha'át'íí lá biniiyé 'ákǫ́ǫ́ díníyá?
'Áadi shináál 'akał bistłee'ii łį́į́' bił ní'diilgeed (riding a bucking horse).	Shí dóó sha'áłchíní 'ákǫ́ǫ́ diikah. Nihídó' akał bistłee'ii nihináál łį́į́' bił nidoolgoł.
Nizhónígo shį́į́ nihidoonááł.	'Aoo', baa honeenih dooleeł.
Hágoónee'.	'Aoo', hágoónee'.

Saad Ániidíígíí: Ła' dimóojį'

You will find there are two ways to say Tuesday, Wednesday, and Thursday.

Navajo word for day of the week	Literal meaning	English translation
Dimóo		Sunday
Dimóo biiskání	The day after Sunday	Monday
Dimóo dóó naakijį	Sunday and two days	Tuesday
Dimóo dóó naakijį nida'anish	Sunday and two days of work	Tuesday
Dimóo dóó tágíjį	Sunday and three days	Wednesday
Dimóo dóó tágíjį nida'anish	Sunday and three days of work	Wednesday
Dimóo dóó dį́'íjį	Sunday and four days	Thursday
Dimóo dóó dį́'íjį nida'anish	Sunday and three days of work	Thursday
Nida'iiníísh	Work is ending	Friday
Dimóo yázhí	Little Sunday	Saturday

Building Reading Skills

Dimóogo sodizin bá hooghandi naasháa dooleeł.

Dimóo biiskání yę́ędą́ą́' shí dóó shideezhí 'ólta'di 'íilta'.

Dimóo dóó naakijį nida'anishgo shimá bich'į' ni'ílyé. Kinłánígóó deekai. 'Áadi ch'iiyáán ła' nidahidiilnih.

Dimóo dóó tágíjįį góne' shizhé'é bich'į' ni'ílyé. Hoozdohgóó deekai. Hoozdohdi ké nihá neidiyoołnih.

Dimóo dóó dį́'íjį nida'anish yę́ędą́ą́' shínaaí Ma'ii Tééhítłizhdi naazne'. Jooł yikalí 'atah yee naazne'.

Nida'iiníísh yę́ędą́ą́' Tsé bii' Nídzísgaigóó 'áłchíní bee naagéhí bee nisiikai.

Dimóo yázhígo shimá doo naalnish da. Shí dóó shideezhí doo 'íiniilta' da. Shizhé'é 'éí t'áá naalnish.

At'ééd dibé dóó tł'ízí yázhí baa 'áháyą́ yíhooł'aah.
The young girl is learning how to care for sheep and goats.

Chapter 15

Saad Áhát'į Dawolyéhígíí: T'ahdoo 'Áhánééhgóó dóó T'áá'íídą́ą́' Ádahóót'įįdígíí Bíhoo'aah

Navajo Verbs: Future and Perfective Modes

Diné ch'aa yikah nidi 'amáhígíí t'áá naalnish. Aghaa' yidiz.
The family is traveling and yet the mother continues to work. She is spinning the wool.

As you learned in earlier chapters, the imperfective mode is generally used to express things in the **present tense**, and each verb also has a **future** mode and a **perfective** mode. In this chapter you will learn the future and perfective forms of the verbs that you learned in the earlier chapters, when you were learning only the imperfective mode.

Saad Ádaaniidíígíí
Words for the Future and Past

T'ahdoo 'áhánééhgóó	Future
yiską́ągo	tomorrow
naaki yiską́ągo	two days from now
náá dimóogo	a week from now
nínáádeezidgo	in a month
hodíina'go	in a little while
t'áá hxąhí	soon
kónááhoot'éhí	next year (at this same time)
t'áá hoolzhishee	just whenever

T'áá 'íídą́ą́' áhóót'įįdgo	Past
'adą́ądą́ą́'	yesterday
naaki yiskánídą́ą́'	two days ago
ła' dimóo yę́ędą́ą́'	a week ago
ła' nídeezid yę́ędą́ą́'	a month ago
'ániid	recently
kóhoot'éédą́ą́'	last year (at this same time)
'ałk'idą́ą́'	a long time ago

'Áhát'į ' Ániidíígíí: íídéeshtah **I will go to school.**		**T'ahdoo 'áhánééhgóó** **Future Mode**	
	Łah jidilt'éhígo	**Nizhdilt'éego**	**Díkwíjílt'éego**
Yáłti'ígíí	íídéeshtah I will go to school.	íídiiltah We (2) will go to school.	da'íídiiltah We (3+) will go to school.
Bich'į' Yá'áti'ígíí	íídííłtah You will go to school.	íídóołtah You (2) will go to school.	da'íídóołtah You (3+) will go to school.
Baa yá'áti'ígíí	íídóółtah He/She will go to school.	íídóółtah They (2) will go to school.	da'íídóółtah They (3+) will go to school.

Ha'oodzíí' Dawólta'ígíí

Łah jidilt'éhígo
Kónááhoot'éhí Ch'ínílį́įdi 'íídéeshtah.
Naaki yiską́ągo 'ólta'di 'íídííłtah.
Yiską́ągo shizeedí Tséghánoodzánídi 'íídóołtah.

Díkwíjílt'éego
Nínáádeezidgo shí dóó 'ashkii bibízhí dóó naaltsoos íił'íní 'ólta'di Bilagáanaa bizaad baa da'íídiiltah.
T'áá hoolzhishee ni dóó nihideezhí dóó nihitsilí ch'iiyáán ádadohłíílgi baa da'íídóołtah.
Shínaaí dóó shádí dóó 'ashiiké dóó 'at'ééké Diné biwááshindoon yaa da'íídóołta'.

Nizhdilt'éego
Shí dóó nádí kintahdi 'íídiiltah.
Náádímóogo ni dóó nideezhí 'ólta' bii' íídóołtah.
T'áá hxąhí nitsilí dóó nideezhí hooghan nímazí yii' íídóołtah.

’Áhát’į ’Ániidíígíí: íílta’ I went to school.		T’áá ’íídą́ą́’ áhóót’įįdgo Perfective Mode	
	Łah jidilt’éhígo	**Nizhdilt’éego**	**Díkwíjílt’éego**
Yáłti’ígíí	íítta’	íilta’	da’iilta’
	I went to school.	We (2) went to school.	We (3+) went to school.
Bich’į’ Yá’áti’ígíí	íínílta’	óołta’	da’óołta’
	You went to school.	You (2) went to school.	You (3+) went to school.
Baa Yá’áti’ígíí	íílta’	íílta’	da’íílta’
	He/She went to school.	They (2) went to school.	They (3+) went to school.

Ha’oodzíí’ Dawólta’ígíí

Łah jidilt’éhígo
Kóhoot’éédą́ą́’ Ch’ínílį́įdi ’íílta’.
Naaki yiskánídą́ą́’ ’ólta’di ’íínílta’.
’Adą́ą́dą́ą́’ Tségháhoodzánídi ’íílta’.
Nizhdilt’éego
Shí dóó nádí kintahdi ’íilta’.
Ła’ dimóo yę́ędą́ą́’ ni dóó nideezhí ’ólta’ bii’ óołta’.
’Ániid nitsilí dóó nideezhí hooghan nímazí yii’ íílta’.
Díkwíjílt’éego
Ła’ nídeezid yę́ędą́ą́’ shí dóó shimá yázhí dóó ’ashkii bibízhí ’ólta’di Bilagáanaa bizaad baa da’iilta’.
’Ałk’idą́ą́’ ni dóó nihideezhí dóó nihitsilí ch’iiyáán ál’įįgi baa da’óołta’.
Naaki nídeezid yę́ędą́ą́’ shínaaí dóó shádí dóó ’ashiiké dóó ’at’ééké Diné biwááshindoon yaa da’íílta’.

’Áhát’į ’ Ániidíígíí: bíhwiideesh’ááł I will learn it.		T’ahdoo ’áhánééhgóó Future Mode	
This verb requires a direct object.			
	Łah jidilt’éhígo	**Nizhdilt’éego**	**Díkwíjílt’éego**
Yáłti’ígíí	bíhwiideesh’ááł	bíhwiidiil’ááł	bídahwiidiil’ááł
	I will learn it.	We (2) will learn it.	We (3+) will learn it.
Bich’į’ Yá’áti’ígíí	bíhwiidííł’ááł	bíhwiidooł’ááł	bídahwiidooł’ááł
	You will learn it.	You (2) will learn it.	You (3+) will learn it.
Baa Yá’áti’ígíí	yíhwiidooł’ááł	yíhwiidooł’ááł	yídahwiidooł’ááł
	He/She will learn it.	They (2) will learn it.	They (3+) will learn it.

Ha'oodzíí' Dawólta'ígíí

Łah jidilt'éhígo	Nizhdilt'éego
Nínáádeezidgo Na'ní'á Hasánídi Diné bizaad bíhwiideesh'ááł.	Dįį' yiskąągo shí dóó 'at'ééd T'iis Yaa Kindi bihididzóóh bíhwiidiil'ááł.
Kónááhoot'éhísh Na'nízhoozhídi Bilagáanaa bizaad bíhwiidííł'ááł?	Naaki nídeezidgoósh ni dóó nitsilí Bééshsinildi Diné bizaad bíhwiidooł'ááł?
Da' naaki nídeezidgo shideezhí Tóta'di 'ałhí'iidzóóh yíhwiidooł'ááł?	Kónááhoot'éhí 'at'ééd dóó 'ashkii 'ólta'gi Diné bizaad yíhwiidooł'ááł.

Díkwíjílt'éego
Náádímóogo shí dóó shínaaí dóó shádí chaha'ohdi 'ałhááh náhiniildeeł bídahwiidiil'ááł.
T'áá hxąhí ni dóó hastóí dóó sáanii hooghan nímazí bii' ałts'á 'ídzóóh bídahwiidooł'ááł.
T'áá hoolzhishee 'áłchíní Diné bizaad yídahwiidooł'ááł.

'Áhát'į ' Ániidííígíí: **bíhooł'ąą'** **I learned it.**		T'áá 'íídą́ą' áhóót'įįdgo Perfective Mode	
	Łah jidilt'éhígo	**Nizhdilt'éego**	**Díkwíjílt'éego**
Yáłti'ígíí	bíhooł'ąą'	bíhwiil'ąą'	bídahwiil'ąą'
	I learned it.	We (2) learned it.	We (3+) learned it.
Bich'į' Yá'áti'ígíí	bíhwinił'ąą'	bíhooł'ąą'	bídahooł'ąą'
	You learned it.	You (2) learned it.	You (3+) learned it.
Baa Yá'áti'ígíí	yíhooł'ąą'	yíhooł'ąą'	yídahooł'ąą'
	He/She learned it.	They (2) learned it.	They (3+) learned it.

Ha'oodzíí' Dawólta'ígíí

Łah jidilt'éhígo	Nizhdilt'éego
Naaki nídeezid yę́ędą́ą' Na'ní'á Hasánídi Diné bizaad bíhooł'ąą'.	Ła' dimóo yę́ędą́ą' shí dóó 'at'ééd T'iis Yaa Kindi bihididzóóh bíhwiil'ąą'.
Kóhoot'éédą́ą'ísh Na'nízhoozhídi Bilagáanaa bizaad bíhwiinił'ąą'?	Naaki nídeezid yę́ędą́ą'ísh ni dóó nitsilí Bééshsinildi Diné bizaad bíhooł'ąą'.
Da' ła' nídeezid yę́ędą́ą' shideezhí Tóta'di 'ałhí'iidzóóh yíhooł'ąą'?	Kóhoot'éédą́ą' at'ééd dóó 'ashkii Ch'ínílį́įdi Diné bizaad yíhooł'ąą'.

Díkwíjílt'éego
Táá' dimóo yę́ędą́ą' shí dóó shínaaí dóó shádí chaha'ohdi 'ałhááh náhiniildeeł bídahwiil'ąą'.
'Áníid ni dóó hastóí dóó sáanii hooghan nímazí bii' ałts'á 'ídzóóh bídahooł'ąą'.
'Ałk'idą́ą' áłchíní Tódínéeshzhee'di Diné bizaad yídahooł'ąą'.

’Áhát’į ’Ániidíígíí: nideeshnish I will work.		T’ahdoo ’áhánééhgóó Future Mode	
	Łah jidilt’éhígo	**Nizhdilt’éego**	**Díkwíjílt’éego**
Yáłti’ígíí	nideeshnish	nidiilnish	nidadiilnish
	I will work.	We (2) will work.	We (3+) will work.
Bich’į’ Yá’áti’ígíí	nidíílnish	nidoołnish	nidadoołnish
	You will work.	You (2) will work.	You (3+) will work.
Baa Yá’áti’ígíí	nidoolnish	nidoolnish	nidadoolnish
	He/She will work.	They (2) will work.	They (3+) will work.

Ha’oodzíí’ Dawólta’ígíí

Łah jidilt’éhígo
Naaki dimóojį’ Kinłánídi nideeshnish. ’Áadi shił hózhóní.
Bá’ólta’í bá nidíílnish. Naaltsoos bikáá’ ak’e’dííłchííł (you will write).
Hootaaghááhí kodi nidoolnish. Sáanii dóó hastóí yił nidoolnish.
Nizhdilt’éego
’Áłah ná’ádleehdi béésh bąąh dah si’ání dóó táá’ naaznilí bá nidiilnish.
Tóta’di hooghan ííł’íní bá nidoołnish. Hooghan ííł’íní Bilagáanaa nilį́.
’Ashiiké bicheii yich’į’ doo’ashgo (they will go) ’áadi bicheii yá nidoolnish.
Díkwíjílt’éego
Dibé binanit’a’í bá nidadiilnish. Bá nida’niilkaad doo.
Halne’é bił nidadoołnish. Sodizin bá hooghan bii’ nidadoołnish.
Hataałii dóó ’azee’ ííł’íní dóó hootaaghááhí ’azee’ ál’įįdi nidadoolnish.

’Amá dóó ’azhé’é dóó biyázhí dá’ák’ehdi nidaashnishígíí yaa bił dahózhǫ́.
A mother and father and their little one are happy they worked in their cornfield.

’Áhát’į ’Ániidíígíí: nishishnish I worked.		T’áá’íídą́ą́’ áhóót’įįdgo Perfective Mode	
	Łah jidilt’éhígo	**Nizhdilt’éego**	**Díkwíjílt’éego**
Yáłti’ígíí	nishishnish	nishiilnish	nidashiilnish
	I worked.	We (2) worked.	We (3+) worked.
Bich’į’ Yá’áti’ígíí	nishínílnish	nishoołnish	nidashoołnish
	You worked.	You (2) worked.	You (3+) worked.
Baa Yá’áti’ígíí	naashnish	naashnish	nidaashnish
	He/She worked.	They (2) worked.	They (3+) worked.

Ha'oodzíí' Dawólta'ígíí

Łah jidilt'éhígo
Naaki dimóoji' Kinłánídi nishishnish. 'Áadi shił hózhóní.
Bá'ólta'í bá nishínílnish. Naaltsoos bikáá' ak'e'shíníłchį.
Hootaagháhí kodi sáanii dóó hastóí yił naashnish.

Díkwíjílt'éego
Dibé binanit'a'í bá nidashiilnish. Bá nida'neelkaad.
Halne'é bił nidashoołnish. Sodizin bá hooghan bii' nidashoołnish.
Hataałii dóó 'azee' íił'íní dóó hootaagháhí 'azee' ál'įįdi nidaashnish.

Nizhdilt'éego
'Áłah ná'ádleehdi béésh bąąh dah si'ání dóó táá' naaznilí bá nishiilnish.
Tóta'di hooghan íił'íní bá nishoołnish. Hooghan íił'íní Bilagáanaa nilį.
'Ashiiké bicheii yich'į' naazh'áazhgo 'áadi bicheii yá naashnish.

'Áhát'į 'Ániidíígíí: deeshłeeł **I will be.**		**T'ahdoo 'áhánééhgóó** **Future Mode**	
This is the future mode of the verb *nishłį*.			
	Łah jidilt'éhígo	**Nizhdilt'éego**	**Díkwíjílt'éego**
Yáłti'ígíí	deeshłeeł	diidleeł	dadiidleeł
	I will be.	We (2) will be.	We (3+) will be.
Bich'į' Yá'áti'ígíí	dííleeł	dohłeeł	dadohłeeł
	You will be.	You (2) will be.	You (3+) will be.
Baa Yá'áti'ígíí	nilįį dooleeł	nilįį dooleeł	dadooleeł
	He/She will be.	They (2) will be.	They (3+) will be.

Ha'oodzíí' Dawólta'ígíí

Łah jidilt'éhígo
Naadiin shinááhaigo hooghan íił'íní deeshłeeł.
Nitsóí hazlįį'go 'amá sání dííleeł. (speaking to a woman)
Hastiin 'íílta'go 'áłchíní bee naagéhí neiłbąąsí nilįį dooleeł.

Nizhdilt'éego
Ch'iiyáán íił'íní diidleeł. 'Áłchíní 'ólta'di ch'iiyáán bá 'ánéiil'įįh dooleel.
Yéego 'íínółta', áko bá'ólta'í dohłeeł.
'Ashiiké 'akał bistłee'ii nilįį dooleeł.

Díkwíjílt'éego
'Ałtso da'iilta'go chidí 'ánéíl'íní dadiidleeł.
Áłchíní, 'ółta'í dadohłeeł.
'At'ééké sáanii yá'át'éehii dadooleeł.

'Asdzání béésh t'áá bí nitsékeesígíí yee Diné bizaad yíhooł'aah. Bá'ólta'í nilįį dooleeł yiniiyé 'ółta'.
The young woman is learning the Navajo language by means of a computer. She is going to school to become a teacher.

'Áhát'į 'Ániidíígíí: sélį́į́' I became...		T'áá'íídą́ą́' áhóót'įįdgo Perfective Mode	
This is the perfective mode of the verb *nishłį́*.			
	Łah jidilt'éhígo	Nizhdilt'éego	Díkwíjílt'éego
Yáłti'ígíí	sélį́į́' I became...	siidlį́į́' We (2) became...	dasiidlį́į́' We (3+) became...
Bich'į' Yá'áti'ígíí	sínílį́į́' You became...	soolį́į́' You (2) became...	dasoolį́į́' You (3+) became...
Baa Yá'áti'ígíí	silį́į́' He/She became...	silį́į́' They (2) became...	daazlį́į́' They (3+) became...

Ha'oodzíí' Dawólta'ígíí

Łah jidilt'éhígo
Naadiin shinááhaigo hooghan ííł'íní sélį́į́'.
Nitsóí hazlį́į́' yę́ędą́ą́' amá sání sínílį́į́'.
Hastiin ałtso 'íílta'go 'áłchíní bee naagéhí neiłbąąsí silį́į́'.
Nizhdilt'éego
Ch'iiyáán ííł'íní siidlį́į́'. 'Ólta'di 'áłchíní ch'iiyáán bá 'ánéiil'įįh (we make it).
Yéego 'óołta'go bá'ólta'í soolį́į́'.
'Ashiiké 'akał bistłee'ii silį́į́'.
Díkwíjílt'éego
'Ałtso da'iilta'go chidí 'ánéííl'íní dasiidlį́į́'.
Áłchíní, naaki dimóo yę́ędą́ą́' ółta'í dasoolį́į́'.
'At'ééké sáanii daazlį́į́' lá.

'At'ééké yázhí.
Little girls.

'Áhát'į 'Ániidíígíí: yideesį́įł I will stand.		T'ahdoo 'áhánééhgóó Future Mode	
	Łah jidilt'éhígo	Nizhdilt'éego	Díkwíjílt'éego
Yáłti'ígíí	yideesį́įł I will stand.	yidiidzį́įł We (2) will stand.	deiidiidzį́įł We (3+) will stand.
Bich'į' Yá'áti'ígíí	yidíízį́įł You will stand.	yidoohsį́įł You (2) will stand.	deidoohsį́įł You (3+) will stand.
Baa Yá'áti'ígíí	yidoozį́įł He/She will stand.	yidoozį́įł They (2) will stand.	deidoozį́įł They (3+) will stand.

Ha'oodzíí' Dawólta'ígíí

Łah jidilt'éhígo
Béésh bii' kǫ'í bich'į' yideesį́į́łgo ch'iiyáán ádeeshłį́į́ł.
Bikáá' adání bich'į' yidíízį́į́ł áádóó ninaanish ádíílííł.
Nitsilí hooghan yich'é'édą́ą́'gi bimá yiba' yidoozį́į́ł.

Díkwíjílt'éego
'Áłtsé tł'óo'di deiidiidzį́į́ł. Deesk'aaz daats'í.
Nihimá bidááhdóó nizhónígo deidoohsį́į́ł.
'Áłchíní bibá'ólta'í nizhónígo yidááhdóó deidoozį́į́ł.

Nizhdilt'éego
Hooghan bich'é'édą́ą́'góó yidíízį́į́ł. Tł'óo'di daats'í hózhóní.
Ni dóó dibé binanit'a'í 'áłah aleehdi yidoohsį́į́ł áádóó dibé baa 'áháyą́ągi baa hodoołnih.
'At'ééké bá'ółta'í yidááhdóó (in front of) yidoozį́į́ł. Bigídí dóó biléécháą́'í yaa hodoolnih.

'Áhát'į 'Ániidíígíí: yiizį' I stood.		T'áá'íídą́ą́' áhóót'įįdgo Perfective Mode	
	Łah jidilt'éhígo	Nizhdilt'éego	Díkwíjílt'éego
Yáłti'ígíí	yiizį'	yiidzį'	deiidzį'
	I stood.	We (2) stood.	We (3+) stood.
Bich'į' Yá'áti'ígíí	yinizį'	woozį'	daozį'
	You stood.	You (2) stood.	You (3+) stood.
Baa Yá'áti'ígíí	yiizį'	yiizį'	deizį'
	He/She stood.	They (2) stood.	They (3+) stood.

Ha'oodzíí' Dawólta'ígíí

Łah jidilt'éhígo
Béésh bii' kǫ'í bich'į' yiizį', ch'iiyáán ádeeshłį́į́ł biniiyé.
Bikáá' adání bich'į' yinizį' áádóó ninaanish íinilaa.
Nitsilí hooghan yich'é'édą́ą́'gi bimá yiba' yiizį'.

Nizhdilt'éego
Tł'óo'di hózhónígo biniinaa hooghan bich'é'édą́ą́'gi yiidzį'.
Ni dóó dibé binanit'a'í 'áłah ná'ádleehdi woozį' áádóó dibé baa 'áháyą́ągi baa hoołne'.
'At'ééké bá'ółta'í yidááhdóó yiizį'. Bigídí dóó biléécháą́'í yaa hoolne'.

Díkwíjílt'éego
Deesk'aaz nidi tł'óo'di deiidzį'.
Nihimá bidááhdóó daozį' áádóó bídahooł'aahígíí bee bił dahoołne'.
'Áłchíní nizhónígo bibá'ólta'í yidááhdóó deizį'.

'Asdzą́ą́ béésh bii' kǫ'í yich'į' sizį́įgo dah díníilghaazh íiléeh.
The woman is standing at the stove making fried bread.

'Áhát'į 'Ániidíígíí: dínéeshdaał I will sit.		**T'ahdoo 'áhánééhgóó Future Mode**	
	Łah jidilt'éhígo	**Nizhdilt'éego**	**Díkwíjílt'éego**
Yáłti'ígíí	dínéeshdaał	díníikeeł	díníibįįł
	I will sit.	We (2) will sit.	We (3+) will sit.
Bich'į' Yá'áti'ígíí	díníídaał	dínóohkeeł	dínóohbįįł
	You will sit.	You (2) will sit.	You (3+) will sit.
Baa Yá'áti'ígíí	dínóodaał	dínóokeeł	dínóobįįł
	He/She will sit.	They (2) will sit.	They (3+) will sit.

Ha'oodzíí' Dawólta'ígíí

Łah jidilt'éhígo
'Áłtsé 'íiyą. Kwe'é niba' ni'góó dínéeshdaał.
Bikáá' dah asdáhí 'ániidíígíí (that which is new) bikáá' dah díníidaał.
Nicheii 'akwe'é (right there) ni'góó dínóodaał. Bá hooł'aah.
Nizhdilt'éego
Tł'óo'di hózhóníyee'. Txį', chaha'oh bii' díníikeeł.
Bikáá' adání bich'į' dínóohkeeł. Atoo' ła' dohdlįįł dóó 'ahwééh ałdó' ła' doohdlįįł.
'Aají nimá dóó nizhé'é bikáá' dah asdáhí yikáá' dah dínóokeeł.
Díkwíjílt'éego
Naalyéhí yá sidáhí biba' naalyéhí bá hooghan bich'é'édą́ą'gi díníibįįł.
Bá'ólta'í bighandi bikáá' dah asdáhí bikáá' dah dínóohbįįł.
Doo deesk'aaz da. Nitsilíké chidí bikée'jį' adeez'áhíígíí 'ane'dę́ę́' dínóobįįł.

Sáanii dóó bada'áłchíní ni'góó dineezbin.
The women and their children sat down on the ground.

'Áhát'į 'Ániidíígíí: nédá I sat.		**T'áá'íídą́ą' áhóót'įįdgo Perfective Mode**	
	Łah jidilt'éhígo	**Nizhdilt'éego**	**Díkwíjílt'éego**
Yáłti'ígíí	nédá	neeké	dineebin
	I sat.	We (2) sat.	We (3+) sat.
Bich'į' Yá'áti'ígíí	nínídá	nooké	dinoobin
	You sat.	You (2) sat.	You (3+) sat.
Baa Yá'áti'ígíí	neezdá	neezké	dineezbin
	He/She sat.	They (2) sat.	They (3+) sat.

Ha'oodzíí' Dawólta'ígíí

Łah jidilt'éhígo
'Ííyą́ągo biniinaa t'óó kwe'é niba' nédá.
Bikáá' dah asdáhí 'áníidííígíí bikáá' dah nínídá.
Nicheii 'akwe'é ni'góó neezdá.
Nizhdilt'éego
Tł'óo'di hózhónígo biniinaa chaha'oh bii' neeké.
Bikáá' adání bich'į' nooké 'áádóó 'atoo' ła' woohdlą́ą' dóó 'ahwééh ałdó' ła' woohdlą́ą'.
'Aají nimá dóó nizhé'é bikáá' dah asdáhí yikáá' dah neezké.
Díkwíjílt'éego
Naalyéhí bá hooghan bich'é'édą́ą'gi naalyéhí yá sidáhí biba' dineebin.
Bá'ólta'í bighandi bikáá' dah asdáhí bikáá' dah dinoobin.
Doo deesk'aazgóó biniinaa nitsilíké chidí bikée'jį' adeez'áhíígíí 'ane'dę́ę́' dineezbin.

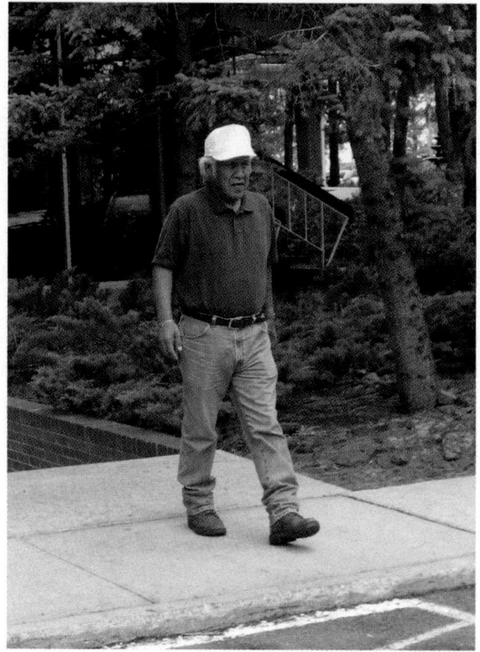

Hastiin léi' kintahdi tádííyá.
A man walked around town.

'Áhát'į 'Ániidíígíí: tádideeshaał I will walk around.	T'ahdoo 'áhánééhgóó Future Mode		
	Łah jidilt'éhígo	**Nizhdilt'éego**	**Díkwíjílt'éego**
Yáłti'ígíí	tádideeshaał I will walk around.	tádidiit'ash We (2) will walk around.	tádidiikah We (3+) will walk around.
Bich'į' Yá'áti'ígíí	tádidíínaał You will walk around.	tádidoh'ash You (2) will walk around.	tádidohkah You (3+) will walk around.
Baa Yá'áti'ígíí	tádidoogaał He/She will walk around.	tádidoo'ash They (2) will walk around.	tádidookah They (3+) will walk around.

Ha'oodzíí' Dawólta'ígíí

Łah jidilt'éhígo
Shił hóyée'go 'éí t'áá kǫ́ǫ́ tádideeshaał.
Kinłánídi kin bitah tádidíínaał.
Shizeedí dibé yikéé' tádidoogaał.
Nizhdilt'éego
Yiskáągo doo 'ólta' da lá. T'óó 'ólta'gi tádidiit'ash.
Nihimá sání bighandi dibé bikéé' tádidoh'ash.
Ninálí Na'nízhoozhídi naalyéhí bá dahooghan yitah tádidoo'ash.
Díkwíjílt'éego
Be'eldííldahsinilídi tádidiikah.
Tódínéeshzhee'di 'ółta'í bikéé' tádidohkah.
'Áłchíní bimá dóó bizhé'é yikéé' tádidookah.

'Amá dóó 'azhé'é dóó ba'áłchíní naalyéhí bá hooghangóó tádookai.
A mother and father and their children went to the trading post and are now returning home.

’Áhát’į ’Ániidíígíí: tádííyá I walked around.		T’áá’íidą́ą́’ áhóót’įįdgo Perfective Mode	
	Łah jidilt’éhígo	**Nizhdilt’éego**	**Díkwíjílt’éego**
Yáłti’ígíí	tádííyá I walked around.	tádiit’áázh We (2) walked around.	tádiikai We (3+) walked around.
Bich’į’ Yá’áti’ígíí	tádííníyá You walked around.	tádoo’áázh You (2) walked around.	tádoohkai You (3+) walked around.
Baa Yá’áti’ígíí	tádííyá He/She walked around.	tádíí’áázh They (2) walked around.	tádookai They (3+) walked around.

Ha’oodzíí’ Dawólta’ígíí

Łah jidilt’éhígo
Shił hóyée’go biniinaa t’áá kǫ́ǫ́ tádííyá.
Kinłánídi kin bitah tádííníyá.
Shizeedí dibé yikéé’ tádííyá.

Nizhdilt’éego
Doo ’ólta’góó biniinaa t’óó ’ólta’gi tádiit’áázh.
Nihimá sání bighandi dibé bikéé’ tádoo’áázh.
Ninálí Na’nízhoozhídi naalyéhí bá dahooghan yitah tádíí’áázh.

Díkwíjílt’éego
Be’eldííldahsinildi tádiikai.
Tódínéeshzhee’di ’ółta’í bikéé’ tádoohkai.
’Áłchíní bimá dóó bizhé’é yikéé’ tádookai.

’Áhát’į ’Ániidíígíí: yádeeshtih **I will talk.** This verb suggests that a speech or long talk will be made.		T’ahdoo ’áhánééhgóó Future Mode	
	Łah jidilt’éhígo	**Nizhdilt’éego**	**Díkwíjílt’éego**
Yáłti’ígíí	yádeeshtih I will talk.	yádiiłtih We (2) will talk.	yádadiiłtih We (3+) will talk.
Bich’į’ Yá’áti’ígíí	yádííłtih You will talk.	yádoołtih You (2) will talk.	yádadoołtih You (3+) will talk.
Baa Yá’áti’ígíí	yádoołtih He/She will talk.	yádoołtih They (2) will talk.	yádadoołtih They (3+) will talk.

Ha'oodzíí' Dawólta'ígíí

Łah jidilt'éhígo
Shimá bich'į' yádeeshtih.
Nizhé'ésh bich'į' yádííłtih.
Nihidá'í nihitsilí yich'į' yádoołtih.

Nizhdilt'éego
Nihich'į' yádiiltih.
Nihimá yázhíísh bich'į' yádoołtih?
Sáanii 'áłchíní yich'į' yádoołtih.

Díkwíjílt'éego
Nihich'į yádadiiltih.
Háíshą' bich'į' yádadoołtih?
Nicheii dóó nimá sání dóó nimá nich'į' yádadoołtih.

'Áhát'į 'Ániidíígíí: yáált' I talked.		T'áá'íídą́ą' áhóót'įįdgo Perfective Mode	
	Łah jidilt'éhígo	Nizhdilt'éego	Díkwíjílt'éego
Yáłti'ígíí	yááłti' I talked.	yéiilti' We (2) talked.	yádasiilti' We (3+) talked.
Bich'į' Yá'áti'ígíí	yéíníłti' You talked.	yáółti' You (2) talked.	yádasoołti' You (3+) talked.
Baa Yá'áti'ígíí	yááłti' He/She talked.	yááłti' They (2) talked.	yádááłti' They (3+) talked.

Hastói 'áłah aleehdi yádadoołtih.
The men will speak at the meeting.

Ha'oodzíí' Dawólta'ígíí

Łah jidilt'éhígo
Shimá bich'į' yááłti'.
Nizhé'ésh bich'į' yéíníłti'?
Nihidá'í nihitsilí yich'į' yááłti'.

Nizhdilt'éego
Nihich'į' yéiilti'.
Nihimá yázhíísh bich'į' yáółti'?
Sáanii 'áłchíní yich'į' yááłti'.

Díkwíjílt'éego
Ch'ééh (trying to) nihich'į' yádasiilti'.
Háíshą' bich'į' yádasoołti'?
Nicheii dóó nimá sání dóó nimá nich'į' yádááłti'.

'Áhát'į 'Ániidíígíí: nideeshneeł I will play.		T'ahdoo 'áhánééhgóó Future Mode	
	Łah jidilt'éhígo	Nizhdilt'éego	Díkwíjílt'éego
Yáłti'ígíí	nideeshneeł I will play.	nidii'neeł We (2) will play.	nidadii'neeł We (3+) will play.
Bich'į' Yá'áti'ígíí	nidííneeł You will play.	nidoohneeł You (2) will play.	nidadoohneeł You (3+) will play.
Baa Yá'áti'ígíí	nidooneeł He/She will play.	nidooneeł They (2) will play.	nidadooneeł They (3+) will play.

Ha'oodzíí' Dawólta'ígíí

Łah jidilt'éhígo
Kinłánídi jooł bee nideeshneeł.
Máazoo bee nidííneeł. 'Ayóo bóhoneedlį.
'Ashkii tł'ízí yázhí yił nidooneeł. Ashkii tł'ízí yázhí t'óó bił nizhóníyee'.
Nizhdilt'éego
Yiskáago tł'óo'di hózhóní dooleeł, jiní. Yiskáago tł'óo'di nidii'neeł.
Nihimá sání bighandi łééchąą'í yázhí bił nidoohneeł.
Ashiiké doo bił hóyée' da. Tł'óo'di jooł yee nidooneeł.
Díkwíjílt'éego
Nihínaaí dóó nihádí 'ólta'di bił nidadii'neeł.
'Ałtso nidashoołnishgo 'índa nihidaané'é bee nidadoohneeł.
'At'ééké dóó 'ashiiké 'ólta' yii' máazoo yee nidadooneeł.

'Ashkii bideezhí tł'óo'di yił nidooneeł.
The boy will play with his younger sister outside.

'Áhát'į 'Ániidíígíí: niséne' I played.		T'áá'íídą́ą́' áhóót'įįdgo Perfective Mode	
	Łah jidilt'éhígo	Nizhdilt'éego	Díkwíjílt'éego
Yáłti'ígíí	niséne' I played.	nisii'ne' We (2) played.	nidasii'ne' We (3+) played.
Bich'į' Yá'áti'ígíí	nisíníne' You played.	nisoone' You (2) played.	nidasoone' You (3+) played.
Baa Yá'áti'ígíí	naazne' He/She/It played.	naazne' They (2) played.	nidaazne' They (3+) played.

Ha'oodzíí' Dawólta'íígíí

Łah jidilt'éhígo
Shitsilí bił nisénе'.
Máazoo bee nisínínе'. 'Ayóo bóhoneedlįįgo nisíníne' .
'Ashkii tł'ízí yázhí yił naazne'. Ashkii tł'ízí yázhí t'óó bił nizhóníyee'.

Nizhdilt'éego
'Adą́ą́dą́ą́' tł'óo'di hózhóní nít'ę́ę́'. 'Adą́ą́dą́ą́' tł'óo'di nisii'ne'.
Nihimá sání bighandi łéécháą'í yázhí bił nisoone'.
Ashiiké doo bił hóyée' da lá. Tł'óo'di jooł yee naazne'.

Díkwíjílt'éego
Nihínaaí dóó nihádí 'ólta'di bił nidasii'ne'. Baa honeenigo nidasii'ne'.
'Ałtso nidashoołnishgo 'índa nihidaané'é bee nidasoone'.
'At'ééké dóó 'ashiiké 'ólta' yii' jooł yázhí yee nidaazne'.

'Áhát'į 'Ániidíígíí: iideeshhosh **I will go to sleep.**	**T'ahdoo 'áhánééhgóó** **Future Mode**		
	Łah jidilt'éhígo	**Nizhdilt'éego**	**Díkwíjílt'éego**
Yáłti'ígíí	iideeshhosh	iidiilwosh	da'iidiilwosh
	I will go to sleep.	We (2) will go to sleep.	We (3+) will go to sleep.
Bich'į' Yá'áti'ígíí	iidíiłhosh	iidoołhosh	da'iidoołhosh
	You will go to sleep.	You (2) will go to sleep.	You (3+) will go to sleep.
Baa Yá'áti'ígíí	iidoołhosh	iidoołhosh	da'iidoołhosh
	He/She/It will go to sleep.	They (2) will go to sleep.	They (3+) will go to sleep.

Ha'oodzíí' Dawólta'íígíí

Łah jidilt'éhígo
Hwáah! Ch'ééh déyá! 'Áłtsé t'áá kwe'é 'iideeshhosh.
'Ayóo deesk'aaz dóó tł'óo'di níchííl. T'áá kǫ́ǫ́ 'iidííłhosh.
Nicheii ch'ééh deeyá. 'Áłtsé kwe'é iidoołhosh.

Nizhdilt'éego
Nihimá bighandi 'iidiilwosh, kwe'é 'éí dooda.
Nihimá sání bighandí 'iidoołhosh. Nihimá sání yaa bił hózhǫ́ǫ doo.
Tł'óo'di 'ayóo deesk'aaz. K'ad ałdó' tł'éé' hazlį́į́'. Áłchíní t'áá kǫ́ǫ́ 'iidoołhosh.

Díkwíjílt'éego
Nihinálí ch'iiyáán bá 'ádadiilnííł, áádóó da'iidiilwosh.
Be'eldííldahsinildi nihibízhí bighangi da'iidoołhosh.
Nínaaíké dóó nitsilíké nighandi da'iidoołhosh. T'áásh áko?

'Ashiiké chaha'oh ádayiilaago chaha'oh yikáa'gi da'iidoołhosh.
When the men have completed the ramada, they will sleep on the roof of the ramada.

'Áhát'į 'Ániidíígíí: iiłhaazh **I went to sleep.**		**T'áá'íídą́ą́' áhóót'įįdgo** **Perfective Mode**	
	Łah jidilt'éhígo	**Nizhdilt'éego**	**Díkwíjílt'éego**
Yáłti'ígíí	iiłhaazh I went to sleep.	iilghaazh We (2) went to sleep.	da'iilghaazh We (3+) went to sleep.
Bich'į' Yá'áti'ígíí	'iiniłhaazh You went to sleep.	oołhaazh You (2) went to sleep.	da'oołhaazh You (3+) went to sleep.
Baa Yá'áti'ígíí	iiłhaazh He/She/It went to sleep.	iiłhaazh They (2) went to sleep.	da'iiłhaazh They (3+) went to sleep.

Ha'oodzíí' Dawólta'ígíí

Łah jidilt'éhígo
Ch'ééh déyáago biniinaa t'áá kwe'é 'iiłhaazh.
Tł'óo'di 'ayóo deesk'aaz dóó nícháálgoósh biniinaa t'áá kǫ́ǫ́ 'iiniłhaazh?
Nicheii ch'ééh deeyáago biniinaa 'áłtsé kwe'é iiłhaazh.

Nizhdilt'éego
Nihimá bighandi 'iilghaazh.
Háadi lá 'oołhaazh? Nihimá sání bighandíísh oołhaazh?
Tł'óo'di 'ayóo deesk'aazgo dóó tł'éé' hazlį́į́'go biniinaa 'áłchíní t'áá kǫ́ǫ́ 'iiłhaazh.

Díkwíjílt'éego
Nihinálí 'áłtsé ch'iiyáán bá 'ádeiilyaa 'áádóó 'índa da'iilghaazh.
Be'eldííldahsinildi nihibízhí bighangiísh da'ołhaazh?
Nínaaíké dóó nitsilíkéésh nighandi da'iiłhaazh?

Chapter 16 Béeso dóó T'áadoo Le'é Dawólta'ígíí

Numbers, Money, Purchasing, and Counting

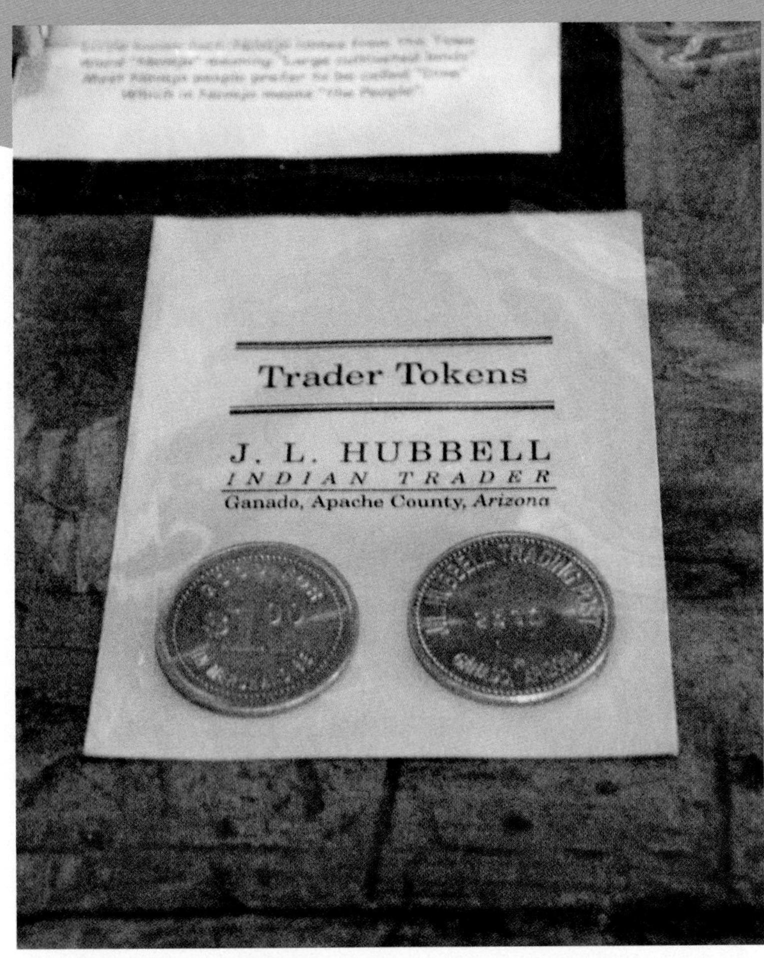

Díí 'éí 'ałk'idą́ą́' Lók'aah Niteeldi naalyéhí bá hooghangi béeso 'át'éego choo'į́į́ nít'ę́ę́'.
These tokens were used by the Hubbell Trading Post as money for trading.
NPS. Hubbell Trading Post National Historic Site, Ganado, Arizona 2007

In traditional Navajo society, wealth was based on the quantity of livestock that a family owned. In the pre-Hwéeldi days, extended Navajo families owned as many as 6,000 head of *dibé* and as many as 1,500 *łį́į́'*, and they lived on land covering several square miles.

With the abundance of livestock, there was no need for currency. Navajos bartered with the *hataałii*, the early *naalyéhí yá sidáhí*, the *na'niłkaadii*, and others by offering a *dibé*, *tł'ízí*, *béégashii*, or *łį́į́'* as compensation. Families also offered *łį́į́'* or *dibé* or *béégashii* as a dowry when a marriage was arranged.

The experience of Hwéeldi caused the practice of counting one's possessions to become even more taboo. The elders reminded their people that they were counted at Hwéeldi, and when they were, the number of people diminished. Over eleven thousand Navajo people were driven to Fort Sumner and only five thousand returned, **but this number reflects only the recorded deaths. Many, many more Navajos' deaths went unnoticed.** To count your possessions, elders warned, would lessen their number.

Hwéeldí changed many things within Navajo society. The U.S. military, under the direction of General Carleton, bought or took by force the livestock of the Navajo people. For the livestock actually purchased, the Navajo families were given a nominal amount of money; however, the money held no value for the Navajo people since they were not used to operating in a monetary system. Later, they realized they could buy a few supplies at the trading post, which was located within Fort Sumner.

The introduction of tokens was another way the Navajo economy changed. The men were given a certain number of tokens that they could exchange for "commodity food." The food was never enough, so the Navajo men made their own tokens at the blacksmith shop located at the fort. The counterfeit tokens, it has been reported, looked even better than the original ones and the soldiers were fooled many times.[1]

It was not until the 1880s, when several *naalyéhí bá hooghan* were established on the Reservation, that more Navajo people became acquainted with money. The railroad that was being built just south of Navajo land also had an impact on the Navajo economy, as the railroad recruited thousands of Navajo men to work as laborers. Sadly, though, the railroad also brought social ills. Instead of paying the men a salary, greedy employers compensated the men with cases of whiskey. Since the Navajo men had no use for currency, they accepted the whiskey as payment. The whiskey would later cause many problems among the Navajo laborers and their families.

When the entire United States was being crushed by the Great Depression, the Navajo people remained relatively unaffected, as they were still not dependent on a cash economy. However, livestock reduction policies, which began during the Depression in the 1930s, plunged the people into poverty. The government began to regulate the number of livestock that each Navajo family could have. The elders remind us that when the government started **counting** the *łį́į' dóó dibé dóó tł'ízí dóó béégashii*, the number of the animals diminished greatly. Livestock reduction opened fresh wounds of the Long Walk.

Díí 'éí dah yistł'ǫ́ wolyé.
This is a loom with a weaving.

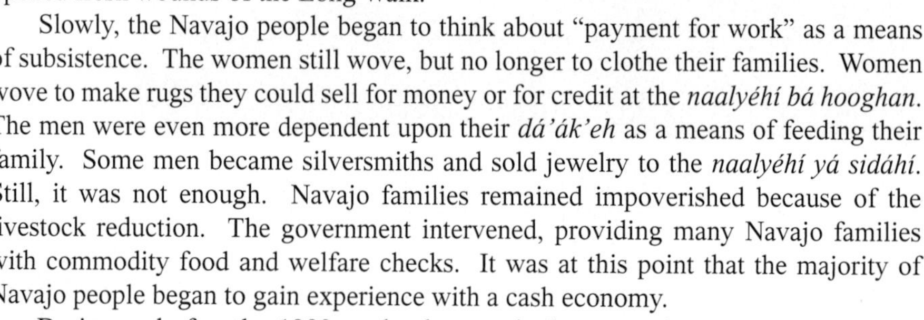

Slowly, the Navajo people began to think about "payment for work" as a means of subsistence. The women still wove, but no longer to clothe their families. Women wove to make rugs they could sell for money or for credit at the *naalyéhí bá hooghan*. The men were even more dependent upon their *dá'ák'eh* as a means of feeding their family. Some men became silversmiths and sold jewelry to the *naalyéhí yá sidáhí*. Still, it was not enough. Navajo families remained impoverished because of the livestock reduction. The government intervened, providing many Navajo families with commodity food and welfare checks. It was at this point that the majority of Navajo people began to gain experience with a cash economy.

During and after the 1930s, schools were built across the Reservation. Many Navajo men were employed as laborers to help build the schools. Women joined the labor force, working at the schools in various classified positions (cooks, dorm matrons, laundresses, and general workers). This type of employment was scarce, however, since only a few schools were constructed across the Reservation.

When the children were taken away to boarding schools, they were taught reading, writing, and arithmetic. The children learned English numbers, and they were forced to learn to count.

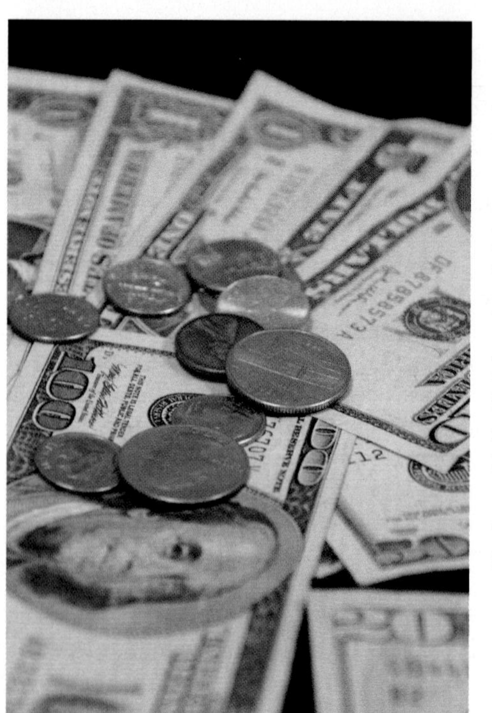

Díí 'éí Wááshindoon bibéeso dóó béeso yázhí 'ádaat'é.
These dollar bills and coins belong to the federal government.

1 Roessel, Robert A. Jr. *Pictorial History of the Navajo from 1860 to 1910*. Rough Rock, AZ: Navajo Curriculum Center, Rough Rock Demonstration School, 1980.

The Navajo Numbering System

The Navajo numbering system is simple, predictable, and repetitive. As long as you learn the numbers from one (1) to ten (10), half of the battle is won. Learn these numbers well and you will have less trouble saying larger numbers.

Saad Ániidíígíí: T'áadoo Le'é Dawólta'go
Numbers

názbąs	zero	hastą́ą́	six
t'ááłá'í/łáa'ii	one	tsosts'id	seven
naaki	two	tseebíí	eight
táá'	three	náhást'éí	nine
dį́į́'	four	neeznáá	ten
ashdla'	five		

The numbers from eleven to nineteen are made by adding *ts'áadah/áadah* to the numbers from one to nine. With the number eleven, the word that would have been *t'ááłá'í* has been shortened to *ła'*.

ła' ts'áadah	eleven	hastą́ą́'áadah (also pronounced as *hastą́ą́ ts'áadah*)	sixteen
naaki ts'áadah	twelve	tsosts'id ts'áadah	seventeen
táá' ts'áadah	thirteen	tseebíí ts'áadah	eighteen
dį́į́' ts'áadah	fourteen	náhást'éí ts'áadah	nineteen
ashdla'áadah (also pronounced as *ashdla' ts'áadah*)	fifteen		

The numbers from 21 to 29 are different from all other numbers that are in the tens. *Naadiin* means "twenty."

naadiin	twenty	naadiin ashdla'	twenty-five
naadiin ła'	twenty-one	naadiin hastą́ą́	twenty-six
naadiin naaki	twenty-two	naadiin tsosts'id	twenty-seven
naadiin táá'	twenty-three	naadiin tseebíí	twenty-eight
naadiin dį́į́'	twenty-four	naadiin náhást'éí	twenty-nine

The numbers from 31 to 99 contain the words *dóó bi'aan/dóó bi'ąą*, which appear after the number and the ten prefix. *Dóó bi'aan/ dóó bi'ąą* both mean "and over..." This pattern continues on through the numbering system.

tádiin	thirty	tádiin dóó bi'ąą tseebíí	thirty-eight
tádiin dóó bi'aan t'ááłá'í	thirty-one	tádiin dóó bi'ąą náhást'éí	thirty-nine
tádiin dóó bi'aan naaki	thirty-two	dízdiin	forty
tádiin dóó bi'aan táá'	thirty-three	ashdladiin	fifty
tádiin dóó bi'aan dį́į́'	thirty-four	hastą́diin	sixty
tádiin dóó bi'aan ashdla'	thirty-five	tsosts'idiin	seventy
tádiin dóó bi'aan hastą́ą́	thirty-six	tseebídiin	eighty
tádiin dóó bi'aan tsosts'id	thirty-seven	náhást'édiin	ninety

Hundreds

To say a number that is in the hundreds, you would first say the number that is in the hundreds place. Then you would add the enclitic *–di*, meaning "at." Finally, you would say *neeznádiin*, "hundred," to identify the number as being in the hundreds.

t'ááłá'ídi neeznádiin	one hundred
naakidi neeznádiin	two hundred
táa'di neeznádiin	three hundred
dį́į́'di neeznádiin	four hundred
ashdla'di neeznádiin	five hundred
hastą́ądi neeznádiin	six hundred
tsosts'idi neeznádiin	seven hundred
tseebíidi neeznádiin	eight hundred
náhást'éidi neeznádiin	nine hundred

Example: the number 189

T'ááłá'ídi neeznádiin dóó bi'ąą tseebídiin dóó bi'ąą náhást'éí

Essentially, this is what you are saying or writing:

(1 at 100) + (8 at 10) + 9

Does that look a lot like algebra?

Example: the number 573

'Ashdla'di neeznádiin dóó bi'ąą tsosts'idiin dóó bi'ąą táá'

(5 at 100) + (7 at 10) + 3

Thousands

To say a number that is in the thousands, you would first state the base number, followed by the enclitic *–di*. This is then followed by the term *miil yázhí*. *Miil tsoh* denotes a million, and *míil yázhí* translates as "thousand." So, you are saying "little million," which means a thousand.

t'ááłá'ídi míil yázhí	one thousand	hastą́ądi míil yázhí	six thousand
naakidi míil yázhí	two thousand	tsosts'idi míil yázhí	seven thousand
táa'di míil yázhí	three thousand	tseebíidi míil yázhí	eight thousand
dį́į́'di míil yázhí	four thousand	náhást'éidi míil yázhí	nine thousand
ashdla'di míil yázhí	five thousand	neeznáadi míil yázhí	ten thousand

Example: the number 3,268

Táadi míil yázhí dóó bi'aan naakidi neeznádiin dóó bi'aan hastą́diin dóó bi'aan tseebíí

(3 at 1,000) + (2 at 100) + (6 at 10) + 8

Example: the number 49,131

Dízdiin dóó bi'aan náhást'éidi míil yázhí dóó bi'aan t'ááłá'ídi neeznádiin dóó bi'aan tádiin dóó bi'aan t'ááł'á'í

[(40 + 9) at 1,000] + (1 at 100) + (3 at 10) + 1

Example: the number 4,897,412

Dį́įdi míil tsoh dóó bi'ąą tseebíidi neeznádiin dóó bi'ąą náhást'édiin dóó bi'ąą tsosts'idi míil yázhí dóó bi'ąą dį́įdi neeznádiin dóó bi'ąą naaki ts'áadah

(4 at 1,000,000) + [(8 at 100) + (9 at 10) + 7) at 1,000] + (4 at 100) + 12

Béeso
Saad Ániidíígíí: Béeso dóó Béeso 'Ánéelt'e'ígíí
Money amounts

"Dollar" in Navajo is stated as *béeso/béeso*. To say "how many" dollars, you state the number. No dollar sign is needed because the word *béeso/béeso* indicates the numbers pertain to money. Consider the examples below.

$1.00	t'ááłá'í béeso	$6.00	hastą́ą́ béeso
$2.00	naaki béeso	$7.00	tsosts'id béeso
$3.00	táá' béeso	$8.00	tseebíí béeso
$4.00	dį́į' béeso	$9.00	náhást'éí béeso
$5.00	ashdla' béeso	$10.00	neeznáá béeso

The numbering system always works the same, whether you are talking about money amounts or counting.

Example: $18.00

Tseebíí ts'áadah béeso

Saad Ániidíígíí: Béeso Yázhí
Coins

penny	łichíí'/sindáo
nickel	łitso
dime	dootł'izh
15 cents	gíinsi
quarter	naaki yáál
half dollar	dį́į́ yáál
75 cents	hastą́ą́ yáál

Note: it is **only** for these **exact amounts** that the Navajo words apply. However, dimes may be counted from 1 to 4 and 6 to 9. Pennies may be counted up to 4 pennies and between 6 to 9 pennies; a nickel is called *łitso* and one dime is called *t'áálá'í dootł'izh*. The word *béeso* is used for dollars, and is spoken in the place of the decimal point.

Example: $9.34

Náhást'éí béeso dóó bi'ąą táá' dootł'izh dóó bi'ąą dį́į́' łichíí'.

9 dollars + (3 dimes + 4 pennies)

Example: $1.05

T'áálá'í béeso dóó bi'ąą łitsoh.

1 dollar + nickel

Example: $3.16

Táá' béeso dóó bi'ąą t'ááł'á'í dootł'izh dóó bi'ąą hastą́ą́ sindáo.

3 dollars + (1 dime + 6 pennies)

Example: $42.25

Dízdiin dóó bi'ąą naaki béeso dóó bi'ąą naaki yáál.

(40 + 2) dollars + quarter

Example: $42.27

Dízdiin dóó bi'ąą naaki béeso dóó bi'ąą naaki dootł'izh dóó bi'ąą tsosts'id łichíí'.

(40 + 2) dollars + (2 dimes + 7 pennies)

Example: $15.98

'Ashdla'áadah béeso dóó bi'ąą náhást'éí dootł'izh dóó bi'ąą tseebíí łichíí'.

15 dollars + (9 dimes + 8 pennies)

Saad 'Ániidíígíí: T'áadoo Le'é Nidajiiłniihígíí
Items that You Buy

'éé'	clothing
yoo'	necklaces
dibé	sheep
łį́į́'	horse(s)
ch'iiyáán	food
tódilchxoshí	soda pop
'ak'áán	flour
nímasii	potatoes
dibé bitsį'	mutton
béégashii bitsį'	beef
na'ahóóhai bitsį'	chicken
'ałk'ésdisí	candy
'ahwééh	coffee
'atsį'	meat
'ásaa'	pot
ké	shoes
sis łigaai	silver concho belt
béégashii	cow(s)
tł'ízí	goat(s)
'ásaa' bii' abézhí	pot for boiling liquids
bee 'aná'ákáhí	pan for baking
béésh'adee'	spoon
bąąh ha'íízhahí	cup
łeets'aa'	dishes
bíla' táa'ii	fork
béésh	knife
tááláwosh	soap
naaltsoos bee 'ádít'oodí	paper napkins
bee 'ádít'oodí	towels
wóne'é naaznilígíí	things found in the home
chidí bitoo'	gasoline
chidí bikee'	tires
chidí bik'ah	motor oil

diyogí	rug

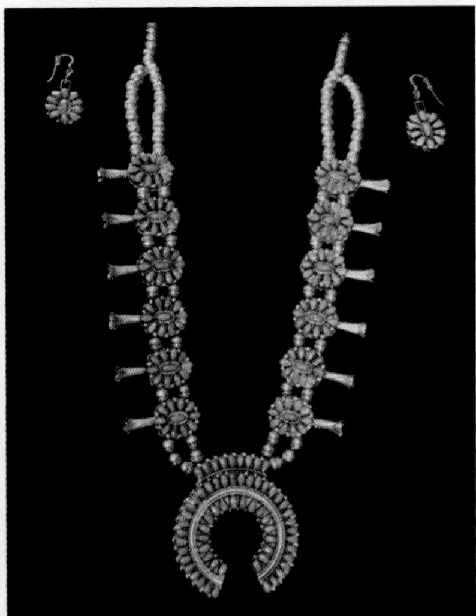

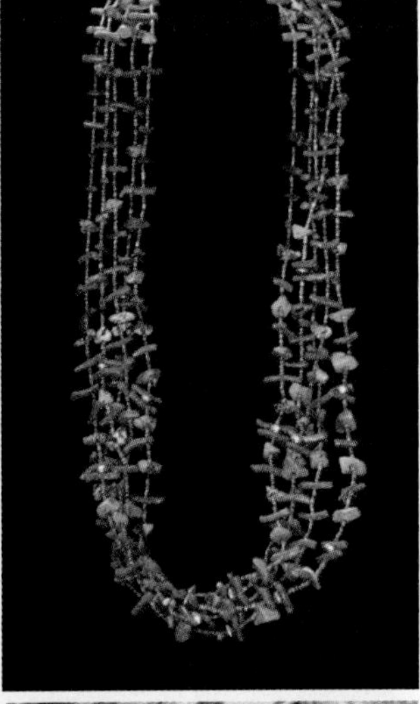

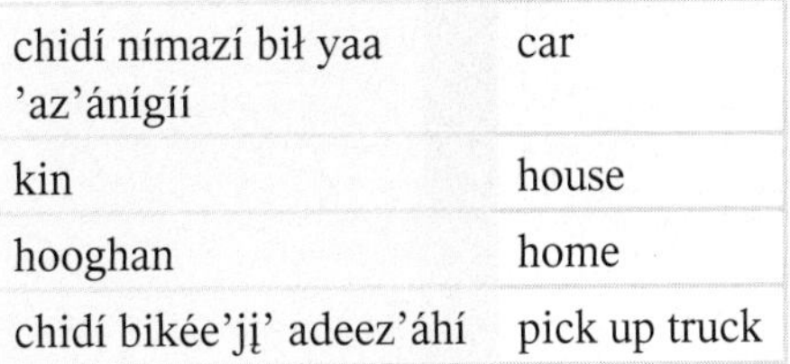

chidí nímazí bił yaa 'az'ánígíí	car
kin	house
hooghan	home
chidí bikée'jį' adeez'áhí	pick up truck

Díí yoo' dóó sis dóó ch'iiyáán naalyéhí nidahidoonihígíí 'ádaat'é.
These necklaces and concho belts and food are merchandise to be sold.

'Áhát'į 'Ániidíígíí: nahashniih I am buying___________.		K'ad áhooníiłgo Imperfective Mode	
This next set of verbs requires a direct object. You need to state/write what you are buying.			
	Łah jidilt'éhígo	**Nizhdilt'éego**	**Díkwíjílt'éego**
Yáłti'ígíí	nahashniih	nahiilniih	nidahiilniih
	I am buying_______.	We (2) are buying_______.	We (3+) are buying______.
Bich'į' Yá'áti'ígíí	nahíłniih	nahołniih	nidahołniih
	You are buying______.	You (2) are buying_______.	You (3+) are buying______.
Baa Yá'áti'ígíí	nayiiłniih	nayiiłniih	nidayiiłniih
	He/She is buying_____.	They (2) are buying_____.	They (3+) are buying_____.

Díí 'éí Lók'aah Niteeldi naalyéhí bá hooghan góne'é naalyéhí nidahaniihígíí 'ádaat'é.

Ha'oodzíí' Dawólta'ígíí

Łah jidilt'éhígo	Nizhdilt'éego
Shideezhí ké nitsaaí ła' bá nahashniih.	Kindi 'ałk'ésdisí dóó bee 'ak'e'alchíhí nahiilniih.
Da' ei dejį'éé' nahíłniih?	Háádęę'shą' chidí bikée'jį' adeez'áhí nahoołniih?
Siláo sis ligaaí dóó yoo' dootł'izhí naakidi neeznádiin béeso yik'é nayiiłniih.	Ch'iiyáán ííł'íní dóó nahashoohí naalyéhí bá hooghandi dibé bitsį' dóó bááh nayiiłniih.

Díkwíjílt'éego
Tóta'di dibé dóó tł'ízí shimá bá nidahiilniih.
Tsxį́įłgo béégashii bitsį' yik'ánígíí ła' nidahoołniih. Dichin nihi'niighą́ą' (hunger is killing us (2+).
Nooséłí daané'é nidayiiłniih. Béeso t'óó'ahayóí yik'é nidayiiłniih.

'Áhát'į 'Ániidíígíí: nahideeshnih I will buy______.		T'ahdoo 'áhánééhgóó Future Mode	
	Łah jidilt'éhígo	Nizhdilt'éego	Díkwíjílt'éego
Yáłti'ígíí	nahideeshnih	nahidiilnih	nidahidiilnih
	I will buy______.	We (2) will buy______.	We (3+) will buy______.
Bich'į' Yá'áti'ígíí	nahidííłnih	nahidoołnih	nidahidoołnih
	You will buy______.	You (2) will buy______.	You (3+) will buy______.
Baa Yá'áti'ígíí	neidiyoołnih	neidiyoołnih	nideidiyoołnih
	He/She will buy______.	They (2) will buy______.	They (3+) will buy______.

Ha'oodzíí' Dawólta'ígíí

Łah jidilt'éhígo	Nizhdilt'éego
Shideezhí kénitsaaí bá nahideeshnih.	Kindi 'ałk'ésdisí dóó bee 'ak'e'alchíhí nahidiilnih.
Da' ei dejį'éé'ísh nahidííłnih?	Háádęę'shą' chidí bikée'jį' adeez'áhí nahidoołnih?
Siláo sis ligaaí dóó yoo' dootł'izhí naakidi neeznádiin béeso yik'é neidiyoołnih.	Ch'iiyáán ííł'íní dóó nahashoohí naalyéhí bá hooghandi dibé bitsį' dóó bááh neidiyoołnih.

Díkwíjílt'éego
Tóta'di dibé dóó tł'ízí shimá bá nidahidiilnih.
Dichin nihi'niighą́ą'! Tsį́įłgo béégashii bitsį' yik'áníígíí ła' nidahidoołnih.
Nooséłí daané'é nideidiyoołnih. Béeso t'óó'ahayóí yik'é nideidiyoołnih.

'Áhát'į 'Ániidíígíí: nahéłnii' I bought______.		T'áá'íídą́ą' áhóót'įįdgo Perfective Mode	
	Łah jidilt'éhígo	Nizhdilt'éego	Díkwíjílt'éego
Yáłti'ígíí	nahéłnii'	nahaalnii'	nidahaalnii'
	I bought______.	We (2) bought______.	We (3+) bought______.
Bich'į' Yá'áti'ígíí	nahíníłnii'	nahisoołnii'	nidahisoołnii'
	You bought_____.	You (2) bought______.	You (3+) bought______.
Baa Yá'áti'ígíí	nayiisnii'	nayiisnii'	nidayiisnii'
	He/She bought______.	They (2) bought______.	They (3+) bought______.

Ha'oodzíí' Dawólta'ígíí

Łah jidilt'éhígo
Shideezhí kénitsaaí bá nahéłnii'.
Da' ei dejį'éé'ísh nahíníłnii'?
Siláo sis łigaaí dóó yoo' dootł'izhí naakidi neeznádiin béeso yik'é nayiisnii'.
Nizhdilt'éego
Kindi 'ałk'ésdisí dóó bee 'ak'e'alchíhí nahaalnii'.
Háádę́ę́'shą' chidí bikée'jį' adeez'áhí nahisoołnii'?
Ch'iiyáán ííł'íní dóó nahashoohí naalyéhí bá hooghandi dibé bitsį' dóó bááh nayiisnii'.
Díkwíjílt'éego
Tóta'di dibé dóó tł'ízí shimá bá nidahaalnii'.
Dichin nihi'niighą́ą'go biniinaa tsxį́įłgo béégashii bitsį' yik'ániigíí ła' nidahisoołnii'.
Nooséłí daané'é béeso t'óó'ahayóí yik'é nidayiisnii'.

Díí 'éí ts'aa' sáanii Naatsis'ą́ą́dę́ę́' nidaakaiigíí nizhónígo deitł'óó dóó baa nidahaniih. Ts'aa' t'áá 'ał'ąą 'ádaníłtso.
These Navajo wedding baskets are woven and sold by the women from Navajo Mountain.

Saad 'Ániidíígíí: Bą́ą́h Ílínígíí

bą́ą́h ílį́	price	(bą́ą́h: on it; ílį́: the value)
bą́ą́h adooleeł (future mode)	will cost	(*adooleeł*: will)
bą́ą́h azlį́į' (perfective mode)	cost	(azlį́į': the amount it came to)

Building Reading Skills

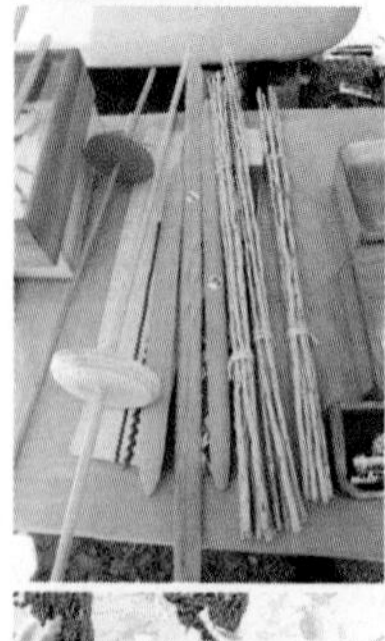

Shicheii bitł'óól naadiin ashdla' béeso dóó bi'ąą hastą́ą́ yáál bą́ą́h azlį́į'.

Tł'aakał noot'ishígíí 'éí tádiin dóó bi'ąą táá' béeso dóó bi'ąą tseebíí dootł'izh dóó bi'ąą náhást'éí sindáo bą́ą́h ílį́.

Ké nineezí tseebídiin béeso dóó bi'ąą gíinsi bą́ą́h adooleeł.

Shi'éé' neeznáá béeso dóó bi'ąą dį́į́ yáál bą́ą́h adooleeł.

Béégashii bitsį' bááh bił ałch'į' át'éego naaki béeso dóó bi'ąą hastą́ą́ yáál bą́ą́h azlį́į'.

Ninaaltsoosísh tádiin dóó bi'ąą tsosts'id béeso dóó bi'ąą náhást'éí dootł'izh bą́ą́h azlį́į'?

Bédii ch'iiyáán ła' nayiisnii'. Ch'iiyáán dízdiin dóó bi'ąą táá' béeso dóó bi'ąą naaki dootł'izh bą́ą́h azlį́į'.

Chidí bikée'jį' adeez'áhí nizhóníigíí 'éí naadiindi mííl yázhí dóó bi'ąą náhást'éidi neeznádiin dóó bi'ąą tsosts'idiin dóó bi'ąą tseebíí béeso dóó bi'ąą hastą́ą́ yáál bą́ą́h adooleeł.

'Áhát'į 'Ániidíígíí: shaa nahaniih I am selling____________.		K'ad áhooníiłgo Imperfective Mode	
This next set of verbs requires a direct object. In these examples, the prefix of the postpositions *shaa* (I), *naa* (you), *nihaa* (we 2+/you 2+), and *baa* (he/she/they) indicate **who** is selling the items. One of these postpositions must always be included when using these verbs.			
	Łah jidilt'éhígo	**Nizhdilt'éego**	**Díkwíjílt'éego**
Yáłti'ígíí	shaa nahaniih	nihaa nahaniih	nihaa nidahaniih
	I am selling_____.	We (2) are selling_______.	We (3+) are selling______.
Bich'į' Yá'áti'ígíí	naa nahaniih	nihaa nahaniih	nihaa nidahaniih
	You are selling______.	You (2) are selling_______.	You (3+) are selling______.
Baa Yá'áti'ígíí	baa nahaniih	baa nahaniih	baa nidahaniih
	He/She is selling______.	They (2) are selling______.	They (3+) are selling______.

Ha'oodzíí' Dawólta'ígíí'

Łah jidilt'éhígo
Wáalimaa'di 'ałchíní bi'éé' danizhóníígíí shaa nahaniih.
Da' tł'aajį'éé' naadiin táá' béeso dóó bi'ąą gíinsi bą́ąh ílį́igo naa nahaniih?
Shimá sání dibé yázhí baa nahaniih. Dibé yázhí t'ááłá'ídi neeznádiin dóó bi'ąą 'ashdla' béeso bą́ąh da'ílį́igo (3+ cost) baa nahaniih.
Nizhdilt'éego
Shí dóó shitsilí chidí bikée'jį' adeez'áhí 'ániidíígíí tádiin dóó bi'ąą dį́į'di míil yázhí dóó bi'ąą naakidi neeznádiin dóó bi'ąą tsosts'idiin dóó bi'ąą náhást'éí béeso dóó bi'ąą hastą́ą́ yáál bą́ąh ílį́igo nihaa nahaniih.
Ni dóó nizeedíísh béégashii bitsį' yik'ánígíí báah bił ałch'į' át'éego nihaa nahaniih? Díkwíí shą' bą́ąh ílį́igo nihaa nahaniih?
Sáanii dah díníilghaazh dóó náneeskaadí baa nahaniih. Dah díníilghaazh éí táá' béeso bą́ąh ílį́ dóó náneeskaadí 'éí naaki béeso dóó bi'ąą dį́į yáál bą́ąh ílį́igo baa nahaniih.
Díkwíjílt'éego
Shí dóó shimá dóó shimá yázhí bik'é nida'jiiléego da'adánígi (restaurant) nideiilnish. 'Áadi tódilchxoshí dóó na'ahóóhai bitsį' dóó báah ła' ts'áadah béeso dóó bi'ąą tseebíí dootł'izh dóó bi'ąą náhást'éí sindáo bą́ąh ílį́igo nihaa nidahaniih.
Ni dóó 'akał bistłee'ii dóó naalyéhí yá sidáhí tł'oh nihaa nidahaniih.
Hooghan íít'íní dóó shínaaí dóó shádí hooghan baa nidahaniih. Hooghan baa nidahaniihígíí 'éí naakidi neeznádiin dóó bi'ąą dízdiin dóó bi'ąą táa'di míil yázhí dóó bi'ąą tseebíidi neeznádiin dóó bi'ąą tsosts'id ts'áadah béeso bą́ąh ílį́igo baa nidahaniih. Hooghan nizhóní léi' baa nidahaniih.

'Áhát'į 'Ániidíígíí: shaa nahidoonih I will sell it.		T'ahdoo 'áhánééhgóó Future Mode	
	Łah jidilt'éhígo	**Nizhdilt'éego**	**Díkwíjílt'éego**
Yáłti'ígíí	shaa nahidoonih	nihaa nahidoonih	nihaa nidahidoonih
	I will sell it.	We (2) will sell it.	We (3+) will sell it.
Bich'į' Yá'áti'ígíí	naa nahidoonih	nihaa nahidoonih	nihaa nidahidoonih
	You will sell it.	You (2) will sell it.	You (3+) will sell it.
Baa Yá'áti'ígíí	baa nahidoonih	baa nahidoonih	baa nidahidoonih
	He/She will sell it.	They (2) will sell it.	They (3+) will sell it.

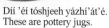

Díí 'éí tóshjeeh yázhí'át'é.
These are pottery jugs.

Díí 'éí ts'aa' nitsaaígíí 'át'é.
This is a large Navajo wedding basket.

Ha'oodzíí' Dawólta'ígíí'

Łah jidilt'éhígo
Wáalimaa'di nideeshnish. 'Áadi 'áłchíní bi'éé' danizhóníigíí shaa nahidoonih.
Da' tł'aajį'éé' naadiin táá' béeso dóó bi'ąą gíinsi bááh ílįįgo naa nahidoonih?
Shimá sání dibé yázhí baa nahidoonih. Dibé yázhí t'ááłá'ídi neeznádiin dóó bi'ąą 'ashdla' béeso bááh da'ílįįgo baa nahidoonih.

Nizhdilt'éego
Shí dóó shitsilí chidí bikée'jį' adeez'áhí 'ániidíígíí tádiin dóó bi'ąą dįį'di míil yázhí dóó bi'ąą naakidi neeznádiin dóó bi'ąą tsosts'idiin dóó bi'ąą náhást'éí béeso dóó bi'ąą hastą́ą́ yáál bááh ílįįgo nihaa nahidoonih.
Ni dóó nizeedíísh béégashii bitsį' yik'ánígíí bááh bił ałch'į' át'éego nihaa nahidoonih? Díkwíí shą' bááh ílįįgo nihaa nahidoonih?
Sáanii dah díníilghaazh dóó náneeskaadí baa nahidoonih. Dah díníilghaazh éí táá' béeso bááh ílįį dóó náneeskaadí 'éí naaki béeso dóó bi'ąą dįį yáál bááh ílįįgo baa nahidoonih.

Díkwíjílt'éego
Shí dóó shimá dóó shimá yázhí bik'é nida'jiiléego da'adánígi nídadiilnish. 'Áadi tódilchxoshí dóó na'ahóóhai bitsį' dóó bááh ła'ts'áadah béeso dóó bi'ąą tseebíí dootł'izh dóó bi'ąą náhást'éí sindáo bááh ílįįgo nihaa nidahidoonih.
Ni dóó 'akał bistłee'ii dóó naalyéhí yá sidáhí tł'oh nihaa nidahidoonih.
Hooghan íił'íní dóó shínaaí dóó shádí hooghan baa nidahaniih. Hooghan baa nidahaniihígíí 'éí naakidi neeznádiin dóó bi'ąą dízdiin dóó bi'ąą táa'di míil yázhí dóó bi'ąą tseebíidi neeznádiin dóó bi'ąą tsosts'id ts'áadah béeso bááh ílįįgo baa nidahidoonih. Hooghan nizhóní léi' baa nidahidoonih.

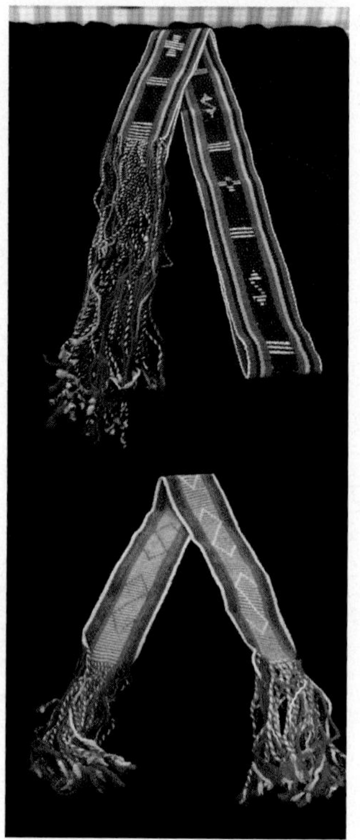

Díí 'éí sis łichí'í wolyé. Díí 'éí ch'ikę́ę́h dóó 'asdzání t'ahdoo hastiin bee haleehígíí t'éiyá chodayooł'įįgo bee haz'ą́.
These are called sash belts. Only young girls and young women who have not married are allowed to wear these.

'Áhát'į 'Ániidíígíí: shaa nahaaznii' I sold_________.		T'áá'íídą́ą́' áhóót'įįdgo Perfective Mode	
	Łah jidilt'éhígo	**Nizhdilt'éego**	**Díkwíjílt'éego**
Yáłti'ígíí	shaa nahaaznii'	nihaa nahaaznii'	nihaa nidahaaznii'
	I sold_______.	We (2) sold_____.	We (3+) sold____.
Bich'į' Yá'áti'ígíí	naa nahaaznii'	nihaa nahaaznii'	nihaa nidahaaznii'
	You sold_______.	You (2) sold____.	You (3+) sold____.
Baa Yá'áti'ígíí	baa nahaaznii'	baa nahaaznii'	baa nidahaaznii'
	He/She sold_____.	They (2) sold____.	They (3+) sold_____.

Ha'oodzíí' Dawólta'ígíí'

Łah jidilt'éhígo
Wáalimaa'di nishishnish. 'Áadi 'áłchíní bi'éé' danizhóníígíí shaa nahaaznii'.
Da' tł'aajį'éé' naadiin táá' béeso dóó bi'ąą giinsi bą́ąh ílį́igo naa nahaaznii'?
Shimá sání dibé yázhí baa nahaaznii'. Dibé yázhí t'áálá'ídi neeznádiin dóó bi'ąą 'ashdla' béeso bą́ąh da'ílį́igo baa nahaaznii'.

Nizhdilt'éego
Shí dóó shitsilí chidí bikée'jį' adeez'áhí 'ániidíígíí tádiin dóó bi'ąą dį́į'di míil yázhí dóó bi'ąą naakidi neeznádiin dóó bi'ąą tsosts'idiin dóó bi'ąą náhást'éí béeso dóó bi'ąą hastą́ą yáál bą́ąh ílį́igo nihaa nahaaznii'.
Ni dóó nizeedíísh béégashii bitsį' yik'ánígíí bááh bił ałch'į' át'éego nihaa nahaaznii'? Díkwíí shą' bą́ąh ílį́igo nihaa nahaaznii'?
Sáanii dah díníilghaazh dóó náneeskaadí baa nahaaznii'. Dah díníilghaazh éí táá' béeso bą́ąh ílį́ dóó náneeskaadí 'éí naaki béeso dóó bi'ąą dį́į yáál bą́ąh ílį́igo baa nahaaznii'.

Díkwíjílt'éego
Shí dóó shimá dóó shimá yázhí bik'é nida'jiiléego da'adánígi nidashiilnish. Áadi tódilchxoshí dóó na'ahóóhai bitsį' dóó bááh ła'ts'áadah béeso dóó bi'ąą tseebíí dootł'izh dóó bi'ąą náhást'éí sindáo bą́ąh ílį́igo nihaa nidahaaznii'.
Ni dóó 'akał bistłee'ii dóó naalyéhí yá sidáhí tł'oh nihaa nidahaaznii'.
Hooghan ííł'íní dóó shínaaí dóó shádí hooghan baa nidahaaznii'. Hooghan baa nidahaaznii'ígíí 'éí naakidi neeznádiin dóó bi'ąą dízdiin dóó bi'ąą táa'di míil yázhí dóó bi'ąą tseebíidi neeznádiin dóó bi'ąą tsosts'id ts'áadah béeso bą́ąh ílį́igo baa nidahaaznii'. Hooghan nizhóní léi' baa nidahaaznii'.

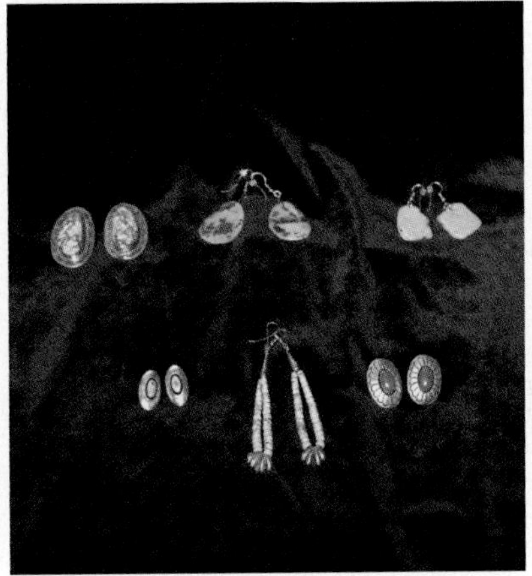
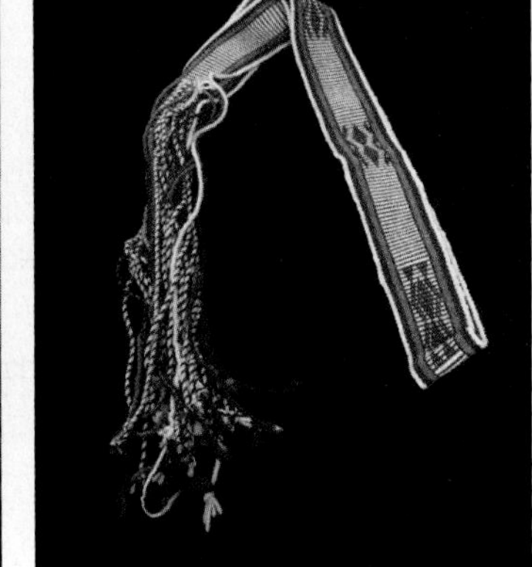

Díí Diné 'ádeił'į́igo baa nidahaniih.
Navajo people make these to sell.

Building Reading Skills

Yá'át'ééh,

Shí 'éí Jímii yinishyé. Níléí Na'nízhoozhídi shimá bił kééhasht'į́ nít'ę́ę́'. K'ad éí Hoozdohdi naashnish. Shichidí hólǫ́. Chidí nímazí bił yaa 'az'ánííġíí 'át'é. Nizhóníyee'. At'ééké shichidí bił danizhóníyee' ałdó'. T'áá 'áko "Txį! Txį'!" daníí łeh. Shichidí tsosts'id ts'áadahdi míil yázhí dóó bi'ąą 'ashdla'di neeznádin dóó bi'ąą náhást'édiin dóó bi'ąą 'ashdla' béeso dóó bi'ąą hastą́ą yáál bą́ąh azlį́į'. Shichidí nizhónígo baa 'áháshyą́ą łeh.

Shizhé'é bichidí bikée'jį' adeez'áhí 'át'é. Kinłánídi nayiisnii'. Shizhé'é bichidí tádiin dóó bi'ąą dį́į'di míil yázhí dóó bi'ąą tseebíidi neeznádiin dóó bi'ąą tádiin dóó bi'ąą naaki béeso dóó bi'ąą naaki yáál bą́ąh azlį́į'. Shizhé'é bichidí 'ayóo dilwo'.

Hágoónee'

Saad 'Ániidíígíí: Shinááhai
My age

To tell someone your age, you would say the number followed by *shináháhai,* "my years." *Shi* is the possessive prefix, *náá* signifies a repetition, and *hai* means "winter." The word *shináháhai* is literally "my repeated winters." According to the elders, there are two reasons why the word *hai* is used in reference to years. One is that the winter is an important time of the year because a person attains wisdom throughout the winter as winter stories and teachings are transmitted from one generation to another. The second reason is that the traditional Navajo new year begins with the month of *Ghąąjį'*, or October, the month that ushers in the winter season.

	Łah jidilt'éhígo	Nizhdilt'éego	Díkwíjílt'éego
Yálti'ígíí	shináháhai	nihináháhai	danihináháhai
	my age	our (2) age	our (3+) respective age
Bich'į' Yá'áti'ígíí	ninááhai	nihináháhai	danihináháhai
	your age	your (2) age	your (3+) respective age
Baa Yá'áti'ígíí	bináháhai	bináháhai	dabináháhai
	his/her/its age	their (2) age	their (3+) respective age

Ha'oodzíí' Dawólta'ígíí

Łah jidilt'éhígo
Tseebíí ts'áadah shináháhai.
Nishą', díkwíísh ninááhai?
Shimá dízdiin dóó bi'ąą ashdla' bináháhai.

Díkwíjílt'éego
Shí dóó béésh bąąh dah si'ání dóó na'niłkaadii ashdladiin dóó bi'ąą dįį' danihináháhai.
Ni dóó ch'ikéí dóó tsíłkéí tsosts'id ts'áadah danihináháhai.
Bá'ólta'í dóó naaltsoos íił'íní dóó dibé binanit'a'í naadiin ashdla' dabináháhai.

Nizhdilt'éego
Shí dóó 'at'ééd dįį' ts'áadah nihináháhai.
Ni dóó nizeedí naaki ts'áadah nihináháhai.
Shizhé'é yázhí dóó 'azee' íił'íní tádiin dóó bi'ąą náhást'éí bináháhai.

Building Speaking and Listening Skills

Tell your classmates the following information:

1. Your age
2. The ages of your younger and older sisters and brothers.
3. The ages of your mother and father.
4. The ages of both sets of your grandparents, if they are still living.

Chapter 17

'Oo'ááł dóó 'Oolkiłígíí
Telling Time

Díí ná'oolkilí be'eldíil yázhí bikáá' dah sinil.
This alarm clock has bells on top of it.

Traditionally, a Navajo elder depends heavily on the environment to conduct daily activities. On the other hand, a non-traditional person and people of other cultures depend heavily on the clock to dictate daily activities.

In modern life, the clock tells a non-traditional person when to wake up, when to prepare and eat meals, when to go to school or work, when to take a break, when to catch the bus, when to watch a television show, when to go to bed, and many other activities. In other words, the clock makes a person's day extremely regimented.

On the other hand, a traditional Navajo person's day is dictated by the position of the sun in the sky. There was and is no such thing as a clock. A traditional Navajo person keeps track of the time of day by observing the position of the sun in the sky.

’Oo’áłígíí: T’ah ’abínígi’ az’ą́. Chaha’ohígíí bee bééhózin.
According to the shadows, it is still morning.

’Oo’áłígíí: ’Ałní’ní’ą́ągi ’oo’ááł. Chaha’oh ádin.
It is noon. There is no shadow.

For a Navajo with a traditional belief system, the early morning ritual included a prayer with an offering and an early morning run toward the east. It was taught that a Navajo person had to be up with the sun. If the sun came up and a person was still in bed, asleep, the sun would believe that person was not living and would count him or her along with the ones who died the night before. *Jóhonaa’éí nił íídóołtah*, “The sun will include you in his count,” is a teaching many Navajo children heard and some still hear today. It is this belief that motivates the traditional Navajo to get up before the sun rises.

When the sun is overhead, it is once again time for the traditional Navajo to stop everything and thank the Creator with a prayer and an offering. Then, as the sun slips down toward the western horizon, another prayer is offered. The sun is the “deity” that dictates when the people are to say their prayers and make their offerings. These prayers, it is believed, maintain their wellness.

The sun, *Jóhonaa’éí*, allows the people more rest in the late fall and winter by allowing himself to rest more as well. The sun does not rise as soon or stay up in the sky so late. This is the time for children to be inside, ready to listen and learn about their traditions through winter stories. On the other hand, during the late spring and summer, the sun stays high in the sky so the planting of corn may be completed.

Traditional people move unhurriedly through their day, unphased by the clock.

In later lessons, you will learn more about how the environment affects the life of a traditional Navajo person.

’Oo’áłígíí: Yaa ’a’deez’ą́. Chaha’ohígíí bee bééhózin.
According to the shadows, it is evening.

'Oo'ááł
Navajo Version of Telling Time

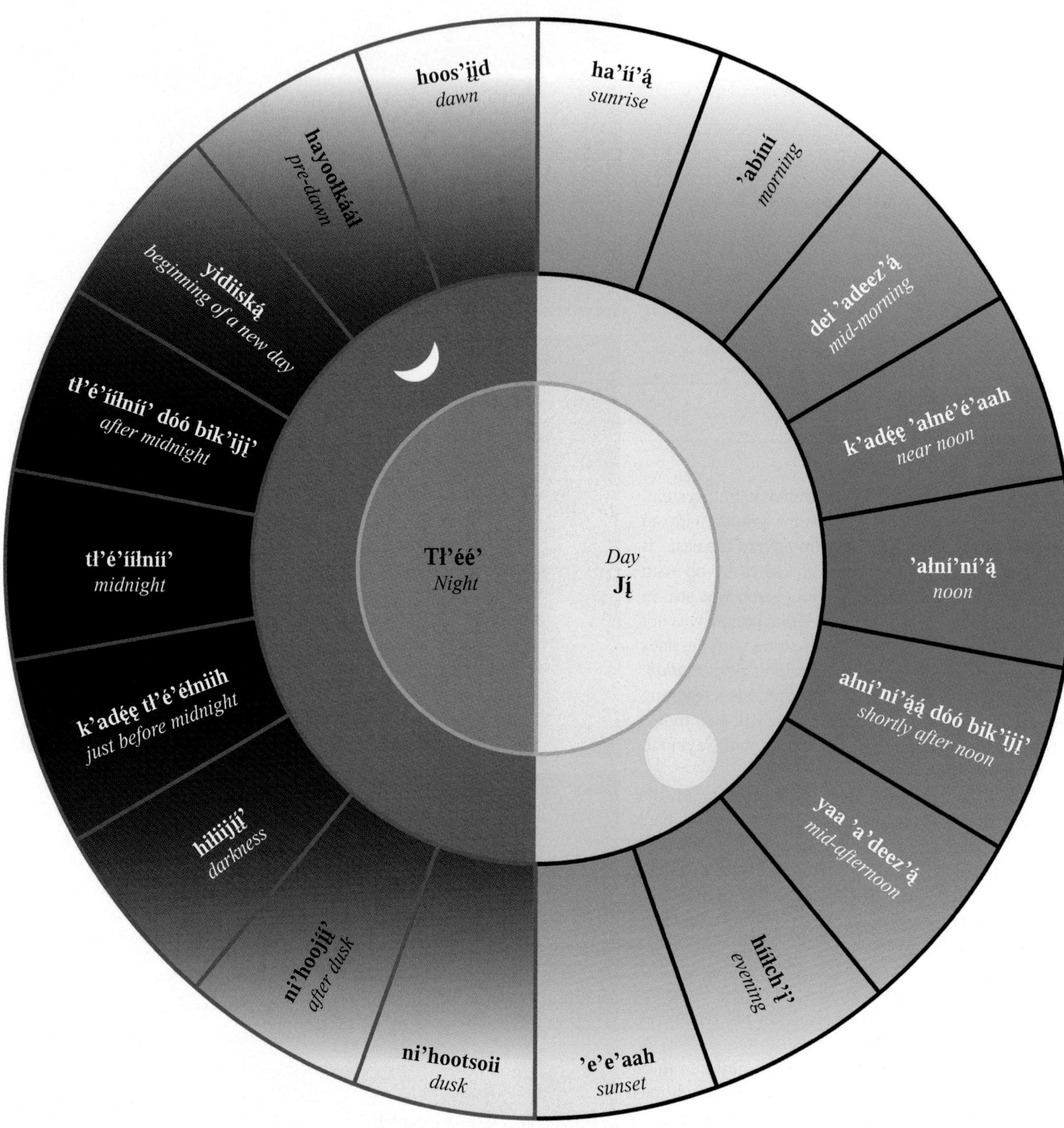

Figure 17-1

Building Writing and Thinking Skills

Think about your typical day. To answer the questions below, consult Navajo elders and base your answers upon a traditional Navajo day. Refrain from "one-word answers;" instead, challenge yourself and include as much information as you are able to.

Jį	
Ha'íí'ą́:	Kwe'é 'oo'áałgo shą' (when the sun is in this spot) ha'át'íí baa nininá łeh?
	Háadishą' naninálą łeh?
'Abíní:	Kwe'é nahalzhiishgo (during this time) shą' ha'át'íí baa naninálą łeh?
	Háadishą' naninálą łeh?
Dei 'adeez'ą́/De 'adeez'ą́:	Kwe'é 'oo'áałgo shą' háadi naninálą łeh?
	Ha'át'íishą' baa naninálą łeh?
K'adę́ę 'ałné'é'aahgo	Kwe'é 'oo'áałgo shą' ha'át'íí ninaanish áníł'į́į łeh?
	Háadishą' éí naninálą łeh?
'Ałní'ní'ą́:	Kwe'é 'oo'áałgo shą' ha'át'íí baa naninálą łeh?
	Háadishą' éí naninálą łeh?
'Ałní'ní'ą́ą́ dóó bik'iji'	Kwe'é 'oo'áałgo shą' ha'át'íí 'áníł'į́į (what you do) łeh?
Yaa 'a'deez'ą́:	Kwe'é 'oo'áałgo shą' ha'át'íí baa naninálá dóó háadishą' éí naninálą łeh?
Hiíłch'į'/Ahiiłch'į́įh:	Kwe'é 'oo'áałgoshą' ha'át'íí baa naninálą łeh?
	Háadishą' éí naninálą łeh?
'E'e'aah	'E'e'aahgo shą' ha'át'íí baa naninálą łeh?
	Háadish éí naninálą łeh kwe'é 'oo'áałgo?
Tł'éé'	
Ni' hootsoii:	Kwe'é 'oo'áałgo shą' ha'át'íí baa naninálą łeh?
	Háadishą' íiyisíí naninálą łeh?
Ni' hoojį́į':	Kwe'é 'oo'áałgo shą' ha'át'íí ninaanish áníł'į́į łeh?
Hiłiijį́į':	Kwe'é 'oo'áałgo shą' ha'át'íí baa naninálą łeh?
	Háadishą' naninálą łeh?
K'adę́ę tł'é'iłniihgo:	Kwe'é yoołkáałgóósh 'íłhosh łeh?
Tł'é'íłníí':	Tłé'íłníi'go 'éiyá háánílyį́įh łeh, ya'?.
Tł'é'íłníí' dóó bik'iji'	Kǫ́ǫ́ yoołkáałgóósh éí háádíílyįh biniiyé 'íłhosh łeh?
Yidiiską́:	Kwe'é yoołkáałgóósh t'áá náádini'nah? Nighandiísh t'ah da'awosh (still asleep) łeh?
Hayoołkáał:	Hayoołkáałgo shą' ha'át'íí ninaanish áníł'į́į łeh?
	Ha'át'íishą' áłtsé 'áníł'į́į łeh?
Hoos'į́įdgo	Hoos'į́įdgo shą' ha'át'íí baa naninálą łeh?
	Háadishą' éí naninálą łeh?

Building Oral Reading Skills: Dialogues

'Amá dóó biyáázh ałch'į' yáłti'.	
Yá'át'ééh abíní, shiyáázh.	'Aoo', yá'át'ééh abíní, shimá.
'Ałní'ní'ą́ągo shą' háágóó díníyá.	'Ałní'ní'ą́ągo Kinłánígóó déyá.
Ha'át'íishą biniiyé 'ákǫ́ǫ díníyá?	'Ólta' biniiyé 'ákǫ́ǫ déyá.
Hágoshį́į, 'abínígo daadánígíí ła' ná 'áshłééh.	Hágoshį́į, 'ahéhee', shimá.
Hahgoshą' nánídááh?	Yaa 'a'deez'ą́ągo shį́į nánishdááh.
Shí 'éí díįjį 'adínéłkaad. Yaa 'a'deez'ą́ągo dibé shá yah adíníiłkał, ya'? T'áá shǫǫdí.	Hágoshį́į, dibé ná yah adínéeshkał.
Ahéhee', shiyáázh.	Lą́'ąą', shimá.
Na', kǫ́ǫ 'íiyą́.	'Ahéhee', ch'iiyáán łikango shá 'íinilaa.
Lą́'ąą', shiyáázh. Nizhónígo shį́į ch'aa nidíínaał.	'Aoo'. Hágoónee' shimá.
'Aoo', hágoónee' shiyáázh.	

'Amá dóó bich'é'é 'ałch'į' yáłti'.	
Yá'át'ééh, shich'é'é.	'Aoo', yá'át'ééh, shimá.
K'ad lá haa'ígi (what specific place) 'oo'ááł?	'Ániid ha'íí'ą́.
Díįjį shą' háágóó díníyá?	Ch'íníłįįdi naashnish. Ákǫ́ǫ déyá.
Da' k'ad?	Nidaga', de 'adeez'ą́ągo 'índa 'ákǫ́ǫ déyá.
Hahgoshą' nídíídááł?	Hiłiijį́į'go shį́į 'índa kodi nánishdááh. Nishą', díįjį ha'át'íí baa nídinidzá?
K'ad éí 'adeeshtł'óół. 'Ałní'ní'ą́ągo 'éí nimá sání bich'į' deesháál.	Shimá sání shá yá'át'ééh bididíiniił.
Hágoshį́į. Yaa bił hózhǫ́ǫ dooleeł.	Shicheii dó' shá yá'át'ééh bididíiniił.
Hágoshį́į.	
'Ałní'ní'ą́ą dóó bik'ijį' 'éí dibé tóógóó dínéłkaad.	Shitsilí shį́į ná yah adí'nóołkał. K'ad bił hodeeshnih.
Hágoshį́į, 'ahéhee'. 'Ólta'dę́ę́' nálwodgo shį́į shá yah adí'nóołkał. Shí 'éí yaa 'a'deez'ą́ągo 'índa kodi nídeeshdááł. Nishą', hahgoshą' kodi nánídááh?	
	Hiíłch'į'go shį́į kodi nídeeshdááł.
Hágoshį́į.	
Yaa 'a'deez'ą́ągo náneeskaadí ła' nihá 'ádeeshłííł.	Hágoshį́į, 'ahéhee', shimá. Náneeskaadí ni 'íinilaaígíí 'ayóo shił łikan. Shitsilí 'ałdó' ayóo bił łikan.
Jó nizhóní.	Hiłiijį́į'go naalyéhí bá hooghangóó déyáá dóó 'áadi béégashii bitsį' yik'ánígíí ła' nahideeshnih.
'Éí 'ayóo łikan łeh.	'Aoo'. 'Atsį' yik'ánígíí náneeskaadí bił ałch'į' át'éego dadiidį́į́ł.
Łikango shį́į da'diidį́į́ł. Nizhónígo shį́į nanilnish dooleeł.	'Aoo', shimá. Ni shį́į 'ałdó' nizhónígo nee 'a'doo'ááł.
Lą́'ąą', hágoónee'.	'Ahéhee', hágoónee'.

’Oolkił Baa ’Íhoo’aah
Using the Clock to Tell Time

The verb stem *kił* in *oolkił* refers to an object that is elongated, rigid, and that moves at intervals. In this case, the Navajo language is referring to the minute hand moving at intervals of seconds and minutes.

In the examples below, you will learn how to say, “It is (a specific time).”

Example: “It is 11:00.”
Ła’ ts’áadahdi ’oolkił.

Navajo	*Ła’ ts’áadah*	*-di*	*’oolkił*
English Translation	“eleven”	“at”	*oolkił* means that the minute hand has moved at intervals and has fallen on a number or mark on the clock.
Explanation	The number of the hour is spoken first.	an enclitic	the placement of the minute hand

“It is 11:00” could also be stated as *Ła’ ts’áadahdi ’azlį́į́’*.

Navajo	*Ła’ ts’áadahdi*	*’azlį́į́’*
English Translation	“ at eleven”	“it has become …”
Explanation	The number of the hour is spoken first.	In this case, it has become 11:00.

Example: “It is 11:15.”
Ła’ ts’áadahdi, ’ashdla’áadah dah alzhin bee bilá ’ooskid.

When telling time, the phrase *dah alzhin bee bilá ’ooskid* is used when the minute hand has moved 1 to 29 minutes past the hour. In this case, the minute hand has moved fifteen minutes past 11:00.

Navajo	*Ła’ ts’áadah*	*-di,*	*ashdla’áadah*	*dah alzhin*	*bee bilá*	*’ooskid*
English Translation	“eleven”	“at”	“fifteen”	“marks” (It is the minute marks that are being referred to.)	“beyond or past it”	*’Ooskid* is the **perfective** form of *oolkił*, which refers to a rigid object that has moved at intervals.
Explanation	The number of the hour is spoken first.	an enclitic	the number of minutes past 11:00	refers to a specific minute mark on the clock	*Bilá* comes from the postposition *bilááh.* In the phrase *bilá ’ooskid*, the *áh* in *bilááh* is dropped. *Bilááh* translates as “past it.”	We use the past tense form because the minute hand has moved 15 marks or minutes **past** 11:00 on the clock.

Example: "It is 11:30."
Ła ts'áadah dóó 'ałníi'di 'azlį́į'.

When stating the half-hour, you mention the hour that the minutes are half-past. In this case, it is 11, or *ła' ts'áadah*. The word *oolkił* is not mentioned when speaking of the half-hour. Instead, you use the phrase, *dóó 'ałníi'di 'azlį́į'*.

Navajo	*Ła' ts'áadah*		*dóó*	*'ałníi'di*	*'azlį́į'*
English Translation	"eleven"		"and"	"at half"	"it has become"
Explanation	The number of the hour is spoken first.		links the hour with the half-hour	When you add the enclitic –*di*, a change in pronunciation occurs. The "i" in "-di" is not intonated. Therefore, the second "i" in *'ałníi'di* loses its intonation mark to make the word flow.	This is a past tense verb that is used specifically in reference to time.

Example: "It is 11:35."

Naaki ts'áadahdi, naadiin ashdla' dah alzhin bee bich'į' oolkił.

When telling time, the phrase *dah alzhin bee bich'į' oolkił* is used for when the minute hand has moved 31 to 59 minutes toward the next hour. You are counting the minutes **before** the next hour. In this case, "11:35" is recited as "25 minutes to 12 o'clock."

Navajo	*naaki ts'áadah*	*-jį'*	*naadiin ashdla'*	*dah alzhin*	*bee bich'į'*	*oolkił*
English Translation	"twelve"	"up to"	"twenty-five"	"minute marks"	"toward it"	The word *oolkił* is the verb that means a rigid object is moving at intervals.
Explanation	This is the hour that is being approached.	an enclitic	the minutes remaining before 12 o'clock	refers to a specific minute mark on the clock	*Bich'į'* is a postposition which means "toward it." In this case, the minute hand is moving **toward** 12 o'clock.	the placement of the minute hand

New Vocabulary: Asking, "What time is it?"

There are several ways to ask, "What time is it?" but only two will be presented here.

Díkwíidi shą' oolkił?
K'ad shą' díkwíidi 'oolkił?

Díkwíí translates as "how many" in reference to the number of hours.

When you ask, **"Díkwíidi shą' oolkił?"** the answer you will receive may be in the same format as how it was introduced.

Building Comprehension Skills
Díkwíidi shą' oolkił?

Ask the question, "K'ad shą' díkwíidi 'oolkił?" or "Díkwíidishą' oolkił?" Then, answer with the time that is written below. Read the time in Navajo and then translate it into English.

Táa'di, naadiin ashdla' dah alzhin bee bilá' ooskid.
Táa'jį', naadiin dah alzhin bee bich'į' oolkił.
K'ad shą' díkwíidi 'oolkił?
Hastą́ajį', díį' ts'áadah dah alzhin bee bich'į' oolkił.
Hastą́ądi, tseebíí ts'áadah dah alzhin bee bilá 'ooskid.
Díkwíidi shą' oolkił?
Tsosts'idjį', neeznáá dah alzhin bee bich'į' oolkił.
K'ad shą' díkwíidi 'oolkił?
K'ad naakidi, naadiin hastą́ą dah alzhin bee bilá 'ooskid.
Díkwíidi shą' oolkił?
T'ááłá'íjį', naadiin naaki dah alzhin bee bich'į' oolkił.
K'ad shą' díkwíidi 'oolkił?
K'ad ashdla'di, tseebíí dah alzhin bee bilá 'ooskid.

Traditional Navajo Times of Day and Night

To indicate that a certain time is "before noon" or "after noon," you will need to refer back to the vocabulary in Figure 17-1. The Navajo language does not have words for "a.m." and "p.m." Instead, words like *'abíní*, "morning," and *a'ałní'ní'ą́ą́ dóó bik'ijį'*, "afternoon," are used to indicate "a.m." and "p.m."

Consider the table below, which gives the present, past, and future forms of the sentence "It is 2:05 p.m."

English Sentence	Navajo Translation	Explanation
It **is** 2:05 p.m.	K'ad ałní'ní'ą́ą́ dóó bik'ijį', naakidi, 'ashdla' dah alzhin bee bilá 'ooskid, tį' kingóó diikah.	This is the current time.
When it **was** 2:05 p.m.	'Ałní'ní'ą́ą́ dóó bik'ijį', naakidi, 'ashdla' dah alzhin bee bilá 'ooskid yę́ędą́ą́' kingóó dah diikai.	The word *yę́ędą́ą́'* indicates a time in the past.
It **will be** 2:05 p.m.	'Ałní'ní'ą́ą́ dóó bik'ijį', naakidi, 'ashdla' dah alzhin bee bilá 'ooskidgo kingóó dah didiikah.	The enclitic *–go* in the word *'ooskidgo* indicates a time in the future.

Building Comprehension and Speaking Skills

State the time in combination with the traditional Navajo time of day. Refer to Figure 17-1 at the beginning of the chapter.

3:45 p.m.	7:00 a.m.	10:30 a.m.	2:10 a.m.	10:20 p.m.	8:30 a.m.
11:34 a.m.	12:15 a.m.	4:22 a.m.	4:00 p.m.	12:00 p.m.	11:39 p.m.
9:01 p.m.	1:00 p.m.	8:55 p.m.	5:33 a.m.	9:28 a.m.	2:00 p.m.

Saad 'Ániidííghí: Hait'éego tsį́įł ídlį
Helpful phrases

Tsįįłgo 'oolkił.	The time is going by fast.
Doo hąh 'oolkił da.	The time is going by slowly.
Tsį́įł nisin.	I want to hurry. *(Intended meaning, "I am in a hurry.")*
Doo tsį́įł nisin da.	I do not want to hurry. *(Intended meaning, "I am not in a hurry.")*
Tsį́įł nishłį.	I am in a hurry.
Doo tsį́įł nishłįį da.	I am not in a hurry.
Shá nihoot'ą. (In the context of an appointment)	I have an appointment.
'Éí bidááh nisháah.	I am meeting him/her.
'Áłtsé.	Wait.
Háágóóshą' tsį́įł nílį?	Where are you going in such a hurry?
Hait'éego tsį́įł nílį?	How much of a hurry are you in?
Doósh tsį́įł nílįį da?	You are not in a hurry?

'Áhát'į 'Ániidííghí: Tsį́įł nishłį. I am in a hurry.		**K'ad áhooníiłgo Imperfective Mode**	
	Łah jidilt'éhígo	**Nizhdilt'éego**	**Díkwíjilt'éego**
Yáłti'ígíí	Tsį́įł nishłį.	Tsį́įł niidlį.	Tsį́įł daniidlį.
	I am in a hurry.	We (2) are in a hurry.	We (3+) are in a hurry.
Bich'į' yá'áti'ígíí	Tsį́įł nílį.	Tsį́įł nohłį.	Tsį́įł danohłį.
	You are in a hurry.	You (2) are in a hurry.	You (3+) are in a hurry.
Baa yá'áti'ígíí	Tsį́įł nilį.	Tsį́įł nilį.	Tsį́įł danilį.
	He/She is in a hurry.	They (2) are in a hurry.	They (3+) are in a hurry.

Ha'oodzíí' Dawólta'ígíí

Łah jidilt'éhígo
Shimá ch'iiyáán shá 'íílééhgo biniinaa bighangóó tsį́į́ł nishłį́.
Háágóóshą' tsį́į́ł nílį́? 'Áłtsé 'íìyą́!
Hootaaghááhí sáanii dóó hastóí náás daazlį́'ígíí (elders) chizh yá 'íílééhígíí yiniinaa tsį́į́ł nilį́.

Díkwíjílt'éego
'Ólta'góó tsį́į́ł daniidlį́! 'Áadi 'áłchíní jooł yee nídadiine'. Txį'! Txį'! Txį'!
Háíshą' bich'į' tsį́į́ł danohłį́? 'Áłtsé t'áá kǫ́ǫ́ shiba' nahísóotą́.
Dibé tóodi naakai, 'áłchíní 'ákǫ́ǫ́ tsį́į́ł danilį́.

Nizhdilt'éego
Nihí Tséghą́hoodzánígóó béésh bąąh dah si'ání bich'į' tsį́į́ł niidlį́.
Sodizin bá hooghangóósh dishoo'áázh? 'Akǫ́ǫ́sh tsį́į́ł nohłį́?
Shinálí t'áá 'ałah (both of them) naalyéhí bá hooghangóó deezh'áázh. 'Akǫ́ǫ́ tsį́į́ł nilį́.

'Áhát'į 'Ániidíígíí: tsį́į́ł nisin **I am in a hurry. (Literal meaning: I want to be in a hurry.)**			**K'ad áhooníiłgo.** **Imperfective Mode**
Another way to state you are in a hurry is to say "Tsį́į́ł nisin." The tone of your voice can be used to indicate your sense of impatience. For instance, you could say, "Tsį́į́ł nisin!" to give a sense of your urgency. Only the imperfective forms of these verbs will be introduced.			
	Łah jidilt'éhígo	**Nizhdilt'éego**	**Díkwíjílt'éego**
Yáłti'ígíí	Tsį́į́ł nisin. I am in a hurry.	Tsį́į́ł niidzin. We (2) are in a hurry.	Tsį́į́ł daniidzin. We (3+) are in a hurry.
Bich'į' yá'áti'ígíí	Tsį́į́ł nínízin. You are in a hurry.	Tsį́į́ł nohsin. You (2) are in a hurry.	Tsį́į́ł danohsin. You (3+) are in a hurry.
Baa yá'áti'ígíí	Tsį́į́ł nízin. He/She is in a hurry.	Tsį́į́ł nízin. They (2) are in a hurry.	Tsį́į́ł danízin. They (3+) are in a hurry.

Ha'oodzíí' Dawólta'ígíí

Łah jidilt'éhígo
Kinłánígóó tsį́į́ł nisin.
Da' tsį́į́łish nínízin?
Béésh bąąh dah si'ání tsį́į́ł nízin.

Nizhdilt'éego
Nihí Be'eldííldahsinilgóó tsį́į́ł niidzin.
Sodizin bá hooghangóósh tsį́į́ł nohsin?
Shicheii dóó na'nìłkaadii dibé binanit'a'í yich'į' tsį́į́ł nízin.

Díkwíjílt'éego
'Áłah ná'ádleehgóó tsį́į́ł daniidzin!
Ha'át'íishą' biniiyé tsį́į́ł danohsin?
'Azee' íìł'íní dóó 'awoo' yinaalnishí dóó chidí 'ánéíl'íní 'azee' ál'į́įgóó tsį́į́ł danízin.

Building Reading Comprehension Skills

Kinłánígóó Ch'aa Deekai

Shí dóó shimá dóó shizhé'é naakidi tseebíí dah alzhin bee bilá 'ooskidgo Kinłánígóó deekai. 'Áadi shideezhí tsosts'idjį' ashdla'áadah dah alzhin bee bich'į' oolkiłgo kǫ' na'ałbąąsii yee 'Ahééháshįįhdęę' nádááh. Shideezhí bił dah didiikah áádóó náhást'éidi 'oolkiłgo bik'é nida'jiiléego da'jiyánígóó bił diikahgo 'áadi da'diidįįł. Da'iidąą' dóó bik'iji' hooghangóó nihił dah ní'di'doolwoł dóó naaki ts'áadahjį' naadiin dah alzhin bee bich'į' oolkiłgo hooghandi nídiikah. Nizhónígo shįį ch'aa nidiikah.

Wáalitoh Baa Hane'

Shitsilí Wáalitoh wolyé. Wáalitoh naaki ts'áadah binááhai. Shitsilí Wáalitoh Tóhaach'i'di 'ółta'. Hastáníígíí yółta'. Wáalitoh abínígo, tseebíí dóó 'ałníí'góó 'oolkiłgo 'ółta'góó nídeesdzá (he is going back).

Wáalitoh éí 'ałní'ní'ąągo, naaki ts'áadahjį' tseebíí dah alzhin bee bich'į' oolkiłgo 'áłchíní da'ayánídi 'ayą́ą łeh. Áádóó Wáalitoh 'ałní'ní'ą́ą dóó bik'iji', t'áálá'ídi 'oolkiłgo 'ółta'di náá'ółta' łeh.

Yaa 'a'di'áahgo shitsilí táa'di ła' ts'áadah dah alzhin bee bilá 'ooskidgo hooghandi nádááh (he gets home).

Ni'hoojįįhgo, tsosts'idi dóó 'ałníí'góó 'oolkiłgo Wáalitoh binaaltsoos yinaalnish łeh.

Wáalitoh tł'ée'go, neeznáágóó 'oolkiłgo hooghandi 'ałhosh łeh.

Shitsilí 'ólta' bił yá'át'ééh dóó yaa bił hózhǫ. Shitsilí nizhónígo 'ółta'.

Chapter 18 Diné Bikéyah
Navajo Reservation

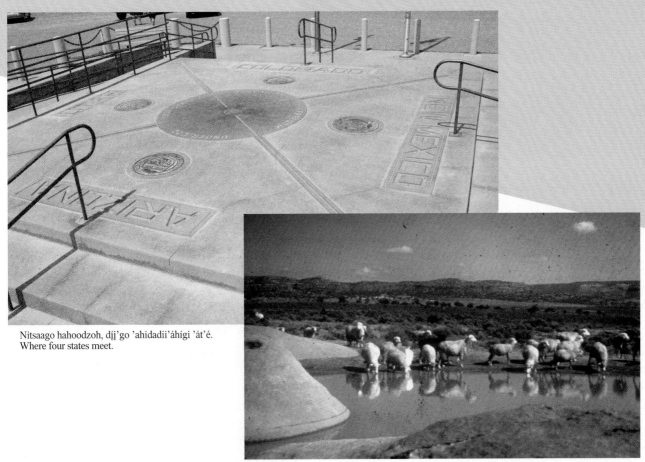

Nitsaago hahoodzoh, dį́į́’go ’ahidadii’áhígi ’át’é.
Where four states meet.

Dibé tóogi naakai.
The sheep are at the watering place.

Navajo elders will tell you the land the Navajo people have always lived on is surrounded by four mountains that they considered to be sacred. Traditional elders believe the Holy People gave this land to the Navajo people. These sacred mountains create a natural boundary for Diné Bikéyah.

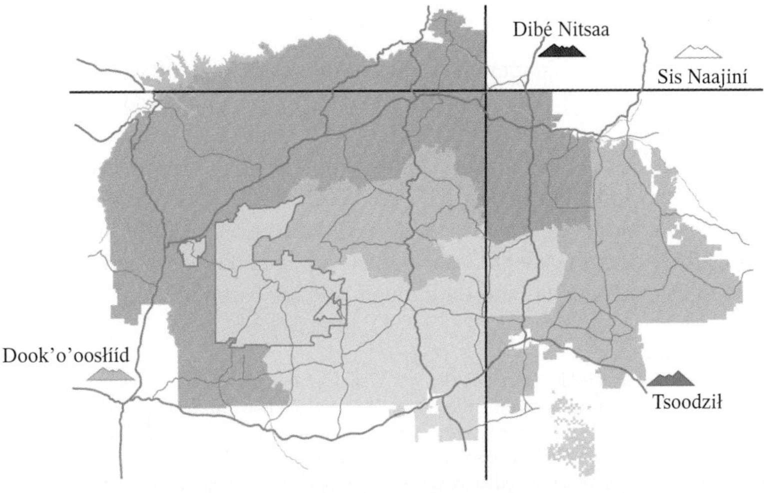

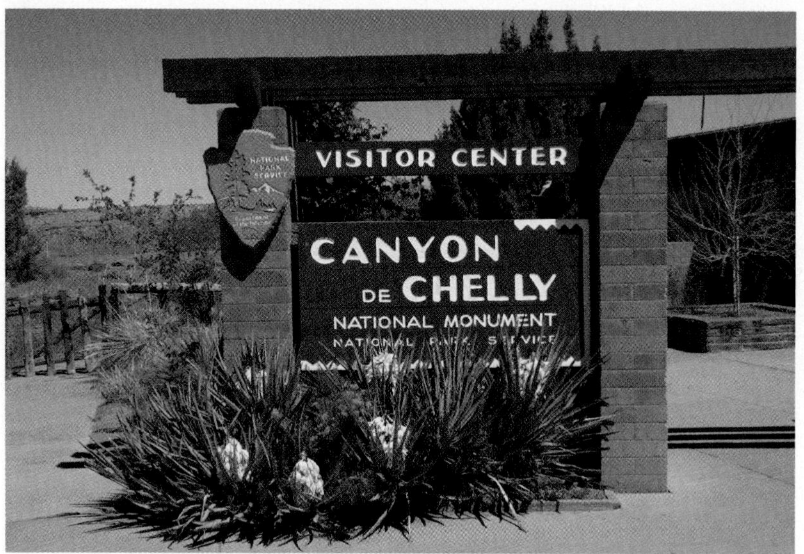

Díí 'éí Tséyi'gi 'áhoot'é. Hózhóní léi'gi 'áhoolyé.
This is at Canyon de Chelly. It is a beautiful place.

When the Navajo people were imprisoned at Hwéeldi, the land suffered. The land missed the people because it did not hear the planting of the corn, nor did it hear the sounds of children playing, working, crying, or running toward the east before dawn. The land did not hear the women's weaving combs beating down against each strand of wool, nor did it hear the mothers quietly scolding their children. Four winters went by without the land hearing the Winter Stories told by the fathers or the humorous stories about Coyote as told by maternal grandfathers. Most importantly, the land did not hear the songs and the prayers that ensured the well-being of all living things.

Drought, at times severe, was the result of the land being neglected for so long. Only the sounds of the people and the planting of the *dá'ák'eh* would heal the land.

The land between the four sacred mountains was included in the territory that was turned over to the United States in the Treaty of Guadalupe Hidalgo at the end of the Mexican-American War. Diné bikéyah became part of what was known as New Mexico Territory. It was not until 1912 that Arizona and New Mexico became separate states.

Indian Reservations

Immediately after taking possession of the Southwest, the U.S. government began allocating lands. Most of the land was given to white settlers, and the Indians were allotted isolated sections far away from areas settlers wanted.[1] The Indians themselves also wanted lands that were far away from white settlements. The reserved lands (reservations) were at first islands within federal territories. Then, as the territories became states, the reservations became islands within the states. Treaties, executive orders, and agreements provided protection to the settlers against the Indians and were supposed to protect the Indians against land grabbers and Indian slavery.[2]

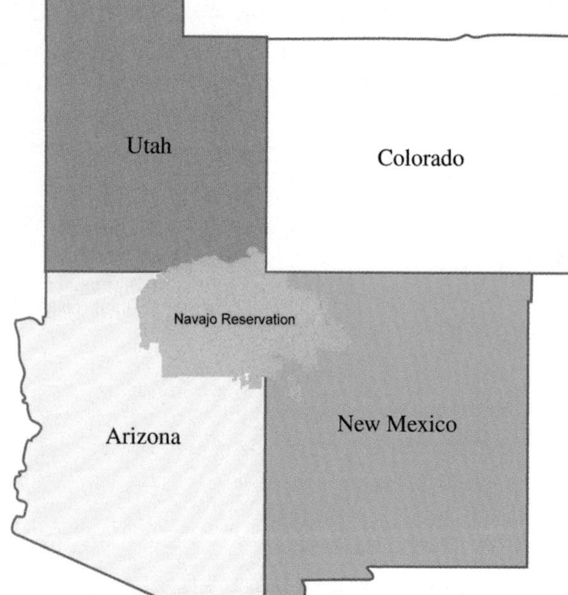

There are four ways that American Indian tribes/nations have obtained more land:

1. Treaties
2. Executive Orders
3. Acts of Congress
4. Purchasing Lands

Following is a sketch of each of these types of land acquisitions.

Treaty Lands

The first white settlers to arrive on the east coast of what would become the United States needed the Indians for protection, military alliance, food, and trade. As the influx of white settlers increased, they discovered that the Indians would not give up their lands without a fight, and so they negotiated treaties with the Indians. As treaty-making evolved, and the United States became a government, the government agreed to protect the rights of the Indians to hunt, fish, and have jurisdiction over what lands remained to them.[3] Soon, however, it became clear that the U.S. government had little intention of abiding by these treaties. Treaty-making was abolished altogether when President Grant signed The Indian Appropriation Act on March 3, 1871.[4] Thereafter, Indians watched as the U.S. served its own national interest through land confiscation.[5]

1 Wilkinson, C. F. (1987) *American Indians, Time and the Law: Native Societies in a Modern Constitutional Democracy*. New Haven: Yale University Press.
2 Wilkinson, C. F. (1987) *American Indians, Time and the Law: Native Societies in a Modern Constitutional Democracy*. New Haven: Yale University Press.
3 Kickingbird, K. (1980) *Indian Treaties*. Washington, DC: Institute for the Development of Indian Law.
4 Dippie, B. W. (1982) *The Vanishing American: white attitudes and U.S. Indian policy*. Middletown, CT: Wesleyan University Press.
5 Satz, R.N. (1976) *American Indian policy in the Jacksonian era.* Lincoln, NE: University of Nebraska Press.

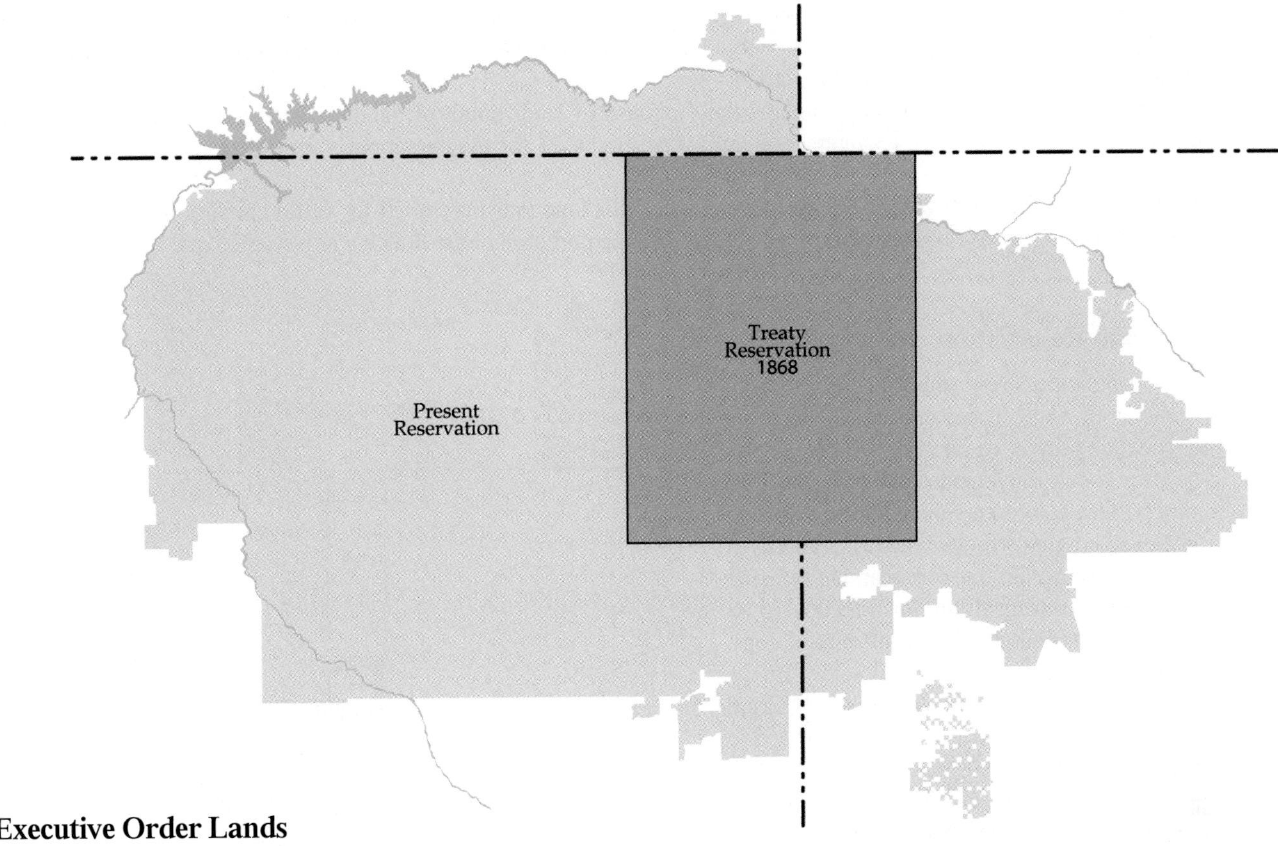

Executive Order Lands

As Indian tribes tried to regain lands they had lost to the United States, tribal leaders or representatives made requests for land to the Commissioner of Indian Affairs, who turned the request over to the Secretary of the Interior. If approved, the Secretary of the Interior then recommended the land request to the President. With the President's acceptance, an Executive Order established a reservation.[6] An Executive Order did not have to be approved by Congress.[7] Before the Executive Orders, the lands annexed to the Navajo Reservation were public domain lands.

Legislative Lands (Acts of Congress)

Lands that have been granted to American Indians by an act of Congress will be referred to here as legislative lands. In the early 1900s, final authority for granting land to Indians was shifted from the President to Congress. First, in 1917, a law was passed that pertained only to Arizona and New Mexico, giving Congress the authority to grant lands to Indian nations. Then, in 1919, Congress ended the practice of adding lands to Indian reservations through Executive Orders. Finally, an Act of Congress passed in 1927 excluded the executive branch from changing any previously created Indian reservations and specified that any further changes could only be made by an act of Congress.[8]

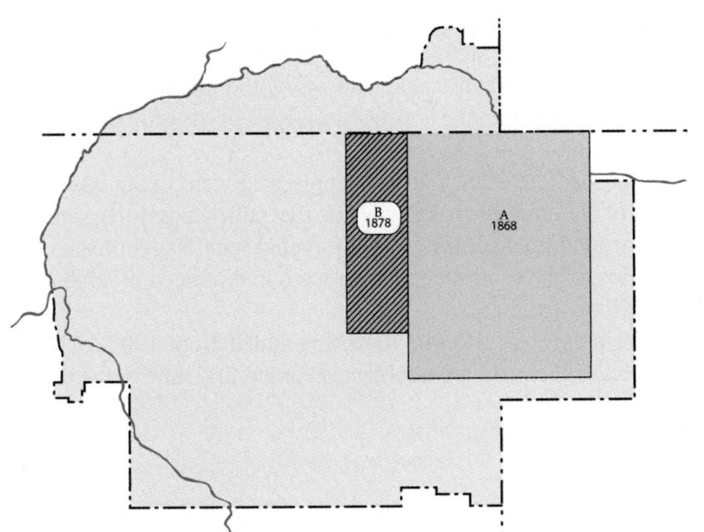

A number of smaller tracts of land were added to the Navajo Reservation after 1917 as a result of legislative agreements. Lands acquired through an Act of Congress are referred to here as "legislative lands."

Purchased Lands

The Atchison, Topeka and Santa Fe Railroad owned much of the land that lay south of the original treaty reservation. Father Anslem Weber of St. Michaels Mission was instrumental in filing for and obtaining as much land as he possibly could.

6 Wilkinson, C. F. (1987) *American Indians, Time and the Law: Native Societies in a Modern Constitutional Democracy*. New Haven: Yale University Press.
7 Acrey, B.P. (1994) *Navajo history the land and the people*. Shiprock, NM: Department of Curriculum Materials Development, Central Consolidated School District No. 22.
8 Goodman, J.M. (1982) *The Navajo Atlas: environments, resources, people and history of the Dine Bikeyah*. Norman, OK: University of Oklahoma Press.

He filed claims on public domain lands and urged the federal government to purchase railroad lands for the Navajo people. The lands around Ramah are purchased lands, which had been allotted to white cattle ranchers but became available for purchase when these ranchers moved away in the wake of the falling cattle market.

Other land purchases occurred more recently, such as the purchase of lands south of Sanders, Arizona, which later achieved chapter status and is known as Nahat'ádziil Chapter. The land was purchased for the people who were forced to move out of the Navajo-Hopi disputed land area.

Additional purchased land lies northwest of Flagstaff, Arizona. This land was purchased for cattle grazing. Another parcel is the Big Boquillas Ranch, northwest of Flagstaff. Many people believe the purchase of the Ranch was a scandal and the land now lies dormant.

Growth of the Navajo Reservation

Additional land's added 1907-1917

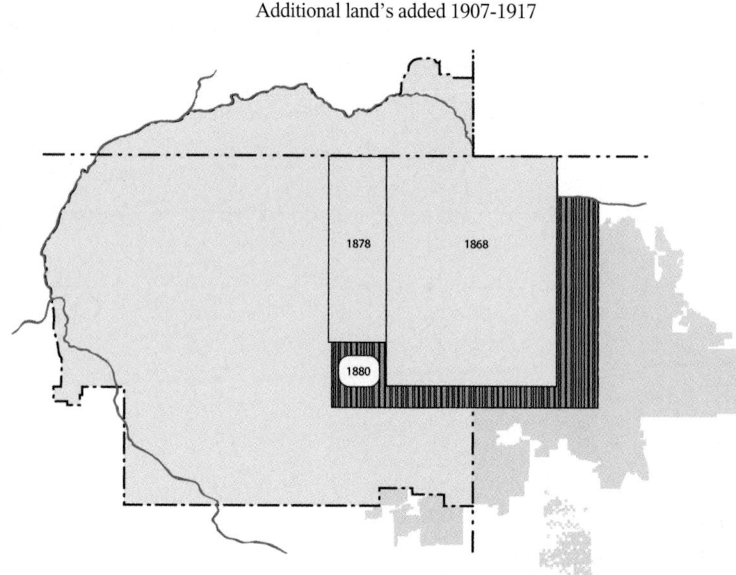

As the Navajo population grew after the return from Hwéeldí in the summer of 1868, it became more and more difficult for the Navajo people to remain in the Treaty Reservation. The people carefully tended their livestock to increase their numbers. One elder remembered being told how the Navajo people looked longingly toward their small herds of sheep and goats, wanting to butcher one for meat, but refusing to do so because they did not want to diminish their herd by even one sheep or goat. As a result, the people ate prairie dogs, roots of plants, berries, and corn.

The elders will tell you that the livestock helped the Navajo people recover their original lands that were not included in the Treaty Reservation. As their livestock grew in number, the Navajo agent, missionaries, and school administrators all played a part in requesting more land. Navajos could not see the Reservation boundary that had been drawn because the U.S. government did not use natural landmarks to help identify the boundary line. The people also said their livestock could not see the line that was drawn by "Wááshindoon" and so they stepped over the line to get to the green grass that covered what was once Diné Bikéyah.

In October 1878, President Hayes signed an Executive Order setting aside additional lands for the Navajo people who lived on the western side of the Treaty Reservation. By 1880, it was estimated that half of the Navajo people still lived outside of the reserved lands, so in the winter of that year additional land was added to the Treaty Reservation. This land wrapped around the original reservation on the eastern and southern sides, and continued a short distance up on the western side, to join the Executive Order lands of 1878.[9]

The spring of 1884 brought two additional land grants. One block included land between the San Juan River in southern Utah and the northern border of Arizona. The second added another large area, including the top western portion of the present-day Reservation, as well as lands to the north between the San Juan River and the original Treaty Reservation.[10] As a result, the Navajo lands surrounded the Executive Order land of the Hopi people. For a period of time, the top half (above the Arizona border) of the most recent addition was returned to public domain by Executive Order. Then, in 1900, the same land was withdrawn from the public domain and added to the western side of the Hopi Executive Order lands stretching up to the northwestern edge of the growing Navajo Reservation. This land became a permanent addition to the Navajo Reservation.

Part of the reason for these shifting land allocations was due to the railroad. In 1901, Navajo people who were living on public domain lands to the south of the new western border were driven out of the area to make way for the railroad and the settlers. Rev. William Johnston, a Protestant missionary serving the community around present-day Leupp, traveled with Navajo leaders to Washington, D.C., to inform President Theodore Roosevelt that the Navajos of the southwestern area were in dire need of land. The meeting resulted in a land extension, which was named after Indian agent Francis Leupp.[11]

Much of the land on the far eastern and southeastern portion of the present-day Reservation was added from 1907 to 1917. However, many non-Navajo cattle ranchers had settled in this area so the Navajo people were subjected for the first time to the policy of allotment. Kelly and Whitely[12] explain land allotments as follows:

9 Acrey, B.P. (1994) *Navajo history the land and the people*. Shiprock, NM: Department of Curriculum Materials Development, Central Consolidated School District No. 22.

10 Acrey, B.P. (1994) *Navajo history the land and the people*. Shiprock, NM: Department of Curriculum Materials Development, Central Consolidated School District No. 22.

11 Acrey, B.P. (1994) *Navajo history the land and the people*. Shiprock, NM: Department of Curriculum Materials Development, Central Consolidated School District No. 22.

11 Iverson, P. (1981) *The Navajo Nation*. Westport, CT: Greenwood Press.

12 Kelly, K.B. & Whiteley, P.M. (1989) *Navajoland: Family settlement and land use*. Tsaile, AZ: Navajo Community College Press.

The Dawes Act of 1887 mandated (the) federal government to subdivide Indian reservations by granting each Indian head of household a tract of land, usually one-quarter section, (to be held) in trust for twenty-five years and fee-patented thereafter. Any remaining land would be opened to white homesteaders.

After allotting Navajos on quarter sections in the executive order addition, the government was to restore the remainder to public domain.

Economic interests once again intervened in the mid- to late-1900s, when mining companies exploited longstanding border disputes between the Navajos and the Hopis to gain access to lands. In 1974, Congress passed the Navajo-Hopi Land Settlement Act, which mandated the forced relocation of both Navajo and Hopi people. Twenty years of negotiations ensued, and in 1994 the Navajo Nation Council passed a resolution in which they supported the rights of Navajo people living on the disputed lands, and refused to participate in land exchange programs.

Citizenship

The fact that an Indian Nation had a reservation did not automatically make American Indians citizens of the United States. In 1924, Congress passed a law that "bestowed" citizenship on all American Indians born in the United Sates. In addition, the law also made the Indians a citizen of the state in which they lived.[13]

Resentment arose among the states because Indians could not be taxed. Under the Indian Commerce clause in the Constitution of the United States, reference is made to "Indians not taxed" if they had gained federal recognition through a treaty, executive order, or an agreement. This Constitutional clause points to the clear recognition of federal supremacy over state authority in Indian affairs.[14] Further and more importantly, the Constitution limits the roles of the states in Indian affairs.

Conclusion

Make a promise to help your grandparents when it comes time to plant their *dá'ák'eh*. The elders say that they remember cornfields that would stretch for miles, and that the cornstalks grew taller than the height of an average man. Now, they say that the land is suffering from drought because the Navajo people are not letting the land hear the sound of the planting stick or feel the corn kernels extending their roots and shooting the plant upwards to meet the sun. If you honor and take care of Diné Bikéyah, the land will take care of you. As former Navajo Nation President Kelsey Begay once explained to the Navajo language students at Northern Arizona University,

> *When we plant cornfields, it is as if we are adorning our mother with jewelry. The corn, squash, watermelons, and other fruits and vegetables are the jewelry we place upon our Mother.*

Works Cited

Acrey, B.P. (1994) *Navajo history the land and the people*. Shiprock, NM: Department of Curriculum Materials Development, Central Consolidated School District No. 22.

Canby, William C. (1981) *American Indian Law in a Nutshell.* St. Paul: West Publishing Co.

Dippie, B. W. (1982) *The Vanishing American: white attitudes and U.S. Indian policy*. Middletown, CT: Wesleyan University Press.

Goodman, J.M. (1982) *The Navajo Atlas: environments, resources, people and history of the Dine Bikeyah*. Norman, OK: University of Oklahoma Press.

Iverson, P. (1981) *The Navajo Nation*. Westport, CT: Greenwood Press.

Kelly, K.B. & Whiteley, P.M. (1989) *Navajoland: Family settlement and land use*. Tsaile, AZ: Navajo Community College Press.

Kickingbird, K. (1980) *Indian Treaties*. Washington, DC: Institute for the Development of Indian Law.

Satz, R.N. (1976) *American Indian policy in the Jacksonian era.* Lincoln, NE: University of Nebraska Press.

Wilkinson, C. F. (1987) *American Indians, Time and the Law: Native Societies in a Modern Constitutional Democracy*. New Haven: Yale University Press.

13 Canby, William C. *American Indian Law in a Nutshell.* St. Paul: West Publishing Co., 1981.
14 Wilkinson, C. F. (1987) *American Indians, Time and the Law: Native Societies in a Modern Constitutional Democracy*. New Haven: Yale University Press. 10.

Saad Ániidíígíí

shikéyah	my land
bikéyah	his/her/their land
nikéyah	your land
nihikéyah	our/your (2+) land

ha'a'aahjigo	toward the east
shádi'ááhjigo	toward the south
e'e'aahjigo	toward the west
náhookǫsjigo	toward the north

Ha'a'aah	East
Shádi'ááh	South
E'e'aah	West
Náhookǫs	North

ha'a'aahdę́ę́'go	from the east
shádi'ááhdę́ę́'go	from the south
e'e'aahdę́ę́'go	from the west
náhookǫsdę́ę́'go	from the north

shił hózhóní	(The area) is beautiful with me.
nił hózhóní	(The area) is beautiful with you.
bił hózhóní	(The area) is beautiful with him/her.
nihił hózhóní	(The area) is beautiful with us (2)/you (2).
nihił dahózhóní	(The area) is beautiful with us (3+)/you (3+).

Díí 'éí Tsé bii' Nídzísgaidi 'áhoot'é. 'Ayóó 'áhonoolnin dóó 'ahodéezyéel łeh áadi.
This is Monument Valley. It is beautiful and peaceful there.

Ha'oodzíí' Dawólta'ígíí

Shikéyahdi shił hózhóní.
Nimá bikéyahdi nił hózhóní.
Diné bikéyahdi bił dahózhóní.
Nihicheii bikéyahdi nihił dahózhóní.

Saad Ániidíígíí

Diné/Naabeehó bikéyah	Navajo land
Wááshindoon bikéyah	federal land
Yootó bił hahoodzoh bikéyah	New Mexico state land
Hoozdoh bił hahoodzoh bikéyah	Arizona state land
'Áshįįh bii' Tó bił hahoodzoh bikéyah	Utah state land
Dibé Nitsaa bił hahoodzoh bikéyah	Colorado state land

Diné bikéyah bikáa'gi nídíshchíí' adaaz'á.
Pine trees may be found on Navajo land.

Ha'oodzíí' Dawólta'ígíí

Kéyah shaa deet'ánígíí (that which was granted to me) 'éí nitsaa.
Nikéyah bikáá' hózhóní.
Nihikéyah doo baa deiidlee' da. (We are not willing to give/sell our land).

Saad Ániidíígíí: Kéyah bił Hahoodzoh bee 'Ééhózinígíí
New Vocabulary: Land Boundaries

'atiin (noun)	road
łį́į́' bitiin	horse trail
dibé bitiin	sheep trail
tsinaabąąs bitiin	wagon trail
'anít'i'	fence
'e'atiin (verb)	road leads to…
naaldlooshii bitiin	livestock trail
bikooh	canyon

béésh ts'ósí 'adishahí bee 'anít'i'	barbed wire fence
biná'ázt'i'	fenced area
béésh bee 'ééhózinii	metal geographical marker placed by the federal government denoting longitude and latitude
béésh nít'i'	railroad
nídíshchíí' adaaz'á/nídíshchíí'tah	pine trees are growing/among the pine trees
ts'iilzéí nihegeehídi	waste depository
dził	mountain
dził dadiyinii	sacred mountains

Łį́į́' dóó béégashii dóó dibé dóó tł'ízí doo 'atiinjį' ch'ídoojah da biniiyé bich'ą̨ą̨h anít'i'.
A fence is used to keep horses, cows, sheep, and goats off of the road.

Naatsis'áán nihidził diyinii baa dzólníigo si'ą́.
Our sacred Navajo Mountain, handsomely sits in the distance.

Sis Naajiní	Blanca Peak	sacred mountain of the east
Tsoodził	Mount Taylor	sacred mountain of the south
Dook'o'oosłííd	San Francisco Peaks	sacred mountain of the west
Dibé Nitsaa	Mount Hesperus	sacred mountain of the north

Ha'oodzíí' Dawólta'ígíí

'Atiin bikáá'góó shił oolwoł.

Díí 'atiinígíí naalyéhí bá hooghangóó' e'atiin.

Łį́į́' bitiingóó shilį́į́' shił yildlosh.

Díí naaldlooshii bitiinígíí tóógóó 'e'atiin.

Díí dibé bitiinígíí dibé dóó tł'ízí' atiin 'ádayiilaa.

Tsinaabąąs bitiin bikáá'góó 'ayóo hodiwol.

Dibé 'anít'i' yich'į' naazį́.

Béésh ts'ósí 'adishahí bee 'anít'i' bíighahgóó łį́į́' be'atiin.

Wááshindoon bi'ólta' biná'ázt'i'.

Béésh bee 'ééhózinii łeeh yí'áh (sticks into the ground).

Béésh nít'i' bíighahgóó 'atiin.

Nídíshchíí' adaaz'áadi shicheii dóó shimá sání bighan.

Ts'iilzéí nihegeehídi 'éí naaltsoos dóó ts'iilzéí t'óó'ahayóí ni'góó nikidél'áh (scattered on the ground).

Dził bitsį́įgi (at the base of) shighan.

Dził dadiyinii biníi'gi (in the midst of) Diné bikéyah bił haz'ą́ (it exists).

Sis Naajiní 'éí ha'a'aahjígo si'ą́.

Tsoodził éí shádi'áahjígo si'ą́.

Dook'o'oosłíid éí 'e'e'aahjígo si'ą́.

Dibé Nitsaa 'éí náhookǫsjígo si'ą́.

Saad Ániidíígíí: Referring to Places and Locations

The Navajo words for "here" and "there" are more specific than the English words. These Navajo words express whether you are talking about a general area or a particular spot, and also whether the location is right near the speaker, far away, or somewhere in between.

kodi	here, the place where I am at
'aadi	at that place (obvious to the person you are talking to)
'áadi	at the place we are talking about
níléidi	at the place "way over there"
kǫ́ǫ́	this area here
kw'e'é	this specific spot
'akw'e'é	the place there (obvious to the person you are talking to)
'akǫ́ǫ́	the area right there (obvious to the person you are talking to)
'ákwe'é	the spot we are talking about
'ákǫ́ǫ́	the area we are talking about

The "di" enclitic on some of the words in the previous page mean "at". You can use other enclitics instead of "di".

kodę́ę́'	from here	kojí	over here
níléidóó	from that area (obvious to the person you are talking to)	kojį'	up to this point
'aadę́ę́'	from that place	'aají	over there
'áádę́ę́'	fom the place we are talking about	'áajį'	up to the place were are talking about

Saad Ániidíígíí: Kéyah Adahoot'éégóó
Land Topography

yíldzis	gulley
yílk'id	hill
bikooh	canyon
cháshk'eh	wash/arroyo
tsé bił dah azką́	rocky mesa
ha'yaa	downhill
niinah	uphill
yanáalk'id	mound
tó nídínah	arroyo
bis deez'á	hardened mud that is projecting
tsé deez'á	pointed rock
halgai	desert

Ha'oodzíí' Dawólta'ígíí

Yíldzis góyaa dibé naakai.
Nihighan bine'jí yílk'id.
Shį́įgo bikoohdi danihighan łeh. Áadi t'áá honeezk'ází.
Hastóí cháshk'ehdi chidí tsoh yázhí yee nidaalnish.
Tsé bił dah azką́ bitsį́įgóó 'e'atiin.
Ha'yaa léi'gi 'atiin binideiilnish.
Niinah gódegí (up it) dibé bitiin.
Yanáalk'id báhátxis (over the top of) łį́į' be'atiin.
Tó nídínahgóó bis dadeez'á.
Cháshk'ehdi bis deez'á.
Tsé deez'á bitsįįgi tsinaabąąs bitiin.
Shibízhí dóó ba'áłchíní halgaidi dabighan.

Chapter 19 Tł'óo'di 'Ádahoot'éhígíí
Weather

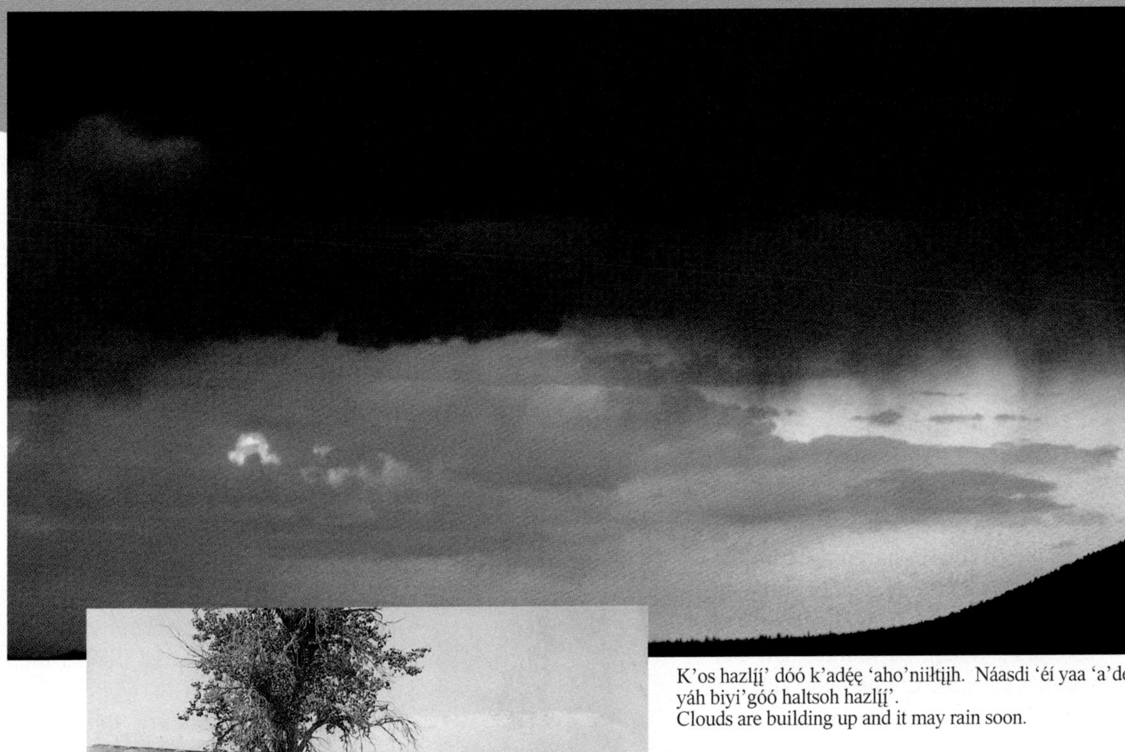

K'os hazlíí' dóó k'adę́ę 'aho'niiłtįįh. Náasdi 'éí yaa 'a'deez'ą́ągo bee yáh biyi'góó haltsoh hazlíí'.
Clouds are building up and it may rain soon.

Deesdoigo biniinaa dibé tsinyaagóó shijéé'.
It must be hot because the sheep are gathered in the shade under the tree.

Traditionally, the Navajo people depended on the weather for their very survival. People's lives were organized according to the changing seasons and the position of the moon. Even now, the new crescent moon tells the people what kind of weather to expect throughout the month. Its placement in the sky tells the people whether it is going to be windy or warm, and if moisture is predicted.

Dąą/Daan

Dąągo dibé biyázhí nidahwiileeh łeh.
It is in the spring when sheep have their young.

The spring brings with it the first thunder of the season, which announces the end of the winter season as well as the end of winter stories and teachings. The people begin to prepare themselves and their *dá'ák'eh* for the upcoming planting season. They pray for moisture to make the ground soft and fertile. The elders call the sudden storms of this season *ayéhé néidinóyódí*, which literally means "frightening the in-laws and chasing them home." Although the storms are quick, they are threatening and may even frighten an in-law into running for shelter.

Shį

The people use the long, warm days of summer to tend to the *dá'ák'eh* and to care for their livestock. If the moon predicts a lot of moisture, the people are joyful because it means more bountiful plants and watering holes for their herds. However, they also know that they need to herd their sheep and goats away from the washes, trenches, and gullies, where a sudden thunderstorm could wash an animal downstream. They also have to be mindful of the danger of lightning.

The dark strands of rain that can be seen in the distance on a summer day are called *níłtsą́ nanoolzhee'*. *Níłtsą́* means "rain," and *nanoolzhee'* is like the warp strings on a loom. These loom strings resemble long strands of hair, so *níłtsą́ nanoolzhee'* evokes the image of a young woman's long hair cascading down her back as it is loosened from the *tsiiyéél* (traditional hair bun). "As long as girls and young women do not cut their hair, the Creator will always bless us with moisture," elders are often heard saying.

The following story, which takes place in the 1960s, illustrates how important it was to the people to live in harmony with the weather. A girl who had been sent to boarding school returned after four months to visit her family. While away, her hair had been cut short, just below the ears. When the mother saw her daughter with the cropped hair, her eyes filled with tears and she said: "*Nitsii' shą' hainilaa?* What have you done to your hair? *K'ad doo ninááhodootł'į́į́ł da!* Now, there will be no more rain! *Díí 'aak'eego doo da'dí'níilt'į́į́ł da!* We will have no crops in the fall! *Díighaaí dichin béédiikah!* There will be much hunger around us this coming winter! *Dichin yee' biih nihíínínil!* You have placed us into hunger!"

The daughter stood helplessly, fear in her eyes. With the weight of her family's well-being on her shoulders, she said, "*Shimá, 'asdzą́ą́ 'ólta'di nihaa 'áhályą́ nít'ę́'ę́ shitsii' k'íinígizh!* But, Mother, the dorm matron cut my hair! *Doo t'áá shí 'ásht'į́į da!* I didn't do it myself! *Shitsii' shits'ą́ą́' k'ídeizhgizh!* They cut my hair!"

The mother shook her head and turned away, not able to look at the cropped hair. She told her daughter to stay away until her hair grew back.

"*T'áá kǫ́ǫ́ nihitah nanináágo 'éí nihikéyah bikáá'góó náhodooltsih!* If you stay here, it will make the earth dry. *Nitsii' nineez násdlį́į́'go dóó tsiiyéél ná 'ályaago 'índa nidíídááł.* Come back when your hair is long and can be placed in a traditional hair bun again."

"*T'áadoo dósha'ígóó da, Shimá!* I have no where to go! *Háágóósh dó' deesháál?* Where else can I go?"

The mother walked into the house. "*T'áá 'ałtsoní 'eidii'aahii doo noo'ínígóó díínááł!* You have to go where the One who provides all things (the Creator) will not see you," said the mother, closing the door.

This incident illustrates how much the Navajo people depended for their very survival on the way they interacted with the land and the weather. The woman accepted her daughter back into the home after several months, when her hair could once again be put into a short ponytail. The fact that her hair was not long still disrupted the family's harmony with the environment, but at least the Creator could see that the daughter intended to respect the land. Parental teachings were disrupted and undermined by the attempts to assimilate Navajo children to Bilagáanaa ways.

Dibé tádadoogizhgo k'ad éí bighaa'ígíí hadazhniłchaad dóó dajidiz.
The early summer is when the sheep are sheared and the wool is carded and spun.

'Aak'ee

Dá'ák'ehdi há da'neest'ą́ągo, aak'eego dá'ákehígíí bininááda'anish.
In the fall season, there is a harvest in the cornfield and there is work to be done.

With the fall comes cooler air and the anticipation of the first frost, which signals the beginning of winter. The elders say that the early fall brings a bountiful harvest "if the people have lived according to the Creator's standards." If the people have not observed the traditions that have been preserved from one generation to the next, the earth will give them only a slim harvest.

Hai

The cold winter season keeps the children inside, which allows the elders to gather their grandchildren around them to impart wisdom and teachings, and to tell stories that have survived many generations. The winter nourishes the culture, the lifestyle, and traditions of the people so that the teachings and stories may be transmitted to another generation. Winter games such as string games, the shoe game, and stick games are played to entertain the children throughout the winter.

Haigo, yidzaaz dóó bik'iįį' áłchíní hooghan yas yee 'ádayiilaago yii' nidaané. Children have made a home that they can play in out of snow.

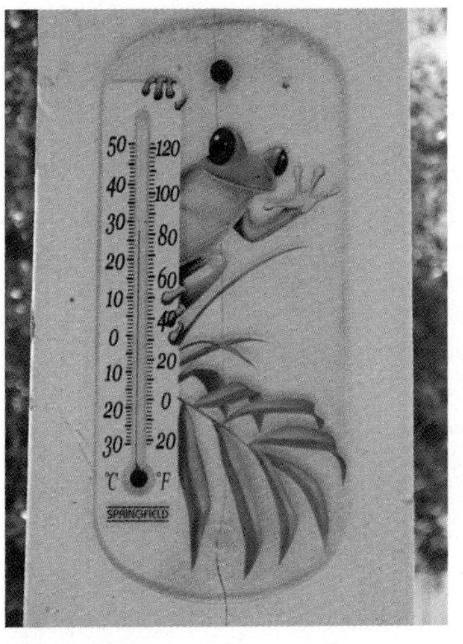

Saad Ániidíígíí: Tł'óo'di 'Ádahoot'éhígíí
Weather Terms

When speaking in Navajo about measuring the temperature, you specify whether you are measuring how hot or cold the temperature is outside.

hadoh dóó hak'az neiłkidígíí	thermometer
hadoh neiłkidígíí	thermometer to measure warm/hot temperature
Hadoh neiłkidígíí 'éí tsots'idiin dóó bi'ąą t'áálá'ígi neiłkid.	
hak'az neiłkidígíí	thermometer to measure cool/cold temperature
Hak'az neiłkidígíí 'éí dízdiin dóó bi'aan táa'gi neiłkid.	

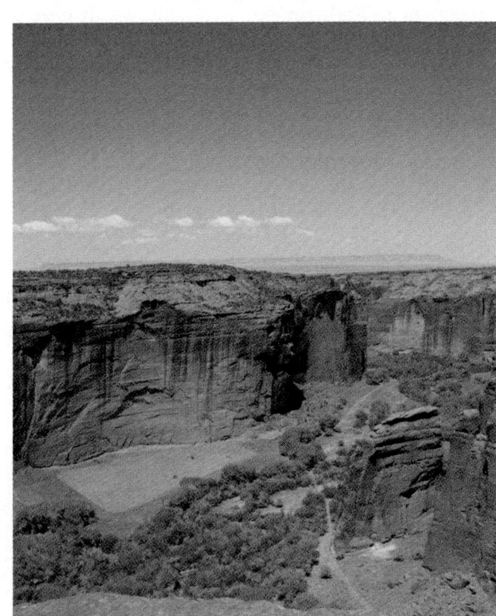

Dá'ák'eh bik'i'diidíín. The sun is shining on the cornfield.

To speak about weather in the future, you do not use a future form of the verb. Instead, you add the word *dooleeł* after the verb.

'adinídíín	sunshine/it is sunny
K'ad tł'óo'di 'adinídíingo bee honeezílí.	
Future: 'adinídíín dooleeł	It will be sunny.

The word *jiní*, or "they say," is used when speaking of future weather conditions because a person cannot have positive knowledge of the weather tomorrow. Although with advanced technology it is possible to predict the weather, knowledge of the future is never certain. In the traditional Navajo world, claiming to know the future weather would be attempting to place oneself on the level of the Creator. Putting *jiní* in the sentence makes it clear that you are just reporting a prediction, not claiming to know the future.

Yiskąągo tł'óo'di 'adinídíín dooleeł, jiní.	Tomorrow it will be sunny, it is said.

To talk about weather in the past, you do not use a perfective form of the verb. Instead, you add the word *nít'ęę'* after the verb. We will use the term "past" whenever *nít'ęę'* is added after the verb, and we will use the term "perfective" whenever the special perfective form of the verb is used.

Past: 'adinídíín nít'ęę'	It was sunny.
'Adą́ądą́ą' tł'óo'di 'adinídíín nít'ęę'.	

deesdoi	**hot**
K'ad tł'óo'di deesdoi.	
Future: deesdoi dooleeł	It will be warm.
Yiskąągo ni'hoojį́į'go tł'óo'di deesdoi dooleeł, jiní.	
Past: deesdoi nít'ęę'	It was warm.
'Adą́ądą́ą' ni'hoojį́į'go deesdoi nít'ęę'.	

naanáhonoogah	intense heat
K'ad tł'óo'di naanáhonoogah.	
Future: Naanáhonoogah dooleeł.	It will be very hot.
Yiskąągo 'ałní'ní'ąągo tł'óo'di naanáhonoogah dooleeł, jiní.	
Past: naanáhonoogah nít'ę́ę́'.	It was very hot.
'Adą́ądą́ą́' ałní'ní'ąągo hooghandi naanáhonoogah nít'ę́ę́'.	

Honeezílí	warm
K'ad tł'óo'di honeezílí.	
Future: Honeezílí dooleeł.	It will be warm.
Naaki yiskąągo 'ałní'ní'ą́ą dóó bik'iji' tł'óo'di honeezílí dooleeł, jiní.	
Past: honeezílí nít'ę́ę́'	It was warm.
'Adą́ądą́ą́' ałní'ní' ą́ą dóó bik'iji' tł'óo'di honeezílí nít'ę́ę́'.	

ních'ih	breezy
K'ad tł'óo'di nizhónígo ních'ih.	
Future: ních'ih dooleeł	It will be breezy.
Díįjį, k'adę́ę 'ałné'é'aahgo tł'óo'di nizhónígo ních'ih dooleeł, jiní.	
Past: ních'ih nít'ę́ę́'	It was breezy.
'Adą́ądą́ą́', k'adę́ę 'ałné'é'aahgo tł'óo'di nizhónígo ních'ih nít'ę́ę́'.	

níyol	windy
K'ad tł'óo'di níyol.	
Future: níyol dooleeł	It will be windy.
Yaa 'a'deez'ąągo tł'óo'di níyol dooleeł, jiní.	
Past: níyol nít'ę́ę́	It was windy.
'Adą́ądą́ą́' yaa 'a'deez'ąągo tł'óo'di níyol nít'ę́ę́'.	

hózhóní	It is pleasant.
K'ad tł'óo'di hózhóní.	
Future: hózhóní dooleeł	It will be pleasant.
Yiskąągo 'ałní'ní'ąągo tł'óo'di 'éí hózhóní dooleeł, jiní.	
Past: hózhóní nít'ę́ę́'	It was pleasant.
'Adą́ądą́ą́' 'ałní'ní'ąągo tł'óo'di hózhóní nít'ę́ę́'.	

Tł'óo'di hózhóní honoolnin.
It looks like it is pleasant outside.

The following are the types of clouds you can have throughout the year:

k'os	**clouds**
k'os t'ą'í	thin clouds (cirrus clouds)
k'os bitaada'a'a'	scattered clouds
k'os nidaalzhood	big, floating clouds (cumulus clouds)
k'os hadahaldóóh	clouds building up

Present: k'os nidaalzhood	There are (big, floating) clouds.
K'ad tł'óo'di k'os nidaalzhood.	
Future: k'os nidaalzhood dooleeł	There will be (big, floating) clouds.
'Ałní'ní'ą́ą́ dóó bik'iji' k'os nidaalzhood dooleeł, jiní.	
Past:: k'os nidaalzhood nít'ę́ę́'	There were (big, floating) clouds.
'Adą́ą́dą́ą́' k'os nidaalzhood nít'ę́ę́'.	

Another way to talk about clouds in the future is to say that they will accumulate:

k'os hodooleeł	There will be clouds./Clouds will accumulate.

You can also talk about clouds that accumulated in the past:

k'os hazlį́į́'	There were clouds./Clouds accumulated.

k'os bitaada'a'a'	Scattered clouds
Nizhónígo k'os bitaada'a'a'go nidaaldoh (3+ are floating around).	
Present: k'os bitaada'a'a'go nidaaldoh	Scattered clouds are floating around.
K'ad k'os bitaada'a'a'go nidaaldoh.	
Future: k'os bitaada'a'a'go nidaaldoh dooleeł	Scattered clouds will be floating around.
Yiską́ągo yaa 'a'deez'ą́ągo k'os bitaada'a'go nidaaldoh dooleeł, jiní.	
Past: k'os bitaada'a'a'go nidaaldoh nít'ę́ę́'	Clouds were scattered.
'Adą́ą́dą́ą́' yaa 'a'deez'ą́ągo k'os bitaada'a'a'go nidaaldoh nít'ę́ę́'.	

nahałtin	**rain/it is raining**
K'ad tł'óo'di nahałtin.	
Future: nahodoołtį́įł	It will rain.
Dííjį Kin Niteeldi (Wide Ruins) nahodoołtį́įł, jiní.	
Perfective: nahóółtą́	It rained.
'Adą́ą́dą́ą́' shinálí bighandi nahóółtą́.	

ni'dizhoł	**rain showers/it is showering**
K'ad tł'óo'di ni'dizhoł.	
Future: ni'dizhoł dooleeł	There will be rain showers.
Yiską́ągo 'i'íí'ą́ągo tł'óo'di ni'dizhoł dooleeł, jiní.	
Perfective: ni'díízhoł	There were rain showers.
'Adą́ą́dą́ą́' i'íí'ą́ągo nihighandi ni'díízhoł.	

níló	hail
Note: níló is a noun, so there must be a verb in the sentence. In these examples, we use the verb *nahałtin.)*	
K'ad níló bił nahałtin.	
Future: níló nidoołtįįł	It will rain hail.
Yiskąągo yaa'a'deez'ąągo níló nidoołtįįł, jiní.	
Perfective: níló náánłtą	It rained hail.
'Adąądąą' yaa'a'deez'ąągo níló náánłtą.	

níchxíil	It is snowing.
K'ad yéego níchxíil.	
Future: níchxíil dooleeł	It will snow.
Yiskąągo 'abíínígo níchxíil dooleeł, jiní.	
Past: níchxíil nít'ęę'	It was snowing.
'Abíínídąą' tł'óo'di níchxíil nít'ęę'.	

Ni'góó yas hólǫǫ nidi, sáanii ba'áłchíní yił t'áá ni'góó dineezbin. Doo daats'í bił dadeesk'aaz da. Although there is snow on the ground, women are sitting on the ground.

'áhí	fog
Note: 'áhí is a noun, so there must be a verb in the sentence. Here we use *ni' nikidooldoh*, which means "will come down to ground level."	
K'ad 'áhí ni' nikeeldoh (came down to ground level).	
Future: 'áhí ni' nikidooldoh	Fog will come down to ground level.
Yiskąągo chahóółhéelgo Dibé Yázhí Habitiindi 'áhí ni' nikidooldoh, jiní.	
Perfective: 'áhí ni' nikeeldoh	Fog came down to ground level.
Note: To talk about fog coming down in the past, we use the same form of the verb as in the present, because the fog comes down and stays over a period of time.	
'Adąądąą' chahóółhéelgo 'áhí ni' nikeeldoh.	

'ayéhé néidinóyódí	abrupt scattered snow showers (appearing only in the spring season)
Note: 'Ayéhé néidinóyódí is a verb-based noun phrase. Notice that it ends with the noun-forming enclitic *-í*. There must be a verb in the sentence. Here we use *nidaajeeh,* meaning "they are running around."	
K'ad ayéhé néidinóyódí nidaajeeh.	
Future: 'ayéhé néidinóyódí nikididoojah.	Abrupt snow showers will begin to run around.
Yiskąągo 'ałní'ní'ąą dóó bik'ijį' ayéhé néidinóyódí nikididoojah, jiní.	
Perfective: 'ayéhé néidinóyódí nikidiijéé'	Abrupt scattered snow showers were running around.
'Adąądąą' ałní'ní'ąą dóó bik'ijį' ayéhé néidinóyódí nikidiijéé'.	

Deesk'aazgo biniinaa sáanii beeldléí bik'idaasti'go yee nidaakai dóó hastiin bi'éétsoh hólǫ́ǫgo sizį́.
It is obvious that it is cold because the women are covered in blankets as they walk around and the elder man is wearing a jacket.

deesk'aaz	**cold**
This verb does have Future and Perfective forms.	
Shimá bighan góne' ayóo deesk'aaz.	
Future: didoołk'as	It will be cold.
Yiskáągo Tóta'di dóó Naat'áanii Néezdi didoołk'as, jiní.	
Perfective: naask'aaz	It has been cold.
'Adą́ądą́ą́' tł'ée'go doochohoo'į́įgóó (severely) nihee naask'aaz.	

Hane' Wolta'ígíí

Yá'át'ééh,

K'ad Tsédildǫ́'ii hoolyéegi hadoh neiłkidígíí 'éí tsosts'idiin dóó bi'aan táa'di siłkid. 'Áádóó tł'óo'di 'ádahoot'éhígíí 'éí k'os bitaa da'a'a'go nidaaldoh dóó nizhónígo honeezílígo dóó shádi'ááhdęę'go nínch'ih.

Yiskáągo 'éí nahałtin dooleeł, jiní; 'áádóó hak'az neiłkidígíí 'éí hastą́diin dóó bi'aan naakidi neiłkid dooleeł, jiní.

'Adą́ądą́ą́' éí 'áadi hózhóní nít'ęę́'. K'osígíí 'éí t'áá 'ádingo 'i'íí'ą́. Hadoh neiłkidígíí 'éí tsosts'idiin dóó bi'aan tseebíidi neiłkid nít'ęę́'.

T'áá 'ákódí.

Saad Ániidíígíí

nihee	came upon us
'Adą́ądą́ą́' shinálí bighandi nihee nahóółtą́.	
doochxohoo'į́įgóó	very intense/hopelessly intense
'Abíínídą́ą́' doochohoo'į́įgóó nihee deezhchxíił.	
doo hózhǫ́ … da	not really
K'ad tł'óo'di doo hózhǫ́ deesdoi da.	
t'įįhdígo	just a little
K'ad tł'óo'di t'įįhdígo nínch'ih.	
k'asídą́ą́'	nearly
K'asídą́ą́' sisdlí (I nearly froze).	

'Áhát'į 'Ániidíígíí: yishdlóóh I am cold.		K'ad áhooníiłgo Imperfective Mode	
With this verb, the cold that a person feels is not intense.			
	Łah jidilt'éhígo	**Nizhdilt'éego**	**Díkwíjílt'éego**
Yáłti'ígíí	yishdlóóh	yiidlóóh	deiidlóóh
	I am cold.	We (2) are cold.	We (3+) are cold.
Bich'į' yá'áti'ígíí	nidlóóh	wohdlóóh	daohdlóóh
	You are cold.	You (2) are cold.	You (3+) are cold.
Baa yá'áti'ígíí	yidlóóh	yidlóóh	daadlóóh
	He/She/It is cold.	They (2) are cold.	They (3+) are cold.

Ha'oodzíí' Dawólta'ígíí

Łah jidilt'éhígo
Hooghandi 'ayóo yishdlóoh łeh.
Shimá, nidlóóhísh?
'Awéé' daats'í yidlóóh.

Nizhdilt'éego
Kwe'é Kinłánídi ayóo yiidlóóh.
Doósh wohdlóoh da?
'Ashiiké na'niłkaadígíí doo yidlóoh da.

Díkwíjílt'éego
Dá'di'níłkaał (close the door), ayóo deiidlóóh.
Nihíísh doo daohdlóóh da?
'Áłchíní tł'óo'di nidaanéhígíí daats'í daadlóóh.

Building Reading Skills

Yá'át'ééh,

Shí 'éí Kéewol yinishyé. Tségháhoodzánídę́ę́' naashá. Shimá bighan bii' sédáago 'ayóo yishdlóoh łeh. Shimá 'éí, "Nanilnish! Nanilnish! ákót'éego (in that way) doo nidlóoh da doo," níi łeh.

K'ad shimá bighandi níchxííl dóó 'áhí ni' nikeeldoh, jiní. Tł'óo'di shįį́ 'ayóo deesk'aaz. Shimá daats'í bichizh (her firewood) hólǫ́. Shizhé'é dóó shínaaíké shįį́ shimá chizh yá 'ádayiilaa.

Hágoónee'

'Áhát'į 'Ániidíígíí: shi'niidlí **New Verb: I am cold.**		K'ad áhooníiłgo Imperfective Mode	
This verb implies that the cold a person is feeling is more intense than with the verb *yishdlóóh.*			
	Łah jidilt'éhígo	**Nizhdilt'éego**	**Díkwíjílt'éego**
Yáłti'ígíí	shi'niidlí I am cold.	nihi'niidlí We (2) are cold.	nihida'niidlí We (3+) are cold.
Bich'į' yá'áti'ígíí	ni'niidlí You are cold.	nihi'niidlí You (2) are cold.	nihida'niidlí You (3+) are cold.
Baa yá'áti'ígíí	bi'niidlí He/She/It is cold.	bi'niidlí They (2) are cold.	bida'niidlí They (3+) are cold.

Ha'oodzíí' Dawólta'ígíí

Łah jidilt'éhígo
Shi'niidlí! 'Ayóo la' deesk'aaz.
Ni'nidlíísh? Ayóoósh deesk'aaz?
Shimá sání bi'éétsoh yiih híyá. Bi'niidlíí shįį.

Nizhdilt'éego
Nihi'niidlí, éí biniinaa nihi'éétsoh biih yiit'áázh.
Nihi'niidlíísh? Háadi shą' nihi'éétsoh? Nihi'éétsoh biih woh'aash.
Nihinálí bi'niidlí. Didołjeeh, áko nizhónígo kóne'é bá honeezílí dooleeł.

Díkwíjílt'éego
Tł'óo'di nahísíítą́ągo 'ayóo níyol nít'ę́ę́', éí biniinaa k'ad nihida'niidlí.
Kinłánídiish naohkai? 'Áadi 'ayóo deesk'aaz łeh. Nihida'niidlíísh?
Hootaaghááhí dóó 'azee' íił'íní dóó chidí 'ánéíl'íní dóó ch'iiyáán íił'íní tł'óo'di nidaalnishgo bida'niidlí.

'Áhát'į 'Ániidíígíí: didishjeeh **I am building a fire.**		K'ad áhooníiłgo Imperfective Mode	
	Łah jidilt'éhígo	**Nizhdilt'éego**	**Díkwíjílt'éego**
Yáłti'ígíí	didishjeeh I am building a fire.	didiiljeeh We (2) are building a fire.	didadiiljeeh We (3+) are building a fire.
Bich'į' yá'áti'ígíí	didíłjeeh You are building a fire.	didoołjeeh You (2) are building a fire.	didadoołjeeh You (3+) are building a fire.
Baa yá'áti'ígíí	diidiłjeeh He/She is building a fire.	diidiłjeeh They (2) are building a fire.	dideidiłjeeh They (3+) are building a fire.

Ha'oodzíí' Dawólta'ígíí

Łah jidilt'éhígo
K'ad tł'óo'di didishjeeh.
'Ayóo deesk'aaz! Tsxį́įłgo didíłjeeh.
Hootaagháhí hooghandi diidiłjeeh.

Nizhdilt'éego
K'ad didiiljeeh. Nizhónígo kóne'é (in here) honeezílí dooleeł.
Tsxį́įłgo didoołjeeh! Deesk'aaz! Deesk'aaz! Deesk'aaz!
Halne'í dóó béésh bąąh dah si'ání tł'óo'di diidiłjeeh.

Díkwíjílt'éego
Tł'óo'di níchxííl. 'Ayóo deesk'aaz dooleeł. K'ad didadiiljeeh.
Chaha'ohdi béésh bii' kǫ'í bii' didadoołjeeh. Nizhónígo bits'áníłdoi (warmth from it) dooleeł.
Táá' naaznilí béésh bii' kǫ'í yii' dideidiłjeeh. Ch'iiyáán ádeidoolííł.

'Áhát'į 'Ániidíígíí: didideeshjah I will build a fire.		T'ahdoo 'áhánééhgóó Future Mode	
	Łah jidilt'éhígo	Nizhdilt'éego	Díkwíjílt'éego
Yáłti'ígíí	dididdeeshjah I will build a fire.	dididiiljah We (2) will build a fire.	didadidiiljah We (3+) will build a fire.
Bich'į' yá'áti'ígíí	dididííłjah You will build a fire.	dididoołjah You (2) will build a fire.	didadidoołjah You (3+) will build a fire.
Baa yá'áti'ígíí	diididoołjah He/She will build a fire.	diididoołjah They (2) will build a fire.	dideididoołjah They (3+) will build a fire.

Ha'oodzíí' Dawólta'ígíí

Łah jidilt'éhígo
'Ałní'ní'ą́ągo tł'óo'di didideeshjah.
Yiską́ągo 'ayóo deesk'aaz ládą́ą', tsxį́įłgo dididííłjah.
Hodíina'go (in a little while) hootaagháhí hooghandi diididoołjah.

Nizhdilt'éego
Díítł'éé' dididiiljah. Nizhónígo honeezílí dooleeł.
Tsxį́įłgo dididoołjah. Wóne'é doo deesk'aaz da dooleeł.
Halne'í dóó béésh bąąh dah si'ání tł'óo'di dididoołjah.

Díkwíjílt'éego
Yiską́ągo 'abínígo níchxííl dooleeł, jiní. 'Ayóo deesk'aaz dooleeł. Abíínígo didadidiiljah?
Chaha'ohdi béésh bii' kǫ'í bii' didadidoołjah. Nizhónígo béésh bii' kǫ'í bits'áníłdoi dooleeł.
Táá' naaznilí béésh bii' kǫ'í yii' dideididoołjah. Ch'iiyáán ádeidoolííł.

'Áhát'į ' Ániidíígíí: didííłjéé' I built a fire.		T'áá'íídą́ą́' áhóót'įįdgo Perfective Mode	
	Łah jidilt'éhígo	**Nizhdilt'éego**	**Díkwíjílt'éego**
Yálti'ígíí	didííłjéé' I built a fire.	didiiljéé' We (2) built a fire.	didadiiljéé' We (3+) built a fire.
Bich'į' yá'áti'ígíí	didííníłjéé' You built a fire.	didoołjéé' You (2) built a fire.	didadoołjéé' You (3+) built a fire.
Baa yá'áti'ígíí	diidííłjéé' He/She built a fire.	diidííłjéé' They (2) built a fire.	dideidííłjéé' They (3+) built a fire.

Ha'oodzíí' Dawólta'ígíí

Łah jidilt'éhígo
'Ałní'ní'ą́ądą́ą́' tł'óo'di didííłjéé'.
'I'íí'áádą́ą́' ayóo deesk'aazgo biniinaa tsxį́įłgo didííníłjéé'.
Hodíina' yę́ędą́ą́' (a little while ago) hootaaghááhí shá diidííłjéé'.

Nizhdilt'éego
Tł'éédą́ą́' didiiljéé', ákogo 'índa nizhónígo honeezílí hazlį́į'.
Nizhónígo didoołjéé' lá. Doo deesk'aaz da hazlį́į'.
Halne'í dóó béésh bąąh dah si'ání tł'óo'di diidííłjéé'.

Díkwíjílt'éego
Níchxíilgo biniinaa 'ayóo deesk'aaz nít'ę́ę́'. Didadiiljée'go nizhónígo honeezílí hazlį́į'.
Chaha'ohdi béésh bii' kǫ'í bii' didadoołjéé'. Nizhónígo bits'áníldoi nít'ę́ę́'.
Táá' naaznilí béésh bii' kǫ'í yii' dideidííłjéé' áádóó ch'iiyáán ádayiilaa.

Building Reading Skills

Yá'át'éeh,

Shí 'éí Tíinaa yinishyé. Shimá sání dóó shicheii bił shighan. Shimá sání 'éí Sáawaa wolyéé dóó shicheii 'éí Hénawii wolyé. Shicheii 'éí táá' naaznilí nilį. Shimá sání 'éí 'atł'óhí nilį́į dóó bidibé yaa 'áhályą́ą łeh. Toohdi danihighan. Hooghan nímazí bii' danihighan.

Hooghan nímazí bii' béésh bii' kǫ'í ła' si'ą́. Shitsilí chizh ła' yah ayííjaa' (he brought in). 'Éí chizh bee béésh bii' kǫ'í bii' didishjeeh. Shimá sání 'ayóo yidlóóh. Shicheii 'éí doo yidlóoh da. K'ad shį́į nizhónígo shimá sání bee honeezílígo 'atł'óo dooleeł. Shimá sání dóó shicheii bá ch'iiyáán ádeeshłííł.

Adą́ądą́ą́' níló náátą́. 'Ayóo deesk'aaz nít'ę́ę́'. K'ad éí k'os bitaa da'a'a'go nidaaldoh dóó níyol. Yiską́ągo 'éí yéego níyol dooleeł áádóó níyolígíí bits'ą́ądóó didoołk'as, jiní.

T'áá 'ákódí

Hágoónee'

CHAPTER 20 Ch'aa Na'adá Traveling

'Ashiiké naakigo dzi'izí yee ch'aa naa'aash.
Two boys are traveling by means of a bike.

Diné tsinaabąąs yee ch'aa naakai.
A Navajo family is traveling by means of a wagon.

In earlier times, the Navajo people traveled from their summer home to their winter home. Each home was strategically selected to ensure the availability of wood for cooking and warmth; accessibility of food sources and water for themselves and their livestock; fertile land for the cornfields; and protection from the elements and from their enemies. In addition to moving twice each year from one home to the other, the Navajo people traveled for many other reasons:

(a) for traditional events such as weddings, a baby's laughing feast, or a puberty ceremony;

(b) for social purposes such as visiting relatives and playing games to keep one fit;

(c) for healing purposes such as attending ceremonies, gathering sacred items for ceremonies, and gathering medicinal herbs and other medicinal items, such as *dleesh* (fine sand consumed for digestive purposes);

(d) to gather materials for maintaining teachings, such as wood for a cradle board, *'ádístiin* (stirring sticks) to chase hunger away, a bow and arrow for a young boy, and wooden tools for carding, spinning, and weaving; wood for making planting tools;

(e) to gather materials for daily practicalities, such as yucca plants used for shampoo, sage to wash with, specific rocks for use in the *táchééh* (sweat lean-to), salt for washing one's teeth, the thin sharp tips of a plant used as toothpicks, the soft bark of a bush used for diapers, the soft leaves used by young girls and women for sanitary purposes, and the long grass used to make hair brushes;

(f) to assemble the logs and other materials for making the *hooghan nímazí*, *chaha'oh,* or *táchééh;*

(g) for activities that allowed them to maintain their economy, such as trading and bargaining, collecting plants for dyeing wool used in weaving, gathering medicines to maintain the health of their livestock, and obtaining items such as silver, turquoise, and beads needed for crafts.

In the old days, horses, walking, or running were the only ways to travel from place to place. Following the tragedy of Hwéeldi, the people were introduced to wagons, which they obtained and depended on for years. Horses remained a constant means of distance traveling. Today, horses are kept for equestrian purposes and for rodeos. The latter part of the twentieth century saw an explosion of automobiles and pickup trucks on the Reservation, so what once took days or weeks can now be accomplished in just a matter of hours or a day.

New Enclitic:

-jį'	as far as
Nimá sáníísh bighanjį' díníyá?	
Are you going as far as your maternal grandmother's home?	

'Áhát'į 'Ániidíígíí: deesháál **I will go.**		**T'ahdoo 'áhánééhgóó** **Future Mode**	
This is the future form of the verb *yisháál,* which we learned in Chapter 5.			
	Łah jidilt'éhígo	**Nizhdilt'éego**	**Díkwíjílt'éego**
Yáłti'ígíí	deesháál	diit'ash	diikah
	I will go.	We (2) will go.	We (3+) will go.
Bich'į' yá'áti'ígíí	díínáál	dooh'ash	doohkah
	You will go.	You (2) will go.	You (3+) will go.
Baa yá'áti'ígíí	doogáál	doo'ash	dookah
	He/She will go.	They (2) will go.	They (3+) will go.

Ha'oodzíí' Dawólta'ígíí

Łah jidilt'éhígo
Shimá bighangóó deesháál.
Da' ni kingóó chidí bee díínáál?
'Atsidí Ch'ínílįįgóó doogáál.

Nizhdilt'éego
Shí dóó na'niłkaadii Kinłánígóó diit'ash.
Ni dóó ninálí hastiinígíí dibé bighangóó dooh'ash. Áadi dibé yázhí ba'doołtsoł (feed them).
Nideezhí dóó nitsilí nihimá sání bighangóó doo'ash. Áadi nihimá sání ch'iiyáán yá 'íidoolííł.

Díkwíjílt'éego
Shí dóó nimá dóó nádí naalyéhí bá hooghangóó diikah. Ch'iiyáán nidahidiilnih biniiyé 'ákǫǫ diikah.
Yiskáągo yaa 'a'deez'áągo ni dóó nizhé'é dóó nibízhí dóó nizhé'é yázhí ninálí hastiinígíí bich'į' doohkah. Ninálí bá yah ada'dí'nóołkał.
Chidí 'ánéíl'íní dóó hooghan ííł'íní dóó béésh bąąh dah si'ání chidí tsoh yázhí yee Naatsis'áángóó dookah. Áadi hastói dóó sáanii chizh yá nideidooyééł dóó yá 'ahida'di'doołniił (chop wood).

Saad Àniidíígíí: Bee Ch'aa Na'adáhígíí
Forms of Transportation

The following words are descriptive nouns. Below each noun you will find the literal meaning of the words.

chidí nímazí bił yaa 'az'ání	passenger car
chidí: car; nímazí: that which is round; bił yaa 'az'ą́: it has a domed top; ní: enclitic	
chidí bikée'jį' adeez'áhí	pick up truck
bikée'jį': at the back of it; adeez'á: it protrudes out; hí: enclitic	
dzi'izí	bike
dzi'iz: what one pedals; í: enclitic	
dzi'izí dildoní	motor bike
dzi'izí: bike; dildon: that which pops; í: enclitic	
'Áłchíní bee naagéhí/łééchąąłgai	school bus/bus
'Áłchíní: children; bee naagéhí: they are hauled by means of it; łééchąą('í): dog; łigai: white	
chidí naat'a'í	airplane
chidí: car; naat'a': it flies; í: enclitic	
kǫ' na'ałbąąsii	train
kǫ': fire; na'ałbąąs: he/she/it drives; ii: enclitic	
chidí tsoh yázhí (1 ton truck)	one ton truck (for hauling)
chidí: vehicle; tsoh: big; yázhí: little	
tsinaabąąs	wagon
tsin: wood; naabąąs: it can be driven and steered	
dzi'izí dildoní bikee' dį'ígíí	all terrain vehicle (quad track)
dzi'izí: bike; dildoní: that which pops; bikee': its feet; dį'ígíí: that which is four	
łįį' na'ayéhí	horse for riding
łįį': horse; na'ayéhí: one that is used for riding/hauling	

Ha'oodzíí' Dawólta'ígíí

Shimá bichidí hólǫ́. Chidí nímazí bił yaa 'az'áníígíí 'éí bichidí.
Chidí bikée'jį' adeez'áhí nizhóníígíí shichidí. Łą́ (many) na'ayéé (it hauls) dóó 'ayóo dilwo'.
Shicheii chidí bikée'jį' adeez'áhí ła' nayiiłniih. Chizh yee nayiiyeeh (he will haul) dooleeł.
Shitsilí dzi'izí ła' bee hólǫ́. 'Ólta'góó bił ałnánálwo' (he rides it to and from).
'Azee' íił'íní dzi'izí dildoní yee ch'aa naaghá. 'Ahééháshį́įhgóó yee 'íiyá.
'Akał bistłee'ii dzi'izí dildoní bił naanáalwoł.

Shádí dóó shínaaí Łééchąąłgai yee Hoozdogóó doo'ash.
Shizhé'é 'Ahééháshį́įhgóó Łééchąąłgai yee deeyá
Chidí naat'a'í bee Wááshindoongóó déyá. 'Áadi nihinaat'áanii 'ałąąjį' dah sidáhígíí naaltsoos baa nishníił.
Da' azee' íił'íní dóó hataałii Be'e'dííldahsinilgóó kǫ' na'ałbąąsii yee deezh'áázh?
Dibé binanit'a'í chidí tsoh yázhí tł'oh yee niiníyį.
Shibízhí tsinaabąąs naadą́ą' yee niiníyį (she hauled it home).
Shínaaí dzi'izí dildoní bikee' dį'ígíí yee dibé hainitá (he is looking for them).
Shizhé'é yázhí łįį' na'ayéhí yee kingóó 'íiyá.

Saad Ániidíígíí: 'Atiin Ádaolyéhígíí
Words for Roads

'atiin	road
łeeshtahgóó (dirt) 'atiin	dirt road
yéego' atiin	well traveled road
'atiin ídléézh	paved road
'e'atiin	the road leads to...
'atiin na'ashzhódígíí	graded road
'atiin bikáá'góó tsxį́įłgo na'ajeehígíí	freeway

Ha'oodzíí' Dawólta'ígíí

Díí 'atiinígíí Tsé Ch'ízhígóó 'e'atiin.
Ch'ínílį́ dóó níléí Dziłíjiinjį' t'áá łeeshtahgóó 'atiin.
T'iists'ózí Nídeeshgiizh dóó Ch'óshgaijį' yéego 'atiin.
'Atiin na'ashzhódígíí bikáá'góó chidí tsoh yázhí shił yilwoł.
Na'nízhoozhí dóó níléí Tóhajileehjį' 'atiin bikáá'góó tsxį́įłgo na'ajeehígíí nizhónígo 'atiin.

Saad Ániidíígíí: 'Atiingóó 'Ádahoot'éhígíí
The Condition of Roads

'atiingóó hodiwol	The road is rough.
naanáházhah	There is a curve.
yaa ni'deetiin	The road goes downhill.
naaná'áztiin	The road is in the shape of a loop.
ni'ítiin	The road ends.
ha'atiin	The road goes up it (hill).
ch'é'átiin	The road goes out.

Ha'oodzíí' Dawólta'ígíí

T'áá hazhó'ígo nił oolwoł. Atiingóó 'ayóo hodiwol.
T'áá hazhó'ígo nił oolwoł, kwe'é naanáházhah!
T'áá hazhó'ígo nił oolwoł, náasdi (up ahead) yaa ni'deetiin.
Hooghan bitah naaná'áztiin.
Kojį' ni'ítiin. Kodóó 'éí t'áá ni' (on foot) yiit'ash dooleeł.
Nicheii bighanjį' ha'atiin.
Kintahdi ch'é'átiin.

Saad Ániidíígíí

nida'jiiłtłáadgo bee dah aztą́	stop sign
dah ná'iichih bik'ehgo nida'jiiłtłádígíí	stop light
Nida'jiiłtłáadgo bee dah aztánígi nihichidí neeztsiz (it stopped).	
Kintahdi 'éí dah ná'iichih bik'ehgo nida'jiiłtłádígíí dahólǫ́.	

'Áhát'į 'Ániidíigíí: niséyá I went and came back.		T'áá'íídą́ą́' áhóót'įįdgo Perfective Mode	
Niséyá means "I went and came back to the place I started out from." The destination one went to could be next door, a location a few feet away, or a place many miles distant. Using the postposition *bee/yee*, you state that you went to a place and came back by means of some form of transportation.			
	Łah jidilt'éhígo	**Nizhdilt'éego**	**Díkwíjílt'éego**
Yáłti'ígíí	niséyá	nishiit'áázh	nisiikai
	I went and came back.	We (2) went and came back.	We (3+) went and came back.
Bich'į' yá'áti'ígíí	nisíníyá	nishoo'áázh	nisohkai
	You went and came back.	You (2) went and came back.	You (3+) went and came back.
Baa yá'áti'ígíí	naayá	naazh'áázh	naaskai
	He/She went and came back.	They (2) went and came back.	They (3+) went and came back.

Ha'oodzíí' Dawólta'ígíí

Łah jidilt'éhígo
Kinłánígóó chidí bikée'jį' adeez'áhí bee niséyá.
'Adą́ą́dą́ą́'ish Na'nízhoozhígóó nisíníyá?
Na'niłkaadii bimá yich'į' naayá. Dzi'izí dildoní yee 'ákǫ́ǫ́ naayá.

Nizhdilt'éego
Dzi'izí bee ch'aa nishiit'áázh. Nihicheii bich'į' nishiit'áázh.
Da' ni dóó nínaaí Tódínéeshzhee'góó nishoo'áázh?
Nihimá dóó nihizhé'é 'áłah ná'ádleehgóó nihicheii bitsinaabąąs yee naazh'áázh.

Díkwíjílt'éego
Be'eldííldahsinilgóó Łéécháą́łgai bee nisiikai.
Nihizhé'é yázhí bighangóósh áłchíní bił nisohkai?
'Adą́ą́dą́ą́' táá' naaznilí dóó siláo dzi'izí dildoní yee ch'aa naaskai. Tóta'góó naaskai.

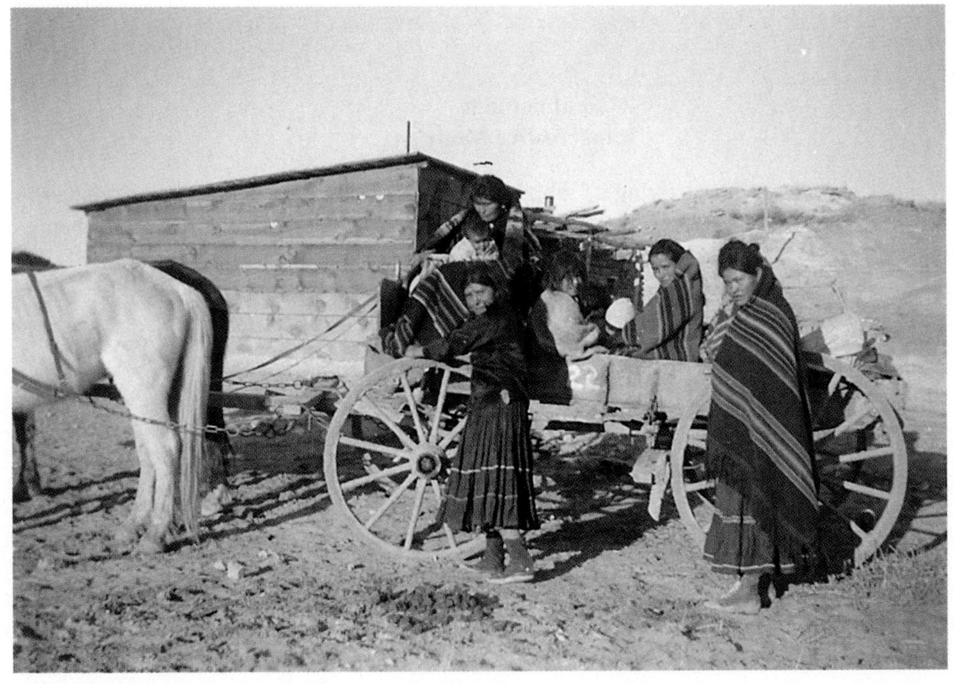

Diné tsinaabąąs yii' héél áda'iilaa.
The people have loaded their wagon.

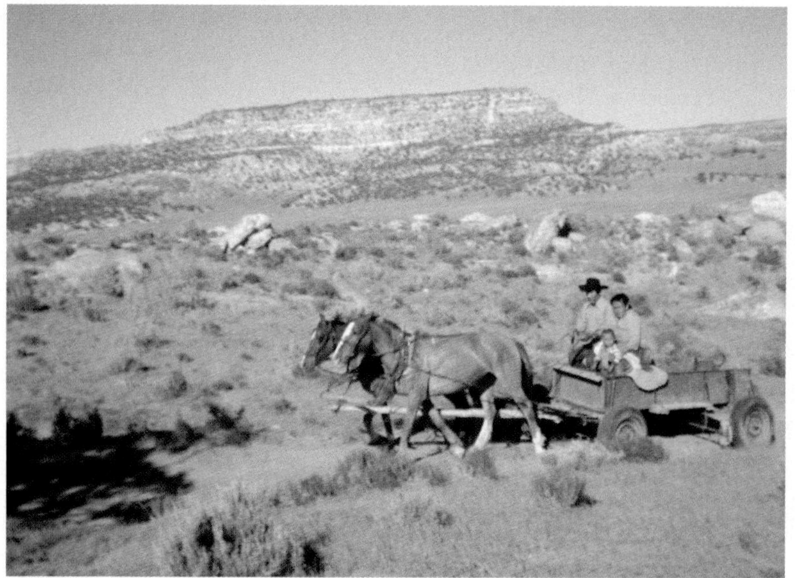

Tsinaabąąs chidí bikee'ígíí bikee'.
The wagon has car tires for its wheels.

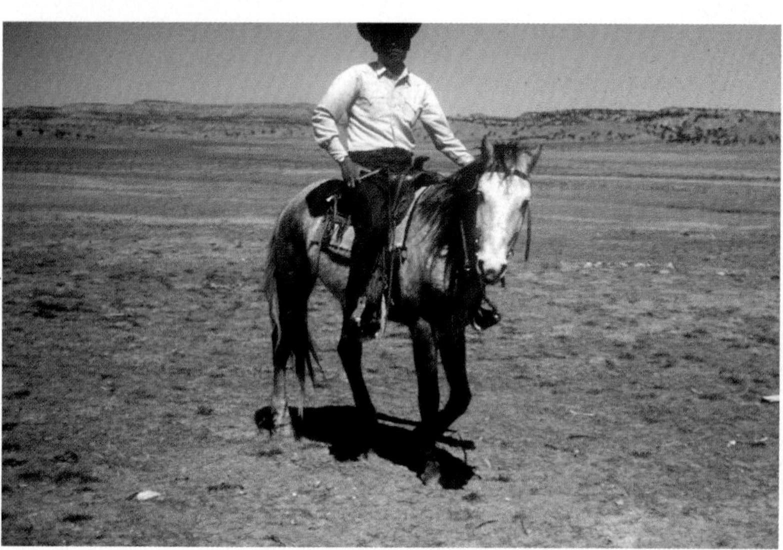

Saad Ániidíígíí: 'Ádahoolyéhígóó
Place Names

Lók'aa' Niteel	Ganado, AZ
Na'ní'áh Hótsaa	Page, AZ
K'ai' Bii' Tó	Kaibito, AZ
Na'ní'áh Hasání	Cameron, AZ
Dá'ák'eh Halání	Many Farms, AZ
Lók'aa'jígai	Lukachukai, AZ
Díwózhii Bii' Tó	Greasewood, AZ
Nahashch'idí	Nashchitti, NM
Dził Ná'oodiłii	Huerfano, NM

Ya'niilzhin	Torreon, NM
Ch'óóshgai	Chuska, NM
Ni'iijíhí	Navajo, NM
Naakai Bito'	Mexican Springs, NM
Dibé Yázhí Habitiin	Borrego Pass, NM
Tségiizh	Gouldings, UT
Tsé bii' Nidzisgai	Monument Valley, UT
Tsé Yaa Tóhí	Cortez, CO
Tsé Hootsoh	Fort Defiance, AZ

Łį́į́' na'ayéhígíí 'ałdó' bee ch'aa nida'aldeeh.
People also travel by means of a horse.

'Áhát'į́ 'Ániidíígíí: shił yilwoł
It is running with me.

K'ad áhooníiłgo
Imperfective Mode

This verb may be translated as "I am riding (in) it" or "I am driving it," although this is not the literal translation. This verb is used to talk about going somewhere in a vehicle or on a horse, etc. When using this verb, the type of vehicle that is being driven or ridden needs to be specified. The postposition *shił, nił, bił*, or *nihił* identifies who is driving/riding.

	Łah jidilt'éhígo	**Nizhdilt'éego**	**Díkwíjílt'éego**
Yáłti'ígíí	shił yilwoł It is running with me.	nihił yilwoł It is running with us (2).	nihił yilwoł It is running with us (3+).
Bich'į' yá'áti'ígíí	nił yilwoł It is running with you.	nihił yilwoł It is running with you (2).	nihił yilwoł It is running with you (3+).
Baa yá'áti'ígíí	bił yilwoł It is running with him/her.	bił yilwoł It is running with them (2).	bił yilwoł It is running with them (3+).

Ha'oodzíí Dawólta'ígíí

Łah jidilt'éhígo
K'ai' Bii' Tóógóó chidí nímazí bił yaa 'az'ánígíí shił yilwoł.
Ya'niilzhingóó nimá bighanjį' dzi'izí nił yilwoł.
'Azee' íił'íní Dził Ná'oodiłiidi naalnish. Naanishgóó chidí bikée'jį' adeez'áhí bił yilwoł.

Díkwíjílt'éego
Tségiizhgóó nihił oolwoł. Chidí tsoh yázhí nihił yilwoł.
Dibé Yázhí Habitiindi 'ólta'gi nidaołnish. Dzi'izí dildoní bikee' dį'ígíísh nihił yilwoł?
Siláołtsooí tált'éego (three of them) Tsé Yaa Tóhígóó łééchąąłgai bił yilwoł.

Nizhdilt'éego
Nihimá sání Lók'aa'jígaidi kééhat'į. 'Ákǫǫ bich'į' deet'áázh. Dzi'izí dildoní nihił yilwoł.
Ni dóó hooghan íił'íní Ni'iijíhígóó dishoo'áázh. 'Áłchíní bee naagéhé nihił yilwoł.
Shimá dóó shizhé'é Lók'aa' Niteelgóó tsinaabąąs bił yilwoł.

Kintahgóó chidí nímazgo bił yaa 'az'ánígíí dóó chidí bikée'jį' adeez'áhí deijeeh

'Áhát'į 'Ániidíígíí: shił deeswod It will run with me.	T'ahdoo 'áhánééhgóó Future Mode		
	Łah jidilt'éhígo	**Nizhdilt'éego**	**Díkwíjílt'éego**
Yáłti'ígíí	shił deeswod It will run with me.	nihił deeswod. It will run with us (2).	nihił deeswod It will run with us (3+).
Bich'į' yá'áti'ígíí	nił deeswod It will run with you.	nihił deeswod It will run with you (2).	nihił deeswod It will run with you (3+).
Baa yá'áti'ígíí	bił deeswod It will run with him/her.	bił deeswod It will run with them (2).	bił deeswod It will run with them (3+).

Ha'oodzíí' Dawólta'ígíí

Łah jidilt'éhígo
K'ai' Bii' Tóógóó chidí nímazí bił yaa 'az'ánígíí shił deeswod.
Ya'niilzhingóó nimá bighanjį' dzi'izí nił deeswod.
'Azee' íił'íní Dził Ná'oodiłiidi naalnish. Naanishgóó chidí bikée'jį' adeez'áhí bił deeswod.

Nizhdilt'éego
Nihimá sání Lók'aa'jígaidi kééhat'į. 'Ákǫǫ bich'į' deet'áázh. Dzi'izí dildoní nihił deeswod.
Ni dóó hooghan íił'íní Ni'iijíhígóó dishoo'áázh. 'Áłchíní bee naagéhé nihił deeswod.
Shimá dóó shizhé'é Lók'aa' Niteelgóó deezh'áázh. Tsinaabąąs bił deeswod.

Díkwíjílt'éego
Tségiizhgóó deekai. Chidí tsoh nihił deeswod.
Dibé Yázhí Habitiindi 'ólta'gi nidaołnish. Dzi'izí dildoní bikee' dį'ígíísh ákǫǫ nihił deeswod?
Siláołtsooí tált'éego Tsé Yaa Tóhígóó łééchąąłgai bił deeswod.

'Áhát'į 'Ániidíigíí: shił naaswod It ran with me.		T'áá'íídą́ą́' 'áhóót'įįdgo Perfective Mode	
	Łah jidilt'éhígo	**Nizhdilt'éego**	**Díkwíjílt'éego**
Yáłti'ígíí	shił naaswod	nihił naaswod	nihił naaswod
	It ran with me.	It ran with us (2).	It ran with us (3+).
Bich'į' yá'áti'ígíí	nił naaswod	nihił naaswod	nihił naaswod
	It ran with you.	It ran with you (2).	It ran with you (3+).
Baa yá'áti'ígíí	bił naaswod	bił naaswod	bił naaswod
	It ran with him/her.	It ran with them (2).	It ran with them (3+).

Ha'oodzíí' Dawólta'ígíí

Łah jidilt'éhígo
K'ai' Bii' Tóógóó chidí nímazí bił yaa 'az'ánígíí shił naaswod.
Ya'niilzhingóó nimá bighanjį' dzi'izí nił naaswod.
'Azee' íįł'íní Dził Ná'oodiłiidi naalnish. Naanishgóó chidí bikée'jį' adeez'áhí bił naaswod.

Díkwíjílt'éego
Tségiizhgóó nisiikai. Chidí tsoh yázhí nihił naaswod.
Dibé Yázhí Habitiindi 'ólta'gi nidaołnish. Dzi'izí dildoní bikee' dį'ígíísh nihił naaswod?
Siláołtsooí tált'éego Tsé Yaa Tóhígóó łééchąąłgai bił naaswod.

Nizhdilt'éego
Nihimá sání Lók'aa'jígaidi kééhat'į. 'Ákǫǫ bich'į' nishiit'áázh. Dzi'izí dildoní nihił naaswod.
Ni dóó hooghan íįł'íní Ni'iijíhígóó nishoo'áázh. 'Áłchíní bee naagéhé nihił naaswod.
Shimá dóó shizhé'é Lók'aa' Niteelgóó naazh'áázh. Tsinaabąąs bił naaswod.

'Áhát'į 'Ániidíigíí: shił oolwoł It is running with me.		K'ad áhooníiłgo Imperfective Mode	
This set of verbs uses the same verb stem as *shił yilwoł* and literally means "something unspecified is moving forward and rocking with me." It is used only to talk about driving or traveling as a passenger when you do not intend to specify the type of vehicle that is being driven. Since the literal translation is awkward and the use is restricted to driving or traveling as a passenger, we will use the more common translation here. The postposition *shił, nił, bił*, or *nihił* identifies who is driving or traveling as a passenger.			
	Łah jidilt'éhígo	**Nizhdilt'éego**	**Díkwíjílt'éego**
Yáłti'ígíí	shił oolwoł	nihił oolwoł	nihił oolwoł
	It is running with me.	It is running with us (2).	It is running with us (3+).
Bich'į' yá'áti'ígíí	nił oolwoł	nihił oolwoł	nihił oolwoł
	It is running with you.	It is running with you (2).	It is running with you (3+).
Baa yá'áti'ígíí	bił oolwoł	bił oolwoł	bił oolwoł
	It is running with him/her	It is running with them (2).	It is running with them (3+).

Ha'oodzíí' Dawólta'ígíí

Łah jidilt'éhígo
Na'ní'áh Hótsaagóó shił oolwoł.
K'adísh Ahééháshį́įhgóó nił oolwoł?
Ch'iiyáán íił'íní Tsé Bii' Nidzisgaigóó bił oolwoł.

Nizhdilt'éego
Shí dóó siláo Dá'ák'eh Halánígóó nihił oolwoł.
Ni dóó nibízhíísh Ch'óóshgaigóó nihił oolwoł?
Dibé binanit'a'í dóó biye' Ya'niilzhiingóó bił oolwoł.

Díkwíjílt'éego
Na'ní'á Hasánígóó nihił oolwoł.
Háágóóshą' nihił oolwoł? Da' Naakai Bito'góósh nihił oolwoł?
'Ashiiké dį́lt'éego (four of them) Díwózhii Bii' Tóógóó bił oolwoł.

Ha'át'íishą biniinaa chidí doo 'íyisíí atiinígíí yikáá'góó yilwoł da.
Why is the car not traveling on the road?

'Áhát'į 'Ániidíígíí: shił adeeswod I will drive./I will travel in a vehicle.		T'ahdoo 'áhánéé'góó Future Mode	
	Łah jidilt'éhígo	**Nizhdilt'éego**	**Díkwíjílt'éego**
Yáłti'ígíí	shił adeeswod I will drive.	nihił adeeswod We (2) will drive.	nihił adeeswod We (3+) will drive.
Bich'į' yá'áti'ígíí	nił adeeswod You will drive.	nihił adeeswod You (2) will drive.	nihił adeeswod You (3+) will drive.
Baa yá'áti'ígíí	bił adeeswod He/She will drive.	bił adeeswod They (2) will drive.	bił adeeswod They (3+) will drive.

Ha'oodzíí' Dawólta'ígíí

Łah jidilt'éhígo
Na'ní'áh Hótsaagóó shił adeeswod.
Hahgoshą' Ahééháshį́įhgóó nił adeeswod?
Ch'iiyáán íił 'íní Tsé Bii' Nidzisgaigóó bił adeeswod.

Nizhdilt'éego
Shí dóó siláo Dá'ák'eh Halánígóó nihił adeeswod.
Ni dóó nibízhíísh Ch'óóshgaigóó nihił adeeswod?
Dibé binanit'a'í dóó biye' Ya'niilzhiingóó bił adeeswod.

Díkwíjílt'éego
Na'ní'á Hasánígóó nihił adeeswod.
Háágóóshą' nihił adeeswod? Da' Naakai Bito'góósh nihił adeeswod.
'Ashiiké dį́lt'éego Díwózhii Bii' Tóógóó bił adeeswod.

'Áhát'į 'Ániidíígíí: shił na'aswod I drove./I traveled in a vehicle.		T'áá'íídą́ą́' áhóót'įįdgo Perfective Mode	
	Łah jidilt'éhígo	Nizhdilt'éego	Díkwíjílt'éego
Yálti'ígíí	shił na'aswod	nihił na'aswod	nihił na'aswod.
	I drove.	We (2) drove.	We (3+) drove.
Bich'į' yá'áti'ígíí	nił na'aswod.	nihił na'aswod.	nihił na'aswod
	You drove.	You (2) drove.	You (3+) drove.
Baa yá'áti'ígíí	bił na'aswod	bił na'aswod.	bił na'aswod.
	He/She drove.	They (2) drove.	They (3+) drove.

Ha'oodzíí' Dawólta'ígíí

Łah jidilt'éhígo
Na'ní'áh Hótsaagóó shił na'aswod.
Hádą́ą́'shą' Ahééháshį́į́hgóó nił na'aswod?
Ch'iiyáán íít'íní Tsé Bii' Nidzisgaigóó bił na'aswod.

Nizhdilt'éego
Shí dóó siláo Dá'ák'eh Halánígóó nihił na'aswod.
Ni dóó nibízhíísh Ch'óóshgaigóó nihił na'aswod?
Dibé binanit'a'í dóó biye' Ya'niilzhiingóó bił na'aswod.

Díkwíjílt'éego
Na'ní'á Hasánígóó nihił na'aswod.
Háágóóshą' nihił na'aswod? Da' Naakai Bito'góósh nihił na'aswod?
'Ashiiké dįlt'éego (four of them) Díwózhii Bii' Tóógóó bił na'aswod.

Ha'oodzíí' Dawólta'ígíí

Da' ni dóó bá'ólta'í Tódínéeshzhee'góó nishoo'áázh?
Da' chidí 'ánéíl'íní dóó naalyéhí yá sidáhí dóó hootaagháhí Ch'ínílį́į́góó naaskai?
Ní dóó ch'iiyáán íít'íní Be'eldííldahsinilgóó nishoo'áázh?
'Ałchíní 'Ahééháshį́į́hgóó Łééchąą́łgai yee naaskai.
'Akał bistłee'ii dóó shizhé'é dóó 'awoo' yinaalnishí Nahat'á Dziilgóó chidí bikée'jį' adeez'áhí yee naaskai.
Ni dóó nideezhí dóó naaltsoos íít'íní Na'nízhoozhígóó chidí tsoh yázhí bee nisohkai.
'Atsidí dóó na'nitkaadii Be'eldííldahsinilgóó tsinaabąąs yee naazh'áázh.

Chapter 21 Diné Bina'nitin
Navajo Teachings

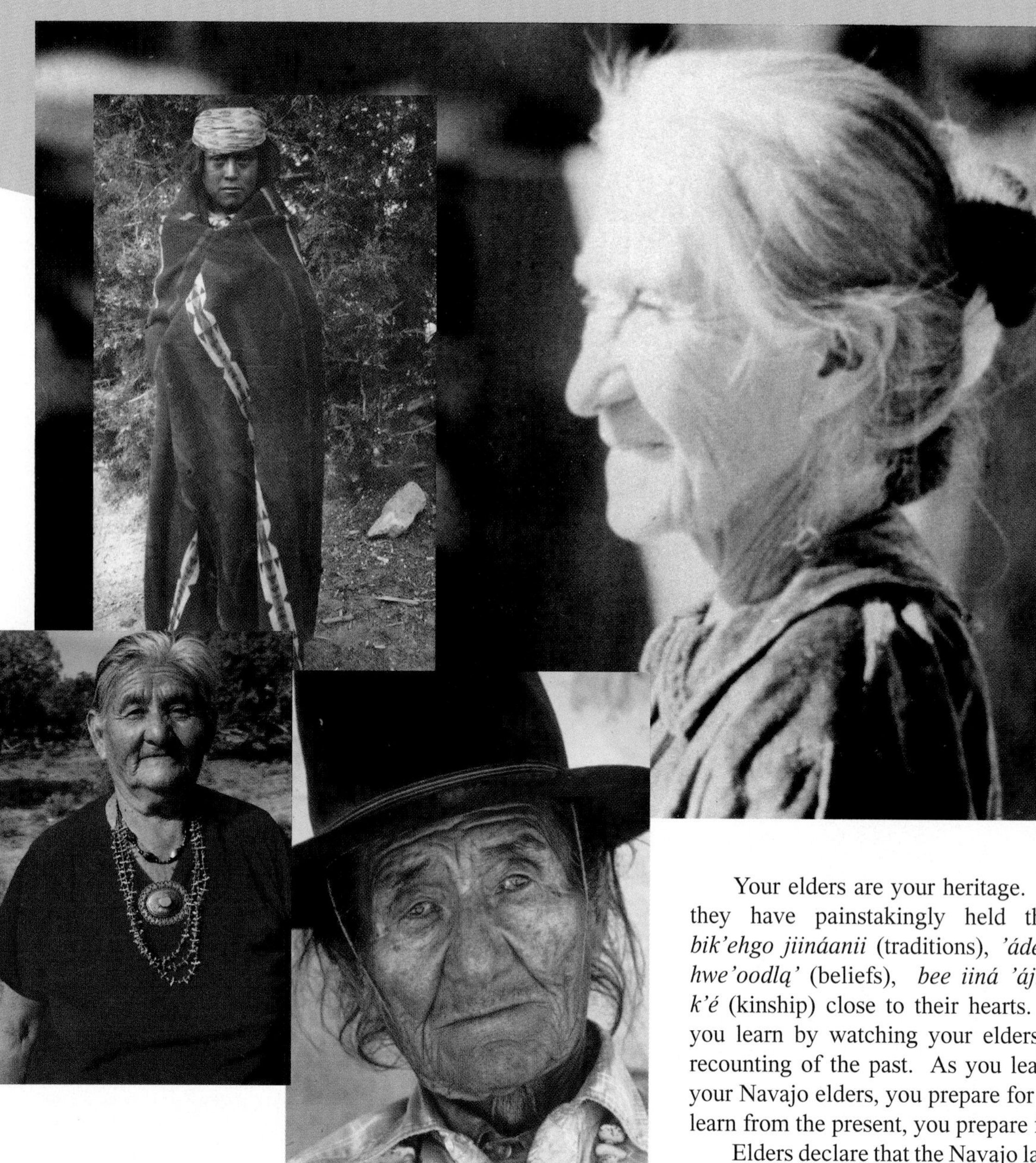

Díí 'asdzą́ą́ 'análí nilį.
This elder woman is a paternal grandmother.

Díí hastiin análí hastiinígíí nilį.
This elder man is a paternal grandfather.

Díí 'asdzą́ą́ 'éí 'amá sání nilį.
This woman is a maternal grandmother.

'Ashkii naat'áanii nahalingo beeldléí yee sizį.
A young boy is standing covered by a blanket just as a leader would be standing.

Your elders are your heritage. Through many winters they have painstakingly held the *'í'óol'įįł* (culture), *bik'ehgo jiinéanii* (traditions), *'ádééhojílzinígíí* (identity), *hwe'oodlą'* (beliefs), *bee iiná 'ájíł'íinígíí* (lifestyle), and *k'é* (kinship) close to their hearts. In the Navajo world, you learn by watching your elders and listening to their recounting of the past. As you learn about the past from your Navajo elders, you prepare for the present; and as you learn from the present, you prepare for your future.

Elders declare that the Navajo language is the backbone of their society. A person begins their journey toward a fullness of life by listening to and understanding the words of their elders. Once a person understands, he or she is able to heed the teachings and hear the words of encouragement as well as the expressions of love. The Navajo language is your elder. *Nizaad, Diné bizaad ayóo nihaa jooba'.* (Your Navajo language is kind to you.) *Diné bizaad binahjį' háá'iidááh.* (The Navajo language is therapy.) *Diné bizaad bee da'ahíiníitą' dóó 'ayóó 'áda'ahíinii'níí dóó bee saad bee ha'ahóníinígíí 'ałch'į' háádeiidzih dóó bee chánah daniidlį́į́ dóó bee k'é da'ahidii'ní.* (Through the Navajo language we are able to claim one another, love one another, encourage one another, comfort one another, and relate to one another.)

Elders are offended by the version of history taught in classrooms. For example, Navajo youth are taught in classrooms that Navajo warriors raided to obtain sheep, goats, cows, and horses from the Spaniards. This is at odds with the history as elders have heard it from their own grandparents, and it portrays Navajo ancestors as "raiders" without explaining why the warriors were raiding. Navajo women and children were known to be hard workers and so were sought after as slaves by the Spaniards, followed by the Mexicans and then the New Mexicans. The Navajo men "raided" to recover their women and children who had been captured, and to retaliate against the enemy who had stolen them. A Navajo elder expressed surprise when told that history books said Navajo warriors stole horses, sheep, goats, and cows. He laughed and said the warriors would have surely been caught, punished, and killed had they done this, because *dibé dóó tł'ízí dóó béégashii* are slow on their feet.

Elders are also offended when winter stories and teachings are told during the wrong season. The elders have reverently maintained what they know about when, where, and how the Navajo people obtained sheep, horses, and goats, and they understand that these teachings must be taught in the proper way and in the proper season. If you travel to various parts of the Navajo Reservation during the winter and visit senior citizen centers, you will hear the same oral history of how Navajo people obtained their animals. The stories are recounted as they have been for generations. The elders, who have painstakingly preserved this history, hope to live through many more winters so they may tell their history through their winter stories. If young people do not listen to these teachings and learn how to convey them to their own grandchildren, who will be able to connect to future generations?

It is a popular belief that the majority of Navajo youth are experiencing an identity crisis. However, it is also the Navajo elders who are experiencing the identity crisis because they know **what** is being lost. Lack of employment on the Navajo Reservation has forced Navajo parents to move away from their extended family members, to places where English is the dominant language. As more and more Navajo children are away from an environment where they can grow up speaking the Navajo language, the insulating network of culture, traditions, and identity is increasingly interrupted. The elders are the ones who remember what it was like to hear all the generations speaking Navajo. Your grandparents may remember what it was like to have their mouths washed out with soap at boarding school for speaking their native language, and still they struggle to keep their language from being lost.

Navajo elders hold on to their heritage as if their lives depended on it, and in actuality their lives **do** depend on it. Take time to reflect upon what your grandparents, parents, aunts, and uncles have been through and have done for you over the years. Do not think only of the material items that they have given to or shared with you. Rather, treasure the gifts that are intangible, gifts that cannot be held, seen, or measured. A word of wisdom, a word of encouragement, a story, a teaching – all these are valuable gifts from your elders. Tuck them into your heart, and when you become an elder, you will have a gift to share with a young person. In this way, you can preserve the richness of being Navajo.

'Áhát'į 'Ániidíígíí: baa 'áháshyą́ I am caring for him/her/it.		**K'ad áhooníiłgo Imperfective Mode**	
This verb was introduced in Chapter 10 with respect to taking care of yourself. We are including it again here so you can learn to talk about taking care of others. The verb phrase *baa 'áháshyą́* translates as, "I am caring for him/her/it." The prefix of the postpositions *baa/ yaa, shaa, naa, nihaa* specify who is being cared for.			
	Łah jidilt'éhígo	**Nizhdilt'éego**	**Díkwíjílt'éego**
Yáłti'ígíí	baa 'áháshyą́	baa 'áhwiilyą́	baa 'ádahwiilyą́
	I am caring for him/her/it.	We (2) are caring for him/her/it.	We (3+) are caring for him/her/it.
Bich'į' yá'áti'ígíí	baa 'áhólyą́	baa 'áhółyą́	baa 'ádahołyą́
	You are caring for him/her/it.	You (2) are caring for him/her/it.	You (3+) are caring for him/her/it.
Baa yá'áti'ígíí	yaa 'áhályą́	yaa 'áhályą́	yaa 'ádahalyą́
	He/She is caring for him/her/it.	They (2) are caring for him/her/it.	They (3+) are caring for him/her/it.

Ha'oodzíí' Dawólta'ígíí:

Łah jidilt'éhígo
Béésh bąąh dah si'ání bilį́į́' baa 'áháshyą.
Niísh nimá bidibé baa 'áhólyą?
Shimá yázhí 'azee' íił'íní ba'áłchíní yaa 'áhályą.

Nizhdilt'éego
Diné Biwááshindoon bibéeso baa 'áhwiilyą.
Da' ni dóó nizhé'é nihidá'ák'eh baa 'áhółyą?
Shimá sání dóó shicheii binaaldlooshii nizhónígo yaa 'áhályą.

Díkwíjílt'éego
'Áłchíní da'ółta'ígíí baa 'ádahwiilyą.
Hái lá bikéyah baa 'ádahołyą?
Táá' naaznilí dóó bá'ólta'í dóó ch'iiyáán íił'íní 'ólta'di ch'iiyáán yaa 'ádahalyą.

The verb *baa'áháshyą* can be used to talk about caring for a person, or taking care of an inanimate object such as a car.

Examples:

Shimá sání baa 'áháshyą.
Shizhé'é bichidí baa 'áháshyą.

You could also use two postpositions in one sentence, such as:

Shizhé'é bichidí bá baa 'áháshyą.
I am taking care of my father's vehicle for him.

This sentence implies that your father placed his vehicle in your care for a certain amount of time. In the sentence without *bá*, there is no suggestion of time or a timeline for care.

As with the other postpositions that we have learned, the prefix on the postposition indicates **who** is being cared for. Here are examples using the postpositions *shaa*, "of me;" *naa*, "of you;" and *nihaa*, "of us/of you (2+)."

Examples:

Nizhónígo shaa 'ádahalyą.
They (3+) are taking good care of me.

Nizhónígo naa 'áhályą.
He/she is taking good care of you.

or

They (2) are taking good care of you.

Nizhónígo nihaa 'ádahalyą.
They (3+) are taking good care of us (2+).

or

They (3+) are taking good care of you (2+).

New Postposition Prefix: 'ád-

The prefix *'ád-* on a postposition means "self." The postposition *'ádaa* could mean "of myself," "of yourself," "of himself," "of herself," "of themselves," or "of ourselves;" *'ádaa* is used for all of these cases.

Nizhónígo 'ádaa 'áháshyą́.
Nizhónígo 'ádaa 'áhólyą́.
Shizhé'é nizhónígo 'ádaa 'áhalyą́.
Shimá dóó shimá sání dóó shicheii nizhónígo 'ádaa 'ádahalyą́.
Nizhónígo 'ádaa 'ádahołyą́.

'Áhát'į 'Ániidíígíí: na'nishtin
I am teaching.

K'ad áhooníiłgo
Imperfective Mode

This verb does not take a direct object. *Na'nishtin* means that someone is doing the activity of teaching, without specifying who is being taught or what subject is being taught.

	Łah jidilt'éhígo	Nizhdilt'éego	Díkwíjílt'éego
Yáłti'ígíí	na'nishtin	na'niitin	nida'niitin
	I am teaching.	We (2) are teaching.	We (3+) are teaching.
Bich'į' yá'áti'ígíí	na'nítin	na'nohtin	nida'nohtin
	You are teaching.	You (2) are teaching.	You (3+) are teaching.
Baa yá'áti'ígíí	na'nitin	na'nitin	nida'nitin
	He/She is teaching.	They (2) are teaching.	They (3+) are teaching.

'At'ééd bimá yits'ą́ądóó ha'nilchaad yíhooł'ah.
A young girl is learning about carding wool.

Ha'oodzíí' Dawólta'ígíí:

Łah jidilt'éhígo
Níléí Be'eldííldahsinildi na'nishtin.
Lók'ajígaidiish na'nítin?
Shimá sání Naatsis'áandi na'nitin.

Díkwíjílt'éego
Kin Niteeldi nida'niitin. Hooghan nímazí bii' nida'niitin.
Tóhaach'i'diísh nida'nohtin?
Béésh bąąh dah si'ání dóó siláo dóó 'ánahwii'aahii (judge) Tsédildǫ́'iidi nida'nitin.

Nizhdilt'éego
Tsinaabąąs Habitiindi na'niitin.
Ts'ah Bii' Kindiísh na'nohtin?
Shinálí 'asdzáníígíí dóó shibízhí Be'ak'id Baa 'Ahoodzánídi na'nitin.

’Áhát’į ’Ániidíígíí: ni’dí’néeshtįįł I will teach.		T’ahdoo ’áhánéého̧ó Future Mode	
	Łah jidilt’éhígo	**Nizhdilt’éego**	**Díkwíjílt’éego**
Yáłti’ígíí	ni’dí’néeshtįįł I will teach.	ni’dí’níitįįł We (2) will teach.	nida’dí’níitįįł We (3+) will teach.
Bich’į’ yá’áti’ígíí	ni’dí’níitįįł You will teach.	ni’dí’nóohtįįł You (2) will teach.	nida’dí’nóohtįįł You (3+) will teach.
Baa yá’áti’ígíí	ni’dí’nóotįįł He/She will teach.	ni’dí’nóotįįł They (2) will teach.	nída’dí’nóotįįł They (3+) will teach.

Ha’oodzíí’ Dawólta’ígíí

Łah jidilt’éhígo
’I’íí’ą́ągo Hóyée’di’ ni’dí’néeshtįįł.
Hiłiijį́į’go Kits’iildi ni’dí’níítįįł.
Nínáádeezidgo shimá sání ’Ayeí Díwózhii Bii’ Tóodi ni’dí’nóotįįł.

Nizhdilt’éego
Yiską́ągo, ’ałní’ní’ą́ądóó bik’ijį’ Jeeh Deez’áadi ni’dí’níitįįł.
Yaa ’a’deez’ą́ągo Ma’ii Tééhítłizhdi ’áłah ná’ádleehgi ni’dí’nóohtįįł.
Díízhíní shinálí ’asdzáníígíí dóó shibízhí Kin Łigaidi nidí’nóotįįł.

Díkwíjílt’éego
Dííghaaí Naakai Bich’ahdi nida’dí’níitįįł.
Ch’éénídą́ągo Be’ak’id Hóteeldi nida’dí’nóohtįįł.
Dį́į’ yiską́ągo béésh bą́ąh dah si’ání dóó siláo dóó ’ánahwii’aahii Tsé ’Íí’áhídi nída’dí’nóotįįł.

’Áhát’į ’Áníidíígíí: na’nétą́ą’ I taught.		T’áá’íídą́ą’ áhóót’įįdgo Perfective Mode	
	Łah jidilt’éhígo	**Nizhdilt’éego**	**Díkwíjílt’éego**
Yáłti’ígíí	na’nétą́ą’ I taught.	na’neetą́ą’ We (2) taught.	nida’neetą́ą’ We (3+) taught.
Bich’į’ yá’áti’ígíí	na’nínítą́ą’ You taught.	na’nootą́ą’ You (2) taught.	nida’nootą́ą’ We (3+) taught.
Baa yá’áti’ígíí	na’neeztą́ą’ He/She taught.	na’neeztą́ą’ They (2) taught.	nida’neeztą́ą’ They (3+) taught.

Ha'oodzíí' Dawólta'ígíí

Łah jidilt'éhígo
Tł'éédą́ą́' Tó Bééhwíisganídi' na'nétą́ą́'.
Jį́įdą́ą́' Tł'ohchindi na'nínítą́ą́'.
Shį́įdą́ą́' shimá sání Tó Łikandi na'neeztą́ą́'.

Díkwíjílt'éego
'Aak'eedą́ą́' Ha'naa Ni'deetiindi nida'neetą́ą́'.
'Ałk'idą́ą́' Tó 'Áłch'į́dídi nida'nootą́ą́'.
'Abínídą́ą́' béésh bąąh dah si'ání dóó siláo dóó 'ánahwii'aahii Tódzís'áadi shimá yighangi nida'neeztą́ą́'.

Nizhdilt'éego
'Adą́ą́dą́ą́' Niinah Nízaadi na'neetą́ą́'.
Dimóo yázhí yę́ędą́ą́'ísh Bitł'ááh Bito'di 'áłah ná'ádleehgi na'nootą́ą́'?
'Ałní'ní'ą́ądą́ą́' shinálí 'asdzáníígíí dóó shibízhí T'iis Názbąsdi 'ólta'gi na'neeztą́ą́'.

'Áhát'į 'Ániidíígíí: bína'nishtin **I am teaching it.**	**K'ad áhooníiłgo** **Imperfective Mode**	

This verb requires a direct object that specifies what topic or concept one is teaching. Below the verb paradigm, you will find some words for topics or concepts that one might teach.

	Łah jidilt'éhígo	Nizhdilt'éego	Díkwíjílt'éego
Yáłti'ígíí	bína'nishtin	bína'niiltin	bínida'niiltin
	I am teaching it.	We (2) are teaching it.	We (3+) are teaching it.
Bich'į' yá'áti'ígíí	bína'níłtin	bína'nołtin	bínida'nołtin
	You are teaching it.	You (2) teaching it.	You (3+) are teaching it.
Baa yá'áti'ígíí	yína'niłtin	yína'niłtin	yínida'niłtin
	He/She is teaching it.	They (2) are teaching it.	They (3+) are teaching it.

Saad Adaaniidíígíí: Bíni'da'dí'nóotįįłígíí
Topics or concepts that one might teach

There are specific teachings for many things in life and the environment, such as *tó*, *tó bił na'anish*, *kéyah*, *kéyah bina'anish*, *nihighan*, *nihighan binaagóó na'anish*. The word, *bína'niltin* translates as "the teaching of or about." Here are some new terms for specific kinds of teachings.

bił háíjéé' bína'niltin/halahkéí bína'niltin	teachings about siblings/teachings about siblings of the opposite sex
bił háíjéé' nihilą́ąjį' nidaakaiígíí bína'niltin	teachings about older siblings
bił háíjéé' nihikéédę́ę' nidaakaígíí bína'niltin	teachings about younger siblings
nihahastóí bína'niltin	teachings about elder male relatives
nihizáanii bína'niltin	teachings about elder female relatives
niha'áłchíní bína'niltin	teachings about children
Diné bina'nitin	Navajo teachings
Diné bi'i'óol'įįł bína'niltin	teachings about Navajo culture
Diné binákéé' náháne	teachings about Navajo history
Diné be'iina' bína'niltin	teachings about Navajo lifestyle
ił ídlį bína'niltin	teachings about respect

New Enclitic: -gi

In Chapter 14, we learned one meaning of *-gi*, which is "a place within another place."

The enclitic *-gi* also has a completely different use. To talk about teaching how to do an action, add *-gi* to the verb describing the action. For example, *'atł'ó* means "weave," and *'atł'óogi* means "the topic of weaving." Notice that the final vowel in the verb is made longer, with a falling tone. The enclitic *-gi* can be put on any verb to make it into a noun meaning "the topic of (that verb)."

Examples:

'atł'óogi	the topic of weaving
ch'iiyáán ál'įįgi	the topic of cooking
'ádaa 'áháyą́ągi	the topic of taking care of oneself (personal hygiene)
hooghan 'álnéehgi	the topic of building a hogan

Ha'oodzíí' Dawólta'ígíí:

Łah jidilt'éhígo
Diné binákéé' náháne' bína'nishtin.
Shą́ą' Tóhídi dibé baa 'áháyą́ągi bína'níłtin.
Shimá sání 'atł'óogi yína'niłtin.

Nizhdilt'éego
Hooghan binaagóó haz'ą́ągi baa 'áháyą́ bína'niiltin.
'Áłah ná'ádleehdi Diné bi'í'óol'įįł bína'nołtin.
Shinálí 'asdzáníígíí dóó shibízhí 'ólta'di ch'iiyáán ál'įįgi yína'niłtin.

Díkwíjílt'éego
Jádí Tóodi nihahastóí dóó nihizáanii bina'nitin (their teachings) bínida'niiltin.
Toohdi naaldlooshii baa 'áháyą́ągi bínida'nołtin, ya'?
Chidí 'ánéíl'íní tált'éego shimá yighandi chidí baa 'áháyą́ągi (vehicle maintenance) yínida'niłtin.

'Áhát'į Ániidíígíí: bína'dí'néeshtįįł **I will teach it.**		**T'ahdoo 'áhánééhgóó** **Future Mode**	
	Łah jidilt'éhígo	**Nizhdilt'éego**	**Díkwíjílt'éego**
Yáłti'ígíí	bína'dí'néeshtįįł	bína'dí'níitįįł	bínida'dí'níitįįł
	I will teach it.	We (2) will teach it.	We (3+) will teach it.
Bich'į' yá'áti'ígíí	bína'dí'níítįįł	bína'dí'nóohtįįł	bínida'dí'nóohtįįł
	You will teach it.	You (2) will teach it.	You (3+) will teach it.
Baa yá'áti'ígíí	yina'dí'nóotįįł	yina'dí'nóotįįł	yínida'dí'nóotįįł
	He/She will teach it.	They (2) will teach it.	They (3+) will teach it.

Ha'oodzíí' Dawólta'ígíí:

Łah jidilt'éhígo
Díí 'i'íí'ą́ągo Diné binákéé' náháne' bína'dí'néeshtįįł.
Shą́ą'tóhídi hiłiijįį'go dibé baa 'áháyą́ągi bína'dí'níitįįł.
Nínáádeezidgo shimá sání 'atł'óogi yina'dí'nóotįįł.

Nizhdilt'éego
Yiską́ągo, 'ałní'ní'ą́ądóó bik'ijį' hooghan binaagóó haz'ą́agi baa 'áháyą́ bína'dí'níitįįł.
Yaa 'a'deez'ą́ągo 'ałah ná'ádleehdi Diné bi'í'óol'įįł bína'dí'nóohtįįł.
Díízhíní shinálí 'asdzáníígíí dóó shibízhí 'ólta'di ch'iiyáán ál'įįgi yina'dí'nóotįįł.

Díkwíjílt'éego
Dííghaaí Jádí Tóodi nihahastóí dóó nihizáanii bina'nitin bínida'dí'níitįįł.
Ch'éénídą́ągo Toohdi naaldlooshii baa 'áháyą́ągi bínida'dí'nóohtįįł.
Dį́į' yiską́ągo chidí 'ánéíl'íní tált'éego shimá yighandi chidí baa 'áháyą́ągi yínida'dí'nóotįįł.

'Áhát'į 'Ániidíígíí: bína'nétą́ą' **I taught it.**		**T'áá'íídą́ą' áhóót'įįdgo** **Perfective Mode**	
	Łah jidilt'éhígo	**Nizhdilt'éego**	**Díkwíjílt'éego**
Yáłti'ígíí	bína'nétą́ą' I taught it.	bína'neetą́ą' We (2) taught it.	bínida'neetą́ą' We (3+) taught it.
Bich'į' yá'áti'ígíí	bína'nínítą́ą' You taught it.	bína'nootą́ą' You (2) taught it.	bínida'nootą́ą' You (3+) taught it.
Baa yá'áti'ígíí	yína'neeztą́ą' He/She taught it.	yína'neeztą́ą' They (2) taught it.	yínida'neeztą́ą' They (3+) taught it.

Ha'oodzíí' Dawólta'ígíí:

Łah jidilt'éhígo
Tł'éédą́ą' Diné binákéé' náháne' bína'nétą́ą'.
Jį́įdą́ą' dibé baa 'áháyą́ągi bína'nínítą́ą'.
Shį́įdą́ą' shimá sání 'atł'óogi yína'neeztą́ą'.

Díkwíjílt'éego
'Aak'eedą́ą' Ch'ínílį́įdi nihahastóí dóó nihizáanii bina'nitin bínida'neetą́ą'.
'Ałk'idą́ą' Toohdi naaldlooshii baa 'áháyą́ bínida'nootą́ą'.
'Abínídą́ą' chidí 'ánéíl'íní tált'éego shimá yighandi chidí baa 'áháyą́ągi yínida'neeztą́ą'.

Nizhdilt'éego
'Adą́ądą́ą' hooghan binaagóó haz'ą́agi baa 'áháyą́ bína'neetą́ą'.
Dimóo yázhí yę́ędą́ą' ałah ná'ádleehdi Diné bi'í'óol'įįł bína'nootą́ą'.
'Ałní'ní'ą́ądą́ą' shinálí 'asdzáníígíí dóó shibízhí 'ólta'di ch'iiyáán ál'įįgi yína'neeztą́ą'.

An Introductory Model of how Navajo Teachings Are Related to the Four Directions

All Navajo teachings are interrelated. The following simple models illustrate how the teachings are organized according to the four directions, the sacred mountains, the important mental concepts, the people around you, and the life cycle.

Whenever you speak of directions, you begin from the East, circling South, then move on to the West and finally to the North, leading you back to the East. You follow this exact pattern when entering a hogan. You enter the door, which faces east, then turn left toward the south of the hogan, then west, and then north, eventually exiting the hogan through the door that you entered.

Teachings about the life cycle follow the same pattern of directions. Your life begins in the East with infancy and complete dependence upon family members. Your life moves toward the South as you enter childhood. Children grow not only physically, but also emotionally, intellectually, culturally, and spiritually. Therefore, a family's planning is important so the teachings will be transmitted carefully and appropriately. Childhood is the time when you must be taught well, so when you become an adult and a parent you will be able to apply the teachings.

As you enter adulthood, you are moving toward the West, where you take on adult responsibilities. You must set a good example when you care for your children, and carefully transmit the teachings to them. Your parents are now becoming elders, and you must take care of them. When your children see you caring for the older generation, they will learn how important their grandparents are in their lives. You also are setting an example for your children so that they will take care of you when you get old.

As a person approaches old age, that person is moving toward the North, but the life cycle does not stop there. It continues toward the East when an elder becomes like a baby again, fully dependent upon family members. Elders cared for you when you were a baby, and now they need your care, respect, and kindness. At the same time, elders have many things to teach you, and it is still their responsibility to teach you well. Listen to them, and do not shy away from taking care of them. When elders are neglected, abused, or left alone in a nursing home, the life cycle is broken. As former Navajo Nation president Peter MacDonald once stated, "It is tragic when we find a mother who once took care of six children, yet six children cannot or will not take care of one mother." Caring for your elders is what makes the life cycle complete.

Hastiin na'nitin t'óó'ahayóí bee hólǫ́.

Notice the teachings that are identified with each of the four directions. Ask a Navajo elder to give you more information on each concept. This chart is only a beginning to the vast amount of information Navajo elders have to offer.

Traditional Navajo Teachings

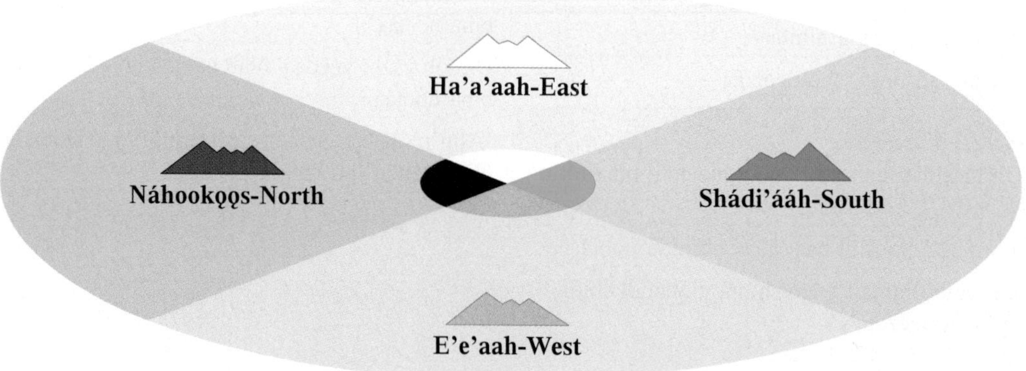

Basis for Traditional Navajo Teachings
Navajo Names of Navajo Sacred Mountains and Directions

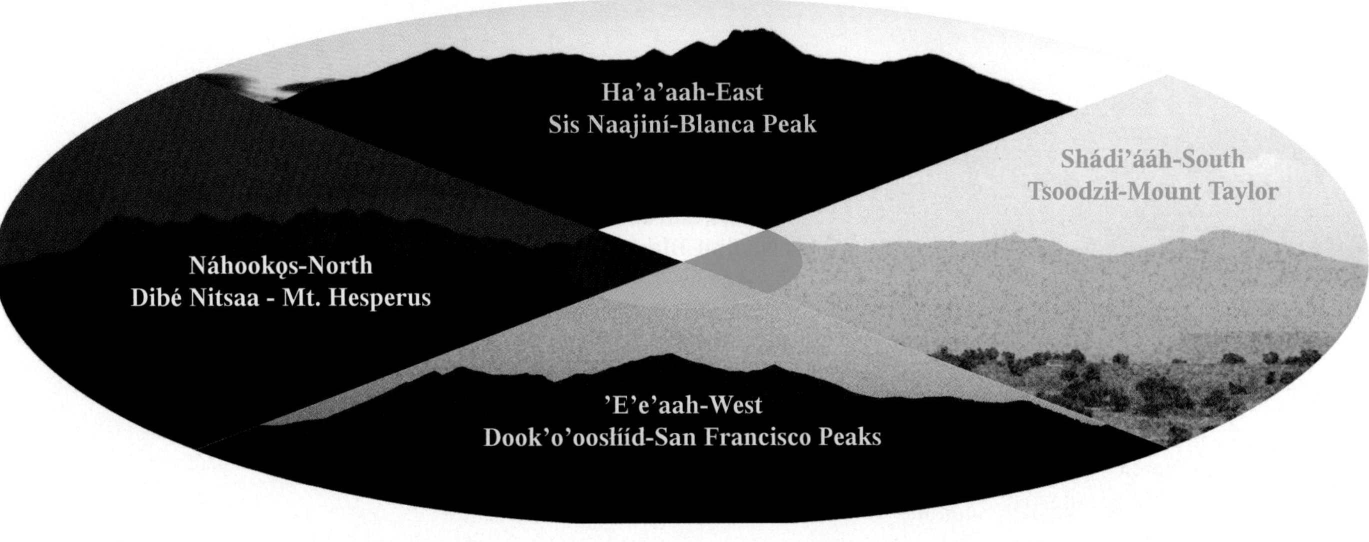

Traditional Navajo Teachings Represented in the Sacred Mountains

Traditional Navajo Life Cycle Based upon the Sacred Mountains

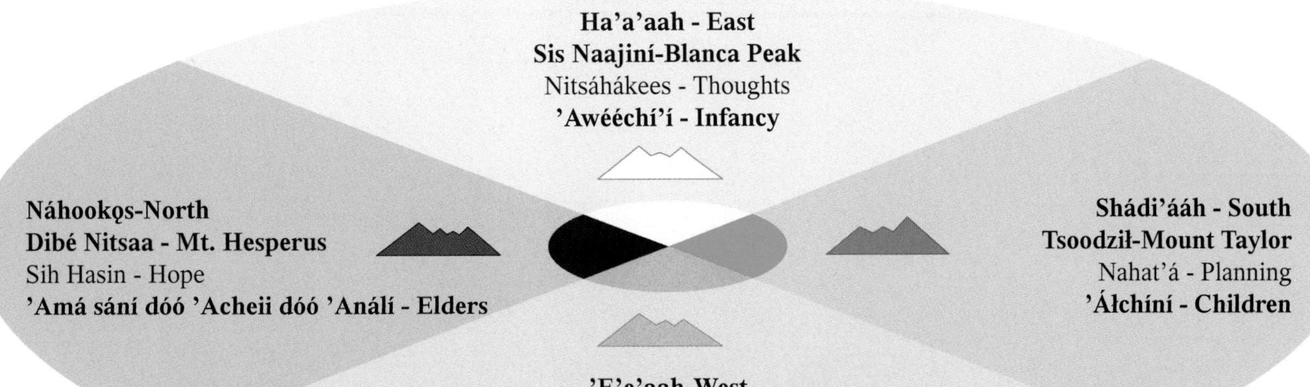

Responsibilities and Teachings to Impart

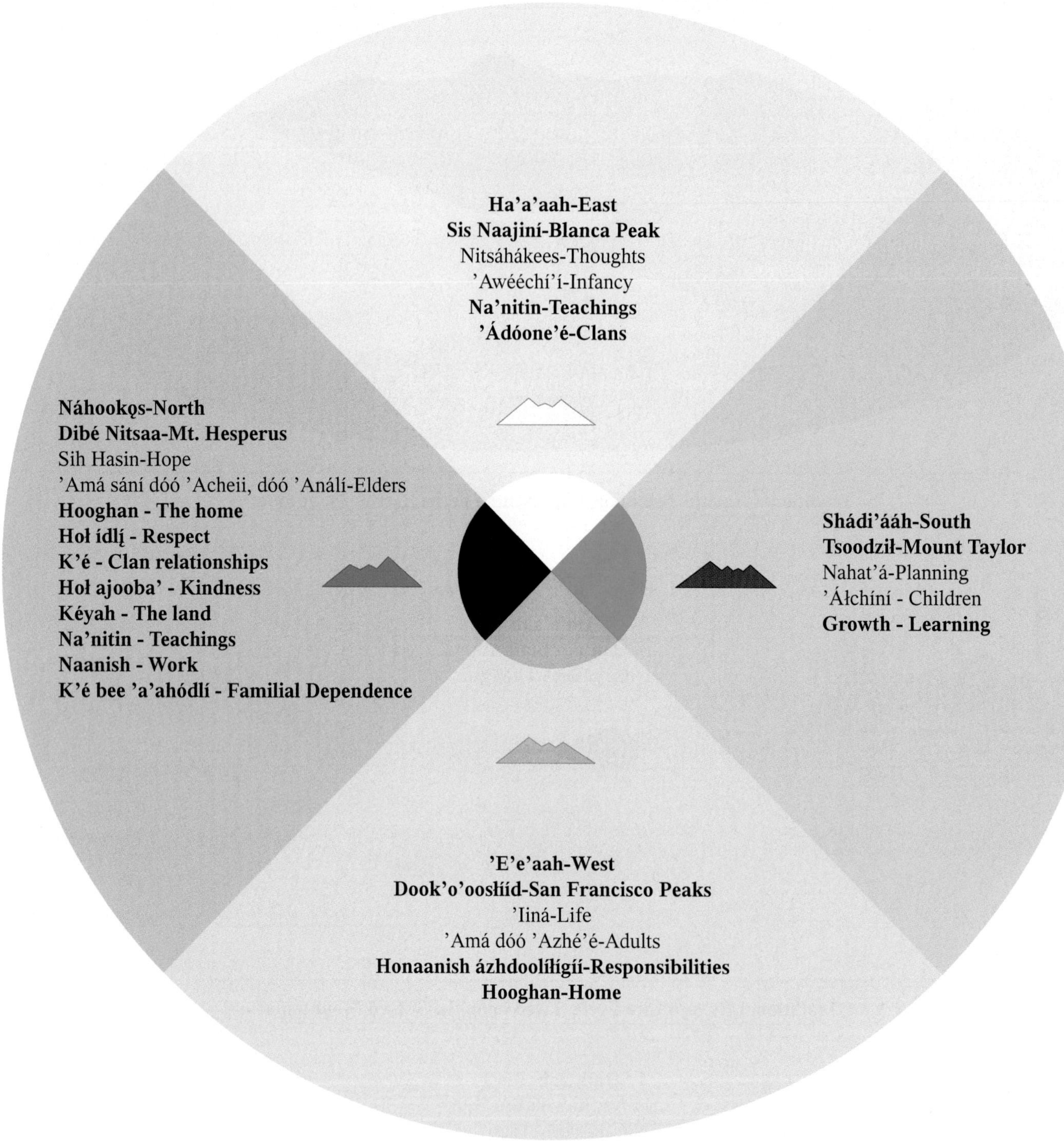

Ha'a'aah-East
Sis Naajiní-Blanca Peak
Nitsáhákees-Thoughts
'Awééchí'í-Infancy
Na'nitin-Teachings
'Ádóone'é-Clans

Náhookǫs-North
Dibé Nitsaa-Mt. Hesperus
Sih Hasin-Hope
'Amá sání dóó 'Acheii, dóó 'Análí-Elders
Hooghan - The home
Hoł ídlį - Respect
K'é - Clan relationships
Hoł ajooba' - Kindness
Kéyah - The land
Na'nitin - Teachings
Naanish - Work
K'é bee 'a'ahódlí - Familial Dependence

Shádi'ááh-South
Tsoodził-Mount Taylor
Nahat'á-Planning
'Áłchíní - Children
Growth - Learning

'E'e'aah-West
Dook'o'oosłííd-San Francisco Peaks
'Iiná-Life
'Amá dóó 'Azhé'é-Adults
Honaanish ázhdoolílígíí-Responsibilities
Hooghan-Home

Chapter 22 Dá'ák'eh dóó Dá'ák'eh Bina'anish
The Cornfield and Working the Cornfield

Diné doo bił dahóyé'ígíí k'ida'díílá.
People who were not lazy planted their cornfield.

A Navajo elder once said, "Navajo young people do not know the meaning of *dá'ák'eh*, because they have lost their language. They use the English word 'cornfield.'"

The word *dá'ák'eh* means "the whole family goes out and works the field." A *dá'ák'eh* unifies a family, for everyone – from toddlers to grandparents – helps in the preparation of the ground and the planting of the corn. Family unity is strengthened, prayers are voiced to the Creator, and meals are eaten together.

Toddlers are important in the planting of the corn. They represent seeds, life, innocence, and purity; therefore, toddlers are given the corn seeds to place in the freshly broken ground.

As youngsters witness the planting process and internalize the prayers, they learn that if they take care of the environment, the environment will take care of them. Through the *dá'ák'eh*, elders teach youth that what they take from the environment should be given back for future use.

On the other hand, "cornfield" – a word used by the younger generation – means only one person goes out to the field. That person sits on a tractor to prepare the ground, and the sound of the tractor is so loud that the prayers of the one planting cannot be heard. The tractor prevents families from passing on tradition and precludes family unity.

Much of the traditional Navajo year is focused on the *dá'ák'eh*. In the winter, planting tools are made and repaired. Seeds of varying colors are gently separated according to their beautiful colors: red, blue, yellow, and white. The seeds are then safely stored for planting.

In the early spring, the people listen for the first thunder, a sign of spring. Prayers are offered, and family members walk the length of the *dá'ák'eh* to let the Earth know that her people are ready to adorn her with the planting of the corn. Their footsteps wake the Earth and strengthen her heartbeat; she then folds back her cold winter cloak to expose her fertile soil.

In the middle of the spring, family members gather at the *dá'ák'eh* to set their planting tools to soil. The scent of the fertile soil fills the air, and the people begin to voice prayers for rain to nourish the fragile seeds.

The early summer is dedicated to caring for the *dá'ák'eh*. Weeds are pulled, and birds and animals are kept away. The delicate corn tassels begin to spill out of the corn husk. More prayers are voiced for rain and the survival of the corn plants. The traditional Navajo belief system requires that people who practice the traditional belief system gather corn pollen throughout the growing season and offer prayers.

In late summer, the people look toward the western horizon to search for dark strands of rain. In the early morning, the people sniff the air for the scent of moisture that will nourish their crops. Stalks of corn rise boldly toward the Creator. The people busy themselves keeping unwanted weeds, birds, and animals out of the crowded *dá'ák'eh*.

In the early fall, the *dá'ák'eh* is fully laden with corn stalks that have yellowed in the hot summer sun. The corn is gathered and placed in a large heap on the cool floor of the *chaha'oh*, or brush shelter. The people call their family members, and there is much reminiscing as the people steam the corn or cook it over hot coals. The people eat, share stories, and talk of plans to get together for the next planting season.

The people do not leave the *dá'ák'eh* until they have gathered all the empty corn stalks. Then it is allowed to rest until the next planting season.

The late fall finds the Earth weary, ready to rest as cold winds begin to shake the weeds that have taken the place of the corn stalks. The earth once again covers herself with her cloak as she turns inward for warmth.

The *dá'ák'eh* has been kind to the Navajo people for generations. It unifies families and provides the people with its bounties. It is important for the Navajo people to keep the tradition of the *dá'ák'eh* alive. The satisfaction of being able to produce a harvest after a season of planting, growing, and caring for the *dá'ák'eh* is immeasurable.

Saad Ániidíígíí
Ch'il dóó 'Aneest'ą' Daadánígíí

naadą́ą́'	corn
ch'ééh jiyáán	watermelon
naayízí	squash
ta'neesk'ání/da'neesk'ání	melon
naa'ółí	bean
nímasii	potato
tł'ohchin	onion

'Áhát'į 'Ániidíígíí: k'idishłé I am planting it.	**K'ad 'áhooníiłgo Imperfective Mode**		
The verb *k'i'dishłé*, "I am planting," was introduced in an earlier chapter. The new verbs are *k'idishłé* (I am planting **it**), *k'idideeshłééł* (I will plant **it**), and *k'idíílá* (I planted **it**)." The difference is that the verb *k'idishłé* requires a direct object. You must state **what** you are planting. The nouns listed in the Review Vocabulary list may be used as direct objects. They are items the Navajo people normally plant and harvest.			
	Łah jidilt'éhígo	**Nizhdilt'éego**	**Díkwíjílt'éego**
Yálti'ígíí	k'idishłé	k'idiilyé	k'idadiilyé
	I am planting **it.**	We (2) are planting **it.**	We (3+) are planting **it.**
Bich'į' Yá'áti'ígíí	k'idílé	k'idohłé	k'idadohłé
	You are planting **it.**	You (2) are planting **it.**	You (3+) are planting **it.**
Baa Yá'áti'ígíí	k'iidilé	k'iidilé	k'ideidilé
	He/She is planting **it.**	They (2) are planting **it.**	They (3+) are planting **it.**

Ha'oodzíí' Dawólta'ígíí

Łah jidilt'éhígo
Shizhé'é bidá'ák'eh bii' naadą́ą́' k'idishłé. 'Aak'eego naadą́ą́' t'óó'ahayóí hodooleeł (there will be) biniiyé łą́ągo k'idishłé.
Nimá sání naayízí bá k'idílé. Nimá sání naayízí 'ayóo bił łikan.
'Ashkii ch'ééh jiyáán shicheii yá k'iidilé. Shicheii bigod diniihgo biniinaa 'ashkii k'i'dilé.

Nizhdilt'éego
Nihinálí naa'ółí dóó naadą́ą́' dóó ch'ééh jiyáán bá k'idiilyé.
Ya'niilzhiindiish nihimá yázhí naadą́ą́' bá' k'idohłé? Tsxį́įłgo naadą́ą́' k'idohłé. Kojí 'éí naayízí dóó ch'ééh jiyáán k'idohłée dooleeł.
Dibé binanit'a'í dóó hootaagháhí 'ólta'di ta'neesk'ání k'iidilé. 'Aak'eego 'áłchíní ta'neesk'ání deidooyį́įł.

Díkwíjílt'éego
Nihibízhí bił naayízí k'idadiilyé. Nímasii dóó béégashii bitsį' yik'ánígíí naayízí bił sit'éego 'ayóo łikan.
Nihí dóó sáanii dóó hastóí nizhónígo naadą́ą́' k'idadohłé. Hastóí dóó sáanii naadą́ą́' k'idilyéegi (the planting of it) yínida'niłtin.
'Áłchíní Naatsis'áandi naadą́ą́' ch'iiyáán íił'íní yá k'ideidilé. 'Aak'eego ch'iiyáán íił'íní naadą́ą́' łeeh yidoołbish.

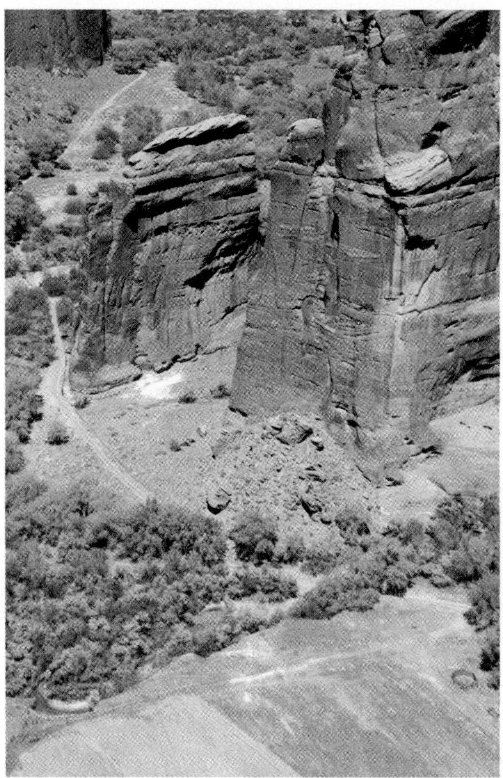

Diné dá'ák'eh k'ináádeidíílá. Doo bił dahóyée' da lá.
People have planted more cornfields.

'Áhát'į 'Ániidíígíí: k'idideeshłééł I will plant it.	T'ahdoo 'áháněéhgóó Future Mode		
	Łah jidilt'éhígo	**Nizhdilt'éego**	**Díkwíjílt'éego**
Yálti'ígíí	k'idideeshłééł I will plant **it.**	k'ididiilyééł We (2) will plant **it.**	k'idadidiilyééł We (3+) will plant **it.**
Bich'į' Yá'áti'ígíí	k'ididííłééł You will plant **it.**	k'ididoohłééł You (2) will plant **it.**	k'idadidoohłééł You (3+) will plant **it.**
Baa Yá'áti'ígíí	k'iididooléél He/She will plant **it.**	k'iididooléél They (2) will plant **it.**	k'ideididooléél They (3+) will plant **it.**

Ha'oodzíí' Dawólta'ígíí

Łah jidilt'éhígo
Yiskáągo shizhé'é bidá'ák'eh bii' naadą́ą́' k'idideeshłééł. 'Aak'eego naadą́ą́' t'óó'ahayóí dooleeł.
De 'adeez'ą́ągo nimá sání naayízí bá k'ididííłééł. Naayízí 'ayóo bił łikan.
Dimóo biiskání 'ashkii ch'ééh jiyáán shicheii yá k'iididooléél. Shicheii bigod diniihgo biniinaa 'ashkii k'i'di'dooléél.

Nizhdilt'éego
Yiskáągo nihinálí naa'ółí bá k'ididiilyééł.
Ya'niilzhiindiish nihimá yázhí naadą́ą́' bá' k'ididoohłééł?
Naaki dimóogo dibé binanit'a'í dóó hootaagháhí 'ólta'di ta'neesk'ání k'iididooléél. Aak'eego 'áłchíní da'neesk'ání deidooyį́įł.

Díkwíjílt'éego
Hodíínáá'ígo nihibízhí bił naayízí k'idadidiilyééł.
'Ałní'ní'ą́ądóó bik'ijį' nihí dóó sáanii dóó hastóí nizhónígo nímasii k'idadidoohłééł.
Ch'éénídąągo 'áłchíní Naatsis'áandi naadą́ą́' ch'iiyáán íił'íní yá k'ideididooléél.

'Áhát'į ' Ániidíigíí: k'idíílá I planted it.		T'áá'íídą́ą́' 'áhóót'įįdgo Perfective Mode	
	Łah jidilt'éhígo	**Nizhdilt'éego**	**Díkwíjílt'éego**
Yáłti'ígíí	k'idíílá	k'ideelyá	k'idadeelyá
	I planted **it.**	We (2) planted **it.**	We (3+) planted **it.**
Bich'į' Yá'áti'ígíí	k'idínílá	k'idoolá	k'idadoolá
	You planted **it.**	You (2) planted it.	You (3+) planted **it.**
Baa Yá'áti'ígíí	k'iidíílá	k'iidíílá	k'ideidíílá
	He/She planted **it.**	They (2) planted **it.**	They (3+) planted **it.**

Ha'oodzíí' Dawólta'ígíí

Łah jidilt'éhígo
'Adą́ą́dą́ą́' shizhé'é bidá'ák'eh bii' naadą́ą́' k'idíílá.
Shį́į́dą́ą́' naayízí shimá sání bá k'idínílá.
Naaki yiskánídą́ą́' ashkii ch'ééh jiyáán shicheii yá k'iidíílá.

Nizhdilt'éego
Ła' nídeezid yę́ędą́ą́' naa'ółí nihinálí bá k'ideelyá.
Jį́į́dą́ą́' Ya'niilzhiindi nihimá yázhí naadą́ą́' bá k'idoolá.
Ła' dimóo yę́ędą́ą́' dibé binanit'a'í dóó hootaaghááhí 'ólta'di ta'neesk'ání k'iidíílá.

Díkwíjílt'éego
De 'adeez'ą́ yę́ędą́ą́' nihibízhí bił naayízí k'idadeelyá.
Dimóo yázhí yę́ędą́ą́' nihí dóó sáanii dóó hastóí nizhónígo nímasii k'idadoolá.
T'ą́ątsoh bii' yiził yę́ędą́ą́' áłchíní Naatsis'áandi naadą́ą́' ch'iiyáán íił'íní yá k'ideidíílá.

Building Reading Skills

'Áłtsé Yáłti'ígíí: Grandson	Náá'ákéé' góne' Yáłti'ígíí: Maternal grandfather
Yá'át'ééh, shicheii.	'Aoo', yá'át'ééh, shicheii.
Ha'át'íishą' baa naniná?	Nihidá'ák'ehdi k'i'dishłé.
Ha'át'íishą' k'idílé?	Naadą́ą́' dóó naayízí dóó ch'ééh jiyáán k'idishłé. Nimá sání ch'ééh jiyáán ayóo bił łikan, éí biniinaa ch'ééh jiyáán k'idishłé.
Shí dó' ch'ééh jiyáán ayóo shił łikan.	Nizhé'éésh bidá'ák'ehdi k'ida'doolá?
Nidaga', t'áadoo da.	Ha'át'íishą' biniinaa t'áadoo k'ida'dooláa da? K'ida'dooláago díí 'aak'eego doo dichin biih dínóohdah (you 3+ fall into) da!
	Nishą'? T'áá ni nidá'ák'ehísh hólǫ́?
Nidaga', shinaanish t'óó'ahayói.	Ninaanish ni' kóníléeh (put it down) 'áádóó nidá'ák'eh ła' áhodíílíił (make it).
Hágoshį́į́. K'i'di'deeshłééł. 'Ak'ǫ́ǫ́' ła' nisin. Ła'ísh nee hólǫ́?	'Aoo', naadą́ą́' dóó naayízí dóó ch'ééh jiyáán dóó ta'neesk'ání bik'ǫ́ǫ́' ła' shee hólǫ́. K'idííníláago baa nił hózhǫ́ǫ doo.
Naadą́ą́' dóó naayízí dóó ta'neesk'ání k'idideeshłééł.	Hágoshį́į́. Nizhóní doo. Níká'adeeshwoł. K'i'di'diilyééł.
Hágoshį́į́, shicheii. Ahéhee'.	Lą́'ąą'.
Hágoónee', shicheii.	'Aoo', hágoónee', shicheii.

Saad Ániidíígíí

Navajo elders abhor laziness. Traditionally, Navajo people are not lazy. They are an industrious people. It is important for Navajo people to get back to a productive mentality and lifestyle. To be told you are lazy is to be avoided at all costs. You should be alert to ways you can assist in work being done.

Shił hóyéé'.	I am lazy.
'Ayóo shił hóyéé'.	I am really lazy.
Doo shił hóyée' da.	I am not lazy.
Nił hóyéé'.	You are lazy.
'Ayóo nił hóyéé'.	You are really lazy.
Doo nił hóyée' da.	You are not lazy.
T'áadoo nił hóyé'í!	Don't be lazy!
Bił hóyéé'	He/She/It is lazy.
'Ayóo bił hóyéé'.	He/She/It is really lazy.
Doo bił hóyée' da.	He/She/It is not lazy.
Nihił hóyéé'.	We (2) are lazy.
'Ayóo nihił hóyéé'.	We (2) are really lazy.
Doo nihił hóyée' da.	We (2) are not lazy.
T'áadoo nihił hóyé'í!	You (2) don't be lazy!
Nihił dahóyéé'.	You (3+) are lazy.
'Ayóo nihił dahóyéé'	You (3+) are really lazy.
Doo nihił dahóyée' da.	You (3+) are not lazy.
T'áadoo nihił dahóyé'í!	You (3+) don't be lazy!

'Áhát'į 'Ániidíígíí: náháshgod I am hoeing.		**K'ad 'áhooníiłgo Imperfective Mode**	
	Łah jidilt'éhígo	**Nizhdilt'éego**	**Díkwíjílt'éego**
Yáłti'ígíí	náháshgod	náhwiigod	nídahwiigod
	I am hoeing.	We (2) are hoeing.	We (3+) are hoeing.
Bich'į' Yá'áti'ígíí	náhígod	náhóhgod	nídahohgod
	You are hoeing.	You (2) are hoeing.	You (3+) are hoeing.
Baa Yá'áti'ígíí	náhágod	náhágod	nídahagod
	He/She is hoeing.	They (2) are hoeing.	They (3+) are hoeing.

Ha'oodzíí' Dawólta'ígíí

Łah jidilt'éhígo
Shił hóyée' nidi shicheii bidá'ák'ehdi bá náháshgod. 'Ayóo deesdoi dóó níyol nidi náháshgod.
T'áadoo nił hóyé'í! Tsxíįłgo hazhó'ó náhígod!
'Ashkii nizhónígi 'át'é. Doo bił hóyée' da. Bicheii yá náhágod.

Nizhdilt'éego
Nihił hóyée' nidi shizhé'é bidá'ák'ehdi náhwiigod. Bidá'ák'eh hótsaa.
Doo nihił hóyéé'góó nihizhé'é yázhí bá náhóhgod.
Siláołtsooí dóó halne'í 'ólta'di dá'ák'ehgi náhágod.

Díkwíjílt'éego
Doo nihił dahóyée' daígíí biniinaa nihinálí hastiinígíí bidá'ák'ehdi nídahwiigod. Náádímóogo nihinálí naadą́ą́' k'iididooléél.
Tó 'Álch'įdídi naalyéhí bá hooghan binaagóó (around it) nídahohgod. Ch'il deeníní (tumble weeds) t'óó'ahayóí hazlį́į́'.
Na'niłkaadii dóó bizhé'é dóó bicheii dá'ák'ehdi nídahagod. 'Ak'ǫ́ǫ' t'áá'íídą́ą́' taah deizhjaa' (they put them in water to soak).

'Áhát'į 'Ániidíígíí: náhodeeshgoł I will hoe.		T'ahdoo 'áhánééhgóó Future Mode	
	Łah jidilt'éhígo	Nizhdilt'éego	Díkwíjílt'éego
Yáłti'ígíí	náhodeeshgoł I will hoe.	náhodiigoł We (2) will hoe.	nídahodiigoł We (3+) will hoe.
Bich'į' Yá'áti'ígíí	náhodíígoł You will hoe.	náhodoohgoł You (2) will hoe.	nídahodoohgoł You (3+) will hoe.
Baa Yá'áti'ígíí	náhodoogoł He/She will hoe.	náhodoogoł They (2) will hoe.	nídahodoogoł They (3+) will hoe.

Ha'oodzíí' Dawólta'ígíí

Łah jidilt'éhígo
Shił hóyée' nidi shicheii bidá'ák'ehdi bá náhodeeshgoł.
T'áadoo nił hóyé'í! Tsxíįłgo náhodíígoł!
'Ashkii nizhónígi 'át'é. Doo bił hóyée' da. Bicheii yá náhodoogoł.

Nizhdilt'éego
Nihił hóyée' nidi shizhé'é bidá'ák'ehdi náhodiigoł. Abíní dóó 'i'íí'ą́ąjį' náhodiigoł.
Doo nihił hóyée' da. Nihizhé'é yázhí bá náhodoohgoł.
Siláołtsooí dóó halne'í 'ólta'di dá'ák'ehgi náhodoogoł.

Díkwíjílt'éego
Doo nihił dahóyée' daígíí biniinaa nihinálí hastiinígíí bidá'ák'ehdi nídahodiigoł. Náádímóogo nihinálí naadą́ą́' k'iididooléél.
Tó 'Álch'įdídi naalyéhí bá hooghan binaagóó nídahodoohgoł. Ch'il deeníní t'óó'ahayóí hazlį́į'.
Na'nílkaadii dóó bizhé'é dóó bicheii dá'ák'ehdi nídahodoogoł. 'Ak'ǫ́ǫ' taah deidoojih.

'Áhát'į 'Ániidíígíí: náhoségod I hoed.		T'áá'íídą́ą' áhóót'įįdgo Perfective Mode	
	Łah jidilt'éhígo	Nizhdilt'éego	Díkwíjílt'éego
Yáłti'ígíí	náhoségod I hoed.	náhosiigod We (2) hoed.	nídahosiigod We (3+) hoed.
Bich'į' Yá'áti'ígíí	náhosínígod You hoed.	náhosoohgod You (2) hoed.	nídahosoohgod You (3+) hoed.
Baa Yá'áti'ígíí	náházgod He/she hoed.	náházgod They (2) hoed.	nídahazgod They (3+) hoed.

Ha'oodzíí' Dawólta'ígíí

Łah jidilt'éhígo
Jį́įdą́ą' ałní'ní'ą́ą dóó bik'iji', doo shił hóyéé'góó shicheii bá náhoségod.
'Abínídą́ą' nił hóyée' nidi tsxį́įłgo náhosínígod. Nicheii 'éí yaa bił hózhǫ́.
'Ashkii nizhónígi 'át'éé lá. Naaki yiskánídą́ą' doo bił hóyéé'góó bicheii yá náházgod.

Nizhdilt'éego
Shį́įdą́ą' shizhé'é bidá'ák'ehdi náhosiigod. Bidá'ák'eh hótsaa nidi 'ałtsoh náhosiigod.
'Adą́ądą́ą' nihizhé'é yázhí bá náhosoohgod.
Naaki dimóo yę́ędą́ą' siláołtsooí dóó halne'í 'ólta'di dá'ák'ehgi náházgod. K'ad éí 'áłchíní da'ółta'ígíí dá'ák'ehgi naadą́ą' k'ideidilé.

Díkwíjílt'éego
Doo nihił dahóyéé'góó nihinálí hastiinígíí bidá'ák'ehdi nídahosiigod. K'ad éí nihinálí naadą́ą' k'iidilé.
Tó 'Áłch'įdídi naalyéhí bá hooghan binaagóó nídahosoohgod. Ch'il deeníní t'óó'ahayóí hazlį́į' nít'ę́ę'.
Na'nilkaadii dóó bizhé'é dóó bicheii dá'ák'ehdi nídahazgod. 'Ak'ǫ́ǫ' taah deizhjaa'go biniinaa tsxį́įłgo nídahazgod.

Saad Ániidííígíí

tóshjeeh	water barrel
tóshjeeh yázhí	little water barrel
tó bee naadlo'í	water bucket
tó bee naat'áhí	closed water container

'Áhát'į 'Ániidííígíí: Tó bił niheshkaah I am watering it.		K'ad áhooníiłgo Imperfective Mode	
The next set of verbs are never spoken or written in isolation; they are always preceded by the postposition *bił* or *yił*. In the sentence *Tó bił niheshkaah*, it is specifically stated that you are "watering the plant(s) with water." As you can see, these verbs require an object; the name of the plant is the object. Although this sounds awkward and repetitive in the English translation, the postposition *bił/yił* is essential to the Navajo sentence.			
	Łah jidilt'éhígo	**Nizhdilt'éego**	**Díkwíjílt'éego**
Yáłti'ígíí	Tó bił niheshkaah. I am watering it.	Tó bił nihiikaah. We (2) are watering it.	Tó bił nidahiikaah. We (3+) are watering it.
Bich'į' Yá'áti'ígíí	Tó bił nihíkaah. You are watering it.	Tó bił nihohkaah. You (2) are watering it.	Tó bił nidahohkaah. You (3+) are watering it.
Baa Yá'áti'ígíí	Tó yił niyiikaah. He/She is watering it.	Tó yił niyiikaah. They (2) are watering it.	Tó yił nidayiikaah. They (3+) are watering it.

Ha'oodzíí' Dawólta'ígíí

Łah jidilt'éhígo
Doo nahałtinígíí biniinaa dá'ák'ehdi nímasii k'idííláhígíí tó bił niheshkaah.
Shizhé'é bidá'ák'ehdi tóshjeeh yázhí bee naadą́ą́' tó bił nihíkaah.
Shicheii 'ólta'di ch'ééh jiyáán k'iidííláhígíí tó yił nayiikaah.
Nizhdilt'éego
'Ayóo nihił hóyée' nidi nihidá'í bidá'ák'ehdi tó bee naat'áhí bee naayízí tó bił nihiikaah.
Nihicheii bíká'ahi'nołchééh. Dá'ák'ehdi tł'ohchin tó bił nihohkaah.
Shinálí hastiinígíí dóó shizhé'é hooghandi tóshjeeh yázhí yee ta'neesk'ání k'iidííláhígíí tó yił nayiikaah.
Díkwíjílt'éego
Nihicheii bidá'ák'ehdi waa' k'iidíílháhígíí tó bił nidahiikaah.
Nihicheii bidá'ák'ehdi tó bee naadlo'í bee naayízí tó bił nidahohkaah.
Naaltsoos íił'íní dóó táá' naaznilí dóó 'akał bistłee'ii dá'ák'ehdi naa'ółí tó yił nidayiikaah.

'Áhát'į 'Ániidíígíí: Tó bił nideeshkááł. I will water it.		T'ahdoo 'áhánééhgóó Future Mode	
	Łah jidilt'éhígo	**Nizhdilt'éego**	**Díkwíjílt'éego**
Yáłti'ígíí	Tó bił nideeshkááł.	Tó bił nidiikááł.	Tó bił nidadiikááł.
	I will water it.	We (2) will water it.	We (3+) will water it.
Bich'į' Yá'áti'ígíí	Tó bił nidííkááł.	Tó bił nidohkááł.	Tó bił nidadohkááł.
	You will water it.	You (2) will water it.	You (3+) will water it.
Baa Yá'áti'ígíí	Tó yił niidookááł.	Tó yił niidookááł.	Tó yił nideidookááł.
	He/She will water it.	They (2) will water it.	They (3+) will water it.

Ha'oodzíí' Dawólta'ígíí

Łah jidilt'éhígo
Doo nahałtinígíí biniinaa dá'ák'ehdi nímasii k'idíílháhígíí tó bił nideeshkááł.
Shizhé'é bidá'ák'ehdi tóshjeeh yázhí bee naadą́ą́' tó bił nidííkááł.
Shicheii 'ólta'di ch'ééh jiyáán k'iidíílháhígíí tó yił niidookááł.
Nizhdilt'éego
'Ayóo nihił hóyée' nidi nihidá'í bidá'ák'ehdi tó bee naat'áhí bee naayízí tó bił nidiikááł.
Nihicheii bíká'ahi'dí'nóołchééł. Dá'ák'ehdi tł'ohchin tó bił nidohkááł.
Shinálí hastiinígíí dóó shizhé'é hooghandi tóshjeeh yázhí yee ta'neesk'ání k'iidíílháhígíí tó yił niidookááł.
Díkwíjílt'éego
Nihicheii bidá'ák'ehdi waa' k'iidíílháhígíí tó bił nidadiikááł.
Nihicheii bidá'ák'ehdi tó bee naadlo'í bee naayízí tó bił nidadohkááł.
Naaltsoos íił'íní dóó táá' naaznilí dóó 'akał bistłee'ii dá'ák'ehdi naa'ółí tó yił nideidookááł.

'Áhát'į 'Ániidíigíí: Tó bił nihéką́. I watered it.		T'áá'íídą́ą́' áhóót'įįdgo Perfective Mode	
	Łah jidilt'éhígo	**Nizhdilt'éego**	**Díkwíjílt'éego**
Yáłti'ígíí	Tó bił nihéką́. I watered it.	Tó bił niheeką́. We (2) watered it.	Tó bił nidaheeką́. We (3+) watered it.
Bich'į' Yá'áti'ígíí	Tó bił níínį́ką́. You watered it.	Tó bił ninooką́. You (2) watered it.	Tó bił nidanooką́. You (3+) watered it.
Baa Yá'áti'ígíí	Tó yił niyiizką́. He/She watered it.	Tó yił niyiizką́. They (2) watered it.	Tó yił nidayiizką́. They (3+) watered it.

Ha'oodzíí' Dawólta'ígíí

Łah jidilt'éhígo
Doo nahałtinígíí biniinaa dá'ák'ehdi nímasii k'idííláhígíí tó bił nihéką́.
Shizhé'é bidá'ák'ehdi tóshjeeh yázhí bee naadą́ą́' tó bił níínį́ką́.
Shicheii 'ólta'di ch'ééh jiyáán k'iidííláhígíí tó yił niyiizką́.
Nizhdilt'éego
'Ayóo nihił hóyée' nidi nihidá'í bidá'ák'ehdi tó bee naat'áhí bee naayízí tó bił niheeką́.
Nihicheii bíká'ahi'nołchą́ą́'. Dá'ák'ehdi tł'ohchin tó bił ninooką́.
Shinálí hastiinígíí hooghandi tóshjeeh yázhí yee ta'neesk'ání k'iidííláhígíí tó yił niyiizką́.
Díkwíjílt'éego
Nihicheii bidá'ák'ehdi waa' k'iidííláhígíí tó bił nidaheeką́.
Nihicheii bidá'ák'ehdi tó bee naadlo'í bee naayízí tó bił nidanooką́.
Naaltsoos ííł'íní dóó táá' naaznilí dóó 'akał bistłee'ii dá'ák'ehdi naa'ółí tó yił nidayiizką́.

'Áhát'į 'Ániidíigíí: honishyói I am useful.		K'ad áhooníiłgo Imperfective Mode	
Only the imperfective mode of *honishyói* will be presented here. There is no way to express *honishyói* in future or perfective terms unless you use *dooleeł* or *nít'ę́ę́'*. If you notice someone is not useful, you can say, "… *doo hayói da*."			
	Łah jidilt'éhígo	**Nizhdilt'éego**	**Díkwíjílt'éego**
Yáłti'ígíí	honishyói I am useful.	honii'yói We (2) are useful.	dahonii'yói We (3+) are useful.
Bich'į' Yá'áti'ígíí	honíyói You are useful.	honohyói You (2) are useful.	dahonohyói You (3+) are useful.
Baa Yá'áti'ígíí	hayói He/She is useful.	hayói They (2) are useful.	dahayói They (3+) are useful.

Ha'oodzíí' Dawólta'ígíí

Łah jidilt'éhígo
Doo shił hóyée' da. Díí yee' ayóo honishyóí!
'Ayóo honíyóí łeh. Shizhé'é yázhí bidá'ák'ehdi nihíká'anilyeed. Náhodíígoł dóó k'i'di'dííléél.
'Ashkiish ayóo naalnish? T'áásh hayóí?
Nizhdilt'éego
Doo nihił hóyée' da. ' Ayóo honii'yóí!
Nihizhé'é bíká'ahi'nołchééh. Nihí 'ayóo honohyóí.
Na'niłkaadii yá'át'éehgo dibé yaa 'áhályą́. 'Ayóo hayóí.
Díkwíjílt'éego
Dahonii'yóí. Shicheii bíká'adiijah. Naadą́ą́' bá k'idadidiilyééł.
'Ei dibé binanit'a'í ba'áłchíní danohłínígíí, 'ayóo dahonohyóí.
'Azee' ííł'íní dóó chidí 'ánéíl'íní dóó ch'iiyáán ííł'íní yá'át'éehgo 'áłchíní yił nidaalnish. 'Ayóo 'ałdó' dahayóí.

'Asdzání bá da'neest'ą́. 'Asdzą́ą́ 'ayóo hayóí lá.
The woman has a successful harvest.

Building Reading Skills

Yá'át'ééh,

Shí 'éí Hénawii yinishyé. Toohdę́ę́' naashá. Shimá bighandi kééhasht'į́. Shizhé'é bidá'ák'eh hólǫ́. Shí dóó shizhé'é dá'ák'ehdi naadą́ą́' dóó ch'ééh jiyáán dóó naayízí dóó ta'neesk'ání k'ideelyá. K'ad éí t'óó tó bił nihiikaah łeh. Ayóo deesdoigo 'áadi neiit'aash łeh.

Shimá 'éí hooghandi ch'iiyáán ííléeh łeh. Shimá ch'iiyáán ayóo łikango 'ánáyiil'įįh. Naayizí yiłbéézh dóó nímasii yiłt'ees łeh. Naayízí dóó nímasii dóó bááh deiidą́ą́ łeh. Ahwééh ałdó' nihá néíłbishgo bił deidlą́ą́ łeh.

Dimóo yázhígo shí dóó shizhé'é dóó shitsilí dá'ák'ehdi nídahwiigod łeh. Łahda (sometimes) nídahwiigodgo nahałtin łeh. Hózhóníyee' łeh nahałtingo. Łahda 'ayóo níyol łeh. Łahda 'éí hózhóní łeh.

Dimóogo 'éí shideezhíké shimá yighandi ch'iiyáán 'ádeiléeh łeh. Ch'iiyáán łikanígíí deiidą́ą́ łeh.

'Adą́ą́dą́ą́' dá'ák'ehdi naadą́ą́' dóó naayízí k'idadeelyáhígíí tó bił nidaheeką́. Yiską́ągo 'éí tł'ohchin dóó ch'ééh jiyáán dóó ta'neesk'ání k'idadeelyáhígíí tó bił nideeshkááł.

Shizhé'é bidá'ák'eh bá baa 'áháshyą́ągo shił yá'át'ééh. Shí 'ayóo honishyóí. Shitsilí 'ałdó' ayóo hayóí. Shizhé'é dóó shimá 'ałdó' ayóo hayóí. Shideezhíké 'ałdó' ayóo dahayóí.

T'áá 'ákódí.

Hágoónee'

Chapter 23 Tó dóó Tó Baa ’Áháyą́ągi
Water and the Care of Water

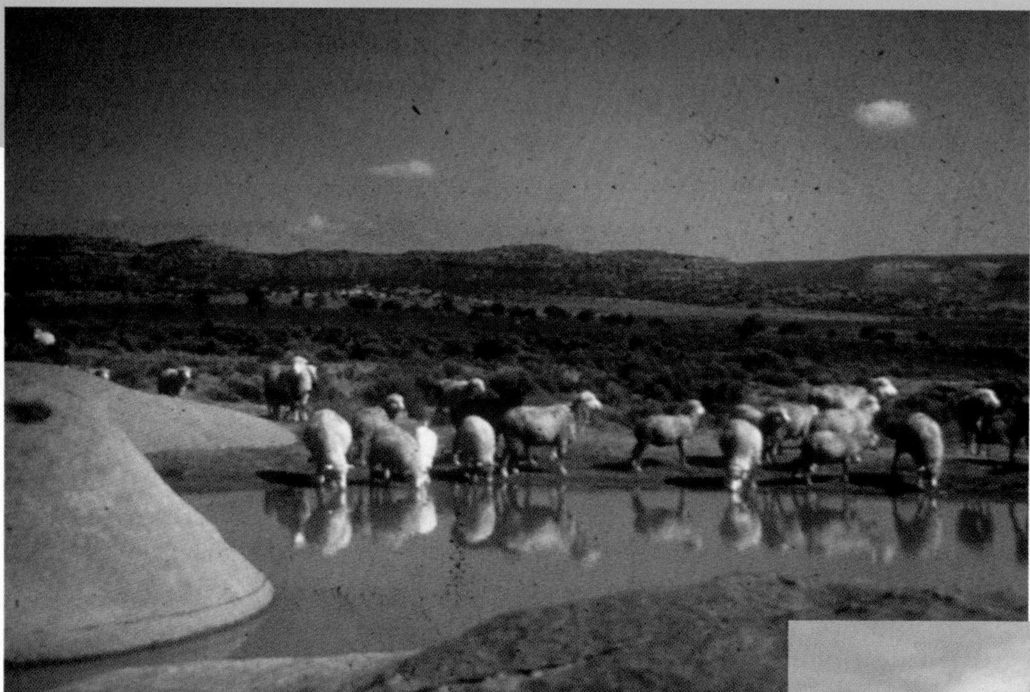

Dibé tó bá hólǫ́. Navajo Gospel Mission photo collection
The sheep have water.

Díí béésh náábalí ’át’é.
This is a windmill.

Water is essential to life. You were suspended in water for nine months before you were born. A Navajo elder once said, “If you look at Navajo words carefully, the words will tell you a lot about our history.” Elders tell us that the language shows there was once an abundance of water throughout Dinétah. To see this, look at the names of the Navajo Chapters listed in Chapter 29. Many of them include water-related place names. Next, look at the clan names in Chapter 7, and you will see how important water is to the Navajo clans.

At birth, an infant is a delight to everyone. If the infant is a female and is born into a water clan, her birth is seen as a blessing, for her birth adds to the water that will be available in the future. Elders remind parents to speak kindly to children whose clans are representative of water. They say, “If you mistreat your child, who represents water, there will be a shortage of water and our people will suffer.”

A Navajo elder tells of a time when his family lived in an area that had been suffering from drought for several years. The grandfather visited his children's homes and identified his grandsons who were of marrying age, and then left with his sons to look for wives for his grandsons. They were selective in their search for young women. They only visited families who belonged to clans that represented water. The grandfather, along with his sons, arranged marriages for the young men. The marriages took place, and when the women bore children, the grandfather's home area began to receive an abundance of rain. The elder believed the young women and the babies they bore brought the rain. Crops grew, sheep fattened because water sources were nearby, and the land turned green for many summers to come.

It is important for you to maintain and preserve Navajo traditions, even if the traditions are ones you believe belong to your grandparents. Remind yourself that your grandparents and your ancestors have survived and thrived on their traditions, making a comfortable and stable life for themselves and succeeding generations.

Saad Tó Bídadéét'i'ígíí
Objects Related to Water

You will still find these objects on the Navajo Reservation. Many of them are relied upon for the survival of the livestock.

be'ak'id	man-made lake/berm
tó yilwodí	water pump
tó hahadleeh	water well
tó háálį	spring
dá'deestł'in	dam
yas bitoo'	collection of melted snow
tó siyį	a lake
béésh náábałí	windmill
tóshjeeh	water barrel

Tó siyį.

The following list includes phrases that you may hear spoken throughout the year in different weather conditions or as you travel.

Tó nilį.

tó dzoołhał	torrent of water
tó nílį	water that is flowing
tó níłts'ą'	trickle of water
tó yilk'ol	water ripples
tó yinah	flow of water
tó siką́	an open container of water
tó nahidilch'ą́ął	water that is dripping
tó ditxą́	water is deep
tó yistin	water that has turned to ice
tó 'áłch'įdí	a little water
tó niteel	ocean

’Áhát’į ’Ániidíígíí: bich’ahoshííshkeed I am scolding him/her/it.	K’ad áhooníiłgo Imperfective Mode

The verb *bich’ahoshishké* means, “I am scolding him/her/or an animate object.” We are including it here because when the elders take on the role of disciplinarian, they scold those who are careless, disrespectful, or wasteful. If elders scold you for forgetting to conserve and respect water, it is because it is their job to leave the earth in a healthy condition for future generations.

Bich’ahoshishké is made up of the general verb *hoshishké*, “I am scolding,” plus the prefix *bich’ah,* which adds the meaning that you are scolding someone in particular. The verb requires a direct object, specifying who or what is being scolded. These rules apply to all the verbs in the three sets of conjugations of ***bich’ahoshishké***, ***bich’ahoshiideeshkeeł***, and ***bich’ahoshííshkeed***. The prefixes *bich’a, nich’a, shich’a, nihich’a,* and *danihich’a* denote who is being scolded.

	Łah jidilt’éhígo	Nizhdilt’éego	Díkwíjílt’éego
Yáłti’ígíí	bich’ahoshishké	bich’ahoshiiké	bich’adahoshiiké
	I am scolding him/her/it.	We (2) are scolding him/her/it.	We (3+) are scolding him/her/it.
Bich’į’ yá’áti’ígíí	bich’ahoshíníké	bich’ahoshooké	bich’adahoshooké
	You are scolding him/her/it.	You (2) are scolding him/her/it.	You (3+) are scolding him/her/it.
Baa yá’áti’ígíí	yich’ahashké	yich’ahashké	yich’adahashké
	He/She is scolding him/her/it.	They (2) are scolding him/her/it.	They (3+) are scolding him/her/it.

Tó dzoołhał.

Ha’oodzíí’ Dawólta’ígíí

Łah jidilt’éhígo
Tł’óo’di ’ashiiké yázhí tó yee nidaanéhígíí bich’ahoshishké.
’Ayóo deesk’aazgo biniinaa ’áłchíní tł’óo’di nidaanéhígíí bich’ahoshíníké.
Na’niłkaadii dibé ła’ yóó ’ayíínil (lost some) éí biniinaa shimá sání na’niłkaadii yich’ahashké.
Nizhdilt’éego
Hooghandi łééchąą’í bich’ahoshiiké. ’Ayóo’adiłhxashgo (he bites) biniinaa bich’ahoshiiké.
Da’ béésh náábałí doo naalnish daígíí biniinaa táá’ naaznilí dóó béésh bąąh dah si’ání bich’ahoshooké?
Shimá dóó shimá sání, “T’áadoo nahoł’iní!” níigo łééchąą’í yich’ahashké.
Díkwíjílt’éego
Níyol dóó deesk’aazgo biniinaa ’áłchíní be’ak’idi tó yii’ nidaanéhígíí bich’adahoshiiké.
’Áłah ná’ádleehdi ch’ikéí dóó tsíłkéí tó doo yaa ’ádahalyáníígíí bich’adahoshooké.
Sáanii ’áłah ná’ádleehdi ’áłchíní nidaalnishígíí ’ayóo bił dahóyée’go biniinaa yich’adahashké.

'Áhát'į 'Ániidíígíí: bich'ahoshiideeshkeeł I will scold him/her/it.		T'ahdoo 'áhánééhgóó Future Mode	
	Łah jidilt'éhígo	**Nizhdilt'éego**	**Díkwíjílt'éego**
Yáłti'ígíí	bich'ahoshiideeshkeeł I will scold him/her/it.	bich'ahoshiidiikeeł We (2) will scold him/her/it.	bich'adahoshiidiikeeł We (3+) will scold him/her/it.
Bich'į' yá'áti'ígíí	bich'ahoshíídíikeeł You will scold him/her/it.	bich'ahoshiidoohkeeł We (2) will scold him/her/it.	bich'adahwishiidoohkeeł We (3+) will scold him/her/it.
Baa yá'áti'ígíí	yich'ahodooshkeeł He/She will scold him/her/it.	yich'ahodooshkeeł We (2) will scold him/her/it.	yich'adahodooshkeeł We (3+) will scold him/her/it.

Ha'oodzíí' Dawólta'ígíí

Łah jidilt'éhígo
'Ashiiké yázhí tó yee nidaanéhígíí bich'ahoshiideeshkeeł.
Yiskąągo, ayóo deesk'aaz ládą́ą́' (if), áłchíní tł'óo'di nidaanéego bich'ahoshíídíikeeł.
Na'niłkaadii dibé ła' yóó 'ayíínilgo biniinaa yiskąągo shimá sání na'niłkaadii yich'ahodooshkeeł.
Nizhdilt'éego
'I'íí'ą́ągo hooghandi łééchąą'í 'ayóo 'adiłhashgo biniinaa bich'ahoshiidiikeeł.
Béésh náábałí doo naalnish daígíí biniinaa 'ałní'ní'ą́ą́ dóó bik'ijį' táá' naaznilí dóó béésh bąąh dah si'ání bich'ahoshiidoohkeeł.
Hiłiijį́į'go shimá dóó shimá sání, "T'áadoo nahoł'iní!' níigo łééchąą'í yich'ahodooshkeeł.
Díkwíjílt'éego
Yiskąągo níyol dóó deesk'aaz ládą́ą́', áłchíní be'ak'idi tó yii' nidaanéhígíí bich'adahoshiidiikeeł.
Náádímóogo 'áłah ná'ádleehdi ch'ikéí dóó tsíłkéí tó doo yaa 'ádahalyáníígíí bich'adahwishiidoohkeeł.
Dimóo yázhígo sáanii 'áłah ná'ádleehdi 'áłchíní nidaalnishígíí 'ayóo bił dahóyée'go yiniinaa yich'adahodooshkeeł.

'Áhát'į 'Ániidíígíí: bich'ahoshííshkeed I scolded him/her/it.		T'áá 'íídą́ą́' áhóót'įįdgo Perfective Mode	
	Łah jidilt'éhígo	**Nizhdilt'éego**	**Díkwíjílt'éego**
Yáłti'ígíí	bich'ahoshííshkeed I scolded him/her/it.	bich'ahoshiikeed We (2) scolded him/her/it.	bich'adahoshiikeed We (3+) scolded him/her/it.
Bich'į' yá'áti'ígíí	bich'ahoshííníkeed You scolded him/her/it.	bich'ahoshoohkeed You (2) scolded him/her/it.	bich'adahoshoohkeed You (3+) scolded him/her/it.
Baa yá'áti'ígíí	yich'ahóóshkeed He/She scolded him/her/it.	yich'ahóóshkeed They (2) scolded him/her/it.	yich'adahóóshkeed They (3+) scolded him/her/it.

Ha'oodzíí' Dawólta'ígíí

Łah jidilt'éhígo
'Ashiiké tó yee nidaanéhígíí bich'ahoshííshkeed.
Deesk'aazgo biniinaa 'áłchíní tł'óo'di nidaanéhígíí bich'ahoshííníkeed.
Na'niłkaadii dibé yóó 'ayíínilígíí yiniinaa shimá sání na'niłkaadii yich'ahóóshkeed.
Nizhdilt'éego
'I'íí'ą́ądą́ą' hooghandi łééchąą'í 'ayóo'adiłhashgo biniinaa bich'ahoshiikeed.
Béésh náábałí doo naalnish daígíí biniinaa táá' naaznilí dóó béésh bąąh dah si'ání bich'ahoshoohkeed.
Jį́įdą́ą' shimá dóó shimá sání, "T'áadoo nahoł'iní!" níigo łééchąą'í yich'ahóóshkeed.
Díkwíjílt'éego
Dimóo dóó táá' yiskánídą́ą' níyol dóó deesk'aazgo biniinaa 'áłchíní be'ak'idi tó yii' nidaanéhígíí bich'adahoshiikeed.
'Adą́ądą́ą' 'áłah ná'ádleehdi ch'ikéí dóó tsíłkéí tó doo yaa 'ádahalyáníígíí bich'adahoshoohkeed.
Haidą́ą' sáanii 'áłah ná'ádleehdi 'áłchíní nidaalnishígíí 'ayóo bił dahóyée'go yiniinaa yich'adahóóshkeed.

Building Reading Skills

Shí dóó shideezhí dóó shitsilí béésh náábałí sizínídi tó bii' nideii'néé nít'ę́ę́'. 'Áadi dibé binanit'a'í nihaa níyá. "T'áadoo tó bee nidaohnéhí!" níigo nihich'ahóóshkeed. "Tó bee nidaohnéego, doo nihee nahałtin da doo," ní. "Nihimá bił hodeeshni! Nihimá nihich'ahodooshkeeł," nihiłní.

Shí dóó bił háíjéé' tsį́įłgo hooghangóó dah diijéé'. Dibé binanit'a'í 'ayóo hashké. Dibé binanit'a'í 'ayóo béédeiildzid (we are afraid of him).

Hooghandi, nihimá nihich'ahóóshkeed. "T'áadoo tó bee nidaohnéhí!" nihiłníigo nihich'ahóóshkeed.

Nihimá 'ałdó' ayóo hashké.

'Áhát'į 'Ániidíígíí: naashbé **I am bathing./I am swimming.**		**K'ad áhooníiłgo** **Imperfective Mode**	
The verb *naashbé* is used for both taking a bath and swimming, because in both instances your body is getting into the water. Ask your parents or elders if they use the verb *naashbé* for bathing, swimming, or both. You may use this verb without a postposition, as in *Shighandi naashbé*. Or, you may add the postposition *bii'/yii'* along with a noun specifying in **what** you are swimming or bathing.			
	Łah jidilt'éhígo	**Nizhdilt'éego**	**Díkwíjílt'éego**
Yáłti'ígíí	naashbé	neiibé	nideiibé
	I am bathing/ swimming.	We (2) are bathing/ swimming.	We (3+) are bathing/ swimming.
Bich'į' yá'áti'ígíí	nanibé	naohbé	nidaohbé
	You are bathing/ swimming.	You (2) are bathing/ swimming.	You (3+) are bathing/ swimming.
Baa yá'áti'ígíí	naabé	naabé	nidaabé
	He/She/It is bathing/ swimming.	They (2) are bathing/ swimming.	They (3+) are bathing/ swimming.

Ha'oodzíí' Dawólta'ígíí

Łah jidilt'éhígo
Béésh náábałí biyaagi tóshjeeh tsoh bii' naashbé.
Be'ak'idiish tó bii' nanibé? Tóósh ayóo sik'az?
Dá'deestł'indi siláołtsoí tó yii' naabé. 'Ayóo naabéé lá.

Díkwíjílt'éego
Tó niteel bii' nideiibé.
Da' tó ditą́ągo siyínígíí bii' nidaohbé?
Bá'ólta'í dóó ch'iiyáán ííł'íní dóó naaltsoos ííł'íní dóó 'ólta' yii' nahashoohí tó niteel yii' nidaabé.

Nizhdilt'éego
Tł'óo'di yas bitoo' bii' neiibé.
Hoozdodi, tó siyínígiísh naohbé?
Na'niłkaadii biye' dóó béésh bąąh dah si'ání biye' be'ak'idi tó siyínígíí yii' naabé.

'Áhát'į ' Ániidíígíí: nideeshbeeł I will bathe./I will swim.		T'ahdoo 'áhánééhgóó Future Mode	
	Łah jidilt'éhígo	Nizhdilt'éego	Díkwíjílt'éego
Yáłti'ígíí	nideeshbeeł I will bathe/swim.	nidiibeeł We (2) will bathe/swim.	nidadiibeeł We (3+) will bathe/swim.
Bich'į' yá'áti'ígíí	nidíibeeł You will bathe/swim.	nidoohbeeł You (2) will bathe/swim.	nidadoohbeeł You (3+) will bathe/swim.
Baa yá'áti'ígíí	nidoobeeł He/She/It will bathe/swim.	nidoobeeł They (2) will bathe/swim.	nidadoobeeł They (3+) will bathe/swim.

Ha'oodzíí' Dawólta'ígíí

Łah jidilt'éhígo
Béésh náábałí biyaagi tóshjeeh tsoh bii' nideeshbeeł.
Be'ak'idiish tó bii' nidíibeeł?
Dá'deestł'indi siláołtsoí tó yii' nidoobeeł. Ayóo daats'í naabé.

Nizhdilt'éego
Tł'óo'di yas bitoo' bii' nidiibeeł.
Hoozdodi, tó siyínígiísh nidoohbeeł?
Na'niłkaadii biye' dóó béésh bąąh dah si'ání biye' be'ak'idi tó siyínígíí yii' nidoobeeł.

Díkwíjílt'éego
Tó niteel bii' nidadiibeeł.
Da' tó ditą́ągo siyínígíí bii' nidadoohbeeł?
Bá'ólta'í dóó ch'iiyáán ííł'íní dóó naaltsoos ííł'íní dóó 'ólta' yii' nahashoohí tó niteel yii' nidadoobeeł.

’Áhát’į ’Áníidíígíí: nisébįį’ I bathed/I swam.		T’áá’íídąą’ áhóót’įįdgo Perfective Mode	
	Łah jidilt’éhígo	**Nizhdilt’éego**	**Díkwíjílt’éego**
Yáłti’ígíí	nisébįį’	nisiibįį’	nidasiibįį’
	I bathed/ swam.	We (2) bathed/ swam.	We (3+) bathed/swam.
Bich’į’ yá’áti’ígíí	nisíníbįį’	nisoobįį’	nidasoobįį’
	You bathed/ swam.	You (2) bathed/ swam.	You (3+) bathed/swam.
Baa yá’áti’ígíí	naazbįį’	naazbįį’	nidaazbįį’
	He/She/It bathed/swam.	They (2) bathed/swam.	They (3+) bathed/swam.

Ha’oodzíí’ Dawólta’ígíí

Łah jidilt’éhígo
Béésh náábałí biyaagi tóshjeeh tsoh bii’ nisébįį’.
Be’ak’idiísh tó bii’ nisíníbįį’?
Dá’deestł’indi siláołtsoí tó yii’ naazbįį’. Ayóo naabéé lá.

Díkwíjílt’éego
Tó niteel bii’ nidasiibįį’.
Da’ tó ditąągo siyínígíí bii’ nidasoobįį’?
Bá’ólta’í dóó ch’iiyáán ííł’íní dóó naaltsoos ííł’íní dóó ’ólta’ yii’ nahashoohí tó niteel yii’ nidaazbįį’.

Nizhdilt’éego
Tł’óo’di yas bitoo’ bii’ nisiibįį’.
Hoozdodi, tó siyínígiísh nisoobįį’?
Na’niłkaadii biye’ dóó béésh bąąh dah si’ání biye’ be’ak’idi tó siyínígíí yii’ naazbįį’.

’Áhát’į ’Áníidíígíí: tá’ádísgis I am taking a shower.		K’ad ’áhooníiłgo Imperfective Mode	
The second person verbs could be making a statement or may be a request.			
	Łah jidilt’éhígo	**Nizhdilt’éego**	**Díkwíjílt’éego**
Yáłti’ígíí	tá’ádísgis	tá’ádiigis	tá’ádadiigis
	I am taking a shower.	We (2) are taking a shower.	We (3+) are taking a shower.
Bich’į’ yá’áti’ígíí	tá’ádígis	tá’ádóhgis	tá’ádadoohgis
	You are taking a shower. Take a shower.	You (2) are taking a shower./Take a shower.	You (3+) are taking a shower./ Take a shower.
Baa yá’áti’ígíí	tá’ádígis	tá’ádígis	tá’ádadigis
	He/She is taking a shower.	They (2) are taking a shower.	They (3+) are taking a shower.

Ha'oodzíí' Dawólta'ígíí

Łah jidilt'éhígo
Shimá bighandi tá'ádísgis. Tó neezílígo bii' tá'ádísgis.
Tsxįįłgo tá'ádígis! Kingóó deekai.
'Ashkii bizhé'é yighandi tá'ádígis. Táláwosh (soap) daats'í ła' bee hólǫ́.

Nizhdilt'éego
'Ayóo deesdoigo biniinaa shí dóó shitsilí tá'ádiigis.
Tsxįįłgo tá'ádóhgis! Álchíní bee nagéhí hodíina'go yílyeed.
Na'niłkaadi dóó biye' béésh náábałí yiyaagi tá'ádígis.

Díkwíjílt'éego
Deesk'aaz nidi tá'ádadiigis. Tsxįįłgo didíłjeeh áko honeezílí dooleeł.
Na'ní'á Hótsaagóó deekai. Tá'ádadoohgis! Chxin (dirt) ádąąh nidaoł'eeł (you 3+ rinse it off).
Chidí 'ánéíl'íní dóó 'ashiiké chidí yinidaashnishgo biniinaa k'ad éí tá'ádadigis.

'Áhát'į 'Ániidígíí: tá'ádideesgis I will take a shower.		T'ahdoo 'áhánééhgóó Future Mode	
	Łah jidilt'éhígo	**Nizhdilt'éego**	**Díkwíjílt'éego**
Yáłti'ígíí	tá'ádideesgis I will take a shower.	tá'ádidiigis We (2) will take a shower.	tá'ádadidiigis We (3+) will take a shower.
Bich'į' yá'áti'ígíí	tá'ádidíígis You will take a shower.	tá'ádidoohgis You (2) will take a shower.	tá'ádadidoohgis You (3+) will take a shower.
Baa yá'áti'ígíí	tá'ádidoogis He/She will take a shower.	tá'ádidoogis They (2) will take a shower.	tá'ádadidoogis They (3+) will take a shower.

Ha'oodzíí' Dawólta'ígíí

Łah jidilt'éhígo
Shimá bighandi tá'ádideesgis. Tó neezílígo bii' tá'ádideesgis.
Tsxįįłgo tá'ádidíígis! Kingóó deekai.
'Ashkii bizhé'é yighandi tá'ádidoogis. Táláwosh daats'í ła' bee hólǫ́.

Nizhdilt'éego
'Ayóo deesdoigo biniinaa shí dóó shitsilí tá'ádidiigis.
Tsxįįłgo tá'ádidoohgis! Álchíní bee nagéhí 'aadę́ę́' yilwoł.
Na'niłkaadi dóó biye' béésh náábałí yiyaagi tá'ádidoogis.

Díkwíjílt'éego
Deesk'aaz nidi tá'ádadidiigis. Tsxįįłgo dididííłjah áko honeezílí dooleeł.
Yiskąągo Na'ní'á Hótsaagóó deekai. Tá'ádadidoohgis! Chxin ádąąh nidadooł'oł.
Chidí 'ánéíl'íní dóó 'ashiiké chidí 'ałtsoh yinidaashnishgo tá'ádadidoogis.

'Áhát'į 'Ániidígíí: tá'ádésgiz I took a shower.		T'áá'íídą́ą́' áhóót'įįdgo Perfective Mode	
	Łah jidilt'éhígo	**Nizhdilt'éego**	**Díkwíjílt'éego**
Yáłti'ígíí	tá'ádésgiz	tá'ádeegiz	tá'ádadeegiz
	I took a shower.	We (2) took a shower.	We (3+) took a shower.
Bich'į' yá'áti'ígíí	tá'ádínígiz	tá'ádoogiz	tá'ádadoogiz
	You took a shower.	You (2) took a shower.	You (3+) took a shower.
Baa yá'áti'ígíí	tá'ádeesgiz	tá'ádeesgiz	tá'ádadeesgiz
	He/She took a shower.	They (2) took a shower.	They (3+) took a shower.

Ha'oodzíí' Dawólta'ígíí

Łah jidilt'éhígo
Shimá bighandi tá'ádésgiz. Tó neezílígo bii' tá'ádésgiz.
Kingóó deekaiígíí biniinaa tsxį́įłgo tá'ádínígiz! Txį', tóshjeeh ła' nidahidiilnih.
'Ashkii bizhé'é yighandi tá'ádeesgiz. Táláwosh (soap) daats'í ła' hólǫ́ǫgo yee tá'ádeesgiz.

Nizhdilt'éego
Shí dóó shitsilí tá'ádeegiz. Tł'óo'di 'ayóo deesdoigo biniinaa tá'ádeegiz.
Tsxį́įłgoósh tá'ádoogiz? Áłchíní bee nagéhé 'aadę́ę́' yilwoł.
Na'niłkaadi dóó biye' béésh náábałí yiyaagi tá'ádeesgiz.

Díkwíjílt'éego
Deesk'aaz nidi tá'ádadeegiz. Tsxį́įłgo didadoołjée'go bee honeezílí hazlį́į'.
Na'ní'á Hótsaagóó deekaigo biniinaa tá'ádadoogiz. Chxin ádąąh daoł'éél.
Chidí 'ánéíl'íní dóó 'ashiiké chidí 'ałtsoh yinidaashnishgo tá'ádadeesgiz.

'Áhát'į 'Ániidíígíí: na'ashkǫ́ǫ' I am swimming.		K'ad áhooníiłgo Imperfective Mode	
The verb *na'ashkǫ́ǫ* is used in reference to swimming only. Many sentences below contain the postpostion *bii'* along with a noun specifying what water you are swimming in; or *bee* along with a noun specifying what you are wearing in order to swim. Take note of when *bii'* is used and when *bee* is used in the sentences below. There are times when a postposition is not utilized.			
	Łah jidilt'éhígo	**Nizhdilt'éego**	**Díkwíjílt'éego**
Yáłti'ígíí	na'ashkǫ́ǫ'	na'iilkǫ́ǫ'	nida'iilkǫ́ǫ'
	I am swimming.	We (2) are swimming.	We (3+) are swimming.
Bich'į' yá'áti'ígíí	na'íłkǫ́ǫ'	na'ołkǫ́ǫ'	nida'ołkǫ́ǫ'
	You are swimming.	You (2) are swimming.	You (3+) are swimming.
Baa yá'áti'ígíí	na'ałkǫ́ǫ'	na'ałkǫ́ǫ'	nida'ałkǫ́ǫ'
	He/She/It is swimming.	They (2) are swimming.	They (3+) are swimming.

Ha'oodzíí' Dawólta'ígíí

Łah jidilt'éhígo
Shimá bighan bíighahgi tó siyínígíí bii' na'ashkǫ́ǫ́'.
Nizhónígo na'íłkǫ́ǫ́'. Háadishą' bíhwiiniłʼą́ą́'?
Łéécháą'í na'ałkǫ́ǫ́'.

Díkwíjílt'éego
Dá'deestł'indi tó siyínígíí bii' nida'iilkǫ́ǫ́'.
Nihicheii bighangi shą' ha'át'íí bii' nida'ołkǫ́ǫ' łeh?
Báda'ólta'í tó niteel yii' nida'ałkǫ́ǫ́'.

Nizhdilt'éego
Béésh náábałí 'íí'áagi tó siyínígíí bii' na'iilkǫ́ǫ́'.
'Ayóo deesdoiígíísh biniinaa nihi'éé' bee na'ołkǫ́ǫ́'?
'Áłchíní Be'eldííldahsinildi 'ólta'gi tó bá siyínígíí yii' na'ałkǫ́ǫ́'.

'Áhát'į 'Ániidíígíí: ni'deeshkǫ́ǫ́ł I will swim.		T'ahdoo 'áhánééhgóó Future Mode	
	Łah jidilt'éhígo	**Nizhdilt'éego**	**Díkwíjílt'éego**
Yáłti'ígíí	ni'deeshkǫ́ǫ́ł	ni'diilkǫ́ǫ́ł	nida'diilkǫ́ǫ́ł
	I will swim.	We (2) will swim.	We (3+) will swim.
Bich'į' yá'áti'ígíí	ni'dííłkǫ́ǫ́ł	ni'doołkǫ́ǫ́ł	nida'doołkǫ́ǫ́ł
	You will swim.	You (2) will swim.	You (3+) will swim.
Baa yá'áti'ígíí	ni'doołkǫ́ǫ́ł	ni'doołkǫ́ǫ́ł	nida'doołkǫ́ǫ́ł
	He/She/It will swim.	They (2) will swim.	They (3+) will swim.

Ha'oodzíí' Dawólta'ígíí

Łah jidilt'éhígo:
Shimá bighan bíighahgi tó siyínígíí bii' ni'deeshkǫ́ǫ́ł.
Nizhónígo shį́į́ ni'dííłkóół.
Note: Saying, "May you have a nice swim," is inappropriate in Navajo because you do not have the power to grant someone "a nice swim." Therefore, the term *shį́į́*, "possibly," is used, in which the sentence translates as, "May you possibly have a nice swim."
Łéécháą'í ni'doołkǫ́ǫ́ł.

Díkwíjílt'éego
Dá'deestł'indi tó siyínígíí bii' nida'diilkǫ́ǫ́ł.
Nihicheii bighangi shą' ha'át'íí bii' nida'doołkǫ́ǫ́ł?
Báda'ólta'í tó niteel nizhónígo yii' nida'doołkǫ́ǫ́ł.

Nizhdilt'éego
Béésh náábałí 'íí'áagi tó siyínígíí bii' ni'diilkǫ́ǫ́ł.
'Ayóo deesdoiígíísh biniinaa t'óó nihi'éé' bee ni'doołkǫ́ǫ́ł?
'Áłchíní Be'eldííldahsinildi 'ólta'gi tó bá siyínígíí yii' ni'doołkǫ́ǫ́ł.

'Áhát'į 'Ániidíígíí: ni'sélkǫ́ǫ́' I swam.		T''áá'íídą́ą́' áhóót'įįdgo Perfective Mode	
	Łah jidilt'éhígo	Nizhdilt'éego	Díkwíjílt'éego
Yáłti'ígíí	ni'sélkǫ́ǫ́' I swam.	ni'siilkǫ́ǫ́' We (2) swam.	nida'siilkǫ́ǫ́' We (3+) swam.
Bich'į' yá'áti'ígíí	ni'síníłkǫ́ǫ́' You swam.	ni'sooɫkǫ́ǫ́' You (2) swam.	nida'sooɫkǫ́ǫ́' You (3+) swam.
Baa yá'áti'ígíí	na'askǫ́ǫ́' He/She/It swam.	na'askǫ́ǫ́' They (2) swam.	nida'askǫ́ǫ́' They (3+) swam.

Ha'oodzíí' Dawólta'ígíí'

Łah jidilt'éhígo
Shimá bighan bíighahgi tó siyínígíí bii' ni'sélkǫ́ǫ́'.
Nizhónígo ni'síníłkǫ́ǫ́'. Háadishą' bíhwiinił'ą́ą́'?
Łééchąą'í na'askǫ́ǫ́'.

Díkwíjílt'éego
Dá'deestł'indi tó siyínígíí bii' nida'siilkǫ́ǫ́'.
Nihicheii bighangi shą' ha'át'íí bii' nida'sooɫkǫ́ǫ́'?
Báda'ólta'í tó niteel yii' nida'askǫ́ǫ́'.

Nizhdilt'éego
Béésh náábałí 'íí'áagi tó siyínígíí bii' ni'siilkǫ́ǫ́'.
'Ayóo deesdoiígíísh biniinaa t'óó nihi'éé' bee ni'sooɫkǫ́ǫ́'?
'Áłchíní Be'eldííldahsinildi 'ólta'gi tó bá siyínígíí yii' na'askǫ́ǫ́'.

'Áhát'į 'Ániidíígíí: tó haasgéés I am turning the water on.		K'ad áhooníiłgo Imperfective Mode	
The stem of the verbs found in the conjugation of *haasgéés* (imperfective mode), *hadeesgis* (future mode), and *háigiz* (perfective mode) refer to the twisting motion you would make to "turn" on something. If you are turning a knob to turn something on or off, then you could use these verbs as well. In this case, we are referring to turning a knob to turn the water on. The second person verbs may be used as a command or to make a statement.			
	Łah jidilt'éhígo	Nizhdilt'éego	Díkwíjílt'éego
Yáłti'ígíí	tó haasgéés I am turning the water on.	tó haigéés We (2) are turning the water on.	tó hadeiigéés We (3+) are turning the water on.
Bich'į' yá'áti'ígíí	tó hanigéés You are turning the water on./Turn the water on.	tó haohgéés You (2) are turning the water on./Turn the water on.	tó hadaohgéés You (3+) are turning the water on./Turn the water on.
Baa yá'áti'ígíí	tó haigéés He/She is turning the water on.	tó haigéés They (2) are turning the water on.	tó hadeigéés They (3+) are turning the water on.

Ha'oodzíí' Dawólta'ígíí

Łah jidilt'éhígo
Shimá tó bá haasgéés.
Dibé da'doodlą́ął (they 3+ will drink) biniiyé tó hanigéés.
Shizhé'é yázhí biłį́į' tó yá haigéés.

Nizhdilt'éego
Nihideezhí 'atoo' yidoołbish biniiyé tó bá haigéés.
Nihimá sání bidibé tó bá haohgéés.
'Ashiiké bicheii yíká 'ahi'nilchééh (helping him), tó yá haigéés.

Díkwíjílt'éego
Nihizhé'é bibéégashii tó bá hadeiigéés.
Ha'át'íishą' biniiyé tó hadaohgéés?
Na'niłkaadii dóó táá' naaznilí dóó dibé binanit'a'í ch'ééh tó hadeigéés.

'Áhát'į 'Ániidíígíí: tó hadeesgis I will turn the water on.		T'ahdoo 'áhánééhgóó Future Mode	
	Łah jidilt'éhígo	**Nizhdilt'éego**	**Díkwíjílt'éego**
Yáłti'ígíí	tó hadeesgis I will turn the water on.	tó hadiigis We (2) will turn the water on.	tó hadadiigis We (3+) will turn the water on.
Bich'į' yá'áti'ígíí	tó hadíígis You will turn the water on.	tó hadoohgis You (2) will turn the water on.	tó hadadoohgis You (3+) will turn the water on.
Baa yá'áti'ígíí	tó haidoogis He/She will turn the water on.	tó haidoogis They (2) will turn the water on.	tó hadeidoogis They (3+) will turn the water on.

Ha'oodzíí' Dawólta'ígíí

Łah jidilt'éhígo
Shimá tó bá hadeesgis.
Dibé da'doodlą́ął biniiyé tó hadíígis.
Shizhé'é yázhí biłį́į' tó yá haidoogis.

Nizhdilt'éego
Nihideezhí 'atoo' yidoołbish biniiyé tó bá hadiigis.
Nihimá sání bidibé tó bá hadoohgis.
'Ashiiké bicheii yíká'ahi'dí'nóołchééł, tó yá haidoogis.

Díkwíjílt'éego
Nihizhé'é bibéégashii tó bá hadadiigis.
Ha'át'íishą' biniiyé tó hadadoohgis?
Na'niłkaadii dóó táá' naaznilí dóó dibé binanit'a'í tó hadeidoogis.

'Áhát'į 'Ániidíígíí: tó háígiz I turned the water on.		T'áá'íídą́ą́' áhóót'įįdgo Perfective Mode	
	Łah jidilt'éhígo	**Nizhdilt'éego**	**Díkwíjílt'éego**
Yáłti'ígíí	tó háígiz I turned the water on.	tó haigiz We (2) turned the water on.	tó hadasiigiz We (3+) turned the water on.
Bich'į' yá'áti'ígíí	tó háínígiz You turned the water on.	tó haogiz You (2) turned the water on.	tó hadasoogiz You (3+) turned the water on.
Baa yá'áti'ígíí	tó hayíígiz He/She turned the water on.	tó hayíígiz They (2) turned the water on.	tó hadeizgiz They (3+) turned the water on.

Ha'oodzíí' Dawólta'ígíí

Łah jidilt'éhígo
Shimá tó bá háígiz.
Dibé da'doodlį́į́ł biniiyé tó háínígiz.
Shizhé'é yázhí bilį́į́' tó yá hayíígiz.

Nizhdilt'éego
Nihideezhí 'atoo' yidoołbish biniiyé tó bá haigiz.
Nihimá sání bidibé tó bá haogiz.
'Ashiiké bicheii yíká 'ahi'noolchą́ą́', tó yá hayíígiz.

Díkwíjílt'éego
Nihizhé'é bibéégashii tó bá hadasiigiz.
Ha'át'íishą' biniiyé tó hadasoogiz?
Na'niłkaadii dóó táá' naaznilí dóó dibé binanit'a'í tó hadeizgiz.

'Áhát'į 'Ániidíígíí: tó 'anásgéés I am turning the water off.		K'ad áhooníiłgo Imperfective Mode	
Once you turn the water on, it is important to know how to say, "turn it off." Here are the imperfective, future, and perfective verb conjugations for turning the water off. The second person verbs may be used as a command or to make a statement.			
	Łah jidilt'éhígo	**Nizhdilt'éego**	**Díkwíjílt'éego**
Yáłti'ígíí	tó 'anásgéés I am turning the water off.	tó 'anéiigéés We (2) are turning the water off.	tó 'anídeiigéés We (3+) are turning the water off.
Bich'į' yá'áti'ígíí	tó 'anánígéés You are turning the water off./Turn the water off.	tó 'anáóhgéés You (2) are turning the water off./Turn the water off.	tó 'anídaohgéés You (3+) are turning the water off./ Turn the water off.
Baa yá'áti'ígíí	tó 'anéígéés He/She is turning the water off.	tó 'anéígéés They (2) are turning the water off.	tó 'anídeigéés They (3+) are turning the water off.

Ha'oodzíí' Dawólta'ígíí

Łah jidilt'éhígo
Shizhé'é tó bá 'anásgéés.
Kingóó deekai. Tó 'anánígéés.
Béésh náábałí 'íí'áagi dibé binanit'a'í tó 'anéígéés.

Díkwíjílt'éego
Ch'il látah hózhóón tó bił nidasiiką́. K'ad tó 'anídeiigéés.
Dibé 'ałtsoh da'oodlą́ą́'. Tó 'anídaohgéés.
Hastóí bichidí táádeizgiz. K'ad éí tó 'anídeigéés.

Nizhdilt'éego
Shí dóó shideezhí tó 'anéiigéés. Tóshjeeh hadéébį́įd (it is full).
Tó 'anáóhgéés! T'áadoo tó bee naohnéhí!
Sáanii 'ásaa' bii' abézhí tó yii' haidéélbį́įd. K'ad éí tó 'anéígéés.

'Áhát'į́ 'Ániidíígíí: tó 'anídeesgis **I will turn the water off.**	**T'ahdoo 'áhánééhgóó** **Future Mode**		
	Łah jidilt'éhígo	**Nizhdilt'éego**	**Díkwíjílt'éego**
Yáłti'ígíí	tó 'anídeesgis	tó 'anídiigis	tó 'anídadiigis
	I will turn the water off.	We (2) will turn the water off.	We (3+) will turn the water off.
Bich'į' yá'áti'ígíí	tó 'anídíigis	tó 'anídoohgis	tó 'anídadoohgis
	You will turn the water off.	You (2) will turn the water off.	You (3+) will turn the water off.
Baa yá'áti'ígíí	tó 'anéidoogis	tó 'anéidoogis	tó 'anídeidoogis
	He/She will turn the water off.	They (2) will turn the water off.	They (3+) will turn the water off.

Ha'oodzíí' Dawólta'ígíí

Łah jidilt'éhígo
Shizhé'é tó bá 'anídeesgis.
Kingóó deekaigo tó 'anídíigis.
Béésh náábałí 'íí'áagi dibé binanit'a'í tó 'anéidoogis.

Díkwíjílt'éego
Ch'il látah hózhóón tó bił nidasiiką́. K'ad tó 'anídadiigis.
Dibé 'ałtsoh da'oodlą́ą́'go tó 'anídadoohgis.
Hastóí bichidí táádeizgizgo tó 'anídeidoogis.

Nizhdilt'éego
Tóshjeeh hadéébį́įdgo shí dóó shideezhí tó 'anídiigis.
Tó 'anídoohgis! T'áadoo tó bee naohnéhí dooleeł!
Sáanii 'ásaa' bii' abézhí tó yii' haidéélbį́įdgo tó 'anéidoogis.

'Áhát'į 'Ániidíígíí: tó 'anéígiz I turned the water off.		T'áá'íídą́ą́' áhóót'įįdgo Perfective Mode	
	Łah jidilt'éhígo	**Nizhdilt'éego**	**Díkwíjílt'éego**
Yáłti'ígíí	tó 'anéígiz I turned the water off.	tó 'anéiigiz We (2) turned the water off.	tó 'anídasiigiz We (3+) turned the water off.
Bich'į' yá'áti'ígíí	tó 'anéínígiz You turned the water off.	tó 'anáohgiz You (2) turned the water off.	tó 'anídasoogiz You (3+) turned the water off.
Baa yá'áti'ígíí	tó 'anáyíígiz He/She turned the water off.	tó 'anáyíígiz They (2) turned the water off.	tó 'anídeizgiz They (3+) turned the water off.

Ha'oodzíí' Dawólta'ígíí

Łah jidilt'éhígo
Shizhé'é tó bá 'anéígiz.
Kingóó deekaigo tó 'anéínígiz.
Béésh náábałí 'íí'áagi dibé binanit'a'í tó 'anáyíígiz.

Nizhdilt'éego
Tóshjeeh hadéébįįdgo shí dóó shideezhí tó 'anéiigiz.
Jó nizhóní. Tó 'anáohgiz! Tó doo bee naohnée da lá.
Sáanii 'ásaa' bii' abézhí tó yii' haidéébįįdgo tó 'anáyíígiz.

Díkwíjílt'éego
Ch'il látah hózhóón tó bił nidasiiką́ągo tó 'anídasiigiz.
Dibé 'ałtsoh da'oodlą́ą'goósh tó 'anídasoogiz?
Hastóí bichidí táádeizgizgo tó 'anídeizgiz.

'Atiin bąąhgóó tó nílį́.
Water is flowing on the side of the road.

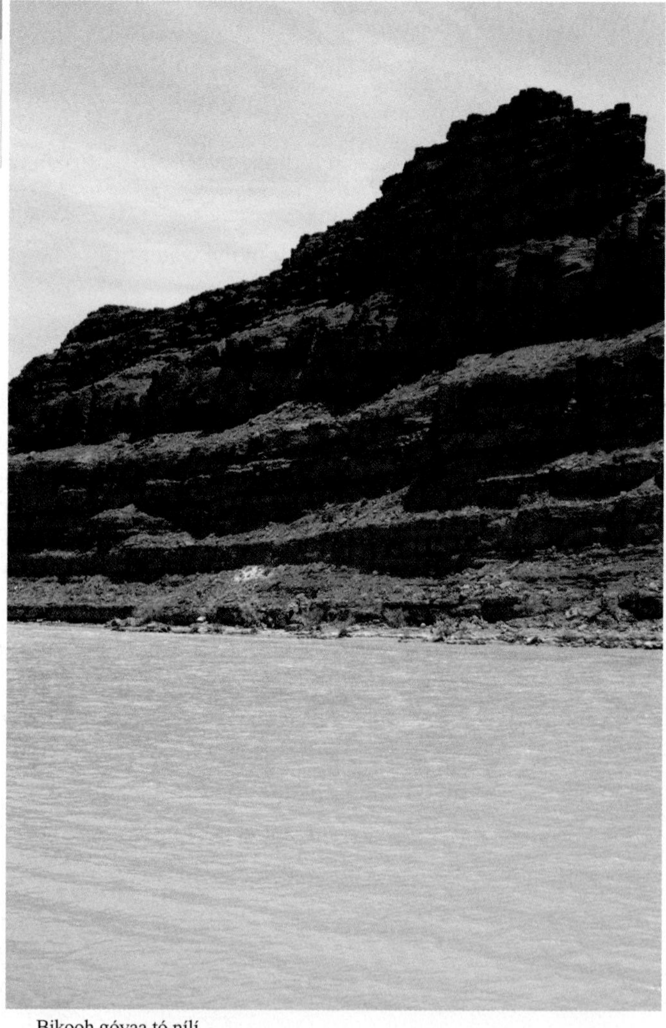
Bikooh góyaa tó nílį́.
Water is flowing in the canyon.

Chapter 24 Diné Bilį́į́'
Navajo Livestock

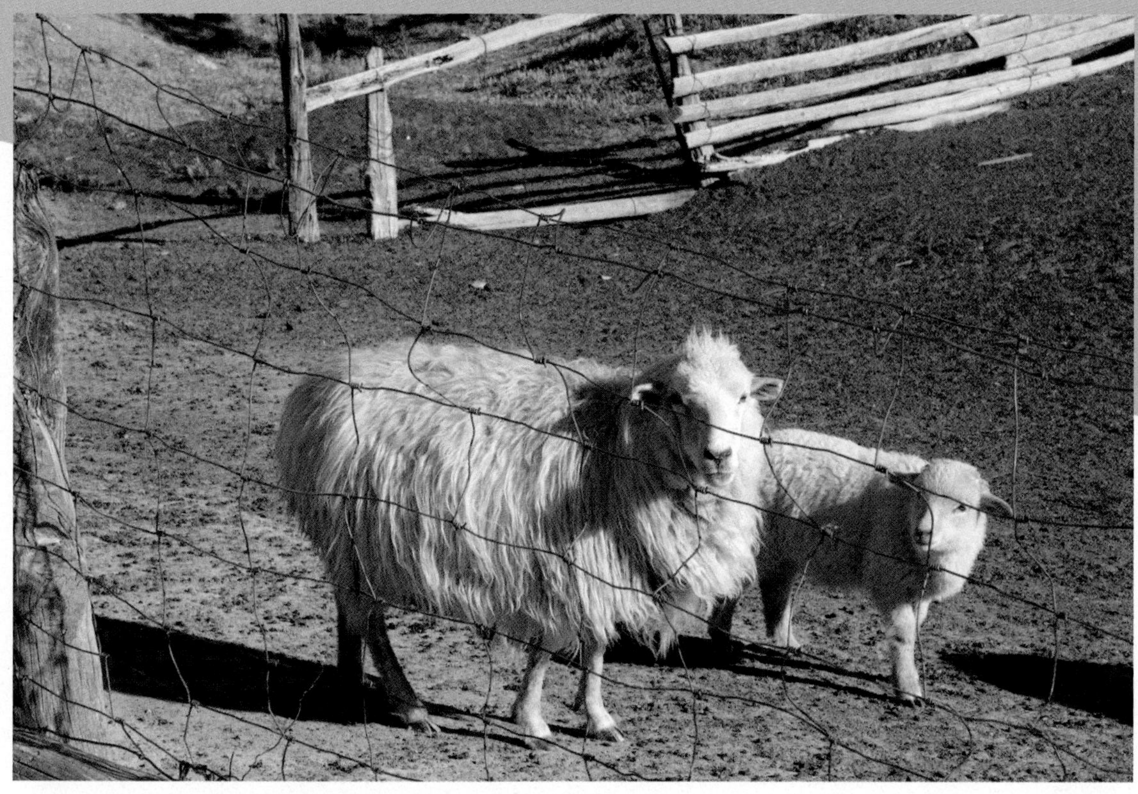

Dibé dóó tł'ízí dibé bighan yii' sizį́.

Diné náás daazlį́'ígíí 'éí 'ádaanii łeh, Naabeehó jílį́igo doo "livestock" ha'níi da, háálá nihilį́į́ t'áá hak'éí danilį́ nahalingo nihaa 'ádahalyą́. Navajo elders advise that the word *naaldlooshii* (livestock) should not be used because our sheep, goats, horses, and cows take care of us just as a relative would. *Ayóo nihaa dajooba'.* They are very kind to us. *T'áá nihitah dahólǫ́ǫgo hahoolzhiizh dóó kǫ́ǫ hoolzhish.* They have been among us from the beginning and continue to be among us. *Nihilį́į́ 'éí nihik'ídahałtxa'.* Our sheep, goats, horses, and cows provide for us.

Diné daniidlínígíí 'ach'ą́h nídeiidleehgo dibé nínádeiil'ah dóó nída'iilghał,' éí bee nihitah yá'ánáádahoot'éehgo haanízahjį' shį́į́ nináhálzhish. Those of us who are Navajo, we butcher a sheep and eat mutton whenever we get hungry for it, after which we feel better. *Diné daniidlínígíí dibé bighaa' binahjį' danihi'éé' dahólǫ́ǫgo nahashzhiizh.* In times past, the sheep's wool provided clothing for our Navajo ancestors. *Áłtsé 'éí dibé tázhdígish áádóó 'aghaa'ígíí 'éí hadazhnitchaad, éí náábíkéédóó 'éí dajidiz.* Currently, we use sheep's wool for other purposes. First the sheep is sheared, then the wool is carded, and after that the wool is spun. *Aghaa'ígíí 'ał'ąą 'ádaat'éego dajiłchííh dóó 'índa dah yistł'ǫ́h dóó diyogí bee 'ánáádaalne'.* The wool is dyed various colors, and then a loom is set up and rugs are woven. *Dibé baa 'áhojilyą́ągo t'áá shǫǫ bee 'ak'íhojiłtxa' łeh.* We provide for ourselves by taking care of sheep. *Doo 'éí biya hóyée'go baa nitsáhákees da, háálá dibé binahjį' nihitah yá'ádahoot'ééh.* We should not feel that the sheep are a burden because the sheep keep us healthy. *Ayóo nihaa 'ádahalyą́ągo 'át'é.* They really take good care of us. *'Ákót'éego dibé nihaa jooba'.* In this way, the sheep are kind to us.

For traditional Navajos with herds, goats provide nutritious milk. We dip our blue corn crepes in the milk and drink the milk on cold mornings before going out to herd our sheep and goats. Women and children are the caretakers of sheep and goats.

Łį́į' 'éí danihikee' dóó danihijáád yaa dajooba'go hoolzhish. Horses are our feet and legs. In this way, they are kind to us. Horses have been a companion for us and have carried us to destinations that would have been impossible had we traveled on foot.

The cows give us the means to purchase large expensive items. Men are the caretakers of horses and cows.

The importance of the ownership of livestock is illustrated in the sacred Navajo wedding. Although a wedding is currently referred to as *a'niiłts'ee'* ("They are going to eat blue corn mush"), *bá'iigeh* (referring to the woman getting married), *'iiyeh* (referring to the man getting married), or *iigeh* (a wedding), the event used to be called *alį́į' neelkaad. Neelkaad* means "herding" and *'alį́į* means "horses, sheep, cows, and/or goats."

Traditionally, when a marriage is arranged, the bride's family asks for a dowry. At a time when there was a shortage of money or silversmiths to make jewelry, the groom's parents selected livestock to be given as dowry. Hence, the term for the wedding was *Alį́į' neelkaad.* Currently, because money and silversmiths to make jewelry are more readily available, the dowry may include money, jewelry, and horses. Hence, the term for the wedding evolved into *Łį́į' neelkaad.*

Look at the list below to see how the items included in a dowry have changed.

On the day of the wedding, the groom's family is expected to arrive at the bride's home (the site of the wedding) on horseback, with the groom riding the lead horse and his family following behind.

Term for Wedding	Alį́į' neelkaad
Meaning	"the herding of livestock"
Dowry Given	horse(s), sheep, goat(s), and cow(s)

Term for Wedding	Łį́į' neelkaad
Meaning	"the herding of the horse(s)"
Dowry Given	horses, money, and jewelry

Livestock Reduction

The Navajo people's resilience was put to the test in the 1930s when the federal government called for the reduction of Navajo livestock. The U.S. Government claimed that livestock reduction was necessary because the land could not support all of the Navajo people's livestock. However, it was the government's policies that had caused the land to begin eroding. First, the land was neglected when the people were imprisoned at Fort Sumner. Hoover Dam, which was completed in 1936, was built to divert water to white settlers and provide electricity for faraway cities. When silt began to build up behind the dam, the electric companies, officials of large cities, and the townspeople pressured the U.S. Government to force Navajos to limit grazing because they believed the silt was coming from the Navajo Reservation. However, it is very unlikely that all the silt could have come from the Navajo Reservation. At the same time, the New Mexico Wool Grower's Association met serious competition from the Navajo wool trade program. The wool produced on the Navajo Reservation was superior to other wool and brought in over a million dollars per year, so the Wool Growers Association joined forces with the power companies to lobby for the destruction of the Navajos' sheep. The power companies and the Wool Grower's Association won, because the Navajo women did not have a voice.[1]

An all too familiar scene during the "livestock reduction" years.

1 Iverson, P. (1981) *The Navajo Nation.* Westport, CT: Greenwood Press.

When the policy of livestock reduction was put into effect, hundreds of Navajo families were forced to watch while their sheep, goats, cows, and horses were slaughtered. Then, the people had to live with the stench of hundreds of rotting carcasses just outside their front door, since the officials sent to destroy the livestock had no plan for discarding the thousands of dead animals.

Livestock reduction came at a time when the government was pushing hard to place American Indian children in boarding schools. Navajo women were being stripped of their role in life: without their sheep or their children, women had just a few sheep and goats to care for and no one to teach. The men were stripped of their responsibility, that of providing for their children and caring for their horses and cows.

As you travel across the Navajo Reservation, remind yourself of the hardships our Navajo ancestors and elders have endured. Remind yourself also of the strength, perserverance, and tenacity of the Navajo people and Navajo elders as they try to hold on to their traditions and culture. They do it for *your* sake, so you will know what it means to be Navajo.

Łį́į́' a'aał.
A horse eating his oats.

Dibé tóógóó yijah.
The sheep are running to the watering place.

Saad 'Ániidíígíí: Naaldlooshii

łį́į́'	horse	shilį́į́'	my horse	nilį́į́'	your horse
bilį́į́'	his/her horse	nihilį́į́'	your (2+)/our horse		
dibé	sheep	shidibé	my sheep	nidibé	your sheep
bidibé	his/her sheep	nihidibé	your (2+)/our sheep		
béégashii	cow	shibéégashii	my cow	nibéégashii	your cow
bibéégashii	his/her cow	nihibéégashii	your (2+)/our cow		
tł'ízí	goat	shitł'ízí	my goat	nitł'ízí	your goat
bitł'ízí	his/her goat	nihitł'ízí	your (2+)/our goat		

Ha'oodzį́į' Dawólta'ígíí

Shí 'éí dibé náhást'édiin dóó bi'ąą tseebíigo shee hólǫ́.
Da' nibéégashiiísh hólǫ́?
Nilį́į' danizhóníyee'.
Dibéésh t'óó'ahayóí nee hólǫ́?
Tł'izí naadiingo shee hólǫ́.
Shimá sání dibé dóó tł'ízí díkwíishį́į bee hólǫ́.
Shilį́į' bee na'nishkaad łeh.

Ha'oodzíí' Dawólta'ígíí

The following sentences illustrate the ways people might interact with the animals they own.

Łį́į' shił yildlosh.	I am riding the horse.
Dibé bikéé' naashá.	I am following the sheep.
Béégashii hanishtá.	I am looking for the cow(s).
Tł'ízí yázhí bił naashné.	I am playing with the kid goat.

Naaldlooshii hooghan yii' naaldeehgo bá haz'ánígíí (non-traditional households)

gídí/mósí	kitten/cat
łééchąą'í yázhí or łééchąą yázhí/łééchąą'í	puppy/dog
dibé yázhí/dibé	lamb/sheep
tł'ízí yázhí/ tł'ízí	kid/goat

Naaldlooshii hooghan yinaagóó nidaakaiígíí

dibé yázhí	lamb
tł'ízí yázhí	kid (goat)
dibé	sheep (rams are not allowed near a home; they are kept in a corral)
tł'ízí	goat (billy goats are not allowed near a home; they are kept in a corral)
béégashii	cow
łį́į'	horse

Ha'oodzíí' Dawólta'ígíí

Dibé yázhí bikéé' yishwoł.
Tł'ízí shił naalgeed.
Gídí bił naashné.
Łééchąą'í bił na'nishkaad.

'Áhát'į 'Ániidíígíí: yishhéél I am hauling it.		K'ad áhooníílgo Imperfective Mode	
This verb requires a direct object. Also, you will usually have an enclitic showing **where** you are hauling and possibly a postposition specifying **whom** you are hauling for.			
	Łah jidilt'éhígo	**Nizhdilt'éego**	**Díkwíjílt'éego**
Yáłti'ígíí	yishhééł I am hauling it.	yiigééł We (2) are hauling it.	dayíníigeeh/deíníigeeh We (3+) are hauling it.
Bich'į' yá'áti'ígíí	yíyééł You are hauling it.	wohhééł You (2) are hauling it.	dayínóhheeh/deínóhheeh You (3+) are hauling it.
Baa yá'áti'ígíí	yooyééł He/She/It is hauling it.	yooyééł They (2) are hauling it.	dayíyeeh/deíyeeh They (3+) are hauling it.

Ha'oodzíí' Dawólta'ígíí

Łah jidilt'éhígo	**Nizhdilt'éego**
Shimá sání bighangóó béégashii yishhééł.	Tł'óo'di deesk'aaz nidi dibé kingóó yiigééł.
Ninálí 'asdzánígíísh Na'nízhoozhígóó dibé bá yíyééł?	Naalyéhí bá hooghangóósh nihimá tł'ízí bá wohhééł?
Dinééh Ayání Bito'góó béégashii nahidoonih yiniiyé yooyééł.	Na'niłkaadii dóó shiyáázh Na'ní'á Hótsaagóó dibé naaki ts'áadahgo yooyééł.

Díkwíjílt'éego
Ni'dizhołgo dóó bił ních'ihgo nihimá sání łį́į́'bá deíníigeeh.
Níchxíil nidi nihibízhí biłį́į́' bá deínóhheeh, ya'?
Táá' naaznilí dóó dibé binanit'a'í dóó 'azee' íił'íní Na'ní'á Hasánígóó łį́į́' naakigo deíyeeh.

'Áhát'į 'Ániidíígíí: deeshhééł I will haul it.		T'ahdoo 'áhánééhgóó Future Mode	
	Łah jidilt'éhígo	**Nizhdilt'éego**	**Díkwíjílt'éego**
Yáłti'ígíí	deeshhééł I will haul it.	diigééł We (2) will haul it.	dadiigééł We (3+) will haul it.
Bich'į' yá'áti'ígíí	díiyééł You will haul it.	doohhééł You (2) will haul it.	dadoohhééł You (3+) will haul it.
Baa yá'áti'ígíí	yidooyééł He/She/It will haul it.	yidooyééł They (2) will haul it.	deídooyééł They (3+) will haul it.

Ha'oodzíí' Dawólta'ígíí

Łah jidilt'éhígo	Nizhdilt'éego
Shimá sání bighangóó béégashii deeshhééł.	'Ayóo deesk'aaz nidi dibé kingóó diigééł.
Ninálí 'asdzáníígíí Na'nízhoozhígóó dibé bá dííyééł, ya'?	Naalyéhí bá hooghangóósh nihimá tł'ízí bá doohhééł?
Dinééh Ayání Bito'góó béégashii nahidoonih yiniiyé yidooyééł.	Na'niłkaadii dóó shiyáázh Na'ní'á Hótsaagóó dibé naaki ts'áadahgo yidooyééł.

Díkwíjílt'éego
Ni'dizhoł nidi nihimá sání łį́į́' kingóó bá dadiigééł.
Níchxíil nidi nihibízhí bilį́į́' bá dadohhééł.
Táá' naaznilí dóó dibé binanit'a'í dóó 'azee' ííł'íní Na'ní'á Hasánígóó łį́į́' naakigo deídooyééł.

'Áhát'į 'Ániidíígíí: niséyį I hauled it.		**T'áá'íídą́ą́' áhóót'įįdgo Perfective Mode**	
	Łah jidilt'éhígo	**Nizhdilt'éego**	**Díkwíjílt'éego**
Yáłti'ígíí	niséyį I hauled it.	nisiigį We (2) hauled it.	nidasiigį We (3+) hauled it.
Bich'į' yá'áti'ígíí	nisíníyį You hauled it.	nisooyį You (2) hauled it.	nidasooyį You (3+) hauled it.
Baa yá'áti'ígíí	neizyį He/She/It hauled it.	neizyį They (2) hauled it.	nideizyį They (3+) hauled it.

Ha'oodzíí' Dawólta'ígíí

Łah jidilt'éhígo	Nizhdilt'éego
Shimá sání bighangóó béégashii yáázh niséyį.	'Ayóo deesk'aaz nidi dibé kingóó nisiigį.
Ninálí 'asdzáníígíí Na'nízhoozhígóó dibé bá nisíníyį, ya'?	Naalyéhí bá hooghangóósh nihimá tł'ízí bá nisooyį?
Dinééh Ayání Bito'góó béégashii nahidoonih yiniiyé neizyį.	Na'niłkaadii dóó shiyáázh Na'ní'á Hótsaagóó dibé yázhí naaki ts'áadahgo neizyį.

Díkwíjílt'éego
Ni'dizhołgo nihimá sání łį́į́' kingóó bá nidasiigį.
Níchxíil nidi nihibízhí bilį́į́' bá nidasooyį.
Táá' naaznilí dóó dibé binanit'a'í dóó 'azee' ííł'íní Na'ní'á Hasánígóó łį́į́' naakigo nideizyį.

Saad Ániidíígíí: Naaldlooshii

łé'í yázhí	pony
gah yáázh	baby rabbit
béégashii yáázh	calf
łééchaa'í biyázhí	puppies
télii	donkey
dzaanééz	mule
ma'ii	coyote
'ayázhí	a young animal
biyázhí	its young

'Áhát'į 'Ániidíígíí: hanishtá **I am searching for him, her, it.**		**K'ad áhooníiłgo** **Imperfective Mode**	
This verb requires a direct object. You must specify **what** you are searching for. *Hanishtá* is an important verb to introduce in this chapter, as animals occasionally wander off. Navajo people have a great concern for their livestock and they will go to great lengths to search for a lost animal. This set of verbs is not limited to searching for animals.			
	Łah jidilt'éhígo	**Nizhdilt'éego**	**Díkwíjílt'éego**
Yáłti'ígíí	hanishtá	haniitá	hadaniitá
	I am searching for it.	We (2) are searching for it.	We (3+) are searching for it.
Bich'į' yá'áti'ígíí	hanítá	hanohtá	hadanohtá
	You are searching for it.	You (2) are searching for it.	You (3+) are searching for it.
Baa yá'áti'ígíí	hainitá	hainitá	hadeinitá
	He/She/It is searching for it.	They (2) are searching for it.	They (3+) are searching for it.

Ha'oodzíí' Dawólta'ígíí

Łah jidilt'éhígo
Shimá sání dibé naakigo yóó 'ayíínilígíí bá hanishtá.
Ninálí hastiinígíí bibéégashii kįįh doogéłígíí bá hanítá.
Ashkii tł'óo'di bigídí yázhí hainitá.

Díkwíjílt'éego
Dibé dóó tł'ízí hadaniitá. Nihíká'adoohjah.
Gah yáázh shą' háadi naaghá? Shá hadanohtá.
Táá' naaznilí ba'áłchíní mósí dóó biyázhí hadeinitá.

Nizhdilt'éego
Tł'óo'di 'ayóo deesk'aazgo biniinaa shí dóó shimá łééchąą'í biyázhí haniitá.
Nihicheii bibéégashii hanohtá. Béégashii naalyéhí bá hooghangóó doohhééł.
Naakai Bich'ahdi na'nilkaadii dóó dibé binanit'a'í łįį' dóó béégashii hainitá.

'Áhát'į 'Ániidííg: hadínéeshtaał I will search for him/her/it.		T'ahdoo 'áhánééhgóó Future Mode	
	Łah jidilt'éhígo	**Nizhdilt'éego**	**Díkwíjílt'éego**
Yáłti'ígíí	hadínéeshtaał	hadíníitaał	hadadíníitaał
	I will search for it.	We (2) will search for it.	We (3+) will search for it.
Bich'į' yá'áti'ígíí	hadíníítaał	hadínóohtaał	hadadínóohtaał
	You will search for it.	You (2) will search for it.	You (3+) will search for it.
Baa yá'áti'ígíí	haidínóotaał	haidínóotaał	hadeidínóotaał
	He/She/It will search for it.	They (2) will search for it.	They (3+) will search for it.

Ha'oodzíí' Dawólta'ígíí

Łah jidilt'éhígo
Shimá sání dibé yázhí naakigo yóó 'ayíínilígíí bá hadínéeshtaał.
Ninálí hastiinígíí bibéégashii kįįh doogéłígíí bá hadíníítaał.
'Ashkii tł'óo'di bigídí yázhí haidínóotaał.

Díkwíjílt'éego
Nihíká 'adoohjah. Dibé dóó tł'ízí hadadíníitaał.
Gah yáázh shą' háadi naaghá? Shá hadadínóohtaał.
Táá' naaznilí ba'ałchíní mósí dóó biyázhí hadeidínóotaał.

Nizhdilt'éego
Tł'óo'di 'ayóo deesk'aazgo biniinaa łééchąą'í biyázhí hadíníitaał. Txį'.
Nihicheii bibéégashii hadínóohtaał. Bik'í noo'áazhgo (when you find them) béégashii naalyéhí bá hooghangóó doohhééł.
Naakai Bich'ahdi na'nilkaadii dóó dibé binanit'a'í łįį' dóó béégashii haidínóotaał.

'Áhát'į 'Ániidííg: hanétą́ą' I searched for him/her/it.		T'áá'íídą́ą' 'áhóót'įįdgo Perfective Mode	
	Łah jidilt'éhígo	**Nizhdilt'éego**	**Díkwíjílt'éego**
Yáłti'ígíí	hanétą́ą'	haneetą́ą'	hadaneetą́ą'
	I searched for it.	We (2) searched for it.	We (3+) searched for it.
Bich'į' yá'áti'ígíí	hanínítą́ą'	hanootą́ą'	hadanootą́ą'
	You searched for it.	You (2) searched for it.	You (3+) searched for it.
Baa yá'áti'ígíí	haineeztą́ą'	haineeztą́ą'	hadeineeztą́ą'
	He/She/It searched for it.	They (2) searched for it.	They (3+) searched for it.

Ha'oodzíí' Dawólta'ígíí

Łah jidilt'éhígo
Shimá sání dibé yázhí naakigo yóó 'ayíínilígíí bá hanétą́ą́'. Níléí tóshjeeh tsoh si'ánídi bik'íníyá (I found them).
Ninálí hastiinígíí béégashii kįįh doogéłígíí bá hanínítą́ą́'. Háadishą' naakai lá?
'Ashkii tł'óo'di bigídí yázhí haineeztą́ą́.

Díkwíjílt'éego
Dibé dóó tł'ízí hadaneetą́ą́'. Nihíká' oojée'go bik'ídaneetą́ą́'.
Gah yáázhísh shá hadanootą́ą́'?
Táá' naaznilí ba'áłchíní mósí dóó biyázhí hadeineeztą́ą́'. Kin bii' áłah ná'ádleehígíí yine'jí shijéé' lá, jiní.

Nizhdilt'éego
Tł'óo'di 'ayóo deesk'aazgo biniinaa shí dóó shimá łééchąą'í biyázhí haneetą́ą́'. Tł'óo'di naakai lá.
Nihicheii bibéégashiísh hanootą́ą́'.
Naakai Bich'ahdi na'niłkaadii dóó dibé binanit'a'í łį́į́' dóó béégashii haineeztą́ą́'. Łį́į́' dóó béégashii béésh náábałí yinaagóó naakai lá.

Baa nishjooł dóó Ba'nishjooł

You may have noticed that *ba'nishjooł* is nearly the same as the handling verb *baa nishjooł.* The only difference is that *baa nishjooł* uses the postposition *baa* to express the individual/animal who is being given something, and *ba'nishjooł* expresses this with the prefix *ba'.*

Baa	nishjooł.
to him/her/it	I am giving him/her the tangled/matted object.
Ba'	nishjooł.
to the animal	I am giving it hay.

'Áhát'į 'Ániidíígíí: ba'nishjooł I am giving it hay.	**K'ad áhooníiłgo Imperfective Mode**		
This verb is used to talk about feeding animals. It includes the handling stem *jooł*, indicating that "matted or tangled matter," such as hay or leaves, is being given as food for an animal. You do not have to specify exactly what is being given. However, you will need to specify what animals you are feeding, unless that is clear from the context. The second person verbs may be spoken as a request or as a statement.			
	Łah jidilt'éhígo	**Nizhdilt'éego**	**Díkwíjílt'éego**
Yáłti'ígíí	ba'nishjooł	ba'niiljooł	bada'niiljooł
	I am giving the animal(s) hay.	We (2) are giving the animal(s) hay.	We (3+) are giving the animal(s) hay.
Bich'į' yá'áti'ígíí	ba'níłjooł	ba'noołjooł	bada'noołjooł
	You are giving the animal(s) hay./Feed the animals.	You (2) are giving the animal(s) hay./Feed the animals.	You (3+) are giving the animal(s) hay./Feed the animals.
Baa yá'áti'ígíí	ya'íłjooł	ya'íłjooł	yada'íłjooł
	He/She is giving the animal(s) hay.	They (2) are giving the animal(s) hay.	They (3+) are giving the animal(s) hay.

Ha'oodzíí' Dawólta'ígíí

Łah jidilt'éhígo
Béégashii yáázh dóó łį́į́' ba'nishjooł.
Łé'í yázhí łį́į́' bighan yii' sizínígíí ba'níłjooł.
'Ashkii doo bił hóyéé'góó shiłį́į́' ya'íłjooł.

Díkwíjílt'éego
Dibé bighandi tł'ízí yázhí bada'niiljooł.
Béégashii ná'ázt'i' yii' naakaiígíí tsxį́įłgo bada'noołjooł.
Naat'áanii dóó 'akał bistłee'ii dóó chidí 'ánéíl'íní dabibéégashii yada'íłjooł.

Nizhdilt'éego
Nihitsilí bibéégashii yáázh bá ba'niiljooł. Tł'oh álch'į́įdígo (a little) baa niiljool.
Łį́į́' ch'ééh deeyá (is tired). 'Ásaa' bee tó baa nohkaah dóó ba'noołjooł.
Na'niłkaadii dóó biye' Dá'ák'eh Halánídi biłį́į́' ya'íłjooł.

'Áhát'į 'Ániidíígíí: ba'deeshjoł I will give the animal hay.		T'ahdoo 'áhánééhgóó Future Mode	
	Łah jidilt'éhígo	**Nizhdilt'éego**	**Díkwíjílt'éego**
Yáłti'ígíí	ba'deeshjoł I will give the animal(s) hay.	ba'diiljoł We (2) will give the animal(s) hay.	bada'diiljoł We (3+) will give the animal(s) hay.
Bich'į' yá'áti'ígíí	ba'dííłjoł You will give the animal(s) hay.	ba'doołjoł You (2) will give the animal(s) hay	bada'doołjoł You (3+) will give the animal(s) hay.
Baa yá'áti'ígíí	ya'doołjoł He/She will give the animal(s) hay.	ya'doołjoł They (2) will give the animal(s) hay	yada'doołjoł They (3+) will give the animal(s) hay.

Ha'oodzíí' Dawólta'ígíí

Łah jidilt'éhígo
Shimá sání bighandi béégashii yáázh dóó łį́į́' ba'deeshjoł.
Łé'í yázhí łį́į́' bighan yii' sizínígíí ba'dííłjoł.
'Ashkii doo bił hóyéé'ígíí shiłį́į́' ya'doołjoł.

Díkwíjílt'éego
Dibé bighandi tł'ízí yázhí bada'diiljoł.
Béégashii ná'ázt'i' yii' naakaiígíí tsxį́įłgo bada'doołjoł.
Naat'áanii dóó 'akał bistłee'ii dóó chidí 'ánéíl'íní dabibéégashii yada'doołjoł.

Nizhdilt'éego
Nihitsilí bibéégashii yáázh bá ba'diiljoł. Tł'oh álch'į́įdígo baa diiljoł.
Łį́į́' ch'ééh deeyá. 'Ásaa' bee tó baa dohkááł dóó ba'doołjoł.
Na'niłkaadii dóó biye' Dá'ák'eh Halánídi biłį́į́' ya'doołjoł.

'Áhát'į 'Ániidíígíí: ba'níłjool I gave the animal hay.		T'áá'íídą́ą́' áhóót'įįdgo Perfective Mode	
	Łah jidilt'éhígo	**Nizhdilt'éego**	**Díkwíjílt'éego**
Yáłti'ígíí	ba'níłjool I gave the animal(s) hay.	ba'niiljool We (2) gave the animal(s) hay.	bada'niiljool We (3+) gave the animal(s) hay.
Bich'į' yá'áti'ígíí	ba'íínílłjool You gave the animal(s) hay.	ba'noołjool You (2) gave the animal(s) hay.	bada'noołjool You (3+) gave the animal(s) hay.
Baa yá'áti'ígíí	ya'níłjool He/She gave the animal(s) hay.	ya'níłjool They (2) gave the animal(s) hay.	yada'ashjool They (3+) gave the animal(s) hay.

Ha'oodzíí' Dawólta'ígíí

Łah jidilt'éhígo
Shimá sání bighandi béégashii yáázh dóó łį́į́' ba'níłjool.
Łé'í yázhí łį́į́' bighan yii' sizínígíísh ba'íínílłjool?
'Ashkii doo bił hóyéé'góó shilį́į́' ya'níłjool.

Nizhdilt'éego
Nihitsilí bibéégashii yáázh ba'niiljool. Tł'oh áłch'į́įdígo baa niiljool.
Łį́į́' ch'ééh deeyáhígíí 'ásaa' bee tó baa nookáą́ dóó ba'noołjool.
Na'niłkaadii dóó biye' Dá'ák'eh Halánídi bilį́į́' ya'níłjool.

Díkwíjílt'éego
Dibé bighandi tł'ízí yázhí bada'niiljool.
Béégashii ná'ázt'i' yii' naakaiígíí bada'noołjool.
Naat'áanii dóó 'akał bistłee'ii dóó chidí 'ánéíl'íní dabibéégashii yada'ashjool.

Nizhdilt'éego 'Ałch'į' Yájíłti'go: A Conversation

Análí 'ashkii	'Análí hastiinígíí
Yá'át'ééh, Shinálí	
	'Aoo' yá'át'ééh, Shinálí. Háadishą' nighan?
T'áá kǫ́ǫ́ shighan.	
	Nilį́į́'ish hólǫ́?
'Aoo', shilį́į́ hólǫ́. Nishą' Shinálí, nilį́į́ t'óó'ahayóí ne' T'ah nidiish t'áá 'ákót'é?	
	Nidaga', łį́į́' dóó béégashii t'áá díkwiíhígo shee hólǫ́ k'ad.

Háadishą' naakai?	
	Łį́į' éí hooghan yinaagóó naakai łeh. Béégashii 'éí nílééí cháshk'ehdi t'éí 'íiyisíí naakai łeh.
T'áásh ni baa 'áhólyą́ą łeh?	
	'Aoo', t'áá shí baa 'áháshyą́ągo shił yá'át'ééh. Ninálí 'éí dibé dóó tł'ízí t'éí neiniłkaad.
Jó nizhóní, shinálí.	
	Nishą', nilį́į́'ísh hólǫ́?
Nidaga'. Naashnishígíí biniinaa shilį́į́' ádin. Łééchąą'í dóó gídí yázhí t'éí shilį́į́'. Béégashii dóó łį́į́' dóó dibé dóó tł'ízí shee 'ádin. 'Éí shį́į́ biniinaa 'ayóo 'achą́h (hungry for mutton) náshdleeh.	
	Yáadilá 'óolyé. Halį́į́' hólǫ́ǫgo yee' ál'į́. 'Éí bee hatah yá'áhoot'éeh łeh.
Shitsílíké t'éí bilį́į́' dahólǫ́. Nidaalnish nidi bilį́į́' dahólǫ́.	
	Háíshą' bá yaa 'ádahalyą́ą łeh?
Shizhé'é shitsilíké bilį́į́' dóó bibéégashii yá yaa 'áhályą́. Łį́į́' bighandi yaa ná'áljoł. 'Adą́ądą́ą́' łį́į́' dóó béégashii tó yá niiníyį́. Nizhónígo yá yaa 'áhályą́.	
	Dibé kǫ́ǫ́ naakaiígíí shą' hái bidibé?
'Ei shimá bidibé. Díįjį́ t'óó bá baa 'áháshyą́.	
	Na'níłkaadísh?
Nidaga', łééchąą'í shá na'niłkaad.	
	Nizhónígoósh na'niłkaad?
'Aoo', ayóo na'niłkaad.	
	Nigídí shą' haa wolyé?
Shigídí yázhí Gídímííyą́ǫ wolyé.	
	Da' nigídí Gídimííyą́ǫ wolyé?
'Aoo' shigídí Gídímííyą́ǫ wolyé.	
	Bízhi' tóó baa dlohasin.
Shigídí 'ayóo 'ałhosh.	
	Nigídíshą' ha'át'íí yee chǫǫ'į́ (what is its use)? Na'niłkaad daats'í łeh?
Nidaga', shigídí t'áadoo yee choo'íní da. 'Ayóo bił hóyéé'. Shílééchąą'í t'éiyá doo bił dahóyée' da.	
	Shídó', łahda ninálí bá shilééchąą'í bił na'nishkaad łeh.
Shilééchąą'í Wílii wolyéé dóó 'ayóo na'niłkaad.	
	Shí 'éí shilééchąą'í Pábii, Pábii, Pábii wolyé.
Jó nizhóní. Nilééchąą'í bízhi' nizhóní.	
	Jó nidó', nilééchąą'í bízhi' nizhóní.

Hágoónee' shinálí, ahéhee' sháíníyá.	
	'Aoo', hágoónee', shinálí. Nimá dóó nizhé'é shá yá'át'ééh bididíiniił (say to them).
Hágoshį́į́. Nidó', shinálí shá yá'át'ééh bididíiniił.	
	Bił hodeeshnih. Ninálí yaa bił hózhǫ́ǫ dooleeł. Hágoónee', shinálí.
'Aoo', hágoónee', shinálí.	

'Áhát'į 'Ániidíígíí: yíníshłeeh I am roping it.		**K'ad áhooníiłgo Imperfective Mode**	
	Łah jidilt'éhígo	**Nizhdilt'éego**	**Díkwíjílt'éego**
Yáłti'ígíí	yíníshłeeh	yíníidleeh	dayíníidleeh
	I am roping it.	We (2) are roping it.	We (3+) are roping it.
Bich'į' yá'áti'ígíí	yíníleeh	yínóhłeeh	dayínóhłeeh
	You are roping it.	You (2) are roping it.	You (3+) are roping it.
Baa yá'áti'ígíí	yóleeh	yóleeh	dayóleeh
	He/She is roping it.	They (2) are roping it.	They (3+) are roping it.

Ha'oodzíí' Dawólta'ígíí

Łah jidilt'éhígo
Shizhé'é łé'í yázhí bá yíníshłeeh.
Ha'át'íishą' biniinaa télii yíníleeh?
'Ashkii nihináál łį́į́' yóleeh.

Nizhdilt'éego
Tł'óół bee dibé yíníidleeh.
'Ei łį́į́' danizhóníígíísh yínóhłeeh.
Dibé binanit'a'í dóó 'akał bistłee'ii dzaanééz yóleeh.

Díkwíjílt'éego
Béégashii naakigo ch'ééh dayíníidleeh.
Łį́į́' ashdla'go dóó béégashii táa'goósh dayínóhłeeh?
Dibé bighandi 'ashiiké tł'ízí díkwíishį́į́ dayóleeh.

'Áhát'į 'Ániidíígíí: deeshłoh I will rope it.		**T'ahdoo 'áhánééhgóó Future Mode**	
	Łah jidilt'éhígo	**Nizhdilt'éego**	**Díkwíjílt'éego**
Yáłti'ígíí	deeshłoh	diidloh	dadiidloh
	I will rope it.	We (2) will rope it.	We (3+) will rope it.
Bich'į' yá'áti'ígíí	dííloh	doohłoh	dadoohłoh
	You will rope it.	You (2) will rope it.	You (3+) will rope it.
Baa yá'áti'ígíí	yidooloh	yidooloh	deidooloh
	He/She will rope it.	They (2) will rope it.	They (3+) will rope it.

Ha'oodzíí' Dawólta'ígíí

Łah jidilt'éhígo
Yiskáągo shizhé'é łé'í yázhí bá deeshłoh.
Yaa 'a'deez'áągo télii shá díiloh!
Hodíináá'ígo 'ashkii nihináál łį́į́' yidooloh.

Díkwíjílt'éego
'Ałní'ní'áą dóó bik'iji' béégashii dadiidloh.
Yiskáągo 'abínígo łį́į́' ashdla'go dóó béégashii táa'go shá dadoohłoh.
Dííjį dibé bighandi 'ashiiké tł'ízí díkwíigoshį́į deidooloh.

Nizhdilt'éego
Náádímóogo dibé diidloh.
Nínáádeezidgo łį́į́' nizhóníígíí doohłoh.
Dimóo yázhígo dibé binanit'a'í dóó 'akał bistłee'ii dzaanééz yidooloh.

'Áhát'į 'Ániidíígíí: séloh I roped it.		T'áá'íídą́ą' áhóót'įįdgo Perfective Mode	
	Łah jidilt'éhígo	Nizhdilt'éego	Díkwíjílt'éego
Yáłti'ígíí	séloh	siidloh	dasiidloh
	I roped it.	We (2) roped it.	We (3+) roped it.
Bich'į' yá'áti'ígíí	síníloh	sooloh	dasooloh
	You roped it.	You (2) roped it.	You (3+) roped it
Baa yá'áti'ígíí	yizloh	yizloh	deizloh
	He/She roped it.	They (2) roped it.	They (3+) roped it

Ha'oodzíí' Dawólta'ígíí

Łah jidilt'éhígo
'Abínídą́ą' shizhé'é łé'í yázhí bá séloh.
'Adą́ądą́ą'ísh télii síníloh!
Yaa 'a'deez'ánéedą́ą' ashkii nihináál łį́į́' yizloh.

Díkwíjílt'éego
Dimóo yę́ędą́ą' béégashii dasiidloh.
Haidą́ą' łį́į́' ashdla'go dóó béégashii táa'go shá dasooloh.
'I'íí'ą́ądą́ą' dibé bighandi 'ashiiké tł'ízí neeznáago deizloh.

Nizhdilt'éego
'Ałní'ní'ą́ądóó bik'iji' dibé siidloh.
'Ániid ei łį́į́' nizhóníígíí sooloh.
Hiłiijį́įdą́ą' dibé binanit'a'í dóó 'akał bistłee'ii dzaanééz yizloh.

'Ałk'idą́ą' Naabeehó bidibé t'óó'adahayóí nít'ę́ę́'.
A time when the Navajos had large herds of sheep.

Navajos have suffered from the reduction in the number of their sheep.

Łį́į́’ ałchozh.

CHAPTER 25

Náhidizíid Ádawolyéhígíí dóó Baa Dahane'

Names of the Months and Their Story

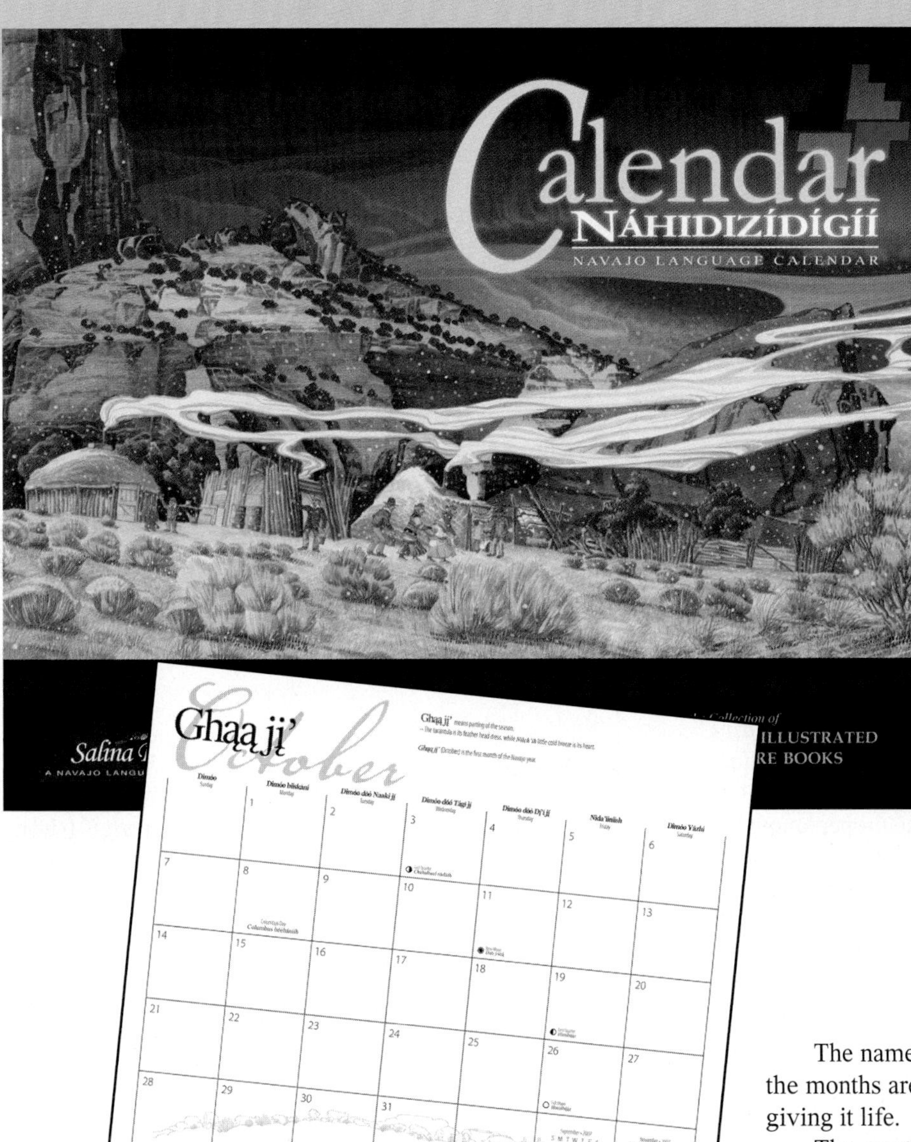

The names of the Navajo months reflect the belief that the months are alive. Each month has a heart and a feather, giving it life.

The poetic name of each month gives the Navajo people an idea of what *dá'ák'eh bina'anishígíí* (work regarding the cornfield), *baa ninádа'aldahígíí* (activities), and *tł'óo'di 'ádahoot'éhígíí* (environmental conditions) will take place within the month. In this chapter we will identify the heart and feather of each month, and will explain the characteristic obligations and conditions of the month. For various reasons, many of these activities are no longer practiced; however, the information is included here so you may learn about the activities of a traditional family. The information is based on the work of Lena Yazzie, a member of the Hardrock community*.

*First appeared in the *Journal of Navajo Education*, editorial page authored by Evangeline Parsons Yazzie. Vol. XIV. 1 & 2. Tsaile. AZ.

In the Navajo year, there are thirteen months and the new year begins with the month of *Ghąąjį'*, or October. Only the twelve months that you are familiar with will be presented here.

Ghąąjį' (October) — *Top (beginning) of the Year*

Níłch'ih (air or breeze) is the heart of the month of Ghąąjį'. The month of Ghąąjį' does not have a feather that represents it; instead, it has a headdress, which is made up of the *Na'ashjé'ii tsoh* (tarantula).

DÁ'ÁK'EH BINA'ANISHÍGÍÍ: Within this month, the *dá'ák'eh* has completed its work of producing *naadą́ą́'*, *naayízí*, and *ta'neesk'ání* for the family. However, the men's work in the *dá'ák'eh* is not complete. They allow the corn stalks to dry before they clear the field. Clearing the field allows the *dá'ák'eh* to rest for the winter.

The corn is stored and prepared in several different ways. Some corn kernels are cut off the cob and ground to make *nitsidigo'í* (kneel down bread), which may be eaten as soon as it is baked or cut into smaller pieces and dried. The dried pieces will be cut into soup during the cold winter. Some of the corn kernels are separated by color, and then dried to be ground later. Other ears of corn are baked underground (*łeeh shibéézh*) in their husks and hung up to dry. This *łeeh shibéézh*, once dried and taken off the cob and called *neeshjį́zhii*, will be used in many meals later in the winter.

BAA NINÁ'ÁLDAHÍGÍÍ: The people are still picking pinons to store for the winter, provided it has not snowed or rained on the nuts. The nuts that have been rained or snowed on are left for the deer and other animals. If the first frost appears during Ghąąąjį', elders will begin to tell winter stories, such as *Ma'ii Bee Jooldloshí* (Coyote Stories), which cannot be told before the frost. This is also the time to gather the proper amount of *'azee'* (medicinal herbs) to heal the family through the winter. To hoard would be wrong and wasteful. The people begin to make preparations for moving to their winter home, usually a place where wood is abundant, water is near, and there is environmental protection from the harsh winter elements. They continue to care for their livestock, and may have to obtain hay to feed their livestock when the snow is deep.

NIHINAAGÓÓ 'ÁDAHOOT'ÉHÍGÍÍ: When the cool wind blows the winter closer, birds fly to warmer climates, and leaves turn color and begin to fall from the trees. Many *naaldlooshi* go into hibernation, another sign that announces that winter stories may begin. As long as the *na'ashjé'ii* (spiders) are in hibernation, the children are allowed to play string games. These games contribute to children's fine motor skills and their hand-eye coordination.

Níłch'ih Ts'ósí — *Slender Winds*

The thin winds are the heart of Níłch'ih Ts'ósí. The constellation of Aries is its feather.

DÁ'ÁK'EH BINA'ANISHÍGÍÍ: The corn that was harvested continues to be ground, stored, and cooked into many different foods. Women come together to grind the corn.

BAA NINÁ'ÁLDAHÍGÍÍ: The people move to their winter home. Men hunt for deer to provide meat for the winter. *Bįįh bitsį' ałk'iniilgizhgo* (jerky) is thinly sliced, salted, and dried to be preserved for winter consumption.

The winter frost is a continuing reminder that winter stories are to be told and teachings are to be conducted on the cold winter nights. The people entertain themselves at night by playing games of probability, such as *ké niiljeeh* (the moccasin game) and *tsidił* (stick game). Children are allowed to play string games.

NIHINAAGÓÓ 'ÁDAHOOT'ÉHÍGÍÍ: Snow blesses the four sacred mountains. Higher elevations are also snowed upon. Animals, reptiles, and bugs continue to be in hibernation. The sun rises later in the day and sets earlier in the day, leaving more time in the evening for winter stories to be told to the youth. As the name of the month states, thin winds blow across the earth.

Níłch'ih Tsoh — *Big Winds*

The heart of Níłch'ih Tsoh is the *yéigo níyolígíí* (strong winds). *Wót'áahdi sǫ' t'óó bíyó 'i'dííłdíín łehígíí* (faint star in the sky) is its feather.

DÁ'ÁK'EH BINA'ANISHÍGÍÍ: The tools that are used during the planting of the corn are repaired or new ones are made. These tools include a *béhágod*, which is similar to a hoe, as well as the *tsin bee k'i'di'doolyéłígíí* (planting stick).

BAA NINÁDA'ALDAHÍGÍÍ: The month of Níłch'ih Tsoh continues to allow for *tł'óół ts'ósí bee nida'jitł'o'ígíí* (the playing of string games). The children are also encouraged to entertain themselves by playing *ké niiljeeh* (moccasin game) and *tsidił* (stick game). *Haigo baa dahane'ígíí* (winter stories and teachings) continue to be told. The men tan deer hides and make moccasins from the skin of the deer they killed during Níłch'ih Ts'ósí.

NIHINAAGÓÓ 'ÁDAHOOT'ÉHÍGÍÍ: The snow and cold winds keep the children inside the home, which makes it convenient to gather them for winter stories.

Yas Niłt'ees *Melting of the Snow*

The heart of Yas Niłt'ees is *tin* (ice) and the stars that look like they have just been thrown in one direction (Milky Way) is its feather.

DÁ'ÁK'EH BINA'ANISHÍGÍÍ: The people begin to clean and sort the *naadą́ą́' bik'ǫ́ǫ́* that will be planted in the spring, and the men plan how they will plant their *dá'ák'eh.*

BAA NINÁDA'ALDAHÍGÍÍ: Winter stories and teachings are still a predominant activity during Yas niłt'ees. The children gain cultural knowledge through these stories and teachings. Songs and prayers are also taught and learned during this time.

NIHINAAGÓÓ 'ÁDAHOOT'ÉHÍGÍÍ: The cold continues to keep the children inside to hear winter stories and teachings. In this way, the winter helps keep the culture and traditions alive.

'Atsá Biyáázh *Hatching of the Eaglet's*

The heart of 'Atsá Biyáázh is *nílóh* (hail). *Gah neiłkaahii* (Rabbit Tracker) is its feather.

DÁ'ÁK'EH BINA'ANISHÍGÍÍ: The *dá'ák'eh* continues to rest. The frozen ground begins to thaw.

BAA NINÁDA'ALDAHÍGÍÍ: Within this month, the people begin to listen for the first *'ii'ni'* (thunder). If it is heard, the winter stories and teachings end; if not, they continue.

NIHINAAGÓÓ 'ÁDAHOOT'ÉHÍGÍÍ: The wind travels across the land to wake up the animals, reptiles, and insects that have been hibernating throughout the winter. The wind tells the birds who flew south that they can come back because of warmer weather.

The eagles hatch their young. It is getting closer to spring.

Wóózhch'į́įd *Eaglet's Cry*

The sudden spring storms "that make an in-law run for cover" is the heart of Wóózhch'į́įd. The birds that fly near the wild sheep in the rocky areas are the feather of Wóózhch'į́įd.

DÁ'ÁK'EH BINA'ANISHÍGÍÍ: Prayers are spoken for the success of the *dá'ák'eh.* The *naadą́ą́' bik'ǫ́ǫ́'* that will be planted are looked over and set in a safe and dry place.

BAA NINÁDA'ALDAHÍGÍÍ: It is still cold toward the end of the month. Sheep and goats may start having their "little ones." Care is taken to make sure the newborn lambs and kids do not freeze.

NIHINAAGÓÓ 'ÁDAHOOT'ÉHÍGÍÍ: Wóózhch'į́įd gets its name from the sounds of the newly hatched eaglets. The people listen for the thunder announcing that winter stories and teachings must end. If the thunder is not heard, the stories and teachings may continue. It is spring again.

T'ą́ą́ Chil *Miniature Leaves*

The wind is the heart of T'ą́ą́ Chil and the miniature leaves blowing in the wind are its feather.

DÁ'ÁK'EH BINA'ANISHÍGÍÍ: The people visit the place of their summer home to prepare the fertile soil of the *dá'ák'eh* for the spring planting. It is important for the people to walk in the *dá'ák'eh* to bring health and vitality back to the land. From this time until the fall, the dá'ák'eh has work to do that is necessary.

BAA NINÁDA'ALDAHÍGÍÍ: Tending to the lambs and goats keep the traditional family busy.

NIHINAAGÓÓ 'ÁDAHOOT'ÉHÍGÍÍ: As the wind walks on the earth, the earth moves and becomes livelier. The buds and miniature leaves hug the plants and trees as they begin to grow.

T'ą́ą́ Tsoh *Big Leaves*

T'ą́ą́ Tsoh has three types of hearts. The first is the winds that change, the second is the female rain, and the third is the male rain. The dark breeze and the spring snow are its feather.

DÁ'ÁK'EH BINA'ANISHÍGÍÍ: Songs and prayers for the health of the *dá'ák'eh* are very important during this time. Everyone who works in the *dá'ák'eh* must observe the sacred teachings of the *dá'ák'eh.* There is no laughing, no teasing, and shoes must be worn. The earth feels vibrant when she feels the footsteps of the people walking across her, making her more fertile as she accepts the seeds that are being placed in the ground.

BAA NINÁDA'ALDAHÍGÍÍ: If a family has sheep and goats, shearing is the major activity during this month. The sheep and goats appear to appreciate their "lightness" as they run around. The wool is separated according to color to prepare for carding, spinning, and then weaving into rugs. As the people follow their sheep, they look for the plants they use to dye their wool. The people may travel great distances to go to the places where they know they can find unusual natural dyes.

NIHINAAGÓÓ 'ÁDAHOOT'ÉHÍGÍÍ: It is important to observe the teachings pertaining to the rains that occur during this month. When it rains, children are to remain inside, sitting still. As long as the children observe these teachings, the rains will continue. The ground will receive moisture, which will provide water to nurture the *dá'ák'eh* and the people's livestock. Flowers display their beautiful petals and the leaves on plants continue to grow, thereby adding to the palette the earth uses to color the landscape in preparation for summer.

Ya'iishjáásh Chilí *Miniature Corn Silk*

The heart of Ya'iishjáásh Chilí is the summer heat and its feather is made of young antelope.

DÁ'ÁK'EH BINA'ANISHÍGÍÍ: The *dá'ák'eh* shows her fertility by pushing up tender corn stalks that bask in the summer sun. The squash and melon plants begin to crawl across the ground to make room for their fruit. The people say prayers as they faithfully tend to their *dá'ák'eh*. They pull weeds that would take moisture from the tender stalks and other vegetables.

BAA NINÁDA'ALDAHÍGÍÍ: Stories and teachings surrounding the planting of the corn are shared with the children. Children learn more about the environment as they herd sheep during the summer. Families return to their summer home to provide their flocks with new plants to feed on and to allow the land around their winter home to rest and rejuvenate itself.

NIHINAAGÓÓ 'ÁDAHOOT'ÉHÍGÍÍ: The sun rises earlier in the day to warm the earth and sets later to give the people time to conduct their summer activities.

Ya'iishjáásh Tsoh *Big Corn Silk*

The heart of Ya'iishjáásh Tsoh is the seeds that have been planted and its feather is dark strands of rain in the distance.

DÁ'ÁK'EH BINA'ANISHÍGÍÍ: The people voice prayers to ensure a bountiful harvest. Within their prayers, the people are thankful to the earth. Bugs, birds, rodents, and weeds which might interfere with the *dá'ák'eh* are the people's main concern.

BAA NINÁDA'ALDAHÍGÍÍ: The people teach the youth about the various plants they may supplement their diet with to sustain their health. Many meals consist of homegrown vegetables. Children continue to learn more about their environment as they herd sheep.

NIHINAAGÓÓ 'ÁDAHOOT'ÉHÍGÍÍ: Ya'iishjáásh Tsoh sees dark strands of rain announcing the upcoming rains. Much work continues to be completed because of the longer days.

Bini' Anit'ą́ą́ Ts'ósí *Within it there Is a Thin Harvest*

The heart of Bini' Anit'ą́ą́ Ts'ósí is the harvest and male rain is its feather.

DÁ'ÁK'EH BINA'ANISHÍGÍÍ: The early harvest brings corn, squash, and melons. The people carefully set the seeds aside to dry for the next planting. Prayers of thanksgiving are voiced to the Creator for the early harvest.

BAA NINÁDA'ALDAHÍGÍÍ: The people walk through their *dá'ák'eh* to collect their harvested crops. As feasts with family and friends are made of corn, melons, and squash, the people say prayers to the Creator and sing songs.

NIHINAAGÓÓ 'ÁDAHOOT'ÉHÍGÍÍ: Lightning and thunder announce the sudden arrival of the male rains. The children are told to go inside, sit still through the storm, and be respectful. If they are not respectful, the rains will go back into the sky.

Bini' Anit'ą́ą́ Tsoh *Within it there Is a Big Harvest*

The heart of Bini' Anit'ą́ą́ Tsoh is the harvest and the husking of corn. Its feather is female rain.

DÁ'ÁK'EH BINA'ANISHÍGÍÍ: The people relieve the cornfield of its heavy harvest. The corn, squash, and melons are stored. The people voice prayers for the *dá'ák'eh* as it enters its rest for the winter. The gentle female rains bless the tired *dá'ák'eh*, preparing the *dá'ák'eh* for the long winter.

BAA NINÁDA'ALDAHÍGÍÍ: Pinons are picked to supplement the food supply. The corn is set aside for the long winter. The people begin to prepare their minds for winter teachings and winter stories. There is much to be done to prepare to keep warm through the long, cold winter.

NIHINAAGÓÓ 'ÁDAHOOT'ÉHÍGÍÍ: It is the end of the Navajo year and the beginning of fall. The earth prepares to cover herself with the winter cold and the winter snow.

Saad Ániidíígíí: Yoołkáál

To state the date, you would name the month first, and then follow with the number of days. *Yoołkááł* refers to the passage of time according to the rising and setting of the sun.

bii' yiził	within the month of ...
yoołkááł	the date

Example: You wish to state the date, which is January 16th.

Navajo: Yas Niłt'ees bii' yiził dóó hastą'áadahgóó yoołkááł.
English: It is within the month of January and the 16th day.

Saad Ániidíígíí

Your birthdate is important to know how to say in Navajo. Begin with the month, followed by the day with the enclitic *góó*, and then end with *yę́ędą́ą' shi'dizhchį́*.

Shi'dizhchį́	I was born.
Ni'dizhchį́	You were born.
Bi'dizhchį́	He/She/It was born.
Nihi'dizhchį́	We/You (2+) were born.
Danihi'dizhchį́	We/You (3+) were born.
Yę́ędą́ą'	sometime in the past

Building Speaking Skills

To find out when someone was born, you would ask:

Hádą́ą'shą' ni'dizhchį́?

To identify your birth date in Navajo, you would say:

________________ bii' yiził yę́ędą́ą' dóó ____________________ góǫ́
(month) (day in numbers of the month)

yoołkááł yę́ędą́ą' shi'dizhchį́, jiní.

Example:

Yas Niłt'ees bii' yiziłgo dóó naadiin naakigóó yoołkááł yę́ędą́ą' shi'dizhchį́, jiní.

Take turns announcing your birth date to the class.

Saad Ániidíígíí: Seasons

Because life begins in the spring, the Navajo people associate the beginning of the seasons with spring. In Chapter 19, you learned the basic terms for the four seasons. Below we review these terms and introduce some additional ways of referring to the seasons.

Spring:			
Dąą/Daan	spring	**Dąądą́ą́'**	last spring
Dąągo	in the spring	**(Díí) Dąągo**	this spring
Ch'éénídąągo	when it becomes spring		
Summer:			
Shį́	summer	**Shį́į́dą́ą́'**	last summer
Shį́įgo	in the summer	**Díízhíní**	this summer
Ch'éénísh‍į́įgo	when it becomes summer		
Fall:			
'Aak'ee	fall	**'Aak'eedą́ą́'**	last fall
'Aak'eego	in the fall	**(Díí) 'aak'eego**	this fall
Winter:			
Hai	winter	**Haidą́ą́'**	last winter
Haigo	in the winter	**Dííghaaí**	this winter

Building Speaking Skills

To make a statement about the time and place of your birth, you may say:

____________________ go dóó ____________________ bii' yiziłgo dóó
(the season of your birth) (month of your birth)

____________________ góó yoołkáałgo ____________________ di
(day of the month of your birth) (place of your birth)

shi'dizhchį́, jiní.

Example:

'Aak'eego dóó Ghąąjį' bii' yiziłgo dóó dį́į' ts'áadahgóó yoołkáałgo Lók'aah Niteeldi shi'dizhchí, jiní.

Take turns announcing the seasons of your birth as well as your birth date to your class.

Ha'oodzíí' Dawólta'ígíí

When mentioning a season or a date, your sentence would normally begin with the season or the date. Look at the sentences below.

Shį́įgo 'áłchíní doo da'ółta' da doo.
'Aak'eedą́ą́', Ghąąjį' bii' yiziłgo Tséhootsohdi 'áłchíní da'ółta' nít'ę́ę́'.
Díígháí, Késhmish beiníłkáago (when that day arrives), 'áłchíní doo da'ółta' da doo.
Ch'éénídąągo dóó T'ą́ą́ Tsoh bii' yiziłgo shizhé'é bidá'ák'ehdi naashnish dooleeł.
Díízhíní, Ya'iishjááśh Chilí bii' yiziłgo dóó naadiingóó yoołkáałgo shí dóó shitsilí dóó shideezhí nihimá sání bá nida'niilkaad dooleeł.
Haidą́ą́' shí dóó shimá dóó na'niłkaadii biye' T'iis Názbąsdi nideiilnish nít'ę́ę́'.

Building Reading and Speaking Skills

Take note of the verb (tense) mode when selecting the enclitics "-dą́ą́'" or "-go" for the season.

______________________ shí dóó ni dóó nihibá'ólta'í Tsé bii' Nídzísgaigóó deekai.
(season)

______________________ bii' yiził______________________shimá sání dóó shicheii Kinłánígóó naazh'áázh.
(name of month) (tense/mode)

Use the same sentences above and interchange the seasons or the months to come up with a different sentence. You may wish to interchange the place name or the verb.

Building Reading Skills

Yá'át'ééh,

Shí 'éí Dléedis yinishyé. Sha'áłchíní hólǫ́. Waaníitah dóó Jíimis dóó Ríitah dóó 'Édiwo' daolyé. Lók'aah Niteeldi danihighan. Sha'áłchíní Dá'ák'eh Halánídi Wááshindoon bi'ólta'gi da'ółta'. Yá'át'ééhgo da'ółta'.

'Aak'eego, Bini' Anit'ą́ątsoh bii' yiziłgo náádá'ółta' łeh. Haigo 'éí shizhé'é bitsóóké haigo baa dahane'ígíí yee yił halne' łeh. Dąągo 'éí shí dóó sha'áłchíní dóó sha'áłchíní bizhé'é shizhé'é bidá'ák'ehdi k'ida'diilyée łeh. Áádóó shį́įgo 'éí sha'áłchíní bimá sání dóó bicheii yighandi naháaztą́ą łeh. T'áá 'áadi dabighango 'aak'eego 'áłchíní 'ólta'di yah anájeehgo 'índa hooghandi nákah dóó náádá'ółta' łeh.

Waaníitah éí Dąągo dóó T'ą́ą́ Tsoh bii' yiziłgo dóó naaki ts'áadahgóó yoołkáałgo Kinłánídi bi'dizhchį́. Waaníitah 'éí tsosts'id ts'áadah bináàhai. Waaníitah shił nizhóníyee'. Ayóo hayói dóó 'ayóo hooghangi naalnish.

Jíimis éí 'ashdla'áadah bináàhai. Jíimis éí Tónaneesdizídi bi'dizhchį́. Haigo dóó Nílch'ih Tsoh bii' yiziłgo dóó naadiin náhást'éígóó yoołkáałgo bi'dizhchį́. Bi'dizhchínéedą́ą́' ayóo deesk'aaz ne'. Jíimis ayóo bizhé'é yíká'análwo'. Bimá sání dóó bicheii 'ałdó' yíká'análwo'go bił yá'át'ééh. Jíimis éí 'ayóo baa dzólní.

Ríitah éí naaki ts'áada binááhai. Ríitah éí shįįgo, Ya'iishjááshtsoh bii' yiziłgo dóó tádiin dóó bi'ąą t'ááłá'ígóó yoołkáałgo bi'dizhchį. Na'nízhoozhídi bi'dizhchį. Tł'óo'di deesdoigo bi'dizhchį. Ríitah nizhónígo ch'iiyáán íił'į. Náneeskaadí dóó dah díníilghaazh nizhónígo 'íił'į. Ríitah 'éí 'ólta' bił yá'át'ééh. 'Ólta'di shíká'análwo' łeh dóó 'áadi binaaltsoos yinaalnish łeh. Ríitah 'éí shił nizhóní.

'Édiwo' éí náhást'éí binááhai. 'Édiwo' éí Tóta'di bi'dizhchį. 'Aak'eego, Ghąąjį' bii' yiziłgo dóó naadiin naakigóó yoołkáałgo bi'dizhchį. Tł'óo'di yidzaazgo bi'dizhchį. 'Édiwo' éí bik'is t'óó'ahayói. Hooghandi jooł yee nidaanée łeh. 'Édiwo' éí binálí hastiinígíí nizhónígo yił naalnish łeh. Édiwo' ayóo baadzólní. Sha'áłchíní binálí Tségh※áhoodzánídi bighan.

Waaníitah dóó Jíimis dóó Ríitah dóó 'Édiwo' bizhé'é 'ahí'diilyįįh binaanish íił'į. Tó Hajileehdi naalnish.

Kót'éego sha'áłchíní baa hashne' dooleeł. Ahéhee'.

'Áhát'į 'Ániidiígíí: hanáshyįįh I am resting.		K'ad áhooníiłgo Imperfective Mode	
Elders frequently state that they need rest. Just as the earth and the *dá'ák'eh* need time to rest, your elders need time to rest so they may be with you longer and share their wisdom with you. Second person verbs may be spoken as a statement or as a request.			
	Łah jidilt'éhígo	**Nizhdilt'éhígo**	**Díkwíjílt'éego**
Yáłti'ígíí	hanáshyįįh	hánéiilyįįh	háádeiilyįįh
	I am resting.	We (2) are resting.	We (3+) are resting.
Bich'į' yá'áti'ígíí	háánílyįįh	hanáołyįįh	háádaołyįįh
	You are resting./You rest.	You (2) are resting./You (2) rest.	You (3+) are resting./You (3+) rest.
Baa yá'áti'ígíí	hanályįįh	hanályįįh	háádaalyįįh
	He/She/It is resting.	They (2) are resting.	They (3+) are resting.

Ha'oodzíí' Dawólta'ígíí

Łah jidilt'éhígo
Tł'óo'di 'ayóo deesk'aaz. Wóne'é hanáshyįįh biniiyé didideeshjah.
K'adę́ę́ tł'éé' haleeh. T'áásh kǫ́ǫ́ háánílyįįh?
Shizhé'é ch'ééh deeyá. 'Áłtsé (first) hanályįįh.

Díkwíjílt'éego
Nihicheii nihił halne'go háádeiilyįįh. Haigo baa dahane'ígíí yee nihił halne'.
Hooghan nímazí bii' háádaołyįįh. Ch'iiyáán nihá 'ádadiilnííł.
'Áłchíní yázhí háádaalyįįh. Binaaltsoos yinidaashnish.

Nizhdilt'éhígo
K'ad nihimá bighandi hánéiilyįįh. Yiskąągo 'éí 'ólta'di nidiilnish.
Nihinaanish t'óó'ahayói. 'Áłtsé daats'í hanáołyįįh?
'Ashiiké chaha'ohdi hanályįįh. Hooghan yinaagóó yéego naashnish.

’Áhát’į ’Ániidíígíí: háádeeshyįh I will rest.		T’ahdoo ’áhánééhgóó Future Mode	
	Łah jidilt’éhígo	**Nizhdilt’éhígo**	**Díkwíjílt’éego**
Yáłti’ígíí	háádeeshyįh I will rest.	háádiilyįh We (2) will rest.	háádadiilyįh We (3+) will rest.
Bich’į’ yá’áti’ígíí	háádíílyįh You will rest.	háádoołyįh You (2) will rest.	háádadoołyįh You (3+) will rest.
Baa yá’áti’ígíí	háádoolyįh He/She/It will rest.	háádoolyįh They (2) will rest.	háádadoolyįh They (3+) will rest.

Ha’oodzíí’ Dawólta’ígíí

Łah jidilt’éhígo
Tł’óo’di ’ayóo deesk’aaz. Wóne’é háádeeshyįh biniiyé didideeshjah.
K’adę́ę tł’éé’ haleeh. T’áásh kǫ́ǫ háádíílyįh?
Shizhé’é ch’ééh deeyá. ’Áłtsé háádoolyįh.

Nizhdilt’éhígo
Nihimá bighandi háádiilyįh. Yiskąągo ’éí ’ólta’di nidiilnish.
Nihinaanish t’óó’ahayói. ’Áłtsé daats’í háádoołyįh?
’Ashiiké hooghan yinaagóó ’ałtso naashnishgo chaha’oh yii’ háádoolyįh.

Díkwíjílt’éego
Nihicheii haigo baa hane’ígíí yee nihił halne’go háádadiilyįh.
Hooghan nímazí bii’ háádadoołyįh. Ch’iiyáán nihá ’ádadiilnííł.
’Áłchíní yázhí háádadoolyį́įh. K’ad éí binaaltsoos yinidaalnish.

’Áhát’į ’Ániidíígíí: hanááshyį́į’ I rested.		T’áá’íídą́ą́’ ’áhóót’įįdgo Perfective Mode	
	Łah jidilt’éhígo	**Nizhdilt’éhígo**	**Díkwíjílt’éego**
Yáłti’ígíí	hanááshyį́į’ I rested.	hanéiilyį́į’ We (2) rested.	háádeiilyį́į’ We (3+) rested.
Bich’į’ yá’áti’ígíí	hanéínílyį́į’ You rested.	hanáołyį́į’ You (2) rested.	háádaołyį́į’ You (3+) rested.
Baa yá’áti’ígíí	hanáályį́į’ He/She/It rested.	hanáályį́į’ They (2) rested.	háádaalyį́į’ They (3+) rested.

Ha’oodzíí’ Dawólta’ígíí

Łah jidilt’éhígo
Tł’óo’di ’ayóo deesk’aazgo biniinaa wóne’é didííłjéé’ dóó hanááshyį́į’.
Tł’éé’ hazlį́į’goósh biniinaa t’áá kǫ́ǫ hanéínílyį́į’?
Shizhé’é ch’ééh deeyáago biniinaa ’áłtsé hanáályį́į’.

Nizhdilt’éhígo
Nihimá bighandi hanéiilyį́į’. Yiskąągo ’ólta’di nidiilnish.
Nihinaanish t’óó’ahayói. Hanáołyį́į’ daats’í?
’Ashiiké hooghan yinaagóó ’ałtso naashnishgo chaha’ohdi hanáályį́į’.

Díkwíjílt’éego
Nihicheii haigo baa hane’ígíí yee nihił halne’go háádeiilyį́į’.
Ch’iiyáán nihá ’ádeiilyaago hooghan nímazí bii’ háádaołyį́į’.
’Áłchíní yázhí binaaltsoos yinidaashnishgo dóó bik’ijį’ chaha’oh yii’ háádaalyį́į’.

'Áhát'į 'Ániidíígíí: ná'iisdzíił I am warming up.	K'ad áhooníiłgo Imperfective Mode	

Elders use the next set of verbs to denote warmth that leads to a state of comfort. You can arrive at this state by the use of a blanket, being near a source of heat, or sitting in the sun.

	Łah jidilt'éhígo	Nizhdilt'éhígo	Díkwíjílt'éego
Yáłti'ígíí	ná'iisdzíił	ná'iidzíił	nída'iidzíił
	I am warming up.	We (2) are warming up.	We (3+) are warming up.
Bich'į' yá'áti'ígíí	ná'iidzíił	ná'ohdzíił	nída'ohdzíił
	You are warming up.	You (2) are warming up.	You (3+) are warming up.
Baa yá'áti'ígíí	ná'iidzíił	ná'iidzíił	nída'iidzíił
	He/She is warming up.	They (2) are warming up.	They (3+) are warming up.

Ha'oodzíí' Dawólta'ígíí

Łah jidilt'éhígo
Béésh bii' kǫ'í bíighahgi sédáago ná'iisdzíił.
Hooghan góne' yah anánídáahgo (go back inside) ná'iidzíił.
Shizhé'é yázhí biih yíłk'aazgo (got cold) biniinaa ch'ééh béésh bii' kǫ'í yíighahgi ná'iidzíił.

Díkwíjílt'éego
Nihimá gohwééh nihá yishbéezhgo binahjį' nída'iidzíił.
Tł'óo'di 'ayóo deesk'aaz. Nihimá sání bighan nímazí bii' nída'ohdzíił.
Nitsaago yidzaazgo (it snowed) biniinaa 'áłchíní hooghan góne'é naháaztą́ągo nída'iidzíił.

Nizhdilt'éhígo
Nihi'niidlí. Shą́ą'jį' (in the sun) ayóo deesdoigo biniinaa tł'óo'di siikéego ná'iidzíił.
Nihinaanish ałtso 'óołaa lá. Wóne'é ná'ohdzíił.
Shinálí 'asdzáníígíí dóó shimá hooghan yich'é'édą́ą'gi sikéego ná'iidzíił.

'Áhát'į 'Ániidíígíí: ná'iideesdził I will warm up.	T'ahdoo 'áhánééhgóó Future Mode	

	Łah jidilt'éhígo	Nizhdilt'éhígo	Díkwíjílt'éego
Yáłti'ígíí	ná'iideesdził	ná'iidiidził	nída'iidiidził
	I will warm up.	We (2) will warm up.	We (3+) will warm up.
Bich'į' yá'áti'ígíí	ná'iidíídził	ná'iidoohdził	nída'iidoohdził
	You will warm up.	You (2) will warm up.	You (3+) will warm up.
Baa yá'áti'ígíí	ná'iidoodził	ná'iidoodził	nída'iidoodził
	He/She will warm up.	They (2) will warm up.	They (3+) will warm up.

Ha'oodzíí' Dawólta'ígíí

Łah jidilt'éhígo
Béésh bii' kǫ'í bííghahgi sédáago ná'iideesdził.
Hooghan góne' yah anéínídzáago ná'iidíídził.
Shizhé'é yázhí biih yíłk'aaz. 'Áłtsé béésh bii' kǫ'í yííghahgi ná'iidoodził.

Díkwíjílt'éego
Nihimá gohwééh nihá yidoołbish, éí binahjį' nída'iidiidził.
Tł'óo'di 'ayóo deesk'aaz. Nihimá sání bighan nímazí bii' nída'iidoohdził.
Nitsaa yidzaaz ládą́ą' hooghan góne'é 'áłchíní naháaztą́ągo nída'iidoodził.

Nizhdilt'éhígo
Shą́ą'jį' ayóo deesdoigo biniinaa tł'óo'di siikéego ná'iidiidził.
Nihinaanish ałtso 'óołaago, wóne'é ná'iidoohdził.
Shinálí 'asdzáníígíí dóó shimá hooghan yich'é'édą́ą'gi sikéego ná'iidoodził.

'Áhát'į 'Ániidíígíí: ná'iisdziil I warmed up.		T'ahdoo 'áhánééhgóó Perfective Mode	
	Łah jidilt'éhígo	Nizhdilt'éhígo	Díkwíjílt'éego
Yáłti'ígíí	ná'iisdziil	ná'iidziil	nída'iidziil
	I warmed up.	We (2) warmed up.	We (3+) warmed up.
Bich'į' yá'áti'ígíí	ná'iinidziil	ná'ohdziil	nída'ohdziil
	You warmed up.	You (2) warmed up.	You (3+) warmed up.
Baa yá'áti'ígíí	ná'iidziil	ná'iidziil	nída'iidziil
	He/She warmed up.	They (2) warmed up.	They (3+) warmed up.

Ha'oodzíí' Dawólta'ígíí

Łah jidilt'éhígo
Béésh bii' kǫ'í bííghahgi sédáago ná'iisdziil.
Hooghan góne' yah ííníyáago ná'iinidziil.
Shizhé'é yázhí biih yíłk'aazgo béésh bii' kǫ'í yííghahgi sidáago hojoobá'ígo ná'iidziil.

Nizhdilt'éhígo
Shą́ą'jį' 'ayóo deesdoigo biniinaa tł'óo'di siikéego ná'iidziil.
Nihinaanish ałtso 'óhłééh! Jó k'ad ná'ohdziil.
Shinálí 'asdzáníígíí dóó shimá hooghan yich'é'édą́ą'gi sikéego ná'iidziil.

Díkwíjílt'éego
Nihimá gohwééh nihá yishbéezhgo binahjį' nída'iidziil.
Tł'óo'di 'ayóo deesk'aaz yę́ędą́ą' nihimá sání bighan nímazí bii' nída'ohdziil.
Nitsaago yidzaaz yę́ędą́ą' áłchíní hooghan góne'é naháaztą́ągo nída'iidziil.

Chapter 26 T'áadoo Lé'é Nidaajaahígíí
Handling Verbs

Díí 'éí Lók'aah Niteeldi naalyéhí bá hooghandi 'áhoot'é.

In earlier chapters, you learned how to talk about giving something to someone using the eleven different handling verbs. In those earlier chapters, you learned only the imperfective form of each verb. In this chapter, we will learn the future and perfective form of each of the eleven handling verbs.

Summary of Handling Verbs (Imperfective)

1. baa nish'aah	I am giving the **self-contained object** to him or her.
2. baa nishjááh	I am giving the **small plural objects** to him or her.
3. baa nishteeh	I am giving the **animate being** to him or her.
4. baa nishtsóós	I am giving the **flat, flexible, sheet-like object** to him or her.
5. baa nishjooł	I am giving the **matted or tangled object** to him or her.
6. baa nishnííł	I am giving the **two objects/plural objects** to him or her.
7. baa nishłé	I am giving the **flexible, elongated object** to him or her.
8. baa nishheeh	I am giving the **soft bulky object/objects in a bag** to him or her.
9. baa nishtłeeh	I am giving the **mushy object** to him or her.
10. baa nishkaah	I am giving the **object in an open container** to him or her.
11. baa nishtįįh	I am giving the **rigid, elongated object** to him or her.

Remember that the verb itself means "I am giving the (object)" and the postposition *baa* means "to him or her." The postposition includes a prefix indicating to whom the object is being given. *Shaa* means "to me," *naa* means "to you," *baa* or *yaa* means "to him or her," and *nihaa* means "to us" or "to you (2+)." (Notice that the colloquial (informal or geographical dialect) pronunciation of some of the verbs have been included for your information.)

Self-contained object

'Áhát'į 'Ániidíígíí: baa deesh'ááł I will give the **self-contained object** to him or her.		**T'ahdoo 'áhánééhgóó** **Future Mode**	
	Łah jidilt'éhígo	**Nizhdilt'éego**	**Díkwíjílt'éego**
Yáłti'ígíí	baa deesh'ááł I will give the ______ to him/her.	baa diit'ááł We (2) will give the ______ to him/her.	baa dadiit'ááł We (3+) will give the ______ to him/her.
Bich'į' yá'áti'ígíí	baa díí'ááł You will give the ______ to him/her.	baa dooh'ááł You (2) will give the ______ to him/her.	baa dadooh'ááł You (3+) will give the ______ to him/her.
Baa yá'áti'ígíí	yaa yidoo'ááł/yeidoo'ááł He/She will give the ______ to him/her.	yaa yidoo'ááł/yeidoo'ááł They (2) will give the ______ to him/her.	yaa deidoo'ááł They (3+) will give the ______ to him/her.

'Áhát'į 'Ániidíígíí: baa ní'ą́ I gave the **self-contained object** to him or her.	**T'áá'íídą́ą́' áhóót'įįdgo** **Perfective Mode**		
	Łah jidilt'éhígo	**Nizhdilt'éego**	**Díkwíjílt'éego**
Yáłti'ígíí	baa ní'ą́ I gave the ______ to him/her.	naa niit'ą́ We (2) gave the ______ to him/her.	baa daniit'ą́ We (3+) gave the ______ to him/her.
Bich'į' yá'áti'ígíí	baa yíní'ą́/béíní'ą́ You gave the ______ to him/ her.	baa noo'ą́ You (2) gave the ______ to him/her.	baa danoo'ą́ You (3+) gave the ______ to him/her.
Baa yá'áti'ígíí	yaa yiní'ą́/yeiní'ą́ He/She gave the ______ to him/her.	yaa yiní'ą́/yeiní'ą́ They (2) gave the ______ to him/her.	yaa deiz'ą́ They (3+) gave the ______ to him/her.

Ha'oodzíí' nihá bee 'álnééh

Dah díníilghaazh ła' shaa díí'ááł, t'áá shǫǫdí.	Dah díníilghaazh ła' shéíní'ą́.
You will give me a fried bread, please.	You gave me a fried bread.

Small plural objects (plural items that fit in the palm of your hand)

'Áhát'į 'Ániidíígíí: baa deeshjih **New Verb Form:** I will give the **small plural objects** to him or her.	**T'ahdoo 'áhánééhgóó** **Future Mode**		
	Łah jidilt'éhígo	**Nizhdilt'éego**	**Díkwíjílt'éego**
Yáłti'ígíí	baa deeshjih I will give the ______ to him or her.	baa diijih We (2) will give the ______ to him or her.	baa dadiijih We (3+) will give the ______ to him or her.
Bich'į' yá'áti'ígíí	baa dííjih You will give the ______ to him or her.	baa dohjih You (2) will give the ______ to him or her.	baa dadohjih You (3+) will give the ______ to him or her.
Baa yá'áti'ígíí	yaa yidoojih/yeidoojih He/She will give the ______ to him or her.	yaa yidoojih/yeidoojih They (2) will give the ______ to him or her.	yaa deidoojih They (3+) will give the ______ to him or her.

'Áhát'į 'Ániidíígíí: baa níjaa' I gave the **small plural objects** to him or her.		**T'áá'íídą́ą́' áhóót'įįdgo** **Perfective Mode**	
	Łah jidilt'éhígo	**Nizhdilt'éego**	**Díkwíjílt'éego**
Yáłti'ígíí	baa níjaa' I gave the ______ to him or her.	baa niijaa' We (2) gave the ______ to him or her.	baa daniijaa' We (3+) gave the ______ to him or her.
Bich'į' yá'áti'ígíí	baa yíníjaa'/béíníjaa' You gave the ______ to him or her.	baa noojaa' You (2) gave the ______ to him or her.	baa danoojaa' You (3+) gave the ______ to him or her.
Baa yá'áti'ígíí	yaa yiníjaa'/yeiníjaa' He/She gave the ______ to him or her.	yaa yiníjaa'/yeiníjaa' They (2) gave the ______ to him or her.	yaa deizhjaa' They (3+) gave the ______ to him or her.

Ha'oodzíí' nihá bee 'álnééh

Yoo' niłchíní ła' shaa díijih, t'áá shǫǫdí.	Yoo' niłchíní ła' shéíníjaa'.
You will give me some silver buttons, please.	You gave me some silver buttons.

Animate being

'Áhát'į 'Ániidíígíí: baa deeshtééł I will give the **animate being** to him or her.		**T'ahdoo 'áhánééhgóó** **Future Mode**	
	Łah jidilt'éhígo	**Nizhdilt'éego**	**Díkwíjílt'éego**
Yáłti'ígíí	baa deeshtééł I will give the ______ to him or her.	baa diiltééł We (2) will give the ______ to him or her.	baa dadiiltééł We (3+) will give the ______ to him or her.
Bich'į' yá'áti'ígíí	baa dííłtééł You will give the ______ to him or her.	baa doołtééł You (2) will give the ______ to him or her.	baa dadoołtééł You (3+) will give the ______ to him or her.
Baa yá'áti'ígíí	yaa yidoołtééł/yeidoołtééł He/She will give the ______ to him or her.	yaa yidoołtééł/yeidoołtééł They (2) will give the ______ to him or her.	yaa deidoołtééł They (3+) will give the ______ to him or her.

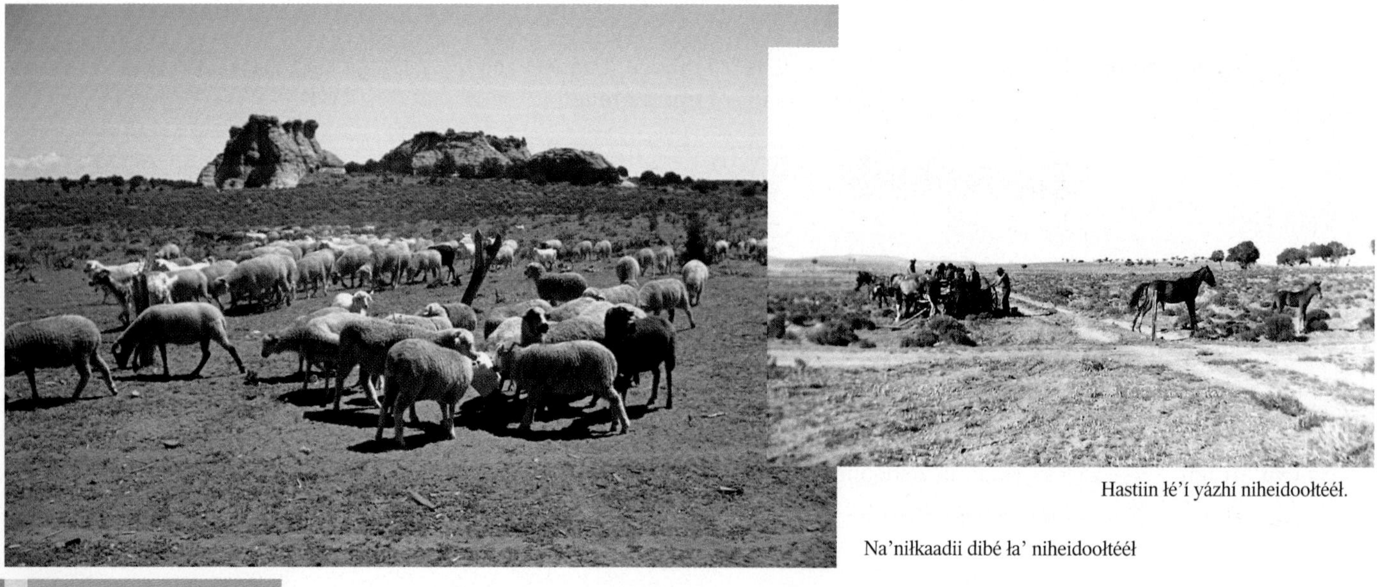

Hastiin łé'í yázhí niheidoołtééł.

Na'nilkaadii dibé ła' niheidoołtééł

'Áhát'į 'Ániidíigíí: baa níłtį I gave the **animate being** to him or her.	**T'áá'íídą́ą́' áhóót'įįdgo** **Perfective Mode**		
	Łah jidilt'éhígo	**Nizhdilt'éego**	**Díkwíjílt'éego**
Yáłti'ígíí	baa níłtį I gave the ______ to him or her.	baa niiltį We (2) gave the ______ to him or her.	baa daniiltį We (3+) gave the ______ to him or her.
Bich'į' yá'áti'ígíí	baa yíníłtį/béíníłtį You gave the ______ to him or her.	baa nołtį You (2) gave the ______ to him or her.	baa danołtį You (3+) gave the ______ to him or her.
Baa yá'áti'ígíí	yaa yiníłtį/yeiníłtį He/She gave the ______ to him or her.	yaa yiníłtį/yeiníłtį They (2) gave the ______ to him or her.	yaa deistį They (3+) gave the ______ to him or her.

Ha'oodzíí' nihá bee 'álnééh

'Awéé' shaa díílтééł, t'áá shǫǫdí.	'Awéé' shéíníłtį.
You will give me the baby, please.	You gave me the baby.

Flat, flexible sheet-like object

'Áhát'į 'Ániidíigíí: baa deestsos I will give the **flat, flexible, sheet-like object** to him or her.	**T'ahdoo 'áhánééhgóó** **Future Mode**		
	Łah jidilt'éhígo	**Nizhdilt'éego**	**Díkwíjílt'éego**
Yáłti'ígíí	baa deestsos I will give the ______ to him or her.	baa diiltsos We (2) will give the ______ to him or her.	baa dadiiltsos We (3+) will give the ______ to him or her.
Bich'į' yá'áti'ígíí	baa dííłtsos You will give the ______ to him or her.	baa dołtsos You (2) will give the ______ to him or her.	baa dadoołtsos You (3+) will give the ______ to him or her.
Baa yá'áti'ígíí	yaa yidoołtsos/yeidoołtsos He/She will give the ______ to him or her.	yaa yidoołtsos/yeidoołtsos They (2) will give the ______ to him or her.	yaa deidoołtsos They (3+) will give the ______ to him or her.

'Áhát'į 'Ániidíigíí: baa níłtsooz I gave the **flat, flexible, sheet-like object** to him or her.	**T'áá'íídą́ą́' áhóót'įįdgo** **Perfective Mode**		
	Łah jidilt'éhígo	**Nizhdilt'éego**	**Díkwíjílt'éego**
Yáłti'ígíí	baa níłtsooz I gave the ______ to him or her.	baa niiltsooz We (2) gave the ______ to him or her.	baa daniiltsooz We (3+) gave the ______ to him or her.
Bich'į' yá'áti'ígíí	baa yíníłtsooz/béíníłtsooz You gave the ______ to him or her.	baa noołtsooz You (2) gave the ______ to him or her.	baa danoołtsooz You (3+) gave the ______ to him or her.
Baa yá'áti'ígíí	yaa yiníłtsooz/yeiníłtsooz He/She gave the ______ to him or her.	yaa yiníłtsooz/yeiníłtsooz They (2) gave the ______ to him or her.	yaa deistsooz They (3+) gave the ______ to him or her.

Ha'oodzíí' nihá bee 'álnééh

Chį́įh bee yit'oodí shaa díítsos, t'áá shǫǫdí.	Chį́įh bee yit'oodí shéíníłtsooz.
You will give me the tissue, please.	You gave me the tissue.

Matted or tangled object

'Áhát'į 'Ániidíígíí: baa deeshjoł I will give the **matted or tangled object** to him or her.	**T'ahdoo 'áhánééhgóó** **Future Mode**		
	Łah jidilt'éhígo	**Nizhdilt'éego**	**Díkwíjílt'éego**
Yáłti'ígíí	baa deeshjoł I will give the ______ to him or her.	baa diiljoł We (2) will give the ______ to him or her.	baa dadiiljoł We (3+) will give the ______ to him or her.
Bich'į' yá'áti'ígíí	baa dííłjoł You will give the ______ to him or her.	baa dooljoł You (2) will give the ______ to him or her.	baa dadooljoł You (3+) will give the ______ to him or her
Baa yá'áti'ígíí	yaa yidooljoł/yeidooljoł He/She will give the ______ to him or her.	yaa yidooljoł/yeidooljoł They (2) will give the ______ to him or her.	yaa deidooljoł They (3+) will give the ______ to him or her

'Áhát'į 'Ániidíígíí: baa níłjool I gave the **matted or tangled object** to him or her.	**T'áá'íídą́ą́' áhóót'įįdgo** **Perfective Mode**		
	Łah jidilt'éhígo	**Nizhdilt'éego**	**Díkwíjílt'éego**
Yáłti'ígíí	baa níłjool I gave the ______ to him or her.	baa niiljool We (2) gave the ______ to him or her.	baa daniiljool We (3+) gave the ______ to him or her.
Bich'į' yá'áti'ígíí	baa yíníłjool/béíníłjool You gave the ______ to him or her.	baa nołjool You (2) gave the ______ to him or her.	baa danołjool You (3+) gave the ______ to him or her.
Baa yá'áti'ígíí	yaa yiníłjool/yeiníłjool He/She gave the ______ to him or her.	yaa yiníłjool/yeiníłjool They (2) gave the ______ to him or her.	yaa deishjool They (3+) gave the ______ to him or her.

Ha'oodzíí' nihá bee 'álnééh

Nidik'ą' shaa díílįoł, t'áá shǫǫdí.	Nidik'ą' shéíníłjool.
You will give me the cotton, please.	You gave me the cotton.

Plural objects

'Áhát'į 'Ániidíígíí: baa deeshnił I will give the **two objects/plural objects** to him or her.		T'ahdoo 'áhánééhgóó **Future Mode**	
	Łah jidilt'éhígo	**Nizhdilt'éego**	**Díkwíjílt'éego**
Yáłti'ígíí	baa deeshnił I will give the ______ to him or her.	baa dii'nił We (2) will give the ______ to him or her.	baa dadii'nił We (3+) will give the ______ to him or her.
Bich'į' yá'áti'ígíí	baa díínił You will give the ______ to him or her.	baa dohnił You (2) will give the ______ to him or her.	baa dadoohnił You (3+) will give the ______ to him or her.
Baa yá'áti'ígíí	yaa yidoonił/yeidoonił He/She will give the ______ to him or her.	yaa yidoonił/yeidoonił They (2) will give the ______ to him or her.	yaa deidoonił They (3+) will give the ______ to him or her.

'Áhát'į 'Ániidíígíí: baa nínil I gave the **two objects/plural objects** to him or her.		T'áá'íídąą' áhóót'įįdgo **Perfective Mode**	
	Łah jidilt'éhígo	**Nizhdilt'éego**	**Díkwíjílt'éego**
Yáłti'ígíí	baa nínil I gave the ______ to him or her.	baa nii'nil We (2) gave the ______ to him or her.	baa danii'nil We (3+) gave the ______ to him or her.
Bich'į' yá'áti'ígíí	baa yíninil/béininil You gave the ______ to him or her.	baa noonil You (2) gave the ______ to him or her.	baa danoonil You (3+) gave the ______ to him or her.
Baa yá'áti'ígíí	yaa yinínil/yeinínil He/She gave the ______ to him or her.	yaa yinínil/yeinínil They (2) gave the ______ to him or her.	yaa deiznil They (3+) gave the ______ to him or her.

Ha'oodzíí' nihá bee 'álnééh

Bee na'anishí shaa díínił, t'áá shǫǫdí.	Bee na'anishí shéíninil.
You will give me the tools, please.	You gave me the tools.

Flexible, elongated object

'Áhát'į 'Ániidíígíí: baa deeshłééł I will give the **flexible, elongated object** to him or her.		**T'ahdoo 'áhánééhgóó** **Future Mode**	
	Łah jidilt'éhígo	**Nizhdilt'éego**	**Díkwíjílt'éego**
Yáłti'ígíí	baa deeshłééł I will give the ______ to him or her.	baa diidlééł We (2) will give the ______ to him or her.	baa dadiidlééł We (3+) will give the ______ to him or her.
Bich'į' yá'áti'ígíí	baa dííléél You will give the ______ to him or her.	baa dohłééł You (2) will give the ______ to him or her.	baa dadohłééł You (3+) will give the ______ to him or her.
Baa yá'áti'ígíí	yaa yidooléél/yeidooléél He/She will give the ______ to him or her.	yaa yidooléél/yeidooléél They (2) will give the ______ to him or her.	yaa deidooléél They (3+) will give the ______ to him or her.

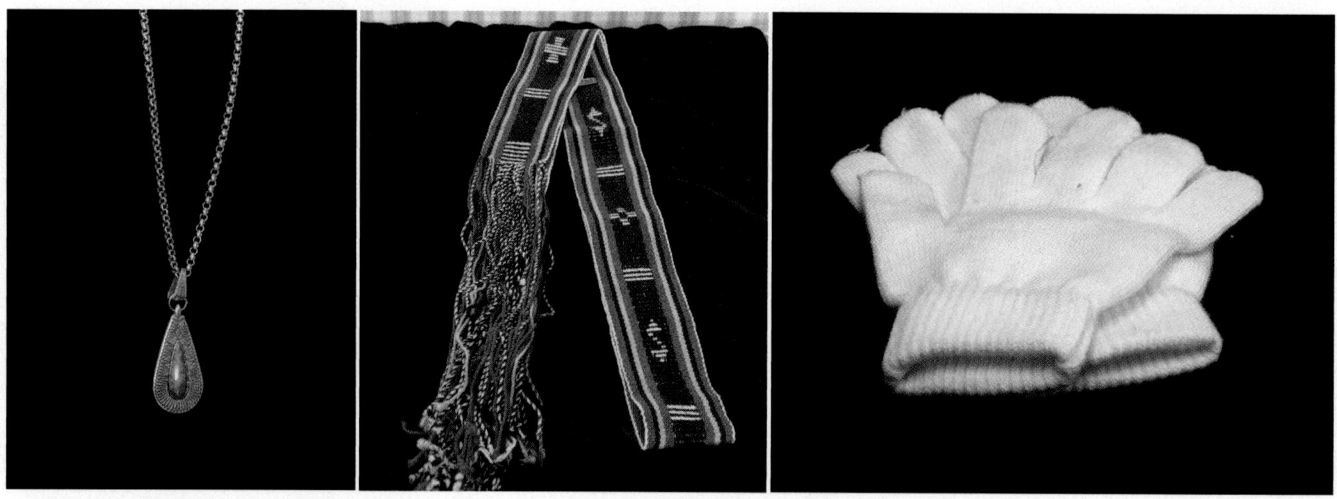

'Áhát'į 'Ániidíígíí: baa nílá I gave the **flexible, elongated object** to him or her.		**T'áá'íídą́ą́' áhóót'įįdgo** **Perfective Mode**	
	Łah jidilt'éhígo	**Nizhdilt'éego**	**Díkwíjílt'éego**
Yáłti'ígíí	baa nílá I gave the ______ to him or her.	baa niidlá We (2) gave the ______ to him or her.	baa daniidlá We (3+) gave the ______ to him or her.
Bich'į' yá'áti'ígíí	baa yínílá/béínílá You gave the ______ to him or her.	baa noolá You (2) gave the ______ to him or her.	baa danoolá You (3+) gave the ______ to him or her.
Baa yá'áti'ígíí	yaa yinílá/yeinílá He/She gave the ______ to him or her.	yaa yinílá/yeinílá They (2) gave the ______ to him or her.	yaa deizlá They (3+) gave the ______ to him or her.

Ha'oodzíí' nihá bee 'álnééh

Shiké jeehí shaa dííléél, t'áá shǫǫdí.	Shiké jeehí shéínílá.
You will give me my tennis shoes, please.	You gave me my tennis shoes.

Bulky item(s)

’Áhát’į ’Ániidíígíí: **baa deeshhééł** I will give the **bulky item or items in a bag** to him or her.	**T’ahdoo ’áhánééhgóó** **Future Mode**		
	Łah jidilt’éhígo	**Nizhdilt’éego**	**Díkwíjílt’éego**
Yáłti’ígíí	baa deeshhééł I will give the ______ to him or her.	baa diigééł We (2) will give the ______ to him or her.	baa dadiigééł We (3+) will give the ______ to him or her.
Bich’į’ yá’áti’ígíí	baa dííyééł You will give the ______ to him or her.	baa dohhééł You (2) will give the ______ to him or her.	baa dadohhééł You (3+) will give the ______ to him or her.
Baa yá’áti’ígíí	yaa yidooyééł/yeidooyééł He/She will give the ______ to him or her.	yaa yidooyééł/yeidooyééł They (2) will give the ______ to him or her.	yaa deidooyééł They (3+) will give the ______ to him or her.

’Áhát’į ’Ániidíígíí: **baa níyį** I gave the **bulky item or items in a bag** to him or her.	**T’áá’íídą́ą́’ áhóót’įįdgo** **Perfective Mode**		
	Łah jidilt’éhígo	**Nizhdilt’éego**	**Díkwíjílt’éego**
Yáłti’ígíí	baa níyį I gave the ______ to him or her.	baa niigį We (2) gave the ______ to him or her.	baa daniigį We (3+) gave the ______ to him or her.
Bich’į’ yá’áti’ígíí	baa yíníyį/béíníyį You gave the ______ to him or her.	baa nooyį You (2) gave the ______ to him or her.	baa danooyį You (3+) gave the ______ to him or her.
Baa yá’áti’ígíí	yaa yiníyį/yeiníyį He/She gave the ______ to him or her.	yaa yiníyį/yeiníyį They (2) gave the ______ to him or her.	yaa deizyį They (3+) gave the ______ to him or her.

Ha’oodzíí’ nihá bee ’álnééh

Naaltsoos aseezį shaa dííyééł, t’áá shǫǫdí.	Naaltsoos aseezį shéíníyį.
You will give me the newspaper, please.	You gave me the newspaper.

Mushy matter

'Áhát'į 'Ániidííg̨íí: baa deeshtłoh I will give the **mushy matter** to him or her.		T'ahdoo 'áhánééhgóó **Future Mode**	
	Łah jidilt'éhígo	**Nizhdilt'éego**	**Díkwíjílt'éego**
Yáłti'ígíí	baa deeshtłoh I will give the ______ to him or her.	baa diitłoh We (2) will give the ______ to him or her.	baa dadiitłoh We (3+) will give the ______ to him or her.
Bich'į' yá'áti'ígíí	baa díítłoh You will give the ______ to him or her.	baa dohtłoh You (2) will give the ______ to him or her.	baa dadohtłoh You (3+) will give the ______ to him or her.
Baa yá'áti'ígíí	yaa yidootłoh/yeidootłoh He/She will give the ______ to him or her.	yaa yidootłoh/yeidootłoh They (2) will give the ______ to him or her.	yaa deidootłoh They (3+) will give the ______ to him or her.

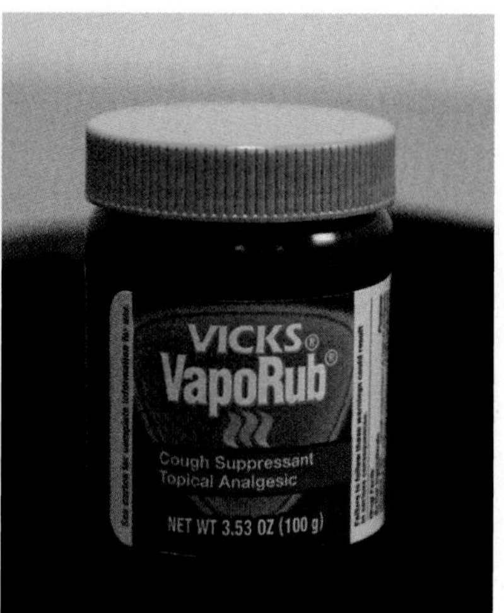

'Áhát'į 'Ániidííg̨íí: baa nítłéé' I gave the **mushy matter** to him or her.		T'áá'íídą́ą́' áhóót'įįdgo **Perfective Mode**	
	Łah jidilt'éhígo	**Nizhdilt'éego**	**Díkwíjílt'éego**
Yáłti'ígíí	baa nítłéé' I gave the ______ to him or her.	baa niitłéé' We (2) gave the ______ to him or her.	baa daniitłéé' We (3+) gave the ______ to him or her.
Bich'į' yá'áti'ígíí	baa yínítłéé'/béínítłéé' You gave the ______ to him or her.	baa nootłéé' You (2) gave the ______ to him or her.	baa danootłéé' You (3+) gave the ______ to him or her.
Baa yá'áti'ígíí	yaa yinítłéé'/yeinítłéé' He/She gave the ______ to him or her.	yaa yinítłéé'/yeinítłéé' They (2) gave the ______ to him or her.	yaa deiztłéé' They (3+) gave the ______ to him or her.

Ha'oodzíí' nihá bee 'álnééh

Tłah ła' shaa díítłoh, t'áá shǫǫdí.	Tłah ła' shéínítłéé'.
You will give me some lotion, please.	You gave me some lotion.

Object in an open container

'Áhát'į 'Ániidíígíí: baa deeshkááł I will give the **object in an open container** to him or her.	**T'ahdoo 'áhánééhgóó** **Future Mode**		
	Łah jidilt'éhígo	**Nizhdilt'éego**	**Díkwíjílt'éego**
Yáłti'ígíí	baa deeshkááł I will give the ______ to him or her.	baa diikááł We (2) will give the ______ to him or her.	baa dadiikááł We (3+) will give the ______ to him or her.
Bich'į' yá'áti'ígíí	baa díikááł You will give the ______ to him or her.	baa dohkááł You (2) will give the ______ to him or her.	baa dadohkááł You (3+) will give the ______ to him or her.
Baa yá'áti'ígíí	yaa yidookááł/yeidookááł He/She will give the ______to him or her.	yaa yidookááł/yeidookááł They (2) will give the ______ to him or her.	yaa deidookááł They (3+) will give the ______ to him or her.

'Áhát'į 'Ániidíígíí: baa níką́ I gave the **object in an open container** to him or her.	**T'áá'íídą́ą́' áhóót'įįdgo** **Perfective Mode**		
	Łah jidilt'éhígo	**Nizhdilt'éego**	**Díkwíjílt'éego**
Yáłti'ígíí	baa níką́ I gave the ______ to him or her.	baa niiką́ We (2) gave the ______ to him or her.	baa daniiką́ We (3+) gave the ______ to him or her.
Bich'į' yá'áti'ígíí	baa yíníką́/béíníką́ You gave the ______ to him or her.	baa nooką́ You (2) gave the______ to him or her.	baa danooką́ You (3+) gave the ______ to him or her.
Baa yá'áti'ígíí	yaa yiníką́/yeiníką́ He/She gave the ______ to him or her.	yaa yiníką́/yeiníką́ They (2) gave the ______ to him or her.	yaa deizką́ They (3+) gave the ______ to him or her.

Ha'oodzíí' nihá bee 'álnééh

Tóshchíín ła' shaa díikááł, t'áá shǫǫdí.	Tóshchíín ła' shéíníką́.
You will give me the cooked blue corn mush in an open container, please.	You gave me the cooked blue corn mush in an open container.

Rigid, elongated object

'Áhát'į 'Ániidííg̨íí: baa deeshtįįł I will give the **rigid, elongated object** to him or her.	T'ahdoo 'áhánééhgóó **Future Mode**	

	Łah jidilt'éhígo	Nizhdilt'éego	Díkwíjílt'éego
Yáłti'ígíí	baa deeshtįįł I will give the ______ to him or her.	baa diitįįł We (2) will give the ______ to him or her.	baa dadiitįįł We (3+) will give the ______ to him or her.
Bich'į' yá'áti'ígíí	baa díítįįł You will give the ______ to him or her.	baa dohtįįł You (2) will give the ______ to him or her.	baa dadohtįįł You (3+) will give the ______ to him or her.
Baa yá'áti'ígíí	yaa yidootįįł/yeidootííł He/She will give the ______ to him or her.	yaa yidootįįł/yeidootííł They (2) will give the ______ to him or her.	yaa deidootįįł They (3+) will give the ______ to him or her.

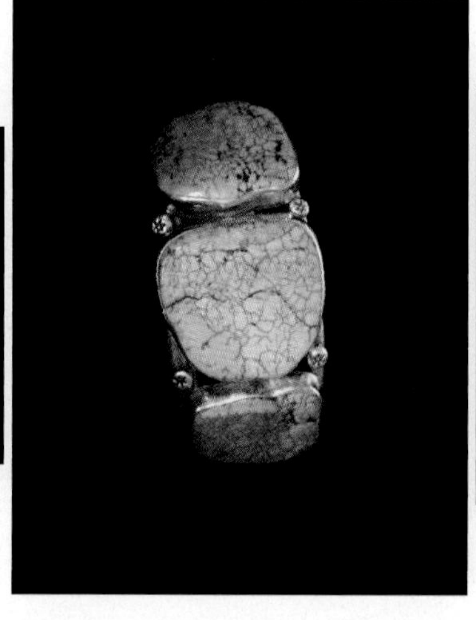

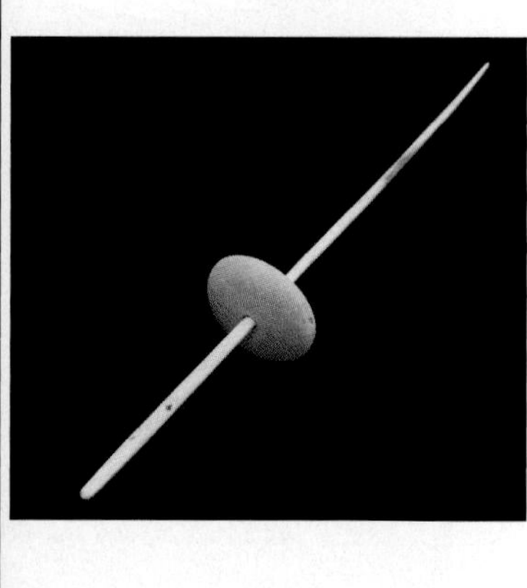

'Áhát'į 'Ániidííg̨íí: baa nítą́ I gave the **rigid, elongated object** to him or her.	T'áá'íídą́ą́' áhóót'įįdgo **Perfective Mode**	

	Łah jidilt'éhígo	Nizhdilt'éego	Díkwíjílt'éego
Yáłti'ígíí	baa nítą́ I gave the ______ to him or her.	baa niitą́ We (2) gave the ______ to him or her.	baa daniitą́ We (3+) gave the ______ to him or her.
Bich'į' yá'áti'ígíí	baa yínítą́/béínítą́ You gave the ______ to him or her.	baa nootą́ You (2) gave the ______ to him or her.	baa danootą́ You (3+) gave the ______ to him or her.
Baa yá'áti'ígíí	yaa yinítą́/yeinítą́ He/She gave the ______ to him or her.	yaa yinítą́/yeinítą́ They (2) gave the ______ to him or her.	yaa deiztą́ They (3+) gave the ______ to him or her.

Ha'oodzíí' nihá bee 'álnééh

Bee 'ak'e'alchíhí shaa díítįįł, t'áá shǫǫdí.	Bee 'ak'e'alchíhí shéínítą́.
You will give me the pencil, please.	You gave me the pencil.

Chapter 27 'Adą́ągi Saad Daabáhígíí
Eating Verbs

'Ahwééh daazhbéézh!

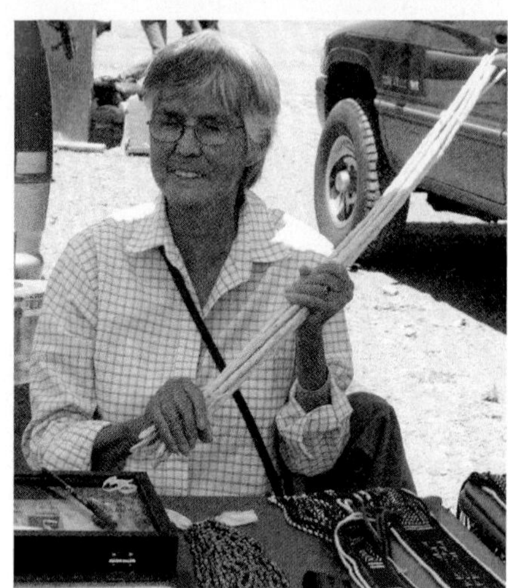

'Asdzą́ą́ bił hózhǫ́ǫgo 'ádístsiin baa nahaniih.

Food has always been a unifying element of Navajo life. Elders have built teachings around the activity of eating. For example, when his family sat down to eat, Bruce Yazzie Sr., a Navajo minister, would often remind his family of the importance of a peaceful atmosphere at the table. "*'Awéé' ayą́ągo doo bee nijinée da, háálá yisdá'í'dilteehgo yiniinaa 'ayą́. Baa hojoobá'íyee'*. When a baby is eating, no one should do anything to make the child cry. The child is eating only to promote his or her life. Sympathy is to be given to the child."

When Navajo men finish eating, they rub their hands on their legs and announce, *"Ahéhee' shada'sooltsood. Doo shąąh txééh da doo.* Thank you for this meal. I will be healthy because of this meal." They then rub their moccasins or shoes and say *"Dinishwo' dooleeł.* I will run fast." This practice should be a reminder to eat only healthy foods.

Of course, feasts are a central part of any Navajo celebration. Feasts are held to celebrate happy events such as a graduation, birthday, homecoming, new job, or the acquisition of a new pickup truck. Feasts are also held to rejoice at the birth of an infant, a successful harvest, or to honor life stages such as a baby's first laugh or puberty. Food and conversation are always part of the festivities.

The purpose of feasts goes beyond just having fun. Each meal is an affirmation of life, which strengthens familial ties, reinforces teachings, helps children to grow strong, and keeps the elders healthy.

Think of a baby's first laugh. When the announcement is made, " *'Awéé' ch'ídeeldlo'*!" the person who made the baby laugh is responsible for the hectic activity of the preparations for a feast, which is to take place before the sun goes down. The feast honors the joy of a new life, and the frantic preparations are part of the celebration of humor and happiness.

Other celebrations, such as a *Kinaaldá* (puberty ceremony), *'Alį́į́' Neelkaad* (a wedding) or *'Iidlish* (the blessing of a new home), call for specific traditional foods, prepared and shared as they have been for generations. These feasts allow the entire extended family and community to honor and share joy with individuals as they experience the most profound life events.

In Chapter 11, we learned the Navajo language has many different verbs for eating, each of which expresses the way the specific food is eaten. In this chapter, we will learn more of these eating verbs. It is important for you to learn the verbs contained in this chapter so you may contribute to the conversation at the table and enrich your eating experience.

It is important to remember that you cannot have any hostile feelings when you are cooking; otherwise, the food you cook will adversely affect your diners' health. Maintaining a positive attitude will promote the health and happiness of the people who come to your table.

'Áhát'į 'Ániidíígíí: yish'aał I am chewing it.		**K'ad áhooníiłgo Imperfective Mode**	
	Łah jidilt'éhígo	**Nizhdilt'éego**	**Díkwíjílt'éego**
Yáłti'ígíí	yish'aał	yiit'aał	deiit'aał
	I am chewing it.	We (2) are chewing it.	We (3+) are chewing it.
Bich'į' yá'áti'ígíí	ni'aał	woh'aał	daoh'aał
	You are chewing it.	You (2) are chewing it.	You (3+) are chewing it.
Baa yá'áti'ígíí	yi'aał	yi'aał	dei'aał
	He/She is chewing it.	They (2) are chewing it.	They (3+) are chewing it.

The direct object of *yish'aał* will be a hard food item that you have to chew, such as:

naadą́ą́'	corn	bááh dá'áka'í	crackers	dzidze'/didze'	juniper berries
ałk'ésdisí	hard candy	jeeh	gum	jeeh dildoní	bubble gum
bááh bisgą'	dried bread	'alóós	rice	neeshjį́zhii	dry steamed corn
naa'ółí	beans	'ałk'íniilgizh	jerky	nímasii bisgą'	potato chips

Ha'oodzíí' Dawólta'ígíí

Łah jidilt'éhígo
'Ałk'ésdisí 'ayóo łikango yish'aał.
Ha'át'íishą' ni'aał? Da' bááh dá'áka'í naakigoósh ni'aał?
Shicheii jeeh dildoní yi'aał. Ayóó 'íits'a'go yidiłdon.

Díkwíjílt'éego
Neeshjį́zhii shibéézhígíí deiit'aał. Neeshjį́zhii 'atsį' bił shibézhígíí haníígai wolyé.
Nihí dóó nida'niłkaadii 'ałk'íniilgizh siganígíí daoh'aał.
'Áłchíní náneeskaadí siganígíí ch'ééh dei'aał.

Nizhdilt'éego
'Alóós shibéézhígíí t'áá bízhánígo (by itself) yiit'aał.
Nihí tó wohdlą́ą́ dóó bááh łikaní siganígíí woh'aał.
Shimá sání dóó shimá dzidze' neest'ánígíí (ripened) 'ayóo bił łikango yi'aał.

’Áhát’į ’Ániidíígíí: deesh’ał I will chew it.		T’ahdoo ’áhánééhgóó Future Mode	
	Łah jidilt’éhígo	**Nizhdilt’éego**	**Díkwíjílt’éego**
Yáłti’ígíí	deesh’ał I will chew it.	diit’ał We (2) will chew it.	dadiit’ał We (3+) will chew it.
Bich’į’ yá’áti’ígíí	díí’ał You will chew it.	doh’ał You (2) will chew it.	dadoh’ał You (3+) will chew it.
Baa yá’áti’ígíí	yidoo’ał He/She will chew it.	yidoo’ał They (2) will chew it.	deidoo’ał They (3+) will chew it.

Ha’oodzíí’ Dawólta’ígíí

Łah jidilt’éhígo
’Ałk’ésdisí ’ayóo łikanígíí deesh’ał.
Da’ bááh dá’áka’í naakigoósh díí’ał?
Shicheii jeeh dildoní yidoo’ał. Ayóó ’íits’a’go yidiłdon dooleeł.

Nizhdilt’éego
’Alóós shibézhígíí t’áá bízhánígo ła’ diit’ał.
Nihí tó dohdlįįł dóó bááh łikaní siganígíí doh’ał.
Shimá sání dóó shimá dzidze’ neest’ánígíí ’ayóo bił łikango yidoo’ał.

Díkwíjílt’éego
Neeshjįzhii shibéézhígíí dadiit’ał. Neeshjįzhii ’atsį’ bił shibézhígíí haníígai wolyé.
Nihí dóó nida’niłkaadii ’ałk’íniilgizh siganígíí dadoh’ał.
’Áłchíní náneeskaadí siganígíí deidoo’ał.

’Áhát’į ’Ániidíígíí: yí’aal I chewed it.		T’áá’íídą́ą́’ áhóót’įįdgo Perfective Mode	
	Łah jidilt’éhígo	**Nizhdilt’éego**	**Díkwíjílt’éego**
Yáłti’ígíí	yí’aal I chewed it.	yiit’aal We (2) chewed it.	deiit’aal We (3+) chewed it.
Bich’į’ yá’áti’ígíí	yíní’aal You chewed it.	woo’aal You (2) chewed it.	dao’aal You (3+) chewed it.
Baa yá’áti’ígíí	yiyíí’aal He/She chewed it.	yiyíí’aal They (2) chewed it.	dayíí’aal They (3+) chewed it.

Ha’oodzíí’ Dawólta’ígíí

Łah jidilt’éhígo
’Ałk’ésdisí ’ayóo łikango yí’aal.
Da’ bááh dá’áka’í naakigoósh yíní’aal?
Shicheii jeeh dildoní yiyíí’aal. Ayóó ’íits’a’go yidiłdon nít’ę́ę́’.

Nizhdilt’éego
’Alóós shibézhígíí t’áá bízhánígo yiit’aal.
Nihí tó wohdlą́ą́’ dóó bááh łikaní siganígíí woo’aal.
Shimá sání dóó shimá dzidze’ neest’ánígíí ’ayóo bił łikango yiyíí’aal.

Díkwíjílt’éego
Haníígai neeshjįzhii bee ’ályaago deiit’aal.
Nihí dóó nida’niłkaadii ’ałk’íniilgizh siganígíísh dao’aal?
’Áłchíní náneeskaadí siganígíí dayíí’aal.

'Áhát'į 'Ániidíigíí: yists'ǫǫs I am sucking on it.		K'ad áhooníiłgo Imperfective Mode	
	Łah jidilt'éhígo	**Nizhdilt'éego**	**Díkwíjílt'éego**
Yáłti'ígíí	yists'ǫǫs I am sucking on it.	yiits'ǫǫs We (2) are sucking on it.	deiits'ǫǫs We (3+) are sucking on it.
Bich'į' yá'áti'ígíí	nits'ǫǫs You are sucking on it.	wohts'ǫǫs You (2) are sucking on it.	daohts'ǫǫs You (3+) are sucking on it.
Baa yá'áti'ígíí	yits'ǫǫs He/She is sucking on it.	yits'ǫǫs They (2) are sucking on it.	deits'ǫǫs They (3+) are sucking on it.

The direct object of this verb will be something that you suck on, such as:

tó łikán yistiní	frozen ice pop	'ałk'ésdisí nitł'izígíí	hard candy
tin tó bił daadlánígíí	ice cube	bee 'adlání, tó bee hadajiiłt'oodígíí	drinking from a straw
shílátsoh	my thumb	'ałk'íniilgizh siganígíí	jerky
awol (boiled)	bone marrow	'atsį' sit'éhígíí	cooked meat

Ha'oodzíí' Dawólta'ígíí

Łah jidilt'éhígo
Tó łikaní yistiní shéínítánígíí yists'ǫǫs.
Na', ałk'ésdisí nitł'izígíí ła' nits'ǫǫs.
Shitsilí 'awéé' nilínígíí bílátsoh yits'ǫǫs.

Nizhdilt'éego
'Ałk'íniilgizh siganígíí 'ayóo nitł'izgo biniinaa t'óó yiits'ǫǫs.
Da' bee 'adlání tó bee hadajiiłt'oodígíí bii'dóó tódilchxoshí wohts'ǫǫs?
'Ółta'í tin tó bił daadlánígíí yits'ǫǫs.

Díkwíjílt'éego
'Awol ayóo nihił daalkango deiits'ǫǫs.
'Ei tin tó bąąh daohts'ǫǫs.
'At'ééké tó łikaní yistinígíí bił daalkango deits'ǫǫs.

'Áhát'į 'Ániidíigíí: deests'ǫs I will suck on it.		T'ahdoo 'áhánééhgóó Future Mode	
	Łah jidilt'éhígo	**Nizhdilt'éego**	**Díkwíjílt'éego**
Yáłti'ígíí	deests'ǫs I will suck on it.	diits'ǫs We (2) will suck on it.	dadiits'ǫs We (3+) will suck on it.
Bich'į' yá'áti'ígíí	díits'ǫs You will suck on it.	dohts'ǫs You (2) will suck on it.	dadohts'ǫs You (3+) will suck on it.
Baa yá'áti'ígíí	yidoots'ǫs He/She will suck on it.	yidoots'ǫs They (2) will suck on it.	deidoots'ǫs They (3+) will suck on it.

Ha'oodzíí' Dawólta'ígíí

Łah jidilt'éhígo
Tó łikan yistiní ła' shaa nítįįh, deests'ǫs.
Na', ałk'ésdisí nitł'izígíí ła' dííts'ǫs.
Shitsilí 'awéé' nilínígíí bílátsoh yidoots'ǫs.

Díkwíjílt'éego
'Awol ayóo nihił daalkango dadiits'ǫs.
'Ei tin tó bąąh dadohts'ǫs.
'At'ééké tó łikan yistinígíí bił daalkango deidoots'ǫs.

Nizhdilt'éego
'Ałk'íniilgizh siganígíí 'ayóo nitł'izgo 'éí t'óó diits'ǫs.
Da' bee 'adlání tó bee hadajiiłt'oodígíísh bii'dóó tódilchxoshí dohts'ǫs?
'Ółta'í tin tó bił daadlánígíí yidoots'ǫs.

'Áhát'į 'Ániidíígíí: yíts'óóz I sucked on it.		T'áá'íídąą' áhóót'įįdgo Perfective Mode	
	Łah jidilt'éhígo	**Nizhdilt'éego**	**Díkwíjílt'éego**
Yáłti'ígíí	yíts'óóz	yiits'óóz	deiits'óóz
	I sucked on it.	We (2) sucked on it.	We (3+) sucked on it.
Bich'į' yá'áti'ígíí	yíníts'óóz	woots'óóz	daots'óóz
	You sucked on it.	You (2) sucked on it.	You (3+) sucked on it.
Baa yá'áti'ígíí	yiyííts'óóz	yiyííts'óóz	dayííts'óóz
	He/She sucked on it.	They (2) sucked on it.	They (3+) sucked on it.

Ha'oodzíí' Dawólta'ígíí

Łah jidilt'éhígo
Tó łikan yistiní shéínítánée yíts'óóz.
Da' ałk'ésdisí nitł'izígíí ła' yíníts'óóz?
Shitsilí 'awéé' nilínígíí bílátsoh yiyííts'óóz.

Díkwíjílt'éego
'Awol ayóo nihił daalkango deiits'óóz.
'Ei tin tó bąąh daots'óóz.
'At'ééké tó łikan yistinígíí bił daalkango dayííts'óóz.

Nizhdilt'éego
'Ałk'íniilgizh siganígíí 'ayóo nitł'izgo biniinaa t'óó yiits'óóz.
Da' bee 'adlání tó bee hadajiiłt'oodígíísh bii'dóó tódilchxoshí woots'óóz?
'Ółta'í tin tó bił daadlánígíí yiyííts'óóz.

'Áhát'į 'Ániidíígíí: yishnaad I am licking it.		K'ad áhooníiłgo Imperfective Mode	
	Łah jidilt'éhígo	**Nizhdilt'éego**	**Díkwíjílt'éego**
Yáłti'ígíí	yishnaad	yiilnaad	deiilnaad
	I am licking it.	We (2) are licking it.	We (3+) are licking it.
Bich'į' yá'áti'ígíí	niłnaad	wołnaad	daołnaad
	You are licking it.	You (2) are licking it.	You (3+) are licking it.
Baa yá'áti'ígíí	yiłnaad	yiłnaad	deiłnaad
	He/She is licking it.	They (2) are licking it.	They (3+) are licking it.

The direct object of *yishnaad* will be something that you lick. Notice that some food items can be the direct object of different eating verbs, depending on how you are eating the item. For example, a frozen ice pop can be licked or sucked. Use the verb that is the most accurate description of how you or others are eating the food item.

'ałk'ésdisí nitł'izígíí	hard candy	'áshįįh łikan	sugar
'Áshįįh, naaldlooshii bá ninát'áhígíí	salt block for animals	dleesh	fine sand
abe' yistiní	ice cream cone or ice cream bar	tó łikan yistinígíí	frozen ice pop
tin	ice	jélii	jam/jelly

Ha'oodzíí' Dawólta'ígíí

Łah jidilt'éhígo
Jélii bááh béstłé'ígíí (that which is spread on) yishnaad.
Tsxį́įłgo 'abe' yistiní niłnaad. Nits'ą́ą' nályį́įh (it is melting).
Nimá bitł'ízí yázhí 'áshįįh naaldlooshii bá ninát'áhígíí yiłnaad.

Nizhdilt'éego
T'áá'áníidlah (both of us) abe' yistiní, yas bee 'ályaaígíí, yiilnaad.
Tó łikan yistiní wołnaadígíísh ayóo łikan?
Shideezhí 'ałk'ésdisí nitł'izígíí hazhóó'ígo yiłnaad.

Díkwíjílt'éego
Díí 'áshįįh naaldlooshii bá ninát'áhígíí deiilnaad.
Ha'át'íishą' biniiyé 'áshįįh łikan daołnaad? Doo nihá yá'át'éeh da!
Níléí cháshk'ehdi 'áłchíní dleesh deiłnaad. Bá yá'át'éehgo 'át'é (it is good for them).

'Áhát'į 'Ániidíígíí: deeshnał **I will lick it.**		**T'ahdoo 'áhánééhgóó** **Future Mode**	
	Łah jidilt'éhígo	**Nizhdilt'éego**	**Díkwíjílt'éego**
Yáłti'ígíí	deeshnał I will lick it.	diilnał We (2) will lick it.	dadiilnał We (3+) will lick it.
Bich'į' yá'áti'ígíí	díílnał You will lick it.	doołnał You (2) will lick it.	dadoołnał You (3+) will lick it.
Baa yá'áti'ígíí	yidoołnał He/She/It will lick it.	yidoołnał They (2) will lick it.	deidoołnał They (3+) will lick it.

Ha'oodzíí' Dawólta'ígíí

Łah jidilt'éhígo
Jélii bááh béstłé'ígíí deeshnał.
Tsxį́įłgo 'abe' yistiní díílnał. Nits'ą́ą' didoołhįh.
Nimá bitł'ízí yázhí 'áshįįh naaldlooshii bá ninát'áhígíí yidoołnał.

Nizhdilt'éego
T'áá 'áníidlah abe' yistiní, yas bee 'ályaaígíí, diilnał.
Tó łikan yistiní doołnał. 'Ayóo daats'í łikan dooleeł.
Shideezhí 'ałk'ésdisí nitł'izígíí hazhóó'ígo yidoołnał.

Díkwíjílt'éego
Díí 'áshįįh naaldlooshii bá ninát'áhígíí dadiilnał.
Ha'át'íishą' biniiyé 'áshįįh łikan dadoołnał? Doo nihá yá'át'éeh da!
Níléí cháshk'ehdi 'áłchíní dleesh deidoołnał. Bá yá'át'éehgo'át'é.

'Áhát'į 'Ániidíígíí: yíłnáád I licked it.		T'áá'íídą́ą́' áhóót'įįdgo Perfective Mode	
	Łah jidilt'éhígo	**Nizhdilt'éego**	**Díkwíjílt'éego**
Yáłti'ígíí	yíłnáád I licked it.	yiilnáád We (2) licked it.	deiilnáád We (3+) licked it.
Bich'į' yá'áti'ígíí	yíníłnáád You licked it.	woołnáád You (2) licked it.	daołnáád You (3+) licked it.
Baa yá'áti'ígíí	yiyííłnáád He/She/It licked it.	yiyííłnáád They (2) licked it.	dayííłnáád They (3+) licked it.

Ha'oodzíí' Dawólta'ígíí

Łah jidilt'éhígo
Jélii bááh béstłé'ígíí yíłnáád.
'Abe' yistiní nits'ą́ą́' nályį́įhgo biniinaa tsxį́įłgo yíníłnáád.
Nimá bitł'ízí yázhí 'áshįįh naaldlooshii bá ninát'áhígíí yiyííłnáád.

Nizhdilt'éego
T'áá'ániidlah abe' yistiní, yas bee 'ályaaígíí, yiilnáád.
Tó łikan yistiní woołnáád.
Shideezhí 'ałk'ésdisí nitł'izígíí hazhóó'ígo yiyííłnáád.

Díkwíjílt'éego
Díí 'áshįįh naaldlooshii bá ninát'áhígíí deiilnáád.
Ha'át'íishą' biniiyé 'áshįįh łikan daołnáád. Doo nihá yá'át'ééh da!
Níléí cháshk'ehdi 'áłchíní dleesh dayííłynáád. Bá yá'át'éehgo 'át'é.

'Áhát'į 'Ániidíígíí: yishghał I am eating meat.		K'ad áhooníiłgo Imperfective Mode	
	Łah jidilt'éhígo	**Nizhdilt'éego**	**Díkwíjílt'éego**
Yáłti'ígíí	yishghał I am eating meat.	yiilghał We (2) are eating meat.	deiilghał We (3+) are eating meat.
Bich'į' yá'áti'ígíí	nilghał You are eating meat.	wołghał You (2) are eating meat.	daołghał You (3+) are eating meat.
Baa yá'áti'ígíí	yilghał He/She is eating meat.	yilghał They (2) are eating meat.	deilghał They (3+) are eating meat.

The direct object of *yishghał* will be meat that you eat.

dibé bitsį'	mutton	béégashii bitsį'	beef	bisóodi bitsį'	pork
'atsį' ał'ąą 'ádaat'éhígíí	meat of other animals	bįįh bitsį'	venison	dlǫ́ǫ́' bitsį'	prairie dog

Ha'oodzíí' Dawólta'ígíí

Łah jidilt'éhígo
Dibé bitsį' yishghał.
Béégashii bitsį' nilghałígíísh 'ayóo łikan?
Shicheii doo yáłti'góó t'óó dibé bitsį' yilghał.

Díkwíjílt'éego
Dibé bitsį' deiilghałígíí Na'nízhoozhídóó nidahaalnii'. Łikanísh?
'Atsį' tsíídkáá' sit'éhígíí daołghał.
Sáanii ch'iiyáán ádeiléehgo hastói 'éí bįįh bitsį' deilghał.

Nizhdilt'éego
Díí 'atsį' yiilghałígíísh tł'ízí bitsį' át'é? Łahgo 'át'éego 'áhálniih (tastes different).
'Eidí nihicheii yi'oh oolghal (your grandfather's leftover), ei atsį' wołghał.
Sáanii hooghandi dlóó' bitsį' yilghał.

'Áhát'į 'Ániidíígíí: deeshghał I will eat meat.		T'ahdoo 'áhánééhgóó Future Mode	
	Łah jidilt'éhígo	**Nizhdilt'éego**	**Díkwíjílt'éego**
Yáłti'ígíí	deeshghał I will eat meat.	diilghał We (2) will eat meat.	dadiilghał We (3+) will eat meat.
Bich'į' yá'áti'ígíí	díílghał You will eat meat.	doołghał You (2) will eat meat.	dadoołghał You (3+) will eat meat.
Baa yá'áti'ígíí	yidoolghał He/She will eat meat.	yidoolghał They (2) will eat meat.	deidoolghał They (3+) will eat meat.

Ha'oodzíí' Dawólta'ígíí

Łah jidilt'éhígo
Dibé bitsį' ła' deeshghał.
Béégashii bitsį' ła' díílghał.
Shicheii dibé bitsį' yidoolghał.

Díkwíjílt'éego
Dibé bitsį' dadiilghałígíí Na'nízhoozhídóó nidahaalnii'.
'Atsį' tsíídkáá' sit'éhígíí dadoołghał.
Sáanii ch'iiyáán ádeiléehgo hastói 'éí bįįh bitsį' deidoolghał.

Nizhdilt'éego
Tł'ízí bitsį'ísh ła' diilghał? Łahgo 'át'éego daats'í nił áhálniih dooleeł?
'Eidí 'atsį' nihicheii yi'oh oolghal. Ei 'atsį' doołghał.
Sáanii hooghandi nát'áazhgo dlóó' bitsį' yidoolghał.

'Áhát'į 'Ániidíígíí: yishghal I ate meat.		T'áá'íídąą' áhóót'įįdgo Perfective Mode	
	Łah jidilt'éhígo	**Nizhdilt'éego**	**Díkwíjílt'éego**
Yáłti'ígíí	yishghal I ate meat.	yiilghal We (2) ate meat.	deiilghal We (3+) ate meat.
Bich'į' yá'áti'ígíí	yínílghal You ate meat.	woołghal You (2) ate meat.	daołghal You (3+) ate meat.
Baa yá'áti'ígíí	yoolghal He/She ate meat.	yoolghal They (2) ate meat.	dayoolghal They (3+) ate meat.

Ha'oodzíí' Dawólta'ígíí

Łah jidilt'éhígo
Dibé bitsį' ayóó 'áhálniihgo (delicious) yishghal.
Béégashii bitsį' yínílghalígíísh 'ayóo łikan?
Shicheii doo yáłti'góó t'óó dibé bitsį' yoolghal.

Nizhdilt'éego
'Atsį' yiilghalígíísh tł'ízí bitsį' át'é? Łahgo 'át'éego 'áhálniih.
'Atsį' nihicheii yi'oh oolghalígíí woołghal.
Sáanii hooghandi dlóó' bitsį' yoolghal.

Díkwíjílt'éego
Dibé bitsį' deiilghalígíí Na'nízhoozhídóó nidahaalnii'. Łikan lá.
'Atsį' tsíídkáá' sit'éhígíí daołghal.
Sáanii ch'iiyáán ádeiléehgo hastói 'éí bįįh bitsį' dayoolghal.

'Áhát'į 'Ániidííigíí: yishchozh I am eating a leafy vegetable or intestines.	K'ad áhooníiłgo Imperfective Mode		
	Łah jidilt'éhígo	**Nizhdilt'éego**	**Díkwíjílt'éego**
Yáłti'ígíí	yishchozh	yiilchozh	deiilchozh
	I am eating a leafy vegetable or intestines.	We (2) are eating a leafy vegetable or intestines.	We (3+) are eating a leafy vegetable or intestines.
Bich'į' yá'áti'ígíí	niłchozh	wołchozh	daołchozh
	You are eating a leafy vegetable or intestines.	You (2) are eating a leafy vegetable or intestines.	You (3+) are eating a leafy vegetable or intestines.
Baa yá'áti'ígíí	yiłchozh	yiłchozh	deiłchozh
	He/She/It is eating a leafy vegetable or intestines.	They (2) are eating a leafy vegetable or intestines.	They (3+) are eating a leafy vegetable or intestines.

The direct object of *yishchozh* will be a vegetable or intestines that you eat or are eaten by animals.

ch'il łigaaí	lettuce	ch'il dootł'izhí	broccoli	'ach'íí'	intestines
abid	stomach of an animal	waa'	spinach or wild spinach	tł'oh	hay for animals

Ha'oodzíí' Dawólta'ígíí

Łah jidilt'éhígo
Díí dibé bich'íí' ayóó 'áhálniihgo yishchozh.
'Ei ch'il łigai ła' niłchozh. Ná yá'át'ééh.
Łį́į́'ísh aníť'i' yíighahgi tł'oh yiłchozh?

Nizhdilt'éego
'Ach'íí' dóó ch'il dootł'izhí náneeskaadí bił ałch'į' át'éego yiilchozh.
'Ei waa' wołchozhígíí nihidił (your blood) bá yá'át'ééh.
Dibé yázhí ch'il dóó tł'oh yiłchozh.

Díkwíjílt'éego
'Abid dóó 'ach'íí' ásaa naasdziidígíí deiilchozh. 'Ayóó 'áhálniih lá.
Ch'il łigaaí dóó ch'il dootł'izhí dóó waa' daołchozhgo doo nihąąh daatxééhgóó da'íínółta' doo.
'Áłchíní 'ach'íí' dóó 'abid tsíídkáa'gi sit'éhígíí deiłchozh.

'Áhát'į 'Ániidíígíí: deeshchosh I will eat a leafy vegetable or intestines.		T'ahdoo 'áhánééhgóó Future Mode	
	Łah jidilt'éhígo	**Nizhdilt'éego**	**Díkwíjílt'éego**
Yáłti'ígíí	deeshchosh I will eat a leafy vegetable or intestines.	diilchosh We (2) will eat a leafy vegetable or intestines.	dadiilchosh We (3+) will eat a leafy vegetable or intestines.
Bich'į' yá'áti'ígíí	dííłchosh You will eat a leafy vegetable or intestines.	doołchosh You (2) will eat a leafy vegetable or intestines.	dadoołchosh You (3+) will eat a leafy vegetable or intestines.
Baa yá'áti'ígíí	yidoołchosh He/She/It will eat a leafy vegetable or intestines.	yidoołchosh They (2) will eat a leafy vegetable or intestines.	deidoołchosh They (3+) will eat a leafy vegetable or intestines.

Ha'oodzíí' Dawólta'ígíí

Łah jidilt'éhígo
Díí dibé bich'íí' deeshchosh.
'Ei ch'il łigaí ła' dííłchosh. Ná yá'át'ééh.
Łíį' anít'i' yííghahgi tł'oh yidoołchosh.

Nizhdilt'éego
'Ach'íí' dóó ch'il dootł'izhí náneeskaadí bił ałch'į' át'éego diilchosh.
'Ei waa' doołchosh, nihidił bá yá'át'ééh.
Dibé yázhí ch'il dóó tł'oh yidoołchosh.

Díkwíjílt'éego
'Abid dóó 'ach'íí' ásaa naasdziidgo dadiilchosh. 'Ayóó 'áhálniihgo 'át'é.
Ch'il łigaai dóó ch'il dootł'izhí dóó waa' dadoołchosh, 'áko doo nihąąh daatxééhgóó da'íínółta' dooleeł.
'Áłchíní 'ach'íí' dóó 'abid tsíídkáa'gi sit'éhígíí deidoołchosh.

'Áhát'į 'Ániidíígíí: yíłchozh I ate a leafy vegetable or intestines.		T'áá'íídą́ą́' áhóót'įįdgo Perfective Mode	
	Łah jidilt'éhígo	**Nizhdilt'éego**	**Díkwíjílt'éego**
Yáłti'ígíí	yíłchozh I ate a leafy vegetable or intestines.	yiilchozh We (2) ate a leafy vegetable or intestines.	deiilchozh We (3+) ate a leafy vegetable or intestines.
Bich'į' yá'áti'ígíí	yíníłchozh You ate a leafy vegetable or intestines.	woołchozh You (2) ate a leafy vegetable or intestines.	daołchozh You (3+) ate a leafy vegetable or intestines.
Baa yá'áti'ígíí	yiyííłchozh He/She/It ate a leafy vegetable or intestines.	yiyííłchozh They (2) ate a leafy vegetable or intestines.	dayííłchozh They (3+) ate a leafy vegetable or intestines.

Ha'oodzíí' Dawólta'ígíí

Łah jidilt'éhígo
Dibé bich'íí' ayóó 'áhálniihgo yíłchozh.
'Ei ch'il łigaísh ła' yíníłchozh? Ná yá'át'ééh.
Łíį' anít'i' yííghahgi tł'oh yiyííłchozh.

Nizhdilt'éego
'Ach'íí' dóó ch'il dootł'izhí náneeskaadí bił ałch'į' át'éego yiilchozh.
'Ei waa' woołchozh, nihidił bá yá'át'ééh.
Dibé yázhí ch'il dóó tł'oh yiyííłchozh.

Díkwíjílt'éego
'Abid dóó 'ach'íí' ásaa naasdziidgo deiilchozh. 'Ayóó 'áhálniih lá.
Ch'il łigaai dóó ch'il dootł'izhí dóó waa' daołchozhígíí biniinaa doo nihąąh daatxééhgóó da'íínółta' dooleeł.
'Áłchíní 'ach'íí' dóó 'abid tsíídkáa'gi sit'éhígíísh dayííłchozh?

'Áhát'į 'Ániidíígíí: yists'ééh I am eating the mushy food.		K'ad áhooníiłgo Imperfective Mode	
	Łah jidilt'éhígo	**Nizhdilt'éego**	**Díkwíjílt'éego**
Yáłti'ígíí	yists'ééh	yiilts'ééh	deiilts'ééh
	I am eating the mushy food.	We (2) are eating the mushy food.	We (3+) are eating the mushy food.
Bich'į' yá'áti'ígíí	niłts'ééh	wołts'ééh	daołts'ééh
	You are eating the mushy food.	You (2) are eating the mushy food.	You (3+) are eating the mushy food.
Baa yá'áti'ígíí	yiłts'ééh	yiłts'ééh	deiłts'ééh
	He/She is eating the mushy food.	They (2) are eating the mushy food.	They (3+) are eating the mushy food.

The direct object of *yists'ééh* will be mushy food that you eat.

tóshchíín	blue corn meal mush	'abe' yistiní	ice cream	jélii	jelly
tsís'ná bitł'izh	honey	mandigíiyaa	butter	nímasii shibéezhgo yik'ánígíí	mashed potatoes

Ha'oodzíí' Dawólta'ígíí

Łah jidilt'éhígo
Tóshchíín shimá shá 'áyiilaaígíí yists'ééh.
Díí 'abe' yistiní tsxįįłgo niłts'ééh. Ałtsoh didoołhįh.
Bááh ádingo biniinaa 'ashkii jélii t'áá bízhánígo (by itself) yiłts'ééh.

Nizhdilt'éego
Tsís'ná bitł'izh naalyéhí bá hooghandóó nahaalnii' yęę ła' yiilts'ééh.
T'áadoo mandigíiyaa t'áá bízhání wołts'ééhí! Bááh béhtłoh (you 2 spread it on).
'Áłchíní jélii 'ałtsoh yiłts'ééh. K'adí bidohní (tell them that is enough)!

Díkwíjílt'éego
Abe' yistiní dinilchí'ígíí (that which is pink) nihił daalkango deiilts'ééh.
Béésh adee' ádin. T'óó nihíla' bee 'abe' yistiní daołts'ééh.
Táá' naaznilí bił haz'ánííjí hastóí dóó sáanii tóshchíín bił daalkango deiłts'ééh.

'Áhát'į 'Ániidíígíí: deests'ah I will eat the mushy food.		T'ahdoo 'áhánééhgóó Future Mode	
	Łah jidilt'éhígo	**Nizhdilt'éego**	**Díkwíjílt'éego**
Yáłti'ígíí	deests'ah	diilts'ah	dadiilts'ah
	I will eat the mushy food.	We (2) will eat the mushy food.	We (3+) will eat the mushy food.
Bich'į' yá'áti'ígíí	dííłts'ah	doołts'ah	dadoołts'ah
	You will eat the mushy food.	You (2) will eat the mushy food.	You (3+) will eat the mushy food.
Baa yá'áti'ígíí	yidoołts'ah	yidoołts'ah	deídoołts'ah
	He/She will eat the mushy food.	They (2) will eat the mushy food.	They (3+) will eat the mushy food.

Ha'oodzíí' Dawólta'ígíí

Łah jidilt'éhígo
Shimá tóshchíín shá 'áyiilaago 'éí ła' deests'ah.
Díí 'abe' yistiní tsxį́įłgo dííłts'ah. Ałtsoh didoołhįh.
Bááh ádingo biniinaa 'ashkii jélii t'áá bízhání yidoołts'ah.

Díkwíjílt'éego
Abe' yistiní dinilchí'ígíí nihił daalkanígíí ła' dadiilts'ah.
Béésh adee' ádin. T'óó nihíla' bee 'abe' yistiní dadoołts'ah.
Táá' naaznilí bił haz'áníjí hastói dóó sáanii tóshchíín deídoołts'ah.

Nizhdilt'éego
Tsís'ná bitł'izh naalyéhí bá hooghandóó nahaalnii'ígíí ła' diilts'ah.
Mandigíiyaa doo t'áá bízhání doołts'ah da! Bááh bídohtłoh .
'Áłchíní jélii 'ałtsoh yidoołts'ah. K'adí bidohní!

'Áhát'į 'Ániidíígíí: yíłts'ee' I ate the mushy food.		T'áá'íídą́ą' áhóót'įįdgo Perfective Mode	
	Łah jidilt'éhígo	**Nizhdilt'éego**	**Díkwíjílt'éego**
Yáłti'ígíí	yíłts'ee' I ate the mushy food.	yiilts'ee' We (2) ate the mushy food.	deiilts'ee' We (3+) ate the mushy food.
Bich'į' yá'áti'ígíí	yíníłts'ee' You ate the mushy food.	woołts'ee' You (2) ate the mushy food.	daołts'ee' You (3+) ate the mushy food.
Baa yá'áti'ígíí	yiyííłts'ee' He/She ate the mushy food.	yiyííłts'ee' They (2) ate the mushy food.	dayííłts'ee' They (3+) ate the mushy food.

Ha'oodzíí' Dawólta'ígíí

Łah jidilt'éhígo
Shimá tóshchíín shá 'áyiilaago ła' yíłts'ee'.
Doo 'ałtsoh didoołhįh da biniiyé 'abe' yistiní tsxį́įłgo yíníłts'ee'.
Bááh ádingo biniinaa 'ashkii jélii t'áá bízhání yiyííłts'ee'.

Díkwíjílt'éego
'Abe' yistiní dinilchí'ígíí nihił daalkanígíí ła' deiilts'ee'.
Béésh adee' ádingo biniinaa t'áá nihíla' bee 'abe' yistiní daołts'ee'.
Táá' naaznilí bił haz'áníjí hastói dóó sáanii tóshchíín bił daalkango dayííłts'ee'.

Nizhdilt'éego
Tsís'ná bitł'izh naalyéhí bá hooghandóó nahaalnii'ígíí ła' yiilts'ee'.
Mandigíiyaa t'áá bízhání woołts'ee' lá. Bááh t'áadoo bísootłée' da lá.
'Áłchíní jélii 'ałtsoh yiyííłts'ee'.

'Áhát'į 'Ániidíígíí: bídísht'ą́ą́h **I am chewing on a bone with meat on it to get the meat off of the bone.**	**K'ad áhooníiłgo** **Imperfective Mode**		
Even though this verb is very specific about the way you are eating, you will still specify exactly what food you are eating in this way. Only the imperfective mode of this verb will be presented.			
	Łah jidilt'éhígo	**Nizhdilt'éego**	**Díkwíjílt'éego**
Yáłti'ígíí	bídísht'ą́ą́h	bídiit'ą́ą́h	bídadiit'ą́ą́h
	I am chewing on a bone with meat on it to get the meat off of the bone.	We (2) are chewing on a bone with meat on it to get the meat off of the bone.	We (3+) are chewing on a bone with meat on it to get the meat off of the bone.
Bich'į' yá'áti'ígíí	bídít'ą́ą́h	bídóht'ą́ą́h	bídadoht'ą́ą́h
	You are chewing on a bone with meat on it to get the meat off of the bone.	You (2) are chewing on a bone with meat on it to get the meat off of the bone.	You (3+) are chewing on a bone with meat on it to get the meat off of the bone.
Baa yá'áti'ígíí	yídít'ą́ą́h	yídít'ą́ą́h	yídadit'ą́ą́h
	He/She is chewing on a bone with meat on it to get the meat off of the bone.	They (2) are chewing on a bone with meat on it to get the meat off of the bone.	They (3+) are chewing on a bone with meat on it to get the meat off of the bone.

The direct object of *bídísht'ą́ą́h* will be chewing a bone with meat on it to get the meat off of the bone.

'átsą́ą́'	mutton rib

Ha'oodzíí' Dawólta'ígíí

Łah jidilt'éhígo
Shimá sání 'átsą́ą́' ła'shá yidííłgizhgo (she cut one off) 'éí bídísht'ą́ą́h.
Nił hózhǫ́ǫgóósh átsą́ą́' bídít'ą́ą́h?
Shicheii 'átsą́ą́' ła' yídít'ą́ą́h.

Nizhdilt'éego
T'áá sáhí 'átsą́ą́' bídiit'ą́ą́h. 'Ayóó 'áhálniihgo bídiit'ą́ą́h.
'Ei 'ats'in hazhó'ó bídóht'ą́ą́h.
Shizhé'é yázhí t'áá sáhí 'átsą́ą́' yídít'ą́ą́h.

Díkwíjílt'éego
'Ayóó 'áhálniihgo 'átsą́ą́' bídadiit'ą́ą́h.
Tsį́įłgo, 'oolkił. Tsį́įłgo 'átsą́ą́' bídadoht'ą́ą́h.
Hastóí tł'óo'di 'átsą́ą́' yídadit'ą́ą́h.

'Áhát'į 'Ániidííigíí: yishdeeł I am eating the small, numerous items one or a few at a time.	K'ad áhooníiłgo Imperfective Mode		
	Łah jidilt'éhígo	**Nizhdilt'éego**	**Díkwíjílt'éego**
Yáłti'ígíí	yishdeeł I am eating the small, numerous items one or a few at a time.	yiildeeł We (2) are eating the small, numerous items one or a few at a time.	deiildeeł We (3+) are eating the small, numerous items one or a few at a time.
Bich'į' yá'áti'ígíí	nildeeł You are eating the small, numerous items one or a few at a time.	wołdeeł You (2) are eating the small, numerous items one or a few at a time.	daołdeeł You (3+) are eating the small, numerous items one or a few at a time.
Baa yá'áti'ígíí	yildeeł He/She is eating the small, numerous items one or a few at a time.	yildeeł They (2) are eating the small, numerous items one or a few at a time.	deildeeł They (3+) are eating the small, numerous items one or a few at a time.

The direct object of *yishdeeł* will be the small numerous items that you eat one at a time.

'ałk'ésdisí danímazígíí	small pieces of candy	naa'ółí	beans	naadą́ą́'	corn kernels
'alóós	rice	naadą́ą́' ak'áán	ground flour	neeshch'íí'	shelled pinon nuts
dzidze'	juniper berries	'áshįįh łikan	sugar	ch'il na'atł'o'ii	grapes

Ha'oodzíí' Dawólta'ígíí

Łah jidilt'éhígo
Ch'il na'at'o'ii ła' yishdeeł.
Ha'át'íishą biniiyé 'azee' (medicine-pills) nildeeł? Nitsiits'iinísh diniih?
'Ashkii yázhí 'áshįįh łikan yildeeł.

Díkwíjílt'éego
Naayízí bik'óó' nihił łikango biniinaa ła' deiildeeł.
'Ei neeshch'íí' t'áá díkwíhígo daołdeeł. Ak'ah lą'í bii' hóló.
'Áłchíní 'ałk'ésdisí 'ádaałts'íísígo danímazígíí deildeeł.

Nizhdilt'éego
Ch'iiyáán nihits'ą́ą́' ásdįįdgo biniinaa neeshch'íí' bits'iil (shell) t'áágédígíí (without) t'áá bízhánígo (by itself) yiildeeł.
Na', díí dzidze' wołdeeł. T'áá bízhání jildeełgo 'ayóo łikan.
Shizhé'é 'ałk'ésdisí 'ádaałts'íísígo danímazíígíí bił łikan léi' yildeeł.

'Áhát'į 'Ániidííígíí: deeshdił I will eat the small, numerous items one or a few at a time.		T'ahdoo 'áhánééhgóó Future Mode	
	Łah jidilt'éhígo	Nizhdilt'éego	Díkwíjílt'éego
Yáłti'ígíí	deeshdił	diildił	dadiildił
	I will eat the small, numerous items one or a few at a time.	We (2) will eat the small, numerous items one or a few at a time.	We (3+) will eat the small, numerous items one or a few at a time.
Bich'į' yá'áti'ígíí	dííldił	dołdił	dadołdił
	You will eat the small, numerous items one or a few at a time.	You (2) will eat the small, numerous items one or a few at a time.	You (3+) will eat the small, numerous items one or a few at a time.
Baa yá'áti'ígíí	yidooldił	yidooldił	deidooldił
	He/She will eat the small, numerous items one or a few at a time.	They (2) will eat the small, numerous items one or a few at a time.	They (3+) will eat the small, numerous items one or a few at a time.

Ha'oodzíí' Dawólta'ígíí

Łah jidilt'éhígo
Ch'il na'at'o'ii ła' deeshdił.
Ha'át'íísha̧ biniiyé 'azee' dííldił? Nitsiits'iinísh diniih?
'Ashkii yázhí 'áshįįh łikan yidooldił. T'áá baa 'ádahoołyą́.

Díkwíjílt'éego
Naayízí bik'óǫ' nihił daalkango biniinaa ła' dadiildił.
'Ei neeshch'íí' t'áá díkwíhígo dadołdił. Ak'ah lą'ígo bii' hólǫ́.
'Álchíní 'ałk'ésdisí 'ádaałts'íísígo danímazígíí ła' deidooldił.

Nizhdilt'éego
Ch'iiyáán nihits'ą́ą' ásdįįdgo biniinaa neeshch'íí' bits'iil t'áágédígíí t'áá bízhánígo diildił.
Díí dzidze' dołdił. T'áá bízhání jildeełgo 'ayóo łikan.
Shizhé'é 'ałk'ésdisí 'ádaałts'íísígo danímazígíí bił łikango yidooldił.

'Áhát'į 'Ániidííígíí: yishdéél I ate the small, numerous items one or a few at a time.		T'áá'íídą́ą' áhóót'įįdgo Perfective Mode	
	Łah jidilt'éhígo	Nizhdilt'éego	Díkwíjílt'éego
Yáłti'ígíí	yishdéél	yiildéél	deiildéél
	I ate the small, numerous items one or a few at a time.	We (2) ate the small, numerous items one or a few at a time.	We (3+) ate the small, numerous items one or a few at a time.
Bich'į' yá'áti'ígíí	yíníldéél	wołdéél	daołdéél
	You ate the small, numerous items one or a few at a time.	You (2) ate the small, numerous items one or a few at a time.	You (3+) ate the small, numerous items one or a few at a time.
Baa yá'áti'ígíí	yooldéél	yooldéél	dayooldéél
	He/She ate the small, numerous items one or a few at a time.	They (2) ate the small, numerous items one or a few at a time.	They (3+) ate the small, numerous items one or a few at a time.

Ha’oodzíí’ Dawólta’ígíí

Łah jidilt’éhígo
Ch’il na’at’o’ii ła’ yishdéél.
Ha’át’íishą biniiyé ’azee’ yíníldéél? Nitsiits’iinísh diniih?
’Ashkii yázhí ’áshįįh łikan yooldéél.

Nizhdilt’éego
Ch’iiyáán nihits’ąą’ ásdįįdgo biniinaa neeshch’íí’ bits’iil t’áágédígíí t’áá bízhánígo yiildéél.
Dzidze’ wołdéél. T’áá bízhání jildeełgo ’ayóo łikan.
Shizhé’é ałk’ésdisí ’ádaałts’íísígo danímazíígíí ’ayóo łikan léi’ yooldéél.

Díkwíjílt’éego
Naayízí bik’ǫǫ’ nihił daalkango biniinaa ła’ deiildéél.
’Ei neeshch’íí’ ak’ah lą’ígo bii’ hólǫǫgo biniinaa t’áá díkwíhígo daołdéél.
’Ałchíní ’ałk’ésdisí ’ádaałts’íísígo danímazígíí ’ałtso dayooldéél.

’Áhát’į ’Ániidíígíí: yishkeed **I am eating the food that has a rounded shape.** This verb pertains mostly to fruit.		**K’ad áhooníiłgo** **Imperfective Mode**	
	Łah jidilt’éhígo	**Nizhdilt’éego**	**Díkwíjílt’éego**
Yáłti’ígíí	yishkeed I am eating the food that has a rounded shape.	yiilkeed We (2) are eating the food that has a rounded shape.	deiilkeed We (3+) are eating the food that has a rounded shape.
Bich’į’ yá’áti’ígíí	nilkeed You are eating the food that has a rounded shape.	wołkeed You (2) are eating the food that has a rounded shape.	daołkeed You (3+) are eating the food that has a rounded shape.
Baa yá’áti’ígíí	yilkeed He/She is eating the food that has a rounded shape.	yilkeed They (2) are eating the food that has a rounded shape.	deilkeed They (3+) are eating the food that has a rounded shape.

The direct object of *yishkeed* will be a food that is round, such as:

ch’ééh jiyáán	watermelon	bilasáanaa	apple	ch’il łitsooí	orange
didzétsoh	peach	ta’neesk’ání	melon	ta’neesk’ání dich’ízhígíí	cantaloupe
bááh nímazí	biscuit				

Ha’oodzíí’ Dawólta’ígíí

Łah jidilt’éhígo
Díí bilasáanaa łichxí’ígíí ’ayóo shił łikango yishkeed.
Dá’ák’ehdi ta’neesk’ání nilkeed.
Shideezhí ch’il łitsooí naalyéhí bá hooghandóó nayiisnii’ígíí yilkeed.

Nizhdilt’éego
Ch’ééh jiyáán ayóó ’áníłtso léi’ yiilkeed
Díí ta’neesk’ání nihaa nish’aah. Wołkeed, ayóo łikan.
Shínaaí t’áá sáhí ta’neesk’ání dich’ízhígíí yilkeed.

Díkwíjílt’éego
Ch’il łitsooí ła deiilkeed.
Didzétsoh doo nihił daalkan da nidi ła’ daołkeed.
Chaha’ohdi sáanii ch’ééh jiyáán deilkeed.

'Áhát'į 'Ániidíígíí: deeshkił **I will eat the food that has a rounded shape.**		**T'ahdoo 'áhánééhgóó** **Future Mode**	
	Łah jidilt'éhígo	**Nizhdilt'éego**	**Díkwíjílt'éego**
Yáłti'ígíí	deeshkił	diilkił	dadiilkił
	I will eat the food that has a rounded shape.	We (2) will eat the food that has a rounded shape.	We (3+) will eat the food that has a rounded shape.
Bich'į' yá'áti'ígíí	díílkił	doołkił	dadoołkił
	You will eat the food that has a rounded shape.	You (2) will eat the food that has a rounded shape.	You (3+) will eat the food that has a rounded shape.
Baa yá'áti'ígíí	yidoolkił	yidoolkił	deidoolkił
	He/She will eat the food that has a rounded shape.	They (2) will eat the food that has a rounded shape.	They (3+) will eat the food that has a rounded shape.

Ha'oodzíí' Dawólta'ígíí

Łah jidilt'éhígo
Díí bilasáanaa łichxí'ígíí 'ayóo łikan nahalin, deeshkił.
Dá'ák'ehdi ta'neesk'ání díílkił.
Shideezhí ch'il łitsooí naalyéhí bá hooghandóó nayiisnii'ígíí yidoolkił.

Nizhdilt'éego
Ch'ééh jiyáán ayóó 'áníłtso léi' diilkił.
Díí ta'neesk'ání nihaa nish'aah. Doołkił. Ayóo łikan.
Shínaaí t'áá sáhí ta'neesk'ání dich'ízhígíí yidoolkił.

Díkwíjílt'éego
Ch'il łitsooí ła' dadiilkił.
Didzétsoh doo nihił daalkan da nidi ła' dadoołkił.
Chaha'ohdi sáanii ch'ééh jiyáán deidoolkił.

'Áhát'į 'Ániidíígíí: yishkid **I ate the food that has a rounded shape.**		**T'áá'íídą́ą́' áhóót'įįdgo** **Perfective Mode**	
	Łah jidilt'éhígo	**Nizhdilt'éego**	**Díkwíjílt'éego**
Yáłti'ígíí	yishkid	yiilkid	deiilkid
	I ate the food that has a rounded shape.	We (2) ate the food that has a rounded shape.	We (3+) ate the food that has a rounded shape.
Bich'į' yá'áti'ígíí	yínílkid	woołkid	daołkid
	You ate the food that has a rounded shape.	You (2) ate the food that has a rounded shape.	You (3+) ate the food that has a rounded shape.
Baa yá'áti'ígíí	yoolkid	yoolkid	dayoolkid
	He/She ate the food that has a rounded shape.	They (2) ate the food that has a rounded shape.	They (3+) ate the food that has a rounded shape.

Ha'oodzíí' Dawólta'ígíí

Łah jidilt'éhígo
Bilasáanaa łichxí'ígíí 'ayóo łikanígo yishkid.
Dá'ák'ehdiísh ta'neesk'ání yínílkid?
Shideezhí ch'il łitsooí naalyéhí bá hooghandóó nayiisnii'ígíí yoolkid.

Nizhdilt'éego
Ch'ééh jiyáán ayóó 'áníłtso léi' yiilkid.
Ta'neesk'ání nihaa ní'ánígíísh woołkid? Da' łikanísh lá?
Shínaaí t'áá sáhí ta'neesk'ání dich'ízhígíí yoolkid.

Díkwíjílt'éego
Ch'il łitsooí díkwíí shįį deiilkid.
Didzétsoh doo nihił daalkan da nidi ła' daołkid.
Chaha'ohdi sáanii ch'ééh jiyáán dayoolkid.

'Áhát'į 'Ániidíígíí: béshhháásh **I am using my teeth to clean the meat off of the bone or to get the fruit off of the rind.**		**K'ad áhooníiłgo** **Imperfective Mode**	
Only the Imperfective mode of the verb will be presented.			
	Łah jidilt'éhígo	**Nizhdilt'éego**	**Díkwíjílt'éego**
Yáłti'ígíí	béshhháásh	bíigáásh	bídeiigáásh
	I am using my teeth to clean the meat off of the bone or to get the fruit off of the rind.	We (2) are using our teeth to clean the meat off of the bone or to get the fruit off of the rind.	We (3+) are using our teeth to clean the meat off of the bone or to get the fruit off of the rind.
Bich'į' yá'áti'ígíí	bínígháásh	bóhháásh	bídaohháásh
	You are using your teeth to clean the meat off of the bone or to get the fruit off of the rind.	You (2) are using your teeth to clean the meat off of the bone or to get the fruit off of the rind.	You (3+) are using your teeth to clean the meat off of the bone or to get the fruit off of the rind.
Baa yá'áti'ígíí	yiígháásh	yiígháásh	yídeigháásh
	He/She/It is using his/her/its teeth to clean the meat off of the bone or to get the fruit off of the rind.	They (2) are using their teeth to clean the meat off of the bone or to get the fruit off of the rind.	They (3+) are using their teeth to clean the meat off of the bone or to get the fruit off of the rind.

The direct object of *béshháásh* will be a food item that I will eat by using my teeth to clean the meat off of the bone or to get the fruit off of the rind.

'ats'in shibézhígíí	bone	ch'ééh jiyáán bidoolgizhígíí	a slice of watermelon
ta'neesk'ání bidoolgizhígíí	a slice of melon	naadą́ą́' bitsiin naadą́ą́' t'áá bąąhígíí	corn on the cob

Ha'oodzíí' Dawólta'ígíí

Łah jidilt'éhígo
Ch'ééh jiyáán bidoolgizhígíí bikágí béshháásh.
Tsxį́į́łgo ch'il łitsooí bikágí (the rind) bidííníłdládígíí (that you tore off) bíníghááash.
'At'ééd ta'neesk'ání dich'ízhígíí ła' yidííłgizhgo (she cut a slice off) yííghááash.

Díkwíjílt'éego
Ch'il łitsooí dik'ǫ́zhígíí bikágí bídeiigááash.
Ch'ééh jiyáán t'áadoo t'óó bee nidaonéhí! Hazhó'ó bídaohhááash!
Diné naadą́ą́' bitsiin yídeiighááash.

Nizhdilt'éego
Ch'ééh jiyáán bidoolgizhígíí bíigááash.
'Ei 'ats'in shibézhígíí bóhhááash.
Shitsilíké ch'il łitsooí nitsaaígíí bikágí yííghááash.

'Áhát'į 'Ániidíígíí: yists'il **I am breaking the shell to eat the food item.**		**K'ad áhooníiłgo** **Imperfective Mode**	
Only the Imperfective mode of the verb will be presented.			
	Łah jidilt'éhígo	**Nizhdilt'éego**	**Díkwíjílt'éego**
Yáłti'ígíí	yists'il	yiilts'il	deiilts'il
	I am breaking the shell to eat the food item.	We (2) are breaking the shell to eat the food item.	We (3+) are breaking the shell to eat the food item.
Bich'į' yá'áti'ígíí	niłts'il	wołts'il	daołts'il
	You are breaking the shell to eat the food item.	You (2) are breaking the shell to eat the food item.	You (3+) are breaking the shell to eat the food item.
Baa yá'áti'ígíí	yiłts'il	yiłts'il	deiłts'il
	He/She/It is breaking the shell to eat the food item.	They (2) are breaking the shell to eat the food item.	They (3+) are breaking the shell to eat the food item.

The direct object of *yists'il* will be a food item with a shell that has to be broken before it is eaten, such as:

naayízí bik'ǫ́ǫ́'	squash seeds	neeshch'íí'	pinons
nidiyilii bik'ǫ́ǫ́'	sunflower seeds	naayízí łichí'ígíí bik'ǫ́ǫ́'	pumpkin seeds

Ha'oodzíí' Dawólta'ígíí

Łah jidilt'éhígo
Neeshch'íí' sit'éhígíí yists'il.
Ha'át'íishą' niłts'il? Da' nidíyílii bik'ǫǫ'ísh niłts'il?
Shinálí naayízí łichí'ígíí bik'ǫǫ' yiłts'il.

Díkwíjílt'éego
Neeshch'íí' shimá sheinííjaa'ígíí deiilts'il.
Da'ohsą́ą́sh? T'óósh nidíyílii bikǫǫ daołts'il?
Shínaaíké doo da'ayą́ą da. T'óó neeshch'íí' deiłts'il.

Nizhdilt'éego
Neeshch'íí' náheedlá'ígíí (the ones we picked) yiilts'il.
T'áadoo neeshch'íí' wołts'ilí, bits'iil (its shell) ni'góó nikidétąądgo (all over the floor) 'ádaohłaa.
Shimá naayízí bik'ǫǫ' yiłts'il.

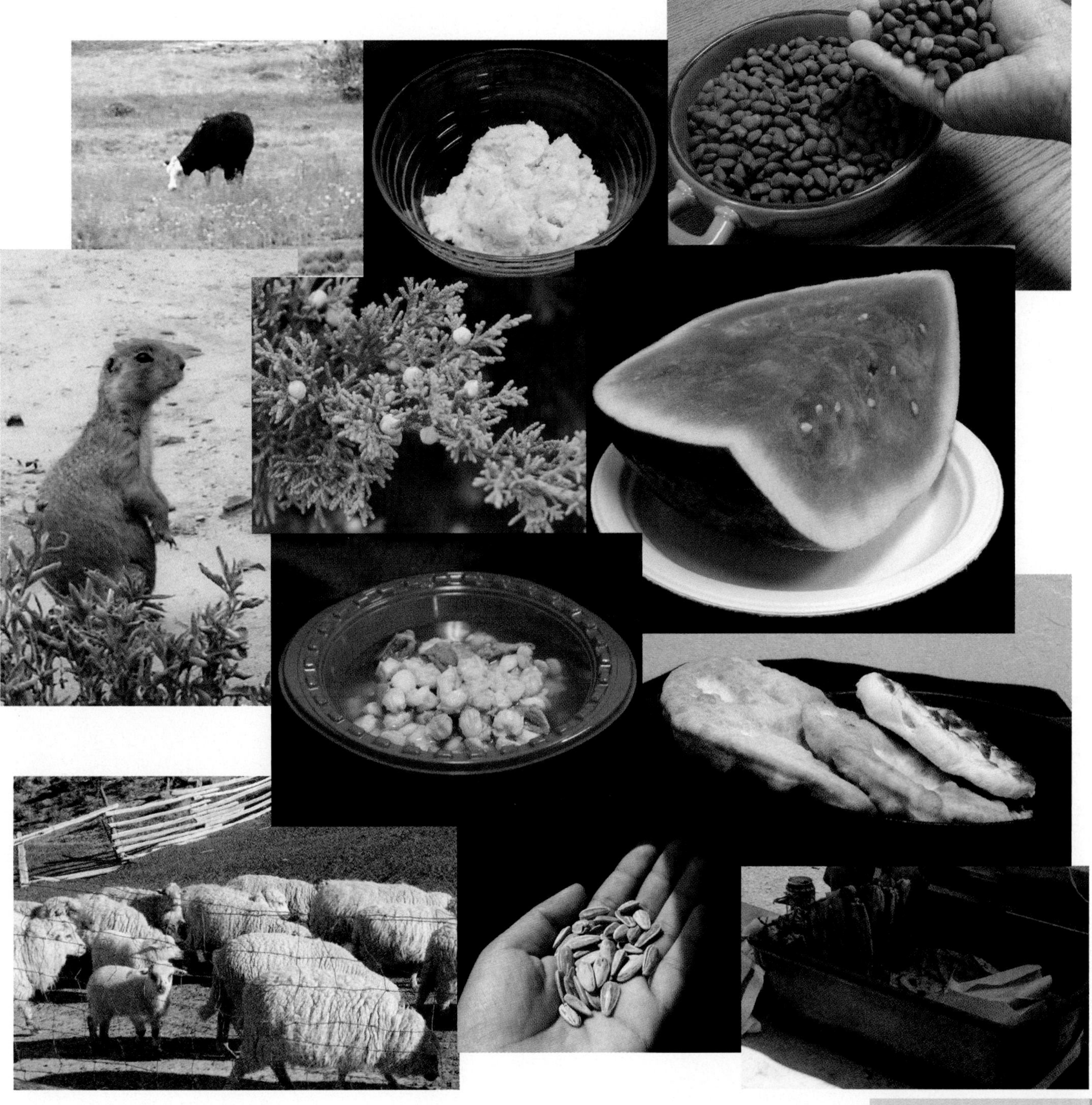

CHAPTER 28

T'áadoo Lé'é 'Ał'ąą 'Ádaat'éhígíí dóó T'áadoo Lé'é 'Ał'ąą 'Át'éego Nidaashch'ąą'ígíí dóó T'áadoo Lé'é 'Ał'ąą 'Át'éego Dadiits'a'ígíí

Textures, Shapes, Colors, and Sound Effects

The Navajo world consists of varying textures, dramatic shapes, and beautiful, vivid colors. The spectacular terrain of Monument Valley is known around the world and has "starred" in many films. However, the Navajo attitude toward the beauty all around does not depend on extraordinary vistas. If you are observant, you will see beauty all around you wherever you are on Dinetah. Raise your eyes to the hills that gently rise and fall. What shapes do you see? Travel around and near the Navajo Reservation to look for the sacred mountains. They create beautiful angles as they extend far into the sky, reaching for the blessings they may pass on to their Navajo people.

Take a trip to an elder's home and notice the rectangular shape of the *dá'ák'eh*. Feel the fertile soil that nurtures the cornfield. Take a cornhusk, flatten it out, and notice its shape, texture, and color. On a young plant, the corn husk is bright green; this color fades as the plant matures. Once separated from the corn cob, the husk begins to yellow, eventually turning a yellowish-white color at the end of its life.

Take a walk outside and look at the trees, taking special note of the shapes of the leaves and branches. See how the pale purple color of the juniper berry contrasts with the rich green color of the juniper branch. Watch for the tiny flowers that hug the ground for safety. Look up into the sky and see that your world contains the round sun that gives light for your daily activities. Spend the night outdoors and notice the full moon that announces fertility or the new crescent moon that predicts the weather.

A traditional Navajo *hooghan* is built with great attention to shapes and textures. On the outside you can see the texture of the fine sand that is combined with water and plastered on top of the logs to protect the *hooghan nímazí* from the elements. Observe how the logs and mud create a beautiful dome that blends into the environment.

Once inside, look up toward the ceiling and see the beautiful angles created by the logs as their ends crisscross two other logs (log cabin style). The logs on the roof are thoughtfully and painstakingly set in place. Longer logs lay at the edges, while progressively shorter logs make up the upper portion of the dome-shaped roof. A small hole – square, hexagonal, or octagonal – is left at the top of the dome. You can see the smoke escaping through the stovepipe from this hole. This construction allows for warmth in the winter and coolness in the summer.

If you are fortunate enough to have a relative who weaves, marvel at the shapes, colors, and textures of the rugs that she has meticulously woven. Feel the texture: it may be thick or thin, tight or loose. Notice the intricate designs, which reflect the weaver's environment as well as the patterns that danced in her mind.

Also, look at the elaborate designs on the Pendleton blankets that are draped over your elders' beds. Notice that the color combinations are much more vivid than the rug your relative is weaving, because these blankets use artificial dyes. Navajo weavers prefer the natural, vegetable dyes that come from their homeland; nevertheless, they treasure the Pendleton blankets because they are a reflection of their colorful Navajo world.

Watch the Navajo people as they go about their daily activities. When a Navajo woman is out to buy fabric, she examines the fabric not only with her eyes but also with her hands. She runs her hand over the fabric and holds it, getting a true sense of the material. The man who sharpens his knife on a stone will test the blade with his thumb, checking whether it is sharpened to his satisfaction.

Some elders disapprove of the way that children in schools are taught to ask a lot of questions and volunteer many personal opinions. It seems to them that such children are not being taught how to be observant. In the traditional Navajo view, one learns by patient, respectful observation of the world.

Placement of Navajo Adjectives

Notice that when a descriptive term or adjective is used with a noun, the noun usually comes first. This differs from the order in English. You may add the enclitic *–ígíí*, which means "that which is," on the end of a descriptive term.

Navajo:	díí	bááh	sigan (dry)
		noun	description
English:	this	dry	bread
		description	noun
Navajo:	díí	naaltsoos	dootł'izh
		noun	description
English:	this	blue	book
		description	noun

Saad Ániidíígíí: Bízhdílnihgo ’át’éhígíí bee béého̜zin
Textures

’Áłt’ą́ą́’í	It is thin.
Shizhé’é ’éétsoh ’áłt’ą́ą́’íígíí yiih híyá.	
Dit’ih	It is curdled.
Abe’ ahwééh biih yíziid yę́ę dit’ih silįį́’.	
Doolghas	It is corrugated./It has the pattern of tread on tires.
Chidí bikee’ doolghas.	
Tsits’aa’ naaltsoos bee ’ályaaígíí doolghas.	
Doolk’ool	It is wavy.
Tł’ízí bighaa’ doolk’ool.	
Dich’íízh	It is rough/chapped.
Shizhé’é bich’oozhla’ ayóo dich’íízh.	
Dilkǫǫh	It is smooth.
Shizhé’é bichidí be’akee’ dilkǫǫh.	
Dishoh	It has a nap (fabric).
Shimá sání bideijį’ éé’ dishoígíí yii’ sitį́.	
Disxǫs	It is shiny. (*Disxǫs* relates to appearance rather than texture, but the word is included here.)
Shibízhí biyoostsah doochohoo’į́įgóó disxǫs.	
Ditxą́	It is thick/deep.
Díí golchóón ditxánígíí bee hoozdoh.	
’Áłchíní tó ditánígíí yii’ nidaabé.	
Diwol	It is bumpy.
’Atiin ayóo diwol./Atiingóó ’ayóo hodiwol.	
Naana’	It is slippery. (Refers to fabric that is thin and silky.)
Díí naak’a’at’ą́hí doo yá’áshǫ́ǫgóó bina’anish, ’ayóo naana’.	
Naatxeeł	It is slippery. (Refers to an icy or slick surface.)
Łóó’ naatxeełgo biniinaa ch’ééh nídiishteeh.	
Nitł’iz	It is hard.
Tsé Dildǫ́’iidi tsé ’ayóo danitł’iz łeh.	
Sigan	It is hardened/dry.
Díí bááh siganígíí ch’ééh yish’aał.	
Yilcháázh	It is spongy/soft.
Díí yaateeł nizhónígo yilcháázh.	

Yilzhóólí	It is soft.
Shimá yázhí bibeeldléí yilzhóólí.	

Yishch'il	It is curly/wrinkled.
'Awéé' bitsii' yishch'il.	
Shi'éé' ayóo yishch'il.	

Saad Ániidíígíí: T'áadoo lé'é 'Ádanoolninígíí Shapes

'Adishah	It contains sharp points.
Béésh adishahí bee 'anít'i'.	
Dílkin	It is square/cubed.
Hooghan dílkinígíí bii' danihighan.	
Dílkingo hááhideeneez	It is in a rectangular block shape.
'Ólta' dílkingo hááhideeneezígíí bii' da'ííníilta'.	
Dik'ą	It is square.
Kintahdi kéyah dadik'ąągo bił hadahwiisdzoh (subdivided).	
Táajį'go 'adeez'á	It is a triangle.
'Ałch'į' adeez'á nésh'įįgo táajį'go 'ałch'į' adeez'á nahalingo si'ą.	
'Ashdlajį'go 'adeez'á	It is a pentagon.
Wááshindoondi nihisiláołtsooí yilą́ąjį' dah naháaztánígíí bikin, wódahdęę' (from up above) jinéł'įįgo 'ashdlajį'go 'adeez'áago si'ą.	
Hastą́ąjį'go 'adeez'á	It is a hexagon.
Hooghan nímazí yázhí hastą́ąjį'go 'adeez'áago 'ályaa.	
Tseebíijį'go 'adeez'á	It is an octagon.
Shinálí bihooghan nímazí tseebíijį'go 'adeez'áago bá 'ádeiilyaa.	
Bii' hoolts'aa'	It is concave.
Béésh adee' bii' hoolts'aa'ígíí bee 'atoo' yishdlą́.	
'Ałk'i sinil	Two items are on top of one another.
'Ashkii tsin niheeshjíí' ałk'i sinilgo 'áyiilaa.	
'Ałk'i dah naaznil	Three or more items are piled on one another.
Shimá dah díníilghaazh ałk'i dah naaznilgo 'ííléeh.	
Yistł'in	It is stacked.
Shitsilíké chizh yistł'ingo 'áyiilaa.	
Hááhaashchxii'	It comes to a sharp point.
Béésh ahédiłí/Béésh ahídídiłí (scissors) hááhaashchxii' léi' nahálnii'.	
Deigo hááhideeneez	It is standing tall.
Kin bii' nida'anishígíí deigo hááhideeneezgo si'ą.	

Hááhinoots'ee'	It is spiraled.
Bááh łikaní hááhinoots'ee'go 'íishłaa.	

Hideeneez	It is elongated.
Tsits'aa' hideeneezígíí ni'éé' biih niníił.	

Nástxas	It is curled up.
Łééchąą'í bitsee' deigo nástxas.	

Názbąs	It is circular.
Shimá náneeskaadí nizhónígo názbąsgo shizhé'é yá 'áyiilaa.	

Názhah	It is a partially open circle.
Shádí tsah názhahígíí yee ná'áłkad.	
Shimá sání biyoo' názhah bąąh dah si'ą́.	

Niteel	It is wide.
'Abání niteelígíí shaa níyeeh.	

Nít'i'	It is a line of objects.
Máazoo 'ałkéé' nít'i'.	

Nímaz	It is round.
Shitsilí bimáazoo nímaz.	

Níyiz	It is tubular.
Tóshjeeh níyiz.	

Yisdis	It is rolled up.
Shicheii bich'ah yisdis.	

Dijool	It is soft/rounded and puffy.
K'os dadijoolgo (plural) deiyílzhood (they are floating).	

Saad Áníidííğíí: 'Ádaníłtsooígíí dóó 'Anéelt'e'ígíí
Size and Quantity

'Áłts'íísí	It is little/short. *(Refers to one or two items)*
'Ałk'ésdisí 'áłts'íísígo ła' nisin.	
Shitsilí 'áłts'íísíyee'.	

'Ádaałts'íísí	They are little/short. *(Refers to more than two items)*
Bááh dootł'izhí 'ádaałts'íísígo 'ádaalyaa.	
'Áłchíní da'ółta'ígíí 'ádaałts'íísíyee'.	

'Áłch'į́įdí	a little bit (volume)
'Atoo' áłch'į́įdígo deiidlą́ą́'.	

Lą'ígo	a lot (volume)
'Atoo' lą'ígo deidlą́ą́'.	

Nitsaa	It is deep or may be a large solid object.
Nitsaago nihee deezhchxíil.	
Nitsxaaz	He/She/It is large.
Béésh bąąh dah si'ání nitzxaaz.	
Nineez	It is long or tall.
'Akał bistłee'ii tł'óół nineezígíí yee 'adiloh.	
'Ayóó 'áníłtsoh	It is really big.
Shicheii bichidí bikée'jį' adeez'áhí 'ayóó 'áníłtsoh.	
Bilááh 'áníłtsoh	It is too big for it.
Hastiin bi'éé' bilááh áníłtsohgo yee naaghá.	
'Ach'į'go 'áníłtso	It is smaller than________.
'Ashkii bi'éé' ach'į'go áníłtsoh, bínaaí 'éí bi'éé' danitsaa.	
Hadeezbin	It is full.
Shidá'í tóshjeeh tó bee hadeezbingo niiníyį.	

Saad Ániidíígíí: 'Ał'ąą 'Ádaat'éego Nidaashch'ąą'ígíí

To talk about the many colors of Dinétah, there are a number of basic color terms, but these are hardly sufficient to describe all of the subtle shades and hues that shift with the changing light. Many more colors can be labeled using descriptive terms, such as *yágo dootł'izh* "blue like the sky" or *yéego łitsoh* "really yellow" (orange).

dootł'izh	blue
Bilagáanaa hastiin bináá' dootł'izh.	
łibáh	grey
Shimá sání bitsii' łibáh.	
łichxíí'	red
Shimá yázhí bi'éé tsoh łichxíí'.	
łitsoh	yellow
Bilagáanaa 'asdzáá bitsii' łitsoh.	
yéego łitsxoh	orange
Ch'il łitsooí bikágí yéego łitsxoh.	
łizhin	black
Shizhé'é bitsii' łizhin.	
łigai	white
K'os łigaigo yilzhoł.	
tátł'id	green
Tsin bit'ąą' tátł'idgo naashch'ąą'.	

tsédídééh	purple
Shinálí 'asdzáníígíí bideijį'éé' dishoh dóó tsédídéehgo naashch'ąą'.	
dibéłchí'í	brown
Nihighan nímazí łeezh bee dibéłchí'ígo naashch'ąą'.	
dinilchíí'	pink
'Awéé' biniitsį' dinilchxíí'.	
łizhingo dootł'izh	royal blue, navy blue
Shicheii bichídí nizhóní dóó łizhingo dootł'izh.	
yáhgo dootł'izh	sky blue (yáh = sky)
Shimá 'awéé' bibeeldléí yágo dootł'izhgo 'áyiilaa.	

'Áhát'į 'Ániidíígíí: na'ashch'ąąh I am drawing.		K'ad áhooníiłgo Imperfective Mode	

This set of verbs *na'ashch'ąąh, ni'deeshch'ąh,* and *ni'shéch'ąą'* refers only to the act of drawing and does not require a direct object. In most of the example sentences you will read, we specify the surface upon which you are drawing by using the postposition *bikáá'/yikáá'* "on top of it."

	Łah jidilt'éhígo	Nizhdilt'éego	Díkwíjílt'éego
Yałti'ígíí	na'ashch'ąąh I am drawing.	na'iich'ąąh We (2) are drawing.	nida'iich'ąąh We (3+) are drawing.
Bich'į' yá'áti'ígíí	na'ích'ąąh You are drawing.	na'ohch'ąąh You (2) are drawing.	nida'ohch'ąąh You (3+) are drawing.
Baa yá'áti'ígíí	na'ach'ąąh He/She is drawing.	na'ach'ąąh They (2) are drawing.	nida'ach'ąąh They (3+) are drawing.

Ha'oodzíí' Dawólta'ígíí

Łah jidilt'éhígo
Hooghandi naaltsoos áłt'ąą'íígíí bikáá' na'ashch'ąąh.
Tł'óo'di díí naaltsoos ditánígíí bikáá' na'ích'ąąh.
Chaha'oh biyaagi shizhé'é naaltsoos nitł'izígíí yikáá' na'ach'ąąh.

Díkwíjílt'éego
Díí naaltsoos ayóo diwol nidi bikáá' nida'iich'ąąh.
'Ei bikáá' na'ach'ąąhí dich'ízhígíí bikáá' nida'ohch'ąąh.
'Áłchíní 'ashdla' yilt'éego 'ólta' góne'é nida'ach'ąąh.

Nizhdilt'éego
Nihimá sání bighandi naaltsoos niteelígíí bikáá' na'iich'ąąh.
Bikáá' na'ach'ąąhí nizhónígo bikáá' na'ohch'ąąh.
'Ashiiké naaltsoos dinilchí'ígíí yikáá' na'ach'ąąh.

'Áhát'į 'Ániidíígíí: ni'deeshch'ąh I will draw.		T'ahdoo 'áhánééhgóó Future Mode	
	Łah jidilt'éhígo	**Nizhdilt'éego**	**Díkwíjílt'éego**
Yałti'ígíí	ni'deeshch'ąh I will draw.	ni'diich'ąh We (2) will draw.	nida'diich'ąh We (3+) will draw.
Bich'į' yá'áti'ígíí	ni'díích'ąh You will draw.	ni'dohch'ąh You (2) will draw.	nida'dohch'ąh You (3+) will draw.
Baa yá'áti'ígíí	ni'dooch'ąh He/She will draw.	ni'dooch'ąh They (2) will draw.	nida'dooch'ąh They (3+) will draw.

Ha'oodzíí' Dawólta'ígíí

Łah jidilt'éhígo
Yiskáago hooghandi naaltsoos áłt'áá'ígíí bikáa'gi ni'deeshch'ąh.
'I'íí'áago tł'óo'di díí naaltsoos ditánígíí bikáá' ni'díích'ąh.
Hodíínáá'ígo chaha'oh biyaagi shizhé'é naaltsoos nitł'izígíí yikáá' ni'dooch'ąh.

Nizhdilt'éego
Naaki yiskáago nihimá sání bighandi naaltsoos niteelígíí bikáá' ni'diich'ąh.
Náádímóogo bikáá' na'ach'ąąhí nizhónígo bikáá' ni'dohch'ąh.
Dimóo biiskánígo 'ashiiké naaltsoos dinilchí'ígíí yikáá' ni'dooch'ąh.

Díkwíjílt'éego
Yiskáago 'ałní'ní'áádóó bik'ijį' díí naaltsoos ayóo diwol nidi bikáá' nida'diich'ąh.
Naaki dímóogo 'ei bikáá' na'ach'ąąhí dich'íízhígíí bikáá' nida'dohch'ąh.
Nida'iiníishgo 'áłchíní 'ashdla' yilt'éego 'ólta' góne'é nida'dooch'ąh.

'Áhát'į 'Ádiidíígíí: ni'shéch'ąą' I drew.		T'áá'íídáą' áhóót'įįdgo Perfective Mode	
	Łah jidilt'éhígo	**Nizhdilt'éego**	**Díkwíjílt'éego**
Yałti'ígíí	ni'shéch'ąą'	ni'shiich'ąą'	nida'shiich'ąą'
	I drew.	We (2) drew.	We (3+) drew.
Bich'į' yá'áti'ígíí	ni'shíních'ąą'	ni'shooch'ąą'	nida'shooch'ąą'
	You drew.	You (2) drew.	You (3+) drew.
Baa yá'áti'ígíí	na'azhch'ąą'	na'azhch'ąą	nida'azhch'ąą'
	He/She drew.	They (2) drew.	They (3+) drew.

Ha'oodzíí' Dawólta'ígíí

Łah jidilt'éhígo
'Adáádáą' hooghandi naaltsoos áłt'áá'ígíí bikáá' ni'shéch'ąą'.
Tł'óo'di díí naaltsoos ditánígíí bikáá' ni'shíních'ąą'.
'I'íí'áádáą' chaha'oh biyaagi shizhé'é naaltsoos nitł'izígíí yikáá' na'azhch'ąą'.

Nizhdilt'éego
Tł'éédáą' nihimá sání bighandi naaltsoos niteelígíí bikáá' ni'shiich'ąą'.
'Ałní'ní'áádáą' bikáá' na'ach'ąąhí nizhónígo bikáá' ni'shooch'ąą'.
Haidáą' ashiiké naaltsoos dinilchí'ígíí yikáá' na'azhch'ąą'.

Díkwíjílt'éego
Ła' dimóo yę́ędáą' díí naaltsoos ayóo diwol nidi bikáá' nida'shiich'ąą'.
Jįįdáą' nihinálí bighandi 'ei bikáá' na'ach'ąąhí dich'íízhígíí bikáá' nida'shooch'ąą'.
Kóhoot'éédáą' áłchíní 'ashdla' yilt'éego 'ólta' góne'é nida'azhch'ąą'.

'Áhát'į 'Ániidíígíí: naashch'ąąh I am drawing it.		K'ad áhooníiłgo Imperfective Mode	
The verbs *naashch'ąąh, nideeshch'ąh*, and *nishéch'ąą'* are different from the previous ones. These require a direct object specifying what you are drawing.			
	Łah jidilt'éhígo	**Nizhdilt'éego**	**Díkwíjílt'éego**
Yałti'ígíí	naashch'ąąh I am drawing it.	neiich'ąąh We (2) are drawing it.	nideiich'ąąh We (3+) are drawing it.
Bich'į' yá'áti'ígíí	nanich'ąąh You are drawing it.	naohch'ąąh You (2) are drawing it.	nidaohch'ąąh You (3+) are drawing it.
Baa yá'áti'ígíí	neich'ąąh He/She is drawing it.	neich'ąąh They (2) are drawing it.	nideich'ąąh They (3+) are drawing it.

Ha'oodzíí' Dawólta'ígíí

Łah jidilt'éhígo	Nizhdilt'éego
Shimá sání bitsii' yishch'ilgo naashch'ąąh.	Łeets'aa' niteelígíí naaltsoos bikáa'gi łizhingo neiich'ąąh.
Tsits'aa' dik'ą́ągo dóó łichxíi'go nanich'ąąh.	Nihighan bich'é'étiindóó (from the entrance) tł'óo'jigo 'áhonoolninígíí naohch'ąąh.
'Ashkii bicheii biké nidoots'ózii deigo (upwards) nástxasgo neich'ąąh.	'At'ééké 'asdzą́ą́ bichį́įh niteelgo neich'ąąh.

Díkwíjílt'éego
Shí dóó bá'ólta'í dóó 'ashkii k'os łigaidóó dijoolgo nideiich'ąąh.
Chidí nímazí bił yaa 'az'ánígíí daaltsogo (several yellow) 'ałkéé' (one after another) naazį́įgo nidaohch'ąąh.
Áłchíní dabimá sání bighan nímazí dóó bidá'ák'eh nideich'ąąh.

'Áhát'į 'Ániidíígíí: nideeshch'ąh I will draw it.		T'ahdoo 'áhánééhgóó Future Mode	
	Łah jidilt'éhígo	**Nizhdilt'éego**	**Díkwíjílt'éego**
Yałti'ígíí	nideeshch'ąh I will draw it.	nidiich'ąh We (2) will draw it.	nidadiich'ąh We (3+) will draw it.
Bich'į' yá'áti'ígíí	nidíích'ąh You will draw it.	nidohch'ąh You (2) will draw it.	nidadohch'ąh You (3+) will draw it.
Baa yá'áti'ígíí	neidooch'ąh He/She will draw it.	neidooch'ąh They (2) will draw it.	nideidooch'ąh They (3+) will draw it.

Ha'oodzíí' Dawólta'ígíí

Łah jidilt'éhígo
Yiskąągo shimá sání bitsii' yishch'ilgo nideeshch'ąh.
Nida'iiníshgo tsits'aa' dik'ąągo dóó łichxíi'go nidíích'ąh.
Díítł'éé' ashkii bicheii biké nidoots'ózii deigo nástxasgo neidooch'ąh.

Nizhdilt'éego
Hodíínáá'ígo łeets'aa' niteelígíí naaltsoos bikáa'gi łizhingo nidiich'ąh.
Táá' yiskąągo nihighan bich'é'étiindóó tł'óo'jigo 'áhonoolnínígíí nidohch'ąh.
Hiłiijįį'go 'at'ééké 'asdząą bichį́įh niteelgo neidooch'ąh.

Díkwíjílt'éego
Yaa 'a'deez'ąągo shí dóó bá'ólta'í dóó 'ashkii k'os łigai dóó dijoolgo nidadiich'ąh.
Chidí nímazí bił yaa 'az'ánígíí daaltsogo dóó 'ałkéé' naazįįgo nidadohch'ąh.
'I'íí'ąągo 'ałchíní dabimá sání bighan nímazí dóó bidá'ák'eh nideidooch'ąh.

'Áhát'į 'Ániidíígíí: nishéch'ąą' **I drew it.**		**T'áá'íídąą' áhóót'įįdgo** **Perfective Mode**	
	Łah jidilt'éhígo	**Nizhdilt'éego**	**Díkwíjílt'éego**
Yałti'ígíí	nishéch'ąą'	nishiich'ąą'	nidashiich'ąą'
	I drew it.	We (2) drew it.	We (3+) drew it.
Bich'į' yá'áti'ígíí	nishíních'ąą'	nishooch'ąą'	nidashooch'ąą'
	You drew it.	You (2) drew it.	You (3+) drew it.
Baa yá'áti'ígíí	neizhch'ąą'	neizhch'ąą'	nideizhch'ąą'
	He/She drew it.	They (2) drew it.	They (3+) drew it.

Ha'oodzíí' Dawólta'ígíí

Łah jidilt'éhígo
'Ałk'idąą' shimá sání bitsii' yishch'ilgo nishéch'ąą'.
Táá' yiskánídąą' tsits'aa' dik'ąągo dóó łichxíi'go nishíních'ąą'.
Tł'éédąą' ashkii bicheii biké nidoots'ózii deigo nástxasgo neizhch'ąą'.

Nizhdilt'éego
Daądąą' łeets'aa' niteelígíí naaltsoos bikáa'gi łizhingo nishiich'ąą'.
'Adąądąą', dei' adeez'ąągo nihighan bich'é'étiindóó tł'óo'jigo 'áhonoolnínígíí nishooch'ąą'.
'Áníídí 'at'ééké 'asdząą bichį́įh niteelgo neizhch'ąą'.

Díkwíjílt'éego
Naaki yiskánídąą', 'ałní'ní'ąądóó bik'ijį' shí dóó bá'ólta'í dóó 'ashkii k'os łigai dóó dijoolgo nidashiich'ąą'.
Jįįdąą', yaa 'a'deez'ąągo chidí nímazí bił yaa 'az'ánígíí daaltsogo dóó 'ałkéé' naazįįgo nidashooch'ąą'.
'Abíínídąą' álchíní dabimá sání bighan nímazí dóó bidá'ák'eh nideizhch'ąą'.

Saad Ániidíígíí: Saad t'áadoo le'é dadiits'a'go yaa halne'ígíí
Sound Effects

It has been stated many times that the Navajo language is a descriptive language. The sound effects that Navajos incorporate into their speech are testimony to this. The sound effects also add humor to a conversation.

We thought it would be fun to include some sound effects in this lesson. To use these sound effects in a sentence, you might say:

______________________ yiists'ą́ą́'ii' (the sound that was made) and then tell in Navajo what action made that
(sound effect)

sound to complete the sentence.

______________________ yiits'a'go (as it is making that sound) and then tell in Navajo what action made that
(sound effect)

sound to complete the sentence.

Notice how each sound effect is used in the sentences below.

Ts'ibag!	hitting something
Ts'ibag yiits'a'go shimá sání taos'nii' íílééh.	
Ts'itł'ah!	hitting or slapping sound
Ts'itł'ah yiits'a'go 'ashkii jooł néidííkaad (he slapped it).	
Ts'iboh!	hitting the ground sound
Ts'iboh yiits'ą́ą́'ii' ashkii nikíneesnih (hit his head on the ground).	
Ts'itł'ish!	the sound of slapping water or slapping something wet
'Asdzą́ą́, "ts'itł'ish, ts'itł'ish," yiits'a'go hashtł'ish yii' yilwoł.	
Ts'iyę'!	a loud thud/the sound a person makes when they fall and hit the floor
Ts'iyę' yiists'ą́ą́'ii' ashkii tsásk'eh yikáá'dę́ę́' adáátłizh (he fell off).	
Ts'igą'!	one large, hard item hitting another
Ts'igą' yiists'ą́ą́'ii' shínaaí hooghan yik'ą́ą́h i'íílbą́ą́z (he ran into it with a vehicle).	
Ts'ikal!	a chopping sound
Ts'ikal yiists'ą́ą́'ii' ashkii jooł yikalí 'ayídzíílhxaal (he hit it with a bat).	
Ts'ighaz!	sounds of frantic activity
Ts'ighaz yiists'ą́ą́'ii' hastiin náhidiitah (he jumped up).	
Zíil, zíil, zíil, zíil!	the sound of bells
Zíil, zíil, zíil, yiits'a'go Késhmishgo be'eldíil dadiits'a'.	
Jah, jah, jah, jah!	the sound of a vehicle with loose parts
Shizhé'é yázhí jah, jah, jah, yiits'a'go bichidí dah naałdaasgo (loosened parts shaking up and down) bił yilwoł.	
Chog, chog, chog, chog!	the sound of an old engine running
Bá'ólta'í, chog, chog, chog yiits'a'go chidí sání bił yilwoł.	
Gǫǫzh, gǫǫzh, gǫǫzh	a crunching sound
Shizeedí, "Gǫǫzh, gǫǫzh, gǫǫzh," yiits'a'go báah bisgą' yi'aał.	
Tłog, tłog, tłog	sound made when an oversized pair of shoes is worn
Shimá sání bikee' bilááh áníłtsogo biniinaa tłog, tłog, tłog, yiits'a'go shikéé' yigááł.	

Mal, mal, mal, mal!	sound applied to speech not understood or someone eating hurriedly
'Ashiiké mal, mal, mal, yiits'a'go tsį́įłgo 'íiyą́ą'.	
Gíz, gíz, gíz, gíz!	squeaking sound
Shimá bichidí gíz, gíz, gíz yiits'a'go bił eelwod.	
Wąǫw!	growl
Łééchąą yázhí "Wąǫw," níigo naané.	
Ts'izǫ́ǫz!	whirring sound
Ts'izǫ́ǫz yiits'a'go shicheii bich'ah yiłmazgo (waving) tsís'ná yaa diilwod (he outran it).	
Zǫ́ǫ́z, zǫ́ǫ́z, zǫ́ǫ́z, zǫ́ǫ́z	
Zǫ́ǫ́z, zǫ́ǫ́z, zǫ́ǫ́z, zǫ́ǫ́z yiits'a'go shimá sání ch'ééh bichidí yidiiłts'į́įh (starting it).	

'Áhát'į 'Ániidíígíí: nésh'į **I am looking at it.**		**K'ad áhooníiłgo** **Imperfective Mode**	
	Łah jidilt'éhígo	**Nizhdilt'éego**	**Díkwíjílt'éego**
Yałti'ígíí	nésh'į	níil'į	daníil'į
	I am looking at it.	We (2) are looking at it.	We (3+) are looking at it.
Bich'į' yá'áti'ígíí	níníł'į	nół'į	danół'į
	You are looking at it.	You (2) are looking at it.	You (3+) are looking at it.
Baa yá'áti'ígíí	yinéł'į	yinéł'į	deinéł'į
	He/She/It is looking at it.	They (2) are looking at it.	They (3+) are looking at it.

Ha'oodzíí' Dawólta'ígíí

Łah jidilt'éhígo	**Nizhdilt'éego**
Shicheii bichidí łitsooígíí nésh'į.	'Ałk'ésdisí nidaashch'ąą'ígíí níil'į.
'Ashkii tsits'aa' neich'ąąhígíísh níníł'į?	'Asdzą́ą́ bi'éé' dootł'izhgo nizhóníígíí nół'į.
Shimá dibé yázhí łizhinígíí yinéł'į.	Nideezhí shash yáázh be'alyaaígíí yinéł'į.

Díkwíjílt'éego
'Ashiiké na'ach'ąąhgo daníil'į.
Nihínaaí biké nidoots'ózii dibéłchí'í nahalingo naashch'ąą'ígíísh danół'į?
Diné béésh bąąh dah si'ání bidah nidishdǫ́'ii łichxí'ígíí deinéł'į.

'Áhát'į 'Ániidíígíí: dínéesh'įįł **I will look at it.**		**T'ahdoo 'áhánééhgóó** **Future Mode**	
	Łah jidilt'éhígo	**Nizhdilt'éego**	**Díkwíjílt'éego**
Yałti'ígíí	dínéesh'įįł	díníil'įįł	dadíníil'įįł
	I will look at it.	We (2) will look at it	We (3+) will look at it.
Bich'į' yá'áti'ígíí	díníił'įįł	dínóoł'įįł	dadínóoł'įįł
	You will look at it.	You (2) will look at it.	You (3+) will look at it.
Baa yá'áti'ígíí	yidínóoł'įįł	yidínóoł'įįł	deidínóoł'įįł
	He/She/It will look at it.	They (2) will look at it.	They (3+) will look at it.

Ha'oodzíí' Dawólta'ígíí

Łah jidilt'éhígo	Nizhdilt'éego
Shicheii bichidí łitsooígíí dínéesh'įįł.	'Ałk'ésdisí nidaashch'ąą'ígíí díníil'įįł.
'Ashkii tsits'aa' neich'ąąhígíísh díníił'įįł?	'Asdzáą́ bi'éé' dootł'izhgo nizhóníígíí dínóoł'įįł.
Shimá dibé yázhí łizhinígíí yidínóoł'įįł.	Nideezhí shash yáázh be'alyaaígíí yidínóoł'įįł.

Díkwíjílt'éego
'Ashiiké na'ach'ąąhgo dadíníil'įįł.
Nihínaaí biké nidoots'ózii dibéłchí'í nahalingo naashch'ąą'ígíísh dadínóoł'įįł?
Diné béésh bąąh dah si'ání bidah nidishdǫ́'ii łichxí'ígíí deidínóoł'įįł.

'Áhát'į 'Ániidíígíí: néél'į́į' I looked at it.		T'áá'íídą́ą' áhóót'įįdgo Perfective Mode	
	Łah jidilt'éhígo	Nizhdilt'éego	Díkwíjílt'éego
Yałti'ígíí	nééł'į́į'	níil'į́į'	daníil'į́į'
	I looked at it.	We (2) looked at it.	We (3+) looked at it.
Bich'į' yá'áti'ígíí	níníł'į́į'	nóoł'į́į'	danóoł'į́į'
	You looked at it.	You (2) looked at it.	You (3+) looked at it.
Baa yá'áti'ígíí	yinééł'į́į'	yinééł'į́į'	deinééł'į́į'
	He/She/It looked at it.	They (2) looked at it.	They (3+) looked at it.

Ha'oodzíí' Dawólta'ígíí

Łah jidilt'éhígo	Nizhdilt'éego
Shicheii bichidí łitsooígíí nééł'į́į'.	'Ałk'ésdisí nidaashch'ąą'ígíí níil'į́į'.
'Ashkii tsits'aa' neich'ąąhígíísh níníł'į́į'?	'Asdzáą́ bi'éé' dootł'izhgo nizhóníígíí nóoł'į́į'.
Shimá dibé yázhí łizhinígíí yinééł'į́į'.	Nideezhí shash yáázh be'alyaaígíí yinééł'į́į'.

Díkwíjílt'éego
'Ashiiké na'ach'ąąhgo daníil'į́į'.
Nihínaaí biké nidoots'ózii dibéłchí'í nahalingo naashch'ąą'ígíísh danóoł'į́į'?
Diné béésh bąąh dah si'ání bidah nidishdǫ́'ii łichxí'ígíí deinééł'į́į'.

Chapter 29 Diné Biwááshindoon
Navajo Nation Government

Tódínéeshzhee'di bii' áłah ná'ádleehí.

Before *Hwéeldí*, the Navajo people did not have a central government such as we are used to now. Instead, they had various *Naat'áanii* (leaders) who led in their own home area. The *Naat'áanii* were men who had gained the respect of the people through their knowledge of ceremonies, oration, and current events in their home area; through their ability to settle disputes; and through their ownership of large herds of sheep, goats, cattle, and horses. The role of a *Naat'áanii* was dictated by the seasons. From fall through winter, a set of twelve war leaders led the various family units in campaigns against their enemies. Peace leaders led during the spring and summer seasons, when families needed peace so they could plant and care for their crops. The leadership of the *Naat'áanii* was confirmed in the *Naachid*, a Navajo leadership ceremony for which leaders gathered in a *hooghan* that was constructed especially for that purpose.[1]

1 Wilkins, D. E. (1987) Dine *Bibeehaz'aanii: A handbook of Navajo government.* Tsaile, AZ: Navajo Community College Press.

The U.S. Government failed to understand that a culturally unified group does not need to have a single leader. When the U.S. Government began enacting treaties with the Navajo people in the mid 1800s, they assumed that any "leader" who met with them must be the Navajo "chief." When a given leader was only able to enforce a treaty within his own home area, U.S. officials concluded that Navajo people were incapable of governing themselves.

During the four-year imprisonment at Fort Sumner, the U.S. military disregarded the established Navajo leaders and attempted to divide the people into twelve groups led by twelve leaders of the soldiers' choosing. This system disrupted all of the cultural practices of which leaders had traditionally been responsible. It also added to the cultural destruction already caused by removing the people from the land between the four sacred mountains where their ceremonies and life practices were supposed to be performed. Moreover, the people did not have all the sacred items and cultural items necessary for adhering to the protocol of their belief system and cultural norms. Despite these overwhelming obstacles, the people found ways to maintain the beliefs and practices that gave them strength, hope, and a connection with the past. Navajo elders gave a couple of examples of how the lack of necessary items compromised important cultural events, and how the people's resilience allowed them to hold on to their culture:

1. Navajo wedding baskets and rock salt were required for the observance of a baby's first laugh. These were two items that the Navajos rarely had at Fort Sumner. The people did not carry the wedding baskets with them when they were forced to march from their homeland. Rock salt is obtained only when it is needed and not saved for later observances. In addition, there is supposed to be a feast, but the extreme shortage of food at Fort Sumner rendered feasts impossible. To overcome these limitations, the families waited until the rations were distributed before "celebrating" a baby's first laugh.
2. As part of the Kinaaldá, the young woman is supposed to run toward the east. Running far at Fort Sumner would attract the attention of the soldiers, who would then inflict punishment upon the family. Navajo families adapted to this restriction by having the young woman run around her family's little dwelling instead of to the east.

These are just two examples of how the Navajo people have kept their culture alive in the face of overwhelming obstacles. We encourage you to ask your elders to find out more so you can appreciate the efforts of your ancestors who worked so hard to maintain and preserve our culture.

Between 1868 and 1923, the Navajo people enjoyed their own form of government, as mandated by the Navajo-U.S. Treaty of 1868. To ensure the Treaty was followed, the Bureau of Indian Affairs built schools on the Reservation in Fort Defiance, Shiprock, Tuba City, Leupp, and Crownpoint. These sites became agency seats from which the government could administer Indian policies. Later, a boarding school was established at Chinle, which also became an agency. Leupp was absorbed into Tuba City Agency. Because of the association with the hated compulsory boarding schools, the agencies had a divisive effect on the Navajo people.[2]

Meanwhile, mineral discoveries brought prospectors and oil company officials to the Navajo Reservation. Anxious to get their hands on leases to develop oil, gas, coal, mineral deposits, timber, and underground water, outside companies pressured U.S. governmental officials and Navajo leaders to agree to lease land to them. As a result, the U.S. government established a "business council" headed by Chee Dodge, which held its first official meeting on July 7, 1923. Three members of the council were appointed by governmental officials. Two Navajo men from each agency, along with two alternates from each agency, held four-year terms as representatives of the Navajo people.[3] The Business Council could only meet in the presence of a U.S. governmental representative.

In 1936, the Navajo Business Council decided it needed to reorganize. The council was no longer dealing with only oil, gas, and mineral leases. The Navajo people were dissatisfied with the way the Navajo Business Council was handling livestock reduction and were upset over its support of range management. For these reasons, the Business Council was replaced by the Navajo Nation Tribal Council in 1938. With this new council, the number of delegates was increased to 74, and the requirement for the council to meet only in the presence of a federal governmental official was abolished. On September 28, 1938, an election was held. Then, on November 8, 1938, the new Navajo Tribal Council met for the first time.[4]

In 1989, the Navajo Nation Council reorganized itself because it was felt that too much of the decision-making power was vested with the Navajo Nation Chairman. A system was introduced in which power was evenly distributed among the three existing branches of government. The Executive Branch includes the Navajo Nation President's office; the Legislative Branch is made up of the 110 Chapters and the 88 members who make up the Navajo Nation Council; and the Judicial Branch consists of the impressive Navajo Supreme Court and seven courts found in each agency across the Navajo Reservation. Each of the seven courts contain a district court, family court, and peacemaker court.[5]

Navajo Chapter System

Prior to the installation of the Navajo Chapters, Navajo people would meet for ceremonies, festivities, religious purposes, planting and harvesting, care of livestock, or just to celebrate a

2 Acrey, B.P. (1994) *Navajo history the land and the people*. Shiprock, NM: Department of Curriculum Materials Development, Central Consolidated School District No. 22.

3 Young, R. (1961) The Navajo Yearbook 1951 to 1961: A decade of progress. Window Rock, AZ: Navajo Agency.

4 Young, R. (1961) The Navajo Yearbook 1951 to 1961: A decade of progress. Window Rock, AZ: Navajo Agency.

5 Iverson, P. (1981) *The Navajo Nation*. Westport, CT: Greenwood Press.

successful hunt by having a feast. It was during these meetings that the people would discuss problems. If the problem was serious enough, the leaders of the local community met with the people and worked with them to settle the dispute.[6]

In 1927, John G. Hunter, who was the Superintendent of the Southern Agency stationed in Leupp, saw how effective these local meetings were for settling disputes and disseminating information. Hunter established the first formal meetings that would lead to "chapter meetings." Soon the attendance at his meetings increased so much that not everyone had a chance to talk, so Hunter started meetings in five other areas of Leupp Agency, which were at Tolani Lake, Tolchico, Bird Springs, Sunrise, and Sand Springs. These meetings sometimes lasted several days because travel was difficult due to the rocky and sandy terrain. There was much to be discussed, and the people wanted to spend time with relatives and acquaintances who attended the meetings.

Hunter moved to another agency and began the same "chapter meeting" in that community. Soon local Navajo people were participating in decisions of the legislative branch of the Navajo government. Whenever enough people gathered within one community, a chapter was established and named for the place where the chapter meetings were held.

With the enforcement of livestock reduction in the early 1930s and into the next two decades, the Navajo Nation government and the chapter system suffered because the people no longer trusted their leaders. The people depended on their livestock for their subsistence, and felt that the leaders, who supported livestock reduction, were leading them toward poverty. All traditional Navajo leaders had to be successful in animal husbandry, so most leaders had large herds. The leaders also had their herds reduced; however, it was the families who owned under a hundred sheep and a few goats, horses, and cows that suffered the most and were forced into poverty.

During the 1930s and 1940s, the chapters became major sources of employment for the Navajo people. The Bureau of Indian Affairs worked through the chapters building dams, schools, and roads; drilling wells, and repairing springs. The chapters supplied the workers and the B.I.A. paid the workers and provided construction equipment and supplies. The chapters were slowly regaining the trust of the people.[7]

It was not until the 1950s that the chapters regained popularity. A portion of the money that was gained through oil revenue was earmarked for chapter house construction. Each chapter began to apply for funds to have a chapter house built. By 1961, there were 96 chapters and chapter houses.8

Currently, there are 110 chapters across the Navajo Reservation. Each chapter is represented by a delegate; however, some delegates represent more than one chapter so there are only 88 delegates who belong to the governing body of the Navajo Nation Council.

Currently, most of the people who attend chapter meetings are elders. Younger people are absent from the meetings, understandably so because the younger Navajos leave their home area to seek employment in larger towns on and off the reservation. Young people should become involved in their Navajo Nation government and become voting members in their chapter. Membership in a chapter helps the chapter generate money for their programs, meetings, community activities, and employment.

Young[9] discussed the following as functions of the early Chapter Houses in the early part of the 1960s. Many of these functions remain the same today.

1. Helping to establish better communication between the tribal offices and the Navajo people;
2. Maintaining interest in community planning;
3. Continuing activities among the local Navajo people;
4. Serving as a local government building for the chapter;
5. Providing educational facilities for the community;
6. Providing centers for training and practicing principles of citizenship;
7. Providing offices for the people who make and carry out project plans for community development;
8. Planning the physical development of communities by securing the advice of recognized planners on the future layout of small towns;
9. Providing short- and long-term employment for some members of the community.

In addition to the nine areas mentioned, the chapter also serves as the hub for social interaction for those within the geographical area.

6 Young, R. (1961) The Navajo Yearbook 1951 to 1961: A decade of progress. Window Rock, AZ: Navajo Agency.
7 Young, R. (1961) The Navajo Yearbook 1951 to 1961: A decade of progress. Window Rock, AZ: Navajo Agency.
8 Young, R. (1961) The Navajo Yearbook 1951 to 1961: A decade of progress. Window Rock, AZ: Navajo Agency.
9 Young, R. (1961) The Navajo Yearbook 1951 to 1961: A decade of progress. Window Rock, AZ: Navajo Agency.

The name of each Chapter and Agency with which it is associated*:

Western Navajo Agency	Agency Seat: Tuba City, Arizona
Tsídii To'í	Bird Springs
Tsinaabąąs Habitiin	Bodeway/Gap
Na'ní'á Hasání	Cameron
Chiiłchin Bii' Tó	Chilchinbeto
Łeejin Haagééd	Coalmine
Béésh Haagééd	Copper Mine
Denihootsoh	Dennehotso
Ts'ah Bii' Kin	Inscription House
K'ai' Bii' Tó	Kaibeto
Tó Dínéeshzhee'	Kayenta
Łichíí'ii	Lechee
Tółchíí' Kooh/Tooh	Leupp
Naatsis'áán	Navajo Mountain
'Ooljéé' Tó	Oljato
Shą́ą́' Tó	Shonto
Tó Neheljį́h	Tolani Lake
Tó Neheljį́h	Tonalea
Tó Naneesdizí	Tuba City

Chinle Agency	Agency Seat: Chinle, Arizona
Kits'iilí	Black Mesa
Ch'ínílį	Chinle
Tsiiyi' Be'ak'id	Forest Lake
Tsé Dildǫ́'ii	Hard Rock
Lók'aa' Jígai	Lukachukai
Dá'ák'eh Halání	Many Farms
Názlíní	Nazlini
Be'ak'id Baa 'Ahoodzání	Pinon
Tsé Ch'ízhí	Rough Rock
Tsé Níkání	Round Rock
Bis Dootł'izhí Nídeeshgiizh/ Táchii'	Blue Gap/Tachee
Tsé Łání	Tselani/Cottonwood
Tódzís'áh/Tséíhílį/Tsézhíní	Wheatfields/Tsaile/ Blackrock
Hooshdódii Tó	Whippoorwill

Fort Defiance Agency	Agency Seat: Fort Defiance, Arizona
K'ii' Tsoiitah	Cornfields
Tó 'Áłch'įdí	Dilkon
Tsé Hootsooí	Fort Defiance
Lók'aah Niteel	Ganado
Ma'ii To'í	Houck
Tó Hahadleeh	Indian Wells
Jádí Tó	Jeddito
Kin Łichíí'	Kinlichee
Łeeyi' Tó	Klagetoh
Jeeh Deez'á	Low Mountain
Hóyéé'	Steamboat
Ha'naa Ni'deetiin	Teesto
Be'ak'id Baa 'A'oogeedí	White Cone
Tsé Si'ání	Lupton
Ayei Díwózhii Bii' Tó	Greasewood Springs
Nahat'á Dziil	Nahata Dziil (Sanders)
Kin Niteel	Wide Ruins
T'eeł Ch'ínít'i'í	Oak Springs/Pine Springs
Be'ak'id Halchíí'	Red Lake
Ch'íhootsooí	St. Michaels
Ni'iijíih Hasání	Sawmill
Ma'ii Tééhítłizhí	Coyote Canyon
Tó Niłts'ílí	Crystal
Naakai Bito'í	Mexican Springs
Tó Haach'i'	Tohatchi
Tsé Nahazoh	Twin Lakes
Nahashch'idii	Naschitti

*Division of Community Development. 2004. *Chapter Images: 2004. Profiles of 110 Navajo Nation Chapters.* Window Rock, AZ.

Northern Agency	Agency Seat: Shiprock, New Mexico
T'áá Bíích'į́įdii	Aneth
Łichíí' Dah Azkání	Red Mesa
Bitł'ááh Bitó	Beclabito
T'iis Tsoh Sikaad	Burnham
Gad Íí'áhí	Gadii'ahi
Tsé Daak'áán	Hogback
Niinah Nízaad	Nenahnezad
Doo 'Alk'aií	Upper Fruitland
T'iis Nídeeshgiizh	Newcomb
Tó Háálį́/Bis Dah Łitsoh	Toadlena/Two Grey Hills
Tsé 'Ałnáozt'i'í	Sanostee
Tó Hałtsooí	Sheep Springs
Tsé Bit'a'í	Shiprock
K'aabiizhii Nástł'ah	Cove
Naakai Tó	Mexican Water
Tsé Łichíí' Dah Azkání	Red Valley
Tsé Nitsaa Deez'áhí	Rock Point
Tó Łikan	Sweetwater
T'iis Názbąs	Teec Nos Pos
San Juan	San Juan

Eastern Navajo Agency	Agency Seat: Crownpoint, New Mexico		
T'iis Tsoh Sikaadí	Alamo	Be'ak'id Hóteelí	Mariano Lake
Kin Łigaii	Baca, Prewitt	Tsin Názbąs Si'ą́	Smith Lake
Jádí Hádít'į́įh/Tł'óo'di Tsin	Becenti	Dlǫ́'í Yázhí	Thoreau
Bááh Háálį́	Bread Springs	Naayízí	Naageezi
Tsétah Tó 'Alk'olí	Casamero Lake	Nahodeeshgiizh	Nahodishgish
Chéch'il Tah	Chichiltah	Tsé 'Íí'áhí	Standing Rock
Kin Łitsoh Sinilí	Church Rock	Tsé Ch'ízhí Bii' Tó	Ojo Encino
Bilagáanaa Nééz	Counselor	Na'neelzhiin	Torreon/Star Lake
T'iis Ts'óóz Nídeeshgiizh	Crownpoint	Tó Bééhwíísganí	Pine Dale
Dził Ná'oodiłii	Huerfano	Nahodeeshgiizh Ch'ínílį́	Pueblo Pintado
Ayání Bito'	Iyanbito	Łį́į́łgai Bitó	White Horse Lake
Be'ak'id Halgai	Lake Valley	Tł'oh Chiní	Ramah
Tsé Łigai	White Rock	Tó Hajileehí	Tohajiileeh/Canyoncito
Tó 'Áłch'į́dí	Littlewater	Tsé Łichíí'	Red Rock
Kin Hózhóní	Manuelito	Tsé Ch'ízhí	Rock Springs
Tséyaa Tó	Tsayatoh		

Saad Ániidíígíí: Names of Political Officials

Navajo Title	English Title
Béésh bąąh dah si'ání (one who wears the metal badge)	council man
Táá' naaznilí (three people who hold office)	chapter president, vice president, secretary
Táá' naaznilí 'ałąąjį' dah sidáhígíí	chapter president
Táá' naaznilí 'akéé' dah sidáhígíí	chapter vice-president
Naaltsoos íił'íní (one who makes paper)	secretary
Béeso yik'i déez'į'í'gíí (one who oversees the money)	treasurer
Dibé binanit'a'í (leader of the sheep)	grazing officer
'Ałąąjį' dah sidáhí (one who sits at the front)	head administrator
Náá'ákéé' góne' dah sidáhí (one who sits next to the leader)	second in command
Béésh Bąąh dah Si'ání yá dah nánídaahí (one who represents the council delegates)	Speaker of the Council
Béésh Bąąh dah Si'ání yá yáłti'ígíí (one who speaks for the council delegates)	Speaker of the Council

Saad Ániidíígíí: Locations for Political Functions

Navajo Location	English Location
Nihinaat'áanii bił haz'áníjí	Executive Branch
Béésh Bąąh dah Si'ání bił haz'áníjí	Legislative Branch
Góoldi bił haz'áníjí	Judicial Branch
Béésh bąąh dah si'ání danilínígíí 'áłah nádleehjí	Navajo Nation Council Chambers
Béésh bąąh dah si'ání yah anájahjí	Navajo Nation Council Chambers
Táá' naaznilí bikin si'ánígi	chapter house
Táá' naaznilí bił áłah ná'ádleehígi	chapter house
Bii' áłah ná'ádleeh	meeting hall
'Áłah aleeh	chapter meeting/meeting
Táá' naaznilí bił haz'ąądi 'aná'át'a'ígi	voting precinct
Kináhálgaiídi Wááshindoon Adeií Hooghan	Senate
Kináhálgaiídi Wááshindoon Ayeií Hooghan	House of Representatives

New Vocabulary: Additional Political Terms

Táá' Naaznilí bił Haz'ą́ągi 'Ohólníih	local empowerment
T'áá hó 'ájít'éego saad ałkéé' sinil	self-determination
Béésh Bąąh dah Si'ání yá nídiilwod	campaigning for the office of council delegate
Diné Bik'i 'Adéest'į́į́'	overseeing the welfare of the people
Naaltsoos bee 'ádánahwiit'aahii	resolution
Baa náhódóot'įįł ałkéé' sinilígíí	agenda
Bee haz'áanii bik'ehgo 'ó'ool'įįł	protocol
Diné biWááshindoon bibeehaz'áanii naaltsoos dootł'izhí	Navajo Tribal Code
Kin Náhálgaidę́ę́' Wááshindoon bibeehaz'áanii	federal laws
Hoozdoh biwááshindoon bibeehaz'áanii	Arizona state laws
Yootó biwááshindoon bibeehaz'áanii	New Mexico state laws
'Áshįįh Bii' Tó biwááshindoon bibeehaz'áanii	Utah state laws
Dibé Nitsaa biwááshindoon bibeehaz'áanii	Colorado state laws
Habéézh (shibéézh, nibéézh, bibéézh, nihibéézh)	census number
T'áá 'ałk'idą́ą́' Diné bibeehaz'áanii	common law
Nihi'í'ool'įįł	our culture
'Iiná bee nihééhó'dílzinígíí	our traditions
naaltsoos dootł'izhí	social security card

'Áhát'į 'Ániidíígíí: e'esh'áád **I am voting.**		**K'ad áhooníiłgo** **Imperfective Mode**	
The verb stems *áád*, *ał*, and *ah* in this set of verbs signify that you are tossing a light, flimsy object to someone or into a container. Navajo words tell us about history. In this case, the verb stems tell us that the people chose their candidate by marking their choice of candidate on a piece of paper, and then placing the paper (ballot) in the ballot box.			
	Łah jidilt'éhígo	**Nizhdilt'éego**	**Díkwíjílt'éego**
Yałti'ígíí	e'esh'áád	i'iit'áád	ada'iit'áád
	I am voting.	We (2) are voting.	We (3+) are voting.
Bich'į' yá'áti'ígíí	i'í'áád	i'oh'áád	ada'oh'áád
	You are voting.	You (2) are voting.	You (3+) are voting.
Baa yá'áti'ígíí	e'e'áád	e'e'áád	ada'a'áád
	He/She is voting.	They (2) are voting.	They (3+) are voting.

Ha'oodzíí' Dawólta'ígíí

Łah jidilt'éhígo	Nizhdilt'éego
K'ad béésh bąąh dah si'ání bá 'e'esh'áád.	Diné Biwááshindoon binanit'a'í bá 'i'iit'áád.
Niísh dibé binanit'a'í bá 'i'í'áád?	Da' ni dóó nimá táá' naaznilí bá 'i'oh'áád?
Shimá yázhí Hoozdoh Hahoodzoh yilą́ąjį' dah nidaahígíí yá 'e'e'áád.	Shimá sání dóó shicheii béésh bąąh dah si'ání yá 'e'e'áád.

Díkwíjílt'éego
Shí dóó shideezhíké Wááshindoon alą́ąjį' yá dah sidáhígíí bá ada'iit'áád.
Háí lá bá 'ada'oh'áád?
Táá' naaznilí dóó bá'ólta'í dóó ch'iiyáán íił'íní dibé binanit'a'í yá 'ada'a'áád.

'Áhát'į 'Ániidíígíí: 'i'deesh'ał I will vote.		T'ahdoo 'áhánéehgóó Future Mode	
	Łah jidilt'éhígo	**Nizhdilt'éego**	**Díkwíjílt'éego**
Yałti'ígíí	i'deesh'ał I will vote.	i'diit'ał We (2) will vote.	ada'diit'ał We (3+) will vote.
Bich'į' yá'áti'ígíí	i'díí'ał You will vote.	i'dooh'ał You (2) will vote.	ada'diyooh'ał You (3+) will vote.
Baa yá'áti'ígíí	i'doo'ał He/She will vote.	i'doo'ał They (2) will vote.	ada'diyoo'ał They (3+) will vote.

Ha'oodzíí' Dawólta'ígíí

Łah jidilt'éhígo	Nizhdilt'éego
Yiską́ągo béésh bąąh dah si'ání bá 'i'deesh'ał.	Kónááhoot'éhí Diné Biwááshindoon binanit'a'í bá 'i'dii'ał.
Niísh i'íí'ą́ągo dibé binanit'a'í bá 'i'díí'ał?	Da' ałní'ní'ą́ądóó bik'ijį' ni dóó nimá táá' naaznilí bá 'i'dooh'ał?
Shimá yázhí naaki dimóogo Hoozdoh Hahoodzoh yilą́ąjį' dah nidaahígíí yá 'i'doo'ał.	Yiską́ągo shimá sání dóó shicheii béésh bąąh dah si'ání yá 'i'doo'ał.

Díkwíjílt'éego
Yiską́ągo béésh bąąh dah si'ání bá 'ada'diit'ał.
Háí lá bá 'ada'diyooh'ał?
Táá' naaznilí dóó bá'ólta'í dóó ch'iiyáán íił'íní náádímóogo dibé binanit'a'í yá 'ada'diyoo'ał.

'Áhát'į 'Ániidíígíí: 'i'íí'ah I voted.		T'áá'íídą́ą́' 'áhóót'įįdgo Perfective Mode	
	Łah jidilt'éhígo	**Nizhdilt'éego**	**Díkwíjílt'éego**
Yałti'ígíí	i'íí'ah I voted.	i'iit'ah We (2) voted.	ada'siit'ah We (3+) voted.
Bich'į' yá'áti'ígíí	i'ííní'ah You voted.	i'soo'ah You (2) voted.	ada'soo'ah You (3+) voted.
Baa yá'áti'ígíí	i'íí'ah He/She voted.	i'íí'ah They (2) voted.	ada'az'ah They (3+) voted.

Ha'oodzíí' Dawólta'ígíí

Łah jidilt'éhígo	Nizhdilt'éego
'Adą́ą́dą́ą́' béésh bąąh dah si'ání bá 'i'íí'ah.	Nihí 'abínídą́ą́' Diné Biwááshindoon binanit'a'í bá 'i'iit'ah.
Niísh naaki yiskánídą́ą́' dibé binanit'a'í bá 'i'ííní'ah?	Da' jįįdą́ą́' ni dóó nimá táá' naaznilí bá 'i'soo'ah?
Shimá yázhí 'i'íí'ą́ą́dą́ą́' Hoozdoh Hahoodzoh biwááshindoon yiląąjį' dah nidaahígíí yá 'i'íí'ah.	Kóhoot'éédą́ą́' shimá sání dóó shicheii béésh bąąh dah si'ání yá 'i'íí'ah.

Díkwíjílt'éego
'Ałní'ní'ą́ą́dą́ą́' shí dóó shideezhíké Wááshindoon yiląąjį' dah sidáhígíí bá ada'siit'ah.
Jįįdą́ą́' lá haí bá 'ada'sooh'ah?
'Adą́ą́dą́ą́' táá' naaznilí dóó bá'ólta'í dóó ch'iiyáán íít'íní dibé binanit'a'í yá ada'az'ah.

'Áhát'į 'Ániidíígíí: haasdziih I am speaking.		K'ad áhooníiłgo Imperfective Mode	
This verb implies that the speaker is prepared to immediately begin speaking, and is attempting to gain the attention of the audience; or, the person may be announcing that he/she is beginning the speech/talk.			
	Łah jidilt'éhígo	**Nizhdilt'éego**	**Díkwíjílt'éego**
Yałti'ígíí	haasdziih I am speaking.	haidziih We (2) are speaking.	hadeiidziih We (3+) are speaking.
Bich'į' yá'áti'ígíí	hanidziih You are speaking.	haohdziih You (2) are speaking.	hadaohdziih You (3+) are speaking.
Baa yá'áti'ígíí	haadziih He/She is speaking.	haadziih They (2) are speaking.	hadaadziih They (3+) are speaking.

When using the verb *haasdziih*, you often need a postposition. If you want to specify who your audience is, you would use the postposition *bich'į/yich'į',* meaning "toward him, her, or them."

Example:

'Áłah ná'ádleehdi diné bich'į' haasdziih.
I am going to speak to the people at the chapter house.

If you want to specify what you are talking about, you would use the postposition *baa/yaa,* meaning "about him/her/it."

Example:

Naalyéhí bá hooghan baa haasdziih.
I am talking about trading posts.

If you are speaking for the purpose of announcing something, you would use the postposition *bee/yee*, meaning "concerning."

Example:

Ch'iiyáán hólónígíí bee haasdziih.
I am announcing that there is food. (Literally, "I am speaking concerning the fact that there is food.")

Using the postpositions *bee/yee* and *bich'į/yich'į* together with this verb means "talking to him or her concerning him/her/it." These words carry the implication that there is a disagreement, reminder, or correction of behavior to be discussed.

Example:

Hastiin bibéégashii shikéyah yii' naakaiígíí bee bich'į' haasdziih.
I am talking to the man about his cows that wander on my land.

Ha'oodzíí Dawólta'ígíí

Łah jidilt'éhígo	Nizhdilt'éego
K'ad Góoldi bił haz'ánííjí diné nihi'í'óol'įįł bee bich'į' haasdziih.	K'ad táá' naaznilí bił haz'ánígi nihikéyah baa haidziih.
Da' k'ad táá' naaznilí 'ałąąjį' dah sidáhígíí ninaanish bee bich'į' hanidziih?	'Áłah ná'ádleehdi "t'áá hó 'ájít'égo" saad ałkéé' sinilígíí baa haohdziih.
Béésh bąąh dah si'ání yá yáłti'ígíí k'ad haadziih.	Shicheii dóó shinálí t'áá 'ałk'idąą' Diné bibeehaz'áanii yęę yaa haadziih.

Díkwíjílt'éego
K'ad táá' naaznilí bił áłah ná'ádleehdi Diné bik'i 'adéest'įį' baa hadeiidziih.
K'ad béésh bąąh dah si'ání yiłąąjį' dah sidáhígíí naaltsoos bee 'ádánahwiit'aahii bee bich'į' hadaohdziih.
K'ad sáanii chah'ohdi dibé binanit'a'í Yootó biwááshindoon bibeehaz'áanii yee yich'į' hadaadziih.

'Áhát'į 'Ániidííqíí: hadeesdzih I will speak.		T'ahdoo 'áhánééhgóó Future Mode	
	Łah jidilt'éhígo	Nizhdilt'éego	Díkwíjílt'éego
Yałti'ígíí	hadeesdzih I will speak.	hadiidzih We (2) will speak.	hadadiidzih We (3+) will speak.
Bich'į' yá'áti'ígíí	hadíídzih You will speak.	hadoohdzih You (2) will speak.	hadadoohdzih You (3+) will speak.
Baa yá'áti'ígíí	hadoodzih He/She will speak.	hadoodzih They (2) will speak.	hadadoodzih They (3+) will speak.

Ha'oodzíí Dawólta'ígíí

Łah jidilt'éhígo
Góoldi bił haz'ánííjí diné nihi'í'óol'įįł bee bich'į' hadeesdzih.
Da' táá' naaznilí 'alą́ąjį' dah sidáhígíí ninaanish bee bich'į' hadíídzih?
Béésh bąąh dah si'ání yá yáłti'ígíí hadoodzih.

Nizhdilt'éego
Táá' naaznilí bił haz'ánígi nihikéyah baa hadiidzih.
'Áłah ná'ádleehdi "t'áá hó 'ájít'égo" saad ałkéé' sinilígíí baa hadoohdzih.
Yiską́ągo shicheii dóó shinálí t'áá 'ałk'idą́ą' Diné bibeehaz'áanii yę́ę yaa hadoodzih.

Díkwíjílt'éego
Náádímóogo táá' naaznilí bił áłah ná'ádleehdi Diné bik'i 'adéest'į́į' baa hadadiidzih.
'Ałní'ní'ą́ą dóó bik'ijį' béésh bąąh dah si'ání yilą́ąjį' dah sidáhígíí naaltsoos bee 'ádánahwiit'aahii bee bich'į' hadadoohdzih.
Hodíínáá'ígo sáanii chaha'oh bii' dibé binanit'a'í Yootó biwááshindoon bibeehaz'áanii yee yich'į' hadadoodzih.

'Áhát'į 'Ániidííqíí: haasdzį́į' I spoke.		T'áá'íídą́ą' áhóót'įįdgo Perfective Mode	
	Łah jidilt'éhígo	Nizhdilt'éego	Díkwíjílt'éego
Yałti'ígíí	haasdzíí' I spoke.	heiidzíí' We (2) spoke.	hadasiidzíí' We (3+) spoke.
Bich'į' yá'áti'ígíí	háínídzíí' You spoke.	haodzíí' You (2) spoke.	hadasoodzíí' You (3+) spoke.
Baa yá'áti'ígíí	haadzíí' He/She spoke.	haadzíí' They (2) spoke.	hadaasdzíí' They (3+) spoke.

Ha'oodzíí Dawólta'ígíí

Łah jidilt'éhígo	Nizhdilt'éego
'Adą́ądą́ą' Góoldi bił haz'ánígi diné nihi'í'óol'įįł bee bich'į' haasdzíí'.	'Ałní'ní'ą́ądą́ą' táá' naaznilí bił haz'ánígi nihikéyah baa heiidzíí'.
Da' naaki dimóo yę́ędą́ą' táá' naaznilí 'alą́ąjį' dah sidáhígíí ninaanish bee bich'į' háínídzíí'?	Da' tł'éédą́ą' ałah ná'ádleehdi "t'áá hó'ájít'éego" saad ałkéé' sinilígíí baa haodzíí'?
'Abínídą́ą' béésh bąąh dah si'ání yá yáłti'ígíí haadzíí'.	Dimóo yázhí yę́ędą́ą' shicheii dóó shinálí t'áá 'ałk'idą́ą' Diné bibeehaz'áanii yę́ę yaa haadzíí'.

Díkwíjílt'éego
'Áníid táá' naaznilí bił ałah ná'ádleehdi Diné bik'i 'adéest'íį' baa hadasiidzíí'.
Da' i'íí'ą́ądą́ą' béésh bąąh dah si'ání yilą́ąjį' dah sidáhígíí naaltsoos bee 'ádánahwiit'aahii bee bich'į' hadasoodzíí'?
Naaki yiskánídą́ą' sáanii chah'oh yii' dibé binanit'a'í Yootó biwááshindoon bibeehaz'áanii yee yich'į' hadaasdzíí'.

Yá'át'ééh,

Shí 'éí 'Élíbo' Yázhí Binálí yinishyé. Dlǫ́'í Yázhídę́ę' naashá. Béésh bąąh dah si'ání nishłį́į dooleeł biniiyé shá 'ada'diyoh'ał. Shizhé'é 'éí Hastiin Yázhí Biye' wolyéé dóó dibé binanit'a'í nilį́. Diné 'ayóo yíká 'análwo'. Shimá 'éí hooghangi naalnish dóó nizhónígo diyogí yitł'ó.

Shich'ooní doo naalnish da. T'óó hooghandi naalnish łeh. Bidibé neiniłkaad dóó nihá ch'iiyáán 'íił'į́. Shich'ooní Waaníita wolyé.

Sha'áłchíní hólǫ́. Shiye' éí bá'ólta'í nilį́. Shiye' éí Bílii wolyé. Na'neelzhiindi bá'ólta'. Shitsi' éí Diné biwááshindoon yá naaltsoos íił'íní nilį́. Béésh bąąh dah si'ání yilą́ąjį' dah sidáhígíí yá naalnish. Shitsi' éí Táamawah wolyé.

Naaki yiskánídą́ą' Tségháhoodzánídi Diné biwááshindoon bibeehaz'áanii naaltsoos dootł'izhí baa haasdzíí'. Dimóo yę́ędą́ą', t'áá kǫ́ǫ́ Dlǫ́'í Yázhígi naasháago t'áá 'ałk'idą́ą' Diné bibeehaz'áanii yę́ę niha'áłchíní bee bich'į' haasdzíí'.

Naaki yiską́ągo táá' naaznilí bił 'áłah ná'ádleehgi shá 'ada'di'yooh'ał.

Shí 'éí 'Élíbo' Yázhí Binálí yinishyé. Shízhi' naaltsoos bikáá' ádadoohłííł, t'áá shǫǫdí.

Ahéhee' dóó hágoónee'.

'Áhát'į 'Ániidíígíí: nahash'á I am planning.		K'ad áhooníiłgo Imperfective Mode	
This verb can be used by itself to mean "I am doing the activity of planning." Usually, however, it is accompanied by the postposition *bá/yá*, meaning "for him/her/it." Only the imperfective mode of this verb will be presented.			
	Łah jidilt'éhígo	**Nizhdilt'éego**	**Díkwíjílt'éego**
Yałti'ígíí	nahash'á	nahwiit'á	nidahwiit'á
	I am planning.	We (2) are planning.	We (3+) are planning.
Bich'į' yá'áti'ígíí	nahó'á	nahoh'á	nidahoh'á
	You are planning.	You (2) are planning.	You (3+) are planning.
Baa yá'áti'ígíí	naha'á	naha'á	nidaha'á
	He/She is planning.	They (2) are planning.	They (3+) are planning.

Ha'oodzíí Dawólta'ígíí

Łah jidilt'éhígo	Nizhdilt'éego
Shidine'é bá nahash'á.	Nihighan nihá 'ádoolnííł biniiyé nahwiit'á.
Tségh....hoodzánídiísh nidine'é bá nahó'á?	'Ólta'ísh bá nahoh'á?
Dibé binanit'a'í naaldlooshii baa 'áháyą́ągi 'atah yá naha'á.	Naaltsoos íił'íní nihá naha'á.

Díkwíjílt'éego
'Áłchíní da'ółta'jí 'atah nidahwiit'á.
Ni dóó béésh bąąh dah si'ání yá yáłti'ígíí dóó Diné binaat'áanii nilínígíí béésh bąąh dah si'ání bá nidahoh'á.
Táá' naaznilí Bilagáanaa Néezdi nihá nidaha'á.

Works Cited

Acrey, B. P. (1979) *Navajo history: the land and the people*. Glorietta, NM: Rio Grande Press.

Bingham, S. & Bingham, J. (1976) *Navajo Chapters*. Rock Point, AZ: Rock Point Community School.

Iverson, P. (1983) *The Navajo Nation*. Albuquerque: University of New Mexico Press.

Iverson, P. (1990) *The Navajos*. New York: Chelsea House.

(1987) A Handbook of Navajo Government. Tsaile, AZ: Navajo Community College Press.

Wilkins, D.E. (1999) *the Navajo Political Experience*. Tsaile, AZ: Dine College Press.

Young, Robert W. (1961) *The Navajo Yearbook 1951-1961 A Decade of Progress.* Window Rock, AZ: Navajo Agency.

Young, Robert W. (1978) *A Political History of the Navajo Tribe*. Tsaile, AZ: Navajo Community College Press.

Additionally, appreciation is extended to Mr. James Bilagody, former Council Delegate from Tuba City, for valuable contributions regarding Navajo political terminology.

Chapter 30 Treaties

A Simple Comparison of the Eight Navajo-U.S. Treaties

U. S. Treaties with Indian Nations

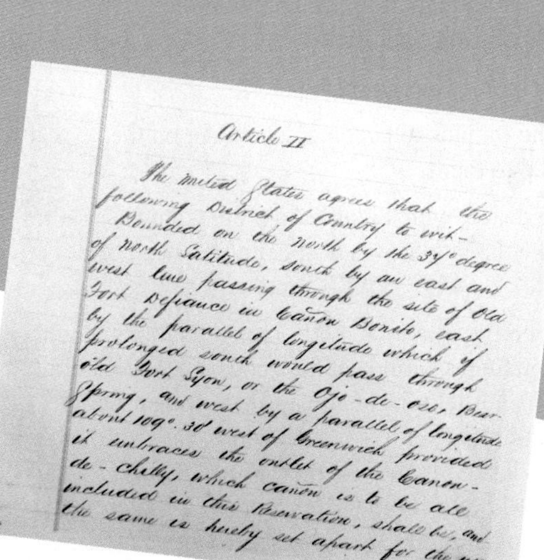

Article II

The United States agrees that the following District of Country to wit— Bounded on the north by the 37° degree of north latitude, south by an east and west line passing through the site of old Fort Defiance in Cañon Bonito, east by the parallel of longitude which if prolonged south would pass through old Fort Lyon, or the Ojo-de-oso, Bear Spring, and west by a parallel of longitude about 109°. 30' west of Greenwich provided it embraces the outlet of the Cañon-de-Chelly, which cañon is to be all included in this Reservation, shall be, and the same is hereby set apart for the use

Laser copy of the original Navajo U.S. Treaty of 1868. (National Archives and Record Administration)

What Is a Treaty?

A treaty is a binding, legal agreement between two or more sovereign nations. Treaties are drawn up whenever two nations need to formally establish some aspect of their relationship. Most people know that there are a number of treaties between the United States (Wááshindoon) and the Navajo Nation (Diné Biwááshindoon), but many do not know how important these treaties were, and still are. Since a treaty is essentially an alliance, act, compact, contract, or agreement between two **sovereign nations** (Kickingbird et al., 1980 and Wilkinson, 1987), the very existence of these treaties establishes that the United States must treat the Navajo Nation as a sovereign nation. Furthermore, Indian-U.S. Treaties under the Constitution of the United States possess the same validity as those with foreign powers (Brophy and Aberle, 1966). The Constitution, which is considered "the supreme law of the land," declares in Article VI, Clause 2, that treaties are also considered "the supreme law of the land" as long as they are made under the authority of the United States. Further, Article II, Section 2, and Clause 2 of the Constitution of the United States gives the President and the Senate the power to make treaties with Indian tribes and foreign nations (Wilkins, 1987).

The purpose of treaties was to seek mutual understanding and agreement between two or more sovereign nations. Indian treaties usually related to peace, military alliance, boundaries, and trade (Wilkinson, 1987). At first, trading was the primary reason for the United States to enter into treaties with the Indian tribes. Kickingbird et al. (1980) mentioned reasons for the importance of trade with Indians:

(a) To prevent the Indians from trading with the French, British, and Spaniards

(b) To improve political relationships

(c) To cause the Indians to become dependent on the items traded to them

(d) To enforce peace, which would help the young country take the land it was desperately in need of

As long as friendly relations with Indian Nations could ensure that the United States would get the goods it needed, initial treaties generally did not take rights away from Indian nations. However, as more and more settlers wanted land, friendship with the Indians became less valuable to the United States. After 1812, when the United States military began taking Indian lands by force, the purpose of an Indian treaty was no longer considered to give rights to Indians, but to remove the rights they had. Indian tribes watched as the United States absorbed their lands. Soon the Indian tribes found it necessary to enter into treaties to **retain** their rights of self-government, rights of fishing and wildlife hunting, and to retain jurisdiction over their own lands (Kickingbird, et al., 1980).

Treaties between Indian nations and the United States government often resulted in the establishment of a formal "trust relationship" in which the Indians "trust" that the federal government would fulfill the legal obligations it agreed to during the treaty-making period and thereafter (Wilkins, 1987). In a formal trust relationship, one party is responsible for guarding the assets of the other. In this "trust relationship," the United States was the "trustee," and the American Indian nation was the "ward." The ward receives the benefit of the trust. The federal government is obligated to fulfill its commitment in honoring the "trust relationship," and the Indians "trust" that the federal government will fulfill the legal obligations it agreed to during the treaty-making period (Wilkins, 1987).

Ratification and Termination of Treaty Making

Only two of the eight Navajo-U.S. Treaties were ever ratified by the Senate. The problem had to do with tension between the Senate ('Adeí Hooghan) and the House of Representatives ('Ayeí Hooghan) over their respective roles. The House of Representatives 'Ayeí Hooghan resented being excluded from treaty-making. The House was restricted to appropriating money for the fulfillment of the treaty promises (Wilkins, 1987 and Wilkinson, 1987), while the Senate had the authority to ratify the treaties. Members of the House of Representatives resented this imbalance (Dippie, 1982). It is likely that the Senators knew that, due to this resentment, they would not get very far with their counterparts in the House; therefore, they did not entertain ratification of the treaties. Even those treaties that were ratified were in danger of being abrogated (broken) by Wááshindoon because the resentment caused the 'Ayeí Hooghan to dislike making the appropriations to be in compliance with the treaties (Wilkins, 1987 and Wilkinson, 1987). Of course, the resentment was not the only reason for failure to ratify the treaties. In one instance, a soldier kept the contents of the negotiated treaty in his coat pocket too long and was not able to have the treaty ratified due to time restraints (personal communication with a Naabeehó (Navajo) leader who wanted his name withheld).

Up until 1871, treaties were the principal method by which the federal government conducted its affairs with Indian tribes (Wilkins, 1987). In 1871, Congress decided that there would be no more treaties in the future. This "termination" of treaty-making was initially recommended by the Board of Indian Commissioners (French, 2003). The Board of Indian Commissioners is described as "... a body of unpaid philanthropists appointed to aid the Secretary of the Interior in Indian affairs" (Prucha: 2000). The Board of Indian Commissioners gave two main reasons for their objections to treaty making:

(a) the history of the government with the Indians was a shameful record of broken treaties and unfulfilled promises

(b) the difficulties with the Indians occurred because of the misunderstanding of the meaning and intention of either party when they entered into a treaty negotiation

The reasons given by the Board of Indian Commissioners were eagerly acknowledged by the House of Representatives, who saw that termination of treaty-making would end their exclusion from the treaty-making process (Wilkins, 1987 and Wilkinson, 1987). Although treaty-making was terminated by Congress, the Indian Appropriation Act of 1871 declared that existing treaties were not affected by the law (Dippie, 1982). Congress still continues to recognize the validity of all existing treaties made with Indian tribes. Wááshindoon recognized the tribes as distinct, independent, political communities and domestic dependent nations when it entered into nearly 400 treaties (Brophy and Aberle, 1966).

After Treaties: Agreements and Executive Orders

Since 1790, when the first Indian Trade and Intercourse Act was adopted, Congress has made appropriations for more than 4,000 treaties, agreements, and statutes related to Indian affairs (Kickingbird, et al., 1980). After 1871, agreements and executive orders became the means by which Wááshindoon and Indian tribes dealt with one another.

Following treaty termination, 250 agreements continued to be negotiated with the tribes, which required a review and approval of both houses of Congress (French, 2003). An agreement is similar to a treaty and is binding upon both parties, but the negotiations are less formal. An executive order comes from the President or one of the Departments of the Executive Branch. Executive Orders provided Indian tribes with a title to their lands and granted them federal recognition (Wilkinson, 1987).

Validity and Importance of Treaties, Agreements, and Executive Orders

An important question that has been asked many times is whether treaties have become outdated. According to Kickingbird et al. (1980), "Age has not invalidated treaties any more than it has invalidated the Constitution, which is recognized as the supreme law of the land." Because of treaties, Indians still are receiving services from Wááshindoon. Many laws have been passed that provide services to Indians based upon the negotiated contracts. Two such examples are given below:

- The Snyder Act of 1921 is a substantive law for appropriations regarding the activities of the Bureau of Indian Affairs (Brophy and Aberle, 1966). The Snyder Act expanded the money available for Indians because it released the government from a strict adherence to the provisions of treaties, most of which had been authorized at a time when minimal funding was adequate to enable the federal government to fulfill its treaty and trust obligations to tribes (Deloria and Wilkins, 1999).
- The Johnson O'Malley Act of 1934 continues to provide federal money for education (Deloria and Wilkins, 1999).

To ensure the entire country abides by the treaties, executive orders, and agreements, all three branches of the U.S. Government are involved in carrying out provisions agreed upon. Congress makes laws concerning treaties, the Judicial Branch determines whether the laws and methods of carrying them out are proper, and the Executive Branch makes sure the provisions are followed. If Congress makes a law that appears to conflict with an existing treaty, agreement, or executive order, the United States Supreme Court can intervene. The United States Supreme Court states that Congress has a moral duty to uphold treaty obligations and to make amends for violations (Kickingbird, et al. 1980). When conflicts arise, the courts interpret the treaties, agreements, and executive orders.

An important component of treaties, agreements, and executive orders is the reserved lands that were kept by or set aside for the Indians. Just as important was the formal federal recognition that was conveyed as each treaty, agreement, and executive order was entered into by Wááshindoon and the Indian tribes (Robbins, 1992). Wilkinson (1987) claims that Indians still have yet to fully exercise the government-to-government relationship they have with Wááshindoon.

What Are Treaties Comprised Of?

Kickingbird, et al. (1980), who compiled the main components of treaties, explains that the same template was used for all treaties between Wááshindoon and Indian nations. The template consisted of five components:

1. Preamble
2. Terms and Conditions, written up as a set of Articles
3. Provisos
4. Consideration
5. Signatures, Seals, and Marks

We will explain each of these components below, as Kickingbird has described them.

The **Preamble** presents the statement of purpose and identifies the negotiating parties.

The **Terms and Conditions** are the most important part of the treaty. This section contains the terms that state what the negotiating parties are agreeing to. Each term is written down in a separate section. These sections are called Articles.

Provisos are clauses within each article, which contain any special conditions. Provisos usually begin with the words, "Provided that…" This section may refer to a vague time in the future.

The **Consideration** is a provision for payment where the "consideration" is something of value which one party offers as an incentive for the other party to accept the agreement. The clause that includes the "consideration" is inserted to illustrate the parties are serious about keeping the agreement. Considerations took the form of annuities, agricultural tools, clothing, food, blacksmith and carpentry shops, money, military protection, a school and a teacher, or livestock.

The **Signatures, Seals, and Marks** are considered an essential component of a treaty. The signatures, seal of the government, and the marks of the persons who were authorized to represent the negotiating parties are contained in this section. Usually, the list of signers is quite long because the federal government wanted as many Indian leaders as possible to know about the negotiated treaty, in order to avoid noncompliance by the Indian tribe.

Treaties between Diné Biwááshindoon dóó Wááshindoon

Wááshindoon and Diné Biwááshindoon entered into eight different treaties between 1846 and 1868. All of these treaties are legally binding to this day. However, as we will see, treaties rarely stopped Wááshindoon from continuing to encroach upon Navajo lands. In some cases, Wááshindoon negotiated with people who were not authorized to speak for all of the Navajo people, and then considered the treaty to have been broken if non-signers did not obey its edicts. In others, the treaties were signed by U.S. Government representatives, but when the treaty was taken back to Washington, D.C., it was not ratified by the United States Senate. In yet others, the edicts simply became inconvenient for the United States to follow, so excuses were found to break treaties.

The Navajo people have been accused many times of not abiding by the treaties, but the accusers forget that the treaty making process was not fair to Indians. Pevar (1992) gives a couple of examples of this unfairness:

(a) "treaties were always written in English and the Indians were not certain what they were signing"

(b) "treaties were signed under a great threat of force"

In addition, "The Soldiers and representatives of the United States Government overlooked the fact that Navajos did not know how to read maps. The Navajos were knowledgeable of boundaries through their awareness of the terrain they traveled," (MacDonald, 1993). The Navajos would have been more aware of the boundaries of the treaty reservation if the boundaries had been set by natural landmarks such as rivers, mountains, rock formations, and so forth.

1846

Nílch'ih Ts'ósí bii' yiziłgo dóó naadiin naakigóó yoołkáałgo, 1846 brought about the Treaty of Ojo del Oso, which was negotiated and signed between the naat'áanii and Wááshindoon (Acrey, 1994). The treaty is named for the location where it was signed, Ojo del Oso or Bear Spring Shash Bitoo, near present-day Fort Wingate, on the sloping land of Wingate valley.

The treaty declared that a firm and lasting peace was to exist between the American people and the Naabeehó (Navajo) Indians. In the treaty, the term "Americans" included the New Mexicans and the Pueblo people but excluded the Naabeehó.

Free trade and free visitation between parties was also declared in the treaty. According to the treaty, all prisoners and property were to be restored to their rightful owners.

It is interesting to note that this treaty was signed a year and a half before the Territory of New Mexico was turned over to Wááshindoon in the Treaty of Guadalupe Hidalgo of 1848. In other words, the United States military was making treaties with Naabeehó naat'áanii before the land belonged to the United States.

The treaty was signed by dį́į́'ts'áadahgo naat'anii, among them Zarcillos Largos, Caballada, Mucha, Alexandro, Cayetanito (Manuelito's younger brother and a war leader), José Largo, Narbona (a peace leader) , Segundo, Pedro José, Manuelito (a war leader), José Tapia, Archuletta, Juanico, Sandoval, and Cebolleta Garcia (McNitt, 1990).

The United States was represented by Colonel Alexander Doniphan, who led the Missouri Volunteers; Lt. Col. Congreve Jackson, and William Gilpin. The interpreters were Santiago Conklin for English-Spanish translation and Angel Chavez for Navajo-Spanish translation (Young, 1968).

This treaty was never ratified by the U.S. Senate.

1848

The Newby Treaty was negotiated and signed on T'ą́ą́ Tsoh bii' yiziłgo dóó naadiingóó yoołkááł yę́ędą́ą́' in 1848 between the Naabeehó naat'áanii and Wááshindoon at present-day Sanostee, New Mexico. This treaty was in answer to the retaliatory raids the Naabeehó were making on the New Mexicans, who themselves were raiding the Naabeehó to obtain slaves. The treaty called for a return of captives held by the Naabeehó and the New Mexicans. The return of stolen livestock was omitted, however, as Newby felt such a term would never be met. Nevertheless, the military demanded that the Naabeehó give táadi neeznádiin dibé dóó t'áátá'ídi neeznádiin dzaanééz to pay for the cost of the military expedition (Acrey, 1994). Tseebíí Naabeehó leaders signed the treaty: Jose Largo, Archiletti, Narbona, Chapitone, Zarcillos Largo, Juan Lucero, Segundo, and Pablo Pinto. The absence of Cayetano was obvious, since the negotiations took place in his home area where he was a leader (McNitt, 1990). Col. E. W. Newby signed on behalf of Wááshindoon (Acrey, 1994). This treaty was never ratified by the U.S. Adeí Hooghan.

Note: In this treaty, the military promised protection against slave raids by the New Mexicans. The protection was never provided, which led to the Naabeehó conducting retaliatory raids once again (Acrey, 1994).

1849

The Treaty of 1849 is also known as the Washington Treaty, named after Lieutenant Colonel J.M. Washington, commanding officer and governor of New Mexico Territory. Interestingly, the treaty was negotiated between the United States of America, the United Mexican States, and the Naabeehó naat'áanii. This treaty was negotiated and signed in Bini'anit'ą́ą́ Tsoh bii' yiziłgo dóó náhást'éígóó yoołkááł yę́ędą́ą́', 1849, at Canyon de Chelly, near present-day Ch'ínílį́, Arizona. **This treaty was the first of the eight Naabeehó-U. S. treaties that was ratified by the United States Senate**. It is also the only treaty that was negotiated and signed in what was to become the state of Arizona.

Many Naabeehó leaders refused to attend the treaty negotiations because their respected peace leader, Narbona, had been recently killed by soldiers. Also, the New Mexicans continued their raiding for Naabeehó slaves and had not returned the Naabeehó captives/slaves as agreed upon in previous treaties.

Sandoval, a naat'áanii and Diné 'Anaa'í from Cebolleta near Mount Taylor in New Mexico, accompanied Lieutenant Colonel Washington as a guide (Young, 1968). Upon being asked to bring in more naat'áanii, Sandoval brought Mariano Martinez and Chapitone, the only two naat'áanii willing to come to the negotiating table. However, they were not naat'áanii of any significance. It is interesting that Sandoval also signed the treaty when he had no influence over the Naabeehó who lived in the region of Canyon de Chelly (McNitt, 1990 and Acrey, 1994). How was he going to make the Naabeehó of the vicinity abide by the treaty?

Note: The military did not approve of the number of Naabeehó naat'áanii who signed the treaty of 1849 and wanted more naat'áanii to sign. The naat'áanii, however, were not to be found. Therefore, a treaty very similar to the Treaty of 1849 was written and signed by more naat'áanii. However, the second signing of the treaty seems to be lost. This "lost" treaty is counted as one of the eight treaties between the Naabeehó and the United States Government.

It is interesting to note that Article 9 of the treaty states that land boundaries may be designated, settled, and readjusted; but no boundaries are designated in the treaty itself.

1855

The Treaty of Laguna Negra was negotiated and signed on Ya'iishjááshtsoh bii' yiziłgo dóó tseebíí ts'áadahgóó yoołkááł yę́ędą́ą́', 1855, near a lake situated fourteen miles north of present-day Tsé Hootsoh. The most significant aspect of this treaty is the unique reason for its formation: the new governor of New Mexico Territory decided a new treaty needed to be negotiated with the Naabeehó because Congress had passed the Indian Appropriation Act four years earlier. The act dictated that all tribes in the west were to be placed on reservations to make room for the surge of white settlers. Tádiindi míil béeso was set aside by Congress for the purposes of granting "troublesome" Indian tribes in New Mexico "…rights of occupancy to their lands" (Bailey, 1988).

It is important to mention that in Article 4 of this treaty, a land boundary (reservation) was set aside for the Naabeehó to settle upon. It specifically states,

> The United States agree to set apart and withhold from sale, for the use of the Navajos for their permanent homes, and hereby guarantees them the possession and enjoyment of a tract of country within that portion of the Territory of New Mexico now claimed by them, and bounded as follows viz. Beginning on the south bank of the San Juan River, at the mouth of Rio de Chelly, thence up the San Juan to the mouth of the Canada del Amarilla, thence up the Amarilla to the top of the dividing ridge between the waters of the Colorado and Rio Grande, thence southwestwardly along said side thereof to its mouth or entrance into the Colorado Chiquito, thence north to the beginning excluding the lands owned by the Pueblos of Zuni and Moqui, and reserving to them all their rights and privileges, and reserving to the Navajos States a tract of country embracing fifty square miles around Fort Defiance to be laid off under the direction of the commanding officer of the department, and in such manner as he may see proper; reserving to the Navajos the right to gather salt at Salt Lake near Zuni.

Bailey (1988) places this information in perspective by writing:

> The western limits were defined as a line running approximately from the present location of the San Juan River (north of present-day Kayenta), to the confluence of Chevalon Creek and the Little Colorado between present-day Holbrook and Winslow. The eastern boundary was set off by a line following the San Juan from the Four Corners area to Canyon Largo, from there southwesterly to the Zuni River just east of the Pueblo of Zuni.

Zarcillos Largos gave up his leadership position as spokesperson and designated Manuelito to be one of the naat'áanii at the treaty negotiations. Manuelito claimed the land that was set aside did not include many of the Naabeehó sacred sites. After much discussion and the promise of yearly annuities in the amount of $10,000 in exchange for the land previously occupied by the Naabeehó, the naat'áanii agreed to the terms of the treaty.

It is stated that the largest number of Naabeehó were assembled for this treaty negotiation than for any previous treaty. David Meriwether (ex-officio Superintendent of Indian Affairs), Governor of New Mexico Territory; his secretary W. Davis; and General John Garland, Captain R.S. Ewell, Bvt. Major H. Kendrick, and Captain O. Shepherd represented Wááshindoon. Representing the Naabeehó were naadiin tsosts'id Naat'áanii dóó Naat'áaniishchíín (leaders with less influence), with Manuelito as the spokesman. Zarcillos Largos signed his name to the treaty, but near the end of the list of the names of the naat'áanii. Two men served as interpreters. Navajo agent Henry Linn Dodge attended as a witness (Bailey, 1988).

It is interesting to note that Manuelito, a well-known war naat'áanii, signed his name to a "peace treaty" in the middle of the summer.

This treaty was never ratified by the Adeí Hooghan.

1858

The Bonneville Treaty, named after Colonel B. Bonneville, was negotiated in December 1858 and signed on December 25, 1858. Prior to the treaty, several incidents took place that caused the military to fear a resurgence of Naabeehó wars. First of all, at the beginning of 1858, Navajo Agent Henry Linn Dodge was killed. Dodge was a man who lived among the Naabeehó people, understood them, and knew that they were treated unfairly. Also, the New Mexicans were pushing the Naabeehó westward, encroaching upon Naabeehó bikéyah as they searched for land for themselves, and the Utes were trespassing in search of captives they could trade at the slave markets. The Naabeehó felt they were being crushed from all sides. To make matters worse, the area was experiencing a severe drought, which gave the U.S. military a reason to herd their own livestock into Naabeehó bikéyah in search of water and grassland. The land the U.S. military intruded on belonged to Manuelito. Manuelito continued to herd his cows on land that the military had claimed for themselves in the Treaty of 1855. The military warned Manuelito to remove his cows. He refused, knowing the land was his. This caused the military to retaliate by killing nearly 60 of Manuelito's livestock (Frink, 1968 and Bailey, 1988).

The interesting fact here is that Manuelito was the spokesperson for the Naabeehó people during the negotiations and signing of the Treaty of 1855. Therefore, he would have had to have been knowledgeable of the land that was taken by the military as stated within the Treaty of 1855. Could it be that Manuelito did not recognize the validity of the Treaty of 1855 because he was a war leader who signed the treaty during peace times? According to the guidelines of the Naachid, Manuelito had no authority as a leader in peace times.

In the middle of summer, two deaths escalated the fighting between the Naabeehó and the U.S. military. First, a black slave (who belonged to Major Brooks, an officer) was shot by an angry

Naabeehó man who came to trade. The military officer demanded that the Naabeehó surrender his killer. To keep the peace, the Naabeehó turned in the body of a man who had been killed, but a subsequent autopsy determined that the dead man was too young to be the killer, and furthermore, the man was a Mexican. This development angered the military officers even more, because there were now two recorded deaths of which the Naabeehó were allegedly guilty. With their demands ignored, Colonel Miles declared war against the Naabeehó on Bini' Anit'ą́ą́ Tsoh bii' yiziłgo dóó tseebįįgóó yoołkáał yę́ędą́ą́' to "chastise them into obedience" (Bailey, 1988). The military went into Naabeehó country, searching for warriors, killing a few, and capturing some women and children. The military burned hogans and fruit tree orchards that they found along their route, captured thousands of sheep, and destroyed cornfields and other property (Bailey, 1988).

While all this was going on, the Naabeehó were protecting their property, fighting off the Utes and New Mexicans who raided in search of captives they could sell to the slave traders.

Colonel Miles and Indian Agent Samuel Yost (both of whom had been in contact with Zarcillos Largos), were told the Naabeehó naat'áanii wanted peace. On Níłch'ih Ts'ósí bii' yiziłgo dóó naadiingóó yoołkáał yę́ędą́ą́', the two men held a counsel with the naat'áanii Zarcillos Largos, Herrero (Manuelito's nephew who was brought in by Zarcillos Largos to be one of the naat'áanii), Amijo, Barboncito, and five others (McNitt, 1990 and Bailey, 1988). Interestingly, Barboncito was a peace leader and yet he represented his people when the war leaders were to speak and plan for their people.

Out of this meeting came an armistice, or truce, that resembled the articles of a treaty. The armistice was against the wishes of other military leaders and New Mexico Territory officials, who felt the Naabeehó had not been punished enough and who doubted the sincerity of the Naabeehó naat'áanii. In addition, the contents of the armistice contained conditions that were very similar to a treaty, which was another objection held by the military and territory officials (McNitt, 1990). The contents of the armistice did become the main articles of the Treaty of 1858.

On Níłch'ih Tsoh bii' yiziłgo dóó naadiin ashdla'góó yoołkáał yę́ędą́ą́', 1858, the treaty was negotiated and signed. It was a treaty that was not favorable for the Naabeehó people and was not meant to promote peace. Rather, it was a treaty to punish the Naabeehó. For example, the first article pushed the Naabeehó even further westward, taking some of the prime grazing land; the second article stated the Naabeehó were to repay citizens, settlers, and Pueblo Indians for all damages and stolen property; and the third article stated that the entire tribe was to be held responsible for the damages committed by anyone (even non-Naabeehó) and that the military had the right to take possessions from the Naabeehó people to repay the damages suffered by others. The fourth article required the Naabeehó to set every captive free, while only the Naabeehó prisoners being held by Wááshindoon would be freed. Clearly, this was a treaty that placed "the burden of blame on the Naabeehó" and imposed unacceptable conditions on them. (McNitt, 1990). Yet, the naat'áanii wanted peace and rest for their families and their livestock.

It is doubtful that the naat'áanii understood all the terms of the treaty, because the sixth article gave the military the right to dispatch military expeditions through Naabeehó bikéyah as well as to set up more military posts if needed. Herrero was declared the central leader for the Naabeehó in article tsosts'id (Acrey, 1994).

Naat'áanii ashdla'áadah yilt'éego signed the treaty, including Herrero, who was selected as the spokesman for the Naabeehó. (Manuelito had given up his spokesman responsibilities because he believed the military should have compensated him for his slaughtered béégashii, just as the military expected compensation for the livestock and captives the Naabeehó obtained during their "raids.") Zarcillos Largos, Ganado Mucho, Armijo, and Jose Antonio were among the other signers.

The Bonneville Treaty was negotiated and signed on Níłch'ih Tsoh bii' yiziłgo dóó naadiin ashdla'góó yoołkáał yę́ędą́ą́'.

Military personnel E. Backus, G. Granger, and Indian Agent Samuel Yost signed the treaty representing Wááshindoon. Bonneville did not sign the treaty that was named after him.

1861

The Canby Treaty, named after Lt. Colonel Edward Sprigg Canby, was signed on 'Atsá Biyáázh bii' yiziłgo dóó 'ashdla'adahgóó yoołkáał yę́ędą́ą́', 1861. The purpose of this treaty is significant, in that 'ashdla'áadah naat'áanii dóó naat'áaniishchíín were listed as the ones who wanted peace. Armijo, Delgadito, Manuelito, Ganado Mucho, two men bearing the name Herrero, Cayatano, Gordo, and Barboncito were the peace seekers instead of U.S. military leaders. Interestingly, Zarcillos Largos' son, Sarcillo Largo, was also a naat'áanii wanting peace (McNitt, 1990). Remember that Zarcillos Largo was killed in Ghąąjį' of 1860, and yet his son was among the naat'áanii seeking peace (Bailey, 1988).

Many events led up to the Naabeehó naat'áanii wanting peace. The military was demanding the murderer of Major Brooks' slave, and noncompliance with that demand caused the military to declare war against the Naabeehó. Additionally, raids continued to be a problem. The Naabeehó were raided upon by the New Mexicans and their northern neighbors, and at times the Naabeehó warriors retaliated. The New Mexicans often exaggerated the claims of the raids. Military officials demanded the Naabeehó return everything obtained during their raids, and yet failed to acknowledge the loss Naabeehó experienced when they were raided upon by their enemies (Bailey, 1988).

Slave raids against the Naabeehó were encouraged by officials to further punish the Naabeehó people (Bailey, 1988). Further, the military was burning hogans, destroying crops and fruit orchards, and capturing livestock, which kept the Naabeehó people in constant flight. The Naabeehó began to suffer from cold, starvation, and lack of clothing.

From 1858 through Bini' Anit'ą́ą́ Tsoh bii' yiziłígíí 1859, the Naabeehó saw four Navajo agents come and go. This high level of turnover interfered with the prospect of peace, understanding, and knowledge of the Naabeehó people (Bailey, 1988). Still, wanting peace, two Naabeehó naat'áanii came to the fort at different times in early 1860 to meet with the Navajo agent. However, both men were shot at. Although they escaped without being harmed, the Naabeehó naat'áanii were infuriated by the treatment and planned retaliations. Three major attacks were conducted against the soldiers, the most aggressive of which occurred at yidiiską́ągo dį́į́di 'oolkiłgo daats'í on T'ą́ą́ Chil bii' yiziłgo dóó tádiingóó yoołkáał yę́ędą́ą́'. A force of t'áálá'ídi míil yázhí naabaahii attacked the fort at Fort Defiance (Young, 1968). The casualties were minimal, but the attack caused the military to take note of the boldness of the Naabeehó naabaahii.

Needing additional means of keeping the peace, Canby oversaw the construction of a new fort at the present-day Fort Wingate. The fort was completed on Bini' Anit'ą́ą́ Ts'ósí bii' yiziłgo dóó tádiin dóó bi'ąą t'áálá'ígóó yoołkáał yę́ędą́ą́', 1860. It became the place for distributing rations and gifts, which were meant to bribe the Naabeehó into maintaining peace (Young, 1968). The new fort was named Fort Fauntleroy.

Desparately wanting peace, naadiin dį́į́' naat'áanii met with Colonel Canby on Atsá Biyáázh bii' yiziłgo dóó 'ashdla'áadahgóó yoołkáał yę́ędą́ą́' at Fort Fauntleroy (the site of the current Fort Wingate)(McNitt, 1990). Canby wanted additional naat'áanii to sign the treaty, so he waited neeznáá more days before the actual treaty negotiations began. This wait was difficult for the Naabeehó, because the area was experiencing an extremely cold spell. Naat'áanii dį́zdiin dóó bi'ąą tsosts'id yilt'éego signed the treaty and nearly naakidi míil yázhí Naabeehó witnessed the treaty signing. Among the leaders who signed were Manuelito dóó Ganado Mucho dóó Barboncito (Acrey, 1994). Herrero Grande was selected as the spokesman (McNitt, 1990). One wonders what amount of discussion surrounded Ganado Mucho dóó Barboncito's signing of the peace treaty in the winter season. Possibly, it was decided that it was acceptable because the treaty was for the purpose of bringing peace to the people.

Colonel Canby did not sign the treaty named after him, which leads one to wonder what could have prevented him from doing so. It was he who insisted upon having as many naat'áanii sign as possible. Instead, military and medical personnel ła' ts'áadah yilt'éego signed the treaty.

Colonel Canby did not want the treaty to be difficult for the Naabeehó to abide by and comply with, as he knew the people had endured many years of constant warfare, raids, and military operations. Below is a summary of the different articles:

Article 1 calls for the end of hostility against other Indian nations

Article 2 states that the Naabeehó people will submit unconditionally to Wááshindoon and maintain peace

Article 3 states that the Naabeehó naat'áanii will declare war against any Naabeehó who are unruly

Article 4 stipulates that the naat'áanii will not allow unruly men to live among them, and that any unruly person will be turned over to the military

Article 5 calls for the Naabeehó to settle within the new boundaries set forth and to live in "pueblos" or communities; land east of Ft. Fauntleroy was taken away from the Naabeehó

Article 6 places the Naabeehó under the protection of the federal government and gives them the same status as other Indian nations as long as the Naabeehó live in peace with their neighbors (Acrey, 1994).

The 1861 treaty was considered liberal by the military; however, the conditions placed the Naabeehó in a considerable plight. For example, the naat'áanii were asked to settle in communities, which is against the teachings of the Diyin Dine'é (Holy People). Naabeehó are supposed to live separately in small, familial groups. Additionally, the land of the Naabeehó was further reduced, and it was going to be difficult for the naat'áanii to ensure that the people did not live, farm, or graze their livestock outside of the new boundaries. The boundary moved the Naabeehó further from their sacred mountains of the east and south.

The people were in desperate need of peace. Constant warfare, which extended into their traditional peace times, had not enabled them to plant their dá'ák'eh. Without their dá'ák'eh, the people faced hunger and possible starvation.

The peace that the Canby Treaty was supposed to maintain never took hold. Several events led to the breakdown of the maintenance of the treaty. As soon as the treaty was signed, slave traders began searching for Naabeehó women and children. No one was safe. Additionally, Canby left his post at Fort Fauntleroy on Wóózhch'į́į́d bii' yiziłgo dóó naadiin hastą́ą́góó yoołkáał yę́ędą́ą́' because of the Civil War that would soon break out. Before he left, Canby was confident that peace had been established, so he moved all military operations to Fort Fauntleroy. This move occurred on Bini' Anit'ą́ą́ Ts'ósí bii' yiziłgo dóó tádiin dóó bi'ąą t'áálá'ígóó yoołkáał yę́ędą́ą́'. Fort Canby was then abandoned and became the first Navajo agency from which the Navajo agent worked (Frink, 1968).

Colonel Canby took over command of the United States Army in New Mexico. A well-known slave trader and enemy of the Naabeehó by the name of Manuel Chaves was placed in charge of Fort Fauntleroy on Bini' Anit'ą́ą́ Ts'ósí bii' yiziłgo dóó tseebíí ts'áadahgóó yoołkáał yę́ędą́ą́', 1861. The naat'áanii worked with Chaves, but on Bini' Anit'ą́ą́ Tsoh bii' yiziłgo dóó neeznáágóó yoołkáał yę́ędą́ą́' an unfortunate event took place. It was ration day and the Naabeehó had gathered to receive their rations and to visit with relatives and acquaintances. The Naabeehó also gathered to race their łį́į́' against the łį́į́' of the soldiers. In a certain race, two of the best horses were matched, one belonging to Manuelito and the other to an army surgeon. Large bets were placed. During the race, the horse belonging to Manuelito bolted out of line because his bridle had either broken or had been cut, causing the horse to lose the race. A rematch was called for by the Naabeehó, but the soldiers declared their horse the winner and took all the expensive items placed as bets, which included sis łigaaí dóó yoo' dóó fancy beeldléí dóó diyogí. The soldiers retreated to their fenced-in area. A Naabeehó insisting on a rematch followed the soldiers, and he was shot and killed when he tried to force his way into the area with the soldiers. Confusion soon took over, and Chaves ordered his men to shoot the Naabeehó sáanii dóó hastóí dóó 'áłchíní. One soldier reported witnessing another soldier killing a woman and two children (McNitt, 1990).

Peaceful relations ended and an even more menacing time was ahead of the Naabeehó.

With many soldiers and officers leaving to join the fight in the Civil War, Canby asked for the appointment of James Carleton at Fort Fauntleroy. James Carleton was familiar with New Mexico Territory's Indian wars and had served in them.

Carleton was not concerned with subduing the Naabeehó and Apaches for the sake of keeping the peace. Rather, he was interested in the gold he believed was in Naabeehó bikéyah. Carleton planned to make a fortune for himself and others, and the Naabeehó were in his way of carrying out that plan (Young, 1968).

Meanwhile, the Mescalero Apaches were causing the Mexicans and New Mexicans problems and the Naabeehó would not stop their retaliatory raids. Carleton's soldiers were not satisfied with repairing buildings and roads, demanding that they had enlisted to fight a war. Therefore, Carleton's attention turned to resettling the Mescalero Apaches and Naabeehó on a reservation in eastern New Mexico Territory. The purpose was to coerce them into becoming an agricultural people like the Pueblos (Young, 1968). Removing the Naabeehó and resettling them far from their land would give Carleton the opportunity to open the land between the four sacred mountains for the mining of gold.

To carry out his grand plan, Carleton sought the help of Kit Carson, a well-known Indian fighter and agent for the Utes. Much has been recorded and written about the atrocities of Fort Sumner and Hwéeldi. To learn more, speak with your elders. The elders will be reluctant to retell the story, saying, "It was not a good time in our history." However, you are entitled to the truth.

1868

The Naaltsoos Sání of 1868 was signed on June 1st, 1868, at Fort Sumner. It ended the four years of suffering of the Naabeehó and set them free to return to their land between the four sacred mountains. We will devote a separate section to this treaty, since it is the final and most important treaty between Wááshindoon and Diné Biwááshindoon.

The Navajo-U. S. Treaty of 1868

Although many people believe Wááshindoon could have taken the Naabeehó people's land holdings without payment under the doctrine of conquest of 1864, the seven treaties that the federal government had negotiated with the Naabeehó people prior to the Naabeehó-U.S. Treaty of 1868 made it difficult for the U.S. Government to completely overlook previous promises. Because of the four treaties that had discussed land boundaries (treaties of 1849, 1855, 1858, and 1861), the U.S. Government could not send the Naabeehó to Indian Territory in Oklahoma, although this possibility was discussed. **Too many Naabeehó naat'áanii had been aware of the land grants in the earlier treaties to ignore Naabeehó pre-existing land rights. Thanks to these treaties, the U.S. Government had to allow the Naabeehó people to return to their land between the four sacred mountains after the four years of imprisonment at Ft. Sumner.**

The Naaltsoos Sání contained all five of the standard components of a treaty, as discussed earlier.

Preamble of the Naaltsoos Sání Navajo-U.S. Treaty of 1868

The Preamble of the Naaltsoos Sání identified Andrew Jackson as the President of the United States. Fort Sumner, New Mexico, was named as the place where the Treaty was agreed to and signed, followed by the date, Ya'iishjáásh Chilí bii' yiziłgo dóó łáa'iigóó yoołkáałgo, 1868. Also named were the people who entered into the Treaty: Lt. Gen. W. T. Sherman and Senator Samuel Tappan, who were the Peace Commissioners representing the United States; and Barboncito and twenty-nine additional leaders, who were identified as the Navajo Chiefs and Headmen representing the Naabeehó.

Andrew Johnson,
President of the United States of America,
To all and singular to whom these presents shall come, greeting:
Whereas a Treaty was made and concluded at Fort Sumner, in the Territory of New-Mexico, on the first day of June, in the year of our Lord one thousand eight hundred and sixty-eight, by and between Lieutenant-General W. T. Sherman, and Samuel F. Tappan, commissioners, on the part of the United States, and Barboncito, Armijo, and other Chiefs and Headmen of the Navajo tribe of Indians, on the part of said Indians, and duly authorized thereto by them, which Treaty is in the words and figures following, to wit:

Articles of a Treaty and Agreement made and entered into at Fort Sumner New Mexico on the first day of June 1868, by and between the United States represented by its Commissioners Lieutenant General W. T. Sherman and Colonel Samuel F. Tappan of the one part, and the Navajo nation or tribe of Indians represented by their Chiefs and Head men duly authorized and empowered to act for the whole people of said Nation or tribe (the names of said Chiefs and Head men being hereto subscribed) of the other part, witness:-

Terms and Conditions as Articles

The Naaltsoos Sání contains thirteen articles. Below is a brief discussion of each Article.

Article I states that war between the parties will cease and that Wáàshindoon desires peace.

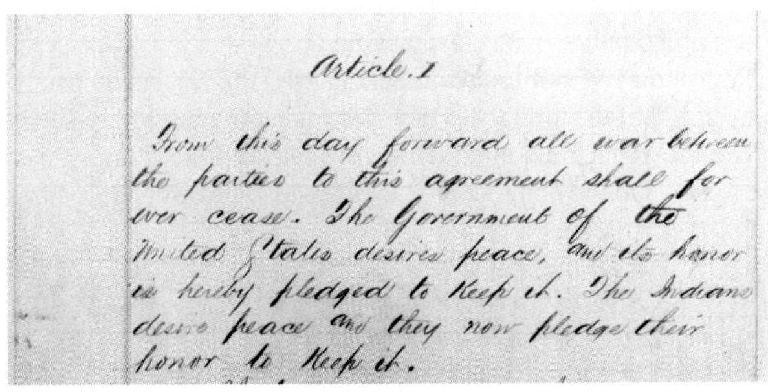

Article I

From this day forward all war between the parties to this agreement shall for ever cease. The Government of the United States desires peace, and its honor is hereby pledged to keep it. The Indians desire peace and they now pledge their honor to keep it.

Note: The end of the Civil War brought on some of the bloodiest times of U.S. Indian wars. The years from 1865 to 1868 are known as the era of "the Great Peace Commission" (Kickingbird, et. al, 1980).

Article II states the boundaries of the Treaty Reservation. Article II contains a proviso that is in reference to the inclusion of Canyon de Chelly in the Treaty Reservation.

Article II

The United States agrees that the following District of Country to wit– Bounded on the north by the 37° degree of north latitude, south by an east and west line passing through the site of Old Fort Defiance in Cañon Bonito, east by the parallel of longitude which if prolonged south would pass through old Fort Lyon, or the Ojo-de-oso, Bear Spring, and west by a parallel of longitude about 109°. 30' west of Greenwich provided it embraces the outlet of the Canon-de-Chelly, which canon is to be all included in this Reservation, shall be, and the same is hereby set apart for the use

6e

and occupation of the Navajo tribe of Indians, and for such other friendly tribes or individual Indians as from time to time they may be willing with the consent of the United States to admit among them; and the United States agrees that no persons except those herein so authorized to do, and except such officers, soldiers, agents, and employés of the Government or of the Indians as may be authorized to enter upon Indian Reservations in discharge of duties imposed by law, or the orders of the President, shall ever be permitted to pass over, settle upon, or reside in the Territory described in this Article.

Note: Naabeehó knowledge of boundaries was limited to their surroundings. Their sacred mountains were their primary boundaries that dictated where their land ended. The rivers also provided natural boundaries for the Naabeehó: the Rio Grande to the east; the Rio Puerco and the Little Colorado River to the south; the Colorado River in the west; and the San Juan River to the north. Notice that the reservation that was aside by the Naaltsoos Sání is only a small portion of the former Naabeehó country. MacDonald (1993) further explains, "Before being forced as prisoners of war to resettle at Fort Sumner, the Naabeehó considered 30 million acres as their homeland. Once the treaty reservation lines had been drawn, the Naabeehó now realize that only 3 million acres of land had been given back to the Naabeehó as a result of all the treaties that had been written with the Naabeehó."

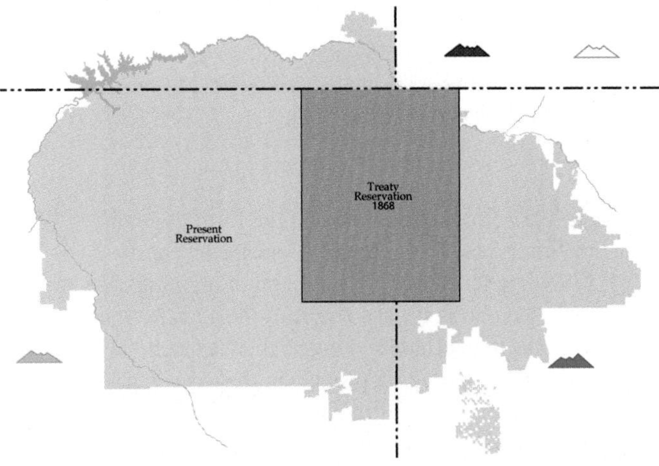

Article III states that an Agent will be placed among the Navajo people. At his residence, Wáàshindoon would build a warehouse, an agency building, a carpenter shop, a blacksmith shop, and a school.

Note: This Article reflects the policies of "civilization" that were being forced upon American Indians nationwide.

Article IV lets the people know that the Navajo Agent will live among them to make sure they are abiding by the signed Naaltsoos Sání.

Article V states that land tracts of 160 acres may be assigned to Naabeehó over the age of eighteen for the purpose of cultivation and "civilization."

Note: The Reservation, Diné Bikéyah, set aside in the Naaltsoos Sání actually never underwent this "allotment." Executive order lands and legislative lands (agreements) that were later **added** in the extreme eastern portion of the present Diné Bikéyah became allotted lands, but the rest of Diné Bikéyah was not subject to allotment.

Article VI declares that all áłchíní between the ages of 6 and 16 were to be educated. For every 30 áłchíní, the Commissioners promised one bá'ólta'í and one hooghan bii' ólta'.

Note: Wááshindoon never honored this Article. Although far more than 30 áłchíní returned home from Fort Sumner with their families, the U.S. Government provided only one bá'ólta'í and one hooghan bii' ólta' in the winter of 1869. Article VI contained a "proviso" that promised education would be provided for more than ten years.

Note: Many Naabeehó people are angry with the Naaltsoos Sání because of mass forced education. However, the Naaltsoos Sání did not specify how children were to be educated. Military personnel, missionaries, and federal representatives were the ones who decided how Indians were to be educated, not the Treaty.

Article VII entitles each head of household to farming implements and seeds to plant.

Note: Only a few families ever received farming tools.

Article VIII provides annuities in the form of goods, materials, and clothing to the Naabeehó for the following ten years. The amount of annuities was to be based on the census report of the Navajo Agent and was to continue as long as the Naabeehó people remained at peace. A proviso in this Article gave the Commissioner of Indian Affairs the freedom to decrease the amount of the annuities or appropriate the money for another purpose, as long as this purpose provided funds or goods that would remain with the Naabeehó people.

Note: Many of the goods, materials, and clothing were stolen by dishonest white people and never reached the Naabeehó people.

Article IX outlines hunting rights of the people. Discussed in length was the protection of the construction of the kǫ' na'ałbąąsii bitiin and military outposts, as well as the protection of the settlers who traveled through Diné Bikéyah.

Article X protects the lands reserved for the Naabeehó people.

Article XI deals with the safe return of the Naabeehó people to their Reservation set aside in the Naaltsoos Sání.

Article XII promises dibé dóó tł'ízí dóó béégashii to be given to the people for their subsistence upon returning to the Diné Bikéyah. Naadáá' was also promised to them to help them through the coming winter.

Note: Only a few dibé dóó tł'ízí dóó béégashii dóó naadą́ą' were ever actually distributed to the Naabeehó people. There was not enough for all the families. Also, the people were released in the summer, too late to plant their dá'ák'eh. Therefore, the Naabeehó faced another year of extreme dichin (hunger).

Article XIII states that the Naabeehó agree to remain in the lands specified by the Naaltsoos Sání. It states that if they settle outside of the reserved lands, they would forfeit their rights to annuities.

Note: Needless to say, the Naabeehó people did wander outside of Diné Bikéyah that was set aside for them in the Naaltsoos Sání because they were in search of their former homes, watering holes, and relatives who stayed behind.

Four long years of imprisonment caused the Naabeehó people to be afraid of the military. They were quick to remind each other of the threats against them if one of them did not comply with the treaty. On the other hand, they were also rewarded in a small way for complying.

Signatures, Seals, and Marks

Ya'iishjááshchilí bii' yiziłgo dóó t'áálá'ídi mííl yázhí dóó bi'aan tseebíidi neeznádiin dóó bi'aan hastą́diin dóó bi'aan tseebíígóó yoołkááł yę́ędą́ą' dóó 'abínígo náhást'éidi 'oolkiłgo, naat'áanii naakits'áadah yilt'éego dóó Naat'áaniishchíín tsosts'id ts'áadah yilt'éego placed their marks on the Naaltsoos Sání. The signing of the Naaltsoos Sání ended the war between Wááshindoon and the Naabeehó (Acrey, 1994).

Naat'áanii dóó naat'áaniishchíín naadiin náhást'éí yilt'éego placed their "x" mark near their names, while Naat'áanii nidilt'éego wrote their own names.

Signers included Barboncito, Ganado Mucho, and Herera, who were recognized as peace naat'áanii. Given that the signing took place in the summer, it was appropriate that these leaders, who led during the seasons of Dąą dóó Shį́, would sign. However, the signers also included two well-known war naat'áanii, Delgadito and Manuelito. Since war naat'áanii generally had authority only for matters arising during the seasons of 'Aak'ee dóó Hai, one can only imagine the discussions that surrounded the concept of war and peace leaders when the war naat'áanii lifted the pen to put an "x" by their names.

Representing Wááshindoon were two Peace Commissioners, W. T. Sherman and Samuel Tappan. Sherman was a military official and Tappan was a member of the U.S. Senate (Acrey, 1994).

Ya'iishjáásh Chilí bii' yiziłgo dóó naadiin ashdla'góó yoołkááł yę́ędą́ą', 1868, Wááshindoondi 'Adeí Hooghan ratified the Naaltsoos Sání.

The same summer, on Bini' Anit'ą́ą́ Ts'ósí bii' yiziłgo dóó naaki ts'áadah'góó yoołkááł yę́ędą́ą', Wááshindoon binaat'áanii President Andrew Johnson signed his name and affixed the seal of Wááshindoon to the Naabeehó-U.S. Treaty of 1868.

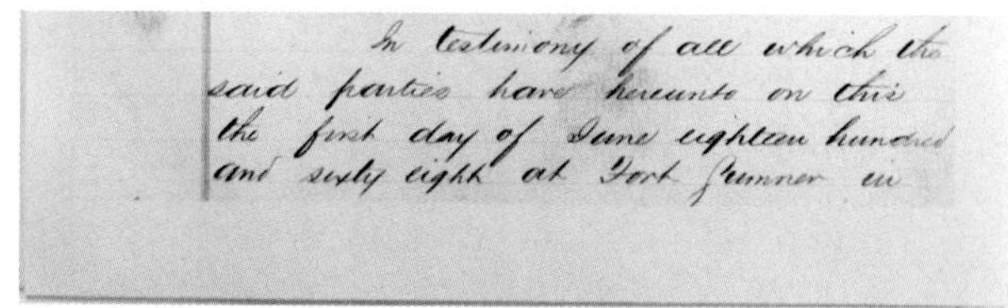

In testimony of all which the said parties have hereunto on this the first day of June eighteen hundred and sixty eight at Fort Sumner in

20e

the Territory of New Mexico set their hands and seals.

W. T. Sherman
Lt. Genl.
Indian Peace Commissioner

S. F. Tappan
Indian Peace Commissioner

Barboncito Chief	his x mark
~~Delgadito~~	~~his x mark~~
Armijo	his x mark
Delgado	
Manuelito	his x mark
Largo	his x mark
Herrero	his x mark
Chiqueto	his x mark
Muerto de Hombre	his x mark
Hombro	his x mark
Narbono	his x mark
Narbono segundo	his x mark
Ganado Mucho	his x mark

Council

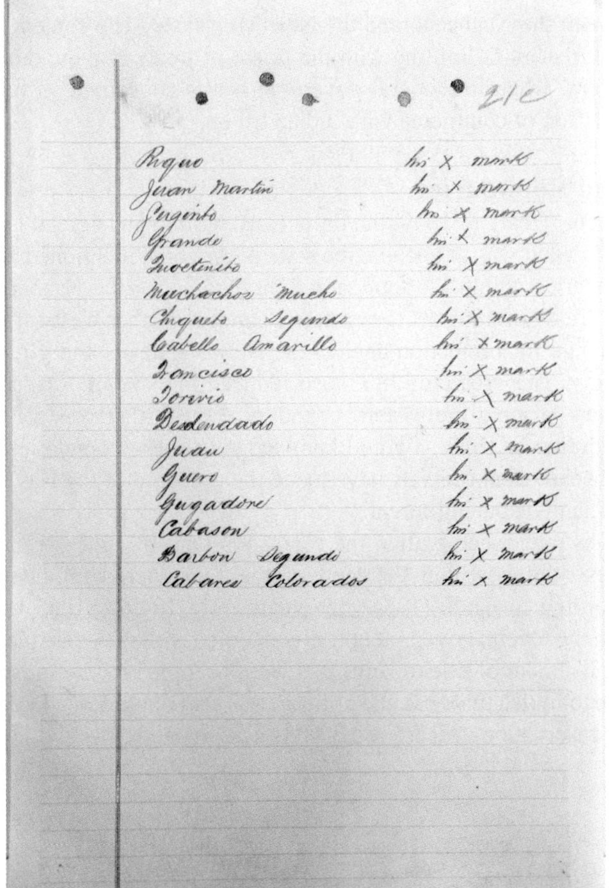

21e

Riquo	his x mark
Juan Martin	his x mark
Serginto	his x mark
Grande	his x mark
Inoetenito	his x mark
Muchachos Mucho	his x mark
Chiqueto Segundo	his x mark
Cabello Amarillo	his x mark
Francisco	his x mark
Torivio	his x mark
Desdendado	his x mark
Juan	his x mark
Guero	his x mark
Gugadore	his x mark
Cabason	his x mark
Barbon Segundo	his x mark
Cabares Colorados	his x mark

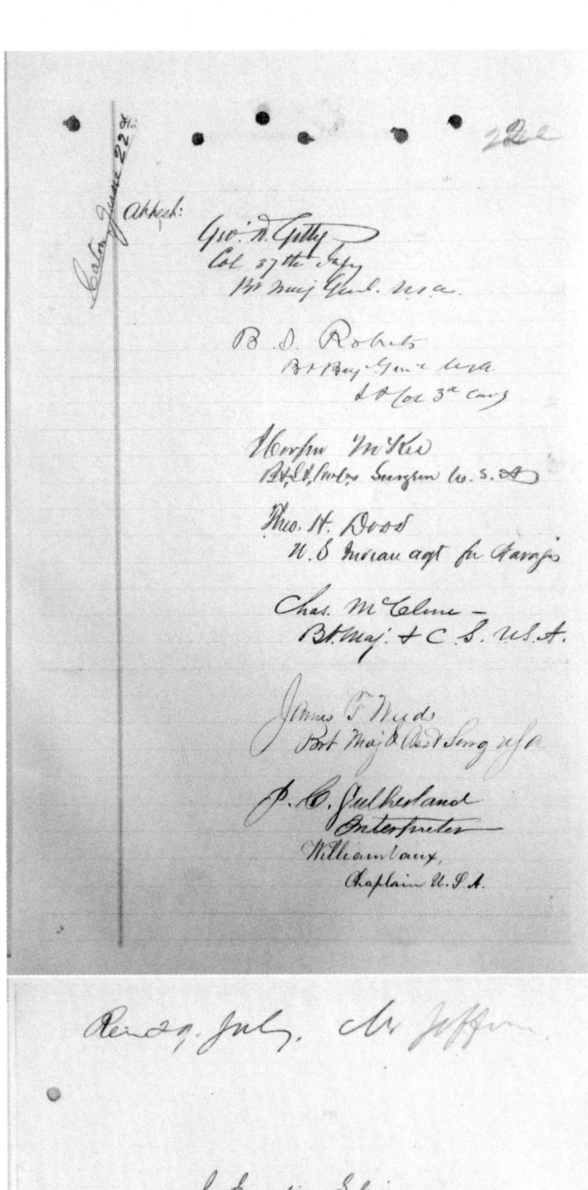

22e

Attest:

Geo. W. Getty
Col 37th Infy
Bt Maj Genl. U.S.A.

B. S. Roberts
Bt Brig Genl USA
Lt Col 3d Cavy

J. Cooper McKee
Bt Lt Col Surgeon U.S.A.

Theo. H. Dodd
U.S. Indian Agt for Navajos

Chas. McClure
Bt Maj & C.S. U.S.A.

James F. Weeds
Bvt Maj & Asst Surg USA

J. C. Sutherland
Interpreter

William Vaux,
Chaplain U.S.A.

Rec'd 29 July. Mr. [illegible]

In Executive Session,
Senate of the United States
July 25, 1868.

Resolved, (two thirds of the Senators present concurring,) that the Senate advise and consent to the ratification of the Treaty between the United States and the Navajo Indians, concluded at Fort Sumner, New Mexico, on the first day of June, 1868.

Attest:

Geo. C. Gorham
Secretary.

by W. J. McDonald
Chief Clerk

And whereas, the said Treaty having been submitted to the Senate of the United States for its Constitutional action thereon, the Senate did, on the twenty-fifth day of July, one thousand eight hundred and sixty-eight, advise and consent to the ratification of the same, by a resolution in the words and figures following, to wit:

Now, therefore, be it known that I, Andrew Johnson, President of the United States of America, do, in pursuance of the advice and consent of the Senate, as expressed in its resolution of the twenty-fifth of July, one thousand eight hundred and sixty-eight, accept, ratify, and confirm the said Treaty.

In testimony whereof I have hereto signed my name, and caused the seal of the United States to be affixed.

Done at the City of Washington this twelfth day of August, in the year of our Lord one thousand eight hundred and sixty-eight, and of the Independence of the United States of America the ninety-third.

Andrew Johnson

By the President:
W. H. Seward

A Simple Comparison of the Eight Navajo-U.S. Treaties

The reasons Wááshindoon entered into treaties in the Southwest were to end Indian wars, to acquire more land, and to attain peace (Wilkins, 1987). The Naabeehó entered into treaties as a means to resist absorption and to have tribal ownership of natural resources (Reno, 1981). At the time, their natural resources were the water, their sacred mountains, medicinal herbs, their cornfields from which to gather food and corn pollen, and the air that the mountains cleaned every day.

The eight treaties between Wááshindoon and Naabeehó Biwááshindoon deal with different matters, but they have these issues in common. In this section we will compare how the various treaties dealt with several different topics.

Peace

Three of the earliest and the last of the eight treaties specifically mention "long lasting peace." They are the Treaty of Ojo Del Oso, the Newby Treaty, and the Treaty of 1851. All eight treaties mention the return of captives, laying the blame heavily on the Naabeehó warriors. To maintain peace, the representatives of Wááshindoon required the Naabeehó to return all their captives along with the livestock they "stole during their raids." As mentioned above, Wááshindoon did not require that the New Mexicans return Naabeehó captives. It is not hard to see why these provisions were often inadequate for ensuring peace.

Safety of Trading

Three treaties, The Treaty of Ojo Del Oso, The Newby Treaty, and the Treaty of 1849 were concerned with safe trade between the Naabeehó and the New Mexicans. The contents of these treaties fall in line with the intent of treaty making during that era, when the federal government was concerned with the regulation of commerce with Indian tribes.

Land Boundaries

The Treaty of 1849, the only treaty written and agreed upon within what was to become the state of Arizona, mentioned land boundaries within the four sacred mountains for the Naabeehó. The Treaty of 1855 set the eastern boundary farther westward in exchange for protection against the New Mexicans and gifts of money. The Treaty of 1858 also reduced the size of Naabeehó country, placing the eastern boundary even farther west of the line drawn in 1855. Would knowledge of these boundaries by Naabeehó tribal officials have made the outcome of the Navajo-Hopi land dispute different?

As mentioned earlier, the Naaltsoos Sání of 1868 set aside a Reservation within the land of the four sacred mountains. According to Faulk (1974), the years from 1849 to 1865 were when the federal government was concerned with the white man's establishment of title to lands that were occupied by the Indians. To accomplish this goal, the military was sent out to force Indians onto reservations, far from the white settlements.

Assimilation and "Civilization"

With each treaty, the Naabeehó began to expect goods, money, annuities, or services from Wááshindoon. The people were able to find more uses for the things Wááshindoon gave them. The 1861 Treaty, made a bold attempt at assimilation of the Naabeehó by stating that the Naabeehó were to agree to live in Pueblos and live like other "peaceful" people.

Only the Naaltsoos Sání of 1868 required civilization in the form of education. As stated before, military personnel, missionaries, and federal representatives were the ones who decided **how** Indians were to be educated, not the Treaty. These entities decided on forced education as a means to civilize the Naabeehó people, just as they did for all American Indians. The forced education caused a near break in teachings, culture, beliefs, lifestyle, and traditions.

Individuals Involved as Negotiators and Signers

Each treaty was initiated by and negotiated with a military officer who represented Wááshindoon. A few treaties were named after the officers in charge, such as the Newby Treaty, named after Col. Edward Newby (1848); the Washington Treaty, named after Col. John Washington (1849); the Bonneville Treaty, named after Col. Benjamin Bonneville (1858); and the Canby Treaty (1861), named after Lieutenant Colonel Edward Canby.

Other treaties were named after the place the treaty negotiation occurred, such as the Treaty of Ojo del Oso (1846) and the Laguna Negra Treaty (1855). The last and final treaty is known in English as the Treaty of June 1, 1868, but Naabeehó elders refer to it as Naaltsoos Sání (Old Paper).

For several reasons, the same Naabeehó naat'áanii names did not always appear on every treaty. War and peace naat'áanii were not traditionally supposed to sign treaties during certain seasons of the year. Other reasons for not signing included not being able to make the trip due to age or health, not being aware of the treaty negotiations, or not agreeing with the terms of the treaty. Also, some naat'áanii (Narbona, Herrero, and Zarcillos Largos, for example) died during the period between the first and last treaties. The death of Narbona caused many naat'áanii to become angry, and they therefore refused to take part in the treaty negotiations of 1849.

Many of the Naabeehó naat'áanii who signed the treaties were peace leaders or war naat'áanii. These men had attained their powerful positions by first becoming noted medicine men. Narbona and Zarcillos Largos were the two main naat'áanii who represented the Naabeehó during the early treaty years. Both men were peace naat'áanii, allowing them to seek peace. Ganado Mucho and Manuelito also were present in a couple of negotiations for peace, but as noted above, Manuelito was a war naat'áanii and was not allowed to interfere with peace negotiations. No one knows exactly how and why he was able to include his name on the treaties he supposedly agreed to. It would have been extremely interesting to listen to the discussion that surrounded this topic.

Each naat'áanii was in charge of a particular territory, so there was no single naat'áanii who had the authority speak for all Naabeehó people. The federal government did not grasp this concept, and mistakenly assumed either that the naat'áanii spoke for all Naabeehó people or that the Naabeehó people did not have an effective government.

Sandoval's name was attached to several treaties as well. Although he was an "enemy Navajo," he was tired of bearing the brunt of retaliatory raids conducted by the New Mexicans after Naabeehó men raided their New Mexican settlements in search of their captured wives and children. He was the only Naabeehó naat'áanii who would meet with the military officers who sought a peace agreement in 1849. No other naat'áanii naat'áanii wanted to meet with the officers because the soldiers had killed the great peace naat'áanii Narbona.

All treaties, except for the 1849 treaty, were negotiated and signed in what was to become the state of New Mexico. The 1849 Treaty was signed in Canyon de Chelly, which is now situated in the state of Arizona.

The Burden of Interpretation

The burden of interpretation of the treaties lay upon the shoulders of two people. First, an interpreter who spoke English and Spanish was given a message in English. This message was relayed to another interpreter who spoke Navajo and Spanish. The Navajo and Spanish speaker would then translate the message for the Naabeehó negotiators. The English-Spanish translators were volunteers who were on their way west in search of land. The Spanish-Navajo translators were generally New Mexican/Mexican captives held by the Naabeehó. At some treaty negotiations, the message was relayed through three different individuals. Interpreting the policies of the United States Government or the legal terms of a treaty was extremely difficult, and at times interpreters had to resort to pantomime and gestures.

Spanish-Navajo translators were captives held by the Naabeehó people. Young (1968) notes that these captives were the only Mexican people who knew how to speak Navajo. These men hardly had sufficient education and experience to understand much or express much in Navajo.

Some of the men who served as interpreters are known. One man named T. Caldwell interpreted for the military during the early treaty negotiations. James Conklin and Antonio Sandoval served as interpreters during the 1849 treaty negotiations. At later treaty signings, an interpreter named James Sutherland seems to have played an important role. He interpreted from English to Spanish. For the 1868 Treaty, James Sutherland and Jesus Arviso (a Spanish speaking captive of the Naabeehó) were the interpreters (Acrey, 1994). Arviso was desperate to see the Naabeehó people, who had treated him fairly, end their status as prisoners of war. James Sutherland had interpreted for the U.S. military on many occasions. The Naabeehó recognized him and the U.S. military respected him as an interpreter. The pre-treaty negotiations of the 1868 Treaty were the only ones that were preserved by individuals who recorded the proceedings.

Sovereignty

Kickingbird, et al. (1979) explained that sovereignty is the "... supreme power from which all specific political powers are derived. Sovereignty is permanent." They explain how sovereignty binds a nation together and that sovereignty comes from within a people or a culture (Kickingbird, et al). Sovereignty predates the formation of Wááshindoon and the Constitution, although Indian nations were acknowledged by the Constitution (Wilkinson, 1987; Wilkins, 1987).

Most American Indians do not have a full understanding of the sovereign powers reserved to Indian nations, which were not relinquished to Wááshindoon as treaties were negotiated (Wilkinson, 1987). According to Kickingbird, et. al. (1979) the sovereignty powers of Indian governments include the following:

1. The power to determine the form of government
2. The power to define conditions for membership in that nation
3. The power to administer justice and enforce law
4. The power to tax
5. The power to regulate domestic relations of its members
6. The power to regulate property use

Sovereignty is absolute and cannot be given or bestowed upon one group by another. Treaties have not bestowed sovereignty upon Indian tribes; instead, according to Wilkinson (1987), tribal sovereignty remains alive because it is independent of federal acknowledgement. Tribal sovereignty actually exists at the will of the tribes.

Conclusion

The Naabeehó Nation has entered into eight treaties with the U.S. Government. The Naabeehó are the only tribe in the state of Arizona that has a treaty with the government. All other reservations in Arizona have been established through agreements or executive orders.

Wááshindoon must continue to regard the Naabeehó Nation and other Indian Nations as sovereign nations. Treaties cannot be considered to be outdated any more than the U.S. Constitution could be considered outdated.

Bibliography

Acrey, B.P. (1994) *Navajo history the land and the people*. Shiprock, NM: Department of Curriculum Materials Development, Central Consolidated School District No. 22.

Bailey, G.A. (1986) *A history of the Navajos: the reservation years*. Santa Fe, NM: School of American Research Press.

Brophy, W.A. & Aberle S.D. (1966) *The Indian: America's unfinished business.* Norman, OK: University of Oklahoma Press.

Deloria, V. & Wilkins, D.E. (1999) *Tribes, treaties and constitutional tribulations*. Austin, TX: University of Texas Press.

Dippie, B.W. (1982). *The Vanishing American: White attitudes and U.S. Indian policy.* Lawrence, KS: University Press of Kansas.

Faulk, O.B. (1974) *Crimson desert: Indian wars of the American southwest.* New York, NY: Oxford University Press.

French, L.A. (2003) *Native American justice*. Chicago, IL: Burnham, Inc.

Kelly, K.B. & Whiteley, P.M. (1989) *Navajoland: Family settlement and land use*. Tsaile, AZ: Navajo Community College Press.

Kickingbird, K. (1980) *Indian Treaties*. Washington, DC: Institute for the Development of Indian Law.

McNitt (1990) *Navajo wars: Military campaigns, slave raids and reprisals*. Albuquerque: University of New Mexico Press.

MacDonald, P. & Scharz, T. (1993) *The last warrior: Peter MacDonald and the Navajo Nation*. New York, NY: Orion Books.

Pevar, S. L. (1992) *The Rights of Indian tribes*. Carbondale, IL: Southern Illinois University Press.

Prucha, F. P. (2000) *Documents of United States Indian Policy*. Lincoln, NB: University of Nebraska Press.

Reno, P. (1981) *Navajo Resources and Economic Development*. Albuquerque, NM: University of New Mexico Press.

Robbins, R. L. (1992) Self-determination and subordination: The past, present and future of American Indian governance. In James, M. A. (Ed.) *The state of Native America genocide, colonization and resistance.* Boston: South End Press.

Wilkins, D. E. (1987) Dine *Bibeehaz'aanii: A handbook of Navajo government.* Tsaile, AZ: Navajo Community College Press.

Wilkinson, C.F. (1987) *American Indians, Time and the Law.* New Haven, CT: Yale University Press.

Utter, J. (1993) *American Indians: Answers to today's questions*. Lake Ann, MI: National Woodlands Pubs.

Young, R. (1961) The Navajo Yearbook 1951 to 1961: A decade of progress. Window Rock, AZ: Navajo Agency.

GLOSSARY

Navajo-English Glossary

'aak'ee: fall
'áłtsínii: wild onions
'abe': milk
'abe' yistiní: ice cream
'abid: stomach
'abíní: morning
'ach'íí': intestines
'ádaa 'áhályą́: He/She/It is taking care of himself/herself/itself.
'ádaa 'áháshyą́: I am taking care of myself.
'adą́ądą́ą́': yesterday
'ádahoolyéhígi: place names
'ádééhojílzinígíí: identity (self)
'adinídíín: sunshine
'ádístiin: stirring stick
'ádóone'é nílínígíí: your clan affiliation
'ádóone'é nílínígíí: your clan
'aghaa': wool
'áhát'í: verb
'áhát'į 'ániidíígíí: new vocabulary
'ahéhee': thank you
'áhí: fog
'ahwééh: coffee
'ak'áán: flour
'ak'ah: fat/shortening
'akał bistłee'ii/akałii: cowboy
'akǫ́ǫ́: there
'ak'ǫ́ǫ́': seed
'ał'ąą: various
'alą́ąjį' dah sidáhí: head administrator
'áłah aleeh: chapter meeting/ meeting
'áłah ná'ádleehdi: meeting place
'áłchíní: children
'áłchíní bee naagéhí neiłbąąsíígíí: bus driver
'áłchíní yich'į' yáłti'í: school counselor
'ałdó': also
'ałhą́ąhnáhiniildééł: multiplication
'ałhí'iidzóóh: addition
'ałhosh: He/She/It is sleeping.
'ałk'ésdisí: candy
'ałk'idą́ą́': a long time ago
'ałk'iniilgizh: thinly sliced meat
'ałníí': half
'ałní'ní'ą́: noon
'ałní'ní'ą́ą dóó bik'ijį': shortly after noon
'alóós: rice
'áłt'ą́'íígíí: that which is thin
'ałts'á'ídzóóh: division
'áłtsé: first
'áłtsé: wait
'ałtso: all of it/complete
'amá: a mother
'ánéelt'e'ígíí: amount
'ánii/'ániid: recently
'anii': a face
'anít'i': fence
'ásaa': pot
'ásaa' bii' abézhí: pot for boiling liquids
'ásdįįd: gone, depleted
'asdzą́ą́: woman
'ashdla': five
'ashhosh: I am sleeping.
'áshįįh biih nájihígíí: salt shaker
'áshįįh łikan: sugar
'ashiiké: boys
'ashkii: boy (specific boy)
'ashkii yázhí: little boy
'áshłééh: I am making it.
'ashtł'óh: I am weaving.
'at'ééd: girl
'at'ééd yázhí: little girl
'at'ééké: girls
'atiin: road
'atiin bikáá'góó tsxį́įłgo na'ajeehígíí: freeway
'atiin ídléézh: paved road
'atł'óh: He/She is weaving.
'atł'óhí: rug weaver
'atoo': stew/mutton stew
'Atsá Biyáázh: February
'atsį': meat
'atsidí: silversmith
'atsį' yik'ą́ągo yadiizíní bii'ígíí: canned luncheon meat
'awáalyah: jail
'awéé': baby
'awéé' ch'ídeeldlo': baby's first laugh
'awééshchíín: doll
'awol: bone marrow
'awoo' bił yich'iishí: toothpaste
'awoo' yinaalnishí: dentist
'ayázhí: little one/a young animal
'ayéhé néidinóyódí: abrupt scattered snow showers that chase in-laws
'ayóo: really, very as in very hard
'ayóó'áníínish'ní: I love you.
'ayóó 'ánoolnin: It is very beautiful.
'azáát'i'í: horse's bridle
'azéé': mouth

'azee': medicine
'azee' ál'į: hospital
'azeedích'íí' łibáhígíí biih nájihígíí: pepper shaker
'azee' íił'íní: doctor
'azis: bag

bá: for him/her/it
baa: about it
baa 'áháshyą: I am caring for him/her/it.
bááh: bread
bááh bisgą': dried bread
bááh dá'áka'í: crackers
bááh dootł'izhí: blue bread/ blue corn bread
bąąh ha'íizhahí: cup
bą́ąh ílį: cost/price
bááh nímazí: biscuit
baa honeenih: it is fun, entertaining
baa náhódóot'įįł ałkéé' sinilígíí: agenda
baa nish'aah: I am giving the self-contained item to him/her.
baa nishheeh: I am giving the bulky item to him or her.
baa nishjááh: I am giving the plural objects to him/her.
baa nishjooł: I am giving the tangled, bunched, or matted object to him/her.
baa nishkaah: I am giving the object in an open container to him or her.
baa nishłé: I am giving the elongated, flexible object to him/her.
baa nishnííł: I am giving the plural objects to him/her.
baa nishteeh: I am giving the animate being to him/her.
baa nishtįįh: I am giving the elongated, rigid object to him/her.
baa nishtłeeh: I am giving the mushy item to him or her.
baa nishtsóós: I am giving the thin, flexible object to him/her.
baa yá'áti'ígíí: third person
ba'nishjooł: I am giving the animal(s) hay.
bá'ólta'í: teacher
bá'ólta'í yíká 'análwo'í: teacher aide
bá shinílchíín: clan you are born for
be'ak'id: man-made lake
bé'ázhóó': traditional hairbrush, comb
bee: by means of it
bee 'ąąní'dítįhí: keys
bee 'ádít'oodí: towel
bee 'ak'e'alchíhí: pencil
bee 'ak'e'alchíhí, tó daabii'ígíí: pen
bee 'aná'ákáhí: pan for baking
béégashii: cow
béégashii bitsį' yik'ánígíí: ground beef, luncheon meat, Spam
béégashii yáázh: calf
bee haz'áanii: rules/laws
bee haz'áanii bik'ehgo 'ó'ool'įįł: protocol
bee iiná 'ájíł'ínígíí: lifestyle, job, occupation
bee 'í'neel'ąąhí: ruler, measuring device
bee na'álkadí: thread/sewing machine
bee na'anishí: tools
bee ni'dildlaadí: flashlight
béésh: knife
béésh adee': spoon
béésh bąąh dah si'ání: councilman/councilwoman
Béésh Bąąh dah Si'ání bił haz'ánījí: Legislative Branch
Béésh bąąh dah si'ání danilínígíí 'áłah nádleehjí: Navajo Nation Council Chambers
Béésh Bąąh dah Si'ání yá dah nánídaahí: Speaker of the Council
Béésh bąąh dah si'ání yah anájahjí: Navajo Nation Council Chambers
Béésh Bąąh dah Si'ání yá yáłti'ígíí: Speaker of the Council
béésh bii' kǫ'í: stove
béésh náábałí: windmill
béésh nít'i': railroad
béésh ts'ósí 'adishahí bee 'anít'i': barbed wire fence
béeso: money
béeso bizis: purse/wallet
béeso yázhí: coins
béeso yik'i déez'į́'í'gíí: treasurer
béshhláásh: I am using my teeth to clean the meat off of the bone or to get the fruit off of the rind.
bí: him/her/it
bi'ąą: and over
biba': wait for him/her/it
bich'ahoshishké: I am scolding him/her/it.
bich'į': toward him/her/it
bich'į' yá'áti'ígíí: second person, person spoken to
bidááhdóó: in front of
bídísht'ą́ąh: I am chewing on a bone with meat on it to get the meat off of the bone.
bi'dizhchį: He/she/it was born.
bihididzóóh: subtraction
bíhoosh'aah: I am learning it.
bii': within it/inside
bii' áłah ná'ádleeh: meeting hall
bii' atiní: freezer
biighah: beside him/her/it, that will do
bįįh bitsį': venison
biih dishnííh: I am putting my hands into it.
biih his'éés: I am stepping into it.
bii' hoozk'ází: refrigerator
biih yishááh: I am putting it on.
biih yish'nééh: I am putting it on.
bii' yiził: within the month of...
bíká: for him/her/it
bikáá': on top of a wide, flat surface/it is written on a flat surface
bikáá': on top of it
bikáá' adání: table
bikáá' dah asdáhí: chair
bikee': his/her/its feet
bik'ee: as a result of it
bik'ehgo jiináanii: traditions
bik'é nida'jiiléego da'jiyánígí: restaurant
bikiin: survival, by means of it
bikin: his/her/its house
bikooh: canyon
bił: with him or her
Bilagáanaa: white person
Bilagáanaa bizaad: English language
bilasáanaa: apple
bíla' táa'ii: fork
bił bééhózin: He/She has knowledge of it.
bił nizhóní: It is pretty with him/her.
bił oolwoł: He/She is driving

bił yilwoł: It is running with him/her.
bimá: his/her/its/their (2) mother
binaagóó: around it
biná'ázt'i': fenced area/fenced in
Bini' Anit'ą́ą́ Tsoh: September
Bini' Anit'ą́ą́ Ts'ósí: August
binii': his/her/its face
biníí': in the midst of them
bi'niidlí: He/She/It is cold.
biniinaa: for that reason
biniiyé: for the purpose of
bisóodi bitsį': pork
bisóodi yázhí: piglet
bit'a': its feather
bitah: among them

bitsi': his daughter
bitsii': his/her/its hair
biyaa: under it
biyázhí: his/hers/its young
bizhé'é: his/her father

ch'aa: away
chąąsht'ézhii: wild carrots
ch'ah: hat/scarf
chaha'oh: shadow/brush shelter/arbor/shade
cháshk'eh: wash/arroyo
ch'ééh: trying,futile
ch'ééh jiyáán: watermelon
chidí: car
chidí 'ánéíl'íní: mechanic
chidí 'ánídaal'įįgi: car repair shop
chidí bik'ah: motor oil
chidí bikee': tires
chidí bikée'jį' adeez'áhí: pickup truck
chidí bitoo': gasoline
chidí naat'a'í: airplane
chidí nímazí bił yaa 'az'ání: passenger car
chidí tsoh: big truck
chidí yázhí: little car
chidí yázhí bee nida'a'néhígíí: toy car
chiiłchin: sumac berries
ch'iiyáán: food
ch'iiyáán biih ná'nilí: food cabinet
ch'iiyáán íił'íní: cook
ch'il ahwéhí: Navajo tea/wild tea
ch'il bílátah hózhóón: flowers
ch'il deeníní: tumble weeds
ch'il dootł'izhí: broccoli
ch'il łigaaí: lettuce
ch'il łitsooí: orange
ch'il na'atł'o'ii: grapes
chizh: firewood
ch'osh: insect

dąą/daan: spring
dá'ák'eh: cornfield
daané'é: toy
daats'í: maybe

dá'deestł'in: dam
dah: height, elevated
dah díníilghaazh: fried bread
dah ná'iichih bik'ehgo nida'jiiłtłádígíí: stop light
dah nidishdǫ'ii: vest
de: up
dééh: tea
deesdoi: hot
deesk'aaz: cold
dei: up
dei 'adeez'ą́: mid-morning
deigo: upwards
deijį'éé' naats'ǫǫdii: tee shirt
dejį' éé': shirt/blouse
dibáá': thirst
dibah: powdery
dibé: sheep
dibé bighan: sheep corral
dibé binanit'a'í: grazing officer
dibé bitiin: sheep trail
dibé bitsį': mutton
dibéłchí'í: brown
Dibé Nitsaa: Mount Hesperus
dibé yázhí: lamb
dích'íí': spicy
dichin: hunger
didishjeeh: I am building a fire.
didétsoh: peach
dį́į́': four
diidiłjeeh: He/She is building a fire.
dííjį́: today
diits'a': sound, its on/opening
díkwíjílt'éego: plural
Dimóo: Sunday
Dimóo biiskání: Monday
Dimóo dóó dį'íjį́: Thursday
Dimóo dóó naakijį́: Tuesday
Dimóo dóó tágíjį́: Wednesday
Dimóo yázhí: Saturday
Diné: Navajo
Diné Bikéyah: Navajo Reservation
Diné Binanitin: Navajo teachings
Diné biwááshindoon: Navajo Nation Government
Diné biWááshindoon bibee haz'áanii naaltsoos dootł'izhí: Navajo Tribal Code
dinééh: young man
Dinétah: Navajo Reservation
diniih: ache
dinilchíí': pink
diyin: sacred/holy
Diyin: God, Creator
Diyin Bizaad: Bible
diyin bizaad yaa halne'í/ halne'í: preacher
diyogí: rug
dleesh: fine sand consumed for digestive purposes
dlǫ́ǫ́': prairie dog
dlǫ́ǫ́' bitsį': prairie dog meat
-dó'/áłd'ó: also
doo: will

dóó: and
doochohoo'íígóó: very intense/hopelessly intense
dooda: no
Dook'o'oosłííd: San Francisco Peaks
dóolaa: bull
dootł'izh: blue
dzaanééz: mule
dzidze': juniper berries
dziil: strength
dzi'izí: bike
dzi'izí dildoní: motor bike
dził: mountain
dził dadiyinii: sacred mountains

'éé': clothes
e'e'áád: He/She is voting
'e'e'aah: sunset, the sun is setting
E'e'aah: West
e'esh'áád: I am voting.
éé' tsoh: coat

gah: rabbit
gah bitsį': rabbit meat
gah yáázh: bunny
Ghąąjį': October
gídí: kitten
gídí be'alyaaígíí: replica of a kitten
Góoldi bił haz'áníjí: Judicial Branch

Ha'a'aah: East
háádę́ę́'shą': from where
háadishą': (at) where
haadziih: He/She will speak.
háágóóshą': where?
haasdziih: I am speaking.
ha'asídí: security guard
ha'át'íishą': what?
habéézh: (one's) census number
hadiil'éé': dress/overalls
hadoh dóó hak'az neiłkidígíí: thermometer
hágoónee': good bye
hágoshį́į́: okay
hahgoshą': when
hai: winter
haigo baa dahane'ígíí: winter stories and teachings
ha'íí'ą́: sunrise
hainitá: He/She/It is searching for it.
háíshą': who
hait'éegoshą': how
hakááz: one's tonsil
hak'az: cold weather
halgai: desert
halne': He/She is telling.
hanaanish ádajił'ínígíí: occupation
hanályį́įh: He/She/It is resting.
hanáshyį́įh: I am resting.
haníigai: hominy stew
hanishtá: I am searching for it.
ha'oodzíí': sentence
hashne': I am telling.
hashtł'ish: mud
hastą́ą́: six
hastiin: man
hastin: frozen ground
hastóí: older men
hataałii: medicine man/woman
ha'yaa: downhill
hayóí: He/She is useful.
hayoołkááł: predawn
haz'ą́ągi: surrounding area
hííłch'į': evening
hiłiijį́į́': darkness
hodíínáá'ígo: in a little while
hóla: I don't know.
hoł ídlį́: respect
honaanish ájidoolílígíí: responsibilities
honeezílí: warm
honishyóí: I am useful.
hooghan: hogan/home
hooghan ííł'íní: home construction worker
hoos'įįd: dawn
hootaaghá hí: social worker
hózhóní: pleasant (outside)
Hwéeldi: the Long Walk
hwe'oodlą́: beliefs, personal belief system

Iidlish: blessing of a new home
'iigeeh: wedding
'ííléeh: He/She is making it.
'iiná: life
'iiná bee nihééhó'dílzinígíí: our traditions
'ii'ni': thunder
'ííníshta': I am going to school.
'í'óol'įįł: culture,habits, ideas, and ways of doing things

jaatł'óół: earrings
jeeh: gum
jélii: jelly
jį́: day
jį': up to/as far as
jį́įdą́ą́': earlier today
jiní: they say
jóhonaa'éí: sun
jó nizhóní: that's nice
jooba: kindness
jooł: ball
jooł iihnálniihígíí: basketball
jooł nímazgo yitalí: soccer ball
jooł yikalí: baseball
jooł yitalí: football

k'ad áhooníiłgo: imperfective mode, present
k'adę́ę 'ałné'é'aah: approaching noon
k'adę́ę tł'é'ółniih: just before midnight
k'asídáá': nearly
ké: shoes
k'é: clan system/clan relationships/kinship
ké 'achogii: galoshes

kee': foot/feet/shoe
kééhasht'į: I reside...
kééhat'į: He/She resides
ké jeehí: tennis shoes
kélchí: moccasins
ké nidoots'ózii: cowboy boots
ké nineezí: boots
ké nitsaaí: moccasins with leggings
Késhjéé': moccasin game
kéyah: land
k'i'dilé: He/She is planting.
k'i'dishłé: I am planting.
k'idishłé: I am planting it.
k'iidilé: He/She is planting it.
Kiis'áanii: Hopis
kin: store/house
Kinaaldá: puberty ceremony
Kináhálgaiídi Wááshindoon Adeií Hooghan: Senate
Kinsearch Kináhálgaiídi Wááshindoon Ayeií Hooghan: House of Representatives
kindóó naalyéhé bída'oolkąąhígíí: grocery ads
k'íneeshbízhii: blue corn dumplings/dumpling stew
Kin Náhálgaidę́ę́' Wááshindoon bibee haz'áanii: federal laws
kintah: town/city
kǫ': fire
kóhoot'éédą́ą́': last year (at this same time)
kónááhoot'éhí: next year (at this same time)
kǫ' na'ałbąąsii: train
kǫ́ǫ́: here
k'os: clouds
kót'éego: in this way
kwe'é: right here

ła': one/some
lá: observation
lá'ąą': you're welcome, agreement
łáa'ii: one
ládą́ą́': if
łah jidilt'éhígo: singular
lájish: gloves
látsíní: bracelets
łe': jealousy
łéécháą'í: dog
łéécháą'í yázhí: puppy
łeeh shibéézh: steamed corn
łees'áán: bread, roll, biscuits
łeeshtahgóó 'atiin: dirt road
łeets'aa': dish
łeets'aa' biih ná'nilí: dish cabinet
łé'é yázhí: pony
łeh: usually
łibáh: grey
łichxíí': red
łigai: white
łį́į́': horse
łį́į́' bitiin: horse trail
łikan: tasty
łitsoh: yellow
łizhin: black
łizhingo dootł'izh: royal blue/navy blue

máazoo: marbles
magí be'alyaaígíí: stuffed toy monkey
ma'ii: coyote
mandigíiyaa: butter
mósí: cat

ná: for you
na': here (as in giving something)
-naa: to you/ about you
naabaahii: warrior
naabé: He/She/It is bathing/swimming.
Naabeehó: Navajo
na'ach'ąąh: He/She is drawing.
Naachid: Navajo leadership ceremony
naadą́ą́': corn
na'ahóóhai bitsį': chicken meat
na'ahóóhai biyęęzhii: chicken eggs
naaki: two
naaldlooshii: livestock
naaldlooshii bitiin: livestock trail
na'ałkǫ́ǫ́': He/She/It is swimming.
naaltsoos: paper/book
naaltsoos aseezį: newspaper
naaltsoos bá hooghan: library
naaltsoos be'azis naaljidígíí: backpack
naaltsoos bee 'ádzhít'oodí: paper napkins
naaltsoos bii'dóó 'íhoo'aahígíí: textbooks
naaltsoos bik'ehgo ni'iilyéhígíí: bill
naaltsoos disxǫsí: plastic
naaltsoos dootł'izhí: social security card
naaltsoos haa ninádahajeehígíí: letter
naaltsoos íił'íní: secretary
Naaltsoos Sání: Navajo-U.S. Treaty of 1868
naaltsoos shaa ninááhájeehígíí: letters
naalyéhí ba hoghaan: trading post
naalyéhí yá sidáhí: trader
naalzheeh: He/She/It is hunting.
naanáhonoogah: intense heat
na'a'né: games
naané: He/She/It is playing.
naanish: work
na'anishgi: workplace
naa'ółí: beans
naashbé: I am bathing/swimming.
na'ashch'ąąh: I am drawing.
naashch'ąąh: I am drawing it.
na'ashkǫ́ǫ́': I am swimming.
naashné: I am playing
naashzheeh: I am hunting.
naat'áanii: leader
naayízí: squash
naayízí bik'ǫ́ǫ́': pumpkin seeds
naha'á: He/She is planning.
náhágod: He/She is hoeing.
nahałtin: rain

nahash'á: I am planning.
náháshgod: I am hoeing.
nahashoohí: custodian
náhást'éí: nine
nahat'á: planning
náhidizíid: months
Náhookǫs: North
ná'iidzííł: He/She is warming up.
ná'iisdzííł: I am warming up.
nák'ee sinilí: glasses
náneeskaadí: tortilla
na'niłkaad: He/She/It is herding sheep.
na'niłkaadíí: sheepherder
na'nishkaad: I am herding sheep.
na'nishtin: I am teaching.
na'nitin: instruction
na'nitin: He/She is teaching.
názbąs: zero
ne': remembrance
neeshch'íí': pinons
neeshjíízhii: dried, roasted corn
neezgai: intense pain
neezílí: warm
neeznáá: ten
neezná: two or more of them are deceased
neich'ąąh: He/She is drawing it.
nésh'į́: I am looking at it.
ni: you
ni': ground
niba':waiting for you
ních'ih: breezy
níchxííl: It is snowing.
nidaga': no
Nida'iiníísh: Friday
nida'jiiłtłáadgo bee dah aztą́: stop sign
nidi: but/even though
nidik'ą': cotton ball
ni'dizhoł: rain showers
ni'góó: on the ground
nihaa: to us (2+)/to you (2+)
nihí: us
nihí: you 2+
nihi'í'ool'įįł: our culture
nihimá: our(2+)/your (2+)/mother
nihiná: around us
nihináá': our eyes
Nihinaat'áanii bił haz'áníjí: Executive Branch
nihits'íís: our body
nihizhé'é: our/your (2+) father
ni'hoojį́į': after dusk
ni'hootsoii: dusk
niik'aaz: cooled down
niinah: uphill
nílch'ih naalkidí: television
Nílch'ih Tsoh: December
Nílch'ih Ts'ósí: November
níléidi: over there
nilį́: He/She/It is ...
níló: hail
niłtsą́: rain
nimá: your mother
nímasii: potato
nímasii bisgą': potato chips
nishłį́: I am...
nitsáhákees: thought
nitsidigo'í: kneel down bread
níyol: windy
nizhdilt'éego: dual
nizhé'é: your father
nizhóní: It is beautiful.
nizhóníyee': it is pretty
noosélí: teenager

'oa': yes
'ólta': school/education
'ółta': He/She is going to school.
'ólta' aláąjį' yá dah sidáhígíí: principal
'ólta' yá nidaha'áhígíí: school board
'oo'ááł: movement of the sun
'oolkił: time

saad: words
sáanii: women
sédá: I am sitting.
sézį́: I am standing.
shaa (postposition): to me
shádí: my older sister
Shádi'ááh: South
shash yáázh be'alyaaígíí: replica of a bear cub
she'awéé': my baby
Shí: I/me
shį́: summer
shibízhí: my father's sister (my paternal aunt)
shich'é'é: my daughter (a woman speaking)
shicheii: my mother's father (my maternal grandfather)
shich'ooní: my spouse
shidá'í: my mother's brother (my maternal uncle); this term is to be used only by males
shideezhí: my younger sister
Shidine'é: my people
shigaan: my arms
shighan: my home/I live
shįį́: probably
shijáád: my leg
shijéíts'iin: my upper skeletal bones/my upper torso
shikee': my feet
shik'éí: my extended family, my clan relatives
shił bééhózin: I have knowledge of it.
shił nizhóní: It is pretty with me.
shił oolwoł: It is running with me, I am driving
shił yilwoł: It is running with me, I am riding, I am driving
shimá: my mother
shimá sání: my mother's mother (my maternal grandmother)
shimá yázhí: my mother's sister (my maternal aunt) used by both male and female
shinááhai: my age/my years
shínaaí: my older brother

shinálí 'asdzáníígíí: my father's mother (my paternal grandmother)
shinálí hastiinígíí: my father's father (my paternal grandfather)
shi'niidlí: I am cold.
shitł'aajį': my buttock area
shitsi': my daughter (a man speaking)
shits'íís: my body
shitsiits'iin: my head
shitsilí: my younger brother
shiyáázh: my son (a woman speaking)
shiyáázh: my mother's brother (my maternal uncle); this term is to be used only by females
shiyázhí: my little one
shiye': my son (a man speaking)
shizhé'é: my father
shizhé'é yázhí: my father's brother (my paternal uncle)
shoozhníí': my abdomen and my mid section
sidá: He/She/It is sitting.
sidoh: hot
sik'az: cold
sik'az: It is cold.
siláo: policeman
siláołtsooí: soldier
sis: belt
sis łichí'í: sash belt
sis łigaaí: concho belt
Sis Naajiní: La Plata Mountain
sizį: He/She/It is standing.
sodizin bá hooghan: church

táá': three
t'áá: just
t'áá 'ákódí: that's all
t'áá 'ałahjį': always
t'áá 'ałk'idą́ą́' Diné bibeehaz'áanii: common law
T'ą́ą́ Chil: April
tá'ádigis: He/She is taking a shower, take a shower
t'áá díkwííhígo: just a few
tá'ádísgis: I am taking a shower, I am washing myself
t'áadoo: don't
t'áadoo le'é nidaajaahígíí: objects that can be carried
t'áá hoolzhishee: just whenever
t'áá hxąhí: soon
t'áálá'í: one
táá' naaznilí: chapter president, vice president, and secretary
táá' naaznilí bikin si'ánígi: chapter house
táá' naaznilí bił áłah ná'ádleehígi: chapter house
taa'niil: ground blue corn
t'áá shǫǫdí: please
T'ą́ą́ Tsoh: May
táchééh: sweat lean-to
t'ahdoo: not yet
táláwosh: soap
ta'neesk'ání: melon
ta'neesk'ání dich'ízhígíí: cantaloupe
taos'nii': dough
tátł'id: green
télii: donkey
txį': let's go
t'iis: tree
tin tó bił daadlánígíí: ice cubes
tł'aajį' éé': pants
tł'aakał: skirt
tł'aakał noot'ish łehígíí: gathered skirt
tłah: lotion/cream
tł'é'íìłníí': midnight
tł'é'íìłníí' dóó bik'ijį': after midnight
tł'ízí: goat
tł'ízí bibe': goat's milk
tł'ízí bitsį': goat meat
tł'ízí yázhí: kid goat
tł'oh: hay
tł'ohchin: onion
tł'óó': outside
tł'óo'di ' ádahoot'éhígíí: weather
tł'óół: rope
tł'óół ts'ósí: string
tó: water
tó 'anásgéés: I am turning the water off.
tó 'anéígéés: He/She/It is turning the water off.
tó bee naadlo'í: water bucket
Tó bił niheshkaah.: I am watering it.
tódilchoshí: soda pop
tó háálį: spring (water)
tó haasgéés: I am turning the water on.
tó hahxadleeh: water well
tó haigéés: He/She is turning the water on.
tó niteel: ocean
tooh: water that is moving
tóshchíín: blue corn mush
tóshjeeh: barrel/water barrel
tó siyį: lake
Tó yił niyiikaah.: He/She is watering it.
tó yilwodí: water pump
ts'aa': Navajo wedding basket
ts'ah: sagebrush
tsásk'eh: bed
tsé 'áwózí: pebbles
tsédídééh: purple
tseebíí: eight
tsésǫ': window
Tsidił: stick game
tsiighâh bił dah ná'nilí: hair clips/barrettes
Tsį́įł nilį.: He/She is in a hurry.
Tsį́įł nishłį.: I am in a hurry.
tsį́įł nisin: I am in a hurry.
tsį́įł nízin: He/She is in a hurry.
ts'iilzéí nihegeehídi: waste depository
tsii' názt'i'í: headband (handkerchief)
tsiitł'óół: hair tie
tsiiyééł: traditional hair bun
tsin: wood/stick
ts'in: bone
tsinaabąąs: wagon
tsinaabąąs bitiin: wagon trail
tsís'ná bitł'izh: honey
tsits'aa': a box
Tsoodził: Mount Taylor

tsosts'id: seven
tsxį́įłgo: hurry

waa': wild spinach
Wááshindoon bikéyah: federal land
wolyé: He/she/it is called ______.
Wóózhch'į́įd: March

yá: for him/her/it
yaa: about it
yáa: observation
yaa': lice
yaa 'a'deez'ą́: mid-afternoon
yaa 'áhályą́: He/She is caring for him/her/it.
yá'ánísht'ééh: I am fine.
yá'át'ééh: Greetings/It is good.
yá'át'ééh: He/She/It is fine.
yá'át'ééh náádleeł: He/She/It is getting well.
yá'át'ééh nááshdleeł: I am getting well.
yaa yí'aah: He/She is giving the self-contained item to him/her.
yaa yíłjooł: He/she is giving the tangled, bunched, or matted object to him/her.
yágo dootł'izh: sky blue
yah anídajikahí: bathroom
Ya'iishjáásh Chilí: June
Ya'iishjáásh Tsoh: July
ya'íłjooł: He/She is giving the animal(s) hay.
yáłti': He/She is talking.
yáłti'ígíí: first person
yanáalk'id: mound
yáshti': I am talking.
Yas Niłt'ees: January
yee: by means of it
yéego: harder
yéego łitsxoh: orange
yeiyí'aah: He/She/It is giving the single object to him/her.
yeiyíkaah: He/She is giving the object in an open container to him/her.
yeiyílé: He/she is giving the elongated, flexible object to him/her.
yeiyíłteeh: He/She is giving the animate being to him/her.
yeiyíłtsóós: He/She is giving the thin, flexible object to him/her.
yeiyíníił: He/she is giving the plural objects to him/her.
yeiyítįįh: He/She is giving the elongated, rigid object to him/her.
yeiyítłeeh: He/She is giving the mushy item to him/her.
yeiyíyeeh: He/She is giving the bulky item to him/her.
yi'aał: He/She is chewing it.
yiba': He/She/It is waiting for him/her/it
yich'ahashké: He/She is scolding him/her/it.
yich'į': toward him/her/it
yidiiską́: beginning of a new day
yídít'ą́ą́h: He/She is chewing on a bone with meat on it to get the meat off of the bone.
yidlą́: He/She is drinking it.
yidlóóh: He/She/It is cold.
yigááł: He/She is walking.
yíhooł'aah: He/She is learning it.
yii': within it/inside
yíígháásh: He/She/It is using his/her/its teeth to clean the meat off of the bone or to get the fruit off of the rind.
yíighah: beside him/her/it; he/she/it fits
yiih dilnííh: He/She is putting his/her hands into it.
yiih hi'éés: He/She is stepping into it.
yiih highááh: He/She is putting it on.
yiih hi'nééh: He/She is putting it on.
yikáá': on a flat surface
yił: with him or her
yiłbéézh: He/She is boiling it.
yiłchozh: He/She/It is chewing a leafy vegetable or intestines. Grazing (animal)/(person)
yildeeł: He/She is eating the small, numerous items one or a few at a time.
yíldzis: gulley
yilghał: He/She/It is eating meat.
yilkeed: He/She is eating the food that has a rounded shape.
yílk'id: hill
yiłnaad: He/She is licking it.
yiłt'ees: He/She is cooking/roasting it.
yiłts'ééh: He/She is eating the mushy food by dipping his/her fingers into it.
yiłts'il: He/She/It is breaking the shell to eat the food item.
yinéł'į: He/She/It is looking at it.
yíníshłeeh: I am roping it.
yíníshta': I am reading it.
yinishyé: I am called _____.
yishą́: I am eating it.
yisháál: I am walking.
yish'aał: I am chewing it.
yishbéézh: I am boiling it.
yishchozh: I am chewing a leafy vegetable or intestines.
yishdeeł: I am eating the small, numerous items one or a few at a time.
yishdlą́: I am drinking it.
yishdlóóh: I am cold.
yishghał: I am eating meat.
yishhééł: I am hauling it.
yishkeed: I am eating the food that has a rounded shape.
yishnaad: I am licking it.
yiską́ągo: tomorrow
yist'ees: I am cooking/roasting it.
yistłé: socks
yists'ééh: I am eating the mushy food
yists'il: I am breaking the shell to eat the food item.
yiyą́: He/She is eating it.
yóleeh: He/She is roping it.
yółta': He/She is reading it.
yoo': necklace
yoołkááł: the date
yoostsah: ring
yooyééł: He/She/It is hauling it./carring a bulky item

English-Navajo Glossary

my **abdomen** and my mid section: shoozhníí'
about it: baa/yaa
ache: diniih
addition: 'ałhí'iidzóóh
mid-**afternoon**: yaa 'a'deez'ą́
my **age**/my years: shinááhai
agenda: baa náhódóot'į́įł ałkéé' sinilígíí
airplane: chidí naat'a'í
all of it/complete it: 'ałtso
that's **all**: t'áá 'ákódí
also: dó'/'ałdó'
always: t'áá 'áłahjį'
I **am**: nishłį́
among them: bitah
amount: 'ánéelt'e'ígíí
and: dóó
young **animal**: 'ayázhí
apple: bilasáanaa
April: T'ą́ą́ Chil
surrounding **area**: bił haz'ą́ągi
my **arms**: shigaan
around it: binaagóó
around us: nihinaagóó
August: Bini' Anit'ą́ą́ Ts'ósí
my mother's sister (my maternal **aunt**) used by both male and female: shimá yázhí
my father's sister (my paternal **aunt**): shibízhí
away: ch'aa

baby: 'awéé'
my **baby**: she'awéé'
baby's first laugh: awéé' ch'ídeeldlo'
backpack: naaltsoos be'azis naaljidígíí
bag: azis
baking pan: bee 'aná'ákáhí
ball: jooł
barbed wire fence: béésh ts'ósí 'adishahí bee 'anít'i'
barrel: tóshjeeh
barrettes: tsiigháh bił dah ná'nilí
baseball: jooł yikalí
basketball: jooł iihnálniihígíí
He/She/It is **bathing**/swimming.: naabé
I am **bathing**/swimming.: naashbé
bathroom: yah anídajikahí
beans: naa'ólí
replica of a **bear cub**: shash yáázh be'alyaaígíí
It is **beautiful**: nizhóní
It is very **beautiful**: 'ayóó 'ánoolnin
bed: tsásk'eh
beliefs: hwe'oodlą'
belt: sis
beside him/her/it: bíighah/yíighah
Bible: Diyin Bizaad
bike: dzi'izí
bill: naaltsoos bik'ehgo ni'iilyéhígíí
biscuit: bááh nímazí
black: łizhin
blessing of a new home: 'Iidlish, blessing of a new home
blouse: dejį' éé'
blue: dootł'izh
royal **blue**/navy **blue**: łizhingo dootł'izh
sky **blue**: yágo dootł'izh
blue bread: bááh dootł'izhí
blue corn bread: bááh dootł'izhí
blue corn dumplings/dumpling stew: k'íneeshbízhii
blue corn, ground: taa'niil
blue corn mush: tóshchíín
my **body**: shits'íís
our **body**: nihits'íís
He/She is **boiling** it.: yiłbéézh
I am **boiling** it.: yishbéézh
bone: ts'in
bone marrow: 'awol
book: naaltsoos
boots: ké nineezí
He/she/it was **born**: bi'dizhchį́
box: tsits'aa'
boy: ashkii
little **boy**: 'ashkii yázhí
boys: 'ashiiké
bracelets: látsíní
bread: bááh
bread (roll/biscuit): łees'áán
dried **bread**: bááh bisgą'
He/She/It is **breaking** the shell to eat the food item.: yiłts'il
I am **breaking** the shell to eat the food item.: yists'il
breezy: ních'ih
bridle, horse: 'azáát'i'í
broccoli: ch'il dootł'izhí
my older **brother**: shínaaí
my younger **brother**: shitsilí
brown: dibélchí'í
brush: bé'ázhóó'
brush shelter: chaha'oh
bull: dóolaa
bus driver: 'áłchíní bee naagéhí neiłbąąsíigíí
but: nidi
butter: mandigíiyaa
my **buttock** area: shitł'aajį'

calf: béégashii yáázh
He/she/it is **called** ______.: wolyé
I am **called** _____.: yinishyé
candy: 'ałk'ésdisí
cantaloupe: ta'neesk'ání dich'ízhígíí
canyon: bikooh
car: chidí
little **car**: chidí yázhí
passenger **car**: chidí nímazí bił yaa 'az'ání
toy **car**: chidí yázhí bee nida'a'néhígíí
He/She is **caring** for him/her/it.: yaa 'áhályą́
I am **caring** for him/her/it.: baa 'áháshyą́
car repair shop: chidí 'ánídaal'į́įgi
carrots, wild: chąąsht'ézhii
cat: mósí
census number: habéézh

chair: bikáá' dah asdáhí
chapter house: táá' naaznilí bikin si'ánígi/ táá' naaznilí bił áłah ná'ádleehígi
chapter meeting: 'áłah aleeh
He/She is **chewing** it.: yi'aał
He/She/It is **chewing**: yiłchozh
I am **chewing** it.: yish'aał
I am **chewing**: yishchozh
chicken:na'ahóóhai
chicken eggs: na'ahóóhai biyęęzhii
He/She is **chewing** on a bone with meat on it to get the meat off of the bone.: yídít'ą́ą́h
I am **chewing** on a bone with meat on it to get the meat off of the bone.: bídísht'ą́ą́h
children: 'áłchíní
church: sodizin bá hooghan
city: kintah
clan system: k'é
your **clan**: ádóone'é nílínígíí
your **clan** affiliation: 'ádóone'é nílínígíí
your father's **clan**: bá shínílchíín
clothes: 'éé'
clouds: k'os
coat: 'éé' tsoh
coffee: 'ahwééh
coins: béeso yázhí
cold: deesk'aaz
He/She/It is **cold**.: yidlóóh/ bi'niidlí
I am **cold**.: yishdlóóh/ shi'niidlí
It is **cold**.: sik'az
to **color**: naashch'ąą'
common law: t'áá 'ałk'idą́ą' Diné bibeehaz'áanii
concho belt: sis łigaaí
home **construction worker**: hooghan íił'íní
cook *n*: ch'iiyáán íił'íní
He/She is **cooking**/
cool down: niik'aaz
corn: naadą́ą'
corn, dried and roasted: neeshjį́zhii
corn, steamed: łeeh shibéézh
cornfield: dá'ák'eh
cost: bą́ąh ílį́
cotton ball: nidik'ą'
councilman/councilwoman: béésh bąąh dah si'ání
cow: béégashii
cowboy: 'akał bistłee'ii/akałii
cowboy boots: ké nidoots'ózii
coyote: ma'ii
crackers: bááh dá'áka'í
cream: tłah
culture: 'í'óol'įįł
our **culture**: nihi'í'ool'įįł
cup: bąąh ha'íízhahí
custodian: nahashoohí

dam: dá'deestł'in
darkness: hiłiijį́į́'
the **date**: yoołkááł
his **daughter**: bitsi'
my **daughter** (a man speaking): shitsi'
my **daughter** (a woman speaking): shich'é'é
dawn: hoos'įįd
pre-**dawn**: hayoołkááł
day: jį
beginning of a new **day**: yidiiską́
two or more of them are **deceased:** neezná
December: Nílch'ih Tsoh
dentist: 'awoo' yinaalnishí
desert: halgai
dish: łeets'aa'
dish cabinet: łeets'aa' biih ná'nilí
division: 'ałts'á'ídzóóh
doctor: azee' íił'íní
dog: łééchąą'í
He/She is **drawing**.: na'ach'ąąh
I am **drawing**.: na'ashch'ąąh
He/She is **drawing** it.: neich'ąąh
I am **drawing** it.: naashch'ąąh
dress: hadiil'éé'
He/She is **drinking** it.: yidlą́
I am **drinking** it.: yishdlą́
doll: awééshchíín
donkey: télii
don't: t'áadoo
downhill: ha'yaa
dough: taos'nii'
to **draw**: naach'ah
dual: nizhdilt'éego
dusk: ni'hootsoii
after **dusk**: ni'hoojį́į́'

earrings: jaatł'óół
East: Ha'a'aah
He/She is **eating** it.: yiyą́
I am **eating** it.: yishą́
He/She is **eating** the food that has a rounded shape.: yilkeed
I am **eating** the food that has a rounded shape.: yishkeed

He/She/It is **eating** meat.: yilghał
I am **eating** meat.: yishghał
He/She is **eating** the mushy food.: yiłts'ééh
I am **eating** the mushy food.: yists'ééh
He/She is **eating** the small, numerous items one or a few at a time.: yildeeł
I am **eating** the small, numerous items one or a few at a time.: yishdeeł
education: 'ólta'
eight: tseebíí
empty: ásdįįd
English language: Bilagáanaa bizaad
evening: hííłch'į'
even though: nidi
Executive Branch: Nihinaat'áanii bił haz'ánííjí
our **eyes**: nihináá'

(a) **face**: anii'
(his/her/its) **face**: binii'

fall: 'aak'ee
my extended **family**: shik'éí
fat: 'ak'ah
his/her **father**: bizhé'é
my **father**: shizhé'é
our/your (2+) **father**: nihizhé'é
your **father**: nizhé'é
its **feather:** bit'a'/bits'oos
February: 'Atsá Biyáázh
federal land: Wááshindoon bikéyah
federal laws: Kin Náhálgaidę́ę́' Wááshindoon bibee haz'áanii
(his/her/its) **feet**: bikee'
my **feet**: shikee'
fence: 'anít'i'
fenced area: biná'ázt'i'
just a **few**: t'áá díkwiíhígo
He/She/It is **fine**.: yá'át'ééh
I am **fine**.: yá'ánísht'ééh
fire: kǫ'
He/She is building a **fire**.: diidiłjeeh
I am building a **fire**.: didishjeeh
firewood: chizh
first: 'áłtsé
first person: yáłti'ígíí
five: 'ashdla'
flashlight: bee ni'dildlaadí
flour: 'ak'áán
flowers: ch'il bílátah hózhóón
fog: 'áhí
food: ch'iiyáán
food cabinet: ch'iiyáán biih ná'nilí
foot/feet/shoe: kee'
football: jooł yitalí
for him/her/it: bá/yá/bíká
fork: bíla' táa'ii
four: dį́į́'
freeway: 'atiin bikáá'góó tsx́į́įłgo na'ajeehígíí
freezer: bii' atiní
Friday: Nida'iiníísh
fried bread: dah díníilghaazh
it is **fun**: baa honeenih

galoshes: ké 'achogii
gasoline: chidí bitoo'
girl: 'at'ééd
little **girl**: 'at'ééd yázhí
girls: 'at'ééké
He/She is **giving** the animal(s) hay.: ya'íłjooł
I am **giving** the animal(s) hay.: ba'nishjooł
He/She is **giving** the animate being to him/her.: yeiyíłteeh
I am **giving** the animate being to him/her.: baa nishteeh
He/She is **giving** the bulky item to him/her.: yeiyíyeeh
I am **giving** the bulky item to him or her.: baa nishheeh
He/she is **giving** the elongated, flexible object to him/her.: yeiyílé
I am **giving** the elongated, flexible object to him/her.: baa nishłé
He/She is **giving** the elongated, rigid object to him/her.: yeiyítį́įh
I am **giving** the elongated, rigid object to him/her.: baa nishtį́įh
He/She is **giving** the mushy item to him/her.: yeiyítłeeh
I am **giving** the mushy item to him or her.: baa nishtłeeh
He/She is **giving** the object in an open container to him/her.: yeiyíkaah
I am **giving** the object in an open container to him or her.: baa nishkaah
He/She/It is **giving** the plural object to him/her.: yeiyí'aah/ yeiyíníił
I am **giving** the plural objects to him/her.: baa nishjááh/ baa nishnííł
He/She is **giving** the self-contained item to him/her.: yaa yí'aah
I am **giving** the self-contained item to him/her.: baa nish'aah
He/she is **giving** the tangled, bunched, or matted object to him/ her.: yaa yíłjooł
I am **giving** the tangled, bunched, or matted object to him/her.: baa nishjooł
He/She is **giving** the thin, flexible object to him/her.: yeiyíłtsóós
I am **giving** the thin, flexible object to him/her.: baa nishtsóós
gloves: lájish
glasses: nák'ee sinilí
let's **go**: tį'
goat: tł'ízí
kid **goat**: tł'ízí yázhí
goat meat: tł'ízí bitsį'
God: Diyin
good bye: hágoónee'
my mother's father (my maternal **grandfather**): shicheii
my father's mother (my paternal **grandmother**): shinálí 'asdzáníígíí
my mother's mother (my maternal **grandmother**): shimá sání
grapes: ch'il na'atł'o'ii
grazing officer: dibé binanit'a'í
green: tátł'id
greetings/it is good.: yá'át'ééh
grey: łibáh
grocery ads: kindóó naalyéhí bída'oolkąąhígíí
ground: ni'
on the **ground**: ni'góó
frozen **ground**: hastin
ground beef: béégashii bitsį' yik'ánígíí
gulley: yíldzis
gum: jeeh

hail: níló
his/her **hair**: bitsii'
traditional **hairbrush**: bé'ázhóó'
traditional **hair bun**: tsiiyééł
hair clips: tsiighááh bił dah ná'nilí
hair tie: tsiitł'óół
half: 'ałnii'
harder: yéego
hat: ch'ah
He/She/It is **hauling** it.: yooyééł
I am **hauling** it.: yishhééł
hay: tł'oh
my **head**: shitsiits'iin
head administrator: naat'aanii aanii 'alą́ąjį' dah sidáhí

headband (handkerchief): tsii' názt'i'í
intense **heat**: naanáhonoogah
height: dah
He/She/It is **herding** sheep.: na'nilkaad
I am **herding** sheep.: na'nishkaad
here: kǫ́ǫ́
here (as in giving something): na'
right **here**: kwe'é
hill: yílk'id
him/her/it: bí
He/She is **hoeing**.: náhágod
I am **hoeing**.: náháshgod
holy: diyin
home: hooghan
my **home**: shighan
hominy stew: haníígai
honey: tsís'ná bitł'izh
Hopis: Kiis'áanii
horse: łį́į́'
horse trail: łį́į́' bitiin
hospital: 'azee' ál'į́į́
hot: sidoh/deesdoi
house: kin
his/her/its **house:** bikin
House of Representatives: Kináhálgaiídi Wááshindoon Ayeií Hooghan
how: hait'éegoshą'
hunger: dichin
He/She/It is **hunting**.: naalzheeh
I am **hunting**.: naashzheeh
hurry: tsxį́įłgo
He/She is in a **hurry**: Tsį́į́ł nilį́./ tsį́į́ł nízin
I am in a **hurry**.: Tsį́į́ł nishłį́./ tsį́į́ł nisin

I: Shí
ice: tin tó bił daadlánígíí
ice cream: 'abe' yistiní
identity: 'ádééhojílzinígíí
if: ládą́ą́'
imperfective mode: k'ad áhooníiłgo
in a little while: hodíínáá'ígo
in front of: bidááhdóó
inside: bii'/yii'
insect: ch'osh
instruction: na'nitin
very **intense**: doochohoo'į́įgóó
intestines: 'ach'íí'
He/She/It **is**: nilį́

jail: 'awáalyah
January: Yas Niłt'ees
jealousy: łe'
jelly: jélii
jerky: 'ałk'íniilgizh
Judicial Branch: Góoldi bił haz'ánījí
July: Ya'iishjáásh Tsoh
June: Ya'iishjáásh Chilí

juniper berries: dzidze'
just: t'áá

keys: bee 'ąąní'dítį́hí
kindness: 'ajooba'
kitten: gídí/gídí yázhí
replica of a stuffed **kitten**: gídí be'alyaaígíí
kneel down bread: nitsidigo'í
knife: béésh
I don't **know**.: hóla
He/She has **knowledge** of it.: bił bééhózin
I have **knowledge** of it.: shił bééhózin

lake: tó siyį́
man-made **lake**: be'ak'id
lamb: dibé yázhí
land: kéyah
La Plata Mountain: Sis Naajiní
laws: bee hazáanii
leader: naat'áanii
He/She is **learning** it.: yíhoołaah
I am **learning** it.: bíhoosh'aah
my **leg**: shijáád
Legislative Branch: Béésh Bąąh dah Si'ání bił haz'ánījí; bee haz'áanii hadadilne' bił haz'ánījí
letter (mail): naaltsoos haa ninádahajeehígíí
letters (mail): naaltsoos shaa ninááhájeehígíí
lettuce: ch'il łigaaí
library: naaltsoos bá hooghan
lice: yaa'
He/She is **licking** it.: yiłnaad
I am **licking** it.: yishnaad
life: iiná
lifestyle: bee iiná 'ájíł'íinígíí
livestock: naaldlooshii
livestock trail: naaldlooshii bitiin
Long Walk: Hwéeldi
He/She/It is **looking** at it.: yinéł'į́
I am **looking** at it.: nésh'į́
lotion: tłah
I **love** you: 'ayóó'áíínísh'ní 'ayóó'ánósh'ní

He/She is **making** it.: 'íiléeh
I am **making** it.: 'áshłééh
man: hastiin
young **man**: dinééh
marbles: máazoo
March: Wóózhch'į́įd
May: T'ą́ą́ Tsoh
maybe: daats'í
me: shí
by **means** of it: bee/yee
meat: 'atsį'
luncheon **meat**: atsį' yik'ą́ągo yadiizíní daabii'ígíí
mechanic: chidí 'ánéíl'íní
medicine: 'azee'
medicine man/woman: hataałii
meeting hall: bii' áłah ná'ádleeh
meeting place: 'áłah ná'ádleehdí

melon: ta'neesk'ání
men: hastóí
midnight: tł'é'íílníí'
after **midnight**: tł'é'íílníí' dóó bik'iji'
just before **midnight**: k'adę́ę tł'é'ełniih
milk: 'abe'
goat's **milk**: tł'ízí bibe'
in the **midst** of them: biníí'
moccasin game: késhjéé'
moccasins: kélchí
moccasins with leggings: ké nitsaaí
Monday: Dimóo biiskání
money: béeso
stuffed toy **monkey**: magí be'alyaaígíí
within the **month** of...: bii' yiził
months: náhidizíid
morning: 'abíní
mid-**morning**: dei 'adeez'ą́
his/her/its/their **mother**: bimá
my **mother**: shimá
our(2+)/your (2+)/**mother**: nihimá
someone's **mother**: 'amá
your **mother**: nimá
motor bike: dzi'izí dildoní
motor oil: chidí bik'ah
mound: yanáalk'id, yílk'id
mountain: dził
sacred **mountains**: dził dadiyinii
Mount Hesperus: Dibé Nitsaa
Mount Taylor: Tsoodził
mouth: 'azéé'
mud: hashtł'ish
mule: dzaanéez
multiplication: 'ałhą́ą́hnáhiniildééł
mutton: Dibé bitsį'

paper **napkins**: naaltsoos bee 'ádít'oodí
Navajo: Diné/Naabeehó
Navajo Nation Council Chambers: Béésh bąąh dah si'ání danilínígíí 'áłah nádleehjí/ Béésh bąąh dah si'ání yah anájahjí
Navajo Nation Government: Diné biwááshindoon
Navajo Reservation: Dinétah/Diné Bikéyah
Navajo teachings: Diné Bina'nitin Naabeehó
Navajo Tribal Code: Diné biWááshindoon bibee haz'áanii naaltsoos dootł'izhí
nearly: k'asídáá'
necklace: yoo'
newspaper: naaltsoos aseezį
that's **nice**: jó nizhóní
nine: náhást'éí
no: dooda/nidaga'
noon: 'ałní'ní'ą́
near **noon**: k'adę́ę 'ałné'é'aah
shortly after **noon**: 'ałní'ní'ą́ą́ dóó bik'iji'
North: Náhookǫs
not yet: t'ahdoo
November: Nílch'ih Ts'ósí

observation: yáa/la'
occupations: honaanish ádajił'inígíí
ocean: tó niteel
October: Ghąąjį'
okay: hágoshį́į́
on top of a wide, flat surface/it is written on a flat surface: bikáá'
one: ła
one: t'ááłá'í/łáa'ii
onion: tł'ohchin
onions, wild: 'áłtsínii
orange (fruit): ch'il łitsooí
orange (color): yéego łitsxoh
outside: tł'óó'
and **over**: bi'ąą
overalls: hadiil'éé'

intense **pain**: neezgai
pants: tł'aajį' éé'
paper: naaltsoos
peach: didzétsoh
pebbles: tsé 'áwózí
pen: bee 'ak'e'alchíhí, tó daabii'ígíí
pencil: bee 'ak'e'alchíhí
my **people**: shidine'é
pickup truck: chidí bikée'jį' adeez'áhí
pink: dinilchíí'
pinons: neeshch'íí'
planning: nahat'á
He/She is **planning**.: naha'á
I am **planning**.: nahash'á
He/She is **planting**.: k'i'dilé
I am **planting**.: k'i'dishłé
He/She is **planting** it.: k'iidilé
I am **planting** it.: k'idishłé

place names: 'ádahoolyéhígi
plastic: naaltsoos disxǫsí
He/She/It is **playing**: naané
I am **playing**: naashné
pleasant (outside): hózhóní
please: t'áá shǫǫdí
plural: díkwíjílt'éego
policeman: siláo
pony: łé'é yázhí
pork: bisóodi bitsį'
pot: 'ásaa'
pot for boiling liquids: 'ásaa' bii' abézhí
potato: nímasii
potato chips: nímasii bisgą'
powdery: dibah
prairie dog: dlǫ́ǫ́'
prairie dog meat: dlǫ́ǫ́' bitsį'
preacher: diyin bizaad yaa halne'í/ halne'í
chapter **president, vice president, and secretary**: táá' naaznilí
It is **pretty**: nizhóníyee'
It is **pretty** with him/her.: bił nizhóní
It is **pretty** with me.: shił nizhóní
principal: 'ólta' alą́ąjį' yá dah sidáhígíí
probably: shį́į́

protocol: bee haz'áanii bik'ehgo 'ó'ool'įįł
puberty ceremony: kinaaldá
pumpkin seeds: naayízí bik'ǫǫ́'
puppy: łééchąą'í yázhí
purple: tsédídééh
for the **purpose** of: biniiyé
purse: béeso bizis
He/She is **putting** it on.: yiih highááh/yiih hi'nééh
I am **putting** it on: biih yisháah/biih yish'nééh
He/She is **putting** his/her hands into it.: yiih dilnííh:
I am **putting** my hands into it: biih dishnííh

rabbit: gah
baby **rabbit**: gah yáázh
rabbit meat: gah bitsį'
railroad: béésh nít'i'
rain: niłtsą́/nahałtin
rain showers: ni'dizhoł
He/She is **reading** it.: yółta'
I am **reading** it.: yíníshta'
for that **reason**: biniinaa
really: 'ayóo
recently: 'ánii
red: łichxíí'
refrigerator: bii' hoozk'ází
remembrance: ne'
I **reside**...: kééhasht'į
He/She is **residing**...: kééhat'į
respect: hoł' nilį
responsibilities: honaanish ájidoolílígíí
restaurant: bik'é nida'jiiléego da'jiyánígi
He/She/It is **resting**.: hanályį́įh
I am **resting**.: hanáshyį́įh
as a **result** of it: bik'ee
rice: 'alóós
a **ring**: yoostsah
road: 'atiin
dirt **road**: łeeshtahgóó 'atiin
paved **road**: 'atiin ídléézh
roasting it.: yiłt'ees
roasting it.: yist'ees
rope: tł'óół
He/She is **roping** it.: yóleeh
I am **roping** it.: yíníshłeeh
rug: diyogí
rug weaver: atł'óhí
ruler: bee 'í'neel'ąąhí
rules: bee haz'áanii
It is **running** with him/her.: bił yilwoł/ bił oolwoł; he/she/it is driving
It is **running** with me.: shił yilwoł/ shił oolwoł, I am driving

sacred: diyin
sagebrush: ts'ah
salt shaker: 'áshįįh biih nájihígíí
fine **sand** consumed for digestive purposes: dleesh
San Francisco Peaks: Dook'o'oosłííd
sash belt: sis łichí'í
Saturday: Dimóo yázhí
they **say**: jiní
scarf: ch'ah
school: 'ólta'
school board: 'ólta' yá nidaha'áhígíí
school counselor: 'áłchíní yich'į' yáłti'í
He/She is going to **school.**: ółta'
I am going to **school.**: ííníshta'
He/She is **scolding** him/her/it.: yich'ahashké
I am **scolding** him/her/it.: bich'ahoshishké
He/She/It is **searching** for it.: hainitá
I am **searching** for it.: hanishtá
second person: bich'į' yá'áti'ígíí
secretary: naaltsoos íił'íní
security guard: ha'asídí
seed: 'ak'ǫǫ́'
Senate: Wááshindoondi Adeií Hooghan
sentence: ha'oodzíí'
September: Bini' Anit'ą́ą́ Tsoh
seven: tsosts'id
sheep: dibé
sheepherder: na'niłkaadii
sheep trail: dibé bitiin
shirt: dejį' éé'
tee **shirt**: deijį'éé' naats'ǫǫdii
shoes: ké
tennis **shoes**: ké jeehí
shortening: 'ak'ah
He/She is taking a shower.: tá'ádígis
I am taking a **shower**.: tá'ádísgis
silversmith: 'atsidí
my older **sister**: shádí
my younger **sister**: shideezhí

He/She/It is **sitting.**: sidá
I am **sitting**: sédá
six: hastą́ą́
shadow: chaha'oh
sheep: dibé
sheep corral: dibé bighandi
singular: łah jidilt'éhígo
my upper **skeletal bones**/my upper torso: shijéíts'iin
skirt: tł'aakał
gathered **skirt**: tł'aakał noot'ish łehígíí
He/She/It is **sleeping**.: ałhosh
I am **sleeping**.: ashhosh
It is **snowing**.: níchxííl
abrupt scattered **snow showers**: 'ayéhí néidinóyódí
soap: tááwosh
soccer ball: jooł nímazgo yitalí
social worker: hootaagháhí
social security card: naaltsoos dootł'izhí
socks: yistłé
soda pop: tódilchoshí
soldier: siláołtsooí
some: ła'
my **son** (a woman speaking): shiyáázh
my **son** (a man speaking): shiye'
soon: t'áá hxąhí

sound: diits'a'
South: Shádi'ááh
Speaker of the Council: Béésh Bąąh dah Si'ání yá dah nánídaahí/ Béésh Bąąh dah Si'ání yá yáłti'ígíí
He/She is **speaking**.: haadziih
I will be **speaking**.: haasdziih
spicy: dích'íí'
wild **spinach**: waa'
spoon: béésh adee'
my **spouse**: shich'ooní
spring (water): tó háálį
spring: dąą/daan
squash: naayízí
He/She/It is **standing**.: sizį
I am **standing**.: sézį
He/She is **stepping** into it.: yiih hi'éés
I am **stepping** into it.: biih his'éés
stew: 'atoo'
stick game: Tsidił
stirring stick: 'ádístsiin
stomach: abid
stop light: dah ná'iichih bik'ehgo nida'jiiłtłádígíí
stop sign: nida'jiiłtłáadgo bee dah aztą
store: kin
stove: béésh bii' kǫ'í
strength: dziil
string: tł'óół ts'ósí
subtraction: bihididzóóh
sugar: 'áshįįh łikan
sumac berries: chiiłchin, bik'ǫǫ'
summer: shį
sun: jóhonaa'éí
movement of the **sun**: 'oo'ááł
Sunday: Dimóo
sunrise: ha'íí'ą
sunset: 'e'e'aah
sunshine: 'adinídíín
survival, by means of it: bikiin
sweat lean-to: táchééh: sweat lean-to
He/She/It is **swimming**.: na'ałkǫǫ'
I am **swimming**.: na'ashkǫǫ'
He/She/It is bathing/**swimming**.: naabé
I am bathing/**swimming**.: naashbé

table: bikáá' adání
He/She/It is **taking care** of himself/herself/itself.: ádaa 'áhályą
I am **taking care** of myself.: ádaa 'áháshyą
He/She is **talking**.: yáłti'
I am **talking**.: yáshti'
tasty: łikan
tea: dééh
Navajo **tea**: ch'il ahwéhí
teacher: bá'ólta'í
teacher aide: bá'ólta'í yíká 'análwo'ígíí
He/She is **teaching**.: na'nitin
I am **teaching**.: na'nishtin
teenager: noosélí
television: níłch'ih naalkidí
He/She is **telling**.: halne'
I am **telling**.: hashne'
ten: neeznáá
textbooks: naaltsoos bii'dóó 'íhoo'aahígíí
thank you: 'ahéhee'
there: 'akǫǫ
over **there**: níléidi
thermometer: hadoh dóó hak'az neiłkidígíí
that which is **thin**: áłt'ąą'íígíí
third person: baa yá'áti'ígíí
thirst: dibáá'
thought: nitsáhákees
thread: bee na'álkadí
three: táá'
thunder: 'ii'ni'
Thursday: Dimóo dóó dį'íjį
time: 'oolkił
a long **time** ago: 'ałk'idąą'
tired: ch'ééh déyá
tires: chidí bikee'
to me: shaa
to you: naa
to us (2+): nihaa
to you (2+): nihaa
today: dííjį
earlier **today**: jįįdąą'
tomorrow: yiskąągo
one's **tonsil**: hakááz
tools: bee na'anishí
toothpaste: 'awoo' bił yich'iishí
Navajo **tortilla**: náneeskaadí
toward him/her/it: bich'į'/yich'į'
towel: bee 'ádít'oodí
town: kintah
toys: daané'é
trader: naalyéhí yá sidáhí
to **trade** at the store: kįįh yiyííł tsooz
trading post: naalyéhí
traditions: bik'ehgo jiináanii
our **traditions**: 'iiná bee nihéého'dílzinígíí
train: kǫ' na'ałbąąsii
treasurer: béeso yik'i déez'į'í'gíí
tree: t'iis
big **truck**: chidí tsoh
trying: ch'ééh
Tuesday: Dimóo dóó naakijį
tumble weeds: ch'il deeníní
two: naaki

my mother's brother (my maternal **uncle**); this term is to be used only by males: shidá'í
my mother's brother (my maternal **uncle**); this term is to be used only by females: shiyáázh
my father's brother (my paternal **uncle**): shizhé'é yázhí
under it: biyaa
up: de/dei
uphill: niinah
up to/as far as: jį'
upwards: deigo

us: nihí
He/She is **useful**.: hayói
I am **useful**.: honishyói
He/She/It is **using** his/her/its teeth to clean the meat off of the bone or to get the fruit off of the rind.: yíígháásh
I am **using** my teeth to clean the meat off of the bone or to get the fruit off of the rind.: béshháásh
usually: łeh

various: 'ał'ąą
venison: bįįh bitsį'
verb: 'áhát'į
handling **verbs**: t'áadoo le'é nidaajaahígíí
vest: dah nidishdǫ'ii/ chaléko
He/She is **voting**.: 'e'e'áád
I am **voting**.: 'e'esh'áád

wagon: tsinaabąąs
wagon trail: tsinaabąąs bitiin
wait: 'áłtsé
wait for him/her/it: biba'/yiba'
wait for you: niba'
He/She is **walking.**: yigááł
I am **walking.**: yishááł
wallet: béeso bizis
warm: honeezílí
warm: neezílí
He/She is **warming** up.: ná'iidzííł
I am **warming** up.: ná'iisdzííł
warrior: naabaahii
wash/arroyo: cháshk'eh
waste depository: ts'iilzéí nihegeehídi
water: tó
water barrel: tóshjeeh
water bucket: tó bee naadlo'í
water pump: tó yilwodí
water well: tó hahadleeh
water that is moving: tooh
He/She/It is turning the **water** off.: tó 'anéígéés
I am turning the **water** off.: tó anásgéés
He/She is turning the **water** on.: tó haigéés
I am turning the **water** on.: tó haasgéés
He/She is **watering** it.: tó yił niyiikaah.
I am **watering** it.: tó bił niheshkaah.
watermelon: ch'ééh jiyáán
in this **way**: kót'éego
weather: tł'óo'di 'ahoot'éhígíí
cold **weather**: hak'az
He/She is **weaving**.: 'atł'óh
I am **weaving**.: 'ashtł'óh
wedding: 'iigeeh
Navajo **wedding** basket: ts'aa'
Wednesday: Dimóo dóó tágíjį
He/She/It is getting **well**.: yá'át'ééh náádleeł
I am getting **well**.: yá'át'ééh nááshdleeł
West: E'e'aah
what: ha'át'íishą'
when: hahgoshą'
just **whenever**: t'áá hoolzhishee
(at) **where**: háadishą'
from **where**: háádę́ę́'shą'
to **where**: háágóóshą'
white: łigai
white person: Bilagáanaa
who: háíshą'
will: doo
windmill: béésh náábalí
windy: níyol
winter: hai
winter stories and teachings: haigo baa dahane'ígíí
with him or her: bił/yił
within it: bii'/yii'
woman: 'asdzą́ą́
window: tsésǫ'
women: sáanii
wood: tsin
wool: 'aghaa'
words: saad
work: naanish
workplace: na'anishgi

last **year** (at this same time): kóhoot'éédą́ą́'
next **year** (at the same time): kónááhoot'éhí
yellow: łitsoh
yes: 'oa'
yesterday: 'adą́ą́dą́ą́'
you: ni
you (2+): nihí
about **you**: naa
for **you**: ná
its **young**: biyázhí
you're welcome: lá'ąą'

zero: názbąs

Definitions of Common Terms

aspiration: the rough sound accompanied with the pronunciation of some consonants. Aspiration means that the consonant is pronounced with the back of the throat tightened, which makes an extra puff of air.

diacritical mark: accent marks above or below vowels that mark the vowels as high tone or nasal

digraphs: two consonant letters that represent one sound

diphthongs: two different short vowels pronounced together, causing them to have a special pronunciation

direct object: in Navajo, the second noun or noun phrase in a sentence

dual: two people are being spoken to or doing the action

enclitic: a part of a word that attaches to the end of another word

first person: identifies the speaker as the individual doing the action

future mode: a verb in the future tense

glottal stop: a consonant, part of the Navajo alphabet, which looks like an apostrophe. The glottal stop is made by closing off the passage from the lungs to the mouth.

glottalized consonants: written by adding a glottal stop after a consonant or digraph

imperfective mode: the linguists' term for the verbs that are translated into English as present tense. "Imperfective" means the action is ongoing.

independent pronouns: a pronoun that can stand by itself and used for special emphasis

intonation mark: an accent mark above a vowel, indicating that the vowel is pronounced at a higher pitch than an unaccented vowel

irregular verb: a verb whose stem changes throughout the conjugation, meaning that the stem is not the same for all persons and numbers

long vowel: In Navajo, a long vowel is a sequence of two identical vowels appearing side by side. When a long vowel is spoken, the sound is held for a longer time than a short vowel.

nasal mark: an accent mark below a vowel, indicating that the vowel is pronounced with air going through your nose

noun phrase: nouns linked together by *and*

number: refers to the number of people doing an action

perfective mode: a verb in the past tense

plural: three or more people are being spoken to or doing the action

regular verb: a verb whose stem remains the same throughout the conjugation

second person: identifies the person being spoken to as the individual doing the action

short vowel: In Navajo, a short vowel is one that appears in a word by itself, with no adjacent vowel letters. Short vowels are pronounced quickly.

singular: only one person is being spoken to or doing the action

subject: in a simple sentence, the noun performing the action

syllable: a consonant followed by a vowel

third person: identifies the person spoken of or about as the person doing the action

verb conjugation model: illustrates the forms of a given verb for all persons and numbers

verb prefixes: a part of a verb, attached in front of the verb stem, expressing concepts such as who is doing the action, how many people are doing the action, and when the action is taking place.

verb stem: the base form of a verb

Index

T

V

W

Y

Z

Credits

Photographs

Navajo Gospel Mission Photo Collection

15-16, 26, 46-48, 56, 60, 67, 69-70, 77, 79, 92, 95-97, 100, 104, 130, 131, 136, 139, 144, 146, 150-151, 154-155, 159, 164-166, 171, 173, 174, 184, 186, 188-189, 191-192, 195, 197-200, 202, 204, 208, 223, 238, 241, 243, 244, 246-249, 255, 258, 259-260, 263, 266, 269, 272, 274, 286, 288-290, 304, 316, 334, 344

Kenneth Lockard

2, 26, 70, 72, 79, 80, 83, 88, 89, 91-92, 109, 112, 115, 132-135, 137, 140-142, 145-148, 153, 156-157, 162, 167, 170, 207-208, 211, 213-214, 216, 218-219, 223, 233, 234, 238-239, 241, 243, 245, 246-247, 257, 275, 277-279, 283, 302-303, 305, 317, 331, 337-342, 344, 363, 365-366, 379

Tyson Evans

2,92, 109, 203, 222, 247, 257-258, 288-289, 336, 363, 393, 400-405

Bahe Whithethorne, Jr.

16, 30, 36, 89, 91, 102, 109, 117-121, 162, 164, 196, 200, 224, 233, 234, 235, 236, 245, 248, 257, 261, 274, 257, 276, 302, 333, 336-337, 339, 341, 363, 401

Jessie Ruffenach

247

Jolene Tallsalt Robertson, Imagine Graphic Design

94

Second Chance Center for Animals, LLC.

92

U.S. Mint

211-212, 247, 333

Maps, Charts, & Illustrations

Bahe Whithethorne, Jr.

30, 117-121, 233-236, 274-276